GEOFFREY CHAUCER

Die Canterbury-Erzählungen

Buch

Die »Canterbury-Erzählungen«, an denen der um 1342 geborene Geoffrey Chaucer seit 1387 bis zu seinem Tod im Jahre 1400 arbeitete, gelten als der Höhepunkt der englischen Literatur des Mittelalters. Den Rahmen des aus einem Prolog und vierundzwanzig Erzählungen bestehenden Zyklus bildet eine Pilgerfahrt von London nach Canterbury zum Grab des heiligen Thomas Becket, während der die einzelnen Pilger Geschichten zur Unterhaltung der Reisegesellschaft vortragen. Die Erzähler und Erzählerinnen sind von buntgemischter sozialer Zugehörigkeit, was es dem Dichter ermöglicht, Geschichten verschiedenartigster Thematik und Gattung in einem Werk zusammenzufassen: den höfischen Liebesroman, die schwankhaft-derben Erzählungen der Menschen aus der Unterschicht, die Tragödie, das Tierepos, die Burleske und vieles mehr. Insgesamt liegt hier ein in seiner Anschaulichkeit und Lebensfülle einzigartiges Kulturbild des englischen 14. Jahrhunderts vor.

Der Erläuterungsband informiert über Chaucers Leben und Werk, die Rezeptionsgeschichte der »Canterbury-Erzählungen«, die Chaucerkritik des 20. Jahrhunderts, die Struktur der Erzählungen und die Sprache Chaucers. Dann folgt im Kommentarteil zu jeder Erzählung eine Einleitung, in der die Erzählung analysiert und die Forschung dargestellt wird, eine Bibliographie und Anmerkungen zum Text. Im Anhang befindet sich eine Zeittafel der wichtigsten politischen und kulturellen Ereignisse im England des 14. Jahrhunderts.

Übersetzer

Dr. phil. Fritz Kemmler ist wissenschaftlicher Mitarbeiter der Abteilung Mediävistik am Englischen Seminar der Universität Tübingen.

Verfasser der Erläuterungen

Jörg Fichte PhD ist ordentlicher Professor und Leiter der Abteilung Mediävistik am Englischen Seminar der Universität Tübingen.

Geoffrey Chaucer

Die Canterbury-Erzählungen

Mittelenglisch und Deutsch

In deutsche Prosa übertragen
von Fritz Kemmler
Mit Erläuterungen von Jörg O. Fichte

Band 3:
Erläuterungen

Goldmann

Umschlagbild: The Pilgrimage to Canterbury.
Gemälde von Thomas Stothard (Ausschnitt).
Tate Gallery, London

Umwelthinweis:
Alle bedruckten Materialien dieses Taschenbuches
sind chlorfrei und umweltschonend.

Der Goldmann Verlag
ist ein Unternehmen der Verlagsgruppe Bertelsmann.

Made in Germany – 2. Auflage 9/2000

Umschlaggestaltung: Design Team München
Umschlagfoto: Artothek/Tate Gallery, London
Satz: Uhl + Massopust, Aalen
Druck: Presse-Druck Augsburg
Titelnummer: 7673
BH · Herstellung: Sebastian Strohmaier
Made in Germany
ISBN 3-442-07673-0

INHALT

Allgemeine Einleitung

Einleitungen zu den einzelnen Canterbury Tales

Anmerkungen zu den Canterbury Tales

Anhang

ALLGEMEINE EINLEITUNG

Chaucers Leben und Werk

Angesichts der regen Chaucerrezeption, die noch zu Lebzeiten des Dichters einsetzte, ist es nicht verwunderlich, daß man verhältnismäßig früh damit begann, Daten über das Leben des großen mittelenglischen Dichters zu sammeln. So verdanken wir die erste Kurzbiographie dem Tudorhistoriker John Leland, der im Auftrag von Heinrich VIII. Geschichtsforschung in den verschiedenen Landesteilen Englands betrieb. Etwa um 1540 entstand seine Studie *Commentarii de Scriptoribus Britannicis*, in der auch eine lateinische Lebensbeschreibung von Geoffrey Chaucer enthalten ist, die bis ins 19. Jahrhundert hinein die Vorstellung von Chaucer als historischer Persönlichkeit bestimmte. Obwohl der zeitliche Abstand zwischen Chaucers Leben und Lelands Biographie nicht allzu groß ist, d.h., man eigentlich eine gewisse Kenntnis von elementaren Fakten erwarten würde, entpuppt sich diese Lebensbeschreibung des Dichters im Lichte der modernen historischen Forschung als absolute Fiktion. Keine der von Leland gemachten Angaben zu Chaucers Leben entspricht der historischen Wirklichkeit, wie sie im 20. Jahrhundert anhand von Dokumenten rekonstruiert werden konnte. Diese Dokumente, etwa 500 Eintragungen über Chaucer und seine Familie, wurden nach fast vierzigjähriger Bearbeitung im Jahre 1966 von Martin M. Crow und Clair C. Olson unter dem Titel *Chaucer Life-Records* publiziert, die damit einen Teil des Lebenswerkes von John M. Manly und Edith Rickert erfolgreich beendeten.

Man könnte nun meinen, daß angesichts der beträchtlichen Fülle vorhandenen Materials eine lückenlose Darstellung von

Chaucers Leben möglich sein müsse, aber dem ist nicht so. Selbst das umfangreiche Werk des Autors läßt nur geringste Aufschlüsse auf das Privatleben des Dichters zu. Durch die Zueignungen wissen wir etwas über die Kreise, in denen Chaucer verkehrte. Genannt werden Gower, Bukton, Strode und Scogan. Wir wissen ebenfalls, daß er einen Schreiber namens Adam beschäftigte, der sein Geschäft nicht immer mit der gebotenen Sorgfalt erledigte, so daß der Dichter selbst Korrektur lesen und Verbesserungen machen mußte. Und wir haben schließlich eine amüsante Lebensbeschreibung des Dichters aus dem Munde des Adlers im *House of Fame*, wo Chaucers dichterische Feierabendtätigkeit etwas spöttisch beschrieben wird. Inwieweit die Angaben zur Person des Dichters im Prolog zur *Tale of Sir Thopas* für bare Münze genommen werden können, bleibe dahingestellt, da Chaucer hier bewußt die Kunstfigur von Chaucer dem Pilger konstruiert. Im Vergleich zu Chaucers geschwätzigem Zeitgenossen Eustache Deschamps, der seine dichterischen Werke immer wieder mit autobiographischen Exkursen unterbricht, zeitigt Chaucers Dichtung wenig, was der Nachwelt Aufschluß über sein Leben geben könnte.

Wir sind also ganz auf die Dokumente angewiesen, die uns als *Chaucer Life-Records* zur Verfügung stehen. Um welche Dokumente aber handelt es sich hier? Es sind hauptsächlich juristische und finanzielle Urkunden, wie z.B. Gerichtsurkunden, Geleitbriefe, Ausgabenverzeichnisse von Adelsfamilien, in deren Diensten Chaucer stand, Hofregister und Unterlagen des königlichen Schatzamtes. Diese Dokumente geben Aufschluß über den Soldaten, Beamten und Diplomaten Chaucer; sie erwähnen aber mit keinem Wort seine dichterische Tätigkeit oder seine sonstigen Lebensumstände. Wir kennen nicht einmal das Geburtsjahr des Dichters, das lange Zeit viel zu früh, nämlich für die Mitte der zwanziger Jahre des 14. Jahrhunderts angesetzt wurde. Erst das Auffinden eines Fragments eines Ausgabenverzeichnisses der Gräfin Elisabeth von Ulster mit Eintragungen für die Jahre 1357 bis 1359 in einem Bucheinband, in dem Chaucer namentlich erwähnt wird, machte zusammen mit anderen Dokumenten eine ungefähre Festsetzung seines Geburtsjahres möglich. Aus Gerichtsakten geht eindeutig hervor, daß sein Vater John Chaucer 1326 noch unverheiratet war, Geoffrey also noch gar nicht in den zwanziger Jahren geboren worden sein konnte. Die Eintragungen in den Ausgabenverzeichnissen der Gräfin Elisabeth erwähnen Kleidung, die dem Pagen Geoffrey zur Verfügung gestellt worden war. Um dieses Amt bekleiden zu können, hätte Chaucer zwischen zwölf und siebzehn Jahre alt gewesen sein müssen. Ein anderes Schriftstück, das für die Festlegung seines Geburtsjahres von Bedeutung ist, ist eine Zeugenaussage Chaucers vom 15. Oktober 1386. Gefragt nach seinem Alter, gibt er zu Protokoll »del age de xl ans et plus« (Crow und Olson, S. 370). Man hätte sich gewünscht, Chaucer hätte so präzise geantwortet wie die beiden anderen Zeugen, John Clanvowe und William Neville, die ihr Alter mit 35 bzw. 36 Jahren angaben, aber die Unbestimmtheit des Autors, selbst in Fragen des eigenen Alters, scheint ein spezifisch Chaucerscher Zug zu sein. Aus den uns vorliegenden Zeugnissen läßt sich trotzdem ein ungefähres Geburtsdatum des Dichters rekonstruieren, das zwischen 1340 und 1345 anzusetzen ist, wahrscheinlich um 1342. Das Sterbedatum des Dichters ist eindeutiger festzulegen, selbst wenn es keinen genauen Eintrag gibt. Aus den fiskalischen Daten des Exchequer, des königlichen Schatzamtes, geht hervor, daß Chaucer am 5. Juni 1400 von Henry Somer ein Teilbetrag einer Jahresrente von £ 20 ausgehändigt wurde. Da Chaucer danach keine der ihm zustehenden Gelder mehr beanspruchte, ist sein Tod in der zweiten Jahreshälfte wahrscheinlich – eine aus dem 16. Jahrhundert stammende Inschrift auf seinem Grabstein gibt als genaues Datum den 25. Oktober 1400 an.

Chaucers Familie stammte ursprünglich aus Ipswich, doch schon sein Großvater Robert war nach London übersiedelt, wo er sich im Cordwainer Ward [Schusterviertel] niederließ – der Name Chaucer, abgeleitet von *chaussier* [Schuster], deutet auf den Berufsstand der Familie hin. Anfang der dreißiger Jahre etablierte sich sein Sohn John, der Vater des Dichters, im Weinhandel, ein Beruf, den sein Stiefvater und sein Stiefbruder erfolgreich ausübten. Als Weingroßhändler gehörte er zu den angesehenen und einflußreichen Bürgern Londons, aus deren Mitte häufig die Bürgermeister der Stadt gewählt wurden. Als Angehöriger der Weinhändlergilde wohnte er im Vintner Ward [Weinhändlerviertel] am Themseufer in der Thames Street. Verheiratet war John Chaucer mit Agnes de Copton, die wohl die Mutter von Geoffrey war, der, wie bereits erwähnt, zu Anfang der vierziger Jahre geboren wurde. Obwohl wir keine schriftlichen Zeugnisse von der Ausbildung des jungen Geoffrey haben, ist anzunehmen, daß er als Junge eine der drei Schulen Londons besuchte: St. Martin's-le-Grand, St. Mary-le-bow oder St. Paul's Cathedral. Dort wird er den Gepflogenheiten der mittelalterlichen Schulausbildung entsprechend das Trivium, bestehend aus den Fächern Grammatik, Rhetorik und Logik, absolviert haben. Es gibt keinen Hinweis darauf, daß Chaucer eine der beiden Universitäten des Landes besuchte, obwohl ihm von dem bereits erwähnten Leland eine Oxford-Karriere angedichtet worden ist und andere ihn zum Absolventen der Universität Cambridge gemacht haben. Wahrscheinlicher ist hingegen, daß Chaucer die Inns of Court in Holborn besuchte. Die Verzeichnisse aus dem 14. Jahrhundert sind leider nicht mehr vorhanden, doch Speght erwähnt in der Biographie zu seiner Chaucer-Ausgabe aus dem Jahre 1598, daß Master Buckley in den Annalen des Inner Temple den Hinweis gefunden habe: »*Geoffrey Chaucer* was fined two shillings for beating a Franciscane fryer in Fleetstreet« [Geoffrey Chaucer wurde zu einer Geldbuße von zwei Schillingen verurteilt, weil er einen Franziskaner in Fleetstreet verprügelt hatte] (D. Brewer, *Chaucer. The Critical Heritage*, I, 143). Wie ernst dieser Hinweis angesichts der generellen Kritiklosigkeit gegenüber biographischer Genauigkeit im 16. Jahrhundert zu nehmen ist, bleibe dahingestellt. Sicher ist jedoch, daß Chaucers Familie aufgrund ihres Wohlstandes es sich hätte leisten können, Geoffrey eine solche

Erziehung zu finanzieren, und daß Bedienstete im Haushalt des Königs im folgenden Jahrhundert, aus dem uns die Unterlagen erhalten sind, häufig zur Weiterbildung zu den Inns of Court gesandt wurden, um dort ihre juristische Ausbildung zu erhalten. Angesichts Chaucers späterer Beamtenkarriere erscheint ein Besuch der Inns of Court nicht unwahrscheinlich.

Der weitere Werdegang des Dichters als königlicher Beamter, Staatsdiener und Politiker läßt sich in etwa vier Abschnitte gliedern: erstens eine Zeit bis 1374, in der Chaucer verschiedene Aufgaben im königlichen Haushalt wahrnahm; zweitens seine Amtszeit als Steuerinspektor im Londoner Hafen von 1374 bis 1386; drittens seine Amtszeit als königlicher Bauinspektor von 1389 bis 1391; und viertens seine Beschäftigung als Forstbeamter im Petherton Park von 1390 (?) bis 1400 (?).

Nach der Erwähnung Chaucers in den Ausgabenverzeichnissen der Gräfin Elisabeth von Ulster begegnet man seinem Namen in den Akten Eduards III. unter dem Datum des 1. März 1360 wieder, wo vermerkt wird, daß der König £ 16 an Lösegeld gezahlt habe, um Chaucer aus französischer Kriegsgefangenschaft freizukaufen. Es ist anzunehmen, daß der junge Knappe im Herbst 1359 im Gefolge des Herzogs Lionel, des Ehemannes von Elisabeth, zusammen mit dem englischen Heer von Dover nach Calais übersetzte, um an einem der vielen Feldzüge gegen Frankreich teilzunehmen. Entweder bei der Belagerung von Reims im Winter desselben Jahres oder auf dem Marsch durch Burgund im Januar, nachdem Eduard die vergebliche Belagerung von Reims aufgehoben hatte, muß Chaucer in die Hände des französischen Gegners gefallen sein, von dem ihn der König durch die Zahlung eines Lösegeldes freikaufte. Die Summe von £ 16 ist nicht übermäßig hoch, wenn man bedenkt, daß der König etwas mehr für die Zurückerstattung des Streitrosses seines Gefolgsmannes Sir Robert de Clynton an die Franzosen zahlte.

Es läßt sich nicht genau sagen, wie lange Geoffrey dem Haushalt der Gräfin Elisabeth und des Herzogs Lionel angehörte. Im Jahre 1367 jedenfalls erscheint er als Mitglied des königlichen Haushaltes, und es ist anzunehmen, daß er diese Position schon geraume Zeit innehatte, denn sonst hätte man ihn wahrscheinlich nicht im Jahr zuvor nach Navarra ziehen lassen, wie aus einem Schutzbrief, ausgestellt am 22. Februar 1366 von Karl II. von Navarra, hervorgeht. Ob die Reise militärischen Zwecken diente – es befanden sich damals viele Engländer im Dienst Karls II., der gegen die Franzosen kämpfte –, oder ob es sich um eine Wallfahrt nach Santiago de Compostella handelte, ist schwer zu sagen. Chaucer wird in diesem Dokument als »escuier englois« bezeichnet (Crow und Olson, S. 64). In den Akten des königlichen Haushaltes erscheint Chaucer als *valettus*, d.h. als Page, der dem Kämmerer zugeordnet war. Ursprünglich waren diese Bediensteten wirklich für das Aufräumen und die Instandhaltung der königlichen Gemächer verantwortlich, doch bei dem Anwachsen des königlichen Haushaltes im 14. Jahrhundert und seiner Umstrukturierung zum Verwaltungszentrum dürften die *valetti* vornehmlich Verwaltungsaufgaben wahrgenommen haben. Wenngleich sich heute nicht mehr feststellen läßt, warum Chaucer in den Jahren 1368 und 1370 einen Paß bzw. einen Schutzbrief erhielt, um aufs Festland zu reisen, wird es sich doch sicherlich um Missionen im Auftrag des Königs oder eines Mitglieds des königlichen Haushaltes gehandelt haben. Über die nächste diplomatische Auslandstätigkeit Chaucers wissen wir hingegen Genaueres. Es handelt sich hier um die Reise nach Genua und Florenz in den Jahren 1372 und 1373. Anlaß für diese Reise waren die Verhandlungen mit der Stadt Genua über die Einrichtung eines Handelshafens für genuesische Kaufleute in England. Während diese Verhandlungen im Gange waren, wurde Chaucer auf eine geheime Mission nach Florenz beordert, wahrscheinlich um über ein Darlehen der reichen florentinischen Bankhäuser wie Bardi und anderer an Eduard zu verhandeln. Genaues ist jedoch nicht bekannt. Chaucers diplomatische Tätigkeit muß von seinem Dienstherrn jedenfalls als Erfolg gewertet worden sein, denn sonst hätte man ihn wohl kaum im August 1373 nach Dartmouth entsandt, um einen Streit zwischen einem genuesischen Schiffseigner und dem Bürgermeister von Dartmouth zu untersuchen.

Während seiner Dienstzeit im Haushalt des Königs dürfte Chaucer seine zukünftige Frau Philippa kennengelernt haben, die Tochter von Sir Gilles de Roet, einem flämischen Edelmann im Gefolge der Königin Philippa, die als Tochter des Grafen von Hainault ebenfalls aus Flandern stammte. Philippa wird in den Akten als *domicella* [Hofdame] bezeichnet, die zum Haushalt der Königin gehörte. Eine Eintragung vom 12. September 1366 im Exchequer-Verzeichnis bestätigt eine Jahreszahlung von 10 Mark, das entspricht etwa £ 7, an eine Philippa Chaucer. Da in Chaucers Familie keine Philippa bekannt ist, ist anzunehmen, daß es sich hierbei um die Frau des Dichters handelt, die er wahrscheinlich kurz zuvor geheiratet hatte. Auf dieser Heirat mit Philippa de Roet beruht auch Chaucers langjährige Verbindung mit John of Gaunt, dem dritten Sohn Eduards III., der mit der Schwester Philippas, Katherine von Swynford, über Jahre ein Verhältnis hatte und sie sogar nach dem Tod seiner zweiten Frau im Jahre 1394, sehr zur Verärgerung der Damen des Hofes, heiratete. Von John of Gaunt übrigens stammt das erste Dokument (vom 13. Juni 1374), in dem sowohl Geoffrey Chaucer als auch seine Frau Philippa gemeinsam als Empfänger einer jährlichen Zuwendung von £ 10 für ihre Verdienste um John und seine Mutter sowie seine Frau aufgeführt werden. Wieviele Kinder Geoffrey und Philippa Chaucer hatten, läßt sich nicht genau feststellen. Zwei Söhne werden erwähnt, Thomas und Lewis, die mit ziemlicher Sicherheit als Chaucers Kinder gelten dürfen. Es erscheint aber auch der Name Elizabeth Chausier, die im Jahre 1377 als Nonne in den Konvent St. Helen in London eintrat. Ob es sich hierbei um eine Tochter Geoffreys und Philippas handelte, kann anhand der Aktenlage nicht eindeutig geklärt werden.

Im Jahre 1374, dem gleichen Jahr, in dem Philippa und Geoffrey Chaucer zuerst gemeinsam in einem Dokument erwähnt werden, erhielt Chaucer seine erste administrative Dauerstellung. Er wurde zum »Comptroller of the Customs and Subsidy of Wools, Skins and Hides« [Zollaufsichtsbeamten für Wolle, Felle und Häute] im Hafen von London ernannt. Seine Aufgabe bestand darin, über die Zollabgaben der Kaufleute, die vor allem Wolle aus England ausführen wollten, unabhängig abzurechnen, um dann seine Zahlen mit den eigentlichen Abgaben zu vergleichen, die von den Händlern an die beiden »Custom Collectors« [Zöllner] gezahlt worden waren. Ihm oblag also eine Kontrollfunktion, bei der er sowohl die Ware in Augenschein nehmen und wiegen als auch die Konten verifizieren mußte. Das Amt war verantwortungsvoll und lukrativ, da Englands Hauptexportartikel Wolle war und Chaucer nicht nur ein gutes Gehalt für seine Tätigkeit bekam, sondern auch den Geldwert der Wolle erhielt, die er Schmugglern abnahm, wie z.B. im Juli 1376, als ihm die Summe von £ 71 gutgeschrieben wurde, was etwa fünf Jahresgehältern entsprach. Offensichtlich konnte die Krone auf dieses Bußgeld verzichten, um den »Comptroller« zur Wachsamkeit anzuhalten, denn die Einnahmen vom Wollzoll beliefen sich auf etwa £ 24 000 pro Jahr (Crow und Olson, S. 197–204). Während seiner Amtszeit wurde Chaucer für eine Jahresmiete von etwa £ 4 eine Wohnung über dem Aldgate zur Verfügung gestellt, das ungefähr eine halbe Meile vom Zollamt an der Themse entfernt war.

Obwohl durch sein Amt voll ausgelastet, wurde Chaucer auch weiterhin in diplomatische Dienste eingespannt, so daß ihm im Mai 1377 sogar ein Stellvertreter zugeordnet wurde. Im Dezember 1376 wurde er zusammen mit Sir John Burley, einem engen Vertrauten des Königs, wahrscheinlich nach Frankreich auf eine geheime Mission entsandt. Aus den Unterlagen sind Einzelheiten nicht zu entnehmen, d.h., wir kennen weder das genaue Ziel der Reise noch Chaucers Auftrag. Für den Beginn des folgenden Jahres ist die Urkundenlage etwas besser. Wir wissen, daß Chaucer sich wieder auf diplomatischer Mission befand, und zwar dieses Mal nach Frankreich und Flandern. Zwar handelt es sich auch hier wieder um geheime Missionen, doch ein Ziel dieser Verhandlungen war es, einen Ehevertrag zwischen Marie, einer Tochter des Königs von Frankreich, und dem englischen Thronfolger Richard II. abzuschließen. Aus den uns erhaltenen Unterlagen lassen sich wenigstens vier verschiedene Reisen zwischen Februar 1377 und März 1381 nachweisen. Doch die Reisen nach Frankreich und Flandern machten nur einen Teil von Chaucers diplomatischem Auslandsdienst aus. Vom Mai bis zum September 1378 war Chaucer als Mitglied einer englischen Gesandtschaft nach Mailand unterwegs. Der Grund der Reise wird knapp mit den Worten »pro certis negociis expedicionem guerre regis tangentibus« [wegen einiger Angelegenheiten, die die Kriegsführung des Königs betreffen] angegeben (Crow und Olson, S. 56). Mit dem Krieg ist natürlich der ominöse hundertjährige Krieg gegen Frankreich gemeint, für den sich Richard II. nach dem Scheitern seiner Heiratspläne – die Prinzessin Marie war unerwartet im Frühjahr 1377 verstorben – bei Bernabò Visconti finanzielle und diplomatische Unterstützung sichern wollte.

Mit den verschiedenen Missionen nach Frankreich und der längeren Reise nach Mailand endete Chaucers regelmäßige diplomatische Reisetätigkeit. Für die nächsten zwanzig Jahre gibt es nur noch zwei Belege dafür, daß Chaucer im Auftrag des Königs unterwegs war: einmal nach Calais im Jahre 1387 und einmal in verschiedene Gebiete Englands im Jahre 1398. Diese Tatsache ist nicht erstaunlich, denn Chaucer war nach Vollendung seines vierzigsten Lebensjahres mittelalterlichen Vorstellungen zufolge schon in vorgerücktem Alter, so daß man ihm wahrscheinlich die Strapazen weiter Reisen ersparen wollte.

Interessant für den Biographen ist hingegen, daß Chaucer ab Mitte der achtziger Jahre auch politische Ämter innehatte. In den Jahren 1385 bis 1389 wurde er zum »Justice of the Peace« [Friedensrichter] der Grafschaft Kent ernannt, und im Jahre 1386 vertrat er die Grafschaft Kent als Abgeordneter im »House of Commons« des Parlaments. Die Friedensrichter – 18 einschließlich Chaucer in der Grafschaft Kent – stammten aus drei sozialen Gruppen: erstens Angehörige des Adels, zweitens Juristen, und drittens Angehörige des Landadels (gentry), wobei Chaucer wohl als Vertreter dieser schwer zu definierenden dritten Gruppe zu gelten hat, deren Angehörige vor allem Grundbesitz besaßen, der sie einflußreich machte und als Qualifikationsmerkmal für verschiedene Ämter galt. Die Aufgabe dieser Kommission von Friedensrichtern war es, viermal im Jahr Gerichtssitzungen in einer Grafschaft abzuhalten. Verhandelt wurden vor diesem Tribunal sämtliche Vergehen von Diebstahl und Betrug bis Mord. Leider sind uns keine Gerichtsakten von Sitzungen erhalten, an denen Chaucer teilnahm, da zur Verhandlungsführung ein Quorum der der Kommission angehörenden Friedensrichter genügte.

Sein zweites öffentliches Amt trat Chaucer im August des Jahres 1386 an, als er zu einem der beiden Vertreter der Grafschaft Kent ins »House of Commons« des Parlaments gewählt wurde. Die offizielle Bezeichnung dieser Abgeordneten war »Knight of the Shire«, d.h., ursprünglich rekrutierten sich die Abgeordneten aus den unteren Adelsrängen, doch mit dem Aufstieg der Großgrundbesitzer im 14. Jahrhundert konnten auch Nichtadlige als Vertreter einer Grafschaft gewählt werden. Chaucer verdankte seine Wahl wohl vor allem dem Umstand, daß er als *armiger* oder *esquier* dem königlichen Haushalt angehörte. Dieser Rang entsprach ungefähr dem eines Junkers, den ein Bürgerlicher in der Dienstadelshierarchie einnehmen konnte – die Bezeichnung »knight« [Ritter] hingegen war den Angehörigen des Geburtsadels vorbehalten. Aus den uns erhaltenen Unterlagen geht hervor, daß Chaucer sein Amt auch 61 Tage ausübte, denn er erhielt für seinen Aufenthalt in Westminster, wo das Parlament tagte, eine Vergütung.

Chaucers Amtszeit als MP fiel in eine unglückliche Zeit, in der es drei Gruppierungen gab, die um die Machtausübung in England kämpften. Erstens die Hofpartei um den jungen König Richard, zweitens die Partei der Barone unter Führung des

Herzogs Thomas von Gloucester, eines Onkels des Königs, die die Macht des Königs und seiner Günstlinge einschränken wollte, und drittens die Partei John of Gaunts, eines weiteren Onkels des Königs, die zwischen den beiden verfeindeten Parteien stand und ihre eigenen politischen Ziele verfolgte. Hauptstreitpunkt war wieder einmal das Geld, das zur Kriegsführung gegen Frankreich fehlte. Und Zweck der Einberufung des Parlaments war es, die Bewilligung weiterer Mittel für diesen Krieg zu erreichen, was natürlich nur durch die Erhebung von Sondersteuern möglich war. Wie nicht anders zu erwarten, stieß der König mit seinen Forderungen nicht nur bei den politischen Gegnern, sondern auch bei den Mitgliedern des »House of Commons« auf Widerstand, die sich sowohl über die schlechte Amtsführung als auch über die hohe Steuerlast beklagten. Ohne auf die Wirren im einzelnen eingehen zu wollen, die u.a. zu einem Streik des Parlaments führten, um den König zur Entlassung seines Kanzlers zu zwingen, läßt sich für Chaucer sagen, daß er vielleicht aufgrund dieser Erfahrungen seine politische Karriere als MP nach einem Amtsjahr beendete. Er gehörte jedenfalls nicht mehr dem sogenannten »Merciless Parliament« an, das der Herzog Thomas von Gloucester im Februar 1388 versammelte, um den König politisch in die Knie zu zwingen und dessen Günstlinge aburteilen und hinrichten zu lassen.

Es ist aus heutiger Sicht schwer zu sagen, ob Chaucer auch ein Opfer der politischen Wirren war. Jedenfalls verlor er seinen Posten als »Comptroller« im Dezember 1386, d.h. nach der Auflösung des Parlaments am 28. November, wenngleich hier anzumerken wäre, daß er dieses Amt bereits schon zwei Jahre durch einen Stellvertreter hatte ausüben lassen. Was immer auch die Umstände gewesen sein mögen, die zum Verlust dieser Position führten, Chaucer wurde dadurch nicht mittellos, denn er kassierte weiterhin Jahresrenten, Leibrenten und sonstige Zuwendungen, die ihm im Laufe seiner Dienste für König und Staat gemacht worden waren. Trotzdem scheint er bisweilen in pekuniärer Verlegenheit gewesen zu sein, wie zwei Klagen gegen ihn beweisen, wo es um die Rückerstattung ihm geliehener Gelder ging.

Nachdem sich die politische Lage im Frühjahr 1389 wieder zugunsten des Königs gewandelt hatte, verbesserte sich auch Chaucers Situation. Am 12. Juli desselben Jahres wurde er zum »Clerk of the King's Works« [königlichen Bauinspektor] ernannt. In dieser Funktion war er für die Instandhaltung der königlichen Gebäude verantwortlich, wie z.B. des Palasts in Winchester, des Towers, der königlichen Landsitze, der Burg in Berkhampstead, der Jagdhütte im New Forest und der Falkenvoliere. Natürlich legte Chaucer nicht selbst Hand an, sondern ihm oblag vor allem die Abrechnung über die Ausgaben für Reparaturen, die vom Exchequer genehmigt und finanziert werden mußten. In seiner Eigenschaft als Bauinspektor war er für erhebliche Summen verantwortlich, die er zum Teil auch bei sich führte, um Baumaterialien und Arbeitslöhne bezahlen zu können. Daß dies nicht ungefährlich war, beweist die Tatsache, daß Chaucer im September 1390 innerhalb von vier Tagen dreimal beraubt wurde: am 3. September in der Nähe eines Ortes mit dem ominösen Namen Foul Oak, wo er sein Pferd, andere persönliche Habe und £ 20 an öffentlichen Geldern verlor; am 6. September in Westminster, wo ihm £ 10 gestohlen wurden, und am gleichen Tag in Hatcham in der Grafschaft Surrey, wo ihm fast noch einmal dieselbe Summe abhanden kam. Eine Untersuchung, die zur Aufklärung der Vorfälle einberufen wurde, sprach Chaucer von jeglicher Mitschuld frei. Außerdem wurden die Diebe gefaßt, und zwei von ihnen, die sich trotz ihrer Behauptung, dem geistlichen Stande anzugehören, dem Zugriff der weltlichen Gerichte nicht entziehen konnten, wurden nach ihrer Verurteilung gehängt (Crow und Olson, S. 477–89).

Ob diese Vorkommnisse, deren gerichtliches Nachspiel sich bis zum Juni des folgenden Jahres hinzog, den damals fast fünfzigjährigen Chaucer amtsmüde machten, ist schwer zu sagen. Jedenfalls ging sein Amt am 17. Juni 1391 an seinen

Nachfolger über. Dadurch wurde Chaucer jedoch nicht brotlos, denn er hatte seit 1390 eine Stelle als Unterförster in Petherton Park inne, einem Forst, der dem Earl of March gehörte. Leider geben die uns erhaltenen Unterlagen keinen genauen Aufschluß über Chaucers Tätigkeit. Wir wissen nur, daß seine Bestellung 1398 bestätigt wurde, und es ist anzunehmen, daß er sein Amt bis zu seinem Lebensende innehatte. Es ist weiterhin anzunehmen, daß der Unterförster eine administrative Tätigkeit ausübte, denn es ist nicht sehr wahrscheinlich, daß ein Mann in Chaucers Alter durch die Wälder zog, um Wilderern das Handwerk zu legen. Während dieser letzten zehn Jahre seines Lebens erhielt Chaucer weiterhin Bezüge aus seinen verschiedenen Einkommen. Im Verzeichnis des Exchequer finden sich eine Reihe von Eintragungen über Zahlungen oder Vorauszahlungen an Chaucer, der sich auch gelegentlich dazu veranlaßt sah, Darlehen aufzunehmen. Angesichts der Langsamkeit des Exchequer, den Zahlungsverpflichtungen nachzukommen, wäre es falsch, daraus zu schließen, daß sich die finanzielle Lage des Dichters an seinem Lebensende drastisch verschlechtert hätte. Des weiteren geht aus den uns erhaltenen Dokumenten eindeutig hervor, daß selbst nach der Absetzung König Richards im Jahre 1399 Chaucer vom neuen Herrscher Heinrich IV. seine Einkünfte bestätigt erhielt. Er erhielt sogar am 13. Oktober eine zusätzliche Jahresrente von 40 Mark, offensichtlich als Antwort auf sein humorvolles Bettelgedicht »The Complaint of Chaucer to his Purse«. Im Vertrauen auf dieses Einkommen schloß Chaucer am 24. Dezember desselben Jahres einen Mietvertrag mit einer Laufzeit von 53 Jahren mit den Mönchen von Westminster ab, der ihm eine Wohnung im Garten der Lady Chapel zusicherte. Der Vertrag war wohl ein wenig zu optimistisch, denn im Jahr darauf verstarb Chaucer – am 25. Oktober, wenn man der Aufschrift auf seinem Grabstein in Westminster Abbey Glauben schenken darf.

Seit dem Erscheinen von Bernhard ten Brinks Studie *Chaucer: Studien zur Geschichte seiner Entwicklung und zur Chronologie seiner Schriften* (1870) ist es üblich, Chaucers Werk in drei Abschnitte einzuteilen, die in etwa seine Entwicklung als Dichter reflektieren. Wenn auch mit Vorbehalten kann man dieser Dreiteilung noch heute zustimmen. Man sollte sich aber davor hüten, Begriffe wie französische, italienische und englische Phase für diese drei Abschnitte zu benutzen. Die erste Schaffensperiode reicht bis zum Jahre 1372; die zweite setzt nach der ersten italienischen Reise ein und geht bis etwa 1385; und die dritte umfaßt die letzten fünfzehn Jahre von Chaucers Leben.

Erfreulicherweise ist uns sehr viel von Chaucers Schriften erhalten, so wie er sie verschiedentlich in seinen Werken angibt. Nicht überliefert ist lediglich »The Book of the Lion«, möglicherweise eine Bearbeitung von Machauts *Dit dou Lyon*, das er in seinem Widerruf am Ende der *Canterbury Tales* erwähnt. Das Werk muß zu seiner frühen Dichtung gerechnet werden, die in Thematik und Form französischen Vorlagen verpflichtet ist. Zu dieser frühen Dichtung dürften auch zahlreiche *rondeaus*, *balades* und *virelais* gehört haben, die Chaucer in seinem Widerruf als »many a song and many a leccherous lay« (*CT*, X, 1087) [manches Lied und manche obszöne Weise] bezeichnet. Ob diese ersten poetischen Versuche in Anlehnung vor allem an Machaut in französischer Sprache, der Umgangssprache des englischen Königshofes, geschrieben waren, bleibe dahingestellt. Erhalten sind uns aus dieser Zeit nur einige wenige Gedichte, sowohl weltlicher als auch geistlicher Natur. Zur ersten Gruppe gehören u.a. »Against Women Unconstant« und »Merciles Beaute«, die beide nicht eindeutig dem Chaucer-Kanon zugerechnet werden können, und zur zweiten Gruppe »An ABC«, eine freie Übersetzung eines lyrischen Gebets in Deguilevilles *Pèlerinage de la vie humaine*.

Als übersetzerisches Unternehmen bester Qualität aus dieser Zeit kann Chaucers teilweise Übertragung des *Rosenromans* gelten, von dessen 21780 Versen er immerhin 7696 ins Englische übersetzte. Man nimmt an, daß es sich hier um Chaucers ersten

Versuch handelt, eine narrative Großform ins Englische zu übertragen. Daß er sich dafür die Bibel der höfischen Dichtung aussuchte, ist verständlich, denn die Liebesthematik und Form des Werkes hatte einen so nachhaltigen Eindruck auf die französische Dichtung des 14. Jahrhunderts, daß ein junger höfischer Dichter seinem Einfluß gar nicht entgehen konnte. Wollte er die Anatomie der Liebe aus erster Hand kennenlernen, mußte er diese allegorische Traumvision studieren.

Die erste eigenständige Dichtung aus Chaucers Frühzeit ist das Traumgedicht *The Book of the Duchess* (1369/70). Es ist ein Trostgedicht und ein Enkomion, in dem der Dichter seinem Gönner John of Gaunt zum Verlust seiner Frau, der Herzogin Blanche von Lancaster, kondoliert und die Vorzüge der Herzogin für die Nachwelt festhält. Die Trauer und der Schmerz der Hinterbliebenen um die verstorbene Herzogin weichen der positiven Erinnerung an ihre überragende Persönlichkeit, und schließlich wird ihr von Chaucer entworfenes Porträt zum lebendigen Denkmal und zum Trost für ihren trauernden Gemahl.

Den zweiten Abschnitt in Chaucers dichterischer Tätigkeit setzt man gewöhnlich nach seiner ersten italienischen Reise an, die ihn nach Genua und Florenz führte. Es ist viel darüber spekuliert worden, ob er während seines Aufenthaltes in Florenz im Frühjahr 1373 dort Giovanni Boccaccio kennenlernte, der im gleichen Jahr von der Signoria, der Stadtverwaltung, dazu bestellt wurde, öffentliche Vorträge über Dantes *Göttliche Komödie* zu halten. Sicher ist jedoch, daß Chaucer auf seinen Italienreisen mit Boccaccios Werken in Berührung kam, denn dessen frühe volkssprachliche Dichtung – er hatte sich unter dem Einfluß Petrarcas danach ganz der Komposition lateinischer Werke verpflichtet – wird von nun an eine Hauptquelle für Chaucers Werk, ohne daß er jemals den Namen seines Gewährsmannes nennt. Weiterhin muß er auf einer dieser Reisen die *Göttliche Komödie* gelesen haben, deren Einfluß auf die Werke der zweiten Periode nachweisbar ist. Und er hatte Zugang zu

Petrarca, entweder auf der ersten Reise oder, was wahrscheinlicher ist, auf seiner zweiten Reise nach Mailand, da Petrarca dort acht Jahre gewohnt hatte. Unter dem Einfluß dieses poetischen Triumvirats entwickelt sich Chaucers Dichtung in der zweiten Epoche seines künstlerischen Schaffens. Eine genaue Datierung seiner Werke in dieser Zeit ist außerordentlich schwer. Es gibt gute Argumente für die unterschiedlichsten Anordnungen. Deshalb kann die nun vorgeschlagene Reihenfolge auch beliebig umgestellt werden, vor allem im Hinblick auf die Abfolge des *Parliament of Fowls* und *House of Fame*, die hier in dieser zeitlichen Anordnung, anderswo aber häufig in umgekehrter Reihenfolge erscheinen.

Auch die genaue Plazierung des Fragments *Anelida and Arcite* in der Chronologie von Chaucers Werken ist ungewiß. Zwar beruft sich Chaucer auf die *Thebais* des lateinischen Dichters Statius aus der zweiten Hälfte des 1. nachchristlichen Jahrhunderts und einen unidentifizierten Dichter namens Corynne, die eigentliche Quelle dürfte aber Boccaccios *Teseida* gewesen sein. Die Geschichte, soweit sie uns erhalten ist – das Fragment umfaßt nur 357 Verse –, entwickelt sich nach den üblichen Eingangsstrophen zu einer der traditionellen Liebesklagen, in der sich Anelida in Anlehnung an die Ovidische Liebesrhetorik über ihren treulosen Geliebten Arcite beklagt, der sie verlassen hat.

Das erste Werk dieser Epoche Chaucerschen Schaffens, das wirklich unsere Aufmerksamkeit verdient, ist das *Parliament of Fowls*. Wie bereits die Traumvision *The Book of the Duchess*, mit der es die Form gemeinsam hat, ist auch dieses Werk ein Gelegenheitsgedicht. Es gehört zu den Valentinsgedichten, wie sie zur Feier des Valentinstages üblich waren. Auch das Motiv des Vogelparlaments ist nicht neu; es erscheint bereits bei dem französischen Hofdichter Oton de Graunson, mit dessen *Le songe saint Valentin* Chaucers Gedicht aber sonst nichts verbindet. Als wirkliche Quellen hingegen müssen Macrobius' *Somnium Scipionis* und Alanus' ab Insulis *De Planctu Naturae* gelten. Man findet weiterhin Anklänge an Boccaccio, Dante, Claudianus, Ovid und andere, die zeigen, daß Chaucer Motive und Bilder aus der gängigen Literatur seiner Zeit entlehnte. Damit soll nicht gesagt werden, das *Parliament of Fowls* sei ein Sammelsurium von Zitaten. Vielmehr taucht Bekanntes in ganz unerwartetem Zusammenhang auf, wie z.B. die Inschrift über dem Tor zu Dantes Inferno in leicht abgewandelter Form über dem Tor zum Garten der Venus, wo einerseits die Freuden und andererseits die Qualen der Liebe auf die Liebenden warten, zu denen Chaucer nicht gehört, wie Scipio Africanus, der Führer unseres Dichters, sagt, den er daraufhin unsanft durch das Tor in den Venusgarten stößt.

Kernstück des *Parliament of Fowls* ist das eigentliche Vogelparlament, das sich unter Aufsicht der Göttin Natura, Gottes Vizeregentin, am Sankt Valentinstag zur Partnerwahl eingefunden hat. Standesgemäß gliedert sich das Parlament in vier Gruppen: Wasservögel, saatfressende Vögel, wurmfressende Vögel und Raubvögel, die Vogelaristokratie. Die Prozedur wird aufgehalten, weil ein Adlerweibchen sich nicht entscheiden kann, welchen der drei Adler, die um ihre Liebe werben und um ihre Hand anhalten, sie nehmen soll. Obwohl die drei in vollendeter Form des Minnedienstes ihr Anliegen vortragen und das Weibchen nicht nur von den Vertretern der verschiedenen Vogelgruppen erbetenen und unerbetenen Rat erhält, sondern ihr von der Göttin Natura selbst einer der drei wärmstens empfohlen wird, kann sich die Adlerdame nicht zu einer Entscheidung durchringen. Sie vertagt ihre Wahl auf das kommende Jahr. Ob Chaucer damit einen verschmitzten Kommentar zu den verschiedenen Heiratsverhandlungen des englischen Königshauses geben wollte, wie von der positivistischen Chaucerforschung vermutet wurde, bleibe dahingestellt. Jedenfalls zeigt die Darstellung, daß die höfische Minne zu einem artifiziellen Ritual degenerieren kann, gegen das selbst die Natur als lebensspendendes und generatives Prinzip machtlos ist. Zusammen mit der wenig schmeichelhaften Darstellung der Venus und ihres zweifelhaften Gefolges sowie ihres Tempels, an dessen Wänden die Geschichte unglücklich Liebender abgebildet ist, erscheint das Vogelparlament als Warnung vor einem Minnedienst, der, wie im 14. Jahrhundert bereits geschehen, zur literarischen Konvention erstarrt.

Die letzte von Chaucers Traumvisionen ist das *House of Fame*, ein Fragment, das aus 2158 Versen besteht und in drei Bücher unterteilt ist. Als Anhaltspunkt zur Datierung dient die einzige autobiographische Passage, die sich in Chaucers Werken findet. Es muß in den Jahren zwischen 1374 und 1386 entstanden sein, als Chaucer das Amt des Steuerinspektors im Londoner Hafen ausübte und über dem Aldgate wohnte, denn der Adler wirft ihm vor, daß er sich, anstatt Geselligkeit zu pflegen, dorthin zurückziehe, um Bücher zu lesen, nachdem er tagsüber seine Abrechnungen gemacht habe.

Auch in diesem Gedicht erscheint der Venustempel wieder als erste Station in Chaucers Traum. Doch anstatt alle gängigen Liebesgeschichten aufzuzählen, begnügt sich der Dichter dieses Mal mit der Darstellung einer einzigen, nämlich der Geschichte von Dido und Aeneas, die er im Tempel auf einer ehernen Tafel eingraviert findet. Die Erzählung stammt aus Ovids *Heroides* und schildert die unglückliche Liebe der karthagischen Königin, die schließlich aus Schmerz darüber, daß Aeneas sie verlassen hat, Selbstmord begeht. Die Sympathie liegt ganz bei Dido, wenngleich die Darstellung wenig Erhabenes zeigt, denn Dido ist so leichtgläubig und naiv, daß sie ein leichtes Opfer des gewissenlosen Verführers Aeneas wird. Der Dichter verläßt den Tempel schnell, findet sich in einer Einöde wieder und wird darauf von einem Adler ergriffen und zum Himmel emporgetragen. Die Himmelsreise ist ein beliebtes Motiv – der *Anticlaudianus* des Alanus ab Insulis wird von Chaucer selbst erwähnt –, doch Pate gestanden haben dürfte wohl letztlich Dantes *Göttliche Komödie*. Der Adler, der sich als Bote Jupiters ausgibt, verspricht dem verdutzten Dichter, dem er vorwirft, über nichts anderes als die Liebe zu schreiben, ihn dahin zu führen, wo er neue Dinge erfahren könne, und bringt ihn zum Palast der Göttin Fama. Dort wird der Dichter mit dem Wirken der Göttin des Ruhmes konfrontiert, die mit völliger Willkür Ansehen und Schande an die verteilt, die zu ihr kommen. Die einzigen, die von ihrer Willkür ausgenommen zu sein scheinen, sind die Dichter, deren Standbilder auf Säulen in der großen Empfangshalle ihres Palastes stehen. Trotz dieser beruhigenden Aussicht lehnt es Geoffrey ab, einen Wunsch zu äußern, als er von der Göttin dazu aufgefordert wird. Er begibt sich vielmehr zu einem Haus, das unterhalb des Palastes der Fama gelegen ist. Dieses Haus sieht aus wie ein Käfig aus Zweigen und Ästen und hat ein Dach voller Löcher. Es ist das Haus der Gerüchte, zu dem täglich Tausende von Meldungen, seien sie wahr oder falsch, von der Erde emporsteigen, dort durcheinandergewirbelt werden und wieder zurückfliegen, um als Gerüchte von Pilgern, Matrosen, Boten etc. durch die Welt getragen zu werden. Als Chaucer inmitten dieses Wirrwarrs einen Mann von großer Autorität erblickt zu haben glaubt, bricht das Gedicht ab.

Natürlich ist viel über die Bedeutung und Aussage dieses Werkes gerätselt und geschrieben worden. Eines jedoch ist klar: daß Chaucer sich aus dem Venustempel, d.h. von der Liebesdichtung im herkömmlichen Sinne, wegbewegt und nach neuen Themen für seine Dichtung sucht. Daher scheint es plausibel, das *House of Fame* als poetologisches Dokument zu werten, in dem der Dichter seine Absicht kundtut, in Zukunft ein umfassenderes thematisches Spektrum zu bearbeiten. Die Himmelsreise ist letztlich auch eine Auseinandersetzung des Autors mit sich selbst und seiner Funktion als Dichter, nicht allein als Bewahrer einer Tradition, sondern auch als Innovator.

Das nächste von Chaucers Werken ist die Übersetzung des philosophischen Traktats, der für das Mittelalter wohl von größter Bedeutung gewesen ist. Gemeint ist natürlich Boethius' Abhandlung *De Consolatione Philosophiae*, ein Werk, das auch Chaucers andere Dichtung nachhaltig beeinflußt hat. Immer wieder begegnet man dort Passagen und Gedanken, die aus dem

Boece stammen, wie Chaucers Übersetzung von Boethius' Traktat genannt wird. Als wahrscheinliches Entstehungsdatum kommt ein Zeitraum zwischen 1382 und 1385 in Frage. Jedenfalls muß die Übersetzung vor der Abfassung des *Troilus* entstanden sein, der als erstes von Chaucers Werken einen nachhaltigen Einfluß boethischen Gedankengutes aufweist.

Der höfische Roman *Troilus and Criseyde*, verfaßt etwa im Jahre 1385, ist auch das letzte Werk in Chaucers zweiter Schaffensperiode. Es ist eine Bearbeitung von Boccaccios *Filostrato*, ein Trojaroman, in dem sich Boccaccio selbst in der Rolle des Troilo darstellt. Doch nicht nur Boccaccio diente Chaucer als Vorlage, sondern auch der *Roman de Troie* des Benoît de Sainte-Maure aus der Mitte des 12. Jahrhunderts und dessen popularisierte lateinische Fassung *Historia Trojana* von Guido delle Colonne aus dem 13. Jahrhundert. Lange Zeit galt dieser Trojaroman als Chaucers literarisches Meisterwerk, denn vor allem im Zeitalter des Humanismus und des Klassizismus entsprach dieser Roman sowohl vom Inhalt als auch von seiner Form her den damaligen literaturästhetischen Vorstellungen von Decorum. Im Gegensatz zu Boccaccio, der die Troilo-und-Cressida-Geschichte zur Darstellung seiner eigenen Gefühle verwendet, steht der Erzähler in Chaucers Version neben und über den von ihm erzählten Ereignissen. Außerdem benutzt er zwei zeitlich unterschiedliche Perspektiven, zum einen die historische, die das Geschehen in die heidnische Frühzeit versetzt, in der der Kampf um Troja stattfand, und zum anderen eine mittelalterliche, zeitgenössische, die die Ereignisse in die Gegenwart verlegt. Beide Perspektiven überlagern und bestimmen einander. Die historische Wirklichkeit des Trojanischen Kriegs wird an entscheidender Stelle immer wieder eingebracht, um die mittelalterliche Liebesgeschichte zu kommentieren und ihren Verlauf zu bestimmen. Folglich ist der Leser den Charakteren immer einen Schritt voraus, denn er kennt den geschichtlichen Ablauf, während sich Troilus, Criseyde und Pandarus hoffnungslos in ein Netz von Täuschungen und Selbsttäuschungen verstricken. Trotz der Unabänderlichkeit des historischen Geschehens und des daraus resultierenden Schicksals der Hauptakteure gelingt es Chaucer, die letztlich zum Scheitern verurteilte Liebesgeschichte zwischen Troilus und Criseyde in einer solchen Weise zu präsentieren, daß das Lesepublikum, wie vom Autor beabsichtigt, das Hoffen und Bangen des Protagonisten miterleben kann. Anders als bei Boccaccio, bei dem die Sympathiesteuerung eindeutig zugunsten von Troilo geschieht, ist bei Chaucer die Sympathie gleichmäßig verteilt. Criseyde wird nicht zum Sündenbock abgestempelt, sie verhält sich vielmehr ihrer Persönlichkeit entsprechend konsequent, d.h., sie trotzt den historischen Ereignissen nur in dem Umfang, den ihre Veranlagung zuläßt, die Chaucer als »slydynge of corage« [mutlos] bezeichnet (*T&C*, V, 825). Troilus hingegen trägt eine Mitschuld an seinem Schicksal, da er sich in seinen Handlungen mehr und mehr von irrationalen Impulsen leiten läßt, die ihn defätistisch und blind für die Wirklichkeit werden lassen. Trotzdem bewahrt er seine Würde und wird nach seinem Tode von Chaucer in die achte Himmelssphäre hinaufversetzt, um von dieser Perspektive aus die Nichtigkeit irdischen Strebens und den Wahn menschlichen Bemühens richtig beurteilen zu können. Auch durch diese doppelte moralische Sicht unterscheidet sich Chaucer von der Eindimensionalität seiner Vorlage.

Mit der Arbeit an dem Erzählzyklus *The Legend of Good Women* (1385/86) beginnt Chaucers letzte literarische Schöpfungsphase. Der Dichter benutzt hier zum ersten Mal die Form der Rahmenerzählung, die er in Anlehnung an seine frühen Werke noch als Traumvision gestaltet. An einem Maimorgen verläßt der Dichter sein Haus, um im Garten der Margerite, die er von allen Blumen am meisten verehrt, seine Referenz zu erweisen. Er schläft ein und findet sich in seinem Traum in einen paradiesischen Garten versetzt. Dort erblickt er den Liebesgott und seine Königin Alceste, die wie die Margerite gekleidet ist. Die Hofdamen ihres Gefolges verehren die Königin mit einer Ballade, in der sie ihre Einzigartigkeit preisen. Plötzlich entdeckt der Liebesgott den Dichter und klagt ihn wegen einiger Vergehen gegen die Liebe und ihre Diener an. Ihm wird vor allem vorgeworfen, den *Rosenroman* übersetzt zu haben, den der Liebesgott als häretische Schrift bezeichnet. Für dieses Vergehen und für seine anderen Sünden soll der Dichter empfindlich bestraft werden. Bevor es jedoch soweit kommt, verwendet sich Alceste für den Autor und besänftigt schließlich den erzürnten Liebesgott. Zur Strafe wird Chaucer auferlegt, eine Legendensammlung über das Schicksal treuer Frauen zu verfassen, die von ihren Liebhabern verraten und verlassen wurden. Der Dichter erklärt sich bereit, dieser Forderung nachzukommen, und es folgen acht solcher Geschichten und ein Fragment. Als Quelle dienten Chaucer Ovids *Heroides*, die er schon einmal, im *House of Fame* für die Dido-und-Aeneas-Episode, benutzt hatte.

Interessant für Chaucers Entwicklung ist vor allem die Verwendung einer Rahmenhandlung, auf die er später in den *Canterbury Tales* zurückgreifen sollte. Doch im Gegensatz zum dynamischen Rahmen dort ist der Rahmen der *Legend of Good Women* statisch, d.h., er umfaßt den Erzählzyklus, oder richtiger gesagt, er bildet den Auftakt, denn das Werk hat fragmentarischen Charakter; er greift aber nicht darüber hinaus auf die Einzelgeschichten über, die unverbunden nebeneinander stehen. In den *Canterbury Tales* wird dieses statische Prinzip zugunsten eines kinetischen aufgegeben, so daß den Zwischenstücken ebenso große Bedeutung zukommt wie den eigentlichen Erzählungen. Es ist natürlich diese Erzählsammlung, die den Höhepunkt von Chaucers dichterischem Schaffen in seiner dritten Phase bildet. Die Arbeit an diesem Erzählzyklus wird nur einmal – wahrscheinlich zwischen 1391 und 1392 – unterbrochen, als Chaucer für seinen Sohn Lewis das astrologische Traktat *A Treatise on the Astrolabe* übersetzte. Außer den *Canterbury Tales* existieren aus dieser Zeit nur noch einige kurze Zueignungen an Freunde und das berühmte Bettelgedicht an Heinrich IV. Die Arbeit an den *Canterbury Tales* dominiert folglich Chaucers letzte Schaffensperiode, eine Arbeit, die jedoch unvollendet bleiben sollte.

Geschichte der Chaucerrezeption

Ein Blick in die beiden Standardwerke zur Chaucerrezeption, *Five Hundred Years of Chaucer Criticism and Allusion, 1357–1900* von Caroline Spurgeon und *Chaucer. The Critical Heritage* von Derek Brewer, zeigt, daß Chaucers Werk auf eine ununterbrochene Rezeptionsgeschichte zurückblicken kann. Schon zu Lebzeiten des Dichters lassen sich Verweise auf und Kommentare zu seiner Dichtung in den Werken seiner Zeitgenossen finden, was beweist, daß Chaucer wesentlich mehr Aufmerksamkeit von seinen Dichterkollegen zuteil wurde als z. B. Shakespeare zu dessen Zeit. Chaucer wurde sofort als die überragende Persönlichkeit anerkannt, die allen anderen Dichtern als Vorbild galt. So wird denn auch das erste Stadium der Chaucerrezeption, das etwa bis zur Mitte des 16. Jahrhunderts reicht, von diesem Chaucerbild geprägt, wie im einzelnen noch zu zeigen sein wird. Von der Mitte des 16. bis zum Anfang des 17. Jahrhunderts erfährt dieses Bild eine Wandlung, weil Chaucer nun aus humanistischer Sicht gesehen wird, d.h., seine Dichtung wird zum Spiegel- bzw. Zerrbild der den Humanismus prägenden Wertvorstellungen. Die dritte Phase der Chaucerrezeption steht im Zeichen der klassizistischen Poetik und reicht etwa bis zum Ende des 18. Jahrhunderts. Darauf folgt die Zeit der romantischen Betrachtungsweise Chaucers und als letzte Phase das Chaucerbild des Realismus, beginnend mit dem Viktorianismus. Obwohl es schwierig ist, einen präzisen Endpunkt für diese fünfte Phase festzusetzen, scheint der Zweite Weltkrieg ein akzeptabler *terminus ad quem* zu sein, da sich in der Zeit danach die unterschiedlichsten Ansätze und Entwicklungen in der modernen, professionellen Chaucerkritik herausgebildet haben, über die noch besonders zu berichten sein wird.

In Anbetracht der herausragenden Mittlerrolle Chaucers zwischen Formen der französischen und der englischen Literatur ist es nicht verwunderlich, daß die erste Lobeshymne auf den großen englischen Dichter aus dem Munde eines französischen Kollegen stammt. Eustache Deschamps schreibt um etwa 1385, also zu jener Zeit, da Chaucer sich den *Canterbury Tales* zuwendet, eine Ballade, die dem »Grant translateur, noble Geoffrey Chaucier« [dem großen Übersetzer, dem edlen Geoffrey Chaucer] gewidmet ist (Brewer, I, 40). Der Begriff »translateur« mag zunächst etwas befremdlich erscheinen, da Deschamps in Chaucer nicht einen Verfasser eigenständiger Gedichte sieht, sondern einen Verarbeiter französischer Werke und Stoffe. Und damit hat Deschamps nicht unrecht, denn Chaucers frühe Dichtung lehnt sich noch stark an die Form der in Frankreich beliebten Traumvisionen an, in denen Themen der Liebeskasuistik in zum Teil allegorischer Weise behandelt werden. Außerdem hatte Chaucer eine Teilübersetzung des *Rosenromans* verfaßt, eines Werkes, das prägend für die literarische Gattung der Liebesvision war. Im übrigen ist Deschamps' Begriff »translateur« in keiner Weise abwertend oder einschränkend zu verstehen, wie sein überschwengliches Lob, Chaucer sei »ein Sokrates voll der Philosophie, ein Seneca in Sittlichkeit, ein Aulus Gellius in auf die Praxis bezogener Lebensweise (und) ein großer Ovid in Dichtkunst« (Brewer, I, 40) bezeugt. Dem Dichter werden nicht nur hervorragende persönliche Qualitäten, sondern auch poetische Fähigkeiten zugeschrieben, vor allem eine kurze, prägnante Ausdrucksweise und eine vollkommene Beherrschung der Rhetorik. Auf diese Weise habe er die Blume (der Rhetorik) und den Rosenbaum (d.h. den *Rosenroman*) nach England verpflanzt und denen zugänglich gemacht, die des Französischen unkundig seien.

Deschamps' Lob auf Chaucers Errungenschaften sind für die frühe Rezeptionsgeschichte deshalb von Bedeutung, weil hier Punkte angesprochen werden, die in gleicher oder ähnlicher Weise immer wieder in den Kommentaren der ersten Rezeptionsphase auftauchen: Chaucer, der vorzügliche Mensch; Chaucer, der Begründer der englischen höfischen Dichtung; und Chaucer, der Rhetoriker. So schreibt Thomas Hoccleve um 1412 in *The Regement of Princes*: »O maister deere and fadir reuerent // Mi maister Chaucer flour of eloquence // Mirour of fructuous entendement // O vniuersal fadir in science [...] The firste fyndere of oure faire langage« [O lieber Meister und ehrwürdiger Vater // Mein Meister Chaucer, Blüte der Beredsamkeit // Spiegel fruchtbringender Lehre // O Allvater der Weisheit [...] Der Erfinder unserer angenehmen Sprache] (Brewer, I, 62–63). Hier finden sich die gleichen Gedanken wieder wie bei Deschamps. Besonders jedoch wird Chaucer von seinen Zeitgenossen und Nachfolgern wegen seiner Rhetorik gerühmt. Vor allem John Lydgate wird nicht müde, Chaucers Stilgefühl und die rhetorische Gestaltung seiner Dichtung zu loben. Chaucer wird als »noble Rethor« [edler Rhetoriker] (Brewer, I, 46) bezeichnet, der mit seinen Stil- und Klangfiguren das ungehobelte Englisch erst zur Kunstsprache erhoben habe. Ähnlich schreibt William Caxton in der Einleitung zu seiner zweiten Auflage der *Canterbury Tales* im Jahre 1484: »Emong whom and inespecial to fore alle other we ought to gyue a synguler laude vnto that noble & grete philosopher Gefferey chaucer the whiche for his ornate wrytyng in our tongue may wel haue the name of a laureate poete / For to fore that he by hys labour enbelysshyd / ornated / and made faire our englisshe / in thys Royame was had rude speche« [Unter welchen wir vor allen anderen ganz besonders den edlen, großen Philosophen Geoffrey Chaucer loben sollten, der wegen seines geblümten Stils in unserer Sprache verdiente, *poeta laureatus* genannt zu werden. Denn bevor er aufgrund seiner Anstrengung unser Englisch verzierte, schmückte und verschönte, war die Sprache in diesem Königreich ungehobelt] (Brewer, I, 76). Auch hier wird wieder betont, Chaucer habe überhaupt erst das literarische Idiom geschaffen, das Dichtung möglich mache. Interessanterweise bezeichnet Caxton Chaucers Stil als »ornate« [geblümt], eine Aussage, die sich bei Chaucers Zeitgenossen nicht findet und die aus heutiger Sicht auch nicht zutreffend ist, denn im Vergleich zu den Meistern des geblümten Stils wie z.B. William Dunbar oder Gavin Douglas ist Chaucers

Rhetorik verhältnismäßig schlicht. Von »sugred eloquence« [zuckriger Beredsamkeit] (Brewer, I, 76) kann kaum die Rede sein; das, wie gesagt, träfe mehr auf Dunbar zu, der Chaucers Diktion als »fresch anamalit termes celicall« [frische, himmlische, emaillierte Redeweise] (Brewer, I, 81) bezeichnet, eine höchst ausgefallene Formulierung.

Eine andere erwähnenswerte Beobachtung in den ersten Kommentaren zu Chaucers Dichtung gilt der Vielfalt seines literarischen Oeuvres. Besonders Lydgate und Caxton heben dies lobend hervor. Chaucer schreibe sowohl »thing Historial« [Geschichte] als auch »Feyned talis« [Fiktion] (Brewer, I, 50), er verwende eine Vielzahl von literarischen Gattungen wie z.B. die Komödie oder die Tragödie, und er verfüge über eine breit angelegte Thematik, die alles vom Erbaulichen bis zum Schwankhaften beinhalte. Mit dieser Feststellung wird auf eine Eigenschaft von Chaucers dichterischem Werk verwiesen, die später, vor allem in der Rezeption der dritten und vierten Phase, immer wieder hervorgehoben wird und in John Drydens Kommentar zu den *Canterbury Tales* »Here is God's Plenty« [Hier ist Gottes Vielfalt] ihre klassische Formulierung findet (Brewer, I, 167).

Als Vater der englischen Dichtung wird Chaucer auch in der humanistischen Phase der Chaucerrezeption gesehen. Doch nun machen sich sowohl die zeitliche Distanz als auch eine veränderte Literaturauffassung in der Beurteilung von Chaucers Werken bemerkbar. So fühlt sich John Skelton z.B. bemüßigt, Chaucers Sprache gegen diejenigen zu verteidigen, die sie als antiquiert ansehen: »Chaucer, that famus clerke, / His termes were not darke, / But plesaunt, easy, and playne« [Chaucer, dieser berühmte Gelehrte, seine Sprache ist nicht dunkel, sondern angenehm, einfach und unkompliziert] (Brewer, I, 85). Hier zeigt sich zum ersten Mal, wenn auch nur andeutungsweise, daß die weitreichenden lautlichen Veränderungen des Englischen seit der Mitte des 15. Jahrhunderts den Zugang zu den Schriftstellern im ausgehenden 14. Jahrhundert erschweren.

So behauptet Skelton in dem gleichen Gedicht, »The Garland of Laurell«: »Gowers Englysh is olde, / And of no value told« [Gowers Englisch ist alt und wird als wertlos erachtet]. Nun unterscheidet sich aber Gowers Englisch in keiner Weise von dem Chaucers – sie sind Zeitgenossen und sie schreiben beide im Londoner Dialekt, der sich später zur Hochsprache entwickeln sollte. Skeltons abwertender Kommentar auf der einen und seine Verteidigung von Chaucers Sprache auf der anderen Seite berücksichtigt jedenfalls zum ersten Mal diesen sprachlichen Aspekt, der in späteren Stellungnahmen zu Chaucers Dichtung häufig wiederkehrt.

Das Bewußtsein der humanistischen Gelehrten, in einer anderen Zeit zu leben, bringt eine weitere Distanz mit sich. Nicht nur sprachlich, sondern auch weltanschaulich scheint die Dichtung Chaucers einer anderen Epoche anzugehören. Zum ersten Mal begegnet man dieser Auffassung in Sir Brian Tukes Widmung zur Chauceraausgabe von William Thynne, in der er sich lobend über das Werk des »noble & famous clerke Geffray Chaucer« [des edlen und berühmten Gelehrten Geoffrey Chaucer] ausläßt und hinzufügt: »it is moche to be marueyled / howe in his tyme / whan doutlesse all good letters were layde a slepe throughout the worlde / [...] / suche an excellent poete in our tonge / shulde as it were (nature repugnyng) spryng and aryse.« [es ist äußerst wundersam, wie zu seiner Zeit, als alle Wissenschaften in der Welt schlummerten [...] so ein hervorragender Dichter in unserer Sprache (gegen die natürliche Ordnung) hervorkommen und auftreten konnte.] (Brewer, I, 88). Spätere Gelehrte sind in ihrer Beurteilung des Mittelalters noch drastischer. So spricht Robert Braham (1555) sogar von »the grosenesse and barbarousnesse of that age« [von der Ungeschlachtheit und Unzivilisiertheit jenes Zeitalters], in dem »so deuyne a wryter« [so ein himmlischer Dichter] (Brewer, I, 104) wie Chaucer gewirkt habe. Aus beiden Kommentaren geht deutlich die Geringschätzung der Humanisten für das dunkle und barbarische Mittelalter hervor, eine Zeit, die glücklicherweise durch die neuen Kenntnisse und Wissenschaften der Renaissance abgelöst worden sei.

Zu deren Errungenschaften gehörte natürlich auch die Wiederentdeckung und das Studium der klassischen Dichtung in ihrer ursprünglichen Form. Folglich legte man die strikten Maßstäbe klassischer metrischer Formen an Chaucers Dichtung an und entdeckte wiederum Divergenzen. Die Zahl der Versfüße schien nicht immer mit den Erfordernissen des Metrums übereinzustimmen. George Gascoigne (1575) macht als erster auf diesen Mangel in Chaucers Dichtung aufmerksam. Wenngleich sich Gascoigne als verhältnismäßig nachsichtiger und verständnisvoller Kritiker erweist, weist er doch auf etwas hin, das in der folgenden Zeit zu einem Hauptthema der Chaucerrezeption werden sollte. Wenn Gascoigne behauptet: »Also our father *Chaucer* hath vsed the same libertie in feete and measures that the Latinists do vse« [auch hat unser Vater Chaucer von der gleichen Freiheit in der Verwendung von Versfuß und Versmaß Gebrauch gemacht wie die Lateiner] (Brewer, I, 110), dann ist diese Beobachtung zwar grundsätzlich zutreffend, sie läßt aber gleichzeitig außer acht, daß sich die Aussprache im 16. Jahrhundert geändert hatte und dadurch natürlich auch die Metrik von Chaucers Versen.

Neben diesem zeitbedingten Wandel in der Einschätzung von Chaucers Werk lassen sich bei den humanistisch gebildeten Kommentatoren auch Hinweise auf eine andere Literaturauffassung finden. Man begegnet z.B. einem Lieblingskonzept humanistischer Literaturtheorie, dem Begriff des Decorum, d.h. der Schicklichkeit. So lobt Meredith Hanmer (1576) die Erzählungen Chaucers, »where there is excellent wit, great reading and good decorum obserued« [wo auf hervorragende Weisheit, große Belesenheit und gutes Decorum geachtet wird] (Brewer, I, 113). Und Francis Beaumont (1597) hebt bei einem Vergleich der Werke Chaucers mit Plautus und Terenz lobend hervor, daß der Dichter besonders um die Einhaltung des Decorum bemüht gewesen sei bei der Zuordnung von Erzähler und Erzählung in den *Canterbury Tales*: »How much had hee swarued from Decorum, if hee had made his Miller, his Cooke, and his

Carpenter, to haue told such honest and good tales, as hee made his Knight, his Squire, his Lawyer, and his Scholler tell?« [Wie sehr wäre er vom Decorum abgewichen, wenn er seinen Müller, seinen Koch und seinen Zimmermann genauso ehrenwerte und gute Geschichten hätte erzählen lassen wie seinen Ritter, seinen Knappen, seinen Rechtsanwalt und seinen Scholaren?] (Brewer, I, 137). Auch wenn sich die Terminologie heute geändert hat, bleibt diese zuerst von den Humanisten geschätzte Zuordnung von Erzähler und Erzählung in den *Canterbury Tales* als literarische Leistung Chaucers weiterhin allgemein anerkannt. Gleiches läßt sich jedoch nicht für andere humanistische Grundsätze sagen, die Chaucers Dichtung in einen literaturtheoretisch eingeengten Kontext stellen. Zu diesen gehört vor allem die Forderung, daß Dichtung der moralischen Reform bzw. Vervollkommnung dienen müsse, eine Ansicht, die eng verbunden ist mit dem Konzept des Dichters als Seher. Von dieser Warte her beurteilt kann Chaucer nur dann akzeptiert werden, wenn man ihn zum Reformator im Gefolge Wyclifs macht, wie es z.B. der Protestant John Foxe tut (Brewer, I, 108), oder wenn man wie William Webbe (1586) die Intention des Dichters von vornherein wie folgt festlegt: »For surelie I am of this opinion that the wantonest Poets of all, in their most laciuious workes wherein they busied themselues, sought rather by that meanes to withdraw mens mindes (especiallie the best natures) from such foule vices then to allure them to imbrace such beastly follies as they detected.« [Denn ich bin sicherlich der Meinung, daß die frivolsten aller Dichter in ihren unanständigsten Werken, die sie verfaßt haben, das Trachten der Menschen (vor allem der besseren Naturen) auf diese Weise eher von diesen schändlichen Lastern ablenken als sie dazu bringen wollten, sich solchen viehischen Torheiten hinzugeben, wie sie sie darlegen.] (Brewer, I, 126). Hiermit gibt Webbe eine Lesehilfe für die richtige Interpretation der Schwänke in den *Canterbury Tales*, die dem humanistischen Literaturverständnis zufolge eben nur gegen den Strich gelesen werden konnten. Unter diesen Voraussetzungen ist es nicht verwunderlich, daß die *Canterbury Tales* in dieser zweiten Rezeptionsphase nicht als Chaucers bedeutendstes Werk angesehen wurden. Vielmehr galt *Troilus and Criseyde* als Chaucers herausragende literarische Leistung, eine Stellung, die das Werk bis etwa 1700 innehatte. Es ist das Werk, das Sir Philip Sidney in seinem literarischen Traktat *An Apologie for Poetrie* (1581) am meisten lobt, aber mit folgender Einschränkung der poetischen Leistung Chaucers: »Yet had he great wants, fitte to be forgiuen, in so reuerent antiquity.« [Doch hatte er große Fehler, die aber einem so ehrwürdigen Alter verziehen werden sollten.] (Brewer, I, 120). Sidney verbindet hier Bewunderung für das Werk Chaucers mit Kritik und präsentiert mit dieser zwiespältigen Haltung gegenüber Chaucer am besten die Einstellung der Humanisten zu Chaucers literarischem Oeuvre.

In der nun folgenden klassizistischen Phase ist die Chaucerrezeption zumeist negativ. Abgesehen von wenigen Ausnahmen – und hierzu gehört vor allem Dryden, über den an anderer Stelle noch zu sprechen sein wird – zeigen die Kommentare zu Chaucers Werk höchstens lauwarme Anerkennung. Zwar gilt er weiterhin als Vater der englischen Dichtkunst, doch seine Vaterschaft sei auch ein Indiz für das Alter seiner Dichtung, das zwar ehrwürdig sein möge, aber auch eine Mühsal für den Leser darstelle. Folglich häufen sich die Klagen über die nicht mehr zeitgemäße Sprache des Dichters. Man findet zwar gelegentlich noch Stimmen (wie z.B. Michael Drayton, 1627), die darauf hinweisen, daß Chaucer die englische Sprache veredelt habe: »That noble *Chaucer*, in those former times, / The first inrich'd our *English* with his rimes, [...] / And coyne for currant, and asmuch as then / The *English* language could expresse to men, / He made it doe« [Der edle Chaucer in dieser frühen Zeit, der zuerst unser Englisch mit seinen Reimen bereicherte [...] Und er legte den Grundstein für das, was die englische Sprache jetzt und damals ausdrücken kann und konnte] (Spurgeon, I, 200–01). Zumeist aber verbindet sich ein solches Lob mit einer Klage wie bei Edward Phillips (1675): »*Sir Geoffry Chaucer*, the *Prince* and *Coryphoeus*, generally so reputed, till this Age, of our *English* Poets, and as much as we triumph over his old fashion'd phrase, and obsolete words, one of the first refiners of the *English* Language, of how great Esteem he was in the Age wherein he flourish'd« [Sir Geoffrey Chaucer, der als Fürst und Koryphäe unter unseren englischen Dichtern bis zur heutigen Zeit gilt, wie große Anerkennung fand er doch zu seiner Zeit als einer der ersten, die die englische Sprache veredelten, selbst wenn wir heute über seine veraltete Diktion und seinen obsoleten Wortschatz erhaben sind] (Spurgeon, I, 250). Doch nicht nur Chaucers antiquierte Sprache war den klassizistischen Dichtern ein Dorn im Auge, ihnen mißfiel vor allem auch Chaucers unregelmäßige Metrik. Chaucers vermeintliche Sorglosigkeit bei der metrischen Gestaltung seiner Verse rief bei seinen perfektionistischen Dichterkollegen im 17. und frühen 18. Jahrhundert Unbehagen hervor. Edmund Waller (1668), Joseph Addison (1694), John Dart (1721) etc. äußerten sich kritisch dazu und beklagten diesen Mangel an Sorgfalt. Natürlich fehlte es Chaucer auch nicht an Verteidigern. Thomas Speght, der Herausgeber einer Gesamtausgabe der Werke des Dichters im Jahre 1602, machte für die Unregelmäßigkeit den Schreiber verantwortlich: »And if a verse here and there fal out of sillable shorter or longer than another, I rather aret it to the negligence and rape of *Adam Scriuener*, that I may speake as *Chaucer* doth, than to any vnconning or ouersight in the Author« [Und sollte dem einen oder anderen Vers eine Silbe fehlen und kürzer oder länger als der andere sein, dann laste ich dies eher der Sorglosigkeit und der Hast des Schreibers Adam an, um mit den Worten Chaucers zu sprechen, als dem Unvermögen oder der Unaufmerksamkeit des Autors] (Spurgeon, I, 169). Auch John Urry, ein weiterer Herausgeber von Chaucers Gesamtwerk im Jahre 1721, schrieb 1712 an Lord Harley, er glaube, daß die Schreiber der Handschriften für die fehlerhafte Metrik von Chaucers Werken verantwortlich seien (Spurgeon, I, 325). Andere wieder meinen, der Fehler läge bei den Lesern bzw. Herausgebern. So sagt William

Barker (1635) lapidar: »And because they are lazie, *Chaucer's* Rude« [Und weil sie (die Leser) faul sind, ist Chaucer ungehobelt] (Spurgeon, I, 208). Und Thomas Morell (1737) stellt mit Zufriedenheit fest, daß Chaucer immer noch gelesen und geschätzt werde, »notwithstanding he hath been so wretchedly abused, *miswrote and mismetred* by all his Editors, the last not excepted.« [obwohl er von seinen Herausgebern einschließlich dem letzten (gemeint ist der gerade erwähnte John Urry) so elendig mißbraucht, falsch abgeschrieben und seine Metrik verfälscht worden ist.] (Spurgeon, I, 381).

Bei dieser Kontroverse um Chaucers Sprache und Metrik ist es nicht verwunderlich, wenn im 17. Jahrhundert Anstrengungen von Chaucerbewunderern unternommen wurden, das Werk des Meisters vor dem Zugriff der Zeit zu retten. Und da sich die englische Sprache als unzuverlässiges Medium erwiesen hatte, sah man sich nach tauglicheren und beständigeren Ausdrucksformen um. Für den klassizistischen Schriftsteller bedeutete dies natürlich die Übertragung von Chaucers Werk ins Lateinische. So erschienen denn im Jahre 1635 die ersten beiden Bücher von *Troilus and Criseyde* in der Übersetzung von Sir Francis Kinaston unter dem Titel *Amorum Troili et Creseidae libri duo priores Anglico-Latini*. Die Aufnahme dieses hehren Projekts im Kreise der Literaten war überwältigend, wie die zahlreichen, meist ebenfalls auf lateinisch verfaßten Lobeshymnen beweisen. Repräsentativ für diese Enkomien ist Edward Foulis' Aussage: »Thus time can silence *Chaucer's* tongue, / But not his witte, which now among / The Latines hath a lowder sound; / And what we lost, the World hath found. // Thus the Translation will become / Th'Originall, while that growes dumbe: / And this will crowne these labours: None / Sees *Chaucer* but in *Kinaston*.« [So kann die Zeit Chaucers Zunge zum Schweigen bringen, nicht aber seinen Geist, der jetzt unter den Lateinern einen lauteren Klang besitzt. So wird die Übersetzung das Original werden, während dieses verstummt: Und das wird das Werk krönen: Jeder wird Chaucer nur in Kinaston sehen.] (Spurgeon, I, 211).

Man mag zunächst geneigt sein, diese Naivität zu belächeln, doch spiegelt Foulis' Lobeshymne auf Kinastons Übersetzung eine zu klassizistischer Zeit weitverbreitete Ansicht wider, die Edmund Waller (1668) in dem klassischen Vers zusammenfaßte: »Poets that lasting Marble seek / Must carve in *Latine* or in *Greek*, / We write in Sand, our Language grows, / And like the Tide our work o're flows.« [Dichter, die beständigen Marmor suchen, müssen in Lateinisch oder Griechisch meißeln. Wir schreiben auf Sand, unsere Sprache wächst und überflutet unser Werk wie die Gezeiten.] (Spurgeon, I, 244). Daß die Sprache keinen Bestand haben sollte, war den Literaten des 17. und frühen 18. Jahrhunderts ein ständiger Anlaß zur Sorge, eine Tatsache, die auch die Bestrebungen erklärt, die englische Sprache zunächst von allen Unreinheiten zu säubern, um sie dann in dieser puren Form auf ewig zu fixieren. Mit Argwohn beobachtete man alle Veränderungen, und die weniger optimistisch eingestellten Beobachter dieses Phänomens kamen zu der eher resignierenden Feststellung wie Alexander Pope in seinem 1709 verfaßten Gedicht *An Essay on Criticism:* »Our sons their fathers failing language see, / And such as Chaucer is shall Dryden be« [Unsere Söhne sehen den Niedergang der Sprache ihrer Väter, und wie Chaucer jetzt ist, wird Dryden werden] (Spurgeon, I, 311). Wahrscheinlich bezieht sich Pope mit dieser Aussage auf das Gesamtwerk Drydens, es könnte aber auch sein, daß ihm Drydens Übertragung von Chaucers *Knight's Tale*, *Nun's Priest's Tale* und *Wife of Bath's Tale* ins moderne Englisch vorschwebte. Dryden steht somit am Anfang einer ganzen Reihe von Modernisierungen der Werke Chaucers im 18. Jahrhundert. Doch nicht nur einzelne Erzählungen des Dichters wurden in zeitgenössisches Englisch übertragen, es gab auch eine ganze Anzahl von eigenständigen Werken, die ihre Inspiration von Chaucer erhielten (vgl. Spurgeon, I, xlix), was George Sewell 1720 zu der Feststellung veranlaßte: »others have but mimick'd his Garb, without hitting his Air and Mien. An old Word, or Phrase or two, accidentally thrown among twenty modern and fashionable ones, have given an unjust Repute to some Imitations of *Chaucer.*« [andere haben nur sein Äußeres nachgeahmt, ohne seinen Ton und seine Art zu treffen. Ein altes Wort oder eine oder zwei Redewendungen, wahllos zwischen zwanzig modernen und modischen Ausdrücken eingestreut, haben manchen Chaucerimitationen eine ungerechtfertigte Reputation eingebracht.] (Spurgeon, I, 351).

Vergegenwärtigt man sich alle diese Äußerungen der klassizistischen Chaucerrezeption, könnte leicht der Eindruck entstehen, man habe sich zu dieser Zeit vor allem mit formalen Kriterien beschäftigt. Und im großen und ganzen ist dieser Eindruck auch gerechtfertigt. Eine löbliche Ausnahme zu diesem Ansatz bildet John Dryden, dessen einleitender Essay zu seiner Sammlung *Fables Ancient and Modern, Translated into Verse from Homer, Ovid, Boccace & Chaucer: With Original Poems* das erste wirkliche Dokument in der Geschichte der Chaucerkritik ist. Zwar beschäftigt sich Dryden auch mit formalen Gesichtspunkten wie Chaucers Sprache und Metrik, die er, seinem klassizistischen Geschmack folgend, veraltet und fehlerhaft findet, doch das eigentliche Anliegen seiner Einleitung ist eine komparatistische Analyse von Chaucers Werk. Und in diesem Zusammenhang ist es unerläßlich, Kriterien zu erstellen, anhand derer ein Vergleich und eine Wertung stattfinden können. Natürlich läßt sich Dryden bei seiner Untersuchung vor allem von klassizistischen Vorstellungen leiten, doch ist sein Ansatz im Gegensatz zu den formalistischen Kritikern vor ihm flexibel und weitaus weniger engherzig. Ein wesentliches Prinzip seiner Literaraturkritik ist das Kriterium der Treue zur Natur: »*Chaucer* follow'd Nature every where, but was never so bold to go beyond her: And there is a great Difference of being *Poeta* and *nimis Poeta*« [Chaucer folgte der Natur in allen Dingen und war nie so anmaßend, darüber hinaus zu gehen: Und dies macht den Unterschied aus zwischen einem wirklichen Dichter und einem Dichter, der übertreibt] (Brewer, I, 164). Nun ist Treue zur Natur kein neues Kriterium in der klassizistischen Literaturästhetik – wir finden es als Desiderat bereits in Sidneys *Apologie for Poetrie*, wo Dichtung als Kunst der Nachahmung definiert wird, doch dazu tritt die Forderung, daß Kunst auch eine im moralischen Sinn erzieherische Funktion haben müsse. Diese Art des Realismus ist also von vornherein einseitig definiert und festgelegt, wie das bereits angeführte Zitat von William Webbe veranschaulichen sollte. Von diesem eingeengten Realismuskonzept nimmt Dryden Abstand und wendet sich, was diesen Punkt betrifft, vorurteilslos den *Canterbury Tales* zu, die er nicht nur als Abbild der »various Manners and Humours (as we now call them) of the whole *English* Nation, in his Age« [verschiedenen Arten und Charaktere (wie wir sie jetzt nennen) der ganzen englischen Nation zu seiner Zeit.] sieht, sondern auch als »general Characters [...] still remaining in Mankind« [allgemeine, immer noch vorhandene Menschentypen] (Brewer, I, 166–67). Hier wird folglich auf das Typenhafte hingewiesen, das die unterschiedlichsten Ausprägungen des menschlichen Charakters einschließt, alles bestehen läßt und nichts ausgrenzt. »Here is God's Plenty« [hier ist Gottes Vielfalt], ist die vielzitierte Definition, die ein Realismuskonzept der Pluralität beinhaltet. Aus dieser Perspektive wird nun der Blick auf die Vielfalt der *Canterbury Tales* nicht mehr verstellt, d.h., die vorher implizite Abwertung von Geschichten aus den literarischen Niederungen findet nun nicht mehr statt. Dryden ist sich der Folgen einer solchen Betrachtungsweise durchaus bewußt, wenn er sagt, seine Feinde »will not allow me so much as to be a Christian, or a Moral Man« [werden mir nicht einräumen, ein Christ oder ein moralischer Mensch zu sein] (Brewer, I, 167). Und er fährt fort, wenn ihm nur an der Unterhaltung seiner Leserschaft gelegen wäre, dann hätte er die *Reeve's*, die *Miller's*, die *Shipman's*, die *Merchant's*, die *Summoner's Tale* und vor allem den Prolog zur *Wife of Bath's Tale* in seine Sammlung mitaufnehmen können. Doch er wolle nicht gegen die guten Sitten verstoßen, wie er das gelegentlich mit seinen eigenen Schriften getan hätte. Und etwas spöttisch fügt er hinzu, indem er zugleich die Angemessenheit betont, daß Charaktere aus den unteren Schichten Obszönitäten von sich gäben, er wisse nicht, warum Boccaccio oder Chaucer diese Figuren überhaupt in ihre Erzählungen eingeführt hätten. Leider sei es zu spät, sie danach zu fragen, und deshalb hätte er die Erzählungen dieser Charaktere auch nicht in seine Sammlung aufgenommen. Im Hinblick auf die vorherige enthusiastische Lobeshymne auf die Vielfalt der lebenswirklichen Figuren in den *Canterbury Tales* ist hier eine gewisse Ironie nicht ganz auszuschließen.

Andere Vorzüge Chaucers, die Dryden rühmt, stehen ebenfalls im Zusammenhang mit der Treue des Dichters zur Natur. Er hebt Chaucers Fähigkeit zur lebhaften Beschreibung hervor. Jedes Detail werde so erfaßt, daß man sich die Pilger wirklich vorstellen könne. Und er lobt die gelungene Charakterisierung der einzelnen Pilger. Hinzu kommen wieder typisch klassizistische Werte, wie z.B. die Betonung von Chaucers »good Sense« [klares Urteilsvermögen] (Brewer, I, 164) und die Angemessenheit, mit der er die Dinge beschreibt. Gerügt wird Chaucers gelegentliche Tendenz, »trivial Things with those of greater Moment« [Triviales mit Erhabenem] (Brewer, I, 168) zu vermischen, und seine Neigung zur Redundanz. Damit aber wird bereits der Rahmen abgesteckt, in dem sich Drydens eigene Modernisierung des Chaucerschen Originaltextes bewegt. Diese Mängel müssen beseitigt werden, damit das geschehen kann, was Dryden anstrebt: Chaucers Dichtung zum Funkeln zu bringen. »*Chaucer*, I confess, is a rough Diamond, and must first be polish'd, e'er he shines.« [Ich gebe zu, Chaucer ist ein roher Diamant, der erst poliert werden muß, bevor er strahlt.] (Brewer, I, 168).

Drydens Lob der Vielfalt von Chaucers Werk wird im 18. Jahrhundert gerne aufgegriffen und ausgebaut. So betont Elizabeth Cooper (1737): »In those [i.e. Chaucers Werke] appears a real Genius, as capable of inventing, as improving; equally suited to the Gay, and the Sublime; soaring in high Life, and pleasant in low« [In diesen zeigt sich wahres Genie, fähig sowohl zur

Erfindung als auch zur Belehrung; gleichermaßen fürs Leichte wie fürs Erhabene geeignet, hervorragend in ernsthaften und angenehm in bescheidenen Lebensumständen] (Brewer, I, 202). Und mit der Hervorhebung der Komplexität von Chaucers Dichtung findet ein neuer Aspekt Eingang in die Chaucerrezeption des 18. Jahrhunderts: Chaucers Humor. Sowohl Elizabeth Cooper als auch Thomas Warton (1754) heben diesen Aspekt hervor, der vorher völlig unberücksichtigt geblieben war. Und Thomas Warton (1774) ist es schließlich auch zu verdanken, daß Chaucers Unabhängigkeit von klassischen poetischen Vorlagen klar zum Ausdruck kommt: »It is certain that Chaucer abounds in classical allusions: but his poetry is not formed on the ancient models. [...] his chief sources were the French and Italian poets ...« [Sicher ist, daß Chaucer voll von klassischen Anspielungen ist, seine Dichtung aber orientiert sich nicht an den klassischen Modellen. [...] seine Hauptquellen waren die französischen und italienischen Dichter ...] (Brewer, I, 227–28). Mit dieser Feststellung wird der klassizistischen Betrachtungsweise zu Ende des 18. Jahrhunderts das theoretische Fundament entzogen, und der Weg wird frei für neue Ansätze zur Beurteilung von Chaucers dichterischem Werk.

Natürlich kam der Umschwung weder sofort, noch reagierten alle Dichter und Kritiker der nun einsetzenden Romantik in gleicher Weise auf die Werke Chaucers. Lord Byron z.B. entspricht mit seiner abschätzigen Meinung vom Wert von Chaucers Dichtung keineswegs der sonst üblichen positiven Einstellung zu Chaucer. In der für ihn typischen sardonischen Manier bezeichnet Byron Chaucer als »obscene and contemptible« [obszön und verachtenswert] (Brewer, I, 249) und behauptet, Chaucers Ruhm beruhe allein auf seinem ehrwürdigen Alter. Sicherlich ist Byrons Aussage unqualifiziert und ungerecht, aber sie wirkt dennoch nach, wie Matthew Arnolds sehr viel kompetentere Analyse von Chaucers Werk und seiner Lozierung in der Weltliteratur zeigt. Arnold spricht Chaucer »high seriousness« [wirkliche Ernsthaftigkeit] ab und verbannt ihn damit ins zweite

Glied der Dichter hinter Homer, Dante, Shakespeare und Villon (!) (Brewer, II, 220).

Die positive Aufnahme von Chaucers Werken durch die Romantiker wurde natürlich auch durch die generelle Begeisterung für das Mittelalter in dieser Zeit begünstigt. Man braucht nur an den Erfolg der historischen Romane von Walter Scott zu denken, und schon begreift man die Aufnahmebereitschaft der Romantik für literarische Erzeugnisse, die sich mit dieser Zeit befaßten oder aus dieser Zeit stammten. Man sieht nun in Chaucers Dichtung die eigenen ästhetischen Vorstellungen reflektiert, so daß man ganz legitim von einem romantischen Chaucerbild sprechen kann, wie die nachfolgenden Belege verdeutlichen sollen. Lassen wir zunächst Samuel Taylor Coleridge zu Wort kommen, der Chaucer als Inbegriff der Gotik bezeichnet, eine Nomenklatur, die für die Romantiker im diametralen Gegensatz zum Klassizismus und seinen ästhetischen Prinzipien steht, die auf den Normen einer Regelpoetik beruhen. Zunächst lobt Coleridge Chaucers »love of nature« [Liebe zur Natur] (Brewer, I, 288). Damit sind natürlich nicht etwa Chaucers Naturbeschreibungen gemeint, sondern seine naturgetreue individualisierende Gestaltung von Sujet und Charakteren, die er »by the inborn kindly joyousness of his nature« [aufgrund der ihm angeborenen liebenswürdigen Fröhlichkeit seines Wesens] (Brewer, I, 289) vornehmen könne. Folglich sei seine Dichtung angenehm, weil sie sich in Harmonie mit der Natur befinde und der natürlichen Disposition des Dichters entspringe. Chaucer wird somit zum »gayest and most cheerful writer of our language« [zum fröhlichsten und muntersten Schriftsteller unserer Sprache], wie er in einem anonymen Beitrag in *The Retrospective Review* aus dem Jahre 1825 genannt wird (Brewer, I, 305). Aus dieser Zuordnung leiten sich zwei weitere Qualitäten ab: Chaucers kindliche Unschuld und was man als seine »Englishness« bezeichnet. Beides sind positive Werte, wenngleich sie auch nicht unbedingt als Einheit gesehen werden sollten oder wurden.

So meint Henry David Thoreau (1843): »He (Chaucer) is not heroic, as Raleigh, nor pious, as Herbert, nor philosophical, as Shakespeare; but he is the child of the English muse, that child which is the father of the man. The charm of his poetry consists often only in an exceeding naturalness, perfect sincerity [...] of a child rather than of a man.« [Er ist weder heroisch wie Raleigh noch fromm wie Herbert, noch philosophisch wie Shakespeare; er ist vielmehr das Kind der englischen Muse, das Kind, das der Vater des Menschen ist. Der Charme seiner Dichtung besteht oft nur in deren außerordentlicher Natürlichkeit, der Offenheit [...] eines Kindes eher als der eines Mannes.] (Brewer, II, 54). Die Qualitäten, die hier von Thoreau hervorgehoben werden, entsprechen ganz den typisch romantischen Vorstellungen von der Reinheit, der Unverdorbenheit und der Ursprünglichkeit des kindlichen Charakters oder des Menschen in seiner Anfangsphase. Diese Phase scheint Chaucer mit seiner Dichtung zu verkörpern, und zwar nicht nur von der Wahl und Bearbeitung seiner Themen her, sondern auch hinsichtlich ihrer rhetorischen Gestaltung. Nur so läßt sich William Hazlitts anerkennende Bemerkung aus dem Jahre 1818 verstehen: »He (Chaucer) exhibits for the most part the naked object, with little drapery thrown over it. His metaphors, which are few, are not for ornament, but use, and as like as possible to the things themselves. [...] There is no artificial, pompous display, but a strict parsimony of the poet's materials, like the rude simplicity of the age in which he lived.« [Er zeigt zumeist das nackte Objekt mit wenig Hüllen darüber. Seine Metaphern, von denen es wenig gibt, dienen nicht der Verzierung, sondern haben eine bestimmte Funktion, und sie sind den Dingen so ähnlich wie möglich. [...] Es gibt keine pompöse, künstliche Zurschaustellung, sondern nur den sparsamen Umgang mit den Werkzeugen des Dichters, ähnlich der schlichten Einfachheit des Zeitalters, in dem er lebte.] (Spurgeon, II, 100). Diese Abneigung gegenüber allem Gekünstelten entspricht vollkommen der Sichtweise der Romantiker, die in ihrer Dichtung die Schlichtheit ihrer Sujets auch stilistisch ausdrücken wollten. Natürlich wird eine solche Einschätzung Chaucers Rhetorik in keiner Weise gerecht, ja, sie steht sogar in diametralem Gegensatz zur Auffassung der Zeitgenossen Chaucers und zu den Analysen, die von der positivistischen Chaucerkritik in den zwanziger Jahren dieses Jahrhunderts durchgeführt wurden, wenngleich der Schluß, der aus diesen Untersuchungen gezogen wurde, ebenfalls nur zeitbedingte ästhetische Präferenzen widerspiegelt, in diesem Fall die des literarischen Realismus.

Auch der Versuch der Romantiker, in Chaucer typisch englische Züge zu entdecken, steht im Einklang mit ihren weltanschaulichen Vorstellungen, ohne daß dadurch in irgendeiner Weise nationalistische Vorurteile zum Ausdruck kommen oder angesprochen werden sollten. Vielmehr entspricht es dem romantischen Konzept von der eigenen Wesensart von Epochen, Völkern und Kulturen. Folglich ist es nicht verwunderlich, wenn man in einem anonymen Beitrag in der *Edinburgh Review* aus dem Jahre 1837 diese Bemerkung findet: »[...] and thus when Chaucer wrote, though borrowing largely from the early Italian poetry – though not untinctured by the Norman – it was at once a national poet formed by national circumstances, and appealing to a nation! Though, as we before said, a scholar and a courtier, it was in Chaucer that the literary spirit of the English people, vigorous, simple, and truthful, found its voice.«[[...] und als Chaucer schrieb, wurde sogleich ein Nationaldichter durch nationale Umstände geschaffen, der die Nation ansprach, obwohl er hauptsächlich der frühen italienischen Dichtung verpflichtet und auch vom normannischen Einfluß berührt war! Obwohl ein Gelehrter und Hofmann, wie wir vorher sagten, war es Chaucer, in dem der literarische Geist des englischen Volkes – kräftig, einfach und wahrhaftig – seinen Ausdruck fand.] (Brewer, I, 315). Was in romantischer Zeit im Einklang mit der Vorstellung von jungen, robusten, unverbrauchten Menschen und Zeitaltern noch positiv gesehen wird, kann später bereits einen negativen Beigeschmack erhalten. Auch der viktorianische Literaturkritiker John Ruskin befaßt sich mit dem spezifisch englischen Charakter und bemerkt dazu: »[...] we [*i.e. die Engländer*] shall never be successful in the highest fields of ideal or theological art. For there is one strange, but quite essential character in us: ever since the Conquest, if not earlier: – a delight in the forms of burlesque which are connected in some degree with the foulness of evil. I think the most perfect type of a true English mind in its best possible temper, is that of Chaucer; and you will find that, while it is for the most part full of things of beauty, [...] there are even in the midst of this sometimes momentarily jesting passages which stoop to play with evil« [[...] wir [die Engländer] werden niemals auf dem erhabenen Gebiet des Idealismus oder der Theologie Erfolg haben, denn wir besitzen eine befremdliche, aber wichtige Charaktereigenschaft seit der Zeit der Eroberung, wenn nicht schon seit früherer Zeit: eine Freude an den Formen der Burleske, die bis zu einem gewissen Grad mit der Gemeinheit des Bösen verbunden sind. Ich glaube, daß Chaucer der vollkommenste Vertreter des wahren englischen Geistes in seiner besten Ausprägung ist. Und obwohl dieser Geist fast ganz voller Schönheit ist, wie man sehen kann, [...] erscheinen doch plötzlich scherzhafte Passagen, die mit dem Bösen spielen] (Brewer, II, 106). Und Ruskin beendet diese Betrachtung mit der resignierenden Feststellung, Chaucers Dichtung degeneriere zu solchen Formen des Humors, daß er jetzt als Lektüre für die englische Jugend fast unbrauchbar sei. Nun sind Ruskins Vorbehalte zwar typisch viktorianisch, sie sprechen aber eine Eigenschaft in Chaucer an, die Gelehrten seit dem Zeitalter des Humanismus immer wieder Kopfzerbrechen bereitet hat: seine Tendenz, auch die weniger angenehmen Seiten des menschlichen Charakters in aller Offenheit darzulegen. Die Humanisten konnten sich dadurch aus der Affäre ziehen, daß sie Chaucer eine belehrende Absicht unterstellten und die verwerflichen Figuren einschließlich ihrer obszönen Erzählungen als *exempla mali* betrachteten. Aus klassizistischer Sicht ließ sich diese Frivolität, an der das gebildete, weltmännisch-elegante

Lesepublikum sowieso keinen Anstoß nahm, mit dem Hinweis auf Chaucers Treue zur Natur rechtfertigen. Und die Romantiker sahen mit Ausnahme von Lord Byron über diesen Tatbestand zumeist hinweg. War doch, wie 1859 ein anonymer Rezensent in *The London Review* schreibt, Chaucers »primary aim [...] truth; but the very appetite and instinct which led him to pursue truth brought him into the presence of beauty.« [Hauptziel [...] die Wahrheit; aber sein Verlangen und seine Veranlagung, die ihn dazu führten, nach der Wahrheit zu suchen, brachten ihn in die Gegenwart des Schönen.] (Brewer, II, 120). Man fühlt sich hier unweigerlich an Keats lapidare Aussage in »Ode on a Grecian Urn« erinnert: »Beauty is truth, truth beauty, – that is all / Ye know on earth, and all ye need to know.« [Schönheit ist Wahrheit, Wahrheit Schönheit – das ist alles, was Ihr auf Erden wißt und zu wissen braucht.]. Angesichts dieser Wahrheits- und Schönheitsvorstellung erübrigt sich jeder weitere Kommentar zu dem, was Ruskin als bedauerlichen Hang Chaucers zum Burlesken bezeichnet, einen Hang, den er weiterhin als nationale Eigenschaft der Engländer betrachtet. Für den Viktorianer Ruskin bleibt nur die tröstliche Vorstellung, daß »Shakespeare and Chaucer throw off, at noble work, the lower part of their natures as they would a rough dress« [Shakespeare und Chaucer bei edler Arbeit den niedrigen Teil ihres Naturells wie ein rauhes Kleid abwerfen] (Brewer, II, 107).

Eine weitere Besonderheit Chaucers, die im 19. Jahrhundert Beachtung findet, ist seine Einstellung zur Religion. Wir waren diesem Interesse bereits schon in der humanistischen Phase der Chaucerrezeption begegnet, wo der Dichter aufgrund von Werken, die ihm zumeist fälschlicherweise zugeschrieben worden waren, wie z.B. die *Plowman's Tale* oder die satirischen Gedichte in der *Piers-Plowman*-Tradition, als protestantischer Reformator vereinnahmt worden war. Im rationalistisch geprägten Viktorianismus ändert sich diese Ansicht vollkommen, soweit sich die Kritik mit dieser Seite von Chaucers Werk befaßt. Chaucer wird als Rationalist eingestuft, und als solcher kann er religiösen Dingen natürlich nur skeptisch gegenüberstehen, wenn er sie überhaupt beachtet. So beschreibt ihn Alexander Smith (1863) als einen Mann, dessen »moral instinct ... escapes in irony, never in denunciation or fanaticism« [moralischer Instinkt ... sich in Ironie flüchtet, aber nie in Angriffe oder Fanatismus ausartet]. Ihn hätte »no remarkable spirituality« [keine besondere Spiritualität] ausgezeichnet, sondern »an acceptance of the world as a pleasant enough place, provided good dinners and a sufficiency of cash are to be had« [eine Annahme der Welt als eines netten Ortes, solange dort gutes Essen und genügend Geld zu haben sind] (Brewer, II, 126). In dieser Beschreibung wird Rationalismus fast schon zu Hedonismus. In gemäßigteren Analysen wie der von William Brightly Rands (1869) liest man: »there is nothing particularly Wickliffian in any portion of his works.« [es gibt nichts ausgesprochen Wyclifsches in irgendeinem Abschnitt seines Werkes.] (Brewer, II, 129). Auch Rands betont wieder, Chaucers Charakter neige weder zum Märtyrertum noch zum Zelotismus. Er sei der Religion eher lauwarm gegenübergestanden, eine Meinung, die 1916 noch einmal in einem wohlrecherchierten Aufsatz von John S.P. Tatlock bekräftigt wird. Dieser nennt Chaucer »something of a Laodicean« [einen lauwarmen Christen] (Brewer, II, 339). Diese Auffassung entspricht dem rationalistisch-realistischen Chaucerbild der zweiten Hälfte des 19. Jahrhunderts, in dem Skepsis gegenüber der Religion als traditionellem Wert vorherrscht. Die eigenen Vorbehalte gegenüber den etablierten Formen der Religion und der Kirche als Instanz werden auf Chaucer und seine Dichtung projiziert, der somit eher als aufgeklärter Vertreter eines religiösen Liberalismus erscheint denn als mittelalterlicher Christ.

Doch nicht nur im Hinblick auf die Beurteilung von Chaucers Persönlichkeit unterscheiden sich die viktorianischen Kritiker von den Romantikern, sondern auch in der Bewertung von essentiellen Konzepten in Chaucers Dichtung. So wird z.B. die Frage nach dem Wesen der Natur und was es bedeutet, naturgetreu zu schreiben, noch einmal neu gestellt und analysiert. Folglich kann William Brightly Rands zu Recht 1869 sagen: »Nature, in the Wordsworthian sense, plays no part in Chaucer.« [Die Natur im Sinne von Wordsworth spielt bei Chaucer keine Rolle.] (Brewer, II, 129). Und er verweist auf den Anfang der *Physician's Tale*, wo Chaucer seine vollkommen mittelalterliche Vorstellung vom Wesen der Natur und ihrer Stellung im göttlichen Universum entwickelt. Wie Rands richtig feststellt, leitet sich die moderne Naturauffassung – und damit dürfte wohl wieder die von Wordsworth und den Romantikern gemeint sein – von dem zunehmenden zivilisatorischen Einfluß auf das Leben sowie dem abnehmenden religiösen Halt ab. Diesen Äußerungen ist zu entnehmen, daß Rands die romantische Naturauffassung nicht zu Unrecht als ein Substitut für schwindende Werte auf der einen und als Bollwerk gegen ein Übermaß an Zivilisation auf der anderen Seite betrachtet. In eine solche weltanschauliche Zwangsjacke läßt sich Chaucer natürlich nicht stecken, so daß die Alterität zwischen ihm und den Romantikern zu Recht hervorgehoben wird. Der Begriff Alterität ist absichtlich gewählt, denn seit der Mitte des 19. Jahrhunderts mehren sich die Stimmen, die in Chaucers Dichtung nicht nur die ästhetischen Prinzipien ihrer eigenen Zeit widergespiegelt sehen, sondern auch Eigenarten dort finden, die eben als mittelalterlich gelten müssen. Zwar versucht man immer noch, das zu finden, was der eigenen Vorstellung von Literatur und der literarischen Tradition entspricht, aber man ist auch nicht mehr blind für die Andersartigkeit von Chaucers Dichtung, wenngleich man ihr auch nicht positiv gegenübersteht. So stellt Christopher North (1845) fest, Chaucers frühe Dichtung zeichne sich durch folgende Eigenarten aus, die für seine Zeit typisch seien: »First, an excessive and critical self-dedication of the writer to the service of Love, [...] Secondly, an ungovernable propensity to allegorical fiction. [...] Thirdly, a Dream was a vehicle much in use for effecting the transit of the fancy from the real to the poetical world. [...] Fourthly, interminable delight in expatiating upon the simplest sights and sounds of the natural world. [...] Fifthly, a truly magnanimous indifference to the flight of time and to the cost of parchment, expressed in the dilatation of a slender matter through an infinite series of verses.« [Erstens, eine übermäßige und gefährliche Verpflichtung des Dichters dem Minnedienst gegenüber, [...] Zweitens, eine unzähmbare Neigung zur allegorischen Schreibweise. [...] Drittens, der Traum war ein viel gebrauchtes Mittel, um den Übergang der Phantasie von der realen zur poetischen Welt zu erzielen. [...] Viertens, die nie endende Lust, die einfachsten Bilder und Laute der natürlichen Welt ausführlichst zu beschreiben. [...] Fünftens, eine wirklich frappierende Gleichgültigkeit gegenüber der Zeit und dem Wert von Pergament, die darin ihren Ausdruck findet, daß unwichtige Ereignisse in einer endlosen Anzahl von Versen ausgewalzt werden.] (Brewer, II, 62–63). Der Ton, in dem diese Beobachtungen gehalten sind, spricht für sich selbst. Offensichtlich hat North wenig Verständnis für diese Eigenheiten mittelalterlicher Dichtung, die er auch bei Chaucer findet. Es sind, um es noch einmal kurz zu wiederholen, sowohl thematische als auch rhetorische Dinge, die ihm mißfallen: der Minnedienst, die Allegorie, die Konvention der Traumdichtung, die rhetorische Figur der *descriptio* und das Stilmittel der *digressio*. Hier stellt sich natürlich die Frage: Beruht Norths Abneigung gegenüber diesen Merkmalen mittelalterlicher Dichtung nur auf seinem persönlichen Geschmack oder läßt sich hierfür wieder ein breiteres literaturtheoretisches Fundament finden? Bei näherer Betrachtung scheinen die hier gemachten Aussagen den Anschauungen des psychologischen Realismus verpflichtet zu sein, wie er vor allem in den Romanen seit dem ersten Drittel des 19. Jahrhunderts zum Ausdruck kommt. Nur so läßt sich die kritische Beurteilung von Themen und Konventionen verstehen, die als gemeinschaftliches Kriterium eine gewisse Künstlichkeit aufweisen. Ob es sich nun um bestimmte rhetorische Figuren oder Stilmittel handelt oder die Konvention der Traumdichtung oder die allegorische Schreibweise oder schließlich die höfische

Minne, als deren Vertreter sich der Dichter präsentiert, alle diese Merkmale mittelalterlicher Dichtung belegen ein Interesse an Konstruktion. Der Kunstcharakter tritt klar zutage, ja, ist beabsichtigt, was sich schlecht in Einklang bringen läßt mit dem Bild Chaucers als dem ursprünglichen, lebenslustigen, humorvollen Dichter, der lebensecht das porträtierte, was er sah. Gott sei Dank aber war dies ja nur der eine Chaucer – der frühe, der die Traumvisionen verfaßt hat, während der späte, der Dichter der *Canterbury Tales*, von diesen Vorwürfen weitgehend entlastet werden konnte. So kann James Russell Lowell (1870) davon sprechen, daß Dichtung zu Chaucers Zeit »had well-nigh lost itself in chasing the mirage of allegory.« [sich fast darin verloren hatte, der Fatamorgana der Allegorie nachzujagen.] (Brewer, II, 146). Aber dies sei nicht die Schreibweise gewesen, die einen Dichter wie Chaucer »so sensitive to the actual, so observant of it, so interested by it« [einen so empfänglichen und an der Wirklichkeit interessierten Beobachter] (Brewer, II, 146) habe faszinieren können. Er habe zu Ende seines Lebens gelernt, »that there is nothing deeper in life than life itself, and that to conjure an allegorical significance into it was to lose sight of its real meaning.« [daß es nichts Profunderes im Leben gibt als das Leben selber und daß es seine wirkliche Bedeutung verlöre, wenn man ihm eine allegorische Signifikanz andichten wolle.] (Brewer, II, 147). Diese aus realistischer Sicht zwar verständliche Allegoriefeindlichkeit zeigt dennoch, daß gerade in der zweiten Hälfte des 19. Jahrhunderts und auch zu Anfang des 20. Jahrhunderts die Andersartigkeit mittelalterlicher Literatur zwar erkannt und registriert wurde, nicht aber die philosophischen Prinzipien, die dafür verantwortlich waren. Anders läßt sich die immer wieder zum Ausdruck gebrachte abschätzige Bewertung der allegorischen Schreibweise nicht erklären. Man war sich der Tatsache nicht bewußt, daß diese Schreibweise nicht nur Stilmittel war, sondern Ausdruck eines vollkommen anderen Verständnisses der sogenannten Realien dieser Welt, die innerhalb eines hierarchisch geordneten Kosmos, dessen Einzelteile miteinander in geistiger Verbindung stehen, über sich hinaus auf den Schöpfer dieses Kosmos verweisen. Folglich kann die von den Realisten so hervorgehobene Realität natürlich auch nicht als das Kriterium angesehen werden, an das sich die Schreibweise des Dichters anzupassen hat, sondern diese Realität ist immer nur Ausdruck eines höheren Unsichtbaren, das sich hinter der Scheinwelt des Realen verbirgt. Diese Sichtweise mußte den Realisten natürlich verschlossen bleiben, weil ihnen die mittelalterliche Sinnhierarchie unbekannt oder unbegreiflich war. Eng damit verbunden ist die Skepsis gegenüber der Traumdichtung, die aus realistischer Sicht nicht den wirklichen Formen der Lebensbewältigung entspricht. Für North ist sie nur Konvention, d.h. ein passendes Mittel, um den Übergang von der realen zur poetischen Welt zu erzielen. Dabei läßt er außer acht, daß der Dichter mit Hilfe der Traumvision eigentlich in die reale Welt eindringen will. Der Traum nämlich zeigt eine tiefere Wirklichkeit, da er Medium der Offenbarung sein kann. Es ist also nicht die dichterische Welt, die im Traum ihren Ausdruck findet, sondern der Traum ist Ausdruck einer umfangreicheren Sinnhaftigkeit. Im Traum wird die eigentliche Wirklichkeit offenbart, eine Wirklichkeit, die sich in der Welt nur schattenhaft widerspiegelt. Folglich signalisiert die Form des Traumes polyvalente Bedeutung, die sich von der Einsinnigkeit der sichtbaren Oberflächenstruktur der Welt abhebt. Wie sehr diese Oberfläche aber im Blickpunkt des literarischen Realismus steht, verdeutlicht folgendes Zitat von Frederick James Furnivall aus dem Jahre 1873, der über Chaucer sagt: »[...] and he has left us such photographs of the folk that rode with him, that dwelt about him – pictures aglow with life's own hues – as, I dare say, no other poet ever left of any land to after times.« [[...] und er hat uns solche Photographien der Leute, die mit ihm ritten, hinterlassen – Bilder, die mit den Farben des Lebens strahlen – wie sie, so wage ich zu sagen, kein anderer Dichter irgendeines anderen Landes jemals der Nachwelt hinterlassen hat.] (Brewer, II, 175). Hier findet man das Konzept des photographischen Realismus, eine Sichtweise, die man mit Emile Zola verbindet. Dieser zitierte 1880 in seinem Manifest »Le Roman expérimental« den Arzt Claude Bernard, der meinte, daß der Verfasser des naturalistischen Romans ein Photograph der sich darbietenden natürlichen Phänomene sein solle.

Neben Chaucers Hang zur Allegorie und seiner Einbindung in die Tradition der Traumdichtung hatte North Chaucers mittelalterliche Rhetorik kritisiert. Auch diese Kritik sollte zu einem Standardvorwurf der auf den ästhetischen Grundsätzen des Realismus basierenden Literaturkritik werden. So kann man bei Adolphus William Ward (1879) in seiner Abhandlung über Chaucer lesen: »Again, Chaucer is mediaeval in tricks of style and turns of phrase; he often contents himself with the tritest of figures and the most unrefreshing of ancient devices, and freely resorts to a mixture of names and associations belonging to his own times with others derived from other ages.« [Chaucer ist wiederum mittelalterlich in seinen stilistischen Tricks und seinen Redewendungen; er gibt sich oft mit den abgeschmacktesten rhetorischen Figuren und den unerquicklichsten antiquierten Mitteln der Rhetorik zufrieden. Und er vermischt oft Namen und Assoziationen aus seiner Zeit mit anderen aus früheren Epochen.] (Brewer, II, 212–13). Chaucers Anachronismus und rhetorische Gestaltung werden hier gerügt: das erstere aus dem Unverständnis heraus, daß mittelalterliche Geschichte zwar linear verläuft, die geschichtlichen Ereignisse aber in Gott konvergieren und so zueinander in Bezug stehen; das letztere aufgrund der Annahme, daß Rhetorik etwas Gekünsteltes sei oder nur der Ausschmückung diene, also für den Fortgang der Handlung nebensächlich, ja diesem sogar hinderlich sei. Man erinnere sich wieder an Norths witzige Bemerkung über Chaucers Hang zur Digression, durch die er unnötig viel Pergament verschwende. Die Kritik an Chaucers Rhetorik, die zur Zeit des literarischen Realismus beginnt, läßt sich bis ins 20. Jahrhundert hinein verfolgen. Eine wirklich wissenschaftliche Grundlage für die Analyse von Chaucers Gebrauch rhetorischer Figuren und seiner Anlehnung an die in den mittelalterlichen Poetiken vorgegebenen Kompositionsprinzipien gibt es jedoch erst seit der Publikation von Edmond Farals *Les Arts poétiques du XII*[e] *et du XIII*[e] *siècle* im Jahre 1924.

In der Kritik des 19. Jahrhunderts wird auch zum ersten Mal Chaucers dramatisches Gestaltungsvermögen bewertet. Diese Bewertung ergibt sich zwangsläufig aus der Naturvorstellung der Romantiker bzw. der Realismustheorie der darauffolgenden Epoche. Wenn Chaucer wirklich lebensechte Charaktere geschaffen hatte, dann mußten solche Figuren dramatisches Potential besitzen. Folglich kann der schon einmal zitierte Rezensent in der *Edinburgh Review* (1837) behaupten: »But it was Chaucer's excellence, that he took no models of which Nature was not the Original. Perhaps if we were to name that author who had the greatest influence upon the English Drama, we should select Chaucer. His spirit is more visible in that department of our poetry, than any other. [...] The same individuality of character, correctness of purpose, and admixture of the grave and humorous, which gave life to narrative, took root in the drama, and became dialogue and action.« [Doch es war ein Zeichen von Chaucers Größe, daß er nur den Modellen folgte, die durch die Natur vorgegeben waren. Wenn wir den Autor nennen sollten, der den größten Einfluß auf das englische Drama gehabt hat, müßte unsere Wahl auf Chaucer fallen. Sein Geist ist in dieser Gattung unserer Dichtung deutlicher zu sehen als der jedes anderen. [...] Die gleiche Individualität der Charaktere, die gleiche Zweckmäßigkeit und die gleiche Mischung von Ernst und Spaß, die die Epik belebte, faßte im Drama Fuß und wurde zu Dialog und dramatischer Handlung.] (Brewer, I, 316). Billigte man Chaucer aber dramatisches Talent zu, dann war der Weg zur Identifizierung dramatischer Elemente in den *Canterbury Tales* nicht mehr weit. So sagt William Paton Ker (1895) in seiner ausführlichen Rezension von Skeats sechsbändiger Chauceausgabe aus dem vorhergehenden Jahr vom komischen Drama: »In the 'Canterbury Tales' the comic drama is to be found at its best outside of the stories, best of all in the dramatic monologues of the 'Wife of Bath' and the 'Pardoner'.« [In den *Canterbury Tales* findet man das komische Drama in seiner besten Form außerhalb der Geschichten, und zwar in den dramatischen Monologen der *Frau aus Bath* und des *Ablaßkrämers*.] (Brewer, II, 254). Die logische Konsequenz dieser Sichtweise ist die Bezeichnung der *Canterbury Tales* als ein großes Drama. In seinem immer noch einflußreichen Aufsatz »Chaucer's Discussion of Marriage« aus dem Jahre 1912 verwahrt sich George Lyman Kittredge dagegen, die *Canterbury Tales* als eine Abfolge von in sich geschlossenen, isolierten Geschichten zu lesen. »Structurally regarded, the 'Canterbury Tales' is a kind of Human Comedy. From this point of view, the Pilgrims are the *dramatis personae*, and their stories are only speeches that are somewhat longer than common, entertaining in and for themselves (to be sure), but primarily significant, in each case, because they illustrate the speaker's character and opinions, or show the relations of the travelers to one another in the progressive action of the Pilgrimage.« [In struktureller Hinsicht sind die *Canterbury Tales* eine Art menschlicher Komödie. Aus dieser Perspektive gesehen sind die Pilger dramatische Figuren und ihre Erzählungen nur Dialogpartien, die etwas länger sind als sonst üblich. Als solche sind diese zwar sicherlich unterhaltsam, doch ihre eigentliche Bedeutung liegt darin, daß sie in jedem Fall den Charakter und die Meinungen der sprechenden Figur wiedergeben oder die Beziehung der Reisenden untereinander in der fortschreitenden Handlung der Wallfahrt aufzeigen.] (Brewer, II, 306). So gesehen sind die *Canterbury Tales* endgültig zum Drama geworden, d.h. zu einer in sich geschlossenen Handlung. Kittredges Dramenkonzept, das auf den Prinzipien des Realismus beruht, sollte die Chaucerforschung noch weit bis in die sechziger Jahre bestimmen und die Strukturanalysen der *Canterbury Tales* entscheidend beeinflussen.

Wie aus der vorhergehenden Präsentation der Chaucerrezeption deutlich wird, erscheinen verschiedene Problemstellungen, hauptsächlich die der letzten Phase, auch wieder in der modernen Chaucerforschung. Der religiöse Gehalt von Chaucers Dichtung, ihre rhetorische Gestaltung und ihr Aufbau nach den Prinzipien der mittelalterlichen Poetik, die Auseinandersetzung mit der Vorstellung von den *Canterbury Tales* als dramatischer Handlung und die Analyse von Chaucers sogenannter realistischer Schreibweise sind Themen, die nun aus veränderter Perspektive neu behandelt werden. Die Forschung wird durch ein sehr viel stärkeres historisches Bewußtsein gekennzeichnet, d.h. durch die Erkenntnis nicht nur der Alterität mittelalterlicher Dichtung, sondern auch der Notwendigkeit, die geistigen, kulturellen, sozialen, philosophischen und poetologischen Grundlagen dieser Dichtung zu untersuchen und zu erläutern. Wie man diese Tendenz auch beurteilen mag, sie entspricht der modernen Sichtweise, die sich nach einer Periode relativer Werkimmanenz manifestiert hat. Wahrscheinlich werden spätere Generationen von Chaucerforschern auch diese Phase der Chaucerrezeption von zeittypischen, ästhetischen und weltanschaulichen Normen geprägt sehen. Wie die zukünftigen Beurteilungen auch ausfallen mögen, dieser kurze Abriß hat verdeutlicht, daß sich jede Epoche ihr eigenes Chaucerbild gemacht hat und machen wird – ein Bild, das die Vorstellungen und Werte der eigenen Zeit reflektiert. Nur so konnte und kann Chaucers Dichtung ihre Faszination und Aussagekraft bewahren, während viele andere seiner Zeitgenossen schon längst in Vergessenheit geraten sind.

Einführung in die Chaucerkritik

Als *terminus ad quem* für das Kapitel Chaucerrezeption war etwas willkürlich der Zweite Weltkrieg gewählt worden mit dem Argument, daß sich einerseits bis dahin eine verhältnismäßig einheitliche Linie der Chaucerrezeption nachzeichnen lasse und andererseits sich der Methodenpluralismus erst seit den fünfziger Jahren auch in der Chaucerkritik zeige. Weniger zutreffend ist das Kriterium des Professionalismus, das Brewer (*Chaucer. The Critical Heritage*, II,1) ins Feld führt, der meint, daß seit 1933 der professionelle Chaucerforscher den Amateur ablöse. Dieser Zeitpunkt ist für die englische und amerikanische Chaucerforschung schon etwa zu Anfang dieses Jahrhunderts mit der Publikation von George L. Kittredges Buch *Chaucer and His Poetry* im Jahr 1915 anzusetzen. Wenn hier von Professionalismus gesprochen wird, dann soll dies nicht etwa heißen, die Chaucerkritik des 19. Jahrhunderts sei unprofessionell gewesen. Der Terminus besagt lediglich, daß bedeutende Chaucerforscher im 19. Jahrhundert, wie z.B. F.J. Furnivall, keine Universitätslehrer waren. Im 20. Jahrhundert jedoch entsteht an den Universitäten eine akademische Chaucerforschung, die von professionellen Lehrern und Forschern getragen wird, wie z.B. von John M. Manly oder John L. Lowes, um zwei wichtige Wissenschaftler aus dem ersten Drittel dieses Jahrhunderts zu nennen. Wenngleich Kittredge, Manly oder Lowes Chaucerforschung auch professionell als Universitätslehrer betrieben, verbindet sie ihr wissenschaftlicher Ansatz doch mit den sogenannten Amateurforschern des ausgehenden 19. Jahrhunderts. Sie teilen mit diesen die Auffassung, daß Chaucers Dichtung jedem Literaturliebhaber zugänglich sei. Die Betonung liegt auf Chaucers Realismus, seinem Pragmatismus, seinem dramatischen Gespür und seinem Humanismus, d.h., seine Dichtung spreche jeden literarisch Interessierten an, der diese Werte schätze. Und so kommt es nicht von ungefähr, daß einige der frühen Studien, z.B. Kittredges *Chaucer and His Poetry*, Manlys *New Light on Chaucer* und Lowes' *Geoffrey Chaucer and the Development of His Genius* auf Vortragsserien beruhen, die für ein breites, an Literatur interessiertes Publikum gehalten wurden. Das Studium von Chaucers Dichtung war nicht als Domäne des Spezialisten gedacht, sondern als öffentliches Ereignis, an dem der gebildete Laie teilhaben konnte. Ziel dieser Vorlesungen war es, das Interesse an Chaucer zu wecken und Wertschätzung für seine Dichtung zu finden.

Diese Prämissen liegen der modernen Chaucerforschung nicht mehr zugrunde, die letztlich von Professionellen für Professionelle gemacht wird. Die moderne Forschung ist wesentlich enger angelegt, d.h., sie befaßt sich mit sehr spezifischen Problemen, die zumeist unter Zuhilfenahme einer bestimmten Methodologie angegangen werden. Der Wandel im Ansatz machte sich zuerst in den fünfziger Jahren bemerkbar, als die literaturtheoretischen Konzepte des »New Criticism« in die Chaucerforschung Eingang fanden. Man wandte sich von der die Forschung bis dahin beherrschenden Vorstellung ab, Chaucers Werke seien Ausdruck einer realistischen Literaturauffassung. Seine Dichtung wurde nicht mehr als Spiegel der Realität angesehen, sondern der Kunstcharakter der Werke rückte in den Mittelpunkt der Betrachtungsweise. Anstatt sich mit Charakterisierung, Handlungsführung oder Thematik zu beschäftigen, richtete man nun sein Interesse auf die Diktion und die komplexe metaphorische Struktur von Chaucers Werken, die man entweder im Kontext der mittelalterlichen Rhetorik untersuchte oder aber als losgelöste, autonome Kunstwerke analysierte. Durch diese Absolutsetzung des literarischen Kunstwerks gelang es, die Grenzen zwischen Chaucer als Person und Autor und Chaucer als fiktionaler Persönlichkeit in seiner Dichtung deutlich zu machen.

Der Einfluß des »New Criticism« auf die Chaucerforschung zeigte sich zuerst in England – in Anlehnung an die literaturtheoretischen Schriften von I.A. Richards – und hielt sich auch dort besonders lang. Zu nennen wären hier die Namen von A.C. Spearing, John Lawlor, Raymond Preston oder Trevor Whittock. Die Rückkopplung zur literarischen Tradition ist bei diesen Kritikern unterschiedlich stark ausgeprägt. Spearing und Lawlor sind dieser Tradition z.B. wesentlich mehr verpflichtet als Preston und Whittock, die sich fast nur auf den Text von Chaucers Werken berufen. Preston versucht, anhand ausgewählter Passagen Chaucers ironische Darstellung aufzuzeigen, während Whittock sich in fast reiner *explication de texte* ergeht.

In Amerika tritt bei der Beschäftigung mit dem Text als literarischem Kunstwerk vor allem E. Talbot Donaldson hervor, der zwei herausragende Eigenschaften miteinander verbindet: das untrügliche Gespür des guten Philologen und die analytischen Fähigkeiten des Literaturkritikers. Beides findet man in seiner Ausgabe *Chaucer's Poetry: An Anthology for the Modern Reader* (1958) und in seiner Aufsatzsammlung *Speaking of Chaucer* (1970). Seine Beobachtungen zu Chaucers Dichtung beruhen auf extensiven Kenntnissen der mittelenglischen Sprache und Literatur, d.h., er bewegt sich bei seinen werkimmanenten Interpretationen immer auf sicherem philologischem Boden. Als Beispiel hierfür soll der grundlegende Aufsatz »Idiom of Popular Poetry in the *Miller's Tale*« (1950) erwähnt werden, eine Analyse von Chaucers Vokabular, seiner Wortwahl und seiner Wortspielerei. Donaldsons feinsinniger Analyse verdanken wir wertvolle Hinweise auf Chaucers Verwendung des zeitgenössischen Lyrik- bzw. Romanzenvokabulars, das bei ihm oft nur noch in abwertender Bedeutung erscheint. Begriffe wie »hende«, »jolly« und »gent«, die ursprünglich nur zum aristokratischen Vokabular gehörten, werden in der *Miller's Tale* in ihrer landläufigen, abgewerteten, unhöfischen Bedeutung gebraucht, um die eher biederen Ideale und Wertvorstellungen der populären Romanzenliteratur im Schwankkontext zu parodieren.

Ein wichtiger Beitrag zur Narratologie ist Donaldsons 1954 erschienener Aufsatz »Chaucer the Pilgrim«, in dem er sich mit den in den *Canterbury Tales* verwendeten Erzählstrategien zur Selbstdarstellung des Ich-Erzählers befaßt. Dem Kunstwerk wird hier eine autonome Existenz zugebilligt, d.h., die auftretenden Figuren inklusive der Erzähler werden als Kunstfiguren verstanden. Damit rückt Donaldson das im »Realismus« vorherrschende Chaucerbild zurecht, demzufolge zwischen der realen Person Chaucers und seiner Rolle als fiktiver Persönlichkeit kaum unterschieden wurde. Er macht somit den Blick frei für Untersuchungen der in Chaucers Dichtung verwendeten Erzählperspektiven. Die sich daraus ergebenden Varianten der

Erzählstrategien, die auf dem plötzlichen Wechsel des narrativen Blickpunktes beruhen, mußten den dem Realismus verschriebenen Interpreten von Chaucers Dichtung verborgen bleiben, weil diese u. a. von einer mündlichen Vortragssituation ausgingen, in der Vortragender, Autor und Mensch eine Person waren. Daher erklärt sich auch die Ablehnung von Donaldsons Thesen seitens der »Realisten«, die nicht gewillt waren, die Trennung zwischen Realität und Fiktion nachzuvollziehen, die zu einer sehr viel komplexeren Sichtweise geführt hat.

Bei der Besprechung von Donaldsons Aufsätzen zeigt sich bereits, daß es schwierig ist, eindeutig festlegbare Ansätze zu benennen, denn hier paaren sich theoretische Vorstellungen des »New Criticism« mit philologischer Detailarbeit und bilden eine Synthese aus historischer Sprachwissenschaft und moderner Literaturwissenschaft. Angesichts der Häufigkeit, mit der in der Chaucerforschung seit Ausgang des Zweiten Weltkriegs Mischformen erscheinen, fällt es natürlich schwer, eindeutige Kategorien zu bilden. Allgemein läßt sich jedoch sagen, daß weder Strukturalismus noch Dekonstruktionalismus das literaturkritische Instrumentarium der Chaucerforschung nachhaltig beeinflußt haben. Vielmehr ist die neuere Forschung durch einen neuen Historismus geprägt, der sich aber grundlegend von der positivistischen Literaturwissenschaft des späten 19. oder frühen 20. Jahrhunderts unterscheidet. Mit Historismus ist hier der Versuch gemeint, die Alterität mittelalterlicher Literatur zu erklären, und zwar durch die Erforschung all jener Vorstellungen und Ideen, die diese Literatur prägten oder hätten prägen können. Von daher läßt sich ein solch verdienstvolles Projekt wie *The Chaucer Library* erklären, das sich zur Aufgabe macht, alle Texte, die Chaucer benutzte, nach modernsten wissenschaftlichen Gesichtspunkten zu edieren. Es geht um die Rekonstruktion der mittelalterlichen Lebenswelt, soweit dies möglich ist, und um die Erforschung der Produktions- und Rezeptionsbedingungen für die Literatur dieser Epoche, insbesondere der Werke Chaucers. Drei Wege lassen sich zu diesem übergeordneten Ziel markieren, für die im Gegensatz zur Werkimmanenz des »New Criticism« Werktranszendenz das verbindende methodologische Kriterium ist. Die Werke der ersten Richtung verfolgen ihr Ziel mit Hilfe empirisch-historischer, soziologischer oder geistesgeschichtlicher Untersuchungen zum Hintergrund von Chaucers Dichtung. Die Studien der zweiten Richtung entwickeln apriorische Systeme, die von ihren Erfindern als typisch mittelalterlich bezeichnet und als Schlüssel zur Bedeutung von Chaucers Dichtung deklariert werden. Und die Werke der dritten Richtung untersuchen Chaucers Texte im Hinblick auf ihre Beeinflussung durch die rhetorische und poetische Tradition des Mittelalters. Bei der Vielzahl der jährlich erscheinenden Publikationen müssen diese Kategorien von vornherein breit angelegt sein, damit die Kategorisierungsversuche nicht zum sofortigen Scheitern verurteilt sind. Selbstverständlich gibt es eine Reihe von Studien, die eine Zwischenstellung einnehmen, also zwischen den hier aufgestellten Kategorien liegen, aber von ihrer Ausrichtung her doch einer der drei Gruppen zugeordnet werden können.

Wie nicht anders zu erwarten, versuchen die empirisch-historisch, soziologisch oder geistesgeschichtlich ausgerichteten Studien, Chaucers Dichtung mit Hilfe genauer Kenntnisse geistiger Strömungen, soziologischer Gegebenheiten und historischer Grundlagen zu entschlüsseln. So wird z.B. Chaucers Privatleben und seine Stellung am englischen Königshof untersucht, um seine Werke dann als Spiegel der persönlichen Erfahrungen des Dichters bzw. der zu erwartenden Publikumsreaktion interpretieren zu können. Dieser Ansatz, der noch der positivistischen Tradition zu Anfang des 20. Jahrhunderts verschrieben ist, versucht, mit Hilfe besserer Kenntnisse der Lebensumstände Chaucers die auktoriale Intention des Dichters zu bestimmen. Als Beispiel hierfür soll das Buch von George Williams *A New View of Chaucer* (1965) genannt werden. Der Titel trügt, da die Perspektive eher alt als neu ist – man wird an John M. Manly erinnert, der 1926, also fast dreißig Jahre früher, seine Vortragssammlung *Some New Light on Chaucer* publizierte, in der er sich mit Chaucers Privatleben in seiner Auswirkung auf dessen dichterisches Werk auseinandersetzte. So beschäftigt sich Williams eingehend mit Chaucers Verhältnis zu seinem Mäzen und Gönner, John of Gaunt, und interpretiert dann *The Book of the Duchess*, Chaucers erste längere Traumvision, unter diesem Aspekt.

Wirklich wertvoll und bedeutend als Zeugnis empirisch-historischer Wissenschaft ist das Werk von Martin M. Crow und Claire C. Olson *Chaucer Life-Records* (1966), in dem in mühevoller Kleinarbeit alle amtlichen Einträge über Chaucer zusammengestellt worden sind. Auf über sechshundert Seiten sind alle Einzelheiten über Chaucers Leben gesammelt und dargelegt, seine diplomatischen Missionen, seine Ämter, seine Honorare, seine Zuwendungen etc. Wer jedoch glaubt, er erfahre etwas mehr über den Dichter Chaucer, der sieht sich getäuscht, denn der wird in all den Dokumenten keinmal erwähnt – eine Tatsache, die eigentlich schon Warnung genug sein müßte, was einen autobiographischen Interpretationsansatz betrifft. Der Ich-Erzähler ist keine historische, sondern eine fiktionale Persönlichkeit in Chaucers Dichtung und ist folglich auch nur als solche greif- und begreifbar.

Eine zweite Gruppe von Studien innerhalb der ersten großen übergeordneten Kategorie befaßt sich mit Chaucer und seiner Stellung innerhalb der Kultur des 14. Jahrhunderts. Es gibt hier zwei verschiedene Ansätze. Zum einen versucht man, Chaucers Lebenswelt zu rekonstruieren, und zum anderen untersucht man Einzelaspekte dieser Lebenswelt im Hinblick auf Chaucers Dichtung. Zur ersten Gruppe gehören die beiden Studien von Derek Brewer *Chaucer in His Time* (1963) und *Chaucer and His World* (1978), von denen vor allem die erste eine gute Einführung in die soziale und politische Landschaft Englands in der zweiten Hälfte des 14. Jahrhunderts ist, während die zweite sich mehr um eine Skizzierung von Chaucers Biographie vor diesem Hintergrund bemüht. Diese generelle Beschreibung wird komplementiert durch D. W. Robertsons *Chaucer's London* (1968), der sich mit den wirtschaftlichen, sozialen und politischen Gegebenheiten Londons befaßt sowie mit dem intellektuellen Leben der Stadt zu Chaucers Zeit. Dazu gesellen sich noch zwei reich illustrierte Bildbände: R.S. Loomis, *A Mirror of Chaucer's World* (1965), und M. Hussey, *Chaucer's World: A Pictorial Companion* (1967). Eine Sammlung zeitgenössischer Dokumente zu den Themen Ausbildung und Erziehung, Handel, Unterhaltung, Reisen, Krieg und Religion ist in dem Sammelband *Chaucer's World* enthalten, der 1948 von E. Rickert, C.C. Olson und M.M. Crow herausgegeben wurde.

Studien zu Einzelaspekten von Chaucers Dichtung nehmen einen sehr breiten Raum ein und lassen sich deshalb nicht einmal summarisch darstellen. Um die ganze Bandbreite dieser Forschungsrichtung aufzuzeigen, sollen hier nur stellvertretend einige wenige genannt werden, die allein nach thematischem Prinzip ausgewählt wurden: W.C. Curry, *Chaucer and the Medieval Sciences* (1926), ein in weiten Teilen immer noch aktuelles Buch; C. Wood, *Chaucer and the Country of the Stars* (1970), eine Studie zum Einfluß der Astronomie in Chaucers Dichtung; M.E. Thomas, *Medieval Skepticism and Chaucer* (1950); B. Boyd, *Chaucer and the Liturgy* (1967) und *Chaucer and the Medieval Book* (1973); Claire Olson, »Chaucer and the Music of the Fourteenth Century« in *Speculum* (1941); der von D.L. Jeffrey herausgegebene Sammelband *Chaucer and Scriptural Tradition* (1984). Die Titel wurden, wie gesagt, wahllos aus der Flut der Publikationen herausgegriffen, einzig und allein in der Absicht zu zeigen, daß es kaum einen Aspekt der mittelalterlichen Lebenswelt gibt, der nicht in bezug auf seinen Einfluß auf Chaucers Dichtung untersucht worden wäre. Gemeinsam ist allen diesen Studien, daß es sich dabei zumeist um die Untersuchung nicht-literarischer Phänomene handelt, d.h. um Werke, die Chaucers Dichtung hauptsächlich als Spiegel für politische Konventionen, soziale Verhältnisse oder theologische Anschauungen betrachten. Oder, um es anders auszudrücken, nicht das literarische Kunstwerk steht im Mittelpunkt dieser Untersuchungen, sondern Chaucers Werk wird im Kontext der mittelalterlichen Kulturgeschichte gesehen, zu deren Erstellung es gleichzeitig beiträgt.

Eine zweite Kategorie von Studien führt diesen Ansatz konsequent weiter und entwickelt apriorische Systeme, in die Chaucers Dichtung eingeordnet wird. Diese Systeme können ganz unterschiedlicher Natur und Ausprägung sein, wie die Beschreibung von drei dieser Möglichkeiten verdeutlichen soll. Hierzu gehört z.B. John Speirs' sozial-anthropologische Deutung von Chaucers Werk, *Chaucer the Maker* (1951), ein Buch, in dem sich Anthropologie und »New Criticism« zu einer seltsamen Symbiose vereinigen. Seinem anthropologischen Ansatz getreu versucht der Verfasser, Mythen, Rituale und Brauchtum Englands im 14. Jahrhundert zu erkunden, um Chaucer dann als Produkt dieser idealisierten ländlichen Umgebung zu interpretieren. Wenn man dieses Brauchtum hinreichend genug studiere, könne man Rückschlüsse auf die Aussage von Chaucers Dichtung ziehen, die ja auch dem lebendigen Volksgut verpflichtet sei. Inwieweit ein solcher Ansatz dem Werk eines höfischen Dichters gerecht wird, soll dahingestellt bleiben.

Einen überzeugenderen Ansatz entwickelt C.S. Lewis in seinem 1964 posthum publizierten Buch *The Discarded Image*. Er versucht dort, ein für das Mittelalter gültiges kosmologisches System und Denkmodell zu entwickeln, in dem auch die Literatur ihren Platz findet. Vor dem geistigen Auge des Lesers rollt er eine mittelalterliche Landkarte auf, wo alles klar geordnet ist, wo alles seinen Platz hat, wo für alles eine Erklärung geliefert wird und wo es keine Unbestimmtheitsstellen gibt. Mit diesem Kompendium mittelalterlicher Vorstellungen solle sich der Leser erst einmal vertraut machen, bevor er seine Reise durch die literarische Landschaft antritt. Was Lewis hier fordert, ist durchaus berechtigt, da man Werke nicht ahistorisch außerhalb des vorgegebenen Bedeutungskontextes interpretieren sollte – eine Forderung, die bei Lewis um so verständlicher ist, wenn man bedenkt, daß seine wissenschaftliche Laufbahn mit der Blütezeit des werkimmanenten »New Criticism« parallel läuft. Woran man jedoch Anstoß nehmen kann, ist die übergroße Präzision seines Mittelalterbildes, in dem alles stimmig ist. Für Abweichungen von den von ihm erstellten Normen ist kein Platz vorgesehen. Sein System schließt nur ganz bestimmte Vorstellungen ein; daß es vielleicht auch noch andere, nicht systemkonforme Vorstellungen gegeben haben könnte, zieht Lewis nicht in Betracht. Die Frage nach der Heterodoxie wird nie gestellt. Mit diesem Schema nähert er sich der Literatur, die dadurch bestimmt und genormt wird, ohne daß es dem Leser zunächst auffällt, da Lewis' Interpretationen sich durch großes Feingefühl und ein fast untrügliches literarisches Gespür auszeichnen. Letztlich ist das Schema aber dann doch nicht zu übersehen, ganz gleich wie unauffällig es zu Anfang erscheint.

Anders verhält es sich mit D.W. Robertson, dessen exegetisches System den Mittelpunkt seiner Ästhetik bildet. Mittelalterliche Literatur im allgemeinen und die Dichtung Chaucers im besonderen werden aus der Perspektive einer neoaugustinischen Literaturanschauung gesehen und mit Hilfe einer rein theologisch orientierten Interpretationsmethode analysiert, die er in seinem einflußreichen Werk *A Preface to Chaucer. Studies in Medieval Perspectives* (1962) darlegt. Bei dieser Ästhetik handelt es sich um die Rekonstruktion mittelalterlicher Vorstellungen vom Wesen und der Aufgabe der Kunst und der Literatur. Robertsons Buch, das in seinem Quellen- und Zitatenreichtum fast mit E.R. Curtius' Monumentalwerk *Europäische Literatur und lateinisches Mittelalter* vergleichbar ist, gehört zu den gelehrtesten Werken der Mittelalterforschung, denn der Verfasser kennt sich wie kaum ein zweiter in der Patristik und der religiösen Literatur des Mittelalters aus. Fragwürdig jedoch erscheint sein Versuch, anhand ausgewählter, vorwiegend theologischer Texte ein Bild des Mittelalters zu entwerfen, in dem der katholisch-orthodoxe Ordo-Gedanke alles kreative Schaffen bestimmt. Robertson läßt keinen Raum für Individualität, Zweifel oder gar Heterodoxie. In dem von ihm entworfenen System gibt es keine Spannungen, die durch das Aufeinanderprallen verschiedener Auffassungen entstehen können, sondern von etwa 400 bis 1500 nach Christus wird ganz Europa als von denselben Vorstellungen beherrscht gesehen, die letztlich ihre Grundlage in den augustinischen Schriften hätten. Das Mittelalter wird somit zu einem monolithischen Block, der auf einem augustinischen Fundament ruht, oder, um eine andere Metapher zu benutzen, es wird zum Spiegel augustinischer Ansichten. Diese Vorstellungen finden sich vor allem in dem augustinischen Traktat *De Doctrina Christiana*, in dem sich der Kirchenlehrer mit dem Wesen der *caritas* – der Barmherzigkeit – und der *cupiditas* – der Habgier – beschäftigt. *Caritas* definiert er als Bewegung der Seele um der Liebe Gottes willen und der sich daraus ergebenden Eigen- bzw. Nächstenliebe. *Cupiditas* hingegen ist Eigen-, Nächsten- und Dingliebe, die nicht aus Liebe zu Gott, sondern um ihrer selbst willen geschehe. Die Bibel, so fährt Augustinus fort, lehre nichts anderes als *caritas* und sie verdamme nichts anderes als *cupiditas*. *Caritas* wird somit zum Fundament der göttlichen Ordnung, während *cupiditas* diese Harmonie zerstöre. Vor dem Sündenfall habe der Mensch die Einsicht und den Willen gehabt, nach dem Richtigen zu streben. Nach dem Sündenfall jedoch sei der menschliche Verstand korrumpiert worden, so daß er den Willen oft fehlleite. Außerdem habe der Mensch ein sinnliches Verlangen entwickelt, das bisher nur die Tiere in diesem Maße besessen hätten. Beschränktheit des Verstandes und Sinnlichkeit seien also die Auswirkungen des Sündenfalls, die nur durch Weisheit und Liebe behoben werden könnten.

Man mag sich nun fragen, was diese augustinische Ansicht mit mittelalterlicher Ästhetik zu tun habe. Für Robertson ist sie grundlegend, da er von der Annahme ausgeht, der Konflikt zwischen *caritas* und *cupiditas* beherrsche seit dem Sündenfall das menschliche Denken und spiegle sich in offener oder versteckter Form in allen Schriften des christlichen Mittelalters wider. Selbst wenn die wörtliche Bedeutung eines Textes keinen direkten Hinweis auf diese Thematik enthalte, könne man sie doch mit Hilfe allegorischer Lesart deutlich machen, denn wie der mittelalterliche Theologe, so versuche auch sein Dichterkollege, *caritas* in seinen Werken zu fördern und *cupiditas* zu verdammen. Der Dichter appelliere daher an den Intellekt seines Publikums, um das Primat des Verstandes zu betonen. Begriffe wie Einfühlungsvermögen oder Seelenverwandtschaft seien dem mittelalterlichen Dichter nicht nur fremd, sondern er lege auf emotionale Regungen überhaupt keinen Wert. In formaler Hinsicht versuche der Dichter, sein Werk in Anlehnung an die Harmonie der göttlichen Schöpfung zu gestalten. Die Perfektion der Natur solle sich in der Dichtung widerspiegeln. Von dieser Warte her gesehen, ließe sich die große Anzahl mittelalterlicher Werke erklären, deren Struktur nicht nur durch Zahlensymbolik bestimmt werde, sondern die auch nach mathematischen Prinzipien aufgebaut seien. Somit sei formale Perfektion als eine Art Gottesdienst anzusehen. Für die letzte Behauptung lassen sich genügend Zeugnisse finden, wenngleich man sich auch hier vor Verallgemeinerungen hüten sollte. Die anderen von Robertson vertretenen Thesen lassen sich wohl kaum mit seinem Absolutheitsanspruch belegen. Es mag zwar in Einzelfällen zutreffen, daß dichterische Werke des Mittelalters den Kampf zwischen *caritas* und *cupiditas* thematisieren, dennoch scheint es unkritisch, dieses Thema als religiösen Archetypus schlechthin zu betrachten. Dies wird vor allem bei der Besprechung des höfischen Romans deutlich, der von Robertson in ein theologisches Prokrustesbett gezwängt wird. Was dann mit Hilfe einer solchen Lesart zutage gefördert wird, soll hier kurz anhand seiner Untersuchung von Chaucers *Troilus and Criseyde* veranschaulicht werden.

Die höfische Minne, ein Hauptthema dieses Romans, deren Wirkungen Chaucer eingehend beschreibt, wird von Robertson natürlich ausschließlich unter dem Aspekt der Sinnlichkeit gesehen. Liebe sei krankhafte Leidenschaft, die durch die Betrachtung der Schönheit des anderen Geschlechts hervorgerufen werde. Wie nicht anders zu erwarten, führe diese Art von Liebe zu einem inneren Konflikt, der gewisse physische und psychische Auswirkungen habe. Liebende z.B. werden von Schlaflosigkeit, Appetitlosigkeit und Schüttelfrost geplagt. Sie sind entweder rastlos oder apathisch und leiden an Wahnvorstellungen, die leicht zur Verzweiflung, der größten Sünde wider den heiligen Geist, führen können. Kurzum, die höfische Minne sei Ausdruck krankhafter Faszination durch das andere Geschlecht und sündhaften Verlangens. Die gottgegebene Ordnung von Vernunft über Willen sei zerstört. Dieses der höfischen Minne innewohnende destruktive Potential sei deutlich von den großen Dichtern erkannt worden, die Tristan, Lanzelot und Troilus nicht als Vorbilder, sondern als abschreckende Beispiele verstanden haben wollten. Eine romantische Verherrlichung der Liebe sei ihnen ganz fremd gewesen. Natürlich hat Robertson recht, wenn er sagt, daß im höfischen Roman die Minne nicht vorbehaltlos gepriesen werde. Das Schicksal der Helden macht dies deutlich. Sie aber nur als abschreckendes Beispiel zu sehen, dürfte wohl eine etwas beschränkte Deutung sein. Es handelt sich hier vielmehr um Individuen, die ihre ureigenste Persönlichkeit in Liebes- und Leidsituationen erfahren. Liebe verstrickt sie einerseits in tiefe Zweifel, stürzt sie in Gewissenskonflikte und bringt sie um ihr gesellschaftliches Ansehen, führt sie aber andererseits auch zur Ekstase und Verklärung. Die Widersprüchlichkeit dieser Macht ist das Faszinosum, eine Macht, die von Robertson sehr einseitig gesehen wird.

Hier zeigt sich deutlich die Beschränktheit der Robertsonschen Ästhetik. Da er mittelalterliche Dichtung nur unter theologischem Aspekt sieht, ist er sofort bereit, dichterische Individualität, subtile Neugestaltung alter Motive und Stoffe und eigene schöpferische Leistung abzuwerten, um sie in sein orthodoxes System einzuordnen. Impliziert in Robertsons mittelalterlicher Ästhetik ist die Ablehnung der modernen Welt mit ihren Spannungen, die sich aus der Konzeption des Menschen als psychologischen Wesens ableiten. In der Moderne sieht Robertson vor allem den Zusammenbruch der Wertwelt, deren Gültigkeit er für das Mittelalter postuliert. Als Moralist läßt er sich von ethischen Grundsätzen leiten, die er zum Maßstab literarischer Güte erhebt.

D.W. Robertsons Erarbeitung einer streng christlichen, neoaugustinischen Literaturästhetik bildete den Auftakt für einige Studien, die sich vor allem mit den Strukturprinzipien in Kunst und Literatur des Mittelalters beschäftigen. In Anlehnung an seinen Forschungsansatz, aber ohne dessen moraltheologische Ausrichtung, entstanden Untersuchungen zur mittelalterlichen Ästhetik, die man als strukturalistisch bezeichnen könnte. Um eventuellen Mißverständnissen vorzubeugen, soll der Begriff strukturalistisch nicht im Sinne von Claude Lévi-Strauss, Roland Barthes, Lucien Goldmann, Algirdas Greimas oder irgendeinem anderen Vertreter dieser literaturtheoretischen Richtung verstanden werden, die sich in jüngster Zeit darangemacht haben, auch die mittelalterliche Literatur mit Hilfe dieses Ansatzes zu analysieren. Vielmehr bezeichnet der Begriff strukturalistisch den Versuch, ein für die verschiedenen Phasen des Mittelalters allgemeingültiges Strukturprinzip zu erarbeiten, das sich in der Kosmologie, der Architektur, der Malerei, der Skulptur und der Literatur widerspiegelt. Auch sollte dieser Ansatz von dem geistesgeschichtlichen unterschieden werden, da er sich nicht mit Motiven, Themen oder Strömungen einer Kulturepoche befaßt, sondern mit der Auffindung relevanter tektonischer Prinzipien.

Als Hauptvertreter dieser Forschungsrichtung soll hier Robert M. Jordan genannt werden, dessen Buch *Chaucer and the Shape of Creation* 1967 erschien. Im Gegensatz zu D.W. Robertson, der seiner Ästhetik Augustins Traktat *De Doctrina Christiana* zugrundegelegt hatte, glaubt Jordan mit Platons *Timaeus* das für das Mittelalter maßgebliche kosmologische System gefunden zu haben. Im *Timaeus* legt Platon seine Vorstellungen von der Entstehung und der Struktur des Universums dar und zeigt Parallelen zwischen den existenten Formen und den ungeschaffenen Idealformen auf. Aufgrund dieser Relation betrachtet Platon den Menschen in physischer sowie moralischer Sicht als mikrokosmisches Abbild der makrokosmischen Ordnung. Der menschliche Kopf z.B. sei rund in Anlehnung und Nachahmung des himmlischen Musters, d.h. des sphärischen Kosmos. Da der Kosmos die Umdrehung der Weltenseele einschließe, sei es nur natürlich, daß der Kopf, der den Kreislauf der menschlichen Gedanken umschließe, dieselbe sphärische Form besitze. Moral wird von Platon als Harmonie der Seele definiert, da die Ausgeglichenheit der Seele analog zur Harmonie der Weltenseele sei, die ihrerseits wiederum ein Abbild der durch göttliche Vernunft geschaffenen Universalordnung sei. In Übereinstimmung mit den Pythagoreern betrachtet Platon den Schöpfer als Mathematiker, und somit läßt sich das Universum durch mathematische Analyse entschlüsseln. Es stellt eine Einheit dar, in der alle Elemente einander in harmonischen Proportionen zugeordnet sind.

Diese Art des kosmologischen Denkens sei von den Kirchenvätern, vornehmlich von Augustin, übernommen worden, die den katholischen Rationalismus mit neoplatonischem Symbolismus und biblischer Zahlensymbolik verbunden hätten. Vor allem das Zitat aus den Sprüchen Salomos 11, 21 »Du hast alles durch Maß, Zahl und Gewicht geordnet« wurde als Beweis dafür angeführt, daß Zahlen innerhalb der göttlichen Schöpfung formschaffende Kraft hatten. Daraus entwickelte sich das mittelalterliche Studium von Arithmetik und Geometrie nicht nur als mathematische Disziplinen, sondern auch als Ausdruck göttlicher Harmonie. Um dieses Konzept am praktischen Beispiel darzustellen, beschäftigt sich Jordan ausführlich mit der Struktur der gotischen Kathedrale, die im Mittelalter als Abbild des himmlischen Jerusalems galt. Der Grundriß der Kathedrale sollte deshalb die kosmische Harmonie der Schöpfung widerspiegeln, da sie sichtbarer Ausdruck göttlicher Ordnung war. Somit wird die Kathedrale nicht nur Schöpfungsanalogon, sondern auch Mikrokosmos, in dem die abstrakte mathematische Perfektion des Universums ihren Ausdruck findet. Der eigentliche Bauprozeß war additiv, d.h., er konkretisierte sich in der Aneinanderreihung selbständiger Einzelteile, die sich miteinander zu einer im voraus konzipierten Endform verbanden. Das Proportions- bzw. Harmonieprinzip bildete auch hier den Plan für den Grundriß.

Nach Aufzeigen dieser grundsätzlichen ästhetischen Vorstellungen wendet sich Jordan der Analyse der mittelalterlichen Literaturtheorie zu. Anhand von Alanus' ab Insulis Abhandlung über das Wesen der Dichtung glaubt Jordan davon ausgehen zu können, daß Dichtkunst als manipulative Geschicklichkeit betrachtet wurde, mit Hilfe derer man genau abgegrenzte Teile zu einem Ganzen zusammenfügen konnte. Kunst sei folglich vor allem Form, eine Form, die im wesentlichen unorganisch sei, d.h., sie bestehe aus quantitativen Elementen wie z.B. Absätzen, Einschnitten, Amplifikationen etc. Diese These belegt Jordan dann durch die Strukturanalyse einer Kanzone Dantes. Nicht nur Dante allein, sondern auch Chaucer bediene sich dieser unorganischen Strukturierungsmethode. Wie Geoffrey de Vinsauf in seiner *Poetria Nova* vergleiche auch er die Aufgabe des Dichters mit der eines Architekten. Wie der Baumeister, so müsse auch der Dichter im voraus den Plan für sein Werk entwerfen. Er müsse jeden Baustein sorgfältig auswählen, damit die Struktur harmonisch ausfalle. Da Geoffrey de Vinsauf Dichtung nicht nur in drei Hauptteile – Inhalt, Struktur und Rhetorik – zerlegt, sondern Struktur auch als Themenerweiterung und Themenverengung versteht sowie den rhetorischen Teil in verschiedene Tropen untergliedert, glaubt Jordan bei Chaucer dieselbe Vorstellung vom Wesen der Dichtkunst feststellen zu können. Vor allem den *Canterbury Tales* liege diese Art des Kompositionskonzepts zugrunde. Chaucer arbeite mit selbständigen Blöcken, die er in Anlehnung an das architektonische Prinzip der Gotik zu einem Ganzen zusammenfüge, nämlich der metaphorischen Wallfahrt von London nach Canterbury, die den Rahmen für seine Erzählungen bildet. In dieser Anordnung bewahrten die Einzelteile, d.h. die verschiedenen Erzählungen, ihre Integrität und Geschlossenheit in ihrer Relation zum Ganzen, ohne daß die Komplexität der Einzelerzählungen die Integrität und Geschlossenheit des Ganzen zerstöre oder aufhebe. Der Preis, den Chaucer für dieses künstlerische Prinzip zahle, seien scharfe Konturen, sichtbare Nähte, unglückliche Lösungen und widersprüchliche Perspektiven. Dafür erziele er aber eine vielheitliche Einheit statt einer einheitlichen Einheit, um es in Wölfflins kunstgeschichtlichen Grundbegriffen auszudrücken. Damit soll angedeutet werden, daß diese Begriffe seit langem zum Vokabular der Kunsthistoriker gehören und daß Jordan im Grunde eine kunstgeschichtliche Betrachtungsweise, wie sie auf Heinrich Wölfflin und Wylie Sypher zurückgeht, mit der christlich-platonischen Kosmologie verbindet, um eine strukturalistische Literaturästhetik für das Spätmittelalter zu entwickeln. Obwohl Jordan mit diesem Interpretationsansatz wesentlich klarere und zutreffendere Aussagen zur mittelalterlichen Literatur machen kann, handelt es sich auch hier nur um einen Teilaspekt, der durch Stiluntersuchungen ergänzt werden muß, wie das einige der Studien der noch ausstehenden dritten Kategorie tun. Dennoch ist Jordans Buch ein wertvoller Beitrag zum Verständnis der mittelalterlichen Ästhetik, und zwar nicht nur, weil er Strukturierungsverfahren untersucht, sondern auch in diesem Zusammenhang die Frage erneut stellt: Was bedeutet geschlossene Form als poetisches Konzept im Mittelalter? Seine Antwort, daß geschlossene Form nicht als organisch Gewachsenes, sondern als unorganisch Aneinandergereihtes gesehen werden müsse, mag etwas überspitzt klingen; sie erklärt jedoch die oft bruchstückhaft anmutende Form mittelalterlicher Dichtung.

Zusammenfassend läßt sich für die vier hier vorgestellten Vertreter der zweiten Kategorie sagen: Wie unterschiedlich ihre Auffassungen auch sein mögen, sie suchen alle nach einem übergeordneten System, dessen ästhetische Prinzipien auch für die Literatur Gültigkeit haben. Diese Feststellung gilt nicht für die Studien der dritten Hauptgruppe, die Untersuchungen von Chaucers Werk im Hinblick auf dessen Beeinflussung durch die rhetorische Tradition des Mittelalters, und, was vielleicht noch wichtiger ist, für die Studien, die ein poetologisches Konzept in Chaucers Dichtung nachweisen wollen. Den Auftakt zu dieser Art der Chaucerkritik dürfte wohl John Manlys grundlegender Aufsatz »Chaucer and the Rhetoricians« (1926) bilden. Manlys Arbeit wurde vor allem durch Edmond Farals Edition *Les Arts poétiques du XIIe et du XIIIe siècle* (1924) begünstigt, in der die wesentlichen rhetorischen bzw. poetischen Handbücher des Hochmittelalters enthalten sind. Damit ermöglichte er der Forschung zum ersten Mal, Stiluntersuchungen mittelalterlicher Texte anhand von zeitgenössischen Regelpoetiken vorzunehmen – frühere Untersuchungen hatten sich zumeist entweder an klassischen Modellen oder Renaissance-Poetiken orientiert, d.h. an Werken, die den mittelalterlichen Vorstellungen und Praktiken nicht gerecht wurden. Interessanterweise kam Manly zu dem Schluß, daß Chaucer sich zwar zu Anfang seiner dichterischen Karriere stärker an die Regelpoetiken anlehne, zum Schluß seiner Laufbahn aber ziemlich unabhängig von den in diesen Handbüchern enthaltenen Vorschriften gearbeitet habe. Seine Meinung basierte auf einem Vergleich der Tropenindizes, d.h. der Liste der in diesen Regelpoetiken aufgeführten rhetorischen Stilmittel, mit den rhetorischen Figuren in Chaucers Werk. Den gleichen Ansatz benutzt übrigens Traugott Naunin in seiner 1929 publizierten Studie *Der Einfluß der mittelalterlichen Rhetorik auf Chaucers Dichtung*. Beide Forscher stehen den rhetorischen Handbüchern ablehnend gegenüber, eine Haltung, die als Spätfolge des im 19. und frühen 20. Jahrhundert vorherrschenden Realismuskonzepts gesehen werden kann. Sie unterscheiden sich aber in ihrer Beurteilung des Einflusses und der Bedeutung dieser Schriften. Für Manly sind sie lediglich Zeiterscheinungen, deren Auswirkungen zu Chaucers Zeit bereits weitgehend abgeschwächt waren. Als Beleg hierfür zitiert er eine Stelle aus der

Nun's Priest's Tale, wo sich der Erzähler über Geoffrey de Vinsauf, den Verfasser der *Poetria Nova*, lustig macht. Naunin dagegen wittert ein Fortbestehen dieser für seinen Geschmack einengenden Traditionen, und Chaucer wird für ihn in dem Maß zum guten Dichter, in dem er mit der rhetorischen Tradition des 12. und 13. Jahrhunderts bricht.

Eine ganz andere Einstellung zu Chaucer und der mittelalterlichen Rhetorik findet man zu Anfang der fünfziger und sechziger Jahre. Erwähnenswert ist hier zunächst der Aufsatz von Dorothy Everett »Some Reflections on Chaucer's Art Poetical« (1950), in dem sie vorschlägt, Chaucers Dichtung nicht mehr in Hinblick auf die in den mittelalterlichen Poetiken verwandten Stilmittel zu untersuchen, sondern im Hinblick auf die dort empfohlenen Strukturmittel. Besonders das Verfahren der *abbreviatio*, der Kürzung eines Stoffes, und der *amplificatio*, der Erweiterung einer Vorlage, werde von Chaucer häufig bei der Neugestaltung seiner Quellen benutzt. Weiterhin mahnt Dorothy Everett, man solle sich eingehender mit Chaucers eigenen Äußerungen zu seiner Dichtung befassen, ein Ratschlag, der dreizehn Jahre später von Robert O. Payne beherzigt wurde.

In der Zwischenzeit erschien ein weiteres Buch, das bahnbrechend für die Erarbeitung eines poetologischen Konzepts in Chaucers Dichtung werden sollte, Charles Muscatines Studie *Chaucer and the French Tradition* (1957). Muscatine läßt sich von der Vorstellung leiten, daß Stil, d.h. die rhetorische Gestaltung eines Werks, ein integraler Bestandteil von dessen Bedeutung ist. Stilistische Elemente werden also nicht länger als mehr oder weniger austauschbare Versatzstücke rhetorischer Gestaltung angesehen, sondern als funktionale Bedeutungsträger. In diesem Zusammenhang ist er auch nicht mehr an einer rein genetischen Analyse von Chaucers Werk interessiert, sondern daran, wie Chaucer seinen Quellen durch bewußte rhetorische Umgestaltung einen neuen Sinn verleiht. Damit wird die eher positivistische Quellenforschung überwunden und die Beschäftigung mit den Vorlagen in einen poetologischen Kontext gestellt. Vergleich bedeutet nun nicht mehr Inventarisierung der Abweichungen, sondern die Analyse von Texttransformationen zur Feststellung neuer Aussagen, die sich durch eine bestimmte Adaptationsmethode ergeben. Natürlich finden diese Analysen bei Muscatine nicht in einem wertneutralen Raum statt, sondern vor dem Hintergrund einer gotischen Ästhetik, deren Hauptmerkmale diese sind: formale Expansion anstelle von Konzentration, Koordinierung der Einzelteile anstelle von Subordinierung, offene Reihen anstelle von geschlossenen geometrischen Formen und Gegenüberstellung anstelle von formaler Integration. Übertragen auf die Literatur heißt das, daß sich Chaucers Werk vor allem durch das Nebeneinander von höfischem und bürgerlichem Stil auszeichne, durch das es seine komplexe Bedeutung und ironische Perspektive erhalte.

Neben Muscatines Stilanalyse steht Robert Paynes Versuch, in seiner Studie *The Key of Remembrance. A Study in Chaucer's Poetics* (1963) eine Chaucersche Poetik zu erarbeiten. Dieses wichtige Buch verdient eine etwas ausführlichere Vorstellung, damit einerseits die dort verwendete Methodologie und andererseits die Erkenntnisse, die man mit diesem Ansatz über das Wesen der mittelalterlichen Literatur gewinnen kann, deutlich werden. Es handelt sich hier schließlich nicht um die Frage, ob ein Dichter die von den Rhetorikern empfohlenen Stilmittel gelegentlich in seinem Werk benutzt, sondern ob es möglich ist, große Dichtung zu verfassen, die in der ästhetischen Tradition steht, die von den Poetiken des 12. und 13. Jahrhunderts vermittelt wird. Man muß sich von vornherein im klaren sein, daß diese Handbücher hauptsächlich für pädagogische Zwecke geschrieben worden waren, und zwar für den Schulgebrauch zur Interpretation der klassischen lateinischen Dichtung. Daher kann ihr Einfluß auf die volkssprachliche Dichtung nur indirekt sein. Wichtig jedoch ist die Tatsache, daß Generationen mittelalterlicher Studenten diese Texte im Unterricht lasen und mit ihrer Hilfe die Klassiker interpretierten. In diesem Sinne sind die Poetiken nicht nur einfach Lehrbücher, sondern auch Ausdruck einer bestimmten Ästhetik. Neben ganz spezifischen Anleitungen zur Abfassung von Gedichten geben sie Aufschluß über die mittelalterliche Einstellung zur Literatur im allgemeinen. Folglich lassen sich aus dem Studium dieser Poetiken nicht nur Rückschlüsse auf die Ansichten ihrer Verfasser ziehen, sondern auch auf Dantes oder Chaucers Einstellung zur Poesie, da beide schließlich Produkte der gleichen Erziehung sind. Diese These legt Payne seiner Studie der mittelalterlichen Ästhetik zugrunde, deren Unterschiede zur lateinischen Klassik er darzustellen versucht. Damit schlägt er den entgegengesetzten Weg zu Ernst R. Curtius ein, dem es gerade darum ging, das Weiterleben verschiedener klassischer Traditionen im Mittelalter zu zeigen.

Nach Darlegung dieser These versucht Payne, die Prinzipien einer für das Mittelalter gültigen Rhetorik zu erläutern. Im Gegensatz zur Auffassung des Aristoteles kenne das für das Mittelalter verbindliche Verständnis des Horaz keine Trennung zwischen Poetik und Rhetorik. Beide Begriffe bedeuteten die rechte Handhabung der Sprache zur Demonstration ethischer Werte. Ihre Funktion sei, einen Ausgleich zwischen menschlich-triebhaftem und ethisch-rationalem Verhalten herzustellen. So definiert, erhalte die Poetik oder Rhetorik ihren Platz im Trivium neben den Disziplinen der Grammatik und der Logik. Als man in der Frühscholastik eine straffere Gliederung der schönen Künste vornahm, wurde auch die Poetik im Rahmen der allgemeinen Neuordnung kodifiziert, wie das Zeugnis der fünf aus der zweiten Hälfte des 12. Jahrhunderts stammenden Poetiken beweist, die nach dem Muster der scholastischen Dialektik aufgebaut sind. Es handelt sich hier hauptsächlich um eine Sammlung überlieferter Ansichten zur Poetik, die im wesentlichen auf Ciceros *De Inventione*, dem pseudociceronischen Traktat *Rhetorica ad Herennium* sowie der *Ars Poetica* des Horaz basieren. Ciceros fünfteilige Anordnung, *inventio* – Auffindung und Analyse des Materials, *dispositio* – seine Anordnung und Strukturierung, *elocutio* – Wortwahl und Wahl der stilistischen Mittel, *pronuntiatio* – Präsentation und *memoria* –

das Einprägen der Rede, wird zum Muster aller späteren rhetorischen Handbücher, die jedoch Änderungen in der Nomenklatur und Einteilung vornehmen. Für Cicero bedeutet *inventio* noch einen wirklichen Erkenntnisprozeß aufgrund rationaler Analyse. In frühchristlicher Zeit setzte sich jedoch eine andere Wissenschaftsauffassung durch, die auf direkter oder indirekter Offenbarung beruhte. Forschung und Wissen werden von nun an zu moralischen Kategorien – eine Ansicht, die zur Unterscheidung von nützlichem und unnützem Wissen führte. Auf die Literatur übertragen bedeutet das die Trennung zwischen weltlicher Literatur und der Heiligen Schrift sowie die sorgfältige Auslese desjenigen heidnischen Schrifttums, das ohne moralische Vorbehalte in das christliche Wissenschaftssystem eingegliedert werden konnte. Der Kirchenvater Augustinus beginnt mit der Gründung dieser christlichen Wissenschaftstradition, die an die Stelle heidnischer Erfindung tritt. Unter Tradition versteht er, was für die gesamte Menschheit überall und zu jeder Zeit bedeutsam ist, d.h., sie ist Reflexion des göttlichen Wirkens auf menschlicher Ebene. Diese Ansicht beruht auf dem Glauben an die unveränderbare psychologische Beschaffenheit des Menschen und an eine unveränderliche menschliche Wertordnung. Die Aufgabe des Dichters sei es, diese beiden Konstanten mit Hilfe von veränderlichen linguistischen Ausdrucksmitteln zu verbinden. So gesehen sei Dichtung nichts anderes als würdevoller Ausdruck ewiger Wahrheiten. Somit verliere *inventio* seine ursprüngliche Bedeutung und werde zur Suche nach einem passenden Thema oder einer passenden Ausdrucksform.

Um diesen Wandlungsprozeß zu verdeutlichen, führt Payne die Definition von *inventio* aus der *Poetria* des Jean de Garland an, der den Begriff in der Form von fünf Fragen abhandelt: wo, was, welche Art, wozu und wie? Jeans Antwort auf die erste Frage lautet, daß man die Themen für Dichtung in menschlicher Handlungsweise, Beispielen und Sprichwörtern finde. Tugend und Laster charakterisiere die menschliche Handlungsweise. Moralische Präzepte, Anerkennung und Tadel aber drücke sich in Beispielen und Sprichwörtern aus. In Beantwortung der dritten Frage macht Jean zwei Vorschläge: direkt oder indirekt. Die Absicht der Dichtung sei natürlich Erbauung und Belehrung. Und auf die Frage, wie man dies erreiche, antwortet er: mit rhetorischen Stilmitteln.

In seinen weiteren Ausführungen geht Payne der Frage nach, wie diese in den Poetiken implizierte Literaturtheorie in die Werke volkssprachlicher Dichtung Eingang fand. Er schlägt drei Übertragungsmöglichkeiten vor: erstens auf indirektem Weg durch Modelle ihrer an lateinischen Beispielen orientierten Dichterkollegen; zweitens durch Nachahmung lateinischer Vorbilder; und drittens durch das Studium der Poetiken.

Chaucer, dem Paynes besondere Aufmerksamkeit gilt, halte sich zwar kaum an die rhetorischen Vorbilder in den Poetiken, ja er verspotte sie sogar in der *Nun's Priest's Tale*, aber er akzeptiere deren ästhetische Prinzipien, d.h., er glaube, Kunst müsse formal wohlgestaltet sein und moralischen Zwecken dienen. Auch Chaucer betrachte Dichtung als Ordnungsprozeß und Ausdruck bereits anerkannter und vorgegebener Wahrheiten in poetisch angemessenener Sprache. Chaucer drücke in seiner Dichtung nicht seine eigene Erfahrung aus, sondern er sei traditionsbewußt und lehne sich an wohlbekannte literarische Vorbilder an. Chaucer würdige die Tradition als Kontinuität der Vergangenheit, mit der er seine eigene Persönlichkeit und sein dichterisches Werk in Einklang bringen müsse. Tradition bedeute folglich die Hinwendung des Dichters und seiner Kunst zu einer Vergangenheit, die von Generationen bewertet, selektiert und überliefert worden sei. Dichtung werde somit zum Ausdruck lebendiger Vergangenheit und Dichtkunst zur Beherrschung ästhetischer Prinzipien, wie sie von den Rhetorikern nach ihrem Studium der Klassiker kodifiziert worden seien. Chaucers Gesamtwerk zeichne sich durch das Bestreben des Dichters aus, Erfahrung, Kunst und Tradition in Einklang zu bringen. Über den Traditionsbegriff braucht hier nichts weiter gesagt zu werden. Erfahrung hingegen beruhe auf der Betrachtung und Analyse natürlicher Gegebenheiten, d.h., sie steht im Gegensatz zur Tradition, den ewigen Wahrheiten. Kunst schließlich kleide Erfahrung in das Gewand der Sprache ein, um ihr größere Permanenz zu verleihen. Sprache aber, und dessen sei sich Chaucer vollkommen bewußt gewesen, sei ein unbeständiges und wechselhaftes Phänomen, so daß jede Generation Erfahrung und Tradition neu ausdrücken müsse.

Auf den ersten Blick erscheint es, als ob Payne seine statische mittelalterliche Literaturästhetik mit einem dynamischen Prinzip verbinden wolle. Das trifft jedoch nicht zu, da für ihn letztlich der mittelalterliche Dichter in ein fest vorgegebenes System eingeschlossen ist, das seine Reaktion auf das geistige Erbe und die Bewertung seiner persönlichen Erfahrung bestimmt. Es kann dieser Ansicht nach nie zu einem wirklichen Experiment mit den überlieferten Formen kommen, da das Ergebnis immer vorgegeben ist und den Erfahrungsprozeß beeinflußt. Das Endergebnis muß unter allen Umständen das gleiche bleiben, selbst wenn die eigene Erfahrung andere Resultate zeitigen würde, da der rein empirische Erfahrungsprozeß immer unter dem Primat moraltheologischer Normen steht. Demzufolge ist der Mensch eine konstante Größe, dessen Verhalten mit Hilfe moralischer Kriterien bewertet werden muß. Die Natur wird zum nicht offenbarten Buch Gottes, das seine Wahrheiten in Form von Zeichen enthält, und der Kosmos zum Ausdruck göttlicher Perfektion.

Daß auch sogenannte historische poetologische Konzepte aus unterschiedlichen Perspektiven beurteilt werden können, verdeutlicht A.J. Minnis' Studie *Medieval Theory of Authorship* (1984). Das Buch, das sich nur am Rande mit Chaucers Dichtung beschäftigt, soll hier nicht unerwähnt bleiben, da es zeigt, daß man mittelalterliche Literatur auch nach anderen, ebenfalls zeitgenössischen Kriterien beurteilen kann. Minnis zeigt, daß sich im frühen 13. Jahrhundert methodologische Ansätze nachweisen lassen, die auf Aristoteles zurückgehen. Das aristotelische Interpretationsmodell begründete sich in einer Ontologie und einem komplexen Ursachensystem. Angewandt auf die Exposition sowohl weltlicher als auch geistlicher Autoren ergibt sich folgendes Interpretationsschema, das aus vier *causae* – Ursachen besteht: 1. *causa efficiens* – der Autor als Urheber des Werkes; 2. *causa materialis* – das literarische Material, das dem Autor als Vorlage oder Quelle diente; 3. *causa formalis* – die Form, die ein Autor seinem Stoff gab. Hier ist zu unterscheiden zwischen *forma tractandi* – dem persönlichen Stil des Autors und seiner Art der Darstellung – und *forma tractatus* – der Strukturierung und Organisation des Werkes; und 4. *causa finalis* – die auktoriale Intention des Verfassers. Wie Minnis betont, ist dies ein Interpretationsmodell unter anderen konkurrierenden und zeitlich sukzessiven mittelalterlichen Modellen, deren vergleichende Untersuchung zwar noch ausstehe, die aber modernen ahistorischen Ansätzen zur Interpretation mittelalterlicher Dichtung vorzuziehen seien. Welche Möglichkeiten dieses Modell für die Interpretation von Chaucers Dichtung bietet, legt Minnis einerseits in Kapitel 5 dieses Buches und andererseits in seinem Aufsatz »Chaucer and Comparative Literary Theory« (1981) dar.

Ein letztes Buch, das in diesem Kontext genannt werden muß, ist V.A. Kolves monumentale Studie *Chaucer and the Imagery of Narrative*, ebenfalls aus dem Jahre 1984. Im Gegensatz zu den anderen hier vorgestellten Werken, die Chaucers Poetologie aus den rhetorischen Traditionen zu erschließen suchen, beschäftigt sich Kolve mit der Bildersprache in den ersten fünf Erzählungen der *Canterbury Tales*. Diese Bildersprache hatte ihren Ursprung in den bildenden Künsten, d.h., Chaucer konnte aus einem großen Reservoir mittelalterlicher Bilder schöpfen, die charakteristische, symbolische oder allegorische Bedeutungen hatten und die einem Lese- bzw. Hörerpublikum vertraut waren, da ein solches Publikum sie in bildlicher oder figürlicher Darstellung in Handschriften, Kirchen, Profanbauten etc. täglich sehen konnte. Kolve bezeichnet diese Bilder als »narrative images« [Erzählbilder], die einerseits für den Leser oder Hörer als

»memorial centers« [zentrale Anhaltspunkte] in seiner Erinnerung dienten und andererseits die Geschichte selbst voranbrächten. Diese Bilder besäßen eine potentielle ikonographische Bedeutung, die unter der narrativen Oberflächenstruktur des Textes verborgen sei und deren Entdeckung dem Rezipienten die volle Bedeutung der Erzählung zugänglich mache. Diese Bedeutung müsse komplex und vielschichtig sein, da die Erzählbilder selbst ein breites Bedeutungsspektrum umfaßten. Diese Komplexität ist ein wichtiger Bestandteil der von Kolve für Chaucers Werke postulierten visuellen Ästhetik, denn er verwahrt sich immer wieder dagegen, die Bildersprache in Chaucers Erzählungen einseitig und verengt zu betrachten, etwa nur aus moraltheologischer Perspektive. Vielmehr liegt ihm daran, die Tradition dieser Bilder sowohl in der bildenden Kunst als auch in der Literatur zu zeigen, um gerade ihre Bedeutungsvielfalt aufzudecken. Für die *Knight's Tale* sind dies das Gefängnis, der Garten und das Turnier im Amphitheater, für die *Miller's Tale* Natur, Jugend und die Sintflut, für die *Reeve's Tale* der Tod als Wirt (im Prolog) und das zügellose Pferd und für die *Man of Law's Tale* das ruderlose Schiff und das Meer. Die Wirksamkeit dieser Bilder für die Struktur der jeweiligen Erzählung sowie für das Rezeptionsverhalten des Lesers oder Hörers untersucht Kolve in den abschließenden fünf Kapiteln seines Buches, die dem eher theoretisch gehaltenen Vorspann folgen.

Zusammenfassend läßt sich sagen, daß die moderne Chaucerforschung nach dem Zweiten Weltkrieg vor allem durch einen neuen Historismus geprägt ist. Wie unterschiedlich die Ansätze auch sein mögen, sie basieren fast alle auf der Prämisse, daß nur die Erschließung der mittelalterlichen Lebenswelt uns Auskunft über Chaucers Dichtung geben kann. Bei dem Versuch, in die Vorstellungswelt des Mittelalters einzudringen, d.h. Chaucers Text in seinem kulturellen Gesamtkontext zu verstehen, war es fast unvermeidlich, daß man zunächst rigoros vorging, um sich vom ahistorischen »New Criticism« einerseits und vom Mittelalterbild der Romantik oder des Realismus andererseits zu distanzieren. D. W. Robertsons exegetischer Ansatz zur Analyse von Chaucers Dichtung ist dafür ein hervorragendes Beispiel. Daß weder das Mittelalter noch seine Literatur trotz ihrer Alterität als geschlossenes System existierten, machen die Studien der jüngsten Zeit deutlich, die gerade aufgrund ihrer strengen historischen Ausrichtung zeigen, daß es im Mittelalter konkurrierende Systeme gab. Dadurch verflüchtigt sich die Vorstellung von geistiger und kultureller Homogenität, eine Vorstellung, auf der der Ansatz der exegetischen Methode basierte. Das moderne Mittelalterbild ist wesentlich differenzierter geworden, als es noch vor fünfundzwanzig Jahren war, und so auch die Analyse von Chaucers Dichtung. Die etwa einhundertfünfzig Aufsätze und Bücher, die in der jüngsten Bibliographie der *Modern Language Association* über Chaucer verzeichnet sind, zeigen, daß die Chaucer-Forschung sehr lebendig und vielfältig ist und auch weiterhin bleiben wird.

Die Struktur der Canterbury Tales

Gemessen an dem ursprünglichen Plan für die *Canterbury Tales* nimmt das, was uns heute erhalten ist, nur einen geringen Umfang ein. Von den 120 Erzählungen, die der Wirt im *General Prologue* ankündigt, existieren nur 24, zwei davon als Fragmente. Natürlich weiß man, daß Chaucer am Ende seines Lebens vom ehemaligen großen Entwurf abgerückt war, denn der zu Beginn der Reise nach Canterbury so optimistische Wirt, der ursprünglich vier Erzählungen von jedem Pilger verlangt hat, fordert den Pfarrer ausdrücklich auf, die letzte Geschichte zu erzählen. Anstelle der vorgesehenen 120 Erzählungen – je zwei je Pilger auf dem Hin- und auf dem Rückweg – scheint jetzt nur noch an eine Erzählung je Pilger gedacht zu sein. Doch nicht einmal dieser um drei Viertel reduzierte Plan wurde vollendet. Nicht alle Pilger erzählen eine Geschichte, das gilt z. B. für die fünf Angehörigen einer religiösen Bruderschaft (Krämer, Zimmermann, Weber, Färber und Teppichknüpfer), den Landmann und den Bediensteten des Ritters. Ein Neuankömmling, der Dienstmann des Stiftsherrn, erzählt hingegen eine Geschichte. Von den drei Priestern in Begleitung der Priorin erzählt nur einer eine Geschichte, der Pilger Chaucer dagegen zwei. Doch damit enden die Probleme nicht. Chaucer gelang es nicht mehr, eine klare Abfolge der Geschichten festzulegen. Immer wieder fehlen Zwischenstücke, die die Verbindung zwischen den einzelnen Erzählungen herstellen sollten. Erhalten sind uns zehn Fragmente, von denen nur dem ersten und dem letzten eine eindeutige Position zugeordnet werden kann. Die große Mitte ist in ihrer Anordnung austauschbar. Es gibt keinen endgültigen Plan, keine Aufzeichnung des Dichters und auch sonst keinen Hinweis darauf, in welcher Reihenfolge Chaucer seine Erzählungen anordnen wollte. Folglich sind moderne Herausgeber auf die Überlieferungstradition angewiesen, die jedoch auch nur bedingt Aufschluß über die vom Autor intendierte Anordnung der Erzählungen gibt. Untersucht man die im 15. Jahrhundert entstandenen Handschriften, wird man feststellen, daß die Schreiber damals keine präziseren Angaben besaßen als die heutigen Herausgeber, denen immerhin 83 Handschriften zur Auswertung zur Verfügung stehen. Dafür war man im 15. Jahrhundert in Fragen der Authentizität weniger zimperlich als heute. Wo Verbindungsstücke fehlten, wurden sie eben hinzugedichtet, und Erzählungen, die zwar von den *Canterbury Tales* inspiriert waren, aber nicht aus Chaucers Feder stammen, wie z.B. *The Tale of Beryn* und *The Tale of Gamelyn*, wurden einfach in die Erzählsammlung mit aufgenommen und in den Ausgaben des 16. Jahrhunderts zusammen mit der ebenfalls unechten *Ploughman's Tale* abgedruckt. Weder die *Canterbury Tales* noch Chaucers Gesamtoeuvre bildeten zu dieser Zeit einen festen Kanon, vielmehr bestimmten die einzelnen Herausgeber, was zu Chaucers Werken gehöre und wie die Anordnung der *Canterbury Tales* zu geschehen habe.

Chaucers Werke, insbesondere die *Canterbury Tales*, wurden

schon früh gedruckt. Die wichtigsten Ausgaben sollen hier ohne Bewertung ihrer Qualität erwähnt werden. William Caxton druckte 1478 die erste Ausgabe der *Canterbury Tales* und legte diese Ausgabe etwa 1484 neu auf. Seine Nachfolger Wynkyn de Worde und Pynson druckten weitere Neuauflagen dieser ersten Ausgabe. Die nächste Bearbeitung erfolgte 1532, vorgenommen von William Thynne, der Chaucers Werk zum ersten Mal als Gesamtausgabe herausgab. Eine weitere Gesamtausgabe, die John Stowe besorgt hatte, ging 1561 in Druck. Die letzte große Ausgabe im 16. Jahrhundert erschien 1598, kurz vor der Jahrhundertwende. Sie stammt von Thomas Speght und lehnt sich in vielen Punkten an die Ausgabe von Stowe an. In überarbeiteter Form wurde die Ausgabe von Speght im 17. Jahrhundert mehrere Male neu aufgelegt. Neuausgaben von Chaucers Werken entstanden im 17. Jahrhundert nicht. 1721 erschien eine Ausgabe von John Urry, die posthum veröffentlicht wurde. Sie war zum Zeitpunkt seines Todes unvollständig, was als Erklärung für die schlechte Qualität dieser Edition dienen mag. Jedenfalls stellte diese Ausgabe einen Rückschritt in der Chaucerforschung dar. Vor allem Chaucers Metrik wurde dann den Hörgewohnheiten des 18. Jahrhunderts angepaßt und stimmt kaum noch mit dem Original überein. Erfreulicherweise erschien 1775–78, also etwa fünfzig Jahre später, eine weitaus bessere, fünfbändige Ausgabe der *Canterbury Tales*, die Thomas Tyrwhitt besorgte. Eine Gesamtausgabe in sieben Bänden, der sogenannte Oxford Chaucer, ging 1894–97 in Druck. Als Herausgeber zeichnete der unermüdlich um die Ausgabe mittelenglischer Texte bemühte W. W. Skeat. Für diese Ausgabe wurden zwar nicht alle Handschriften herangezogen, sie wurde jedoch von einem hervorragenden Kenner der englischen Literatur des Mittelalters gemacht. Die einbändige Chaucer-Ausgabe von F. N. Robinson erschien 1933; 1957 folgte eine zweite, revidierte Auflage, und die dritte Auflage unter dem Titel *The Riverside Chaucer* ist nach langjähriger Überarbeitung gerade (1987) erschienen. Der Robinson-Text hat sich als eine der

Standardausgaben im 20. Jahrhundert etabliert. Für die *Canterbury Tales* jedoch muß auf die achtbändige Ausgabe von John M. Manly und Edith Rickert verwiesen werden, die 1940 erschien und zum ersten Mal alle Handschriften kollationierte und auswertete. Für das Studium der *Canterbury Tales* ist diese Ausgabe grundlegend. Eine weitere Gesamtausgabe von Chaucers Werken neueren Datums ist die 1977 erschienene Edition von John H. Fisher (zweite Auflage 1989), der sich jeweils auf eine Handschrift stützt und Emendationen aufgrund früher erstellter Kollationen in dem von ihm edierten Text vornimmt. Eine endgültige Ausgabe aller Werke Chaucers ist seit 1982 in Bearbeitung. Es ist die *Variorum Edition*, die auf 43 Bände angelegt ist, herausgegeben unter der Leitung von Paul G. Ruggiers.

Vor allem den Untersuchungen von Bernhard ten Brink, Henry Bradshaw und W. W. Skeat aus dem letzten Drittel des 19. Jahrhunderts ist die endgültige Festlegung des Chaucer-Kanons zu verdanken, ein Unternehmen, das natürlich auch zu einer Fixierung des Inhalts der *Canterbury Tales* führte. Weiterhin lag diesen positivistisch orientierten Wissenschaftlern daran, die Anordnung der Einzelerzählungen so zu gestalten, daß sie mit den Erfordernissen der Reiseroute und mit den in den Zwischenstücken gemachten Ortsangaben übereinstimmte. Eine solche Anordnung ist jedoch unmöglich, denn es existiert keine Handschrift, in der die Geschichten nach geographischen und zeitlichen Gesichtspunkten angeordnet sind, d.h., wenn man von nur einer Wegstrecke von London nach Canterbury ausgeht. Die Entfernung beträgt 57 Meilen und wurde zu Chaucers Zeiten in dreieinhalb Tagen zurückgelegt, mit Übernachtungen in Dartford, Rochester und Ospring, drei Orten, die auch in den Zwischenstücken erwähnt werden. Unter Berücksichtigung der anderen Orts- und Zeitangaben machten sich sowohl Bradshaw als auch Furnivall, der an einer Edition von sechs Handschriften arbeitete, daran, die zehn Fragmente des Ellesmere-Manuskripts so zu ordnen, daß sie in dieses Schema paßten. Dafür bedurfte es nur der Umstellung des Fragments

VII, in dem der Ort Rochester erwähnt wird, der auf der Reiseroute nach Canterbury vor Sittingbourne liegt, das im Fragment III genannt wird. Dieses Fragment VII, zusammen mit dem Fragment II, dem es nun unter Auslassung des Epilogs zur *Man of Law's Tale* folgt, wurde dann unter der Nomenklatur Fragment B zusammengefaßt. Und gleichfalls versetzte man das sogenannte »floating« Fragment VI, in dem es weder Zeit- noch Ortsangaben gibt, als Fragment C an die dritte Stelle. Die übrigen Fragmente folgten der Anordnung des Ellesmere-Manuskripts. Mit diesem »Bradshaw shift«, also mit der von Bradshaw vorgenommenen Umstellung, war die zeitlich und geographisch korrekte Abfolge der zehn Fragmente sichergestellt.

Diese Neuordnung der *Canterbury Tales* fand im 19. und frühen 20. Jahrhundert allgemeine Anerkennung, weil sie den Erfordernissen realistischer Schreibweise gerecht wurde. Chaucers Rahmenerzählung ließ sich durch die vorgenommene Umstellung wie ein Roman des 19. Jahrhunderts lesen, von dem der Leser schließlich auch korrekte Orts- und Zeitangaben erwartete. Nur hatte man für diesen Eingriff leider keine Unterstützung durch die Handschriften, in denen es eine solche realistische Anordnung nicht gibt. Auch beweist der Epilog zur *Man of Law's Tale*, in dem je nach Manuskriptlage unterschiedliche Pilger – Junker, Kirchenbüttel und Schiffsherr – ihre Erzählung ankündigen, daß Chaucer die Reihenfolge der Erzähler zu diesem Zeitpunkt offensichtlich noch nicht festgelegt hat. Und schließlich wäre es auch denkbar, wie Charles Owen vorschlägt, Chaucers ursprünglichen Plan stehen zu lassen und die zehn Fragmente auf Hin- und Rückreise zu verteilen. In den neueren Editionen ist deshalb das unlösbare Problem auch nicht weiter verfolgt worden. Sowohl F. N. Robinson als auch John H. Fisher haben sich für die Reihenfolge in der Ellesmere-Handschrift entschieden, ohne Umstellungen vorzunehmen, und Norman Blake legt seiner Ausgabe von 1980 ausschließlich das Hengwrt-Manuskript zugrunde. Zweifelsohne besitzt Ellesmere die beste Anordnung der Erzählungen, eine Anordnung, die wir jedoch nicht Chaucer, sondern dem editorischen Geschick des Schreibers verdanken. Hengwrt ist wahrscheinlich nicht nur etwas älter, sondern entspricht auch in seiner Anordnung und seiner sprachlichen und metrischen Gestaltung am ehesten dem Zustand, in dem Chaucer sein großes Werk unvollendet hinterließ.

Angesichts dieser Schwierigkeiten, die uns die komplizierte Handschriftenlage der *Canterbury Tales* bereitet, kann man auch nur mit äußerster Vorsicht über eventuelle auktoriale Intentionen sprechen. Wir kennen zwar den ursprünglichen Plan für die Erzählsammlung, wissen aber auch, daß dieser Plan modifiziert wurde. Bestehen bleibt ein Anfangsfragment, das den Erzählzyklus einleitet, eine abschließende Erzählung, die *Parson's Tale*, der ein Widerruf folgt, ohne daß der Rahmen wieder geschlossen wird, und die große Mitte, die je nach Handschriftentradition unterschiedlich gestaltet wird. Wir kehren nicht, wie im *General Prologue* zunächst angekündigt, zum Ausgangspunkt, dem Tabard Inn, zurück, um dort dem gemeinsamen Festessen als Anerkennung für die beste Erzählung beizuwohnen. Zwischen Ausgangspunkt und Endpunkt der Reise, einem Dorf in der Nähe von Canterbury (X, 12), finden sich in der Ellesmere-Anordnung acht Fragmente unterschiedlichen Umfangs; manche umfassen nur eine Erzählung (II und IX) und andere bis zu sechs (VII). Über die Strukturierung dieser Fragmente lassen sich gewisse Aussagen machen; geht man jedoch darüber hinaus, läuft man Gefahr, Chaucer Intentionen zu unterstellen, die nicht mehr als hypothesenhaften Charakter haben können. Da die moderne Chaucer-Forschung voll von diesen Hypothesen ist, sollen einige hier herausgegriffen und beleuchtet werden.

Seit Beginn der fünfziger Jahre begegnet man z.B. immer wieder der Annahme, daß Canterbury nicht nur der geographische Zielpunkt sei, sondern daß mit dem Erreichen dieses Wallfahrtsortes ein höheres geistliches Ziel als Endpunkt der von

Chaucer beschriebenen Pilgerreise in den Mittelpunkt rücke. Diese Annahme, die zuerst von Ralph Baldwin, S. 89 ff. (1955) ausführlich diskutiert wurde und die viele Befürworter gefunden hat, wie z. B. D. W. Robertson, S. 336 (1962), Paul G. Ruggiers, S. 40 (1965), Edmund Reiss, S. 295–305 (1970), und Rodney Delasanta, S. 240–47 (1978), basiert auf der besonderen Stellung der *Parson's Tale*, der Aussage dieses Pilgers über seine Intention und der Wallfahrt als Form der geistlichen Übung. Die Erzählung des Pfarrers ist keine Erzählung, sondern ein Traktat, das als nicht-fiktionaler Text unvermittelt neben den eigentlichen Erzählungen steht. Mittelalterlicher Vorstellung zufolge gehört die *Parson's Tale* nicht zur Kategorie der *narratio fabulosa*, wie sie etwa in Macrobius' Kommentar zum *Somnium Scipionis* definiert wird, d.h., sie ist keine Erfindung, sondern ein expositorischer Text. So versteht es auch der Pfarrer, der sich entschieden gegen das Ansinnen des Wirtes verwahrt, eine Erzählung im konventionellen Sinn zur Unterhaltung der Pilger zum Besten zu geben (X, 31). Mit der *Parson's Tale* verlassen wir folglich den fiktionalen Bereich. Außerdem machen die einleitenden Worte des Pfarrers deutlich, daß es ihm nicht mehr um die Pilgerfahrt nach Canterbury geht, sondern um die allegorische Wallfahrt zum Himmlischen Jerusalem, d.h., sein Ziel unterscheidet sich von dem, was ursprünglich im *General Prologue* als Ziel definiert worden war. Und letztlich war die Wallfahrt nach Canterbury mit Beginn der ersten Erzählung vollkommen aus den Augen verschwunden, d.h., die Pilgergruppe bewegte sich zwar geographisch und zeitlich dorthin, wie aus den verschiedenen Orts- und Zeitangaben in den Zwischenstücken ersichtlich wird, aber die fromme Absicht war spätestens mit dem Auftreten des Wirtes dahin. Von Bußfertigkeit und devotionaler Frömmigkeit war nichts mehr zu spüren, die Pilgerreise diente vielmehr einzig und allein als erzählerischer Rahmen für die verschiedenen Geschichten. Und in dieser Hinsicht unterscheiden sich die *Canterbury Tales* ganz wesentlich von anderen literarischen Pilgerfahrten wie z.B. Guillaume de Deguilevilles *Pèlerinage de la Vie Humaine* aus dem Jahre 1340 oder die Wallfahrt zum Schrein der Heiligen Wahrheit in William Langlands *Piers Plowman* (1360–1390). Wenngleich die Pilger durch die allegorische Landschaft dieser Werke ihr Ziel zwar nicht auf direktem Wege ansteuern können, verlieren sie es doch niemals aus den Augen. In den *Canterbury Tales* aber ist die Situation anders. Canterbury verschwindet und erscheint erst wieder im Prolog zur *Parson's Tale*, um dann vom Pfarrer als unzulänglich abqualifiziert zu werden.

Angesichts dieses Tatbestandes, des nichtfiktionalen Diskurses des Pfarrers, der Ausrichtung seines Traktats auf die letzten Dinge, symbolisiert durch das Himmlische Jerusalem, und des Verschwindens des ursprünglichen Ziels noch im *General Prologue*, ist die These, die Erzählungen seien auf die *Parson's Tale* hin konzipiert worden, nicht sehr überzeugend. In einer solchen Lesart geht die große Mitte verloren, die übrigens bei Baldwin auch gar nicht behandelt wird, oder die Erzählungen der Mitte und ihre Erzähler werden oft verkürzt und gebrochen aus der Perspektive der *Parson's Tale* interpretiert. Die entstehende Lesart muß einseitig und verzerrt sein, weil sie sich an zweifelhaften Kriterien orientiert, die fälschlich als Chaucers Intention deklariert worden sind.

Ein anderer intentionaler Ansatz, der sich seit Kittredge (1912) großer Beliebheit erfreute und vor allem mit dem Namen R. M. Lumiansky (1955) verbunden ist, ist die dramatische Lesart, derzufolge die Pilger Akteure in einem groß angelegten Drama wären, das sich auf der Pilgerfahrt nach Canterbury vor unseren Augen entfalte. Diese Art der Interpretation basiert vor allem auf der Annahme, daß der Rahmen und die Bindeglieder zwischen den Einzelerzählungen, soweit vorhanden, das Kernstück des Werkes seien. Hier habe Chaucer versucht, eine dramatische Situation zu schaffen, indem er die Pilger habe interagieren lassen, ja ihre Erzählungen sogar so aufeinander abstimmte, daß sie wie Dialogpartien in einem Drama wirken sollten. Oberflächlich betrachtet ist diese Auffassung sehr attraktiv, denn es gibt wirklich verschiedene Pilger, die miteinander verfeindet sind oder sich im Laufe der Reise in die Haare geraten. Man denke an den Müller und den Gutsverwalter oder den Bettelmönch und den Büttel, deren Charakterisierung und Verhalten so angelegt sind, daß ihre Feindschaft bereits vor Antritt der Pilgerfahrt zu bestehen scheint. Wirt und Ablaßkrämer und Verwalter und Koch jedoch scheinen erst während der Reise in Streit zu geraten. Ansätze zu Streitigkeiten bieten weiterhin die Proteste einzelner Pilger gegen bestimmte Erzähler, wie z.B. gegen den Pfarrer im Epilog zur *Man of Law's Tale*, und ganzer Gruppen gegen eine zu erwartende Darbietungsweise, wie z.B. der Protest der Adligen gegen den Ablaßkrämer, der einen Schwank erzählen will. Und da ist schließlich noch die Auseinandersetzung des Wirtes mit verschiedenen Pilgern, vornehmlich aber mit Geoffrey, dem Pilger, die dramatisches Potential in sich birgt.

Dehnt man nun dieses dramatische Konzept auch auf die Erzählungen der verschiedenen Pilger aus, betrachtet sie also als Äußerungen, die über den Charakter der Darsteller Aufschluß geben, dann ist der Schritt zur Hypothese, die *Canterbury Tales* seien als dramatischer Dialog über ein bestimmtes Thema konzipiert, nicht mehr weit. Aus dieser Blickrichtung ist Kittredges berühmtes Postulat einer »marriage group« [Ehegruppe] zu verstehen, deren Zweck es sei, die Ehesituation zu beleuchten. Angeregt durch die Darstellung der Frau aus Bath meldeten sich zunächst Scholar, dann Kaufmann und schließlich Gutsbesitzer zu Wort, der, so Kittredge, die Debatte mit der Ideallösung beende. Trotz einiger kritischer Anmerkungen zu Kittredge fand sein Vorschlag ein breites Echo, was ein Anwachsen der »marriage group« zur Folge hatte. W. W. Lawrence (1913) und J. S. Kenyon (1916) machten sich für die Aufnahme der *Tale of Melibee* und der *Nun's Priest's Tale* stark. M. Neville (1951) plädierte für die Eingliederung der *Squire's Tale*. J. L. Hodge (1965) wollte nicht nur die *Squire's Tale*, sondern auch die *Shipman's Tale* dazu gerechnet haben. Und D. Howard (1960) schließlich verwies auf die *Second Nun's Tale*. Damit wäre die ursprüngliche Gruppe zum Thema Ehe um fünf weitere Geschichten angewachsen.

Auf den ersten Blick wirkt die Drama-Hypothese äußerst attraktiv, denn sie scheint der Dynamik, die die Komposition der *Canterbury Tales* auszeichnet, am besten gerecht zu werden – Chaucers Erzählzyklus unterscheidet sich von anderen Rahmenerzählungen durch das augenfällige dynamische Prinzip. Die Genese der Erzählungen sowie die absolut ungeklärte Anordnung der einzelnen Fragmente bleiben aber dabei völlig außer acht. In der Ellesmere-Handschrift ist die sogenannte ursprüngliche Ehegruppe auf drei Fragmente verteilt, die *Wife of Bath's Prologue and Tale* in Fragment III, die *Clerk's and Merchant's Tales* in Fragment IV und die *Franklin's Tale* in Fragment V. Zwischen die Erzählungen der Frau aus Bath und des Scholaren sind die Geschichten des Bettelmönches und des Kirchenbüttels eingeschoben, die ganz offensichtlich als kontrastierendes Paar konzipiert sind. Vor der Erzählung des Gutsverwalters schließlich steht noch die Erzählung des Junkers. In der Hengwrt-Handschrift hingegen, die als eine der ältesten Handschriften gilt und dem Zustand der Erzählsammlung, wie sie Chaucer unvollendet hinterlassen hat, am nächsten kommt, ist die Anordnung der vier Geschichten viel weiter auseinandergerissen. Zwar steht auch hier die *Wife of Bath's Prologue and Tale* an erster Stelle, der wiederum die Geschichten des Bettelmönches und des Kirchenbüttels folgen, doch dann kommt die *Man of Law's Tale*, gefolgt von der *Squire's Tale*, der *Merchant's Tale*, der *Franklin's Tale*, der *Second Nun's Tale* und schließlich der *Clerk's Tale*. Die Abfolge der Erzähler ist also: Frau aus Bath, Kaufmann, Gutsbesitzer und Scholar, während die Ellesmere-Handschrift, auf der Kittredge's Argumentation beruht, die Frau aus Bath, Scholar, Kaufmann und Gutsbesitzer bietet. Wenn aber die Reihenfolge nicht festliegt, ist auch das Argument hinfällig, vor allem, wenn man von ganz bewußt angelegten dramatischen Handlungs- und Argumentationsstrategien ausgeht. Wie dynamisch die *Canterbury Tales* auch wirken mögen, sie sind nicht als ein sich entfaltendes Drama konzipiert; jede Argumentation in diese Richtung muß letztlich an der Handschriftenlage scheitern, die einfach keinen schlüssigen Beweis dafür gibt, wie Chaucer seine Sammlung geordnet haben wollte.

Eine weitere Gefahr des dramatischen Interpretationsansatzes besteht darin, die Erzählungen lediglich als Selbstdarstellung oder Selbstenthüllung der Pilger zu betrachten. Dabei kommt es zu den absonderlichsten Interpretationen, wie die nachfolgenden Beispiele beweisen. Der Ritter entpuppe sich als blutrünstiger Söldner und seine Geschichte als »hymn to tyranny« [ein Loblied auf die Tyrannei] (Jones, S. 212). Die *Prioress's Tale* entlarve die Erzählerin als bigotte Antisemitin, die zwar Mitleid mit Tieren, aber nicht mit Menschen habe (Schoeck). Die *Man of Law's Tale* zeige, daß der Rechtsanwalt ein prätentiöser Windbeutel sei, der sich in keinster Weise den religösen Werten verpflichtet fühle, die er propagiere (Delasanta, 1971). Und die *Second Nun's Tale* demonstriere die Arroganz eines militanten Christentums (Engelhardt). Man könnte diese Liste beliebig fortsetzen, denn kaum eine Geschichte ist nicht als oft unfreiwillige Selbstenthüllung ihres Erzählers interpretiert worden. Dabei spielt besonders das Mittel der Ironie eine Rolle, das immer wieder bemüht worden ist, um einer Erzählung die gewünschte Bedeutung abzuringen oder sie so hinzubiegen, wie sie dem jeweiligen Interpreten ins Konzept paßt.

Der fragmentarische Zustand der *Canterbury Tales* macht natürlich auch alle thematischen oder tektonischen Strukturierungsversuche fragwürdig, die immer wieder unternommen worden sind, ob sie nun als Entrelacement oder Labyrinth bezeichnet worden sind. John Leyerle (1976) z. B. vermeint, die Einheit des Erzählzyklus in verbalen Echos finden zu können. Motive, Schlüsselbegriffe und Metaphern bildeten ein Netz, in dem die Einzelgeschichten miteinander verflochten seien. Die Themen, die Leyerle als wesentlich erachtet, sind Sexualität,

Essen und Trinken, Gold und schließlich der Tod. Die Grundsätzlichkeit dieser Thematik braucht wohl kaum betont zu werden, denn in welchem größeren Werk finden wir diese elementaren menschlichen Belange nicht? Folglich trägt eine solche Feststellung nichts zum besseren Verständnis der *Canterbury Tales* bei. Und bei dem Entrelacement der Motive, Schlüsselbegriffe und Bilder bleibt wieder die Frage unbeantwortet, ob die vermeintlichen Echos auch wirklich von Chaucer als solche gedacht waren; denn auch hier kommt es wieder im wesentlichen auf die Anordnung der Erzählungen an, um ein solches Strukturprinzip erstellen zu können. Das gleiche gilt übrigens auch für andere tektonische Strukturhypothesen, wie z.B. das von Donald Howard (S. 306–32) vorgeschlagene System des Labyrinths, das er als visuelles Vorbild für die Struktur der *Canterbury Tales* betrachtet.

Was läßt sich nun angesichts der Gefahren, die viele Ansätze zur Strukturanalyse der *Canterbury Tales* in sich bergen, über die Form des Erzählzyklus sagen? Zunächst einmal so viel, daß Chaucer versuchte, durch den Rahmen größtmögliche Flexibilität zu erzielen, d.h., er bediente sich der Wallfahrt, um einerseits Leute verschiedener gesellschaftlicher Schichten zusammenzuführen, ihnen die Möglichkeit zur Interaktion zu geben und sie auf dem Weg nach Canterbury Geschichten erzählen zu lassen, wie dies bei Pilgerreisen üblich war. Im Gegensatz zum statischen Rahmen im Prolog zur *Legend of Good Women* ließ sich die Wallfahrt nach Canterbury vielseitig nützen, ja, sie gab sogar die Möglichkeit, neue Pilger in das Geschehen einzuführen und andere ihres Weges reiten zu lassen, wie den Stiftsherrn und seinen Diener. Ob Chaucer mit den *Novelle* von Giovanni Sercambi (1374) vertraut war, muß Spekulation bleiben. Jedenfalls benutzt Sercambi auch das Motiv der Pilgerfahrt. Ansonsten haben die beiden Erzählzyklen wenig gemeinsam, denn bei Sercambi fungiert der Autor selber als Erzähler. Während er mit seiner Reisegesellschaft in Italien umherwandert, erzählt er Geschichten. Die Pilger bleiben weitgehend undifferenziert, mit

Ausnahme des Anführers, der eine ähnliche Stellung einnimmt wie Chaucers Wirt. Im Gegensatz zu den *Canterbury Tales* sind die *Novelle* völlig statisch. Es wird kein Versuch unternommen, die Erzählungen den Pilgern zuzuordnen und die Pilger interagieren zu lassen.

Ein Werk, mit dem Chaucer hätte vertraut sein können, ist Boccaccios *Decamerone*, ebenfalls eine Rahmenerzählung, doch nach anderen Prinzipien aufgebaut als die *Canterbury Tales*. Es gibt zehn Erzähler, sieben junge Damen und drei junge Herren, die sich zufällig, während die Pest in Florenz tobt, treffen und beschließen, sich gemeinsam in ein Landhaus zurückzuziehen, um dort das Ende der Seuche in Abgeschiedenheit und Sicherheit abzuwarten. Um sich die Zeit zu vertreiben, beschließt man, jeden Tag nach der Mittagsruhe zehn Geschichten zu erzählen, die immer das Thema behandeln müssen, das der und die Vorsitzende des Tages ausgewählt haben. Nur am neunten Tag hat jeder freie Wahl. Außerdem darf Dineo, dem von Anfang an eine Sonderstellung eingeräumt worden war, jeden Tag eine Geschichte nach seinem Belieben erzählen. Es sind zumeist die anzüglichsten Geschichten, die immer den Abschluß eines Tages bilden. Dieses rigide Schema wird ziemlich starr eingehalten. Es gibt nur drei Unterbrechungen. Am dritten Tag trifft man sich in einem anderen Landhaus; am Anfang des sechsten Tages entsteht ein Streit unter dem Personal, der zu einer Verzögerung führt. Trotzdem wird man mit dem Erzählen unerwartet schnell fertig, so daß Zeit bleibt, zum Valle delle Donne zu gehen, wo man am nächsten Tag mit dem Erzählen fortfährt.

Auch hier sind die Unterschiede zu Chaucers Verfahrensweise offensichtlich. Trotz der zwei Ortswechsel ist die äußere Situation ziemlich statisch. Der Ablauf wiederholt sich täglich. Die Festsetzung des Themas bestimmt die Erzählinhalte, so daß mit Ausnahme von Dineos Beiträgen und den Erzählungen am neunten Tag kaum ein Wechsel stattfindet. Zwischen den Erzählungen und den einzelnen Tagen gibt es nur kurze Zwischenstücke, die keine Bewegung in das Geschehen bringen, d.h.,

Boccaccio verzichtet darauf, den von ihm gewählten Rahmen für Aktionen zu nützen. Es findet keine Handlung statt, die mit Ablauf und Inhalt der Erzählungen koordiniert bzw. kontrastiert wird. Auch werden mit Ausnahme von Dineo die restlichen Erzähler nicht charakterisiert, sondern treten nur als Gruppe in Erscheinung. Außerdem macht die Festsetzung des jeweiligen Tagesthemas eine Differenzierung der Charaktere aufgrund ihrer Erzählungen unmöglich. Eine Koordinierung von Erzähler und Erzählung ist nicht beabsichtigt, d.h., die jungen Damen aus vornehmem Hause erzählen sowohl erbauliche Geschichten als auch zotige Schwänke.

Alles in Boccaccios Anlage deutet auf eine straffe äußere Organisation, die den *Canterbury Tales* fehlt, und zwar nicht nur aufgrund ihres fragmentarischen Charakters, sondern auch aufgrund ihrer Konzeption. Chaucer benutzt die Pilgerfahrt hauptsächlich, um sich nicht festlegen zu müssen. Darin unterscheidet er sich ganz wesentlich nicht nur von Boccaccio, sondern auch von anderen Autoren mittelalterlicher Rahmenerzählungen, wie z.B. seinem Zeitgenossen und Dichterkollegen John Gower, der seine *Confessio Amantis* ebenfalls in einen festgefügten Rahmen stellt. Chaucer dagegen benutzt den Rahmen nicht als formgebendes Ordnungsprinzip, er benutzt ihn eher dazu, die Monotonie eines wohlgeordneten Erzählablaufes, der sich daraus hätte ergeben können, immer wieder zu durchbrechen. Wie Derek Pearsall treffend sagt: »Principally, though, what he sought in the frame-narrative of the *Canterbury Tales* was variety, flexibility, independence and *indirection* in the mode of narrative discourse« (S. 45) [Was er jedoch hauptsächlich in der Rahmenerzählung der *Canterbury Tales* zu erreichen versuchte, war Vielfalt, Flexibilität, Unabhängigkeit und Indirektheit in der Art des narrativen Diskurses]. Diese Eigentümlichkeiten geben der Anlage von Chaucers Erzählsammlung ihren besonderen Reiz, denn sie ermöglichen es dem Autor, seine Leserschaft immer wieder zu überraschen. Nach den Gepflogenheiten mittelalterlicher Rhetorik hätte der Mönch als ranghöchster männlicher Geistlicher die zweite Geschichte nach dem Ritter erzählen müssen. Und so sieht es der Plan auch vor. Doch dann meldet sich der Müller ungestüm zu Wort und kann vom Wirt nur dadurch beschwichtigt werden, daß er in Gottes Namen eben seine Erzählung sofort vortragen darf, um sich, wie er sagt, für die Geschichte des Ritters zu revanchieren. Sofort wird hier die »vorgesehene« Ordnung durchbrochen, die Autorität des Wirtes als des selbsternannten Führers der Pilgergesellschaft untergraben und sein Nachgeben quasi-realistisch motiviert, weil der Müller droht, die Pilger andernfalls verlassen zu wollen.

Die zwischen der *Knight's Tale* und der *Miller's Tale* beschriebenen Ereignisse sind richtungsweisend für den weiteren Verlauf der Pilgerfahrt und charakteristisch für Chaucers strukturelle Konzeption. Der Wirt hat die Zügel nicht fest in der Hand, sondern er muß den Umständen gehorchend immer wieder umdisponieren. Im Epilog zur *Man of Law's Tale* wird der Pfarrer am Erzählen seiner Geschichte gehindert und im Prolog zur *Manciple's Tale* der Koch. Der Ablaßkrämer, der auf Verlangen des Wirts etwas Lustiges und Unterhaltsames erzählen soll, um ihn wieder aufzumuntern, muß sich den Forderungen der Edelleute beugen, die etwas Moralisches und Erbauliches hören wollen. Der Mönch weigert sich, Jägerlatein zum Besten zu geben, und erzählt stattdessen eine Abfolge mittelalterlicher Tragödien. Und der Pfarrer beschließt den Erzählzyklus nicht, wie vom Wirt gewünscht, mit einer fiktionalen Erzählung, sondern mit einem langen theologischen Traktat in der Form einer Predigt.

Weiterhin wird hier zum ersten Mal das Konzept der Revanche-Erzählung eingeführt, das zu einem wesentlichen Strukturprinzip wird. Die Erzählung des Ritters zieht die Erzählung des Müllers nach sich, die wiederum den Gutsverwalter zu seiner Erzählung motiviert. Später entstehen aus dem Streit zwischen Kirchenbüttel und Bettelmönch deren Erzählungen, in denen jeweils der Berufsstand des anderen karikiert wird.

Und schließlich verweist die Androhung des Müllers, die Gesellschaft der Pilger verlassen zu wollen, auf die Dynamik des Rahmens. Obwohl man oft vergißt, daß sich der Reiterzug in Richtung Canterbury bewegt, weist Chaucer gelegentlich doch auf diesen Umstand hin, um einerseits das Momentum zu wahren und andererseits Pausen einlegen zu können. So muß sich der Ablaßkrämer z.B. erst einmal an einem Bierausschank stärken, um sich etwas Passendes einfallen zu lassen. Und die Ankunft des Stiftsherrn mit seinem Diener und seine spätere Flucht, als der Diener darauf besteht, aus dem Nähkästchen zu plaudern, stärken wiederum das Element der Bewegung.

Eine weitere Möglichkeit, den Rahmen mit den Erzählungen in Beziehung zu setzen, ergibt sich durch die Prologe, die Ereignisse aus den Zwischenstücken aufnehmen und weiterführen. Zu denken wäre hier vor allem an die einführenden Monologe des Ablaßkrämers und des Dieners des Stiftsherrn. Der erste entsteht formal aus der Notwendigkeit, dem Ablaßkrämer Zeit zum Überlegen zu geben. Während er darüber nachdenkt, was er den Pilgern erzählen soll, ergeht er sich erst einmal in einer Selbstdarstellung seines Berufes und seines persönlichen Amtsmißbrauchs. Doch aus dieser Beichte entsteht die Geschichte, ein Predigtmärlein, wie er es gewöhnlich in der Kirche zu erzählen pflegt, wenn er die Gemeinde zum Opfern animieren möchte. Der Rahmen schließt sich, wenn der Ablaßkrämer nun die Pilger wie eine dieser Gemeinden behandelt und ihnen seinen nutzlosen Plunder als Reliquien verkaufen will.

Der enthüllende Prolog des Bediensteten des Stiftsherrn beruht ebenfalls auf der im Zwischenstück geschaffenen Situation. Da der Diener vom Wirt dazu aufgefordert wird, ihm frei heraus von seinen alchemistischen Experimenten zu erzählen, die er seit Jahren unter der Aufsicht des Stiftsherrn durchgeführt hat, in der Absicht, Gold aus unedlen Substanzen zu gewinnen, beschreibt dieser dann im ersten Teil seiner Erzählung in der Tat seine fruchtlosen Bemühungen auf diesem Gebiet. Die Erzählung selber schließt sich nahtlos an, denn sie handelt davon, wie ein Stiftsherr einen habgierigen, aber einfältigen Priester mit falschen alchemistischen Experimenten betrügt. Leider endet die Erzählung ohne Epilog, so daß die Rückkehr zur Ausgangssituation nicht gegeben ist.

Der dritte große Prolog beginnt unvermittelt, zieht aber eine Kettenreaktion nach sich. Es handelt sich natürlich um den Prolog der Frau aus Bath. Zum einen kommt es noch während ihres selbstenthüllenden Monologs zu einem kurzen Wortwechsel mit dem Bettelmönch, und zum anderen meint dieser Pilger, die Frau aus Bath solle das Zitieren von Autoritäten doch lieber denen überlassen, denen es von Berufs wegen zustehe. Damit meint er sich selber, wenngleich er auch eine heitere Geschichte über einen Kirchenbüttel erzählen wolle. Damit scheint der Prolog der Frau aus Bath zunächst aus der Rahmenhandlung zu verschwinden. Er wird jedoch wieder in der *Clerk's Tale* aufgenommen. Der Scholar wendet sich am Ende seiner Erzählung zur Frau aus Bath und lobt mit unverhüllter Ironie ihre Vorstellung von der Stellung der Frau in der Ehe, die dem Verhalten Griseldas diametral entgegensteht. Ohne damit das dramatische und thematische Konzept von der Ehegruppe hier legitimieren zu wollen, läßt sich ein Fortwirken der von der Frau aus Bath in ihrem Prolog gemachten Äußerungen objektiv nachweisen. Ob dies ursprünglich geplant war, oder ob Chaucer erst später von diesem Umstand Gebrauch machte, muß dahingestellt bleiben. Jedenfalls macht die flexible Gestaltung der Rahmenhandlung einen solchen Rückgriff möglich.

Ohne daß man sofort auf intentionale oder dramatische Lesarten verfallen muß, lassen sich Analysen der einzelnen Fragmente vornehmen, die sowohl unter strukturellen als auch unter thematischen Gesichtspunkten geschehen können. Folglich findet man dann Untersuchungen, wie die von William C. Stockoe, der glaubt, Fragment I erhalte seine thematische Struktur durch die kontrastierende Lebensauffassung der Adligen und der rüpelhaften Vertreter der sozialen Unterschicht. Alan T. Gaylord bezeichnet Fragment VII als Literaturgruppe, die durch die beiden ästhetischen Prinzipien »sentence« [Lehrhaftes] und »solaas« [Vergnügliches] bestimmt sei. Fragment VIII hat verschiedene Deutungen erfahren. Joseph E. Grennen (1966) und Bruce A. Rosenberg (1968) sehen die Verbindung zwischen der *Second Nun's Tale* und der *Canon's Yeoman's Tale* durch die Alchemie, während Glending Olson (1982) meint, Chaucer lehne sich in der Gestaltung der beiden Geschichten an Dantes Purgatorium an. Wie man diese Interpretationsversuche im einzelnen auch bewerten mag, der hier verwendete Ansatz ist durchaus legitim, denn die Fragmente stellen mehr oder minder in sich geschlossene Teile dar. Chaucer versucht tatsächlich, Erzählungen nach gewissen ästhetischen Kriterien zu ordnen. So scheint der unvollendete Zustand von Fragment I auf Absicht zu beruhen, da drei Schwänke nach einem höfischen Roman das erzählerische Gleichgewicht zu sehr gestört hätten. Wie sehr aber Chaucer daran lag, literarische Gattungen zu variieren, zeigt der Aufbau von Fragment VII, das mit einem Schwank beginnt, dem sich ein Marienwunder anschließt, auf das eine burleske Romanze und ein Prosatraktat folgen, die beide von Chaucer, dem Pilger, erzählt werden. Dann folgt eine Serie von *De-Casibus*-Tragödien, bevor das Fragment mit einem Tierepos endet. Auch Fragment III, bestehend aus *Wife of Bath's Prologue and Tale* sowie den Erzählungen des Bettelmönches und des Kirchenbüttels, bildet eine in sich geschlossene Einheit, wie die Überlieferungsgeschichte der Handschriften beweist. Und es ist letztlich immer wieder die Handschriftenlage, die über Zulässigkeit oder Unzulässigkeit der einzelnen von der Forschung aufgestellten Hypothesen zur Struktur der *Canterbury Tales* zu entscheiden hat.

Zusammenfassend läßt sich sagen, daß man trotz des fragmentarischen Zustandes der Erzählsammlung gewisse Aussagen machen kann. Die Wallfahrt ist keine Wallfahrt im eigentlichen Sinne, sondern eher ein Kunstgriff, der das Auftreten von Angehörigen verschiedener Stände als Erzähler ermöglicht. Der Pfarrer beendet zwar die Pilgerreise formal kurz vor Erreichen des ursprünglich angegebenen Ziels Canterbury mit seinem Traktat über das Sakrament der Buße, verlagert aber gleichzeitig die Ebene des Diskurses. Seine Predigt wirkt wie ein frei schwebender Schlußstein in einem Gebäude, das vornehmlich weltlichen Zwecken zu dienen scheint. Er verleiht dem Zyklus ein Telos, das zu keiner Zeit davor erkennbar war. Vielmehr scheint gerade die Flexibilität und die Unbestimmbarkeit, die mit der literarischen Pilgerfahrt verbunden war, Chaucer zur Wahl dieses Rahmens veranlaßt zu haben. Innerhalb dieses Rahmens gibt es keine feste Ordnung, die Geschichten entspringen vielmehr einer kontrollierten Spontaneität, oft in der Form von Revanche-Erzählungen. Die einzelnen Fragmente weisen gelegentlich eine thematische Struktur oder Strukturierung aufgrund der Gegenüberstellung verschiedener literarischer Gattungen auf. Selbstenthüllende Prologe dienen mitunter dazu, Erzählungen und Rahmenhandlung enger miteinander zu verknüpfen, wenngleich an eine organische Struktur nicht gedacht ist. Folglich läßt sich sagen, daß auch im fertigen Zustand die *Canterbury Tales* kein Drama, sondern eine unorganische Einheit ergeben hätten, in der Nahtstellen sichtbar geblieben wären, es plötzliche Übergänge gegeben hätte und die Anordnung vor allem kontrastiv geschehen wäre. Vieles davon wird in den einzelnen Fragmenten sichtbar, die in ihrer Vielfalt den Plan des Ganzen widerspiegeln.

Zu Aussprache und Formenlehre des Mittelenglischen bei Chaucer

Die Monophthonge im Mittelenglischen haben im allgemeinen die Qualität der entsprechenden deutschen Monophthonge. Die Diphthonge entwickeln sich entweder im Übergang vom Alt- zum Mittelenglischen, oder sie werden aus dem Französischen übernommen.

Klang	Aussprache	Schreibweise	Textbeispiele
ā	Vater	a, aa	*pace*, *caas*
ă	Mann	a	*pan*
ẹ̄	Tee	e, ee	*seken*, *street*
ę̄	Bär	e, ee	*techen*, *breeth*
ĕ	Sonne	e	*sonne*
ī	Biene	i, y	*shires*, *lyf*
ĭ	sitzen	i, y	*with*, *bigynne*
ọ̄	Bote	o, oo	*bote*, *roote*
ǭ	engl. broad	o, oo	*gostly*, *goot*
ŏ	Volk	o	*folk*
ū	Kur	ou, ow, ogh	*devout*, *kowthe*, *droghte*
ŭ	Nuß	u, o	*but*, *sondry*
ǖ	grün	u, eu, ew, uw	*aventure*, *seur*, *salewe*, *muwe*
au	Haus	au, aw	*cause*, *bawdryk*
ēi	Beil	ay, ai, ey, ei	*sayle*, *day*, *wey*, *heir*
ēu	/iu/	eu, ew	*reule*, *newe*
ę̄u	/eu/	eu, ew	*sleuthe*, *lewed*
oi	Heu	oi, oy	*point*, *coy*
ōu	/ou/	ou, ow	*soule*, *knowen*
ŏu	/ou/	o, ou (vor -gh)	*thoght*, *tough*

Die Konsonanten im Mittelenglischen, vor allem in Konsonantengruppen, werden voll ausgesprochen.

Klang	Aussprache	Schreibweise	Textbeispiele
gn	Gnade	gn	*gnawen*
kn	Knabe	kn	*knyght*
wr	wringen	wr	*writen*
lf	Halfter	lf	*half*
lk	Volk	lk	*folk*
lm	Palme	lm	*palmer*
/ç/	nicht	gh	*nyght*, *eighte*
/χ/	Nacht	gh	*foughte*, *taughte*

Die Kombination gn in Wörtern französischen Ursprungs wird als /n/ gesprochen: *benygne*; anlautendes h in Wörtern französischen Ursprungs bleibt stumm /∅/: *honour*.

Formenlehre

1. Das Substantiv: Da im Übergang zum Mittelenglischen die vokalischen Formantien unter dem Schwavokal /ə/, geschrieben e, neutralisiert werden, ging die Möglichkeit, zwischen den einzelnen Deklinationsklassen zu unterscheiden, verloren. Seit frühmittelenglischer Zeit werden zwei morphologisch determinierte Klassen bestimmend:

1.1 Die s-Plurale, zu denen die meisten Substantive der altenglischen Deklinationsklassen übergetreten sind. Diese Substantive haben im Genitiv Singular sowie in allen Kasus des Plurals die Endung -(e)s.

1.2 Die n-Plurale, die sich vor allem im Süden Englands bis ins 15. Jahrhundert halten. Substantive dieser Gruppe haben im Singular keine Endung und in allen Kasus des Plurals die Endung -(e)n. Bei Chaucer erscheinen: *brethren* [Brüder], *children* [Kinder], *(e)yen* [Augen], *oxen* [Ochsen], *keen* [Kühe] und *pesen* [Erbsen]. Als Alternativformen zu s-Pluralen findet man bei Chaucer *asshen* [Asche], *been* [Bienen], *doghtren* [Töchter], *foon* [Feinde], *hosen* [eng anliegende Beinkleider], *shoon* [Schuhe], *sustren* [Schwestern] und *toon* [Zehen].

1.3 Sondergruppen der mittelenglischen Substantive:

1.3.1 Pluralbildung mit Stammvokalalternation *men* [Männer], *wommen* [Frauen], *feet* [Füße], *gees* [Gänse], *teeth* [Zähne] und *mys* [Mäuse].

1.3.2 Ø-Plurale: 1.3.2.1 bei Substantiven, die im Altenglischen keine eigene Pluralendung besitzen: *deer* [Hirsche], *hors* [Pferde], *neet* [Vieh], *sheep* [Schafe] und *thing* [Dinge]. 1.3.2.2 bei Maß- oder Zeitangaben: *foot* [Fuß], *myle* [Meilen], *pound* [Pfund], *night [Nächte]*, *winter* [Winter] und *yeer* [Jahre]. 1.3.2.3 bei Substantiven französischer Herkunft, die auf -s enden: *ca(a)s* [Fälle] und *pa(a)s* [Schritte].

2. Das Adjektiv: Wenngleich das Flexionssystem des mittelenglischen Adjektivs im Vergleich zu dem des altenglischen stark

vereinfacht wird, lassen sich dennoch zwei adjektivische Flexionsgruppen unterscheiden: 2.1 die starken und 2.2 die schwachen Formen, die aber nur bei monosyllabischen Adjektiven mit konsonantischem Auslaut auftreten. Alle anderen Adjektive sind invariabel.

2.1 Starke monosyllabische Adjektive mit konsonantischem Auslaut haben im Singular Ø-Endung und im Plural die Endung -e. Dieser Deklinationstypus erscheint vor allem, wenn die Adjektiv-Substantiv-Kombination ohne Artikel oder mit unbestimmtem Artikel auftritt: I,79 *a yong SQUIER*.

2.2 Schwache monosyllabische Adjektive mit konsonantischem Auslaut haben im Singular und im Plural die Endung -e. Dieser Deklinationstypus erscheint vor allem, wenn die Adjektiv-Substantiv-Kombination mit einem bestimmten Artikel, einem Demonstrativpronomen oder einem Personalpronomen auftritt: I,7 *the yonge sonne*.

2.3 Die Steigerung der Adjektive: Zur Bildung des Komparativs und des Superlativs werden in der Regel die Suffixe -er und -est, gelegentlich aber auch die Formen -re und -este verwendet. Einige Adjektive behalten im Komparativ und Superlativ den durch i-Umlaut entstandenen Vokal bei: *old* [alt], *elder*, *eldest; long* [lang], *lenger*, *lengest* und *strong* [stark], *strenger*, *strengest*. Die folgenden vier Adjektive haben im Komparativ und Superlativ verschiedene Stämme: *good* [gut], *bettre* bzw. *bet*, *beste*; *yvel* oder *badde* [schlecht], *werse*, *werste* bzw. *worste*; *muchel* [viel], *moore*, *mooste* und *litel* [wenig], *lasse* bzw. *lesse*, *leeste*. Das Adjektiv *neigh* [nahe] hat die Formen *neer* im Komparativ und *nexte* im Superlativ.

2.4 Adverbialbildung: Zur Ableitung von Adverbien aus Adjektiven dienen im Mittelenglischen zwei Formantien: -e und -ly: I,124 *faire and fetisly*.

3. Die Pronomina: Im Mittelenglischen lassen sich vier Gruppierungen unterscheiden: 3.1 Personalpronomina, 3.2 deiktische Pronomina und der Artikel, 3.3 Interrogativpronomina und 3.4 Relativpronomina.

3.1 Da Chaucers Dichtung im Dialekt des sogenannten »London Standard« geschrieben ist, findet man bei den Personalpronomina vor allem die im Süden bzw. östlichen Mittelland üblichen Formen.

	1. P. Sg.	2. P. Sg.	3. P. Sg. M.	F.	N.
Nom.	I, ich	thow	he	she	it
Gen.	myn, my	thyn, thy	his	hir(e)	it
Dat.	me	thee	him	hir(e)	him
Akk.	me	thee	him	hir(e)	it

	1. P. Pl.	2. P. Pl.	3. P. Pl.
Nom.	we	ye	they
Gen.	our(e)	your(e)	hire, here
Dat.	us	you, yow	hem
Akk.	us	you, yow	hem

3.2 Als deiktische Pronomina erscheinen für das näher gelegene Objekt im Singular *this* und im Plural entweder *thise* oder *these*, für das entferntere Objekt im Singular *that* und im Plural *tho*. Dazu tritt das nicht präzisierende *thilke*. Der bestimmte Artikel erscheint als indeklinable Form *the*.

3.3 Als Interrogativpronomina fungieren *who* für Maskulina und Feminina und *what* für das Neutrum. *Whether* erscheint in der Bedeutung »wer von beiden«.

3.4 Als Relativpronomina treten *that*, *which*, *which that* und *the which (that)* auf. Diese Pronomina werden sowohl in Bezug auf Personen als auch auf Dinge benutzt.

4. Das Verb: Im Mittelenglischen existieren vier Gruppen von Verben: 4.1 die starken Verben, die ihr Präteritum und das Partizip des Präteritums mit Hilfe eines Ablautvokals bilden; 4.2 die schwachen Verben, die ihr Präteritum und das Partizip des Präteritums mit Hilfe eines Dentalsuffixes bilden; 4.3 die Präteritopräsentia, die zwar präteritale Ablaute im Präsens Singular und Plural aufweisen, aber ihr Präteritum und gegebenenfalls

auch das Partizip des Präteritums mit einem Dentalsuffix bilden; und 5.4 die Reste der indogermanischen Verben auf -mi.

4.1 Bei den starken Verben findet man im 14. Jahrhundert vor allem im Süden und im Mittelland weiterhin vier Zeitstämme, d. h. einen für das Präsens, einen für das Präteritum Singular, einen für das Präteritum Plural und einen für das Partizip des Präteritums. Wenngleich die Zeitstämme, vor allem im Präteritum und dem Partizip des Präteritums, gelegentlich aufgrund von Analogiebildung vereinfacht werden und viele starke Verben zu der Gruppe der schwachen Verben übergetreten sind, lassen sich trotzdem in Chaucers Sprache noch sieben Klassen unterscheiden, deren Ablautvokale wie folgt lauten:

Klasse	Präs.	Prät. Sg.	Prät. Pl.	Part. Prät.
I	i	o	i	i
[reiten]	riden	rod	riden	(y-)riden
II	e	e	u	o
[kriechen]	crepen	crep	crupen	(y-)cropen
IIIa	i	a	u	u
[singen]	singen	sang	sungen	(y-)sungen
IIIb	e	a	u	o
[helfen]	helpen	halp	hulpen	(y-)holpen
IVa	e	a	e	o
[tragen]	beren	bar	beren	(y-)boren
IVb	i, o/u	a/o	a	o
[nehmen]	nimen	nam	namen	(y-)nomen
[kommen]	comen	cam/com	camen	(y-)comen
V	e	a	e	e/o
[sprechen]	speken	spak	speken	(y-)spoken
VI	a	o	o	a
[fahren]	faren	for	foren	(y-)faren
VII	e, o	e	e	e, o
[lassen]	leten	leet	leten	(y-)leten
[halten]	holden	heeld	helden	(y-)holden

4.2 Die umfassendste und produktivste Gruppe mittelenglischer Verben sind die schwachen Verben, die ihr Präteritum und das Partizip des Präteritums mit dem Dentalsuffix -(e)de, -te bzw. -(e)d, -t bilden. Zu diesen Verben zählen nicht nur die zahlreichen Vertreter der altenglischen schwachen Verben, sondern auch Überwechsler aus der Gruppe der starken Verben sowie neue Verben, die von französischen und lateinischen Wörtern abgeleitet werden. Innerhalb der Gruppe der schwachen Verben lassen sich zwei Klassen unterscheiden: eine, die ihre Präteritalformen mit Themavokal -e bildet, die kurzstämmigen schwachen Verben wie z. B. *loven*, *lovede*, *(y-)loved* [lieben], und eine, die ihre Präteritalformen ohne Themavokal bildet, die langstämmigen schwachen Verben wie z. B. *leren*, *lerde*, *(y-)lerd* [lehren]. Nach stimmlosen Konsonanten erscheint das Dentalsuffix im Präteritum zumeist als -t: *kepte* [behielt], *sette* [setzte]. Einige schwache Verben weisen neben dem Dentalsuffix im Präteritum und im Partizip des Präteritums zusätzlich eine Vokalveränderung auf: *drenchen*, *dreynte*, *(y-)dreynt* [ertrinken], *quenchen*, *queynte*, *(y-)queynt* [auslöschen], *strecchen*, *straughte*, *(y-)straught* [strecken].

Bei schwachen und starken Verben erscheinen bei Chaucer im Präsens die folgenden Flexionsendungen: 1.P.Sg.Ind. -e, 2.P.Sg.Ind. -est, 3.P.Sg.Ind. -eth, Pl.Ind. -en. Im Konj. Sg. tritt die Endung -e und im Konj. Pl. die Endung -en auf. Der Imp. Sg. ist endungslos und der Imp. Pl. hat die Endung -eth. Der Infinitiv endet auf -e(n). Partizip und Gerundium haben beide die Endung -ing.

4.3 Zur kleinen Gruppe der Präteritopräsentia, d. h. Verben, die im Präsens Ablaut und im Präteritum Dentalsuffix aufweisen, gehören vor allem folgende häufig gebrauchte Modalverben: 1. und 3. P.Sg. Ind. *can*, 2.P.Sg. *canst*, Pl. *connen*, Prät. *coude/couthe* [können]; 1. und 3. P.Sg. Ind. *may*, 2.P.Sg. *mayst*, Pl. *mowen*, Prät. *mighte* [vermögen, können]; 1. und 3.P.Sg.Ind. *moot*, 2.P.Sg. *moost*, Pl. *moten*, Prät. *moste* [müssen]; 1. und 3.P.Sg.Ind. *shal*, 2.P.Sg. *shalt*, Pl. *shullen*, Prät.

sholde/shulde [sollen]; 1. und 3.P.Sg.Ind. *woot*, 2.P.Sg. *woost*, Pl. *witen*, Prät. *wiste* [wissen].

4.4 Zu den Verben auf -mi, d. h., den ehemals athematischen Wurzelverben, die im Indogermanischen die Endung -mi in der 1.P.Sg.Ind.Präs. anstatt der üblichen Endung -o hatten, gehören im Mittelenglischen vier Verben, die bei Chaucer mit folgenden Formen erscheinen: *doon* [tun, machen], 2.P.Sg.Ind. *doost*, 3.P.Sg. *dooth*, Prät. *dide*; *goon* [gehen], 2.P.Sg.Ind. *goost*, 3.P.Sg. *gooth*, Prät. *yede* bzw. *wente*; *willen* [wollen], 1. und 3.P.Sg.Ind. *wil* bzw. *wol*, 2.P.Sg. *wilt* bzw. *wolt*, Pl. *wolle(n)* bzw. *wil*, Prät. *wolde*; *been* [sein], 1.P.Sg.Ind. *am*, 2.P.Sg. *art*, 3.P.Sg. *is*, Pl. *bee(n)* bzw. *are(n)*, 1. und 3.P.Sg.Prät. *was*, 2.P.Sg. *were*, Pl. *were(n)*, Part.Prät. *(y-)been*.

Bibliographie zur allgemeinen Einleitung

Baldwin, Ralph. *The Unity of the ›Canterbury Tales‹*. Copenhagen: Rosenkilde und Bagger; 1955.

Boyd, Beverly. *Chaucer and the Medieval Book*. San Marino, Cal.: Huntington Library; 1973.

–. *Chaucer and the Liturgy*. Philadelphia: Dorrance; 1967.

Brewer, Derek S. *Chaucer in His Time*. London: Nelson; 1963.

–, hg. *Chaucer. The Critical Heritage*, 2 Bde. London, Henley, Boston: Routledge and Kegan Paul; 1978.

–. *Chaucer and His World*. New York: Dodd, Mead; 1978.

Crow, Martin M., and Clair C. Olson, hg. *Chaucer Life-Records*. Oxford: Clarendon Pr.; 1966.

Curry, Walter C. *Chaucer and the Medieval Sciences*. New York: Oxford U. Pr.; 1926.

Delasanta, Rodney. »And of Great Reverence: Chaucer's Man of Law.« *ChauR*. 1971; 5:288–310.

–. »Penance and Poetry in the *Canterbury Tales*.« *PMLA*. 1978; 93:240–47.

Donaldson, E. Talbot. »Idiom of Popular Poetry in the *Miller's Tale*.« *English Institute Essays, 1950*. S.116–40.
–, hg. *Chaucer's Poetry: An Anthology for the Modern Reader*. New York: Ronald Pr.; 1958.
–. *Speaking of Chaucer*. New York: Norton; 1970.
Engelhardt, George J. »The Ecclesiastical Pilgrims of the *Canterbury Tales*: A Study in Ethology.« *MS*. 1975; 37:287–315.
Grennen, Joseph E. »St. Cecilia's 'Chemical Wedding': The Unity of the *Canterbury Tales*, Fragment VIII.« *JEGP*. 1966; 65:466–81.
Hodge, James L. »The Marriage Group: Precarious Equilibrium.« *ES*. 1965; 46:289–300.
Howard, Donald R. »The Conclusion of the Marriage Group: Chaucer and the Human Condition.« *MP*. 1960; 57:213–32.
–. *The Idea of the Canterbury Tales*. Berkeley, Los Angeles, London: U. of Cal. Pr.; 1976.
Hussey, Maurice. *Chaucer's World: A Pictorial Companion*. Cambridge: Cambridge U. Pr.; 1967.
Jeffrey, David L., hg. *Chaucer and Scriptural Tradition*. Ottawa: U. of Ottawa Pr.; 1984.
Jones, Terry. *Chaucer's Knight: The Portrait of a Medieval Mercenary*. London: Weidenfeld and Nicolson; 1980.
Jordan, Robert M. *Chaucer and the Shape of Creation*. Cambridge, Mass.: Harvard U. Pr.; 1967.
Kenyon, John S. »Further Notes on the Marriage Group in the *Canterbury Tales*.« *JEGP*. 1916; 15:282–88.
Kittredge, George L. »Chaucer's Discussion of Marriage.« *MP*. 1912; 9: 435–67.
–. *Chaucer and His Poetry*. Cambridge, Mass.: Harvard U. Pr.; 1915.
Kolve, V.A. *Chaucer and the Imagery of Narrative. The First Five Canterbury Tales*. Stanford: Stanford U. Pr.; 1984.
Lawrence, William W. »The Marriage Group in the Canterbury Tales.« *MP*. 1913; 11:247–58.
Lewis, C.S. *The Discarded Image*. Cambridge: Cambridge U. Pr.; 1964.

Leyerle, John. »Thematic Interlace in ›The Canterbury Tales‹.« *Essays and Studies*. 1976; 29:107–21.

Loomis, Roger S. *A Mirror of Chaucer's World*. Princeton: Princeton U. Pr.; 1965.

Lowes, John L. *Geoffrey Chaucer and the Develoment of His Genius*. Boston: Houghton Mifflin; 1934.

Lumiansky, R.M. *Of Sondry Folk: The Dramatic Principle in the Canterbury Tales*. Austin: U. of Texas Pr.; 1955.

Manly, John M. *Chaucer and the Rhetoricians*. London: Proceedings of the British Academy; 1926.

–. *Some New Light on Chaucer: Lectures Delivered at the Lowell Institute*. New York: Holt; 1926.

Minnis, Alistair J. *Medieval Theory of Authorship*. London: Scolar Pr.; 1984.

Muscatine, Charles. *Chaucer and the French Tradition. A Study in Style and Meaning*. Berkeley & Los Angeles: U. of Cal. Pr.; 1957.

Naunin, Traugott. *Der Einfluß der mittelalterlichen Rhetorik auf Chaucers Dichtung*. Bonn: Diss.; 1929.

Neville, Marie. »The Function of the *Squire's Tale* in the Canterbury Scheme.« *JEGP*. 1951; 50:167–79.

Olson, Clair C. »Chaucer and the Music of the Fourteenth Century.« *Speculum*. 1941; 16:64–91.

Olson, Glending. »Chaucer, Dante, and the Structure of Fragment VIII (G) of the *Canterbury Tales*.« *ChauR*. 1981; 16:222–36.

Owen, Charles A., Jr. *Pilgrimage and Storytelling: The Dialectic of ›Ernest‹ and ›Game‹*. Norman: U. of Oklahoma Pr.; 1977.

Payne, Robert O. *The Key of Remembrance: A Study of Chaucer's Poetics*. New Haven: Yale U. Pr.; 1963.

Pearsall, Derek. *The Canterbury Tales*. London: George Allen & Unwin; 1985.

Reiss, Edmund. »The Pilgrimage Narrative and the *Canterbury Tales*.« *SP*. 1970; 67:295–305.

Rickert, Edith, C.C. Olson and M.M. Crow, hg. *Chaucer's World*. New York: Columbia U. Pr.; 1948.

Robertson, D.W. *A Preface to Chaucer: Studies in Medieval Perspectives*. Princeton: Princeton U. Pr.; 1962.

–. *Chaucer's London*. New York: Wiley; 1968.

Rosenberg, Bruce. »The Canterbury Tales of the Second Nun and the Canon's Yeoman.« *ChauR*. 1968; 2:278–91.

Ruggiers, Paul G. *The Art of the Canterbury Tales*. Madison: U. of Wisconsin Pr.; 1967.

Schoeck, Richard J. »Chaucer's Prioress: Mercy and Tender Heart.« *The Bridge. A Yearbook of Judaeo-Christian Studies*. 1956; 2:239–55.

Speirs, John. *Chaucer the Maker*. London: Faber; 1951.

Spurgeon, Caroline F.E., hg. *Five Hundred Years of Chaucer Criticism and Allusion, 1357–1900*, 3 Bde. Cambridge: Cambridge U. Pr.; 1925.

ten Brink, Bernhard. *Chaucer: Studien zur Geschichte seiner Entwicklung und zur Chronologie seiner Schriften*. Münster: Russell; 1870.

Thomas, Mary E. *Medieval Skepticism and Chaucer*. New York: William Frederick Pr.; 1950.

Williams, George. *A New View of Chaucer*. Durham, N.C.: Duke U. Pr.; 1965.

Wood, Chauncey. *Chaucer and the Country of the Stars: Poetic Uses of Astrological Imagery*. Princeton: Princeton U. Pr.; 1970.

EINLEITUNGEN ZU DEN EINZELNEN CANTERBURY TALES

General Prologue

Der *General Prologue* wird in der englischen Literaturgeschichte oft als Porträtgalerie bezeichnet, ist doch der Hauptteil des Prologs der Vorstellung der einzelnen Pilger gewidmet. Dies aber ist nicht die einzige Funktion des Prologs. Vielmehr wird auch gezeigt, zu welchem Zweck der Autor eine solch heterogene Gesellschaft zusammenbringt, wie er den Verlauf der Wallfahrt nach Canterbury geplant hat und welche Rolle Chaucer, als fiktiver Pilger, bei diesem Unternehmen zu spielen beabsichtigt.

Eingeleitet wird der Prolog durch eine Reverdie, eine ausführliche Beschreibung des herannahenden Frühlings, wie sie zum Standardrepertoire mittelalterlicher Dichtkunst gehört. Die Natur erwacht wieder zum Leben, die Blumen sprießen und die Vögel zwitschern. Der Gebrauch des traditionellen Natureingangs macht sofort deutlich, daß es Chaucer nicht um eine naturgetreue, realistische Wiedergabe des Einzugs des Frühlings in England geht. Auch trifft seine Beschreibung viel eher für eine mediterrane Klimazone zu als für die Britischen Inseln, denn der englische März ist alles andere als trocken, und der hier genannte Zephir weht in den Werken von Horaz, Ovid und Vergil, nicht aber in England. Die Beschreibung ist also pseudo-realistisch. Sie soll eine Stimmung erzeugen, um den Leser oder Hörer auf das Nachfolgende vorzubereiten. Die Schilderung des Wiedererwachens der Natur im Frühling dient in der weltlichen Liebeslyrik immer dem Zweck, einen natürlichen Rahmen für das Liebeserwachen des lyrischen Ichs zu schaffen. Man würde folglich nach dem Lesen oder Anhören der ersten elf Verse erwarten, daß sich jetzt auch der Erzähler als Teil seiner Umwelt in den Regenerationsprozeß miteinbezieht. So könnte er z.B. vom Erwachen seiner Gefühle und von aufkeimender Liebe sprechen. Aber dies geschieht nicht, sondern er setzt seine Beschreibung mit der überraschenden Feststellung fort: »Thanne longen folk to goon on pilgrimages« (I, 12) [dann sehnen sich die Menschen danach, auf Wallfahrt zu gehen]. Chaucer spielt hier geschickt mit der Erwartung seines literarisch gebildeten Publikums. Anstatt eines Liebesgedichtes folgt ein religiöses Sujet. Nicht zum Tempel der heiligen Venus wollen seine Pilger gehen, sondern nach Canterbury zum Grab des heiligen Thomas. Damit hat das Werk eine unverhoffte Wendung erhalten, die es zunächst aus der Weltlichkeit herauszuführen scheint. Und doch ist Chaucers plötzlicher Richtungswechsel nicht ganz so radikal, wie er zunächst erscheint, denn auch der Ablauf des natürlichen Jahres steht im Einklang mit dem des liturgischen. So schreibt z.B. der Erzbischof Isidor von Sevilla (um 570–636): »Der Frühling bedeutet die Erneuerung des Glaubens oder des Friedens, wenn nach dem Unbill des Winters die Ruhe der Kirche zurückkehrt« (*De natura rerum*, in *PL*, 83 976–77). Und der Enzyklopädist Berchorius (14. Jahrhundert) verbindet diese Vorstellung vom geistlichen Wiedererwachen mit dem Konzept der Wallfahrt, die im Frühling angetreten werden sollte (Berchorius, *Reductorium morale*, »De quadragesima»,5,59, vgl. Huppé, S.17). Das Frühjahr, das Chaucer hier mit seiner Blumenpracht und seinem Vogelsang beschreibt, ist also auch die Zeit religiösen Erwachens. Somit werden im Prolog Erwachen, Wiedergeburt und Regeneration vielschichtig miteinander verbunden und von Chaucer dazu benutzt, eine Pilgerfahrt in Gang zu bringen.

In I, 20 erfolgt der erste Hinweis auf den »Autor«, der uns somit wissen läßt, daß auch er an der Pilgerfahrt teilnimmt. Der Begriff »Autor« ist bewußt gewählt worden, denn so eindeutig ist diese Festlegung des Ichs im Prolog gar nicht. Vielmehr ist in den letzten 35 Jahren eine Kontroverse darüber entbrannt, wer denn nun eigentlich mit dem »Ich« im Prolog und in den Verbindungsstücken zwischen den einzelnen Geschichten gemeint ist. Ist es der Mensch Chaucer oder der Dichter oder der Pilger oder eine fiktive Persönlichkeit, die vom Dichter in den Erzählvorgang eingeführt wird? Die ältere Chaucerkritik ist an diesem Problem einfach vorbeigegangen. Der Erzähler wurde gleichgesetzt mit dem wohlwollenden, gutgläubigen und ein bißchen naiven Dichter, der sich seiner gestellten Aufgabe, der Vorstellung der anderen Pilger, nach bestem Können entledigte. Eine solche Sehweise bietet sich dem unkritischen Leser auch an, denn nach Beendigung seiner Beschreibung entschuldigt sich der Erzähler, da, wie er sagt, sein »Verstand begrenzt« (I, 746) sei und ihm deshalb der eine oder andere Fehler unterlaufen sein könnte. Die Aussage dürfte als typisch mittelalterliche Demutsformel oder Topos der Bescheidenheit zu werten sein, wurde aber von den Vertretern der älteren Chaucerkritik für bare Münze genommen. In den fünfziger Jahren nahm man Abschied von diesem simplistischen Chaucerbild und versuchte zunächst einmal festzustellen, ob es sich im Prolog wirklich um eine fiktive Persönlichkeit handele oder ob man das Konzept von Chaucer als Dichter und Ich-Erzähler in einer Person beibehalten könne. So plädiert vor allem Donaldson in seinem 1954 erschienenen Aufsatz »Chaucer the Pilgrim« für die Unterscheidung von Chaucer, dem Pilger, und Chaucer, dem Dichter. Chaucer, der Pilger, werde von Chaucer, dem Dichter, gesteuert, um auf diese Weise eine doppelte Perspektive zu erzielen. Der Pilger sei ein guter Beobachter, der sich aber der Tragweite seiner Beobachtungen nicht bewußt sei. Deshalb falle er immer wieder der ironischen Sichtweise des Dichters zum Opfer. Obwohl Donaldsons Auffassung nicht allgemeine Anerkennung gefunden hat – Bronson z.B. lehnt die von ihm so benannte »schizoide Vorstellung von zwei Chaucern« schlichtweg ab (S. 28) und läßt nur Selbstironie gelten –, hat seine Auffassung von manipulierten Erzählperspektiven der Chaucerkritik dennoch wertvolle Anregungen gegeben. In der Tat scheint die Erzählhaltung im Prolog mehrschichtig zu sein. Der Erzähler gibt zunächst vor, die Beschreibung seiner Mitpilger beruhe einzig und allein auf der Grundlage persönlicher Eindrücke: »so as it semed me« (I, 39) [so wie sie mir erschien]. Er charakterisiert sich folglich als Augenzeuge. Das heißt natürlich nicht, daß er spontan gegenwartsbezogen erzählen kann, sondern daß er über einen in der Vergangenheit liegenden Ablauf der Ereignisse berichten muß. Er wird also in dem Augenblick, da er auf die Zeitebene des Erzählens zurückkehrt, zum Mittler zwischen der von ihm geschilderten Handlung und dem Leser. Folglich muß man nicht nur zwei Zeitebenen, sondern auch zwei Perspektiven unterscheiden: die Gegenwart und Perspektive des erlebenden Ichs und die Gegenwart und Perspektive des erzählenden Ichs (vgl. auch Ullmann, S. 78–93). Das erzählende Ich jedoch fungiert des öfteren in auktorialer Funktion. Nur so lassen sich die enthüllenden Kommentare des Ich-Erzählers zur Situation des Kaufmanns, des Arztes, des Rechtsgelehrten und des Ablaßkrämers erklären. Diese Offenbarungen, die zu Ansatzpunkten für die Entschlüsselung der Porträts wurden, können nicht auf der Beobachtungsgabe des Ich-Erzählers beruhen, ebenso wenig wie die Bemerkungen, daß der Ritter in seinem ganzen Leben noch kein böses Wort gesagt habe oder daß der Büttel für einen Liter Wein über den unzüchtigen Lebenswandel eines Spießgesellen hinwegsehe. Zwar betont der Ich-Erzähler immer wieder die Subjektivität seiner Darstellung durch Wendungen wie »I gesse« [ich vermute] oder »I trowe« [ich glaube], eine Tatsache, die jedoch nicht darüber hinwegtäuschen kann, daß seine Perspektive des subjektiven Beobachters des öfteren der des auktorialen Erzählers weicht. Dieser Verschiebung der Perspektive des erzählenden Ichs ist es auch zu verdanken, daß der Ich-Erzähler sich nur ganz selten zu kritischen Äußerungen hinreißen läßt, wie z.B. zur Verurteilung der Auffassung des Büttels über die Bedeutung der Exkommunikation. Der Büttel tut dies mit einer Geste ab: »'Purs is the ercedekenes helle'« (I, 658) [»Der Geldbeutel ist die Hölle des Erzdiakons«]. Dagegen verwahrt sich der Erzähler: »But wel I woot he lyed right in dede« (I, 659) [Aber ich weiß genau, daß er in der Tat log], und er fährt fort, den wahren Sachverhalt zu schildern. Eine solch entschiedene Stellungnahme jedoch ist die Ausnahme. In der Regel verhält sich der Ich-Erzähler gegenüber seinen Mitpilgern unkritisch. Er macht sich sogar ihre Haltung zu eigen oder gibt ihre Ansichten in indirekter Rede wieder. So pflichtet er dem Mönch in seiner Auffassung bei, die monastische Abgeschlossenheit als Relikt vergangener Zeit abzutun: »und ich sagte, daß seine Auffassung gut sei. Weshalb sollte er studieren und sich verrückt machen, im Kloster immer über einem Buch sitzen oder mit den Händen schuften und sich abrackern, wie Augustinus es befiehlt? Wie soll der Welt gedient werden?« (I, 183–87). Kritiklos wird hier vom Erzähler gebilligt, was in diametralem Gegensatz zur Lebensweise eines Mönches steht, so wie sie von Augustinus definiert wird. In dieser unkritischen, applaudierenden Haltung unterscheidet sich der Erzähler als erlebendes Ich vom Autor, der durch sein bewußtes Unterlassen jeglicher moralischer Wertung dann, wenn man sie erwarten würde, eine ironische Perspektive schafft. Der Dichter ist somit neben dem erlebenden und dem erzählenden Ich die dritte und letzte Instanz. Seine Warte fungiert als Korrektiv für die Unbestimmtheit des erzählenden Ichs (Mehl, S. 196). Indem er nämlich den Ich-Erzähler nicht nur der Auffassung des Mönches zustimmen, sondern gleichzeitig das monastische Ideal wiederholen läßt, steuert er das Rezeptionsverhalten des Lesers oder Hörers. Dieser wird somit geradezu aufgefordert, seine kritische Distanz zu wahren und sich nicht zur kritiklosen Annahme des Erzählten verführen zu lassen.

In I, 35–42, d.h. im dritten Abschnitt des Prologs, nennt Chaucer die Kriterien, die der Charakterisierung der einzelnen Pilger zugrundeliegen. Der Ausdruck »resoun« [Ordnung], den der Erzähler hier gebraucht, stammt aus der rhetorischen Terminologie und deutet an, daß Chaucer eine ganz bestimmte Reihenfolge im Auge hat. Die Pilger werden nicht in beliebiger, bunter Abfolge vorgestellt, sondern der Reihe nach, einem Prinzip gehorchend, das sich an folgenden Normen orientiert: »degree« [sozialer Rang bzw. Status] und »array« [Kleidung]. Kurzum, Chaucers Plan sieht eine Charakterisierung und Beschreibung der einzelnen Pilger vor, die vier Aspekte umfaßt: Auftritt und Gebaren der Persönlichkeiten, innere Eigenschaften, soziale Stellung und schließlich Kleidung, d.h., sowohl der äußere wie auch der innere Mensch sollen beschrieben werden, so wie er auftritt und seiner Stellung nach in das mittelalterliche Sozialgefüge einzuordnen ist. Dieser letzte Gesichtspunkt bestimmt auch die eigentliche Anordnung der Porträts: Soziale Stellung sowie weltlicher oder geistlicher Stand bedingen die Reihenfolge. Zuerst kommt deshalb die Gruppe der Adligen zusammen mit ihrem Diener: Ritter, Knappe und Dienstmann. Dann folgen die Geistlichen: Die Priorin als Vorsteherin eines Klosters, die zusammen mit einer Nonne und drei Priestern nach Canterbury pilgert, kommt vor dem Mönch, der wiederum vor dem Bettelmönch steht, da die Mönchsorden in der geistlichen Hierarchie über den Bettelorden rangieren. Danach folgt eine Gruppe von Angehörigen der Mittelklasse, d.h. von Vertretern bürgerlicher Berufe. Sie reicht vom Kaufmann über den Scholaren, den Rechtsgelehrten, den Gutsbesitzer, die fünf Mitglieder einer Bruderschaft, die zusammen mit ihrem Koch reisen, den Schiffsherrn und den Arzt bis zur Frau aus Bath, die das Gewerbe der Weberei vertritt. Es folgt eine Gruppe von nur zwei Pilgern, Landpfarrer und Ackersmann, zwei Brüder, die Klerus und Bauernschaft in idealtypischer Weise repräsentieren. Mit dieser vierten Gruppe schließt der erste Teil ab, der etwa 500 Verse umfaßt. Chaucer, so scheint es, holt einmal tief Luft, um dann seine Aufzählung und Beschreibung der restlichen Personen fortzusetzen, denen weitere 170 Verse gewidmet sind. Im Gegensatz zu den Aristokraten, den Geistlichen, den soliden Bürgern und den idealtypischen Vertretern zweier Stände im ersten Teil kommen nun die Schlitzohren. Alle fünf Figuren, die jetzt noch folgen, sind Betrüger. Auch hier finden wir wieder die

Unterteilung in Vertreter des weltlichen und des im weitesten Sinne geistlichen Standes. Der Müller, der Gutsverwalter und der Verwalter gehören zu den Dienstleistenden im ländlichen Bereich. Der Büttel und der Ablaßkrämer hingegen erbringen Dienstleistungen für die Kirche, der Büttel als Vollzugsbeamter einer kirchlichen Gerichtsbarkeit und der Ablaßkrämer als Verkäufer von Bußerlassen. In seiner Darstellung der einzelnen Porträts benützt Chaucer den Absatz als rhetorische Einheit, d.h., die Länge der Porträts ist somit variabel. Im Durchschnitt verwendet er etwa 30 Verse auf die Charakterisierung einer Person. Es gibt aber auch wesentlich kürzere Porträts, wie das des Kochs, das in neun Versen knapp umrissen wird, und wesentlich längere, wie das des Ablaßkrämers, das sich über 62 Verse ausdehnt und somit das umfangreichste Porträt ist. In der eigentlichen Vorstellung benützt Chaucer verschiedene Mittel, um die 26 Pilger, die er beschreibt, vor unserem geistigen Auge erstehen zu lassen: Erstens fügt er heterogene Details zu einem Konglomerat; zweitens bedient er sich der hyperbolischen Beschreibung; drittens konzentriert er sich auf eine Eigenschaft und hebt sie besonders hervor; und viertens legt er mit einer kurzen Bemerkung den Charakter eines Pilgers bloß (vgl. dazu auch Baldwin, S. 48–52).

Anhand des Porträts des Mönches soll zunächst Chaucers erste Methode, die Verwendung eines Konglomerats von deskriptiven Details, illustriert werden. Chaucer, wie jeder andere zu seiner Zeit, wußte natürlich, wie ein Mönch aussehen und welche Charaktereigenschaften er besitzen sollte. Trotzdem beschreibt er ihn, auch der Tradition der Ständesatire folgend, in kontrastiver Form. Anstatt diese Figur zu idealisieren, wird der Mönch in seinen Antitypus verkehrt. Um den Kontrast zwischen Ideal und Wirklichkeit gleich zu Anfang deutlich hervortreten zu lassen, bezeichnet der Erzähler den Mönch als »outridere«, d.h. Inspektor und Verwalter klösterlicher Güter, der sich an »venerie« [Jagd] erfreut. Zum ersten wird damit der Mönch aus seiner gewohnten, abgeschlossen-klösterlichen Umgebung herausgenommen, also in die Welt hineingestellt, von der er sich eigentlich hätte abkehren sollen, und zum zweiten wird diese Reintegrierung in die Welt durch die Vorliebe des Mönches für die Jagd, ein aristokratisches Vergnügen, ausgedrückt. Doch damit nicht genug: Das Wort »venerie« bedeutet nicht nur Jagd, sondern könnte etymologisch auch Lüsternheit heißen, so daß der Hinweis des Erzählers, der Mönch sei ein »manly man« (I, 167) [ganzer Mann], eine Bedeutungsträchtigkeit hat, die zuerst gar nicht ins Auge fällt. Weiterhin unterrichtet uns der Erzähler von den feinen Pferden des Mönches und von seiner Indifferenz gegenüber den strikten asketischen Ordensregeln. Der Mönch ist ein moderner Mann, der sich nicht einen Dreier darum schert, daß eine sprichwörtliche klösterliche Redensart besagt, ein Mönch außerhalb des Klosters sei wie ein Fisch ohne Wasser.

Weiterhin berichtet der Erzähler von den Jagdhunden des Mönches und von seiner Bereitwilligkeit, keine Ausgaben für die Jagd und die Reiterei zu scheuen. In I, 193 schwenkt die Berichterstattung über zu einer Beschreibung der Kleidung des Mönches: Die Ärmel seines Mantels sind mit den edelsten Pelzen besetzt, und seine Kapuze wird von einer kunstvoll gestalteten Brosche in Form eines »love-knotte« [Liebesknoten] vorne zusammengehalten. Nach der Schilderung der üppigen und für einen Mönch unziemlichen Kleidung konzentriert sich die Beschreibung auf sein physisches Aussehen. Er hat eine Glatze und ölige Haut, ist fett und wohlgenährt. Auch in seiner äußeren Erscheinung unterscheidet sich der Mönch somit vom asketischen Ideal. Chaucer zeichnet hier das Porträt eines erfolgreichen Mannes, dessen Zugehörigkeit zu einem Kloster verwunderlich anmutet.

Schaut man sich das von Chaucer entworfene Porträt etwas näher an, dann fällt auf, daß seine Lebendigkeit hauptsächlich auf der wahllos erscheinenden Anhäufung von Details beruht. Alle diese Details könnten auf direkter Beobachtung beruhen, doch gehören sie zum Standardrepertoire der Ständesatire, wo man ähnlichen Beschreibungen unzulänglicher Mönche begegnet (s. hierzu vor allem die grundlegende Arbeit von Mann, *Chaucer and Medieval Estates Satire*, S. 17–37). Anstatt den monastischen Stand zu repräsentieren, wird der Mönch zur Inkarnation der Sünden »luxuria« [wollüstige Eitelkeit] und »gula« [Völlerei]. Die Aufeinanderhäufung heterogen erscheinender Details bewegt sich jedoch nicht nur in den Bahnen der traditionellen Ständesatire, sondern sie bewirkt, daß der Mönch hinsichtlich der vier vom Erzähler erwähnten Merkmale dargestellt wird, d.h. seines Statusses in der Welt, seines Gebarens, seiner inneren Veranlagung und seiner Kleidung. Somit wird auch durch diese wie ein Konglomerat erscheinende Beschreibung die deskriptive Absicht des Erzählers verwirklicht.

Die Einzelheiten, die Chaucer in seiner Beschreibung aufführt, sind so markant, als hätte er sich an einer historischen Persönlichkeit orientiert. Folglich begegnet man gerade in der positivistischen Chaucerkritik oft der Annahme, den Prolog als historisches Zeitdokument lesen zu müssen. Der Realitätsbezug wird lobend hervorgehoben; ja man ging sogar so weit, die Archive nach Vorlagen für die Pilger zu durchsuchen (vgl. dazu vor allem Manly, *Some New Light on Chaucer*). Ein solches Vorgehen ist natürlich unsinnig, da die Pilger fiktive Charaktere sind und ihre Porträts die literarischen Konventionen widerspiegeln. Es handelt sich hier nicht um individuelle Persönlichkeiten, sondern um Typen, wie dies bereits bei der Besprechung des Mönches deutlich wurde, dessen Porträt durch Züge aus der Ständesatire geprägt ist. Chaucer erfindet kaum neue Einzelheiten, sondern setzt Bekanntes zu einem neuen Bild zusammen.

In der Wiedergabe des Typischen spielt auch die Übertreibung, Chaucers zweite Technik, eine besondere Rolle. Der Ritter z. B. ist ein »worthy« [vortrefflicher] Mann, der sich im Krieg immer vortrefflich bewährt hat und deshalb überall wegen seiner Vortrefflichkeit geehrt wurde. Und dieser selbe vortreffliche Ritter hatte auch erfolgreich gegen die Mohammedaner in der Türkei gekämpft. Das Adjektiv »worthy« und der davon abgeleitete Begriff »worthynesse« werden fünfmal innerhalb von 25 Versen benützt. Die Vortrefflichkeit des Ritters wird weiterhin durch die Aussage bestärkt, daß er in seinem ganzen Leben noch nie ein böses Wort gesagt habe. Und das Porträt kulminiert in dem oft zitierten Satz: »He was a verray, parfit gentil knyght.« (I, 72) [Er war ein wahrer, vollkommen edler Ritter.]. Diese letzte Bemerkung muß als bewußte Hyperbel betrachtet werden, eine rhetorische Figur, die Chaucer immer wieder in der Beschreibung seiner Pilger benützt. So sagt er über den Bettelmönch: »Ther nas no man nowher so vertuous.« (I, 251) [Einen so fähigen Mann wie ihn gab es an keinem anderen Ort.], über den Rechtsgelehrten: »So greet a purchasour was nowher noon« (I, 318) [Nirgendwo gab es einen so großen Landaufkäufer], über den Arzt: »In al this world ne was ther noon hym lik« (I, 412) [auf der ganzen Welt war ihm keiner ebenbürtig] und über den Pastor: »A bettre preest I trowe that nowher noon ys.« (I, 524) [Ich glaube, einen besseren Priester gibt es nirgends.]. Die Einzigartigkeit jedes einzelnen Pilgers wird hervorgehoben, indem man ihn als besten Vertreter seines Standes oder Berufes bezeichnet. Chaucer will dadurch nicht zum Ausdruck bringen, daß es in der ganzen Welt nicht seinesgleichen gab, sondern er möchte eher das Exemplarische betonen. Dies tut er mit Hilfe hyperbolischer Diktion, die dazu beiträgt, den beschriebenen Pilger zum idealen Standesvertreter zu machen. Ideal ist hier im Sinne von typisch zu verstehen, eine ethische Aussage ist damit nicht verbunden. Der Arzt z.B. ist zwar so einzigartig, daß es seinesgleichen nicht mehr auf der ganzen Welt gibt, aber im Gegensatz zum Landpfarrer ist er weit davon entfernt, ein moralisch perfekter Mensch zu sein, obwohl er ein guter Arzt ist, wie der Erzähler betont.

Das Element der Übertreibung kann übrigens auch durch katalogartige Aufzählungen zum Ausdruck kommen, die ebenfalls im Porträt des Ritters eine Rolle spielen. Um die Vortrefflichkeit des Ritters als Streiter Gottes vor Augen zu führen, erwähnt der Erzähler alle Kämpfe, in denen sich der Ritter gegen die Heiden ausgezeichnet hat. In diesem Katalog werden wirkliche Feldzüge genannt, die im 14. Jahrhundert stattgefunden haben: Der Ritter war in Alexandria, in Ostpreußen, in Litauen, in Rußland, in Granada, in Algeciras, in Benmarin (Marokko), in Ayas (Armenien) und in Adalia (Kleinasien) sowie in Tlemcen (Algerien). Außerdem stand er im Dienst des Herrn von Balat in der Türkei. Kundige Forscher haben herausgefunden, daß diese Feldzüge zwischen 1343 und 1367 stattfanden, und haben wieder nach einem geschichtlich belegbaren Vorbild Ausschau gehalten. Sich an einem solchen Individuum zu orientieren, scheint jedoch nicht Chaucers Absicht gewesen zu sein. Vielmehr sollen diese Feldzüge, an denen der Ritter teilgenommen hat, seine Vortrefflichkeit beweisen: Je mehr Kämpfe im Dienste des christlichen Glaubens, desto besser der Ritter. Damit wird Übertreibung zum Ausdruck der Einzigartigkeit des Ritters auch mit Hilfe dieses Städte- und Länderkatalogs bewirkt.

Eine dritte Art der Charakterisierung, die Chaucer in Bezug auf seine Pilger anwendet, ist die Betonung einer dominanten Eigenschaft, zu der alle anderen Details in Verbindung gesetzt werden. Der Knappe z.B. ist die Verkörperung der Jugend schlechthin. Seine beiden Interessen gelten der Liebe und der ritterlichen Lebensart. Im Gegensatz zu seinem Vater hat er noch an keinen Feldzügen im Dienste des Kreuzes teilgenommen, sondern war einzig und allein in Flandern, Artois und der Picardie, wo 1368 unbedeutendere und weniger gefährliche militärische Unternehmungen stattgefunden hatten. Kurzum, die letzte große Bewährung steht ihm noch bevor. Aber darum geht es Chaucer nicht. Es liegt ihm vielmehr daran, die Verliebtheit und den Minnedienst des jungen Mannes darzustellen, der in der Nacht kein Auge schließt und Lieder und Gedichte für seine Dame komponiert. Liebe wird somit zum Inbegriff der Jugend, die durch den Knappen verkörpert werden soll.

Doch nicht nur beim Knappen, sondern auch bei der Beschreibung anderer Pilger hebt Chaucer ein dominantes Charakteristikum hervor. Den Ablaßkrämer z.B. zeichnet seine Scheinheiligkeit, den Bettelmönch seine Leichtfertigkeit und den Pastor seine Untadeligkeit aus. Die Betonung einer einzigen Eigenschaft beeinträchtigt die Charakterisierung nicht, d.h., wir haben es nicht mit einer Reduktion zur sterilen Typenhaftigkeit zu tun, sondern eher mit dem Entwurf eines exemplarischen Standesvertreters. So ist der Landpfarrer ein wirklich guter Hirte, der sich um das Seelenheil seiner ihm anvertrauten Gemeinde kümmert, anstatt sich zu bereichern und seine Pfründe *in absentia* zu genießen. Er selbst verkörpert vorbildliches christliches Verhalten und wird damit zum lebendigen Beispiel christlicher Lebensweise.

Die letzte Methode, die Chaucer bei der Charakterisierung anwendet, ist die plötzliche Enthüllung einer wichtigen Tatsache, die zum Verständnis der Verhaltensweise der Figur ausschlaggebend ist. Der Erzähler gibt in diesem Augenblick seine Pose als subjektiver Beobachter auf und bezieht den Standpunkt auktorialer Allwissenheit. Vom Arzt kann er somit sagen: »For gold in phisik is a cordial, / Therefore he lovede gold in special.« (I, 443/44) [Da Gold in der Heilkunst ein Herzmittel ist, liebte er Gold ganz besonders.]. Über den Kaufmann äußert er sich: »This worthy man ful wel his wit bisette: / Ther wiste no wight that he was in dette« (I, 279/80) [Dieser ehrenwerte Mann verhielt sich sehr klug – niemand wußte, daß er Schulden hatte]. Vom Rechtsgelehrten weiß er zu berichten: »Nowher so bisy a man as he ther nas, / And yet he semed bisier than he was.« (I, 321/22) [Nirgends gab es einen so geschäftigen Mann wie ihn – und doch schien er geschäftiger, als er es tatsächlich war.]. Und vom Ablaßkrämer meint er: »I trowe he were a geldyng or a mare.« (I, 691) [Ich glaube, er war entweder ein Eunuch oder homosexuell.]. Diese Aussagen enthüllen ein wesentliches Charaktermerkmal der jeweiligen Persönlichkeit, indem sie ihre verwundbarste Stelle offenlegen. Das trinkbare Gold des Arztes verweist auf dessen Habsucht. Der Kaufmann, ein Wucherer und Spekulant, entpuppt sich als Opfer seiner eigenen Spekulationen. Der Rechtsgelehrte ist ein äußerst geschäftiger Mann, doch scheint seine Geschäftigkeit letzten Endes nur innere Leere verbergen zu wollen. Und schließlich wird das Handikap des Ablaßkrämers, seine mangelhafte Potenz, mit der fast beiläufigen Bemerkung: »Ich glaube, er war entweder ein Eunuch oder homosexuell« allgemein zur Kenntnis gebracht und erklärt somit die Bemühung dieser Figur, mit Hilfe von Überkompensation ihr Manko wettzumachen.

Neben den vielfältigen Charakterisierungsmethoden, die vor allem im weiteren Kontext der Ständesatire zur Anwendung kommen, verwendet Chaucer noch zwei andere Traditionen beim Entwurf der einzelnen Porträts: die auf den rhetorischen Lehrbüchern beruhende *descriptio*, d.h. Personenbeschreibung, und die auf Theophrast zurückgehende Typenlehre.

Die unter dem Terminus *descriptio* bekannte Personenbeschreibung besteht aus zwei Teilen: der *effictio*, der Beschreibung der äußeren Erscheinung, und der *notatio*, der Beschreibung der Charaktereigenschaften und inneren Veranlagung. Als Paradebeispiel hierfür kann das Porträt der Priorin gelten. Im Gegensatz zur rhetorischen Tradition beginnt Chaucer nicht mit einer Beschreibung ihrer Figur, sondern ihres Benehmens, das zwar auch zur äußeren Erscheinung gehört, aber normalerweise erst nach der Aufzählung der physischen Attribute rangiert. Der zweite Teil des Porträts ist der *notatio* gewidmet, während im dritten die traditionelle *effictio* erfolgt, die hier jedoch nicht mehr als fünf Verse einnimmt.

Es fällt sofort auf, daß Madame Eglentyne, wie die Priorin heißt, ganz im Sinne einer vornehmen weltlichen Dame beschrieben wird. Sie lächelt scheu, spricht Französisch, zwar nicht das gute Pariser Französisch, sondern eher Anglonormannisch, sie hat ausgezeichnete Tischmanieren, die der Erzähler ausführlich beschreibt, und sie bemüht sich aufrichtig, den höfischen Lebensstil nachzuahmen. Selbst in der Ausübung ihrer religiösen Pflichten läßt sich die Priorin von weltlichen, höfischen Gesichtspunkten leiten, so daß sie den liturgischen

Gesang vornehm durch die Nase singt, anstatt ungekünstelt und aufrichtig zum Lobe Gottes.

In der darauffolgenden *notatio*, eingeleitet durch den Hinweis auf ihre seelische Verfassung, wird die Priorin als barmherzig und mitleidsvoll bezeichnet. Diese an sich positiven Charaktereigenschaften verlieren jedoch schnell an Wert, wenn der Erzähler ein Beispiel ihres Mitleids zitiert: »She wolde wepe, if that she saugh a mous / Kaught in a trappe, if it were deed or bledde.« (I, 144/45) [Sie mußte weinen, wenn sie eine Maus tot oder blutend in der Falle gefangen sah.]. Auch der Hinweis, die Priorin füttere ihre Schoßhündchen mit Milch, Weißbrot und Bratenstückchen und weine bitterlich, wenn jemand die Hunde mit einer Gerte schlage, ist ihrer Charakterisierung abträglich.

Auf diese etwas sonderbare Art der *notatio* folgt die *effictio*, die Beschreibung der äußeren Erscheinung, die ganz im Sinne einer weltlichen vornehmen Dame ausfällt. Die Nonne ist hübsch, ihre Augen sind grau wie Glas, ihr Mund ist schmal und rot und ihre Stirn breit und hoch. Diese Angaben gehören zum traditionellen Schönheitsideal mittelalterlicher Damen. Abschließend wird erwähnt, daß die Priorin eine Gebetskette aus Korallen um den Arm geschlungen trug, an der eine Brosche hing mit dem eingravierten Buchstaben A, als Abkürzung für das Motto *amor vincit omnia*. Wenngleich sich dieser Wahlspruch ursprünglich auf die Macht des Eros bezog, paßt dieses Detail trotzdem hervorragend zum Gesamtporträt der Priorin, die, obwohl Mitglied eines monastischen Ordens, ganz im Stile einer weltlichen Dame beschrieben wird. Wie bereits der Mönch zuvor, ist auch die Priorin als Vertreterin der monastischen Geistlichkeit unzulänglich.

Eine letzte Tradition, derer sich Chaucer in seiner Gestaltung der einzelnen Porträts bedient, sind die naturwissenschaftlich definierten Typen, die auf der Typenlehre des Theophrast beruhen. Wie man heute noch von Cholerikern, Sanguinikern, Phlegmatikern und Melancholikern spricht und damit bestimmte Temperamente meint, so gab es im Mittelalter auf die

Antike zurückgehende Vorstellungen von der Klassifizierungsmöglichkeit menschlicher Typen. Ausschlaggebend für die Einstufung waren die jeweilige Mischung der vier Körpersäfte, die Sternbilder und die Physiognomie. Chaucer bedient sich u.a. dieser wohlbekannten Tradition in der Gestaltung der Porträts des Müllers, Gutsbesitzers, Gutsverwalters, Ablaßkrämers und Büttels. Zu den medizinischen Merkmalen kommen natürlich noch andere, doch die Grundlage für jedes Porträt scheint die theophrastische Typenlehre zu bilden. Zur Illustration dieser Art der Charakterisierung soll das Porträt des Müllers dienen. Er ist untersetzt, hat ein rundes Gesicht, einen roten Bart, einen großen Mund, eine flache Nase, weite Nasenlöcher und eine Warze auf der Nase. Die körperlichen Merkmale sind die Symptome eines Typus, der sich nach mittelalterlicher Auffassung durch folgende Charaktereigenschaften auszeichnet: Schamlosigkeit, Erregbarkeit, Schläue, Lüsternheit, Vulgarität und Freßsucht – im großen und ganzen kein angenehmer Zeitgenosse. Und auch Chaucer läßt keinen Zweifel daran, daß er den Müller zur Gruppe der Gauner und Ganoven rechnet. Der Müller ist kein Individuum, sondern repräsentiert die mittelalterlichen Vorstellungen vom Typ des Müllers. Er ist aggressiv und anmaßend. Obwohl ein *vilanus*, also ein Angehöriger des Bauernstandes, trägt er Schwert und Schild, zu deren Tragen er nicht berechtigt ist. Er ist betrunken und betrügerisch; bezeichnend ist außerdem, daß er den Dudelsack spielt, denn dieses Instrument symbolisiert mittelalterlicher Ikonographie zufolge Lüsternheit und Völlerei, eine Symbolik, die sich vom Aussehen des Instrumentes ableitet (vgl. Curry, S. 78–90).

In Chaucers Gestaltung der Porträts lassen sich also vier Verfahrensweisen unterscheiden, zu denen sich drei Traditionen konventioneller Charakterisierungsmethoden gesellen: erstens, die Anhäufung von heterogenem Detail; zweitens, die hyperbolische Darstellung; drittens, die Betonung einer besonderen Qualität oder Charaktereigenschaft; und viertens, die plötzliche Enthüllung. Dazu kommen die Tradition der Ständesatire, die *descriptio* der rhetorischen Tradition und die klassische Typenlehre des Theophrast. Chaucers großes Verdienst ist es, diese Varianten unauffällig miteinander vermischt zu haben, so daß durchaus lebensnahe Figuren entstehen, die auf persönlicher Beobachtung hätten beruhen können. Zu keiner Zeit hält er sich eng an seine Vorlagen, sondern variiert und kombiniert sie in souveräner Weise. Jedes Porträt ist unverwechselbar und einmalig, obwohl sich fast für jedes Detail Analoge und Quellen finden lassen. Es ist jedoch ein wesentliches Merkmal von Chaucers großem künstlerischen Gespür, daß er Traditionen übernimmt, sie in ein neues Gewand kleidet und als originelle Neuschöpfung präsentiert.

Nach der Präsentation der Porträts tritt der Erzähler wieder in den Mittelpunkt. Er erinnert den Leser oder Hörer daran, daß sich die Gesellschaft im Tabard Inn befindet, und verspricht, den weiteren Ablauf der Pilgerfahrt zu beschreiben. Ehe er aber damit fortfährt, macht er einige wichtige Aussagen über die von ihm intendierte Erzählweise. So sagt er in I, 725–42: »Doch zunächst bitte ich euch bei eurer Höflichkeit, mich nicht für grob und ungebildet zu halten, wenn ich in dieser Angelegenheit recht offen rede, um euch zu berichten, was sie sagten und wie sie sich verhielten, und dabei ihre Worte getreu wiedergebe. Denn das wißt ihr so gut wie ich: Wer die Geschichte eines anderen wieder erzählen soll, muß so getreu, wie er nur kann, jedes Wort wiedergeben, wenn er dazu verpflichtet ist, mag derjenige auch noch so ordinär und kunstlos reden; andernfalls kann er die Geschichte nicht getreulich wiedergeben, muß etwas dazudichten oder nach neuen Wörtern suchen. Er darf keine Rücksicht nehmen, nicht einmal auf den eigenen Bruder; sagt er das eine Wort, muß er auch das andere sagen. Christus selbst redete im Evangelium sehr deutlich und verständlich – und ihr wißt ja genau, das gilt nicht als kunstlos. Auch Plato sagt ja dem, der ihn verstehen kann, daß die Worte zu den Taten passen müssen.« Ist dies Chaucers großes realistisches Manifest, sein Postulat für realitätsbezogene Dichtung? Kaum. Das Wort Dichtung wird gar nicht erwähnt, höchstens einmal indirekt, wenn der Erzähler sagt, wer eine Geschichte nicht wahrheitsgetreu wiedergibt, der »muß etwas dazudichten oder nach neuen Wörtern suchen«. Dichtung also ist nicht Gegenstand dieser Apologie, denn der Erzähler beharrt darauf, daß er als Beobachter fungiert und mit journalistischer Akribie und Genauigkeit seinen Bericht über die Pilgerfahrt verfassen muß. Chaucer, der Dichter, tritt hier völlig in den Hintergrund; er läßt den Erzähler, getarnt im Deckmantel des Berichterstatters, behaupten, daß seine Fiktion Realität sei. Die Verantwortung des Dichters weist er von sich, indem er sich auf die Pilger als Handlungsträger und somit für ihre Geschichten verantwortliche Erzähler beruft. Der Dichter tritt in der Pose des Historikers auf, da er vorgibt, objektiv niederschreiben zu wollen, was sich auf der Pilgerfahrt zugetragen hat. Warum dieser Mummenschanz? Warum dieses Versteckspiel? Geschichte läßt sich ohne Schwierigkeiten berichten, während Dichtung als Fiktion moralischen Gesetzen unterliegt. Überspitzt ausgedrückt: Geschichte ist Wahrheit, Dichtung Lüge. Um Dichtung überhaupt lesbar und akzeptabel zu machen, muß sie eine ethische Aufgabe erfüllen. Dichtung muß lehren, um eine Existenzberechtigung zu haben. Zwar kann sie das Unterhaltungsmoment bei dieser Funktion mitverwenden, doch sollte Unterhaltung nicht zum Selbstzweck der Dichtung werden. Chaucer ist sich dieser landläufigen Auffassung, die man später noch einmal aus dem Munde des Rechtsgelehrten und des Landpfarrers kommend hören kann, durchaus bewußt. Er weiß, daß er für seine Kunst nur dann einen Raum schaffen kann, wenn er sich als Dichter hinter der Maske des Berichterstatters oder Historikers versteckt. Folglich muß er das eben zitierte Argument benutzen, um die Illusion des Erlebnisberichtes aufrechtzuerhalten. Und es ist typisch für Chaucer, daß er zur Unterstützung dieses Argumentes Autoritäten zitiert. Haben nicht Plato und Christus dasselbe gesagt? Haben diese beiden untadeligen Denker nicht auf der wahrheitsgetreuen Wiedergabe von Gesagtem bestanden? Wenn man diese Verweise liest, kann man sich eines Schmunzelns nicht erwehren, denn was haben Christi Lehren, die oft genug in parabolischer Form erscheinen, und Platos philosophische Diskurse mit Chaucers Schwänken zu tun, die ja auch unter dem Vorwand wahrheitsgetreuer Wiedergabe erzählt werden? Man denke nur an Chaucers Hinweis im Prolog zur *Miller's Tale* (I, 3167–81): »Was soll ich sonst noch sagen? Der Müller war ja nicht gewillt, den anderen zuliebe mit seinen Worten zurückzuhalten, sondern erzählte seine rüpelhafte Geschichte auf seine Weise. Es mißfällt mir, daß ich sie hier wiederholen muß. Und deshalb bitte ich jeden ehrbaren Mann um der Liebe Gottes willen, das, was ich sage, nicht auf eine böse Absicht zurückzuführen, denn ich muß ja alle Geschichten wiedergeben, seien sie nun besser oder schlechter, andernfalls müßte ich einen Teil meines Erzählstoffes verfälschen. Und deshalb möge der, der sie nicht hören will, weiterblättern und eine andere Geschichte auswählen; er wird nämlich genug längere und kürzere, wahre Geschichten finden, die sich mit edlem Verhalten sowie mit Moral und Frömmigkeit befassen. Tadelt nicht mich, wenn ihr die falsche Wahl trefft.« In diese Richtung scheint sich die Argumentation des Prologs zu bewegen, denn Chaucer weiß ganz genau, daß seine Sammlung auch anstößige Geschichten enthält, für die er von vornherein die Verantwortung abwälzt. Er versteckt sich nicht nur hinter der Maske des Berichterstatters, sondern er macht sogar den Leser für die eventuelle falsche Auswahl des Lesestoffes verantwortlich. Unschuldig und apologetisch wie das Ganze klingen mag, Chaucer verwendet hier traditionelle Argumente, um sich seiner Verantwortung als Dichter zu entziehen. Das von ihm treuherzig vorgebrachte Argument, das sich bei näherer Untersuchung als völlig unbrauchbar herausstellt, selbst wenn es den orthodoxen mittelalterlichen Vorstellungen vom Wesen der Dichtung entspricht, hat letzten Endes einen ironischen Effekt. Es führt sich *ad absurdum* in einer Situation, wo es vom Dichter benützt wird, um seine eigene Dichtkunst zu verteidigen. Anspruch und Realität klaffen derart weit auseinander, daß das theoretische

Fundament zerbrechen muß. Geschickt gemacht ist weiterhin, daß die Implikationen der Aussagen im Prolog nicht auf den ersten Blick ersichtlich sind, sondern sich erst durch ihre Wiederholung im Prolog zur *Miller's Tale* und dem darauffolgenden Schwank in ihrem ganzen Ausmaß offenbaren. Chaucer kann es deshalb vorerst bei der gemachten Aussage belassen und mit einer Schilderung der weiteren Umstände, die zur Pilgerfahrt führen, fortfahren.

In I, 747 führt der Erzähler eine neue Persönlichkeit in das Geschehen ein, den Wirt Harry Bailly. Dieser unterscheidet sich von den anderen Pilgern in zweifacher Hinsicht. Obwohl er sich als Reiseleiter anbietet, reitet er nicht aus frommer Absicht nach Canterbury. Vielmehr schließt er sich den Pilgern aus Freude an der zu erwartenden Unterhaltung und aus Gewinnsucht an. Sein Ziel ist nicht Canterbury, sondern Southwark, genauer gesagt, der Tabard Inn, wo die Pilger auf ihrer Rückreise wieder einkehren sollen, um dem, der die beste Geschichte erzählt hat, ein Essen auf ihre Kosten zu spendieren. Der Wirt hat folglich ein geschäftliches Interesse an der Pilgerfahrt. Von dem Augenblick an, da sich der Wirt der Reisegruppe anschließt und die Regeln bestimmt, ändert sich die Erzählperspektive. Chaucer, der Erzähler und Pilger, reiht sich unter die anderen Mitpilger ein, und der Wirt bestimmt den weiteren Ablauf des Geschehens. Durch die Anwesenheit des Wirtes wird das Element der Unterhaltung besonders hervorgehoben, denn schließlich ist die Reise lang, und die Pilger müssen sich auf irgendeine Art und Weise die Zeit vertreiben.

Folglich sollen sie Geschichten erzählen, deren beste, d.h. in den Worten des Wirtes die »of best sentence and moost solaas« (I, 798) [lehrreichste und unterhaltsamste], am Ende prämiiert werden soll. Der Wirt übernimmt nun das Kommando, obwohl seine Führungsrolle nicht immer eindeutig ist. Er wird von Chaucer als übergeordnete Figur benutzt, die den Handlungsablauf steuern soll. Mit dem Auftreten des Wirts wird somit eine weitere Erzählperspektive eingeführt, die jedoch im Vergleich zu der Vielschichtigkeit der Erzählperspektive des Ich-Erzählers unkompliziert und eindeutig ist. Beim Wirt gibt es kaum ambivalente Erzählperspektiven. Er wird als eitel, vergnügungssüchtig, anmaßend und in seinem Urteilsvermögen beschränkt dargestellt. Trotz dieser Fehler ist er ein durchaus liebenswerter Zeitgenosse. Er verkörpert somit das Gegenbild zur Wallfahrt und hilft durch seine Präsenz, den Eindruck von ihrem devotionalen Zweck zu verwischen. Die fromme Absicht, die am Anfang des Prologs so sehr betont wurde, rückt von nun an in den Hintergrund, bis sie der Landpfarrer im Prolog zur abschließenden *Parson's Tale* wieder in den Vordergrund stellt. Wir bewegen uns zwar im großen Mittelstück geographisch auf Canterbury zu, nicht aber in spiritueller Hinsicht. Damit unterscheidet sich Chaucers Werk von den eigentlichen Vertretern der Leben-als-Wallfahrt-Literatur, bei denen die Entwicklung des Protagonisten im Mittelpunkt steht. Chaucer benutzt die Wallfahrt als Metapher und als Mittel, eine Erzählsituation zu schaffen, nicht aber, um damit eine religiöse Aussage zu machen. Bereits am Ende des Prologs sind wir ein gutes Stück von der Situation entfernt, die Chaucer nach dem Natureingang beschrieben hat. Und diese Entfernung nimmt zu. Zwar haben wir es mit einer heterogenen Gruppe von Pilgern zu tun, die durchaus als Vertreter der Menschheit angesehen werden könnte, diese Gruppe aber widmet sich nur einem konventionellen religiösen Brauch. Es ist also nicht *die* Pilgerfahrt, sondern eine von denen, wie sie die Frau aus Bath bereits des öfteren gemacht hat. Chaucer erweckt zu keiner Zeit den Eindruck, als ob der heilige Zweck einzig und allein im Mittelpunkt stünde. Damit unterscheidet er sich von seinem Zeitgenossen William Langland. Auch in dessen Werk *Piers Plowman* versammelt sich das Volk »on the fair field« [auf dem schönen Feld], um auf Geheiß von Conscience [Gewissen] den Schrein von St. Truth [heilige Wahrheit] zu suchen. Allein der Name besagt schon, daß es sich hier nicht um einen gewöhnlichen Heiligen handelt, von dem übrigens keiner der quasi-professionellen Pilger je gehört hat, sondern St. Truth bedeutet die Wahrheit Gottes. Langland, der in seinem Prolog die Erde begrenzt von zwei markanten Punkten gezeigt hat, nämlich dem »tour on a toft« [Turm auf einem Hügel], in dem Truth wohnt, und dem »dungeon« [Verließ] oder »castel of care« [Burg der Sorge], in dem der »fader of falshede« [Vater der Falschheit], der Teufel, haust, entwickelt ein völlig anderes Konzept der Pilgerfahrt, die wirklich zur Wallfahrt jedes Einzelnen und der Gesellschaft als ganzer aus den Klauen des Teufels heraus und hin zur Wahrheit Gottes werden sollte. Wenn sich die Pilger folglich unter der Führung von Piers Plowman [Peter dem Pflüger] auf die Suche nach St. Truth begeben, dann handelt es sich um einen geistlichen Weg, der mit Hilfe von allegorischen Wegweisern deutlich gemacht wird. Dies ist nicht Chaucers Absicht. Zwar bedient sich Chaucer in der Charakterisierung seiner Pilger gelegentlich ähnlicher Methoden wie Langland, dessen Satire wesentlich bissiger ist; er beabsichtigt aber nicht, durch das Aufzeigen der Mängel ihre Beseitigung herbeizuführen und eine geistliche Erneuerung einzuleiten. Chaucers Pilger sind bis auf vier Ausnahmen (Ritter, Scholar, Landpfarrer und Ackersmann) oft recht unvollkommene Vertreter der unvollkommenen Gattung Mensch. Sie sollen aber nicht die korrupte Natur des Menschen, der Stände und des Staates symbolisieren wie Langlands Vertreter. Deshalb behandelt Chaucer auch seine Personen nicht mit beißender Ironie, sondern überläßt es dem Leser oder Hörer, sich nach der Präsentation der Fakten ein eigenes Urteil zu bilden.

Bibliographie zum General Prologue

Baldwin, Ralph. *The Unity of the ›Canterbury Tales‹*. Copenhagen: Rosenkilde und Bagger; 1955.

Bowden, Muriel. *A Commentary on the General Prologue to the Canterbury Tales*. New York: Macmillan; 1948.

Bronson, Bertrand H. *In Search of Chaucer*. Toronto: Toronto U. Pr.; 1960.

Brooks, Harold F. *Chaucer's Pilgrims: The Artistic Order of the Portraits in the Prologue*. London: Methuen; 1962.

Cunningham, J.V. »The Literary Form of the Prologue to the *Canterbury Tales*.« *MP*. 1952; 49:172–81.

Curry, Walter C. *Chaucer and the Medieval Sciences*. New York: Oxford U. Pr.; 1926.

Donaldson, E. Talbot. »Chaucer the Pilgrim.« *PMLA*. 1954; 79:928–36.

Elliott, Ralph W. V. *Chaucer's Prologue to the Canterbury Tales*. New York: Barnes & Noble; 1960.

Hoffman, Arthur W. »Chaucer's Prologue to Pilgrimage: The Two Voices.« *ELH*. 1954; 21:1–16.

Huppé, Bernard F. *A Reading of the Canterbury Tales*. Albany: State U. of New York Pr.; 1964.

Kimpel, Ben. »The Narrator of the Canterbury Tales.« *ELH*. 1953; 20:77–86.

Manly, John M. *Some New Light on Chaucer. Lectures Delivered at the Lowell Institute*. New York: Holt; 1926.

Mann, Jill. *Chaucer and Medieval Estates Satire*. Cambridge: Cambridge U. Pr.; 1973.

Martin, Loy D. »History and Form in the General Prologue to the *Canterbury Tales*.« *ELH*. 1978; 45:1–17.

Mehl, Dieter. *Geoffrey Chaucer. Eine Einführung in seine erzählenden Dichtungen*. Berlin: Erich Schmidt Verlag; 1973.

Owen, Charles A., Jr. »Development of the Art of Portraiture in Chaucer's *General Prologue*.« *LeedsSE*. 1983; 14:116–33.

Reidy, John. »Grouping of Pilgrims in the General Prologue to *The Canterbury Tales*.« *PMASAL*. 1962; 47:595–603.

Specht, Henrik. »The Beautiful, the Handsome, and the Ugly: Some Aspects of the Art of Character Portrayal in Medieval Literature.« *SN*. 1984; 56:129–46.

Ullmann, Ingeborg Maria. *Der Erzähler der ›Canterbury Tales‹. Das literarische Werk in seiner kommunikativen Funktion*. Frankfurt: Peter Lang; 1973.

Woolf, Rosemary. »Chaucer as Satirist in the General Prologue to the Canterbury Tales.« *CritQ*. 1959; 1:150–57.
Wurtele, Douglas. »Some Uses of Physiognomical Lore in Chaucer's *Canterbury Tales*.« *ChauR*. 1982; 17:130–42.

The Knight's Tale

Obwohl der Erzähler am Ende des *General Prologue* betont, das Los sei ganz zufällig auf den Ritter gefallen, ist es kaum verwunderlich, daß dieser, der als sozial Höchststehender bereits als erster Pilger vorgestellt worden war, den Reigen der Erzähler eröffnet. Wie nicht anders zu erwarten, ist seine Geschichte in der Form eines höfischen Romans gehalten. Als Vorlage diente Chaucer Boccaccios Werk *Teseida*, das der italienische Dichter zwischen 1339 und 1341 zu dem Zweck geschrieben hatte, die verlorene Gunst seiner Geliebten, genannt Fiammetta, wieder zu gewinnen. Wie immer man auch Fiammetta beurteilen mag, als Pseudonym für eine wirkliche Dame der neapolitanischen Gesellschaft, die Boccaccio verehrte, oder als symbolische Figur wie etwa Dantes Beatrice oder Petrarcas Laura, Boccaccios Roman ist ein Schlüsselroman, in dem sich der Dichter in der Figur des Arcita selber darstellt. Darin unterscheidet sich die *Teseida* wesentlich von Chaucers Version der Geschichte, die von einer distanzierten Warte aus erzählt wird. Anliegen der *Knight's Tale* ist es deshalb nicht, Liebesglück und Liebesleid in fiktionaler Form zu schildern; vielmehr kann die »noble storie ... worthy for to drawen to memorie« (I, 3111–12) [vortreffliche Geschichte ... würdig genug, dem Gedächtnis anvertraut zu werden] mit einer breiteren Thematik befrachtet werden. Andererseits macht es jedoch die Vorlage überhaupt erst möglich, eine breitere Thematik zu behandeln. Das mag zunächst paradox klingen, eine Erklärung dafür ist jedoch schnell gegeben. Boccaccios *Teseida* behandelt einen »antiken« Stoff und lehnt sich formal und rhetorisch bewußt an das Epos der lateinischen Klassiker an: Die Aufteilung des Werkes erfolgt wie in Vergils *Aeneis* in zwölf Büchern. Das gesamte epische Instrumentarium mit Schlachtenbeschreibung, Heldenkatalogen, Gleichnissen und Musenanruf findet Verwendung. Dies geschieht, um der Geschichte von Arcitas Liebe zu Emelie einen würdigen Rahmen zu geben. Damit aber legt Boccaccio die Stilebene fest und schafft die Atmosphäre, die auch Chaucers Version bestimmt, selbst wenn diese sich ihrer Struktur nach nicht mehr am klassischen epischen Vorbild orientiert. Vorbild dürfte eher der höfische Geschichtsroman des 12. und 13. Jahrhunderts mit seiner Minnethematik sein. Nicht verwandt hingegen ist Chaucers *Knight's Tale* mit der mittelenglischen Romanze, die mit Ausnahme von *Sir Gawain and the Green Knight* im 14. Jahrhundert in wesentlich anspruchsloserer literarischer Form erscheint als die höfischen Romane in Deutschland oder Frankreich. Durch Chaucers bewußte Distanzierung von dieser populären Gattung wird deutlich, daß es ihm nicht um die Darstellung von ritterlichen Abenteuern geht, die der Protagonist bei seiner Brautwerbung bestehen muß. Vielmehr benutzt Chaucer die Gattung des höfischen Romans als angemessene literarische Form für die Behandlung existentieller Fragen. Die Liebesthematik, so grundlegend für die *Teseida*, muß deshalb in der *Knight's Tale* in einem erweiterten Kontext gesehen werden. Vielleicht am treffendsten hat Charles Muscatine diesen Kontext beschrieben: »Was dieser Lebensauffassung Perspektive, Tiefe und Ernsthaftigkeit verleiht, ist das niemals versagende Bewußtsein von der Existenz eines antagonistischen Elements – Chaos und Unordnung –, das im Leben eine immer bedrohliche Präsenz einnimmt, selbst im Augenblick höchster Sicherheit, und das in diesem Werk mit allen ordnenden Prinzipien konfligiert. Dieses antagonistische Element ist tief in der Textur des Werkes verwurzelt und zeigt sich in den erratischen Umschlägen in der Entwicklung der Geschichte« (S. 181). Selbst eine oberflächliche Lektüre der Erzählung vermittelt den Eindruck der Unebenheit, die sich aus der dauernden Gegenüberstellung von widersprüchlichem Material ergibt. Einzelszenen wechseln so schnell wie Stimmungen, so daß der Leser sich dauernd auf neue Situationen einstellen muß. Zu Anfang von Teil I werden militärische Gewalt und Ehe gegenübergestellt. Theseus, der siegreiche Feldherr, erobert Skythien und heiratet die besiegte Königin Hippolyta. Kaum ist dieser Übergang von Krieg zu Frieden gemacht, überfällt der Erzähler den Leser mit einem Bericht über die Auswirkungen einer blutigen Sippenfehde, die in Theben viele Menschen das Leben gekostet hat. Da Theseus den klagenden Frauen Thebens verspricht, sie für den Tod und die Entehrung der Leichname ihrer gefallenen Männer zu rächen, beginnt wieder Krieg. Theseus trägt auch hier den Sieg davon, der wiederum zum Verhängnis für die beiden thebanischen Prinzen Arcite und Palamon wird. Ohne sich weiter um die beiden schwer verwundeten Ritter zu kümmern, läßt er sie nach Athen bringen, »to dwellen in prisoun / Perpetuelly« (I, 1023–24) [um sie dort im Kerker schmachten zu lassen, für immer]. Während die beiden dort ihr Leben fristen, lebt Theseus in Prunk und Freude. Die Gegenüberstellung von Freude und Leid ist hier derart prononciert, daß Chaucer beide Gemütszustände mit einem Endreim verbindet. Um die Ausweglosigkeit von Palamons und Arcites Situation zu betonen, benutzt der Dichter Wörter wie »everemoore« (I, 1032) [fortwährend], Ausdrücke wie »yeer by yeer and day by day« (I, 1033) [ein Jahr nach dem anderen und ein Tag nach dem anderen]. Anders als in seiner Vorlage, der *Teseida*, in der von einer dreieinhalbjährigen Einkerkerung berichtet wird, legt Chaucer sich auf keine bestimmte Zeit fest, vielmehr läßt er den Leser darüber im Unklaren, um die Hilflosigkeit der beiden Protagonisten noch zu unterstreichen, die zur Passivität verurteilt sind, während das Leben um sie herum weitergeht.

Das plötzliche Erscheinen von Emelie, Hippolytas Schwester, im Garten vor dem Turm, in dem Arcite und Palamon eingeschlossen sind, gibt der ins Stocken geratenen Handlung einen neuen Impuls, da sich beide Ritter prompt in die ahnungslose

Dame verlieben und miteinander zu streiten beginnen. Die Minne, die größte irdische Macht, wie Arcite sie nennt, verbindet nun die Innenwelt des Gefängnisses mit der Außenwelt der höfischen Gesellschaft. Die beiden Sphären, die Theseus sorgfältig voneinander trennen wollte, werden durch die Liebe der beiden Ritter zu Emelie zusammengebracht, mit dem Resultat, daß sich das Pathos ihrer Situation intensiviert und die von Theseus erstrebte Ordnung der Verhältnisse in Frage gestellt wird. Dies spitzt sich weiter zu, als Herzog Peirithoos, ein langjähriger Freund von Arcite und Theseus, plötzlich erscheint und den athenischen Landesherrn um Gnade für den jungen Ritter bittet. Arcite wird daraufhin entlassen und aus Athen verbannt, während Palamon im Gefängnis zurückbleiben muß. Doch was für Arcite eine glückliche Wendung des Schicksals hätte sein sollen, wird von ihm nun lautstark als Schicksalsschlag beklagt. Lieber wäre er im Kerker, der ihm jetzt als Paradies erscheint, da er von dort aus seine geliebte Emelie wenigstens sehen könnte. Um sein persönliches Leid in einen weiteren philosophischen Kontext zu stellen, läßt Chaucer Arcite eine Passage aus Boethius' Werk *Consolatio Philosophiae* paraphrasieren. Genauso verfährt er mit Palamon, der ebenso untröstlich ist und sich bitter bei Fortuna beklagt.

Nach diesen langen Klagen der beiden Protagonisten und ihrer Ohnmacht dem Schicksal gegenüber, das, wie es scheint, vielen Unschuldigen Leid zufügt, klingt die *demande d'amour*, die Liebesfrage von Buch I (I, 1347–52), fast bösartig: »Euch, Liebende, stelle ich nun die Frage: ›Wer hat das schwerere Los, Arcite oder Palamon? Der eine kann seine Dame Tag für Tag sehen, muß aber weiterhin im Kerker schmachten; der andere kann gehen und reiten, wohin er will, wird aber seine Dame niemals wiedersehen.‹« Angesichts der Probleme, die in Teil I aufgeworfen werden, ist eine *demande d'amour* eine rhetorische *tour de force*. Ein befriedigendes Ende ist sie nicht, da Liebe weder das Hauptthema des ersten Teils noch das der *Knight's Tale* im Ganzen ist. Thematisiert werden vielmehr die Unzulänglichkeit des menschlichen Wissens, die Unbeständigkeit der irdischen Gegebenheiten und die kapriziöse Macht des Schicksals. Konfrontiert werden der Leser oder Hörer mit dem dauernden Wechsel von Freude und Leid, der sich aus der Unberechenbarkeit des Schicksals herzuleiten scheint, einer Macht, der sich Arcite und Palamon hoffnungslos ausgeliefert glaubten. Chaucer betont diesen Aspekt wesentlich stärker als Boccaccio, dessen *Teseida* die beiden langen, aus Boethius entlehnten Klagen nicht enthält. Indem Chaucer die zwei Passagen in seine Erzählung aufnimmt, dramatisiert er nicht nur die Ratlosigkeit der beiden Protagonisten angesichts dessen, was unbestimmbares Schicksal oder Vorsehung zu sein scheint, sondern das Dilemma der Menschheit *per se*. Das Walten Gottes bzw. der Götter nimmt sich mysteriös aus, und göttliche Gerechtigkeit läßt Zweifel aufkommen. Überall begegnet man Schmerz und Leid, und der Lauf der Gerechtigkeit erscheint eher wie etwas Zufälliges. Kurzum, Veränderlichkeit, Unzulänglichkeit des menschlichen Wissens, und was den Irdischen als göttliche Ungerechtigkeit erscheint, werden im ersten Teil der *Knight's Tale* thematisiert, während Liebesleid nur als Nebenprodukt des allgemeinen Chaos erscheint.

Diese schnellen Veränderungen, plötzlichen Umkehrungen und Wechsel von Freude und Leid durchziehen die gesamte Erzählung. Arcite kehrt in seine Heimatstadt Theben zurück, um sich später wieder auf Geheiß des Götterboten Merkur nach Athen zu begeben, wo er als Page verkleidet in Theseus' Palast dient. Eines Tages beklagt er in einem Wäldchen sein unglückliches Schicksal, wobei ihm Palamon, der just in dieser Nacht aus seinem Gefängnis ausgebrochen ist und sich in diesem Wäldchen versteckt hält, zuhört. Da eine Verständigung zwischen den beiden eifersüchtigen Liebhabern nicht möglich ist, vereinbaren sie, den Streit um Emelie im Zweikampf zu entscheiden. Und wie es das Schicksal so will, überrascht Theseus, der zur Jagd ausgeritten war, die beiden kämpfenden Ritter. Zuerst verurteilt er sie zum Tode, begnadigt sie dann aber auf Fürbitte der versammelten Damen seiner Jagdgesellschaft und beschließt, Emelie dem zur Frau zu geben, der ein Jahr später als Sieger aus einem Turnier hervorgehen wird. Zu diesem Zweck wird eine Arena gebaut, in der sich die beiden Kontrahenten, Palamon und Arcite, begleitet von je einhundert ausgewählten Rittern, nach Ablauf der Jahresfrist ein erbittertes Gefecht liefern. Palamon wird besiegt und Emelie Arcite zugesprochen. Doch eine von Saturn gesandte Furie bringt das Pferd des strahlenden Siegers zum Straucheln; dabei wird dieser tödlich verletzt und stirbt schließlich. Angesichts seines Schicksals und der generellen Instabilität irdischer Gegebenheiten ist der Kommentar des alten Egeus, des Vaters von Theseus, ein passendes Epitaph: »'This world nys but a thurghfare ful of wo, / And we been pilgrymes, passynge to and fro. / Deeth is an ende of every worldly soore.'« (I, 2847–49) [Die Welt ist nichts als ein Weg voller Leid, und wir sind Pilger, die von hier nach dort gehen. Der Tod ist das Ende jedes weltlichen Schmerzes.].

Die *Knight's Tale* endet jedoch nicht mit Arcites Tod und Egeus' resignierendem Kommentar, sondern es folgt eine philosophisch gehaltene Betrachtung, in Form von Theseus' langer Rede, die Vorstellungen vom Wirken Gottes in dieser Welt aus Buch II der *Consolatio Philosophiae* des Boethius enthält. Theseus' Ansicht zufolge ist die göttliche Vorsehung dafür verantwortlich, daß alles auf Erden vergänglich ist. Im ersten Abschnitt legt Theseus das philosophische Prinzip dar, im zweiten führt er Beispiele aus dem Reich der Natur an, um die Vergänglichkeit irdischer Dinge zu beweisen, und im dritten beschäftigt er sich mit dem eigentlichen Anliegen, nämlich Arcites Tod und der erwünschten Heirat von Palamon und Emelie. Folglich scheinen Theseus, der Ritter als Erzähler der Geschichte und Chaucer als Autor des Romans mit einem passenden Ende abgeschlossen zu haben. Bei genauerer Betrachtung jedoch stellt sich heraus, daß Theseus' große Rede weder Antworten auf die in der Erzählung aufgeworfenen Fragen enthält noch eine Lösung der angeschnittenen Probleme darstellt. Diese Tatsache ist in der Forschung nicht unbemerkt geblieben. So stellt Curry schon im Jahre 1926 fest: »Unter der Anleitung von Boethius hätte Chaucer das Problem der Willensfreiheit, der Prädestination und des Verhältnisses von Unschuld bzw. Schuld und menschlichem Leiden bzw. Glück mit Leichtigkeit lösen können. Aber warum sollte er dies tun? In erster Linie interessiert ihn die Geschichte, nicht aber die Philosophie« (S. 163). Noch vierzig Jahre später bemerkt Westlund: »Theseus' Schlußfolgerung, wir müßten aus der Not eine Tugend machen, bleibt unbefriedigend« (S. 535). Das gleiche Unbehagen verspüren auch Salter, Mehl, Blake, Crampton und Burlin.

Andere Interpreten sind spezifischer in ihrer Kritik. Underwood z.B. zeigt, daß Theseus nicht die Erkenntnisse erzielt, die ihm Boethius' Werk hätte vermitteln können, und daß er das boethische System mißversteht (S. 465–66). Und Fifield weist darauf hin, daß Theseus' Verständnis von Unabdingbarkeit unzulänglich ist (S. 595–96). Weiterhin fällt an Theseus' philosophischen Äußerungen die unverhältnismäßig starke Betonung von Gottes Allmacht auf. Wo Boethius von Gottes Unteilbarkeit und Ganzheit spricht, fragt Theseus: »What maketh this but Juppiter, the kyng, / That is prince and cause of alle thyng« (I, 3035–36) [Wer ist dafür verantwortlich, wenn nicht Jupiter, der König, der Herr und Ursache aller Dinge ist].

Die Frage stellt sich natürlich, weshalb Theseus' als boethisch bezeichneter Monolog so weit von seiner Vorlage abweicht. Hierfür gibt es drei mögliche Antworten: Entweder wollte Chaucer Theseus' Weisheit in Frage stellen, oder er wollte zwischen christlicher und heidnischer Wahrheit unterscheiden, oder er hielt die traditionellen Lösungen des Problems, die menschliche Willensfreiheit mit der göttlichen Vorsehung in Einklang zu bringen, für unzulänglich. Theseus' Monolog erklärt weder die Ursache für die Unsicherheit der irdischen Existenz, noch trägt er dazu bei, das Schicksal der Menschen zu verbessern. Diese Fragen bleiben bestehen, da sie durch eine Erklärung *ex cathedra* nicht geklärt werden können. Das Ende der *Knight's Tale* ist folglich eine rhetorische *tour de force*, ähnlich der *demande d'amour* am Ende des ersten Buches. Die Fragen nach der Macht des Schicksals, der Freiheit des menschlichen Willens und der Ursache irdischen Wandels bleiben wohl absichtlich unbeantwortet. Theseus' Ansprache enthält weder Lösungen, noch setzt sie Ziele, auf die man zustreben könnte. Angesichts der vorangegangenen Handlung ist ein solches Ende durchaus angemessen, denn obwohl Theseus bemüht war, Ordnung in seinem eigenen Reich zu schaffen, gelang ihm dies nur unzulänglich. Und die göttliche Ordnung, die Theseus in seinem abschließenden Monolog erwähnt, hatte auf Erden ziemlich chaotische Formen angenommen. Die meisten von Theseus' Versuchen, Ordnung in seinem Königreich zu wahren, waren fehlgeschlagen. Nicht nur die Liebe hatte seine Pläne vereitelt, sondern auch seine eigenen spontanen Entscheidungen. Aus Freundschaft zu Peirithoos hatte er Arcite freigelassen, und aus Ritterlichkeit den Damen gegenüber hatte er, auf deren Fürbitte hin, den beiden Rittern Arcite und Palamon das Leben geschenkt (in Boccaccios Version begnadigt er die beiden sofort, er stößt seine Entscheidung nicht um). Anstatt des Zweikampfs hatte er für ein Turnier plädiert, dessen Funktion, als ordnendes Element zu wirken, jedoch durch den Eingriff der Götter vereitelt worden war. Durch das Turnier sollte das Leben beider Ritter gerettet werden. Diese edle Absicht wird aber durch den tödlichen Sturz Arcites von seinem Pferd zunichte gemacht. Wird man sich dieser Verkettung unglücklicher Umstände bewußt, dann kann man Egeus' Pessimismus und Theseus' resignierende Haltung verstehen, der nun einfach bereit ist, das anzunehmen, was das Schicksal dem Menschen zuteilt.

Um das offene Ende der *Knight's Tale* mit ihren unbeantworteten Fragen besser verstehen zu können, muß man sich noch einmal ins Gedächtnis rufen, daß Theseus' Monolog besonders Gottes Allmacht betont hatte und somit einer unter Theologen im 14. Jahrhundert weit verbreiteten Vorstellung vom Wesen Gottes gefolgt war. Dieser Auffassung zufolge, die wir zuerst bei

Wilhelm von Ockham (ca. 1300–1350) finden, wird das Verhältnis zwischen Gottes absoluter (*potentia absoluta*) und ordinierter Macht (*potentia ordinata*) neu definiert. Die Differenzierung zwischen den beiden muß etwa so verstanden werden: »Manchmal tut Gott etwas aufgrund der von ihm erlassenen Gesetze – das bedeutet, daß Gott durch seine ordinierte Macht waltet. Oder Gott tut etwas, wozu ihn keines seiner von ihm erlassenen Gesetze verpflichtet – das bedeutet, er bedient sich seiner absoluten Macht« (*Quodlibeta septem*, 6,1). Ockham legt eine besondere Betonung auf Gottes absolute Macht, um Argumenten entgegenzuwirken, die aus der Ordnung dieser Welt eine Begrenzung der Allmacht Gottes herzuleiten versuchen. Diese Weltordnung, die von Gottes ordinierter Macht ausgeht, bedeutet nicht mehr als Gottes freiwillige Selbstbeschränkung – sie ist ihm nicht von außen her aufgezwungen. Ohne metaphysischen Zwang, in der Ausübung absoluter Willensfreiheit hat Gott eine Welt geschaffen, in der er gemäß seiner ordinierten Macht waltet – eine Tatsache, die jedoch nicht die Erschaffung einer vollkommen anderen Welt verhindern würde. Besonders die Heilsgeschichte ließe sich durch Gottes absolute Macht verändern. Um dies zu veranschaulichen, zitiert Ockham einen Lehrsatz Christi: »Wer nicht aus dem Wasser der Taufe und dem Heiligen Geist neu geboren wird, kann nicht in das Reich Gottes kommen. Heute jedoch besitzt Gott die gleiche Macht wie früher, als die Menschen ins Himmelreich kommen konnten, ohne getauft worden zu sein, wie z.B. die unschuldigen Kinder zur Zeit des mosaischen Gesetzes, die früh im Kindesalter starben. Was damals jedoch unter dem alten Gesetz möglich war, ist nicht mehr möglich unter dem neuen Gesetz, mag es auch absolut gesehen möglich sein« (*Quodlibeta septem*, 6,1).

Ob Gott in die von ihm gegebene Weltordnung eingreifen kann, wird von Ockham nicht erörtert. Die Anhänger seiner Lehren jedoch, Robert Holcot, Thomas Buckingham und Adam von Woodham, hielten einen solchen Eingriff durchaus für möglich. Ihrer Ansicht zufolge kam Gottes absoluter Macht eine viel größere Bedeutung zu als seiner ordinierten Macht. Er war nicht an seine Weltordnung gebunden, die sich von seiner ordinierten Macht herleitete, sondern er konnte aufgrund seiner absoluten Macht alle seine Gesetze und Ordnungen außer Kraft setzen. Wenn man Gott aber diese Allmacht zubilligte, gab es gar keine Gewißheit mehr. Keines der existierenden Gesetze war unabänderlich, und alles, was auf Erfahrung beruhte, konnte sich im nächsten Augenblick ändern. Die bisher als unumstößlich geltenden Naturgesetze konnten auch eine geschickte Täuschung sein, mit der Gott den sich sicher wägenden Menschen verunsichern wollte. Diese Ansicht widerspricht natürlich der von Boethius, denn den Anhängern Ockhams zufolge würde ein Universum, das sich auf unabänderliche Gesetze gründet, Gottes absolute Macht einschränken. Gottes Wille konnte sich ändern, da Unabdingbarkeit im Universum nicht existiert. Folglich konnte man zwar behaupten, Gott sei Urheber aller Dinge, nicht aber, daß die einzelnen Bestandteile der Schöpfung sich systematisch auf ihn zurückführen ließen.

Ist man sich dieser Gottesvorstellung im 14. Jahrhundert bewußt, dann läßt sich auch leicht verstehen, warum Theseus in seinem abschließenden Monolog, der Gottes Macht so sehr hervorhebt, nicht die tiefsten boethischen Wahrheiten ergründet. Ein Vordringen zum Kern boethischer Denkweise hätte nämlich eine Anerkennung der kosmologischen Ordnung bedeutet, die progressive Denker im 14. Jahrhundert gerade in Frage stellen wollten.

Eine weitere Frage, die hier beantwortet werden muß, befaßt sich mit der Beziehung zwischen Gott und dem Menschen in einem solchen Universum. Beeinträchtigt Gottes absolute Macht die Willensfreiheit des Menschen? Ockham verneint diese Frage, da er meint, jede gute Tat müsse auf Entscheidungsfreiheit beruhen. Entscheidungsfreiheit jedoch bedeutet die Wahl zwischen verschiedenen Möglichkeiten, inklusive der Option, sich der Wahl zu enthalten. Es soll die Entscheidung des Menschen allein sein, entweder zu handeln, eine Handlung zu veranlassen oder vom Handeln abzulassen. Ockhams Ansicht zufolge muß absolute Freiheit die persönliche Entscheidungsfreiheit charakterisieren, d. h., sich nicht entscheiden zu müssen, bis zum Augenblick der Wahl, bedeutet für Ockham wahre Freiheit. Als aufgezwungen betrachtet Ockham eine Entscheidung, die einzig auf der Verstandesebene beruht. Damit weist er Boethius' These zurück, die besagt, daß Entscheidung eine Sache des Verstandes sei. Ockhams Auffassung zufolge kann Entscheidungsfreiheit nicht vom Verstand ausgehen, da der Verstand durch Augenscheinliches, Autorität und Willen beeinflußt werden könne. Für Ockham leitet sich Freiheit aus dem Willen her, da nur der Wille die Fähigkeit habe, auch eine seiner Neigung entgegenlaufende Entscheidung zu fällen. Innerhalb des Entscheidungsprozesses wird die Funktion des Verstandes darauf eingeschränkt, dem Willen die Möglichkeit zu vergegenwärtigen und ihm Vorschläge zu machen, denen der Wille in seiner Entscheidung zwar folgen könne, aber nicht folgen müsse.

Diese Implikationen des neuen, im 14. Jahrhundert auftauchenden Konzepts von Gottes Allmacht im Verhältnis zur menschlichen Willensfreiheit versteht Theseus nicht. Er braucht nicht »To maken vertu of necessitee« (I, 3042) [aus der Not eine Tugend zu machen], sondern er hat uneingeschränkte Willensfreiheit und natürlich auch die Verantwortung für seine Entscheidungen. Theseus dagegen glaubt, daß Gottes Allmacht seine Entscheidungsfreiheit beeinträchtigt und daß Vorsehung auch Prädestination bedeutet. Deshalb findet er sich mit seinem ihm unabwendbar erscheinenden Schicksal ab. Theseus' fehlende Einsicht hat weiterhin negative Auswirkungen auf seine Handlungen. Sein Versuch, Ordnung in einer Welt zu schaffen, die er durch göttliche Prädestination beherrscht glaubt, scheitert, da er weder die Folgen seines Handelns versteht noch sich um die Gefühle anderer kümmert. Folglich wird er zum Urheber von Konflikten, die er als Auswirkungen göttlicher Prädestination betrachtet. Es ist z.B. seine Entscheidung, Arcite und Palamon in einem Turm einkerkern zu lassen, der in der Nähe des Gartens steht, in dem Emelie ihre Spaziergänge macht. Hier schafft er eine potentiell gefährliche Situation, die in dem Augenblick seiner Kontrolle entgleitet, als er Arcite begnadigt. Es dürfte wohl allen klar sein, daß Arcite nicht für immer von der Bildfläche verschwinden wird, nachdem er gerade erst seine Liebe zu Emelie gestanden hat. Außerdem ist es offensichtlich, daß auch Palamon versuchen wird, bei der erstbesten Gelegenheit aus seinem Gefängnis auszubrechen, um um Emelies Liebe zu werben. Arcites und Palamons Handlungen sind die notwendigen Folgen von Theseus' Anordnung, die sich als Fehlentscheidung erweist.

Als Theseus zum zweiten Mal ins Leben der beiden Prinzen eingreift, setzt er eine Kettenreaktion in Gang, die er zum Schluß nicht mehr kontrollieren kann. Indem er den Zweikampf durch ein Turnier ersetzt und Emelie dem Sieger verspricht, schafft er Umstände, die schließlich zu Arcites Tod führen. Theseus täuscht sich, wenn er meint, Kontrolle über andere ausüben zu können, und Chaucer beeilt sich, Theseus' Irrtum darzustellen. In I, 2537–57 werden die Bedingungen des Turniers dargelegt: Es sollen im wesentlichen keine scharfen Waffen benutzt werden, damit keiner zu Schaden kommt. Fünfzig Verse später begegnen wir aber einer blutrünstigen Beschreibung, die eher zu einem Schlachtfeld als zu einem Turnier paßt. Offensichtlich ist es Theseus nicht gelungen, den ordentlichen Ablauf des Turniers zu gewährleisten, das zum Sinnbild der unkontrollierbaren menschlichen Gefühle wird. In Theseus' Arena kommen diese Gefühle zum Ausbruch und kollidieren miteinander, da Arcite wie ein Tiger und Palamon wie ein Löwe aufeinander losgehen. Hat Theseus jedoch bereits Schwierigkeiten, das Turnier in geordneten Bahnen zu halten, so gelingt es ihm erst recht nicht, die Leidenschaft der beiden Kontrahenten zu dämpfen. Dieser innere Konflikt nimmt die äußere Form eines Kampfes zwischen den Göttern an. Venus, Mars und Saturn, die Schutzgötter von Arcite bzw. Palamon, symbolisieren auch die menschlichen Leidenschaften, wie Ruggiers zu Recht festgestellt hat: »Venus verkörpert eine unwiderstehliche und zügellose Leidenschaft im menschlichen Leben, mit der es niemand aufnehmen kann. Das Zusammenspiel von Venus und Saturn unterstreicht weiterhin die Größe dieser Macht, vor der selbst Mars, wie grausam und zerstörerisch er auch sein mag, kapitulieren muß. Auch Mars verkörpert einen menschlichen Zug, das Aggressive, das Kriegerische und das Zerstörerische« (S. 156). All diese Fehlentscheidungen dienen dazu, Theseus' mangelnden Überblick zu zeigen und seine Unfähigkeit, die Tragweite seiner Entscheidungen zu erkennen. Er glaubt sich von einer äußeren Schicksalsmacht beherrscht, vor der er sich in seinem Schlußmonolog verneigt. Indem er die Allmacht Gottes betont, schiebt er seine eigene Verantwortung ab. Angemessener aber wäre zu sagen, daß er seine Entscheidungsfreiheit nicht richtig gebraucht hat und nun nicht willens ist, die Konsequenzen auf sich zu nehmen. Folglich ist Theseus' Kapitulation vor der sogenannten göttlichen Prädestination sein letzter und größter Irrtum. Daraus läßt sich schließen, daß Theseus' »wise brest« (I, 2983) [weises Herz] vielleicht doch nicht alle Weisheit enthält. Gleichzeitig jedoch bietet der Erzähler auch eine Lösung des Problems, das Theseus nicht lösen konnte. Wenn Ordnung vor allem auf richtigem Verständnis und Urteilsvermögen beruht, dann läßt sie sich auch herstellen. Und wenn Gottes Allmacht für den Menschen nicht Entscheidungszwang, sondern Entscheidungsfreiheit bedeutet, dann ist er Herr über sein Geschick und kann die Art von Ordnung schaffen, die er begehrt. Diese Antwort ist in Theseus' Monolog impliziert und drückt sich durch die ausgewogene Struktur der *Knight's Tale* aus. Chaucer, der Dichter, eröffnet sein großes Werk mit einer Erzählung, die in formaler Hinsicht ein perfektes Kunstwerk ist. Auf diese Weise schafft er eine künstlerische Ordnung, die den chaotischen Kräften Einhalt gebietet. Wo der unverständige Mensch in der *Knight's Tale* immer wieder den Schicksalsmächten zum Opfer fällt, behauptet sich die Erzählung als literarisches Kunstwerk. Durch ihre symmetrische Struktur drückt sie den Versuch des Dichters aus, in seinem künstlerischen Metier Ordnung zu schaffen. Er erschafft ein Werk, das das fluktuierende Geschehen in sich trägt. Wie Jordan einmal festgestellt hat: »Die *Knight's Tale* wird durch ihre Struktur in beispielhafter Weise zum Kompliment an den *homo faber*, zur Anerkennung der menschlichen Fähigkeit, eine soziale Ordnung, Grundsätze menschlichen Zusammenlebens, großartige Gebäude und ehrwürdige Gedichte zu erstellen und diesen Werken Größe und Würde zu verleihen« (S. 179). Jordan hat mit dieser Behauptung bestimmt recht, soweit es sich um Gebäude und Gedichte handelt. Der Versuch, eine soziale Ordnung und Grundsätze des Zusammenlebens zu schaffen, scheitert hingegen an Theseus' Unfähigkeit, die Folgen seiner Handlungen in ihrer ganzen Tragweite zu erkennen und die Leidenschaft anderer in seine Kalkulationen einzubeziehen.

Das Konzept vom Dichter als Architekt ist nicht Chaucers Erfindung, sondern geht auf traditionelle Anschauungen zurück. Man meinte, daß der Dichter auf poetischem Gebiet ähnlich wie Gott arbeite, der in kosmischen Maßstäben schaffe. Der Künstler eifert somit dem großen göttlichen Künstler nach, indem er versucht, seinem Material Ordnung und Form aufzuzwingen. Dieses klassische Konzept vom Dichter als Schöpfer und Theologen übernahm Isidor von Sevilla und machte es zu einem Teil der christlichen Denktradition, wie dieser auch bei anderen Schriftstellern und Kommentatoren wiederkehrende Gedanke beweist. Im 14. Jahrhundert wurde diese landläufige Ansicht von den italienischen Dichtern der Frührenaissance nicht nur weiter tradiert, sondern auch neu formuliert. Mit dem wachsenden poetischen Bewußtsein begegnen wir gleichzeitig dem Anliegen, die Kunst der Poesie zu preisen und sie gegen den traditionellen Vorwurf der Unwahrheit zu verteidigen. Mussato z.B. weist immer wieder darauf hin, daß Dichtung nicht nur Philosophie, sondern auch Theologie sei. Der Dichter wird zum Dichter-Theologen. Diese Auffassung vom »heiligen« Amt des Dichters fand großen Anklang unter den italienischen Dichtern des Trecento, in deren Schriften man Mussatos Vorstellung wieder begegnet. Boccaccio z. B. behauptet, daß Poesie nicht nur Theologie, sondern Theologie auch Poesie sei, und Petrarca bezeichnet Theologie als Poesie Gottes.

Da Chaucer sich auf seinen diplomatischen Missionen nicht nur des öfteren in Italien aufgehalten, sondern dort auch die Werke Dantes, Petrarcas und Boccaccios kennengelernt hat, ist anzunehmen, daß er mit ihren poetischen Vorstellungen vertraut war. Mehr als jeder andere englische Dichter des 14. Jahrhunderts ist er sich der wichtigen Stellung der Dichtung bewußt und betrachtet sich als Bewahrer des literarischen Erbes. Untersucht man Chaucers zahlreiche Kommentare zum Wesen und zur Funktion der Literatur, dann entsteht das Bild eines Dichters, der nicht nur poetische Traditionen schätzte, sondern auch wußte, daß Wissen und Erkenntnis hauptsächlich durch Bücher überliefert werden (vgl. hierzu vor allem Payne, S. 60–90). Diese Anschauung dürfte als Erklärung für den uneingeschränkten Beifall gewertet werden, den die Canterbury-Pilger dem Ritter nach Beendigung seiner Erzählung zollen: »Als der Ritter seine Geschichte erzählt hatte, gab es in der ganzen Pilgerschar keinen, ob jung oder alt, der nicht gesagt hätte, es sei eine vortreffliche Geschichte, würdig genug, dem Gedächtnis anvertraut zu werden« (I, 3109–3112). Es wäre nun verkehrt anzunehmen, daß die Bezeichnung »noble storie« sich nur auf den Inhalt der *Knight's Tale* bezieht. Vielmehr schließt diese Bezeichnung deren Rhetorik und Struktur mit ein, da Rhetorik, Struktur und Inhalt mittelalterlicher poetischer Auffassung zufolge getrennt behandelt wurden. Matthieu de Vendôme z.B., der Autor des poetischen Handbuchs *Ars Versificatoria*, läßt Elegie, eine Gefährtin der Philosophie, im Hinblick auf die Kunst der Poesie sagen, Dichtung bestehe aus drei Teilen: Inhalt, Rhetorik und Struktur. Eine ausgewogene Kombination dieser drei Elemente ist nicht erforderlich, d.h., Inhalt, Rhetorik und Struktur müssen nicht miteinander verbunden werden. Die *Knight's Tale* entpuppt sich bei näherer Betrachtung als hervorragendes Beispiel dieser Kompositionsmethode. Inhalt, rhetorische Form und Struktur stehen in keinem Bezug zueinander. Vielmehr kontrastiert Chaucer ganz bewußt die holprige thematische Entwicklung seiner Erzählung mit deren schöner rhetorischer Oberfläche und ihrer ausgewogenen Struktur, um den Eindruck der Zerrissenheit auf der Ebene des Diskurses zu erhöhen. Durch antithetische Komposition und unorganische Struktur versucht er, das thematische Verwirrspiel der Erzählung noch schärfer hervortreten zu lassen. Der dauernde Wechsel zwischen Krieg und Frieden, Freude und Leid und Liebe und Tod, für den letztendlich das mangelnde Urteilsvermögen der Hauptakteure verantwortlich ist, wird von einer makellosen Struktur eingeschlossen. Chaucer hat ein würdiges poetisches Denkmal als Emblem künstlerischer Ordnung errichtet. In der Ausübung seiner Willensfreiheit hat der Künstler eine strukturelle Ordnung geschaffen, die er Theseus' chaotischer Welt auferlegt.

Als Beleg für diese Aussage soll ein Vergleich von Chaucers Kompositionsmethode mit der seiner Vorlage, der *Teseida* des Boccaccio, dienen. Obwohl Chaucer dem vorgegebenen Handlungsablauf folgt, liegt seine Betonung auf straffer Symmetrie. Boccaccios zwölf Bücher reduziert er auf vier Teile, die er zwischen Theseus sowie Palamon und Arcite aufteilt. Teil I enthält hauptsächlich Theseus' Abenteuer, während Teil II sich mit dem Schicksal von Palamon und Arcite beschäftigt. Teil III schildert Theseus' Bau der Arena, während Teil IV den Kampf um die Hand Emelies beschreibt. Teil I schafft die Voraussetzungen für den Zweikampf zwischen Palamon und Arcite in Teil II, dem sich Theseus' Ausführungen über die Macht der Liebe anschließen. Teil III ist als Vorbereitung für das Turnier in Teil IV gedacht, dem die große abschließende Ansprache von Theseus folgt. Beide Reden hat Chaucer hinzugefügt. In den Teilen I und II versuchen Palamon und Arcite, sich Theseus' Anordnungen zu entziehen, während die beiden Ritter in den Teilen III und IV mit Theseus kooperieren. Teil I beginnt mit der Hochzeit von Theseus und Hippolyta und schildert danach das Begräbnis der thebanischen Krieger, während Teil IV mit Arcites Begräbnis seinen Höhepunkt erreicht, dem die Hochzeit von Palamon und Emelie folgt.

Neben dieser mechanischen Reduzierung von Boccaccios Vorlage auf vier ineinander verschlungene Teile strafft Chaucer seine Version durch das Auslassen irrelevanten oder nebensächlichen Materials. Theseus' Feldzug, der in den ersten beiden Büchern der *Teseida* behandelt wird, tut Chaucer in knapp 20 Versen ab. Arcites Wanderung durch Böotien, Korinth, Messina und Egina, die ausführlich im Buch IV der *Teseida* beschrieben werden, läßt Chaucer einfach weg. Auch die vielen Nebenpersonen, wie z.B. der Doktor oder Palamons Page, verschwinden. Von ihnen übernimmt Chaucer nur Egeus, der einen ganz besonderen Platz in der symmetrischen Struktur seines Werkes einnimmt. Auch der ausgedehnte Heldenkatalog Boccaccios wird auf zwei Personen reduziert, deren Porträts im deskriptiven 3. Teil der *Knight's Tale* gezeichnet werden. Dadurch eliminiert Chaucer die große Anzahl von Einzelkämpfen im Turnier, die bei Boccaccio sehr viel Platz einnehmen. Seine Beschreibung wirkt daher kürzer, straffer und konzentrierter, weil sie sich nur mit Palamon und Arcite sowie deren Waffenbrüdern Emetrius und Lykurg beschäftigt.

Auf einer höheren Ebene intensiviert Chaucer die Beziehung seiner Akteure zu den olympischen Göttern. Palamon, Arcite und Emelie stehen unter dem Schutz von Venus bzw. Mars und Diana. In seinem irdischen Reich nimmt Herzog Theseus' die gleiche Position ein wie Jupiter, der Götterkönig, in seinem himmlischen Herrschaftsbereich. Und Egeus ist Theseus' »olde fader« (I, 2838) [alter Vater], wie Saturn der mythologische Vater Jupiters ist. Saturn übrigens ist Chaucers eigene Erfindung, da er, wie es scheint, die Symmetrie seines Werkes vergrößern wollte, indem er Egeus ein himmlisches Pendant gegenüberstellte.

Die Beziehung der menschlichen Akteure zu ihren Schutzgöttern ist im dritten Teil der *Knight's Tale* besonders stark ausgeprägt. Hier gibt Chaucer die anschauliche Beschreibung der jeweiligen Opferstätten der drei Götter, und er berichtet von den Gebeten Palamons, Arcites und Emelies. Im Gegensatz zu Boccaccio, der die verschiedenen Tempel in die Stadt Athen verlegt, lokalisiert Chaucer sie im Amphitheater. Die Beschreibung des Dianatempels fügt er seiner Vorlage hinzu. Im Anschluß an die jeweilige Beschreibung der Tempel finden sich die Gebete, die Arcite, Palamon und Emelie an ihre Schutzgötter richten. Auch hier wählt Chaucer eine direktere Methode als Boccaccio, der Palamon und Arcite je ein personifiziertes Gebet zu Venus auf den Berg Kithäron bzw. zu Mars nach Thrakien senden läßt. Damit erzielt er auch im dritten Teil der *Knight's Tale* eine zügigere und gestrafftere Darstellung.

Diese Änderungen seiner Vorlage zeigen, daß Chaucer vor allem daran interessiert war, Boccaccios Werk in ausgewogener Form zu präsentieren. Er erhöht den Grad der Parallelität und Symmetrie, die zwar in seiner Vorlage angedeutet, nicht aber in vollem Umfang durchgeführt worden sind. Durch das Weglassen nebensächlicher Details strafft er die Handlung. Und durch die Erweiterung der Beteiligung der Götter am Geschehen korreliert er die irdische mit der himmlischen Sphäre in einer Weise, die zwar in seiner Vorlage angedeutet, aber nicht realisiert war. Als Resultat dieses Vorgehens entsteht eine in ihrer Form vollkommene Erzählung. Was die *Knight's Tale* jedoch noch reizvoller macht, ist die Tatsache, daß diese formale Perfektion einem unharmonischen und dissonanten Erzählstoff übergestülpt wird. Der oft blinde Aktionismus der Hauptakteure, die sich als Spielball ihnen unergründlicher Schicksalsmächte wähnen, droht dauernd Chaucers literarisches Modell zu zerstören. Die künstlerische Kontrolle wächst jedoch im Verhältnis zur thematischen Verwirrung, so daß die Struktur unversehrt bleibt. Das Modell wird zum ruhenden Punkt, der sich auch in der Verwirrung behauptet, die die Akteure aufgrund ihrer intellektuellen Kurzsichtigkeit verursachen. Und letztlich ist die ausgewogene und symmetrische Struktur der *Knight's Tale*, für die

Chaucer sich entschieden hat, eine positive Antwort auf die Frage nach dem Verhältnis irdischer Unbeständigkeit zu menschlicher Willensfreiheit und der Allmacht Gottes – eine Frage, die Palamon und Arcite zu Beginn der Erzählung gestellt hatten und die von Theseus in seinem abschließenden Monolog nur unzulänglich beantwortet wurde.

Bibliographie zur Knight's Tale

Anderson, Wallis M. »*Canterbury Tales* ›Rhetors‹: The Knight.« *FCS*. 1984; 10:1–14.

Blake, K.A. »Order and the Noble Life in Chaucer's *Knight's Tale*.« *MLQ*. 1973; 34:3–19.

Burlin. R.B. *Chaucerian Fiction*. Princeton: Princeton U. Pr.; 1977.

Crampton, G.R. *The Condition of Creatures. Suffering and Action in Chaucer and Spenser*. New Haven und London: Yale U. Pr.; 1974.

Curry, W.C. *Chaucer and the Medieval Sciences*. New York: Oxford U. Pr.; 1926.

Fichte, J.O. »Man's Free Will and the Poet's Choice: The Creation of Artistic Order in the *Knight's Tale*.« *Anglia*. 1975; 93:335–60.

Fifield, M. »The *Knight's Tale:* Incident, Idea, Incorporation.« *ChauR*. 1968; 3:95–106.

Gaylord, A.T. »The Role of Saturn in the *Knight's Tale*.« *ChauR*. 1974; 8:171–90.

Halverson, J. »Aspects of Order in the *Knight's Tale*.« *SP*. 1960; 57:606–21.

Hanning, R.W. »The Struggle Between Noble Designs and Chaos': The Literary Tradition of Chaucer's *Knight's Tale*.« *LitR*. 1980; 23:519–41.

Herz, J.S. »Chaucer's Elegiac Knight.« *Criticism*. 1964; 6:212–24.

Hulbert, J.R. »What Was Chaucer's Aim in the Knight's Tale?« *SP*. 1929; 26:375–85.
Jordan, R. *Chaucer and the Shape of Creation*. Cambridge, Mass.: Harvard U. Pr.; 1967.
Lumiansky, R.M. »Chaucer's Philosophical Knight.« *TSE*. 1952; 3:47–68.
Mehl, Dieter. *Geoffrey Chaucer. Eine Einführung in seine erzählenden Dichtungen*. Berlin: Erich Schmidt Verlag; 1973.
Muscatine, C. *Chaucer and the French Tradition. A Study in Style and Meaning*. Berkeley: U. of California Pr.; 1957.
Olson, Paul A. »Chaucer's Epic Statement and the Political Milieu of the Late Fourteenth Century.« *Mediaevalia*. 1979; 5:61–87.
Payne, F.A. *The Key of Remembrance: A Study of Chaucerian Poetics*. New Haven: Yale U. Pr.; 1963.
Ruggiers, P.G. »Some Philosophical Aspects of *The Knight's Tale*.« *CE*. 1958; 19:296–302.
Schweitzer, Edward C. »Fate and Freedom in *The Knight's Tale*.« *SAC*. 1981; 3:13–45.
Underwood, D. »The First of *The Canterbury Tales*.« *ELH*. 1959; 26:455–69.
Watson, C. »Chaucer's Knight and His Tale.« *CR*. 1980; 22:56–64.
Westlund, J. »The *Knight's Tale* as an Impetus for Pilgrimage.« *PQ*. 1964; 43:526–37.

The Miller's Tale

Erwartungsgemäß ruft der Wirt nach Beendigung der *Knight's Tale* den Mönch auf, damit dieser als ranghöchster männlicher Vertreter des Klerus dem Ritter mit einer Geschichte antworte. Es scheint, als ob auch in der Reihenfolge der Erzählungen in etwa die Anordnung eingehalten werden soll, die im Prolog die Einführung der Pilger bestimmt hatte. Chaucer jedoch deutet die

Sequenz nur an, bevor er sie durch das Auftreten des Müllers unterbricht. Um den dramatischen Eindruck einer Wallfahrt mit wirklich lebenden Pilgern zu verstärken, läßt er plötzlich Widerspruch zu der Anordnung des Wirtes laut werden. Der Müller, der im Prolog zusammen mit den anderen Spitzbuben (Gutsverwalter, Verwalter, Büttel und Ablaßkrämer) beschrieben worden war, drängt sich vor und will unbedingt seine Geschichte zum Besten geben. Da er betrunken ist, was er selbst zugibt und sogar als Entschuldigung für den zweifelhaften Charakter seiner Geschichte anführt, läßt er sich nicht beschwichtigen, sondern besteht darauf, seine Geschichte zu erzählen oder seiner Wege zu gehen. Um den weiteren Verlauf der Pilgerfahrt nicht bereits zu diesem frühen Zeitpunkt zu gefährden, willigt der Wirt ein, den Müller Robyn seine Geschichte erzählen zu lassen, deren Intention dieser wie folgt beschreibt: »'By armes, and by blood and bones, / I kan a noble tale for the nones, / With which I wol now quite the Knyghtes tale.'« (I, 3125–27) [»Bei Christi Armen, Blut und Leib, ich kenne auch eine vornehme Geschichte, mit der ich jetzt die Erzählung des Ritters erwidern will.«]. Diese vornehme Geschichte wird weiterhin in I, 3141 als »legende and a lyf« beschrieben, was jeden, vertraut mit mittelalterlichen Gattungen, auf eine Heiligenlegende schließen lassen würde. Der übernächste Vers aber zeigt recht schnell, daß die zu erwartende Erzählung nicht von dieser frommen Art sein wird, denn während sich die Bestimmung »Bothe of a carpenter and of his wyf« (I, 3142) [von einem Zimmermann und seiner Frau] sich noch auf Joseph und Maria beziehen könnte, läßt die darauffolgende Aussage »'How that a clerk hath set the wrightes cappe.'« (I, 3143) [wie ein Student diesen Handwerker zum Narren hielt.] keinen Zweifel mehr an der Tatsache, daß es sich bei der folgenden Erzählung um einen Schwank handeln wird. Dies erkennt offensichtlich auch der Gutsverwalter Oswald, ein gelernter Zimmermann, der sofort lautstark gegen die Absicht des Müllers protestiert. Damit wird die Fehde zwischen dem Müller und dem Gutsverwalter eingeleitet, die gleichzeitig als strukturgebendes Prinzip wirksam wird, denn nicht nur die *Knight's Tale* und die *Miller's Tale* sind nach Aussage des Müllers miteinander verwandt, sondern auch die darauffolgende *Reeve's Tale* ist als eine Reaktion auf die *Miller's Tale* zu verstehen.

Die *Miller's Tale* ist nach den Worten ihres Erzählers als Antwort auf den höfischen Roman des Ritters gedacht, d.h., sie wird also die Ereignisse der *Knight's Tale* aus der Sicht des Müllers wiedergeben. Folglich muß eine Analyse der Struktur der Erzählung des Müllers zunächst einmal eventuelle Parallelen zur *Knight's Tale* berücksichtigen. Das dieser Erzählung zugrundeliegende Strukturschema ist die Dreiecksgeschichte. Arcite und Palamon sind beide in Emelie verliebt und versuchen, ihre Gunst zu gewinnen. In vier Büchern wird das Schicksal dieser beiden höfischen Liebhaber aufgezeigt, von denen einer endlich erfolgreich ist. Das Ganze ist ein recht langwieriger Prozeß, der sich über viele Jahre hinzieht. Immer wieder betont der Autor, daß Palamon und Arcite durch widrige Umstände lange vom Erreichen des sich gesteckten Zieles abgehalten werden. Nicht nur verzögern ihre lange Gefangenschaft und Arcites Dienstverhältnis nach seiner Befreiung das Werben der beiden Ritter, auch die Vorbereitung des großen Turniers, das darüber entscheiden soll, wer von ihnen die Angebetete erhalten soll, läßt ein weiteres Jahr verstreichen. Der erzählten Zeit entsprechend verlangsamt sich auch die Erzählzeit, so daß vier Stunden vergangen sein müssen, bis der Ritter mit seiner Geschichte am Ende ist. Ein Blick auf die *Miller's Tale* zeigt zunächst, daß das strukturelle Schema der *Knight's Tale* verdoppelt wird. Wir haben es hier nicht mehr mit einer, sondern mit zwei Dreiecksgeschichten zu tun. Das erste Trio bilden der junge Student Nikolas, der Zimmermann John und seine Frau Alison, das zweite Alison, Nikolas und der neu hinzugekommene Pfarrdiener Absolon. Trotz der Verdoppelung des Strukturprinzips ist der Handlungsablauf in der *Miller's Tale* wesentlich schneller. Die langen Monologe, Invokationen, Dialoge und breitangelegten Beschreibungen werden durch kurze, pointierte Reden abgelöst, und Randbemerkungen treten an die Stelle langer Kommentare. Handlung ist charakteristisch für die *Miller's Tale*, während die *Knight's Tale* von der Beschreibung lebt. Im Vergleich zur *Miller's Tale* ist die *Knight's Tale* zeremonienhaft und statisch. Trotz der vielen Wechselspiele des Schicksals entwickelt sich dieser höfische Roman langsam und behäbig. Die *Miller's Tale* hingegen ist nach der Exposition eine schnell fortschreitende Erzählung mit vielen Wendungen im Handlungsablauf. Die Ereignisse werden komprimiert und auf ein paar Tage zusammengedrängt. Diese narrative Gestaltung ist typisch für den Schwank, der dem Leser oder Zuhörer niemals Zeit für eine ruhige Betrachtung einräumt, sondern ihn mit Aktionen überhäuft und mit sich fortreißt. Eine schnelle Abfolge von immer neuen Erzählsituationen bestimmt folglich die Zeit- und Handlungsstruktur des Schwankes.

In kruder Anlehnung an die *descriptio*-Tradition des höfischen Romans stellt uns der Erzähler zunächst die Hauptakteure vor: den Studenten Nikolas, den Zimmermann John und dessen Frau Alison. Nikolas ist besonders bewandert in Astronomie. Er versteht sich auf die Wettervorhersage und kann folglich Dürre- und Regenperioden im voraus bestimmen. Auch kennt sich Nikolas in »deerne love« [heimlicher Liebe] aus. Heimliche Liebe nun gehörte ursprünglich zu den Minnekonventionen. Ja, Verschwiegenheit war sogar eines der Hauptgebote der höfischen Minne. In *Troilus and Criseyde* z. B. nimmt Troilus dieses Gebot so ernst, daß er in einer Krisensituation Criseyde eher ins Lager der Griechen ziehen läßt, als durch die Offenbarung seiner Liebe im Bürgerrat der Stadt den bevorstehenden Austausch von Antenor und Criseyde zu verhindern. Die Konfliktsituation hätte sich dadurch sofort lösen lassen. Die Spielregeln aber lassen dies nicht zu, und deshalb schweigt Troilus lieber, als den Namen seiner Geliebten und somit seine intimen Beziehungen zu ihr preiszugeben. Ursprünglich und im richtigen Kontext ist Verschwiegenheit in Liebesdingen etwas durchaus Positives.

Das Adjektiv »deerne« [heimlich], das hier gebraucht wird, ist jedoch ein ambivalentes Wort: Es kann berechtigte Geheimhaltung und »heimliche Sünde« bedeuten. In der Lyrik findet man z.B. den Ausdruck »deerne dedes«, um dunkle Machenschaften zu beschreiben. Gerade in der späteren Liebeslyrik wird die Heimlichkeit gefördert, um den Liebhaber vor dem Zorn erboster Ehemänner oder Väter zu schützen, nicht aber, um den guten Ruf der Dame zu bewahren. Zu Chaucers Zeit hat der Ausdruck »deerne love« folglich schon einen unguten Beigeschmack, wie die Studie von Donaldson, »Idiom of Popular Poetry in the *Miller's Tale* «, S. 36–38, beweist. Jemand, der wie Nikolas darin geschult ist, benutzt den Vorwand der Heimlichkeit vor allem deswegen, um die Seitensprünge seiner Partnerin zu vertuschen. Damit ist das einstige Ideal abgewertet, und seine Erwähnung an dieser zentralen Stelle wird richtungsweisend für die weitere Entwicklung der Erzählung.

Das Schlüsselwort in der Beschreibung von Nikolas ist das Wort »hende« (vgl. auch Donaldson, S. 33–36). Als »hende« Nicholas wird uns der Student vorgestellt, und in Verbindung mit diesem charakterisierenden Adjektiv taucht der Name noch mehrere Male im Laufe der Erzählung auf. Ursprünglich bedeutete das Wort »zur Hand«, doch im Laufe seiner bedeutungsgeschichtlichen Entwicklung erweiterte es seinen Bedeutungsbereich und wurde zu »geschickt« oder »clever«, dann zu »angenehm«, »höflich«, »zuvorkommend« und schließlich zum Allerweltsbegriff »nett«. In dieser Bedeutung findet man es oft in der Beschreibung von Liebhabern. Man würde es deshalb als Adjektiv zur Bezeichnung von Chaucers höfischen Charakteren wie z. B. Troilus, Criseyde, Arveragus, Dorigen, Palamon, Arcite oder Emelie erwarten; niemals jedoch begegnet man dort dem Ausdruck »hende«. Im Hinblick auf Nikolas aber wird es elfmal benutzt. Wie es sich nun aus Chaucers Gebrauch des Wortes zur Beschreibung von Nikolas und dem vielleicht noch bedeutenderen Fehlen des Wortes bei der Beschreibung höfischer Charaktere ergibt, scheint das Wort für den Dichter so abgenutzt und abgegriffen zu sein, daß es sich nicht mehr für die höfische Dichtung eignet. Auf Nikolas angewandt, besitzt das Wort eigentlich überhaupt keine eigene fixierbare Bedeutung, sondern der »Held« selbst füllt diese Worthülse mit seinen jeweiligen Aktionen (vgl. auch Beichner, »Chaucer's Hende Nicholas«, S. 151–53). Nikolas ist nicht nur immer zur Hand, sondern er ist auch geschickt und clever. Er ist so außerordentlich handfertig, daß Alison sich gegen seine Hände wehrt: »'Why, lat be!' quod she. 'Lat be, Nicholas, / Or I wol crie 'out, harrow' and 'allas'! / Do wey youre handes, for youre curteisye!'« (I, 3285–87) [»He, laß das«, sagte sie, »laß das, Nikolas, sonst werde ich um Hilfe rufen! Bei deiner Höflichkeit – nimm deine Hände weg!«]. Auf die Drohung hin, um Hilfe zu rufen, wird Nikolas sofort im üblichen Sinne »hende«, d.h. angenehm, höflich, zuvorkommend: »This Nicholas gan mercy for to crye, / And spak so faire, and profred him so faste, / That she hir love hym graunted atte laste« (I, 3288–90) [Nikolas flehte sofort um Gnade und redete so nett und bot sich so sehr an, daß sie ihm schließlich ihre Liebe gewährte]. Weil Nikolas noch in einer anderen Beziehung »hende« ist, d. h. geschickt und clever, plant er die Sintflutgeschichte, um auf diese Weise ein paar ungestörte Stunden mit Alison verbringen zu können. Doch am Ende der Geschichte ist Nikolas einmal zu oft »hende«. Als Absolon mit der heißen Pflugschar in der Hand zum Fenster von Alisons Schlafzimmer kommt, um sich für die Erniedrigung zu rächen, daß er ihr blankes Gesäß geküßt hat, steht »hende« Nikolas auf und ist zur Hand. Weil er clever ist, glaubt er, er könne den bösen Scherz, den Alison Absolon gespielt hat, noch steigern und streckt deshalb nun sein Hinterteil zum Fenster hinaus. Doch die Ereignisse nehmen einen anderen Lauf, als er annimmt. Anstatt Absolon ein zweites Mal zu demütigen, bekommt er jetzt die gerechte Strafe für seine Anmaßung in das Hinterteil gebrannt.

Von der Beschreibung des Studenten Nikolas, die sich im wesentlichen auf die Aufzählung seiner Fähigkeiten bezieht, geht der Müller zur Charakterisierung des Zimmermanns John über. Dieser wird nicht als Individuum präsentiert, sondern als Typ. Er ist die komische Figur des *senex amans*, des verliebten Alten. Als alternder Mann hat er eine junge Frau geheiratet – gerade 18 Jahre alt, so weiß der Müller zu berichten –, obwohl eine solche Ehe zwischen altersmäßig sehr unterschiedlichen Partnern nicht gut gehen kann, wie bereits der weise Cato festgestellt hat. Offensichtlich ist der Zimmermann aber nicht mit den *auctores* der Antike vertraut, denn sonst wäre er eine solche Ehe nicht eingegangen. Da er nun einmal eine junge Frau geheiratet hat, geschieht es ihm nur recht, wenn er von ihr betrogen wird. Ein mittelalterliches Publikum, vertraut vor allem mit den Verhaltensnormen des Schwankes, hätte ungeduldig auf den Augenblick gewartet, in dem die junge Frau ihrem alten eifersüchtigen Ehemann Hörner aufsetzt. Eine andere Möglichkeit wäre gar nicht denkbar gewesen. Folglich weiß der Leser oder Zuhörer in diesem Moment bereits, wie sich die *Miller's Tale* weiterentwickeln wird.

Dieser Eindruck verstärkt sich durch die darauffolgende Beschreibung von Alison, einer prallen und lebenslustigen jungen Frau. Obwohl der Erzähler zunächst Anstalten macht, sich am Leitbild für das mittelalterliche Frauenideal zu orientieren, schwenkt er jedoch schnell in eine andere Richtung ab. Im zweiten Vers der *descriptio* spricht er zwar noch von Alisons Körper als »gent« – nicht gentil! – »and smal« (I, 3234) [zierlich und schlank], doch ist der Vergleich mit einem Wiesel der Dame ziemlich abträglich, da dieses Tier laut Auskunft der Bestiarien jede Nacht in einem anderen Nest verbringt. Um das Animalische der Heldin zu betonen, führt der Erzähler viele Vergleiche mit Tieren an. In I, 3249 wird Alison mit einem Schaf, in I, 3258 mit einer Schwalbe, in I, 3260 mit einem Zicklein und einem Kälbchen, in I, 3263 und I, 3282 mit einem Füllen, in I, 3346 mit einer Maus und in I, 3699, 3726 und 3805 mit einem Vogel verglichen. Manche der hier gebrauchten Bilder sprechen für sich selbst, andere bedürfen der Erklärung. Der Vergleich mit der Schwalbe dürfte bewußt gewählt sein, da die Schwalbe den Berichten der Bestiarien zufolge ein Symbol für Unstetigkeit ist und ihr Nest verläßt, wenn es herunterzufallen droht. Auf Alisons Verhalten trifft dies nur allzu gut zu; auf sie entfällt der Hauptanteil der in der *Miller's Tale* gebrauchten Tiermetaphorik, um ihre Jugend, Frische und Vitalität auf diese Weise herauszustellen (vgl. auch Richardson, S. 162–64). Sie gleicht jedoch nicht nur den eben erwähnten jungen Tieren, sondern auch frischer Milch, einem Birnbaum, Wiesenschaumkraut und einer Primel. Der Birnbaum dürfte wiederum eine tiefere Bedeutung haben, da Birnen in der englischen Literatur des Mittelalters gelegentlich als sexuelle Symbole angesehen wurden (vgl. das Lied »I have a newe gardin« in *Middle English Lyrics*, hg. Luria und Hoffman, S. 77–78). Alison strahlt Wärme und Wohlbehagen aus, wie durch weitere Bilder aus der ländlichen Sphäre vermittelt wird. Ihr Mund ist süß wie Honig, auf Stroh gelagerte Äpfel oder Met. Durch diese Vergleiche wird Alison zur Verkörperung der natürlichen, kerngesunden Bauerndirne, deren Hauptinteresse der Meinung des Müllers zufolge dem sexuellen Bereich gilt. Sie wird gekennzeichnet durch triebhafte Sexualität, so wie die Tiere in den Bestiarien, mit denen sie verglichen wird, d.h., der Paarungsinstinkt bestimmt ihr Verhalten. Sie bedarf nur des richtigen Partners, um ihrem ungehemmten Sexualtrieb freien Lauf zu lassen. Leider aber ist sie mit einem alten Mann verheiratet, der ihre Bedürfnisse in keiner Weise befriedigen kann. Ja, man braucht nicht nur von Bedürfnissen zu reden, sondern man kann sogar von Funktion sprechen, wie das aus den abschließenden Versen des Porträts eindeutig hervorgeht. »She was a prymerole, a piggesnye, / For any lord to leggen in his bedde, / Or yet for any good yeman to wedde.« (I, 3268–70) [Sie war ein Himmelsschlüsselchen, ein verlockendes Gewächs, das jeder Edelmann sich ins Bett legen, aber auch jeder gute Bauer ehelichen könnte.] Das Porträt fängt also mit einer Beschreibung an, die durchaus noch auf eine vornehme Dame gepaßt haben könnte, und kommt nun zu diesem drastischen Ende. Die traditionelle *effictio* ist radikal umgestaltet worden. Die mittelalterlichen Damen der großen Literatur sinken hier auf die Ebene der Bauernmägde herab, deren einzige Funktion nach Ansicht des Müllers mit einem Wort beschrieben werden kann: Sex. Alison, das Frauenideal des Müllers, steht somit in diametralem Gegensatz zu Emelie, dem asexuellen Frauenideal des Ritters.

Die beiden widersprüchlichen Porträts von John und Alison machen die nachfolgende Handlung unabwendbar. Der Zimmermann und seine junge Frau sind offensichtlich ein ungleiches Paar, so daß der im gleichen Haus logierende Student Nikolas eine willkommene Alternative für Alison darstellt. Folglich braucht Nikolas nicht lange um die Liebe seiner Angebeteten zu werben. In plumper Nachahmung des höfischen Liebesrituals bittet Nikolas seine auserwählte Dame, ihm ihre Liebe gleich an Ort und Stelle zu schenken: »'Ywis, but if ich have my wille, / For deerne love of thee, lemman, I spille.'« (I, 3277–78) [»Bekomme ich nicht meinen Willen, Geliebte, werde ich gewiß vor heimlicher Liebe zu dir vergehen.«]. Um die Dame von der Ernsthaftigkeit seiner Absicht zu überzeugen, hält Nikolas sie an den Schenkeln fest. Der Widerstand, auf den er stößt, ist nur gering. Und als er schließlich Alison um Gnade bittet, wird er sofort in ihre Gunst aufgenommen. Innerhalb von wenigen Minuten und zwanzig Versen hat Nikolas das erreicht, was Arcite und Palamon erst nach zehn Jahren und etwa 2000 Versen gelingt. Die Betonung in dieser Szene liegt eindeutig auf dem körperlichen Aspekt der Liebe – ganz im Gegensatz zu den durchgeistigten Liebesbeteuerungen, wie sie in der Minnelyrik benutzt werden, d.h., Chaucer bedient sich zwar auch der dort üblichen Diktion, aber er verwendet sie in einer völlig anderen Situation, wo der Liebhaber seine Geliebte nicht aus der Ferne anbetet, sondern sie schon fest im Griff hat.

Es ist natürlich ironisch, daß Absolon, Nikolas' Nebenbuhler, in dem Moment in das Geschehen eingeführt wird, in dem die beiden gerade beschlossen haben, im ersten günstigen Augenblick ins Bett zu gehen. Wie Nikolas »hende« als charakterisierendes Adjektiv erhält, so heißt Absolon »jolly«. »Jolly« bedeutet »schön« oder »niedlich« und kann als Adjektiv gleichermaßen zur Beschreibung von jungen Männern und Damen gebraucht werden. Und hierin liegt bereits die Ursache für Absolons späteren Mißerfolg: Seine Schönheit entspricht eher Niedlichkeit als Maskulinität. Aus den Ausführungen des Müllers wird deutlich, daß Absolon die Linie, die in der mittelalterlichen Poetik weibliche von männlicher Schönheit trennte, überschritten hat. Dies ergibt sich aus der Verwendung von Begriffen, die ein Dichter im allgemeinen zur Beschreibung des weiblichen Schönheitsideals benutzt hätte. In I, 3317 spricht Chaucer von Absolons »rode« [Gesichtsfarbe] und seinen grauen Augen – eine Augenfarbe, die der der Priorin und mit ihr zahlloser anderer Heldinnen der Minnelyrik und der höfischen Romanliteratur entspricht, zu denen Absolon nun aufgrund seiner Augenfarbe gerechnet wird (vgl. dazu auch Donaldson, S. 38–40). Absolon ist auch der einzige von Chaucers männlichen Charakteren, für den das Adjektiv »lovely« [lieblich] verwendet wird. Im großen und ganzen ist die Beschreibung von »jolly Absolon« damenhafter als die von Alison. Doch Absolon ist nicht nur weibisch, sondern auch genant. Er ziert sich und stößt sich an anrüchigem Benehmen oder rüder Sprache. Auch in dieser Hinsicht ist der zartbesaitete Absolon nicht gerade der ideale Partner für Alison, die wesentlich robuster und natürlicher agiert. Folglich darf man sich nicht wundern, wenn Absolons Werben von vorneherein zum Scheitern verurteilt ist. Der Name selbst impliziert bereits den Mißerfolg, da der biblische Absalom in der christlichen Exegese zwar mit Lüsternheit, Begehrlichkeit und Stolz assoziiert wurde, aber seine Schönheit in der *effictio*-Tradition der poetischen Handbücher als Vorbild für das weibliche Schönheitsideal diente (vgl. Beichner, »Absolon's Hair«, S. 222–33). Außerdem dürften Absolons Künste, wie das Schneiden der Haare und die Fähigkeit, zur Ader zu lassen, eine so vitale Frau wie Alison kaum beeindruckt haben. Das gleiche gilt für seine Tanzkünste, sein Saitenspiel, seinen

Falsettgesang und seine dramatische Darbietung des Herodes. Für Alisons Geschmack und Bedürfnisse dürften diese musischen Fähigkeiten uninteressant gewesen sein.

Aus Absolons Namen sowie aus seinem Porträt läßt sich folglich genau ablesen, wie das Werben der beiden Kleriker um Alisons Gunst ausgehen wird. Nikolas ist zielstrebig, aktiv und maskulin, während Absolon dandyhaft, gespreizt und flatterhaft ist. Sobald er Anstalten macht, sich um Alisons Zuneigung zu bemühen, gerät er in Schwierigkeiten. Außerdem hat er gegen Nikolas, der Alison im physischen Sinne nahesteht, keine Chancen: »By cause that he fer was from hire sight, / This nye Nicholas stood in his light.« (I, 3395–96) [Da er ihr so weit entfernt erschien, stand ihm der nahe Nikolas im Weg.].

Nach Abschluß der vier Porträts, die fast zweihundert Verse umfassen, also etwa ein Viertel der *Miller's Tale*, ist die Exposition so weit abgeschlossen, daß sich die Handlung konsequent fortentwickeln kann. John, der naive, eifersüchtige Zimmermann, muß betrogen werden, weil er gegen das Naturgesetz verstoßen und eine für ihn zu junge Frau geheiratet hat. Und Absolon muß für sein genantes und gespreiztes Wesen bestraft werden. Um dieses Ziel zu erreichen, bedient Chaucer sich der beiden Dreiecksgeschichten, die er zum gegebenen Zeitpunkt miteinander verbindet. Das erste Dreieck, erinnern wir uns, besteht aus dem Zimmermann John, seiner Frau Alison und dem Studenten Nikolas. Um aus dieser Situation zur trauten Zweisamkeit zu kommen, wie Nikolas und Alison es anstreben, muß zunächst der hinderliche Ehemann verschwinden. Bei der Bewältigung dieses Problems machen sich nun Nikolas' astronomische Fähigkeiten bezahlt. Er zieht sich in seine Kammer zurück und schließt sich dort ein. Tief in Gedanken versunken erspäht ihn dort der Knecht des Zimmermanns durch ein Loch in der Wand und berichtet daraufhin seinem Meister von Nikolas' seltsamem Gehabe. Beide versuchen, Nikolas aus seinem tranceartigen Zustand zu erwecken, doch alles Klopfen und Rufen bleibt ohne Erfolg, so daß schließlich der Diener die Tür aus den

Angeln heben muß, damit der Zimmermann in Nikolas' Kammer eindringen kann. Begleitet wird das Geschehen von Johns abfälligen Bemerkungen über die Wissenschaft im allgemeinen und die Astronomie im besonderen. Unangebrachterweise mokiert sich der Zimmermann über einen Scholaren, der so vertieft in seine Sterndeuterei war, daß er eines Tages, den Blick zum Himmel gerichtet, in eine tiefe Grube fiel: »Ye, blessed be alwey a lewed man / That noght but oonly his bileve kan!« (I, 3455–56) [Ja, allemal gesegnet sei der Laie, der nichts als seinen Glauben kennt!]. Diese Meinung des selbstgefälligen, antiintellektuellen Zimmermannes fordert geradezu die Revanche heraus, da bei Chaucer öffentlich zur Schau gestellter Antiintellektualismus immer bestraft wird. Folglich ist es kaum verwunderlich, daß der Zimmermann bald darauf nicht nur in eine metaphorische Grube stürzt, die ihm Nikolas gegraben hat, sondern auch einen sehr harten Fall erleidet. Zunächst fällt er auf die Geschichte mit der Sintflut herein. Als Nikolas, der plötzlich wieder zu Bewußtsein kommt und seine Sprache wiederfindet, ihm von der bevorstehenden Flutkatastrophe erzählt, glaubt ihm der Zimmermann. Der Name Noahs, der in diesem Zusammenhang fällt, evoziert bei ihm eine ganz bestimmte Vorstellung, die heute nicht mehr mit diesem Namen verbunden wird. In der volkstümlichen Literatur gab es bis ins 17. Jahrhundert hinein den Stoff des Astrologen Noah (vgl. O'Connor, S. 120–25). Noah wußte um die bevorstehende Flut nicht nur durch direkte Offenbarung, sondern auch durch seine astronomischen Berechnungen. Dieser Tradition zufolge konnten alle Katastrophen, Überschwemmungen, Brände, Seuchen, Kriege und politischen Unruhen auf astronomischen Ursprung zurückgeführt werden. Vor allem der Lauf der Planeten Saturn, Jupiter und Mars hatte einen besonderen Einfluß auf das irdische Geschehen. Mit einem Hinweis auf Noah ist es Nikolas ein leichtes, den ungebildeten, nur auf seinen Glauben vertrauenden Zimmermann von der Wahrheit seiner Behauptung zu überzeugen. Noah wußte durch Berechnung, daß der Untergang der Welt bevorstand. Warum sollte der astrologisch geschulte Nikolas nicht das gleiche wissen? Auch hätte der Zimmermann wissen können, wenn er bibelfest gewesen wäre, daß sich die Zerstörung der Welt am zweiten Tag des Jüngsten Gerichts durch eine eintägige, gewaltige Flutkatastrophe ankündigen würde (vgl. Vaughn, S. 117–23). Fatalistisch akzeptiert John daher Nikolas' Vorhersage und fragt nun erschrocken, ob seine geliebte Frau Alison auch den Fluten zum Opfer fallen wird. Gibt es denn gar keine Möglichkeit der Rettung? Es gibt sie! Hat nicht Gott Noah durch seine Warnung gerettet? Und nun ergeht aus dem Munde Nikolas' eine ähnliche Warnung an John. Aber John sollte bedenken, daß es besser wäre, sich während der Flut von Alison zu trennen, denn das Beispiel Noah beweist einmal mehr, wie unangenehm die Anwesenheit einer Frau auf einem so engen Boot sein kann. Auch hier spielt Nikolas auf eine volkstümliche mittelalterliche Vorstellung von Noahs Frau als zänkischem Weib an, die keifend an Noah herumkritisierte, der sich die Zeit vertrieb, indem er etwas tiefer in den Becher schaute als sonst, da es schließlich nichts auf der Arche zu tun gab – so etwa die dramatische Darstellung der Sintflutepisode in den mittelalterlichen englischen Fronleichnamszyklen. Mit der Anspielung auf Noahs Unbill kann Nikolas den Zimmermann schnell von der Richtigkeit seines Vorschlags überzeugen. Der Zimmermann glaubt nun, er sei vom Schicksal auserwählt – ein Gedanke, der ihm von Nikolas suggeriert wird: »Suffiseth thee, but if thy wittes madde, / To han as greet a grace as Noe hadde.« (I, 3559–60) [Dies sei dir genug, es sei denn, dein Verstand verlasse dich. Dir wird so große Gnade zuteil werden wie Noah.] Da Nikolas John verspricht, auch seine Frau zu retten, sieht sich der Zimmermann als Auserwählter, als zweiter Noah und als dritter Vater dieser Welt. Und folglich wird es für ihn ein herbes Erwachen geben, wenn er aus dieser Illusion wieder auf den harten Boden der Realität zurückgeholt wird. Wer so unerfahren, fatalistisch und zugleich borniert ist wie der Zimmermann, der darf sich nicht wundern, wenn er zum Schluß nicht nur den Schaden, sondern auch den Spott hat.

Sobald der brave John in seinen Waschtrog, den er am hervorstehenden Mittelbalken seiner Scheune befestigt hatte, geklettert und dort nach Einnahme eines kräftigen Schluckes Bier sanft entschlummert ist, steigen Nikolas und Alison aus ihren danebenhängenden Trögen wieder herunter, um sich im ehelichen Bett des Zimmermanns zu amüsieren. Damit ist aus der Dreisamkeit eine vergnügliche Zweisamkeit geworden, die so lange dauert, bis Absolon in das Geschehen eingreift und die zweite Dreiecksgeschichte beginnt. Nachdem Absolon erfahren hat, daß der Zimmermann offensichtlich außer Haus ist, beginnt er seine Vorbereitungen zur Serenade. Er raspelt Süßholz, kämmt sich seine goldenen Locken und legt ein wohlriechendes Gewürzkorn unter seine Zunge, bevor er sich zum Haus des Zimmermanns aufmacht, um Alison zu bezirzen. Um Absolons Bemühen um Alison, die sich derweilen mit Nikolas im Bett vergnügt, noch lächerlicher zu machen, läßt Chaucer Absolon sein Liebeswerben in ungewollt komischer Parodie auf das Hohe Lied ausdrücken (vgl. auch Kaske, S. 479–500). Bewußt läßt er Absolon in der Bildersprache dieser biblischen Erzählung sprechen, die im Mittelalter eine ganz bestimmte allegorische Deutung erfahren hat. Mittelalterlicher Exegese zufolge stellt der Bräutigam, der zu seiner Geliebten kommt und sie auffordert, ihm ihre Liebe zu schenken und ihm zu folgen, Christus dar, während die Geliebte entweder die Kirche in allegorischer oder aber die Seele des Gläubigen in tropologischer Lesart bedeutet. Diese Deutung dürfte einem mittelalterlichen Publikum präsent gewesen sein, das dadurch in der Lage gewesen wäre, die hier beschriebene Situation in ihrer Kontrastwirkung zur biblischen Vorlage zu sehen. Die Parodie, die Chaucer durch das verbale Echo auf das Hohe Lied erzielt, ist äußerst clever, da Absolons Absichten sich grundlegend von denen des Bräutigams Christus unterscheiden dürften. Die Parallele zur religiösen Grundhaltung wird außerdem durch Absolons Körperhaltung verstärkt. Als Alison ihm einen Kuß verspricht, sinkt er auf die Knie nieder, d.h., er nimmt die Haltung des Gebets ein. Auch ist seine

Sprache durchsetzt mit Termini, die aus der Sphäre sowohl des Minne- als auch des Gottesdienstes stammen. Chaucer porträtiert Absolon hier auch als religiösen Schwärmer, der ekstatisch am falschen Ort auf eine mystische Offenbarung wartet. In diesem tranceartigen Zustand gibt er Alison den besagten Kuß und wird plötzlich in die Realität zurückgerissen: »This Absolon gan wype his mouth ful drie. / Derk was the nyght as pich, or as the cole, / And at the wyndow out she putte hir hole, / And Absolon, hym fil no bet ne wers, / But with his mouth he kiste hir naked ers / Ful savourly, er he were war of this. / Abak he stirte, and thoughte it was amys, / For wel he wiste a womman hath no berd. / He felte a thyng al rough and long yherd, / And seyde, 'Fy allas! what have I do?'« (I, 3730–39) [Unser Absolon wischt sich den Mund ganz trocken. Dunkel war die Nacht, wie Pech oder wie Kohle, als sie ihren Arsch zum Fenster hinausstreckte; und Absolon, ihm widerfuhr nichts Besseres, aber auch nichts Schlechteres, als daß er mit seinem Mund ihren nackten Arsch küßte, recht innig, ehe er dessen gewahr wurde. Er schreckte zurück und dachte, daß irgend etwas nicht stimmte, denn er wußte wohl, daß eine Frau keinen Bart hat. Er hatte aber etwas ganz Rauhes und Langhaariges fühlen können; er sagte »Pfui! O weh, was habe ich getan?«]. Ein Unglück kommt jedoch selten allein. Aus Nikolas' höhnischem Kommentar, der Absolons eigene, noch gar nicht richtig begriffene Eindrücke formuliert: »'A berd! A berd!' ... 'By Goddes corpus, this goth faire and weel.'« (I, 3742–43) [»Ein Bart! Das war gekonnt!«... »Bei Gottes Leib, das läuft ja glänzend.«], wird ihm bewußt, daß er nicht nur Alison den unglücklichen Kuß auf den falschen Körperteil gegeben, sondern daß auch sein Rivale vor ihm das Ziel erreicht hat. Man kann es also Absolon gut nachempfinden, wenn er wutentbrannt zur Schmiede von Gervais marschiert und sich eine glühend heiße Pflugschar ausborgt, um sich mit Hilfe dieses Instrumentes an Alison zu rächen. So bewaffnet kehrt er zu Alisons Fenster zurück und bittet um einen zweiten Kuß. Nikolas, der in diesem Augenblick gerade aufgestanden ist, um auszutreten, glaubt, er könne den schlechten Scherz noch steigern, wenn nun er anstelle von Alison sein Hinterteil hinausstrecken würde. Die Strafe folgt auf dem Fuß, denn sobald Nikolas sein entblößtes Gesäß Absolon entgegenstreckt, setzt dieser ihm die glühendheiße Pflugsschar mitten darauf. Fast wahnsinnig vor Schmerz schreit Nikolas: »'Help! Water! Water! Help, for Goddes herte!'« (I, 3815) [»Hilfe! Wasser! Wasser! Bei Gottes Herzen, so helft mir doch!«], was den Zimmermann aus seinem Schlaf aufschrecken läßt: »This carpenter out of his slomber sterte, / And herde oon crien 'water!' as he were wood, / And thoughte, 'Allas, now comth Nowelis flood!' / He sit hym up withouten wordes mo, / And with his ax he smoot the corde atwo, / And doun gooth al« (I, 3816–3821) [Unser Zimmermann schreckte aus seinem Schlummer hoch und hörte jemand wie verrückt »Wasser« rufen und dachte: »O weh, nun kommt Noahs Flut!« Er sagt kein Wort, sondern richtet sich auf, hackt mit seiner Axt das Seil durch – und nun geht's hinab]. Mit Hilfe des gleichen Endreims verbindet Chaucer hier auf meisterliche Weise die beiden Handlungsstränge. Der Zimmermann, den wir in seinem Waschtrog an dem Balken seiner Scheune hatten hängen lassen, wird urplötzlich wieder in das Geschehen miteinbezogen. Geschickt arbeitet Chaucer hier mit einem Kameraschwenk, d.h., der Fokus verlagert sich von Nikolas auf John. Der Übergang ist äußerst clever und ökonomisch gemacht ohne irgendwelche Floskeln, die den Gang der Handlung hätten beeinträchtigen können.

Schaut man sich das Resultat der *Miller's Tale* an, so läßt sich sagen, daß der Zimmermann am übelsten weggekommen ist, denn er ist nicht nur von Nikolas übers Ohr gehauen und von seiner Frau betrogen worden, sondern er hat sich durch den unglücklichen Sturz auch noch den Arm gebrochen und ist zum Gespött seiner Mitbürger geworden, die sein Schicksal mitleidlos belachen. Trotz dieser, vom modernen Standpunkt aus strengen Strafe hat der Zimmermann den Schaden seiner Naivität, seiner Eifersucht und seiner Eitelkeit wegen verdient. Absolon dagegen wird für seine Dandyhaftigkeit und für seine Zimperlichkeit bestraft und Nikolas schließlich, weil er den Bogen überspannt hat. In einer von ihm unbeabsichtigten Weise hat er den Spaß auf eigene Kosten noch vergrößert. Nur Alison kommt ohne Schaden davon, weil sie einzig und allein ihrer Natur gemäß gehandelt hat. Ihr ist es zu verzeihen, wenn sie sich aus Unzufriedenheit über die mangelnde Potenz ihres Ehemanns einem jüngeren und kräftigeren Liebhaber zugewandt hat. Solches Verhalten ist eine Gesetzmäßigkeit des Schwankes, die von einem mittelalterlichen Publikum bedenkenlos akzeptiert worden wäre. Das geht auch aus der Reaktion der anderen Pilger hervor, die, mit Ausnahme des bereits etwas ältlichen Gutsverwalters Oswald, über die Geschichte lachen. Nur Oswald lacht nicht mit, weil er sich persönlich in der Gestalt des Zimmermanns John karikiert fühlt. Die anderen Pilger jedoch nehmen die Geschichte so, wie sie vom Müller beabsichtigt ist, als unterhaltsamen Schwank, der darüberhinaus die Funktion hat, als Antwort auf die *Knight's Tale* zu dienen.

Diese Koppelung von Schwank und Roman, d.h. die Aktionen der Charaktere in der *Miller's Tale*, gesehen vor der höfischen Folie der *Knight's Tale*, verleiht der Geschichte des Müllers die besondere Note. Versatzstücke der Romanliteratur, wie z.B. höfische Redewendungen, deskriptive Details bei der Personenbeschreibung und Topoi (Liebesleid, Liebessehnen, Brautwerbung), tauchen in schwankhaftem Kontrast unvermutet auf und verstärken somit die komische Inkongruenz zwischen Darstellung und Milieu. Chaucer läßt den Müller seine Version der höfischen Normen und Gepflogenheiten erzählen, so wie der Müller sie nach Anhören der Geschichte von Palamons und Arcites Liebeswerben um Emelie verstanden haben mag und wie sie seiner Sichtweise der menschlichen Natur entspricht. Damit aber schafft Chaucer einen Rahmen, der das schwankhafte Geschehen umschließt. Folglich kann sich dieses Geschehen nicht völlig verselbständigen, sondern steht in Bezug zu einer übergeordneten Normeninstanz, die immer wieder in der *Miller's Tale* angesprochen wird. Ob es sich um den biblischen Namen des einen Liebhabers mit der sich darum herumrankenden exegetischen Tradition handelt, oder um die Einbeziehung der Metaphorik des Hohen Liedes, oder aber um die zahllosen Anspielungen auf Musik aus dem sakralen Bereich, die damit evozierten Wertvorstellungen ragen in die *Miller's Tale* hinein und vermitteln somit auch eine vom Erzähler unbeabsichtigte kritische Distanz (vgl. Gellrich, S. 176–88). Es ist Chaucers großes Verdienst, in der *Miller's Tale* die Eindimensionalität der literarischen Gattung Schwank in eine vielschichtige Erzählform umgewandelt zu haben, wo sich rhetorische Brillanz mit struktureller Perfektion und hintergründigem Witz verbindet.

Bibliographie zur Miller's Tale

Beichner, Paul E. »Absolon's Hair.« *MS*. 1950; 12:222–33.

–. »Chaucer's Hende Nicholas.« *MS*. 1952; 14:151–53.

Beidler, Peter G. »Art and Scatology in the *Miller's Tale*.« *ChauR*. 1977; 12:90–102.

Cooper, Geoffrey. »›Sely John‹ in the ›Legend‹ of the *Miller's Tale*.« *JEGP*. 1980; 79:1–12.

Dane, Joseph A. »The Mechanics of Comedy in Chaucer's *Miller's Tale*.« *ChauR*. 1980; 14:215–24.

Donaldson, E. Talbot. »Idiom of Popular Poetry in the *Miller's Tale*.« In *English Institute Essays, 1950*. S. 116–40. Repr. in *Explication as Criticism: Selected Papers from the English Institute 1941–1952*. Hg. W.K. Wimsatt, Jr. New York; 1963. S. 27–51.

Gellrich, Jesse M. »The Parody of Medieval Music in the *Miller's Tale*.« *JEGP*. 1974; 73:176–88.

Kaske, Robert E. »The *Canticum Canticorum* in the *Miller's Tale*.« *SP*. 1962; 59:479–500.

Lewis, Robert E. »The English Fabliau Tradition and Chaucer's ›Miller's Tale‹.« *MP*. 1982; 79:241–55.

Miller, Robert P. »The *Miller's Tale* as Complaint.« *ChauR*. 1970; 5:147–60.

Neuss, Paula. »Double Meanings I. *Double Entendre* in *The Miller's Tale*.« *EIC*. 1974; 24:325–40.

O'Connor, John J. »The Astrological Background of the *Miller's Tale*.« *Speculum*. 1956; 31:120–25.

Olson, Paul A. »Poetic Justice in the *Miller's Tale*.« *MLQ*. 1963; 24:227–36.

Reiss, Edmund. »Daun Gerveys in the *Miller's Tale*.« *PLL*. 1970; 6:115–24.

Richardson, Janette. *Blameth Nat Me: A Study of Imagery in Chaucer's Fabliaux*. The Hague: Mouton; 1970. S. 159–69.

Rowland, Beryl. »Chaucer's Blasphemous Churl: A New Interpretation of the *Miller's Tale*.« In *Chaucer and Middle English Studies in Honour of Rossell Hope Robbins*. Hg. Beryl Rowland. London: Allen & Unwin; 1974. S. 43–55.

–. »The Play in the *Miller's Tale*: A Game Within a Game.« *ChauR*. 1970; 5:140–46.

Vaughn, M.F. »Chaucer's Imaginative One-Day Flood.« *PQ*. 1981; 60:117–23.

Williams, David. »Radical Therapy in the *Miller's Tale*.« *ChauR*. 1981; 15:227–35.

The Reeve's Tale

Auch die dritte Erzählung beruht auf dem Prinzip des »quitting«, d.h. der Antwort des Erzählers auf die vorhergehende Geschichte. Zwar ist die Geschichte des Müllers im allgemeinen von den Pilgern mit Heiterkeit aufgenommen worden, doch einer, Oswald, der Gutsverwalter, fühlt sich persönlich aufs Korn genommen und zeigt seinen Unmut deutlich, weil er von Haus aus gelernter Zimmermann ist. Leicht könne er es dem Müller mit gleicher Münze heimzahlen, wenn ihm daran gelegen wäre, aber er sei alt und deshalb aller Obszönität abhold. Es folgt der Topos der Altersklage, so wie er seit Maximian (6. Jahrhundert n. Chr.) zum Bestandteil der rhetorischen Tradition geworden ist (vgl. Curtius, S. 60). Der alte Mann oder die alte Frau beklagen den Verlust der Kraft und der Schönheit (I, 3867–70), das schnelle Dahineilen der Zeit (I, 3889–95), die Hoffnungslosigkeit der Zukunft (I, 3896–98) und das Schwinden der Potenz, obwohl das sexuelle Verlangen ungebrochen ist (I, 3877–81; 3886–90). Der Topos der Altersklage verfolgt gewöhnlich zwei unterschiedliche Ziele: Er kann als *memento mori* dienen, wenn er in einem ernsthaften Kontext erscheint, oder er kann als Absichtsbezeugung fungieren, daß der Sprecher trotz der widrigen Umstände seinen Sexualtrieb befriedigen will und kann. Der Wirt versteht die Intention des Topos offensichtlich in seiner ersten Bedeutung und fordert deshalb den Gutsverwalter auf, das Predigen zu unterlassen – »The devel made a reve for to preche« (I, 3903) [Der Teufel ließ einen Gutsverwalter predigen]. Doch Oswald hat den Topos nicht im Sinne des Wirtes gemeint: Er versteht seine Aussage eher als Kampfansage, d.h. als Signal zur Selbstbestätigung, auch wenn diese nicht mehr auf sexuellem Gebiet, sondern im literarischen Bereich geschehen soll. Mit Hilfe des Topos der Altersklage bekräftigt der Gutsverwalter nun plötzlich seine Entschiedenheit, dem Müller Paroli zu bieten, etwas, was er zunächst strikt von sich gewiesen hatte. Er wird den betrunkenen Müller in die Schranken weisen, und zwar mit einer Geschichte in der Art und Weise, wie sie der Müller erzählt hat. »Right in his cherles termes wol I speke.« (I, 3917) [in der ihm eigenen rohen Manier will ich sprechen.]. Dann aber untermauert er diese Absichtserklärung mit einem Bibelzitat, das die Rechtmäßigkeit seines Vorgehens über jeden Zweifel erhaben machen soll: »Den Splitter in meinem Auge sieht er wohl, den Balken in seinem eigenen jedoch nicht.« (I, 3919–20). Der Gutsverwalter Oswald erhebt somit einen moralischen Anspruch. Er erzählt die Geschichte nicht, um seine Rachegelüste zu befriedigen, sondern um zu zeigen, daß der Müller sich mit seiner Erzählung nicht am Grundsatz der

Verhältnismäßigkeit der Mittel im Sinne des Neuen Testaments orientiert hat. Er ist wie der Heuchler, der zu seinem Bruder sagt: »Halt, ich will dir den Splitter aus deinem Auge ziehen«, während der Balken in seinem eigenen steckt. Der Müller Robin ist nach der Auffassung des Gutsverwalters Oswald eine Inkarnation der Sünde der Selbstgerechtigkeit. Er hat mit seinem Schwank die Zimmerleute im allgemeinen und einen Zimmermann im besonderen lächerlich gemacht, obwohl es nicht die geringste moralische Rechtfertigung dafür gab. Wer wie der Müller selbst im Glashaus sitzt, sollte nicht mit Steinen werfen, und tut er es trotzdem, darf er sich nicht wundern, wenn ihm nun sein Haus gezielt eingeworfen wird. Der Müller hat sich Oswalds Ansicht nach mit seiner Erzählung selbst zur Zielscheibe gemacht und muß nun die Folgen seiner unbedachten Handlungsweise tragen.

Der Prolog zur *Reeve's Tale* verfolgt also drei Ziele: Erstens verbindet er die Erzählung des Gutsverwalters mit der vorhergehenden Geschichte, so daß sich die drei vollständigen Erzählungen des ersten Fragments zu einer Triade zusammenschließen. Zweitens vertieft sich durch die Auseinandersetzung zwischen Müller und Gutsverwalter der Eindruck des dramatischen Prinzips, das bereits vorher im Prolog zur *Miller's Tale* sichtbar geworden war. Und drittens erweist sich Oswalds Verweis auf die Passage aus dem Matthäusevangelium als fadenscheinige Rechtsgrundlage für sein Vorgehen, das Erzählen eines weiteren Schwankes zu rechtfertigen, denn »in cherles termes« [in roher Manier] kann man nur einen Schwank erzählen. Diese Tatsache sollte man nicht vergessen, da die Berufung des Gutsverwalters auf das Matthäusevangelium gelegentlich dazu geführt hat, der *Reeve's Tale* eine exemplarische Bedeutung beizumessen (vgl. Olson, S. 14). Die *Reeve's Tale* ist ein Schwank und unterliegt zunächst einmal den Gesetzmäßigkeiten des Schwankes, dessen Weltbild grundsätzlich amoralisch ist, d. h., moralische Ansprüche, wie sie der Gutsverwalter an seine Geschichte stellt, sind fehl am Platze und sollten nicht als Interpretationsansatz zur

Deutung der Erzählung dienen. Diese Warnung bezieht sich jedoch allein auf den ethischen Gehalt, sie hat keine Gültigkeit für die künstlerische Gestaltung. Hier nämlich verfolgt der Erzähler wirklich das Ziel, sich mit seiner sich offensichtlich am Müller Robin orientierenden Charakterisierung der Hauptfigur des Müllers Symkyn an seinem vermeintlichen Gegner zu rächen. Vergleicht man das Porträt Symkyns mit dem des Müllers im *General Prologue*, fällt die Ähnlichkeit sofort ins Auge. Robins negative Charaktereigenschaften, d.h. seine Grobheit, Streitsucht, Anmaßung, Trunkenheit und Unehrlichkeit, finden sich alle im Porträt Symkyns wieder, der ebenfalls eine breite, platte Nase hat, ein Schwert trägt, den Dudelsack spielt und sich als Ringkämpfer hervortut. In jeder Hinsicht ist somit die Hauptfigur der *Reeve's Tale* ein Abbild des Müllers. Aber auch als Abbild eines bestimmten Pilgers ist die Figur kein Individuum, da bereits das Vorbild, der Müller Robin, nicht als Individuum, sondern als Typ konzipiert war. Diese Tatsache ist wichtig, da Typenhaftigkeit der Charaktere ein gattungsspezifisches Merkmal des Schwankes ist. Als Parodie auf Robin, den Typus des Müllers, ist Symkyn hervorragend für die ihm zugedachte Rolle innerhalb der Erzählung geeignet. Vor allem sein anmaßendes Wesen macht ihn zur natürlichen Zielscheibe des schwankhaften Geschehens. In der sozialen Hierarchie glaubt der Müller auf dem Weg nach oben zu sein. Er ist *yeoman* (vgl. I, 3949), d.h., er gehört zur Klasse der Grundbesitzer. Seine Frau ist die uneheliche Tochter eines Landpfarrers, die aber eine Erziehung in einem Kloster genossen hat. Abstammung und Erziehung machen sie so stolz und hoffärtig, daß sie sich den Titel »dame« anmaßt. Natürlich wacht Symkyn eifersüchtig über seine vornehme Frau, die er vor den Aufmerksamkeiten und Zugriffen anderer Männer mit Messer oder Dolch verteidigt. Dieses »noble« Paar hat eine zwanzigjährige Tochter und ein Baby. Die Tochter, nicht gerade eine Schönheit, aber doch für ein einmaliges nächtliches Amüsement attraktiv genug, ist der Augapfel ihres Großvaters. Durch sie soll der gesellschaftliche Aufstieg von Symkyns Familie erfolgen. Deshalb bedient sich der Pfarrer ungeniert am Eigentum der Kirche, um seiner Enkelin zu einer solch reichen Mitgift zu verhelfen, daß sich selbst Angehörige des Landadels für sie interessieren würden.

Wie bereits in der vorhergehenden Erzählung des Müllers entspricht auch in der *Reeve's Tale* die Charakterisierung der Exposition. Es bedarf nur noch des auslösenden Moments, um die Handlung in Gang zu setzen, eine Handlung, die von vornherein nur ein Ziel haben kann: die Bestrafung des Müllers für seine Anmaßung und Eifersucht. Und in Anbetracht des sozialen Milieus kann diese Bestrafung nur in schwankhafter Manier erfolgen, da es sich bei der Konstellation von Figuren um das typische Figureninventar des Schwankes handelt, vor allem, wenn man die beiden Studenten hinzurechnet, die sich gerade auf den Weg zur Mühle machen, um dort einen Sack Korn mahlen zu lassen. Wie Nykrog in Kapitel IV seiner 1957 erschienenen Studie *Les fabliaux* darlegt, gehen Studenten immer siegreich aus einer Auseinandersetzung mit Angehörigen der Landbevölkerung hervor. Und Symkyn, wenngleich *yeoman*, steht dem *vilanus* näher als seinem Wunschziel, dem Stand eines Landadligen. Mit dem Erscheinen der beiden Studenten sind folglich die Voraussetzungen für das schwankhafte Geschehen gegeben.

Vergleicht man Chaucers Version der Geschichte aber mit den beiden französischen Bearbeitungen desselben Stoffes, *De Gombert et des .II. clers* von Bodel und dem anonymen *Le Meunier et les II clers*, werden Unterschiede in der Exposition sofort deutlich. In der ersten Version spielt Gombert nur eine untergeordnete Rolle. Er wird im Gegensatz zu seiner schönen Frau und seiner Tochter gar nicht mehr beschrieben. Es genügt, daß er »vilein« [Bauer] ist und eine gutaussehende Frau und Tochter hat, um bei den beiden Studenten amouröse Absichten zu wecken. Obwohl er völlig unschuldig ist, wird er betrogen und verprügelt, da ihn seine Standeszugehörigkeit automatisch zum Opfer prädestiniert. Auch die andere Geschichte verzichtet auf

Charakterisierung. Im Gegensatz zu Gombert jedoch ist der Müller dort, wie auch bei Chaucer, ein notorischer Dieb, der Unheil über sich selber bringt, als gerechte Strafe für seine Diebereien. Der französische Schwank *Le Meunier* entwickelt sich allein aus dem Komplott heraus, dem ein zweites Komplott entgegengesetzt wird. Dieses Strukturschema wird von Chaucer zwar beibehalten, aber in den Rahmen der expositorischen Charakterbeschreibung eingebettet. Damit gewinnt die an sich banale Geschichte an Subtilität. Auch tritt das für den anspruchsvollen Schwank typische Element des geschickten Manövrierens der Akteure bei Chaucer stärker in den Vordergrund. Wie Glending Olson richtig feststellt, dominiert bei Chaucer die spielerische Komponente. Strategien und Gegenstrategien werden entwickelt, die das Rachemotiv spielerisch in den Hintergrund drängen (vgl. Olson, S. 224). Es entwickelt sich ein geistreiches Geplänkel, bei dem die Partner konstant bemüht sind, den Gegner schachmatt zu setzen. Aleyn und John, die beiden Studenten aus Cambridge, gehen in der bewußten Absicht zur Mühle, den Müller am Stehlen des Korns zu hindern. Die Praktiken des Müllers sind bekannt, deshalb soll ihm jetzt das Handwerk gelegt werden, aber nicht auf ernsthafte Weise, sondern spielerisch. Als der Müller die beiden fragt, was sie denn zu tun gedächten, während er das Korn mahle, sagt John, er würde am liebsten oben beim Trichter stehen und zuschauen, wie das Korn dort hineingeschüttet würde, da er so etwas noch nie gesehen habe. Phantastische Idee, meint Aleyn, er werde sich unten bei der Schütte postieren, um das Produkt des Mahlprozesses besser in Augenschein nehmen zu können. Der Müller lächelt nur milde über diese durchsichtige Strategie und verspricht sich, nicht nur Mittel und Wege zu finden, den Plan der beiden Studenten zu durchkreuzen, sondern auch zur Strafe noch mehr Mehl als üblich zu stehlen: »But by my thrift, yet shal I blere hir ye, / For al the sleighte in hir philosophye.« (I, 4049–50) [So wahr es mir gut geht – die werde ich übers Ohr hauen – trotz der Spitzfindigkeit ihrer Philosophie!]. Folglich bindet er den Hengst der beiden Studenten los, der sofort hinter den Stuten im Marschland herjagt: Auch dieses Detail ist ein ganz bewußter Zusatz Chaucers, denn die sexuelle Begierde, die der Müller hier freisetzt, wird sich letztlich auch auf seine Frau und seine Tochter richten. Als die beiden Studenten das Verschwinden ihres Pferdes bemerken, ist alle Vorsicht vergessen. Sie rennen kopflos hinter dem Hengst her, und der Müller kann sich nun ungehindert einen Teil des Mehls nehmen. Die erste Runde ist offensichtlich an ihn gegangen, wie er genüßlich seiner Frau gegenüber feststellt: »Yet kan a millere make a clerkes berd, / For al his art« (I, 4096–97) [Ein Müller kann einen Studenten dennoch zum Narren halten, trotz dessen ganzer Kunst].

Als die beiden Studenten spät abends mit dem eingefangenen Pferd wieder in der Mühle eintreffen und den Müller um Quartier für die Nacht bitten, kostet dieser seinen Triumph voll aus. Natürlich würde er gerne den beiden Herberge anbieten, aber es ist nur wenig Platz in seinem engen Haus. Wenn sie dennoch mit dem wenigen vorliebnehmen wollten, seien sie herzlich willkommen, oder sie könnten ja auch den Raum durch philosophischen Diskurs erweitern, wie sie dies in der Schule gelernt hätten. Der Müller schwelgt nun im Hochgefühl der Überlegenheit. Das Stehlen des Korns, das in der Vorlage *Le Meunier* das eigentliche Ziel der Machenschaften des Müllers ist, hat in Chaucers Version nur eine periphere Bedeutung. Es ist nur Mittel zum Zweck, der Anlaß, der zum geistigen Kräftemessen zwischen den beiden Gegnern wird. So sehen es auch die beiden Studenten, die sich weniger um das verlorene Korn grämen als vielmehr darüber, daß sie von ihren Kommilitonen und vor allem auch vom Müller selber zu Narren abgestempelt werden sollen. Folglich sind sie es sich und ihrer Zunft schuldig, nun ihrerseits eine Gegenstrategie zu entwickeln, um die erlittene Schmach wieder wettzumachen. Ein geeignetes Objekt für die Rache am Müller scheint Aleyn des Müllers Tochter Malyne zu sein. So vertraut er seinem Freund und Kommilitonen John an: »For, John ... als evere moot I thryve, / If that I may, yon wenche wil I swyve.« (I, 4177–78) [Denn, John ... soll es mir jemals wieder gut gehen, dann werde ich, sofern ich kann, es mit der Dirne dort drüben treiben.]. Doch nicht genug mit dieser freimütigen Absichtserklärung. Aleyn bemüht sich auch um eine juristisch akzeptable Rechtfertigung für seine Handlungsweise, die im Schwankkontext einfach komisch klingen muß, da der hier vertretene *quid-pro-quo*-Grundsatz zwar für den Schwank allgemeine Gültigkeit hat, aber wohl nur hier auch legalistisch ausformuliert wird. Auch von der Formulierung her klaffen Motiv und Rechtsgrundsatz unüberbrückbar auseinander, so daß Aleyns Rede pompös wirkt angesichts der eingangs gemachten Absichtserklärung. Aleyns Ansprache und sein augenscheinlicher Erfolg bei der Müllerstochter jedoch bewirken, daß sich nun auch John herausgefordert fühlt. Wenn er die Verwechslungskomödie inszeniert, indem er die Wiege an sein Bett stellt und somit die Frau des Müllers zu sich ins Bett holt, dann geschieht dies nicht aus sexueller Begierde. Vielmehr will John am Spaß teilhaben, wenn die Geschichte demnächst in Cambridger Studentenkreisen erzählt wird. Auch ihm geht es in erster Linie um den Erfolg bei diesem Abenteuer, und die Frau des Müllers ist dabei nur ein Mittel zum Zweck. Damit unterscheidet sich Chaucers Version insbesondere von *De Gombert*, wo die Schönheit der beiden Frauen zum handlungsauslösenden Element wird, aber auch von *Le Meunier*, wo beide Studenten nicht zur Selbstbestätigung mit der Frau und der Tochter des Müllers schlafen wollen, sondern weil sie sie attraktiv und begehrenswert finden. Dieses versöhnlich stimmende Motiv findet keinen Eingang in die *Reeve's Tale*, deren Handlung ganz von der Auseinandersetzung zwischen dem Müller und den Studenten geprägt ist.

Lüsternheit, Sinnlichkeit und Sexualität, wie sie in vielen Schwänken als handlungsauslösendes Element eingesetzt werden, fallen hier den Dupierungsstrategien zum Opfer. Deshalb ist die Geschichte in ihrer expositorischen Personen- und Charakterbeschreibung bereits so angelegt, daß der Leser oder

Hörer keine Sympathie mit dem Schicksal der beiden Frauen empfindet. Die Tochter ist rundlich, breithüftig und vollbusig und hat dieselbe breite, platte Nase wie ihr Vater. Bei diesem Porträt hilft es auch nicht, wenn der Erzähler ihre schönen Haare abschließend lobend hervorhebt. Malyne ist trotz ihrer »noblen« Abstammung und der ehrgeizigen Pläne, die ihr Großvater, der Landpfarrer, für sie hat, eine ganz gewöhnliche Bauerndirne. Mitgefühl für ihr Schicksal wäre unangebracht, wie Robert Kaske überzeugend in seinem 1959 erschienenen Aufsatz »An Aube in the *Reeve's Tale*« gezeigt hat. Chaucer greift auf die Tradition des Tageliedes zurück, um den Abschied Aleyns von Malyne nach einer langen, anstrengenden Liebesnacht zu beschreiben. Was sich auf den ersten Blick als menschlich einfühlsame Szene darstellt, wie die beiden »Liebenden« voneinander scheiden, entpuppt sich bei näherer Betrachtung als gnadenlose Parodie auf Konventionen des höfischen Minnesangs. Statt Mitgefühl für die Situation des zurückbleibenden Mädchens zu wecken, schafft Chaucer eine ironische Distanz, die diese Figur noch mehr zum bloßen Objekt in der Auseinandersetzung zwischen dem Müller und den Studenten degradiert. Ihre eigentliche Funktion besteht darin, durch ihre schnelle Bereitwilligkeit, sich mit Aleyn einzulassen, die hohen Erwartungen ihres Vaters auf sozialen Aufstieg zunichte werden zu lassen.

Als Symkyn unbeabsichtigt von dem munteren Treiben in Malynes Bett erfährt, ist seine Reaktion nicht moralische Empörung, sondern Wut auf den Klassenschänder: »'A, false traitour! False clerk! ... Thow shalt be deed, by Goddes dignitee! / Who dorste be so boold to disparage / My doghter, that is come of swich lynage?'« (I, 4269–72) [O niederträchtiger Verräter! Falscher Student! ... Bei Gottes Würde – du bist des Todes! Wer konnte es wagen, so kühn zu sein und meine Tochter zu entehren, die ja von so edler Abstammung ist?]. Hier wird wieder aufgegriffen, was beim Erzählen des schwankhaften Geschehens etwas in den Hintergrund geraten war: die Überheblichkeit und soziale Anmaßung des Müllers, der sich seiner

Klassenzugehörigkeit durch den Aufstieg seiner Tochter in eine höhere Gesellschaftsschicht entziehen will. Folglich ist nicht die Tatsache, daß die Tochter ihre Jungfernschaft verloren hat, bedeutend, sondern einzig und allein die Tatsache, daß ein Student dafür verantwortlich ist, vor allem einer, dem sich der Müller intellektuell überlegen fühlte. Auf diese Weise werden jetzt die beiden Hauptelemente der *Reeve's Tale* miteinander verbunden: das geistige Kräftemessen der beiden Kontrahenten und die gerechte Strafe für den Hochmut des Müllers, der zu allem Unglück nun auch noch kräftig in der folgenden Prügelszene verdroschen wird.

Natürlich ist dieser Ausgang logisch und durch den Erwartungshorizont des Schwankes vorgegeben, da, wie bereits erwähnt, Studenten in Auseinandersetzungen mit Bauern immer die Oberhand behalten. Das Publikum kennt diese Gesetzmäßigkeit, und Chaucer wiederum kennt den Erwartungshorizont seines Publikums. Die Frage stellt sich also: Wie kann sich aus dieser vorgegebenen Konstellation trotzdem noch eine interessante Geschichte entwickeln? Um dies zu bewerkstelligen, verfällt der Autor auf einen amüsanten Trick: Er charakterisiert die Studenten so, daß sie sowohl in den Augen des Müllers als auch des Publikums zunächst als naiv und einfältig erscheinen, d.h., sie entsprechen nicht dem landläufigen Bild des cleveren Studenten, wie ihn z. B. »hende« Nikolas in der *Miller's Tale* verkörpert. Obwohl die beiden die Universität in Cambridge besuchen, stammen sie nicht aus dieser Gegend. Vielmehr kommen sie aus »Strother, / Fer in the north« (I, 4014–15) [Strother, weit oben im Norden] und sprechen den dort üblichen Dialekt. Wie von der Forschung im einzelnen genau bestimmt, benutzen sie die phonologischen und morphologischen Eigenheiten der nördlichen Mundart. Man mag zunächst geneigt sein, die Einführung des Dialektes in den Text als realistisches Element zu betrachten, d.h. ähnlich dem Gebrauch von Dialekten in den realistischen bzw. naturalistischen Romanen des 19. Jahrhunderts. Davon kann jedoch nicht die Rede sein, da es dieses Konzept des Realismus in der mittelalterlichen Literatur nicht gibt. Im Drama des späten Mittelalters und der Frührenaissance wird Dialekt eingesetzt, um die ländliche Herkunft eines Charakters deutlich zu machen. Bei Chaucer liegen die Dinge etwas anders. Auch er bezweckt Charakterisierung mit der Anwendung des Dialekts. Aleyn und John sollen wegen ihrer nördlichen Mundart zwar nicht als Bauerntölpel abgestempelt werden, d.h., es geht Chaucer nicht darum, die soziale Herkunft der beiden Studenten zu zeigen, vielmehr spielt er auf die Vorurteile seiner Mitbürger gegenüber ihren Landsleuten aus dem Norden an. Ein Blick in die Übersetzung John Trevisas von Higdens *Polychronicon*, einem Zeitgenossen Chaucers, genügt, um diese Vorurteile deutlich werden zu lassen. Der Norden ist für Trevisa ökonomisch unterentwickelt, der Krone feindlich gesinnt und hinterwäldlerisch. Aus diesem »unterprivilegierten« Landesteil kommen unsere beiden Studenten. Folglich müssen sie Tölpel sein. So jedenfalls glaubt der Müller und wird in diesem Glauben bestärkt, als er die durchsichtige Strategie der beiden beobachtet, die ihn am Stehlen des Mehls hindern soll. Chaucer, so muß man zugestehen, trägt gelegentlich etwas dick auf, denn neben der Phonologie und der Morphologie des nördlichen Dialektes läßt er seine Studenten auch falsche Grammatik benutzen. Trotz der im Norden üblichen Angleichung der Verbformen im Indikativ des Präsens ist eine Aussage, wie Aleyn sie in I, 4045 macht: »I *is* as ille a millere as ar ye«, grammatikalisch einfach falsch. Auch im nördlichen Dialekt muß hier »am« oder vielleicht auch die ältere Form »be« stehen. Dasselbe gilt für I, 4239. Die beiden Studenten jedenfalls passen von ihrem Sprachhabitus her nicht zum Bild, das sich der Müller oder auch ein zeitgenössisches Publikum von den Besuchern einer Universität gemacht hätte. Darin aber liegt gerade die Raffinesse der Erzählung, denn trotz ihrer seltsamen Sprechweise, die die beiden naiv und beschränkt erscheinen läßt, gewinnen sie die Auseinandersetzung mit dem Müller, weil im Schwank sich eben Studenten immer gegenüber Leuten vom Lande behaupten.

Diese Gesetzmäßigkeit, die in der *Reeve's Tale* zunächst aufgehoben zu sein scheint, wird am Ende der Erzählung besonders deutlich, eine Tatsache, die die Dupierung des arroganten Müllers noch gelungener macht. Folglich kann der Erzähler seine Geschichte mit einer effektvollen Zusammenfassung abschließen: »Thus is the proude millere wel ybete, / And hath ylost the gryndynge of the whete, / And payed for the soper everideel / Of Aleyn and of John, that bette hym weel. / His wyf is swyved, and his doghter als. / Lo, swich it is a millere to be fals!« (I, 4313–18) [So ist der stolze Müller kräftig verprügelt worden, hat den Mahlzoll für das Getreide verloren und hat auch das ganze Nachtessen von Aleyn und John bezahlt, die ihn kräftig verprügelten. Mit seiner Frau hat's der eine, mit seiner Tochter der andere getrieben. Seht, so geht es einem Müller, der unehrlich ist!] Das Schwankhafte der Erzählung wird hier noch einmal deutlich pointiert hervorgehoben, doch die *Reeve's Tale* ist ebenso wenig wie die vorangegangene *Miller's Tale* ein typisches Beispiel dieser Gattung.

Wenngleich auch Chaucer das Weltbild, die Figurenkonstellation und die sich daraus ergebende Erzählstruktur aus dem Schwank übernimmt, versucht er doch, der Geschichte eine besondere Prägung zu geben. Dies geschieht vor allem durch den kunstvoll modulierten Erzählstil. Auf die Porträts der Akteure am Anfang der Geschichte und die Parodie auf das Tagelied bei Aleyns Abschied von Malyne wurde bereits hingewiesen. Diesen Versatzstücken aus der höfischen Literatur stehen eine Anzahl von deftigen Szenen aus der schwankhaften Erzähltradition gegenüber, wie z.B. der Kampf des Müllers mit seinen beiden Kontrahenten in der halbdunklen Schlafstube. Chaucer verbildlicht hier die wilde Keilerei durch eine ganze Reihe von Verben der Bewegung und der Aktion. Der Müller fährt Aleyn an die Gurgel, packt ihn sich, haut ihm mit der Faust auf die Nase, daß das Blut in Strömen auf die Brust fließt. Beide gehen zu Boden und wälzen sich wie zwei Schweine im Stall auf der Erde. Dann richten sie sich mühsam auf und fallen sofort wieder hintenüber, der Müller dieses Mal auf seine nichtsahnende Frau, die somit in den Kampf einbezogen wird. Eine wilde Schlägerei beginnt, an der zwar alle beteiligt sind, aber keiner so recht weiß, mit wem er gerade kämpft. Deshalb ist es auch nicht verwunderlich, daß der Müller schließlich von seiner eigenen Frau mit einem gezielten Schlag auf den Hinterkopf außer Gefecht gesetzt wird, da sie das kahle Haupt ihres Mannes für die Nachtmütze von Aleyn hält.

Die Szene ist brutal und komisch zugleich. Und wenngleich Prügelszenen zum Repertoire komischer Literatur gehören, gelingt es Chaucer wie kaum einem anderen, eine solche Szene plastisch darzustellen, da er auf ein reiches, konkretes Vokabular zurückgreifen kann. Die *Reeve's Tale* ist ein Paradebeispiel für Chaucers stilistisches Modulationsvermögen. Konkretes und Bildliches, höfisches Idiom und ländliche Realität, Dialekt und Hochsprache stehen dicht beisammen, vermischen sich und modifizieren einander. Dadurch erhält der Stil eine enorme Spannkraft und Energie. Die Sprache explodiert förmlich und reißt das Geschehen mit sich fort. Außerdem konkretisiert er das für den Schwank typische Geschehen und verleiht ihm den Eindruck von Einmaligkeit. Die Charaktere erhalten nicht nur Namen, sondern die Handlung ist auch genau lokalisiert: »At Trumpyngtoun, nat fer fro Cantebrigge, / Ther gooth a brook, and over that a brigge, / Upon the whiche brook ther stant a melle; / And this is verray sooth that I yow telle« (I, 3921–24) [Bei Trumpington, nicht weit von Cambridge entfernt, verläuft ein Bach, über den eine Brücke führt. An diesem Bach steht eine Mühle; und was ich euch erzähle, ist die reine Wahrheit]. Die Geschichte ist nicht, wie so häufig im Schwank, im Niemandsland angesiedelt, sondern der Schauplatz ist ganz präzise geographisch definiert. Diese Präzisierung erweckt den Anschein der Geschichtlichkeit – eine wahrhaftige Begebenheit soll erzählt werden, d.h., die Anonymität des Schwankes wird aufgehoben. Daß dies nur ein erzähltechnischer Trick ist, zeigt das anschließende Porträt des Mühlenbesitzers Symkyn, das, wie bereits gezeigt, bewußt am Müller Robin orientiert ist. Trotzdem entsteht zunächst einmal der Eindruck von Individualisierung, ein Eindruck, der die Oberflächenstruktur der Erzählung prägt. Darunter jedoch ist bei näherer Analyse immer die narrative Tiefenstruktur des Schwanks erkennbar, d.h., das Gattungstypische bleibt erhalten, tritt aber in der Erzählweise als Individuelles und Einmaliges zutage. Auf diese Weise gelingt es Chaucer, einer für seine Zeit schon veralteten Gattung neues Leben einzuhauchen, denn allein von der Fabel her beurteilt, ist die Geschichte vom Müller und den beiden Studenten ziemlich trivial.

Eine weitere Bedeutung erhält die Erzählung schließlich auch durch den Rahmen. Wie anfangs erwähnt, beabsichtigt der Gutsverwalter Oswald, sich mit seiner Geschichte an Robin, dem Müller, zu rächen. Und diese Absicht bekräftigt er zum Schluß nochmals: »A gylour shal hymself bigyled be ... Thus have I quyt the Millere in my tale.« (I, 4321; 4324) [Ein Betrüger soll selbst betrogen werden ... So hab ich's dem Müller mit meiner Erzählung heimgezahlt.]. Ob Oswald mit der Karikatur seines Rivalen, des Müllers Robin, dabei über das Ziel hinausgeschossen ist, darüber kann man streiten. Paul Olson schlägt eine solche Interpretation der *Reeve's Tale* vor und wendet das vom Gutsverwalter zitierte Sprichwort sowie das Zitat aus dem Matthäusevangelium gegen diesen selbst. Damit aber wäre der Schwank zum moralischen Exemplum aufgewertet, ein Anspruch, der zwar von Erzählern von Schwänken gern erhoben wird, aber in krassem Widerspruch zum Inhalt und der Erzählweise der Geschichte steht. Mag es genügen zu konstatieren, daß Chaucer die einstmals aristokratische Gattung denjenigen seiner Pilger zuordnet, die im schwankhaften Geschehen immer die Dupierten sind. Folglich muß sich ein Schwank aus dem Munde eines Müllers oder Gutsverwalters wohl letztlich in den Augen des Publikums gegen die Erzähler selber richten – eine höhere Moral zu postulieren ist nicht notwendig.

Bibliographie zur Reeve's Tale

Browne, Peter. »The Containment of Symkyn: The Function of Space in the *Reeve's Tale*.« *ChauR*. 1980; 14:225–36.

Copland, M. *The Reeve's Tale:* Harlotrie or Sermonyng?« *MAE*. 1962; 31:14–32.

Curtius, Ernst Robert. *Europäische Literatur und lateinisches Mittelalter*. Bern: Francke; 1954.

Delaney, Sheila. »Clerks and Quiting in the *Reeve's Tale*.« *MS*. 1967; 29:351–56.

Forehand, Brooks. »Old Age and Chaucer's Reeve.« *PMLA*. 1959; 69:984–89.

Frank, Robert W. »The *Reeve's Tale* and the Comedy of Limitation.« In *Directions in Literary Criticism: Contemporary Approaches to Literature. Festschrift for Henry W. Sams*. Hg. Stanley Weintraub and Philip Young. University Park und London: Penn. State U. Pr.; 1973. S. 53–69.

Kaske, Robert E. »An Aube in the *Reeve's Tale*.« *ELH*. 1959; 26:295–310.

Lancashire, Ian. »Sexual Innuendo in the *Reeve's Tale*.« *ChauR*. 1972; 6:159–70.

Nykrog, Per. *Les Fabliaux: Etude d'histoire littéraire et de stylistique médiévale*. Kopenhagen: Munksgaard; 1957.

Olson, Glending. »The *Reeve's Tale* as a Fabliau.« *MLQ*. 1974; 35:219–30.

Olson, Paul A. »The *Reeve's Tale:* Chaucer's *Measure for Measure*.« *SP*. 1962; 59:1–17.

Plummer, John F. »›Hooly Chirches Blood‹: Simony and Patrimony in Chaucer's *Reeve's Tale*.« *ChauR*. 1983; 18:49–60.

Tolkien J.R.R. »Chaucer as a Philologist: *The Reeve's Tale*.« *Transactions of the Philological Society 1934*. S. 1–70.

The Cook's Tale

Die letzte Erzählung des ersten Fragments der *Canterbury Tales*, die Geschichte des Kochs, ist unvollendet. Ob die Erzählung, die nach 58 Versen abbricht, von Chaucer zu Ende geschrieben wurde und verlorengegangen ist oder aber von ihm nicht vollendet wurde, ist schwer zu sagen. Einige Handschriften enthalten Fortsetzungen der Erzählung, die aber nicht von Chaucer stammen und folglich auch nicht mehr mit seinem literarischen Oeuvre gedruckt werden.

Aus dem Prolog zur *Cook's Tale* läßt sich jedoch ablesen, daß auch diese Geschichte nach dem Prinzip des »quitting« konzipiert ist. Hogge von Ware, wie sich der Koch selber vorstellt, hat sich köstlich über den Schwank des Gutsverwalters amüsiert. Deshalb möchte er jetzt auch »A litel jape« (I, 4343) [einen kleinen Scherz], zum besten geben, ein Vorschlag, der vom Wirt, Harry Baily, sofort akzeptiert wird. Es kommt zu einer gutmütigen Kabbelei, da der Wirt Hogge verulkt, ihn aber gleichzeitig bittet, den Spott nicht zu ernst zu nehmen. Hogge spielt auch nicht den Beleidigten, sondern bittet nun seinerseits den Wirt, es ihm nicht übel zu nehmen, wenn eine seiner Geschichten von einem Wirt handeln wird, und fügt hinzu: »'But er we parte, ywis, thou shalt be quit.'« (I, 4362) [bevor wir aber voneinander scheiden, habe ich es dir gewiß heimgezahlt.].

Die Exposition der nun folgenden Geschichte ist weit genug gediehen, um die gattungsmäßige Zuordnung der *Cook's Tale* zu ermöglichen. Die Erzählung gehört mit absoluter Sicherheit zur Schwankliteratur. Die lebhafte Beschreibung des Lehrlings Perkyn Revelour, der wegen seines ausschweifenden Lebenswandels von seinem Meister mit Schimpf und Schande davongejagt wird und Unterkunft bei einem Spießgesellen findet, dessen Frau ihren Lebensunterhalt durch Prostitution verdient, macht eine Zuordnung des Fragments zu einer anderen literarischen Gattung unmöglich. Und dies könnte auch der Grund für die fragmentarische Existenz der Geschichte sein. Hätte Chaucer nämlich die *Cook's Tale* vollendet und an dieser Stelle in den *Canterbury Tales* belassen, dann wären auf die höfische Romanze des Ritters drei Schwänke gefolgt. Nirgendwo sonst aber werden in den zehn Fragmenten der *Canterbury Tales* drei Geschichten derselben Gattung nacheinander erzählt. Vielmehr zeigt die Strukturierung des Werkes, daß Chaucer immer bemüht ist, Erzählungen unterschiedlicher Gattungszugehörigkeit zu kombinieren und miteinander in Bezug zu setzen. Aus diesem Blickwinkel beurteilt, wäre es durchaus möglich anzunehmen, daß die *Cook's Tale* bewußt als Fragment belassen worden ist, da ein weiterer Schwank an dieser Stelle nicht in Chaucers Gesamtkonzept des Aufbaus der *Canterbury Tales* gepaßt hätte.

The Man of Law's Tale

Nachdem das Erzählniveau in der fragmentarischen *Cook's Tale* einen Tiefpunkt erreicht hat, kündigt sich mit der rhetorisch bombastischen Datumsangabe in der Einführung zur *Man of Law's Tale* die Rückkehr auf eine gehobene Stilebene an. Es ist der 18. April, zehn Uhr morgens – wahrscheinlich der zweite Tag der Pilgerfahrt nach Canterbury. Der Wirt mahnt die Gesellschaft zum Aufbruch und erbittet vom Rechtsgelehrten die nächste Geschichte. Dieser willigt sofort ein und nutzt die sich ihm bietende Gelegenheit zu einem poetologischen Exkurs. Indem er das dichterische Werk Chaucers aufzählt und bewertet, definiert er seine eigene Vorstellung vom Wesen und Zweck der Literatur. Chaucer, so meint der Rechtsgelehrte, fehle es an Kunstfertigkeit. Trotz dieses Unvermögens habe er hauptsächlich Nachdichtungen zu Ovids *Heroides* verfaßt, die er in der Erzählsammlung »the Seintes Legende of Cupide« (II, 61), d.h. der *Legend of Good Women*, zusammengefaßt habe. Es folgt eine stattliche Anzahl von Namen berühmter Frauengestalten aus der Antike, deren Schicksale angeblich von Chaucer erzählt worden seien, bevor der Rechtsgelehrte die Aufzählung mit einem Vergleich abschließt: »Er schreibt aber kein einziges Wort über das schreckliche Beispiel von Canacee, die sich der Sünde hingab und den eigenen Bruder liebte – zu derart verdammenswerten Geschichten sage ich ›pfui!‹ –, oder aber über Apollonius von Tyrus – wie der verfluchte König Antiochus seiner Tochter die Jungfernschaft raubte; diese Geschichte ist dort besonders schrecklich, wo man liest, wie er sie zu Boden warf. Und deshalb wollte Chaucer nach reiflicher Überlegung in keiner seiner Predigten von solchen widernatürlichen Scheußlichkeiten berichten; ich will auch nichts Derartiges vortragen, es sei denn unter Zwang.« (II, 77–89). Es folgt ein unangebrachter Verweis auf die Musen und schließlich die Beteuerung des Rechtsgelehrten, eine Geschichte in Prosa erzählen zu wollen.

Die literarischen Betrachtungen des Rechtsgelehrten sind nicht immer sehr einsichtig oder stringent. Und vielleicht haben sie gerade deshalb eine kritische Kontroverse entfacht. Die Vertreter der älteren Chaucerforschung neigten dazu, die Äußerungen des Rechtsgelehrten für bare Münze zu nehmen und sie als verschmitzten Kommentar des Dichters zu seinem poetischen Werk und dessen künstlerischer Gestaltung zu werten. In den sechziger Jahren hingegen änderte sich diese Auffassung. Man war nun eher geneigt, den Bemerkungen des Rechtsgelehrten eine ihn selbst charakterisierende Bedeutung zuzubilligen. So schreibt Alfred Davis: »Der Rechtsgelehrte ist tatsächlich ein schlecht informierter und prätentiöser Literaturkritiker. Trotz seiner Fehler und seiner Pedanterie jedoch vertritt er eine konsistente und häufig zu findende Auffassung von Dichtung. Sein Gebrauch des Wortes ›thrifty‹ und sein Verweis auf Chaucers Werke als ›sermons‹ sind Schlüssel zu diesem Verständnis. Sie beweisen, daß der Rechtsgelehrte die Funktion aller Literatur – inklusive der Liebesdichtung – in der Didaxe begründet sieht« (S. 220). Vertreter dieses Interpretationsansatzes weisen darauf hin, daß der Rechtsgelehrte Chaucers Kunst nicht besonders schätze. Das einzige Lob, das er dem Dichter zolle, komme auf dem Weg des Vergleichs mit Gower, auf den sich der Rechtsgelehrte zu beziehen scheine, wenn er von Canacee und Apollonius spreche, zwei Personen, deren Schicksalen zwei Erzählungen der *Confessio Amantis* gewidmet seien. Chaucers Werke seien gut, weil sie nicht das Motiv des Inzests enthielten. Inzest jedoch ist ein merkwürdiges Kriterium zur Ermittlung literarischer Güte, und es ist mehr als fragwürdig, ob sich poetische Qualität anhand dieses Kriteriums feststellen läßt. Weiterhin ist die Liste von Chaucers Werken äußerst unvollständig. Die Titel, die der Rechtsgelehrte aufzählt, stammen fast alle aus der *Legend of Good Women*, die anderen Werke, mit Ausnahme eines indirekten Verweises auf das *Book of the Duchess*, werden nicht erwähnt. Dafür aber nennt der Rechtsgelehrte sieben Erzählungen, die weder zur *Legend of Good Women* noch zu Chaucers Gesamtwerk gehören. Als Kenner von Chaucers Oeuvre ist der Rechtsgelehrte folglich eine sehr unzuverlässige Informationsquelle. Weiterhin besteht ein Widerspruch zwischen seiner Intention, eine Geschichte in Prosa zu erzählen, und ihrer Ausführung in »rhyme royal« – Reimschema ababbcc –, der wohl schwierigsten und anspruchsvollsten Strophenform. Auch diese Tatsache hat wieder Anlaß zu Spekulationen gegeben. Macht Chaucer sich über die literarischen Absichten seines Erzählers lustig, oder hat er die dem Rechtsgelehrten ursprünglich zugedachte Geschichte – vielleicht die *Tale of Melibee* – ausgetauscht, ohne die Änderung auch in den Verbindungsstükken anzuzeigen? Jedenfalls folgt auf die Einführung, für den Leser oder Hörer etwas unerwartet, ein Prolog zur Erzählung des Rechtsgelehrten, der zu drei Fünfteln eine Paraphrase von Passagen aus dem Traktat *De miseria conditionis humane* von Innozenz III. ist. Vollkommen aus dem ursprünglichen literarischen Kontext gerissen, zitiert der Rechtsgelehrte hier Innozenz' Verdammung unfreiwilliger Armut – die von Innozenz ebenfalls vorgebrachte Kritik an weltlichem Reichtum bleibt unerwähnt. Gestützt auf das unvollständige Zitat seines päpstlichen Gewährsmannes, beendet der Rechtsgelehrte seinen Prolog mit einer Lobeshymne auf die reichen Kaufleute, von denen er die nachfolgende Erzählung gehört habe.

Die eigentliche *Man of Law's Tale* ist eine Adaptation der Constanze-Geschichte aus der anglo-normannischen *Chronique* des Dominikaners Nicholas Trivet, geschrieben zu Beginn des 14. Jahrhunderts. Trivets Chronik, die übrigens Prinzessin Maria, Tochter Eduards I. und Nonne im Konvent von Almesbury, zugeeignet war, schildert Constanzes Leben in der Art einer Heiligenlegende. Obwohl Constanze keine kanonisierte Heilige ist, trägt sie doch alle Züge, die man im Mittelalter mit einer Heiligen verbunden hätte. Sie ist Versuchungen ausgesetzt, sie wird das Opfer dämonischer Mächte, und sie muß großes Leid ertragen. Trotzdem bleibt sie standhaft und geht schließlich siegreich aus ihren Anfechtungen hervor, ohne selbst zu verzweifeln oder den Glauben an Gottes Vorsehung zu verlieren. Für ihre Standhaftigkeit und Glaubensstärke wird sie von Gott belohnt, der durch sein wundersames Eingreifen die Heldin zweimal vor dem sicheren Tod bewahrt. Die Struktur dieser Handlungskette, die natürlich auch der *Man of Law's Tale* unterliegt, weist folglich Ähnlichkeit mit den Heiligenviten auf, in denen ein Ausschnitt aus dem Leben der Heiligen präsentiert wird und die Heilige, anstatt als Märtyrerin zu leiden, eines natürlichen Todes stirbt (vgl. Paull, S. 181–85). Diese Art der Heiligenlegende beginnt zumeist mit einem Hinweis auf die edle Abstammung der Heldin. Constanze ist eine Kaiserstochter, ihre soziale Stellung entspricht der der hll. Juliana, Margarethe, Maria Magdalena und Christina. Dann folgt eine Beschreibung der äußerlichen Anmut der Heiligen und ihrer inneren Qualitäten. Constanze ist von großer Schönheit, ohne Stolz. Sie ist bescheiden, ein Spiegel der Höfischheit, ihr Herz ist die Kemenate der Heiligkeit und ihre Hand das Symbol für Freigebigkeit. Nachdem Constanze auf diese Weise zum Modell sowohl äußerer als auch innerer Schönheit gemacht worden ist, folgt eine Handlungskette, die traditionell der Erzählstruktur der Heiligenlegende zugrundeliegt. Constanze wird von einem heidnischen Herrscher umworben und gefreit, der, um eine Christin heiraten zu können, zum Christentum konvertiert. Ähnliches finden wir auch in den Legenden der hll. Agnes, Agathe, Margarethe und Juliana. Diese Heirat führt zum Anfangskonflikt zwischen der Repräsentantin christlicher Tugend, Constanze, und ihrer Gegenspielerin, der Mutter des Sultans. Constanze wird verbannt, in einem Boot mit genügend Nahrung und Wasser ausgesetzt und den Elementen preisgegeben wie ihre Schwestern, die hll. Maria Magdalena, Juliana und Christina. Auf wundersame Weise übersteht sie alle Gefahren und geht gestärkt aus den Anfechtungen hervor. Im Verlauf der Geschichte wiederholt sich dieser Handlungsablauf, bestehend aus Konfrontation, Passion und Triumph. In für die Heiligenlegende typischer Weise sind alle Widersacher Constanzes Verbündete des Teufels, sei es die Mutter des Sultans oder Donegild, die Mutter Allas, der verleumderische Ritter oder der lüsterne Seneschall. Constanze, wie auch andere Heilige, muß sich den verschiedenen Prüfungen unterziehen, um ihre Tugend unter Beweis zu stellen. Diese Prüfungen sind übrigens so strukturiert, daß sich die signifikanten Elemente in gesteigerter Form wiederholen. Constanze begegnet zwei dämonischen Schwiegermüttern und zwei lüsternen Rittern und wird zweimal aufs Meer hinaus verbannt. In der zweiten Handlungssequenz verschärft sich ihre leidvolle Situation durch die zusätzliche Fürsorge für ihr Kind.

Die Welt, die in der *Man of Law's Tale* entworfen wird, ist also die der Heiligenlegende, die eine ganz bestimmte Charakterkonzeption bedingt. So ist z. B. der emotionale Bereich begrenzt. Heilige verspüren keine starken Emotionen. Liebe spielt eine untergeordnete Rolle, es sei denn, es handle sich um die Liebe zu Gott, die die Handlungsweise des Heiligen bestimmt. Ein Heiliger ereifert sich gewöhnlich nur in Sachen des Glaubens. Lasterhaftigkeit und menschliche Gebrechen wird er zwar als Wesensmerkmale der menschlichen Natur anerkennen, er wird ihnen aber nicht mit Nachsicht begegnen. Vielmehr brennt er darauf, ein Leben in der Nachfolge Christi zu leben und über die Fehler der Durchschnittsmenschen erhaben zu sein. Seine stärksten emotionalen Regungen gelten der Liebe Gottes und der Tugend. Denkt er an andere, dann wohl nur im Sinne von Erlösungsobjekten, da ihm allein das Heil seiner Mitmenschen am Herzen liegt. Die emotionale Skala eines Heiligen ist also eng begrenzt, und da dies so ist, sind seine Reaktionen ebenfalls begrenzt und vorhersagbar. Er ist eine bekannte Größe und kein lohnendes Objekt für eine psychologische Analyse. Es ist nutzlos, die Wesensart eines Heiligen zu analysieren, da ein Heiliger als Stereotyp nur stereotype Antworten geben kann. Er ist zweidimensional, ein Typ oder eine Personifizierung gewisser Tugenden wie z.B. des Glaubens, der Beständigkeit, Keuschheit oder Bescheidenheit. Er ist keine wandelbare oder sich wandelnde Persönlichkeit, deren Verhaltensweise sich ändert. Diese Unveränderlichkeit seines Wesens ist das hervorstechendste Merkmal eines Heiligen, wenn er erst einmal den Weg zu Gott gefunden hat.

Da also die Constanze-Geschichte bereits in der Vorlage zur *Man of Law's Tale*, in Trivets anglo-normannischer Chronik, in die Form einer Heiligenlegende gegossen wurde und diese Form ihrem Wesen nach von Chaucer beibehalten wird, ergeben sich zwangsläufig Einschränkungen bei der Behandlung des Stoffes. Es ist aber bei Chaucers üblichem freien Umgang mit seinen Quellen nicht verwunderlich, daß er die übernommene Geschichte in vielen Teilen abwandelt. Dies hat Block in seinem 1953 erschienenen Aufsatz »Originality, Controlling Purpose, and Craftsmanship in Chaucer's *Man of the Law's Tale*« genauestens untersucht. Die Ereignisse der Constanze-Geschichte werden nicht nur vom Erzähler ausführlich kommentiert, sondern Trivets oft konventioneller und lebloser Bericht wird auch mit vielen Passagen angereichert, deren Funktion es ist, die Geschichte plastischer erscheinen zu lassen. Nach Blocks Zählung sind von den 1029 Versen der *Man of Law's Tale* 695 Chaucers eigene. Von den verbleibenden 334 Versen sind 126 Kondensierungen des Geschehens, 24 enthalten Veränderungen der Handlung, und nur 184 Verse übersetzen oder paraphrasieren den Text der Vorlage. Zwei Drittel der *Man of Law's Tale* sind somit Chaucers eigene Erfindung.

Um diese bloßen Zahlen zu veranschaulichen, soll zunächst aufgezeigt werden, was Chaucer von seiner Vorlage wegläßt. Erstens bleibt alles Material unberücksichtigt, das nicht zur Entwicklung der Handlung beiträgt, die sich laut Aussage des Autors mit dem Schicksal Constanzes befaßt. Alle historischen Details, die zur Ausschmückung der Erzählung dienen, aber sonst keine handlungsfördernde Funktion haben, werden weggelassen. Immer wieder benutzt der Erzähler das Stilmittel der *occupatio*, wie in II, 895–900 und 1124–25, um zu seinem Thema zurückzukehren: »Doch nun möchte ich mich wieder Constanze zuwenden«, »Seine Geschichte lasse ich aber völlig beiseite, denn meine Geschichte handelt besonders von Constanze.« Zweitens vermeidet Chaucer die Schilderung von blutrünstigen Einzelheiten. Im Original wird nach dem Mord an Hermengyld ihr blutgetränktes Bett eingehend beschrieben, wie auch das Massaker in Syrien, bei dem die Mutter des Sultans ihren Sohn und seine zum Christentum übergetretenen Anhänger erschlagen läßt. Auch bleibt in der *Man of Law's Tale* unerwähnt, daß Alla den nackten Körper seiner Mutter in Stücke zerhackt, nachdem er ihren Betrug erkannt hat. Drittens spart Chaucer viele Informationen aus, die mit Namen, Zahlen, Zeitangaben und Geographie zu tun haben. Wo Trivet den römischen Kaiser Tiberius nennt, erwähnt Chaucer nur den römischen Kaiser, eine Charakterisierung dieser Nebenfigur unterbleibt. Auch Zahlen, die Trivet mit peinlicher Genauigkeit angibt, fallen in Chaucers Bearbeitung weg. Die Zeit wird in typisch Chaucerscher Weise teleskopiert, und Einzelheiten zur geographischen Beschreibung bleiben unberücksichtigt. Kurzum, die Nebenfiguren werden in Anonymität gehüllt und die Geschichte bleibt sowohl geographisch als auch zeitlich unbestimmt.

Chaucers Zusätze zu Trivets Geschichte fallen in verschiedene Kategorien. Am auffälligsten ist die rhetorische Gestaltung. So enthält der Text 20 Beispiele von *exclamatio* oder Apostrophe, von denen allein vierzehn der Erzähler verwendet. Viele dieser Apostrophen sind denunziatorisch, wie z.B. der Tadel des Erzählers an die Adresse der Sultanin, an Donegild und an den betrunkenen Boten, der durch seine Unachtsamkeit den Austausch der Briefe ermöglicht. Zur Veranschaulichung hier die Apostrophe an die Sultanin: »O Sultansweib! Wurzel des Unrechts! Mannweib, du zweite Semiramis! O Schlange in Gestalt eines Weibes, der Schlange gleich, die tief in der Hölle angekettet liegt! O trügerisches Weib, alles, was der Zerstörung von Tugend und Unschuld mächtig ist, wird von deiner Bosheit in dir ausgebrütet, du Brutstätte aller Laster!« (II, 358–64).

Neben Apostrophen erscheinen eine Anzahl von rhetorischen Fragen. Manche davon sind äußerst komplex, wie z.B. die Frage des Erzählers nach der Ursache, warum allein Constanze bei dem Gemetzel verschont geblieben sei. In diese rhetorische Frage (*interrogatio*) sind viele andere eingebettet, so daß die ursprüngliche Frage: »Man könnte fragen, warum sie nicht auch beim Fest getötet wurde; wer ihren Leib beschützen konnte« (II, 470–71) erweitert wird um die Fragen (*ratiocinationes*): »Wer stand Daniel in der schrecklichen Grube bei...?« (II, 473), »Wer behütete Jona im Magen des Fisches...?« (II, 486), »Wer befahl den vier Geistern der Stürme«, sich zu legen? (II, 491) und »Wer ernährte Maria von Ägypten in ihrer Höhle oder in der Wüste?« (II, 501–02). Die Antwort kommt 30 Verse später: »Zweifellos kein anderer als Christus.« (II, 501). Diese Strategie, *interrogatio* gefolgt von *ratiocinationes*, wird übrigens noch ein zweites Mal vom Erzähler benutzt, um wiederum die wunderbare Rettung Constanzes plausibel zu machen. Durch eine weitere Aufzählung von Gottes Wundertaten in Frageform wird auch das Wunder erklärt, das Constanze widerfährt.

Ein weiteres, häufig verwendetes Stilmittel des Erzählers sind klassische und biblische Anspielungen. In der gerade erwähnten

Passage verweist er auf Daniel, Jona, die Hebräer und Maria die Ägypterin, während er vorher bereits Hektor, Achilles, Pompeius, Julius Cäsar, Herkules, Turnus, Sokrates, Pyrrhus, Hannibal, Theben und Troja genannt hat. Damit stellt der Erzähler seine Gelehrsamkeit heraus, denn er kennt sich nicht nur in der Bibel, sondern auch in der Geschichte der Antike aus.

Der kumulative Effekt dieser rhetorischen Figuren verleiht dem Werk rhetorische Brillanz. In der Vielfalt und Häufigkeit der benutzten rhetorischen Figuren übertrifft die *Man of Law's Tale* sogar noch die *Knight's Tale* und erreicht dadurch einen Grad an Kunstfertigkeit, der sie weit von der prosaischen Fassung Trivets abhebt. Stilistisch liegen die beiden Werke auf vollkommen verschiedenen Ebenen, denn im Gegensatz zu Trivets schlichtem Erzählstil ist der des Rechtsgelehrten grandios und geradezu pompös.

Zur Steigerung des rhetorischen Elements tritt die Betonung der religiösen Komponente hinzu, die sich in einigen der erwähnten Passagen schon andeutete. Natürlich enthält Chaucers Vorlage diese religiöse Ausrichtung, wie bereits betont wurde – sie wird aber in Chaucers Erzählung noch prononcierter. So werden z. B. die guten Charaktere noch tugendhafter, edler und frommer als die bei Trivet. Betroffen davon ist natürlich in erster Linie Constanze. Um ihre fromme Gesinnung zum Ausdruck zu bringen, legt ihr der Erzähler verschiedene Gebete in den Mund. Insgesamt sind es fünf Gebete, in denen sich die Heldin dem Schutz Gottes oder Marias anvertraut. Diese Gebete erhöhen das Pathos ihrer Situation, denn sie werden immer dann in den Handlungsablauf eingeführt, wenn Constanze in höchster Gefahr schwebt. Märtyrerhaft erduldet sie alle Schicksalsschläge im unerschütterlichen Glauben an Gottes Beistand, den sie in ihren Gebeten erfleht. Mit diesen frommen Zusätzen zu Trivets Geschichte schafft Chaucer eine erzählerische Atmosphäre, die im wesentlichen der einer Heiligenlegende entspricht, deren Protagonistin Constanze als Personifizierung der Standhaftigkeit – *constantia* – gesehen werden könnte.

Auf der anderen Seite aber fügt Chaucer seiner Vorlage Züge hinzu, mit denen er beabsichtigt, Constanze menschlicher zu machen und somit für das Publikum verständlicher. Bei ihrer ersten Abreise von Rom äußert sie ihre Angst, ihre Eltern nie mehr wiederzusehen. In der Gerichtsszene ist die berühmte »pale face«-Passage enthalten, um Constanzes Isolation zu verdeutlichen: »Habt ihr nicht schon einmal ein bleiches Gesicht in einer Menschenmenge gesehen – das eines Mannes, der zu seiner Hinrichtung geführt wurde, da er nicht begnadigt worden war, und dessen Gesicht eine solche Farbe hatte, daß man dieses von der Furcht gezeichnete Gesicht von all den Gesichtern in der Menge unterscheiden konnte? So steht nun Constanze da und blickt sich um.« (II, 645–51). Später spricht Constanze ihrem Kind Trost zu und beschuldigt ihren Ehemann Alla der Grausamkeit und der Mitleidlosigkeit. Als sie ihn schließlich in Rom wiedersieht, fällt sie zweimal in Ohnmacht bei dem Gedanken an das ihr von ihm zugefügte Leid. Diese zusätzlichen, charakterisierenden Passagen bewirken, daß Constanze wesentlich mehr Gefühle zeigt als ihr Gegenstück bei Trivet. Sie ist nicht länger die kalte, unnahbare, allegorische Figur *Constantia*, sondern eine warmherzige Persönlichkeit mit einer breit angelegten Gefühlsskala, die von Trauer, Fürsorge und Angst bis zu Unwillen und Zorn reicht.

Durch die Emotionalisierung der Hauptfigur erhöht sich auch das Pathos ihrer Situation. Das Mitgefühl des Lesers oder Hörers wird bewußt immer wieder vom Erzähler angesprochen. Wie Hope Phyllis Weissman in ihrem 1979 erschienenen Aufsatz »Late Gothic Pathos in *The Man of Law's Tale*« gezeigt hat, bedient sich Chaucer landläufiger Elemente der heiligen Pantomime, um Constanzes Lage zu dramatisieren. So fließen z.B. eine Reihe von Bildern in Constanzes Abschiedsmonolog ein, die alle aus der religiösen Sphäre stammen und zur literarischen Tradition gehören, bevor sie mit ihrem Kind das ruderlose Boot besteigt, um in ihr zweites Exil zu gehen. Vor Betreten des Bootes kniet sie nieder und verbindet ihrem Kind die Augen.

Objektiv gesehen besteht dafür kein Anlaß. Die Geste erinnert vielmehr an das Opfer Isaaks, dem sein Vater Abraham die Augen verbindet, bevor er ihn auf dem Altar Gott darbringen will. Constanzes Handlung evoziert diese Assoziation und rückt die Figur in einen vorgegebenen Rahmen. Doch damit nicht genug. In ihrem abschließenden Gebet an die Mutter Maria fleht Constanze zur Mutter Gottes, ihr Kind zu schützen, weil diese als Mutter den Tod ihres eigenen Kindes hat erdulden müssen. Die Szene verbindet wieder zwei literarische Darstellungen aus dem Leben Marias: das Wiegenlied und den *planctus*. Constanze mit ihrem Kind an der Brust erinnert einerseits an die bildliche Darstellung der »Maria lactans« und andererseits an die literarische Darstellung der fürsorglichen, aber zugleich wehmutsvollen Mutter Gottes, deren Freude über das neugeborene Kind von ihrem Wissen um dessen Kreuzestod überschattet wird. Folglich klingen in vielen der mittelenglischen Wiegenlieder bereits leidvolle Töne an, die eigentlich zur *planctus*-Tradition gehören und in den Klagen Marias in den Passionsspielen dramatisch umgesetzt sind. Auf diese literarischen Traditionen, die einem mittelalterlichen Publikum sofort präsent waren, greift der Erzähler zurück, um Constanzes Abschied zu inszenieren. Auch vergißt er nicht, Constanzes letzten Auftritt in Northumbria vor einem großen Publikum stattfinden zu lassen. Alt und jung vergießen Tränenströme, als sie den Urteilsspruch des Königs vernehmen, der seine Frau Constanze verbannt und dazu bestimmt, ein zweites Mal hilflos in ihrem kleinen Boot aufs Meer hinaus und ins Ungewisse zu treiben. Der Leser oder Hörer wird vom Rechtsgelehrten ganz bewußt diesem Publikum zugeordnet, vor dem er den herzzerreißenden Abschied Constanzes theatralisch in Szene setzt. Das Pathos ihrer Situation soll ihn rühren und zum Mitleid für die unschuldig leidende Heldin veranlassen.

Immer wieder schiebt sich der Erzähler zwischen seine Geschichte und sein Publikum, um Sympathie für das Schicksal seiner Heldin zu erwecken. Typisch für diese Strategie ist die erste längere Apostrophe an das *Primum Mobile*, der eine zweite an Constanzes Vater, den römischen Kaiser, folgt. »O *primum mobile*, grausames Firmament! Mit deiner täglichen Bewegung treibst und wirbelst du stets all das von Osten nach Westen, was seiner Natur nach in die andere Richtung strebt. Deine Bewegung hat den Himmel am Anfang dieser unheilvollen Reise in eine solche Konstellation gebracht, daß der grausame Mars diese Ehe bereits vernichtet hat.« (II, 295–301). Es folgt eine Standortbestimmung des Planeten Mars, der ungünstig für das geplante Vorhaben stand, bevor der Erzähler fortfährt: »Törichter Kaiser von Rom, o weh! Gab es denn keinen Sterndeuter in deiner ganzen Stadt? Ist denn in einem solchen Fall ein jeder Zeitpunkt gleich günstig?« (II, 309–11). Offensichtlich steht Constanzes Reise unter einem ungünstigen Stern. Die Einzelheiten, deren Kenntnis beim Leser vorausgesetzt wird, hat Curry untersucht. Er kommt zu der Auffassung, daß astrologisch hier der schlechteste Zeitpunkt für Constanzes Abreise gewählt worden ist und daß deshalb das Unternehmen unheilvoll enden mußte (S. 171–85). Es scheint also, als ob der Erzähler an dieser Stelle astrologische Gesichtspunkte in seine Geschichte einführt, um die andernfalls unglaubliche Abfolge von Gefahren zu rechtfertigen, denen sich die Heldin ausgesetzt sieht. Gleichzeitig rechtfertigt er damit aber auch die wiederholten wunderbaren Eingriffe Gottes, die Constanze verschiedene Male vor dem sicheren Tod bewahren.

Wie Tatlock schon vor vielen Jahren festgestellt hat, waren Chaucer mit der Übernahme von Trivets Handlungsstruktur die Hände gebunden (S. 181). Er konnte seiner Geschichte gewisse »realistisch« erscheinende Züge hinzufügen, aber nicht das Phantastische, Unglaubwürdige daraus entfernen. So gelang es Chaucer zwar, seine Charaktere plastischer und lebendiger erscheinen zu lassen, es gelang ihm aber nicht, die Atmosphäre der Unwahrscheinlichkeit zu zerstören, die Trivets Bericht umgibt. Jede Erzählung, die sich eng an diese Vorlage anlehnt, muß notwendigerweise die Charakteristika einer Heiligenlegende haben, d.h. die Typenhaftigkeit der Figuren, die entweder gut oder böse sind; die Zufälligkeit des Handlungsablaufs, da die Handlung sich nicht aus den psychologisch motivierten Aktionen der Charaktere entwickelt; die parataktische Struktur, die den Konflikt zwischen Gut und Böse dauernd sichtbar werden läßt; und die Existenz des Erzählers als selbständige Figur, die die Handlung nicht nur interpretiert, sonden auch ihren Ablauf beeinflußt.

Die Frage stellt sich natürlich, inwieweit diese Widersprüchlichkeiten in der *Man of Law's Tale* beabsichtigt oder aber Zufallsprodukte sind, d. h., die durch den Prolog zur *Man of Law's Tale* aufgeworfene Frage stellt sich nun in erweiterter Form, ob nicht auch durch die Erzählung selbst eine gängige Haltung gegenüber Literatur karikiert und parodiert werden soll. Der Rechtsgelehrte, um es noch einmal zu betonen, sieht die Funktion der Literatur hauptsächlich darin, lehrhafte Exempel zu geben. Das Schicksal der Constanze ist ein gutes Beispiel dafür, denn hier wird Standhaftigkeit in widrigen Umständen zum Lebensprinzip erhoben. Die rhetorischen Strategien aber, die der Rechtsgelehrte verwendet, sind nur zum Teil gattungskonform. In einer Heiligenlegende haben die rhetorischen Figuren *occupatio*, *apostrophe*, *sententia* und *comparatio*, die in der *Man of Law's Tale* erscheinen, wohl ihren Platz. Andere stilistische und thematische Elemente in dieser Erzählung dagegen erscheinen eher deplaziert. Auffällig ist vor allem die affektive Rhetorik. Die vielen rhetorischen Fragen, die als *interrogatio*, *ratiocinatio* und *subjectio* erscheinen, passen nicht zum gewöhnlich schlichten Stil der Heiligenlegende. Das gleiche gilt für die rhetorischen Figuren *conduplicatio* (II, 260–61) und *dubitatio* (II, 782–83). Aber auch die sogenannten »realistischen« Passagen, wie z.B. der Vergleich Constanzes mit einem zum Tode Verurteilten, gehören nicht eigentlich zur Gattung exemplarischer Dichtung, sondern zur forensischen rhetorischen Tradition, wo die Figuren *descriptio* oder *demonstratio* als geeignete Stilmittel zur eindringlichen Präsentation eines Falles vor Gericht empfohlen werden. Wie die Forschung in den letzten

Jahren festgestellt hat, benutzt der Rechtsgelehrte vor allem die Stilmittel des *genus iudiciale*, d.h. der Gerichtsrhetorik (vgl. die Aufsätze von Scheps, Bestul und Wurtele). Die Sprache der *Man of Law's Tale* ist also ihrem Erzähler, dem Rechtsgelehrten, durchaus angepaßt. Der Rechtsgelehrte verhandelt Constanzes Fall vor dem Tribunal der Pilger auf ihrer Reise nach Canterbury. Um ihre Situation so eindringlich wie möglich zu schildern, läßt er keinen rhetorischen Kunstgriff aus, der bewirken könnte, seine Mandantin ins rechte Licht zu rücken und ihre Feinde abzuwerten. Er bedient sich dabei einer affektiven Rhetorik, die sich vor allem an die Emotionen der Zuhörer richtet. Grundlage dieser Rhetorik sind die klassischen Traktate und die Poetiken aus dem 12. Jahrhundert. Wie Douglas Wurtele weiterhin zeigt, handelt es sich hier um eine literarische Tradition und nicht um eine realistische Demonstration zeitgenössischer Gerichtsrhetorik. In den Gerichten sei affektive Rhetorik vielmehr verpönt gewesen (S. 588). Wenn dem so ist, dann stellt sich die Frage, warum Chaucer den Rechtsgelehrten dieses rhetorische Feuerwerk abbrennen läßt. Wurtele meint, Chaucer wolle das prätentiöse Gehabe dieses Pilgers bloßstellen, dessen übermäßige Betriebsamkeit er bereits im *General Prologue* aufs Korn genommen habe (S. 589). Diese Ansicht ist durchaus vertretbar, denn der Rechtsgelehrte, der sich in der Einleitung zu seiner Geschichte als literarischer Connaisseur aufgespielt hat, verwechselt wirklich Rhetorik mit Dichtung oder, genauer gesagt, er macht Literatur zum Demonstrationsobjekt für Rhetorik. Seine enge Auffassung von der Funktion der Dichtung als didaktisch und exemplarisch wird durch seine Geschichte trefflichst illustriert. Daß Chaucer diese einseitige Meinung nicht teilt, geht aus dem Kontext der *Man of Law's Tale* hervor. Den Rahmen zu dieser Geschichte sollten nämlich zwei Schwänke bilden, die fragmentarische *Cook's Tale* und die *Shipman's Tale*, die jedoch in der Anordnung der Ellesmere-Handschrift am Anfang des siebenten Fragments steht. Zu der säkularisierten Heiligenvita bilden diese beiden Schwänke den literarischen

Gegenpol und demonstrieren durch ihre bewußte Polarität das breite Spektrum Chaucerscher Narrativik.

Aber nicht nur als Illustration einer bestimmten Auffassung vom Wesen der Literatur ist die *Man of Law's Tale* für ihren Erzähler besonders gut geeignet, sondern die Geschichte dient auch der Imagepflege eines ganzen Standes. Indem der Erzähler sich zum Anwalt der unschuldig leidenden Constanze macht und sie geschickt gegen ihre Widersacher verteidigt, wertet er das Ansehen der gesamten Gilde der Rechtsgelehrten auf. Wer so fest auf der Seite des Rechtes steht und die gerechte Sache so nachdrücklich vertritt, auf den muß auch ein Strahl von der Aureole der Heiligen fallen. Folglich läßt sich die Geschichte auch als Versuch des Rechtsgelehrten lesen, sich selber und seinen Stand in einem besonders günstigen Licht erscheinen zu lassen. Wenn er für Constanze eintritt, dann ist er, wie Scheps es vortrefflich ausdrückt, »wortwörtlich auf der Seite der Engel« (S. 292).

Es wäre natürlich einseitig, die *Man of Law's Tale* nur in bezug auf ihren Erzähler lesen zu wollen. Die Häufigkeit, mit der Geschichten dieser Art in den *Canterbury Tales* erscheinen – man denke an die *Clerk's Tale*, die *Prioress's Tale* und die *Physician's Tale* –, beweist Chaucers grundsätzliches Interesse an der »tragedy of victimization«, der Tragödie des Opferwerdens, wie Morton Bloomfield die *Man of Law's Tale* bezeichnet hat. Chaucer hat ein genuines Interesse am Schicksal unschuldig Leidender, deren Leiden er oft mit großem Pathos darstellt. Die Krisenhaftigkeit des menschlichen Geschicks, herbeigeführt durch die Wechselhaftigkeit des Schicksals, steht auch im Mittelpunkt der Constanze-Geschichte. Hierin ähnelt die Erzählung der *Knight's Tale*, in der gleich zu Anfang dieser Komplex von Themen angesprochen wird. Wie Palamon und Arcite erleidet auch Constanze viele Schicksalsschläge. Im Vergleich zu den beiden Rittern werden ihre Leiden sogar noch mehr hervorgehoben, denn wo Palamon und Arcite durch den Wandel Fortunas abwechselnd in Ekstase und Depression verfallen, stürzt Constanze buchstäblich von einer Krise in die andere. Fortwährend zieht sie sich die Mißgunst ihrer Neider zu und schwebt der Ränke ihrer Feinde wegen in Todesgefahr. Doch ihr unerschütterliches Gottvertrauen wird nicht enttäuscht; mehrmals wird die Heldin in schier auswegloser Situation durch göttliches Eingreifen gerettet. Mehr als jedem anderen Individuum in der Welt der *Canterbury Tales* steht ihr Gott zur Seite. Niemals läßt er sie im Stich, obwohl er ihr kein dauerhaftes Glück schenkt. Er rettet sie zwar aus jeglicher Gefahr, tut dies jedoch nur, um sie anderen, noch größeren Gefahren auszusetzen. Selbst als Constanze am Ende der Geschichte mit ihrem Ehemann Alla wiedervereint wird, ist es ihr nicht vergönnt, dieses Glück lange zu genießen. Nach kurzer Zeit stirbt Alla, und Constanze bleibt allein zurück. Um ihren Lebensabend in vertrauter Umgebung zu beschließen, kehrt sie nach Rom zurück zu ihrem Vater. Dort führt sie ein tugendhaftes Leben in Fürsorge für die Armen.

Wieder scheint Chaucer die Frage nach der Glückseligkeit in dieser irdischen Existenz zu stellen und danach, wie man sein Leben so einrichten kann, daß man einen gewissen Grad der Zufriedenheit und Stabilität findet. Anders als in der *Knight's Tale*, wo diese Frage durch Theseus' Ansprache offiziell beantwortet wird, wenngleich dessen Aussagen hohl klingen und letzten Endes keine Lösung darstellen, wird hier eine ganz orthodoxe Position bezogen. Alles auf dieser Welt gedeiht den Menschen zum Besten, denn Gott hat es so gewollt. Vertrauen wir seiner Fügung blind und ohne Vorbehalte, wird sich alles zum Besten wenden. Das ist die Haltung orthodoxer *consolatio*, so wie sie seit Boethius zum Bestandteil christlichen Gedankenguts gehört. Verbunden ist dieser Trost mit einem anderen christlichen Konzept, nämlich dem der Weltentsagung. Folglich könnte man auch die Tragödie des Opferwerdens durch die Anfechtungen der Welt von einer höheren Warte aus als christliche Komödie sehen. Indem Constanze standhaft diesen Anfechtungen der Welt widersteht und sich ihnen letztlich ganz entzieht, triumphiert sie über ihr Geschick und die Welt. Sie wird zur Hauptdarstellerin in einer christlichen Komödie, deren glückliche Peripetie und Vollendung in ihrem seligen Tod liegt.

Aus dieser Perspektive muß das Geschehen gesehen werden, denn tut man es nicht, drängt sich automatisch die Frage nach dem Wesen der göttlichen Gerechtigkeit auf. Wenn Constanze als Personifizierung menschlicher Perfektion mehr erleiden muß als der Durchschnittsmensch, dann kommt man nicht umhin zu fragen: Wie gerecht ist eigentlich die göttliche Gerechtigkeit und wie funktioniert diese Gerechtigkeit in dieser Welt? Und stellte man diese Frage, dann bliebe die *Man of Law's Tale* wirklich nur eine Tragödie des Opferwerdens, ohne den tröstlichen Bezug zum Heilskontext der göttlichen Komödie.

Bibliographie zur Man of Law's Tale

Bestul, Thomas H. »The *Man of Law's Tale* and the Rhetorical Foundations of Chaucerian Pathos.« *ChauR*. 1975; 9:216–26.

Block, Edward A. »Originality, Controlling Purpose, and Craftsmanship in Chaucer's *Man of Law's Tale*.« *PMLA*. 1953; 68:572–616.

Bloomfield, Morton W. »*The Man of Law's Tale:* A Tragedy of Victimization and a Christian Comedy.« *PMLA*. 1972; 87:384–90.

Clogan, Paul M. »The Narrative Style of the Man of Law's Tale.« *M&H* n.s. 1977; 8:217–33.

Curry, Walter C. *Chaucer and the Medieval Sciences*. New York: Oxford U. Pr.; 1926.

David, Alfred. »The Man of Law vs. Chaucer: A Case of Poetics.« *PMLA*. 1967; 82:217–25.

Delasanta, Rodney. »And of Great Reverence: Chaucer's Man of Law.« *ChauR*. 1971; 5:288–310.

Harty, Kevin J. »The Tale and Its Teller: The Case of Chaucer's Man of Law.« *ABR*. 1983; 34:361–71.

Paull, Michael R. »The Influence of the Saint's Legend Genre in the *Man of Law's Tale*.« *ChauR*. 1971; 5:179–94.

Scheps, Walter. »Chaucer's Man of Law and the Tale of Constance.« *PMLA*. 1974; 89:285–95.

Sullivan, William L. »Chaucer's Man of Law as a Literary Critic.« *MLN*. 1953; 68:1–8.

Tatlock, John S.P. *The Development and Chronology of Chaucer's Works*. London; 1907; rpt. Gloucester, Mass.: Peter Smith; 1964.

Weissmann, Hope Phyllis. »Late Gothic Pathos in *The Man of Law's Tale*.« *JMRS*. 1979; 9:133–53.

Wood, Chauncey. »Chaucer's Man of Law as Interpreter.« *Traditio*. 1967; 23:149–90.

Wurtele, Douglas. »'Proprietas' in Chaucer's *Man of Law's Tale*.« *Neophil*. 1976; 60:577–93.

The Wife of Bath's Tale

Im dritten Fragment der *Canterbury Tales* begegnet man abermals der Frau aus Bath, deren Kurzporträt aus dem *General Prologue* beträchtlich erweitert wird. Zu ihrer ursprünglichen Charakterisierung fügt Chaucer 828 Verse hinzu und macht sie dadurch zur komplexesten Gestalt unter den Pilgern. In diesem autobiographischen Monolog wird die Ikonographie des ersten Porträts – Taubheit, aufwendige Kleidung, freches Gesicht mit einer Zahnlücke im Mund und Sporen an den Füßen – umgewandelt zu einer dramatischen Selbstdarstellung, die sich im übergeordneten Thema, den Erfahrungen der Frau aus Bath in ihren fünf Ehen, konkretisiert. In eindrucksvoller Manier schildert Alisoun die Umstände dieser fünf Ehen, und diese Schilderung bietet ihr immer wieder Anlaß zu selbstenthüllenden Kommentaren. Sie wirkt zuweilen wie eine wirkliche, lebendige Persönlichkeit, die mit sprudelndem Redefluß ihre Lebenserfahrungen und -weisheiten in freier Assoziation berichtet. Sie verhaspelt sich sogar, verliert den Faden, gerät vom Hundertsten ins Tausendste, um sich dann wieder zu fangen und ihre Geschichte weiterzuerzählen. Doch nicht nur ihre Selbstdarstellung ist sprunghaft und unsystematisch, auch ihre Argumentation ist zuweilen inkohärent und widersprüchlich.

Die schillernde Komplexität der Frau aus Bath hat in der Chaucerforschung zu sehr unterschiedlichen Auffassungen über die Bedeutung dieser Figur geführt. Beryl Rowland hat diese 1972 inventarisiert und analysiert. Ihre Untersuchung der Chaucerkritik zur Frau aus Bath zeigt, daß Alisoun zunächst als Chaucers lebendigste Persönlichkeit geschätzt wurde. Man sah sie als Individuum, als zwar etwas vulgäre und aggressive, aber doch berechtigte Vertreterin der feministischen Sache im Mittelalter. Gegen die Beurteilung der Frau aus Bath als wirklicher Persönlichkeit werden Anfang der fünfziger Jahre Zweifel laut. So schreibt Wayne Shumaker 1951: »Alys wie Chauntecleer, Prudence und viele andere unwahrscheinliche Leute und Tiere (insbesondere Vögel) sind Produkte mittelalterlicher Gelehrsamkeit.« (S. 87). Diese Einschätzung ist zweifellos richtig, denn viele Passagen im Prolog der Frau aus Bath entlehnt Chaucer aus den Werken von Theophrast, dem Kirchenvater Hieronymus, Walter Map, Jean de Meung und Deschamps. Gemeinsam ist diesen Schriften aus verschiedenen Jahrhunderten und von Autoren unterschiedlichster Herkunft die ablehnende Haltung gegenüber Frauen und Ehe. Die Verfasser sind *auctores*, d.h. *die* Autoritäten der antifeministischen Tradition, die bei Chaucer ironischerweise von der Frau aus Bath verkündet wird. Von ihr kommen die traditionellen Argumente gegen Frauen und Ehe, obwohl sich die Erzählerin gleichzeitig bemüht, als Feministin in einer vom männlichen Chauvinismus beherrschten Welt aufzutreten. Sie präsentiert sich als große Verteidigerin der Frauenrechte, die ihrer Meinung nach sogar das Recht auf die Herrschaft über den Mann einschließen. Indem Chaucer die Frau aus Bath als Sprachrohr benutzt, gelingt es ihm, die traditionellen, autoritativen Thesen der antifeministischen Positionen einerseits auf unterhaltsame Weise zu präsentieren und andererseits zur kritischen Bewertung offenzulegen.

Wie auch die anderen Charaktere in Chaucers Dichtung ist die Frau aus Bath eine literarische Figur, die vom Dichter manipuliert und kontrolliert wird. Der Autor gesteht ihr zwar eine gewisse Handlungsfreiheit zu, die jedoch strikt begrenzt ist, denn was als Freiraum für ihre individuelle Entfaltung erscheint, entpuppt sich schnell als wohlkontrolliertes Milieu. So stehen denn auch die Erfahrungen, von denen Alisoun in ihrem großangelegten Monolog berichtet, unter der Aufsicht des Dichters. Chaucer bestimmt, was die Frau aus Bath sagt und wie sie es tut. Sie existiert nicht unabhängig von ihm, obwohl man beim Lesen mancher Beurteilungen ihres Lebens und ihres Charakters durch Chaucerkritiker einen ganz anderen Eindruck gewinnen kann. Noch 1977 läßt sich Donald B. Sands auf folgende Diskussion mit einer von E. Talbot Donaldson geäußerten Auffassung ein: »Donaldson sagt dann: ›Für sie bleibt das Vergnügen, das sie an der Bevormundung ihrer Männer und an der Auseinandersetzung mit ihnen um die Vorherrschaft gehabt hat, das Vergnügen, das sie am Leben selbst hatte.‹ Das macht mich stutzig. Haben Individuen, die so beladen sind mit neurotischen Komplexen wie die Frau aus Bath, wirklich viel Vergnügen am Leben? Sie können zwar erfolgreich kämpfen, aber der Aufruhr ihrer Gefühle kann kaum zum Vergnügen führen, wenn damit ein Grad an sozialer Zufriedenheit und manchmal sogar richtige Freude gemeint ist. Ich glaube, daß Alisoun sehr wenig Vergnügen mit dieser Art gehabt hat.« (S. 172). Man kann solch eine Diskussion, die auf einer rein hypothetischen Grundlage beruht, nur als großes Kompliment an Chaucer verstehen, dem es offensichtlich gelungen ist, eine Figur zu schaffen, deren Innenleben Kritiker noch heute auf der Basis eines psychologischen Realismus zu ergründen suchen. Dabei müßte bereits der Anfang ihrer großen Lebensbeichte darüber Aufschluß geben, wie sehr Chaucer die Frau aus Bath auch in seinem Interesse manipuliert: »Erfahrung ist für mich selbst dann, wenn es keine

Autoritäten auf dieser Welt gäbe, völlig ausreichend, um über das Leid im Ehestand sprechen zu können. Denn seit meinem zwölften Lebensjahr, ihr Herren, habe ich – dem ewigen Gott sei Dank dafür – fünf Ehemänner vor der Kirchentür geheiratet – falls ich überhaupt so oft verheiratet gewesen sein darf –, und alle waren ehrenwerte Männer ihres Standes.« (III, 1–8). Durch die Übertreibung (fünf Ehemänner) wird deutlich, daß Chaucer die Frau aus Bath, die Verkörperung ehelicher Erfahrung, als Sprachrohr benutzt, um die Diskussion über die Ehe unter den Pilgern in Gang zu bringen.

Wie Robert A. Pratt (S. 50) bereits 1961 zu Recht feststellt, zerfällt der Prolog der Frau aus Bath in drei Abschnitte, die sich in Ton, Absicht und Quellen unterscheiden. Im ersten Abschnitt bis III, 192 steht die »Predigt« der Frau aus Bath zum Thema Ehe und Zölibat. Der Ton dieser Predigt ist argumentativ, ja sogar kämpferisch. Im zweiten Abschnitt, III, 193–452, schildert Alisoun ihre Erfahrung mit ihren drei »guten« Ehemännern. Die Art der Darstellung ist hier deskriptiv und expositorisch. Im dritten Abschnitt schließlich, III, 453–828, berichtet die Frau aus Bath von ihren leidvollen Auseinandersetzungen mit den Ehemännern vier und fünf. Sie wählt dafür zunächst eine narrative und danach eine dramatische Form.

Im ersten Abschnitt, d.h. in der argumentativen Predigt zum Thema Ehe und Keuschheit, präsentiert sich die Frau aus Bath als außergewöhnlich: Sie ist nicht zwei- oder dreimal verheiratet gewesen, sondern sogar fünfmal! Da drängt sich sofort der Gedanke auf, die Frau aus Bath solle als Zielscheibe satirischer Beschreibung dienen. Offensichtlich übertreibt Chaucer, ohne dadurch aber die Sympathie des Lesers oder Hörers für die Dame zu mindern, deren Situation immerhin ein gewisses Pathos besitzt. Die Frau aus Bath sichert sich unsere Anteilnahme an ihrem Schicksal, das sie in die unangenehme Lage versetzt, sich gegen die geballte Macht der asketischen, maskulinen exegetischen Tradition verteidigen zu müssen. Alisoun ist nicht unbelesen, sondern sie zitiert die Heilige Schrift geschickt zu ihrer

Verteidigung: »Doch weiß ich sehr wohl, und es ist keine Lüge, daß Gott uns befohlen hat, fruchtbar zu sein und uns zu vermehren; dieses vortreffliche Bibelwort verstehe ich wohl.« (III, 27–29). Das Zitat aus Genesis 1, 28 gibt Gottes Auftrag an Adam und Eva wieder. Aus dem Mund von Alisoun ist es zwar als Rechtfertigung ihrer Situation gedacht, doch benutzt Chaucer es anders: Er erlaubt Alisoun nicht, sich auf diese Position zurückzuziehen. Folglich führt er ein neues Argument in den Diskurs der Frau aus Bath ein, das die Sympathie des Lesers oder Hörers mit Alisouns Schicksal abschwächt. Als sie nämlich Salomon als eines von vielen biblischen Beispielen für Polygamie zitiert, kann sie sich nicht länger zurückhalten und bemerkt: »As wolde God it leveful were unto me / To be refresshed half so ofte as he!« (III, 37–38) [Wollte Gott, es wäre mir gestattet, wenigstens halb so oft wie er erquickt zu werden!]. Die Erquickung, von der die Frau aus Bath hier spricht, ist natürlich sexueller Art. Mit dieser Aussage enthüllt sie ihre wahren Gedanken; dies macht sie für uns so sympathisch, wenngleich ihre Kommentare objektiv gesehen ein Beweis für ihre Lüsternheit sind. Auch andere ihrer Aussagen sind so zu verstehen: »Gott sei gelobt, daß ich fünf Männer geheiratet habe! Der Sechste sei willkommen, wann immer er kommen wird.« (III, 44–45); »Und er gab mir die Erlaubnis, eine verheiratete Frau zu sein.« (III, 83–84). Immer wieder kontrastiert Chaucer mit Hilfe rhetorischer und dramatischer Mittel den Inhalt der Ausführungen der Frau aus Bath mit dem eigenen Selbstverständnis ihrer Funktion. Folglich entwikkelt sich parallel zu ihrer diskursiven Argumentation, die von Polygamie über Jungfräulichkeit, Ehe und Zeugung bis zur Pflicht reicht, die ein Ehemann seiner Frau schuldet, ihre Selbstenthüllung von Vitalität zu Lüsternheit und schließlich an die Grenze von Sadismus. Wie Robert Jordan (S. 217) bemerkt, offenbart sie in ihrem kurzen Streitgespräch mit dem Ablaßkrämer plötzlich das Innerste ihrer Gedanken, die nur als sadistisch bezeichnet werden können: »And whan that I have toold thee forth my tale / Of tribulacion in mariage, / Of which I am expert in al myn age – / This is to seyn, myself have been the whippe – / Than maystow chese wheither thou wolt sippe / Of thilke tonne that I shal abroche.« (III, 172–177) [Und wenn ich dir meine Geschichte über das Leid im Ehestande erzählt habe – darin bin ich zeit meines Lebens Experte gewesen, was heißen soll, ich selbst war die Peitsche –, dann magst du dich entscheiden, ob du von dem Faß, das ich anstechen werde, trinken willst.]. Obwohl hier ein gewisser Sadismus zutage tritt, ist die Auseinandersetzung zwischen dem Ablaßkrämer und der Frau aus Bath trotzdem komisch, denn Alisouns Kommentare lassen klar erkennen, daß ihre Absicht nicht Wahrheitsfindung, sondern Selbstverteidigung ist. Sie weiß, daß ihre Argumentation auf schwachen Füßen steht, und deshalb wird sie nicht müde zu betonen, daß die Bibel keine genaue Auskunft darüber gibt, wie oft man nacheinander verheiratet sein darf. Wenngleich sie in diesem Punkt noch das Zeugnis der Schrift auf ihrer Seite hat, da die Sachlage wirklich nicht eindeutig ist, befindet sie sich mit ihrer nächsten Behauptung bereits im Gegensatz zur exegetischen Tradition, d.h., ihr Argument für die Ehe und gegen die Jungfräulichkeit ist nichts anderes als ein Versuch der Selbstrechtfertigung, da es der traditionellen kirchlichen Auffassung vom Wert der Ehe im Vergleich zur Unberührtheit zuwiderläuft. Folglich ist ihr Diskurs über die Sexualanatomie und die sich daraus ergebende Absicht Gottes unangebracht: »Sagt mir auch, für welchen Zweck die Fortpflanzungsorgane gemacht wurden – und obendrein von einem in seiner Weisheit so vollkommenen Schöpfer! Ihr könnt davon überzeugt sein, daß sie nicht umsonst gemacht wurden. Wer will, möge drum herum reden und hin- und hererklären und sagen, sie seien zum Ausscheiden des Urins gemacht worden, und unsere zwei kleinen Dinger seien auch dazu bestimmt, um Mann und Frau daran zu erkennen, und für keinen anderen Zweck – wer hat da eben nein gesagt? Die Erfahrung lehrt, daß dem nicht so ist. Damit die Gelehrten mir nicht böse sind, sage ich dies: Sie sind für beides gemacht worden – für die Körperfunktion und fürs Vergnügen bei der Zeugung, womit wir Gott nicht erzürnen.« (III, 115–28). Aus dieser wie auch aus den folgenden Passagen wird immer wieder die permanente Selbstrechtfertigung ihrer Lüsternheit deutlich. Zwar versucht sie, sich an ihren ursprünglichen Bibeltext »Seid fruchtbar und mehret euch« zu halten, aber dieser, vom mittelalterlichen Standpunkt her durchaus vernünftigen Vorstellung von der Funktion der Ehe fehlt die praktische Grundlage: Die Frau aus Bath hat keine Kinder. Obwohl sie argumentiert, die menschlichen Geschlechtsteile dienten zum »ese of engendrure« [Vergnügen bei der Zeugung], scheint in ihrem Fall die Betonung mehr auf »ese« [Vergnügen] als auf »engendrure« [Zeugung] zu liegen. Folglich ist die Funktion des sechsten Ehemannes, sollte er sich einstellen, von vorneherein festgelegt. Doch auch hier schießt die Frau aus Bath über ihr Ziel hinaus, denn ihre willkürliche Mißinterpretation der Paulusbotschaft im 1. Brief an die Korinther, Kap. 7, und ihre Drohung, ihrem Ehemann Leid zuzufügen, offenbart wieder ihren Sadismus. Paulus' Gebot von der beidseitigen Verpflichtung in der Ehe, »der Mann leiste der Frau die schuldige Pflicht, desgleichen die Frau dem Manne«, wird im Munde der Frau aus Bath zu: »That man shal yelde to his wyf hire dette?« (III, 130) [daß der Mann seiner Verpflichtung gegen die Frau nachkommen soll?]. Diese Ansicht wird zum Kern ihrer Eheauffassung, die sie in folgenden Worten darlegt: »Im Ehestand will ich mein Werkzeug so gern und frei benutzen, wie es mein Schöpfer mir gegeben hat. Sollte ich damit geizen, möge Gott mir Kummer bereiten! Mein Mann soll es morgens und abends haben, wann immer er Lust hat, zu mir zu kommen und seine Schuldigkeit zu tun. Einen Mann will ich haben, davon will ich nicht abgehen, der sowohl mein Schuldner als auch mein Diener sein soll; und er soll auch seine Not am eigenen Leibe verspüren, solange ich seine Frau bin. Solange ich lebe, habe ich die Macht über seinen Körper – und nicht er. Genauso lehrte es mich der Apostel« (III, 149–60). Je deklamatorischer die Rede der Frau aus Bath klingt, desto grotesker erscheint sie. Sie steigert sich in einen Machtrausch, aus dem sie plötzlich durch den Zwischenruf des Ablaßkrämers herausgerissen wird. Voller Sarkasmus unterbricht er sie mitten in ihrem Redeschwall und rettet auf diese Weise die Komödie. Die Aufmerksamkeit des Lesers oder Hörers wird momentan von der Frau aus Bath abgelenkt. Der Ablaßkrämer nämlich bedankt sich bei der Frau für die wertvollen Hinweise. Er selbst habe beabsichtigt, in der nächsten Zeit zu heiraten, aber warum solle er sich nun in eine solche Gefahr begeben? Die Ironie ist unübersehbar, denn jeder, der sich an das kleine Handikap des Ablaßkrämers erinnert, weiß, daß er unter allen Pilgern der ungeeignetste für die Rolle des Ehemanns ist. Die Frau aus Bath jedoch ist noch so sehr von ihrer Idee besessen, daß sie die ironische Bemerkung des Ablaßkrämers für bare Münze nimmt und ihm versichert, er habe noch nicht alles gehört, was sie zum Thema Ehe zu sagen habe.

Damit ergibt sich die Überleitung zum zweiten Abschnitt des Prologs (III, 193–452), in dem die Frau aus Bath ihre Erfahrungen mit ihren drei »guten« Ehemännern beschreibt. Während die Frau aus Bath im ersten Abschnitt als lüsterne Alte erscheint, die in der Ehe vor allem sexuelle Befriedigung sucht, tritt sie im zweiten Abschnitt als Herrin auf. Sie will unter allen Umständen in der Ehe dominieren. Ihr Verlangen nach Macht ist so groß, daß sie selbst ihren Körper dafür opfert, aber nicht in dem Sinne, daß sie sich hingibt, sondern daß sie sich den Annäherungsversuchen ihrer Ehemänner entzieht. »Vor allem im Bett hatten sie nichts zu lachen: Dort beschimpfte ich sie und war ihnen nicht zu Willen; ich blieb nicht länger im Bett, wenn ich seinen Arm an meiner Seite fühlte, bis er mir seinen Tribut entrichtet hatte; dann ließ ich mir seine Narretei gefallen. Und deshalb sage ich jedem Mann diese Worte: Dem Kundigen winkt der Gewinn, denn alles ist ja käuflich« (III, 407–14). Nirgendwo im zweiten Teil spricht sie von sexueller Befriedigung, Habgier tritt nun an die Stelle von Lüsternheit: »For wynnyng wolde I al his lust endure, / And make me a feyned appetit« (III, 416–17) [Um meines Vorteils willen ertrug ich seine Lüsternheit und tat auch so, als ob es mich danach verlange]. Der zweite Abschnitt der großen »Beichte« ist eine rhetorische »tour de force«, wobei die militante Feministin eine ganze Enzyklopädie weiblicher Fehler aufzählt. In einer 144 Verse langen Passage zitiert die Frau aus Bath die Anschuldigungen ihrer Ehemänner. In ihrer Exposition benutzt sie den Ausdruck »du sagst« 19mal, um den Eindruck zu erwecken, es handle sich hier um eine wahrheitsgetreue Reportage. Mit Vers 248 beginnt die Aufzählung der traditionellen misogynen Argumente, die aus den Werken von Theophrast, Deschamps und Jean de Meung entlehnt sind. Es handelt sich hier um die Standardargumente des Antifeminismus, die Chaucer nun der Frau aus Bath in den Mund legt: Es ist teuer, eine arme Frau zu heiraten. Es ist schwierig, mit dem Stolz und der Arroganz einer reichen, wohlgeborenen Frau zu leben. Eine schöne Frau ist unkeusch. Aber auch eine häßliche ist untreu, denn ihre Häßlichkeit macht sie umso lüsterner. Frauen lassen sich nicht erziehen, und deshalb ist es besser, unverheiratet zu bleiben. Frauen hindern Männer am Erlangen ihres Seelenheils. Frauen beschimpfen ihre Männer und vertreiben sie mit ihrem ewigen Genörgel aus dem Haus. Frauen verstecken zuerst ihre Laster und zeigen sie dann nach der Hochzeit. Frauen wollen dauernd bewundert und verwöhnt werden. Frauen setzen Gerüchte in die Welt. Frauen sind eitel und wollen deshalb ständig neue Kleider. Der Diskurs erreicht in III, 371–78 seinen Höhepunkt mit der Aufzählung dreier weiterer weiblicher Laster: »Die Liebe der Frauen vergleichst du auch mit der Hölle, mit unfruchtbarem Land, in dem es an Wasser fehlt; du vergleichst sie auch mit griechischem Feuer – je stärker es brennt, desto größeres Verlangen hat es danach, alles Brennbare zu verzehren. Du sagst: Genau so wie Würmer einen Baum zerstören, vernichte eine Frau ihren Mann; das wüßten die, die an Frauen gebunden sind.« (III, 371–78). Diesem Ende der langen Aufzählung folgt Chaucers ironische Meisterleistung. Die Frau aus Bath bekennt plötzlich, ihre Ehemänner genarrt zu haben. Alles, was sie hier in den 144 Versen von sich gegeben hat, das heißt der ganze Katalog von Anschuldigungen, die ihre Ehemänner gegen sie vorgebracht hätten, sei frei erfunden und erlogen. Sie hätten niemals in ihrem betrunkenen Zustand solche oder ähnliche Anklagen gegen sie erhoben. Die Frau aus Bath rezitiert diese Liste weiblicher Fehler und Schwächen und unterminiert damit ihre eigene Position, da überhaupt kein Grund zur Aufzählung dieser Laster besteht.

Der letzte Abschnitt, beginnend mit III, 453, ist der Schilderung ihrer Erfahrung mit den Ehemännern vier und fünf gewidmet. Obwohl sie mit ihrem vierten Ehemann am längsten verheiratet war – mindestens zwanzig Jahre –, hält sich die Frau aus Bath bei der Beschreibung dieser Ehe sehr zurück. Im Gegensatz zu den ersten drei Männern, die alt waren, muß dieser etwa gleichaltrig gewesen sein. Jedenfalls war er ein Tunichtgut, der es mit der ehelichen Treue nicht allzu genau nahm, sehr zum Leidwesen seiner jungen Frau. Die Frau aus Bath, die sich offensichtlich nur ungern an diese Zeit erinnert, wird sich beim Erzählen der Einzelheiten schmerzlich bewußt, diesem Schwerenöter die besten Jahre geopfert zu haben. Natürlich hat sie sich für seine Seitensprünge revanchiert und es ihm mit gleicher Münze heimgezahlt. Trotzdem ist eine gewisse Bitterkeit nicht zu überhören, wenn sie sich selbst noch nach so langer Zeit an die Umstände ihrer vierten Ehe erinnert. Verärgert und gekränkt durch die Mißachtung ihrer körperlichen Vorzüge, ihrer Liebeserfahrung und ihrer sexuellen Attraktion, hat sie damals bittere Rache genommen. Schon hier auf Erden wurde sie zu seinem Fegefeuer, das er bis zu seinem Lebensende erleiden mußte.

Trotz dieses freimütigen Bekenntnisses erscheint die Frau aus Bath nun, da sie die Umstände ihrer letzten beiden Ehen erzählt, in diesem dritten Abschnitt menschlicher und sympathischer. Ihre Geschichte, wie sie sich, liebeskrank, mit vierzig dem jungen Jankyn mit Körper, Geld und Gut hingab, zeigt sie in scharfem Kontrast zum berechnenden, streitsüchtigen und zänkischen Weib, als das sie sich im zweiten Abschnitt dargestellt hat. Natürlich ist sie gerade ihres vorgerückten Alters und ihrer

Erfahrung wegen immer noch mit allen Wassern gewaschen. Um den jungen Scholaren Jankyn zu angeln, erzählt sie ihm einen freudianisch anmutenden Traum: Sie habe geträumt, Jankyn habe ihr des Nachts, als sie im Bett lag, ein Messer in den Leib gestoßen. Doch trotz des vielen Blutes sei es ein angenehmes Gefühl gewesen, denn Blut bedeute ja Gold. Auch hat sich ihre Lüsternheit nicht gelegt, ihr Appetit ist sogar noch größer geworden, denn Jankyn hält sich im Bett offensichtlich zurück. Er ist ihr nicht immer zu Willen, sondern dosiert seine Zuneigung vorsichtig, um Alisouns Lust anzustacheln. Gerne erinnert sie sich an diese Zeit und auch an die Ereignisse, die zur Hochzeit mit Jankyn führten. Beim Begräbnis ihres vierten Mannes, für den sie kaum Tränen vergoß, hatte sie nur Augen für Jankyn, der hinter der Bahre einherging. Sie heftete ihre Augen auf seine attraktiven, muskulösen Beine und fängt in Erinnerung an diesen Tag an, überschwenglich zu schwärmen.

Das Kernstück des dritten Abschnittes ist die Wiedergabe von Erzählungen aus Jankyns Buch, das man wohl als Bibel des Antifeminismus bezeichnen kann. Dieses verfluchte Buch, wie es die Frau aus Bath nennt, beinhaltet eine endlose Zahl von Sprichwörtern, Anekdoten und Geschichten, die allesamt gegen die Frauen gerichtet sind. Chaucer bedient sich hier übrigens einer ähnlichen Methode zur Darstellung der antifeministischen Haltung wie bereits im zweiten Abschnitt, wo er die Frau aus Bath in 144 Versen angebliche weibliche Laster aufzählen läßt. Auch jetzt fließt der Strom misogyner Rhetorik ungehemmt von ihren Lippen. Nicht ein einziger editorischer Kommentar ist ihr vergönnt. Die Geschichten, die hier erzählt werden, sind zum Teil haarsträubend in ihrer Boshaftigkeit. Wer wollte es der Frau aus Bath unter diesen Umständen verdenken, daß sie eines Tages wutentbrannt aufsprang, drei Blätter aus dem Buch herausriß und Jankyn eine derartige Ohrfeige versetzte, daß er hintenüber in den Kamin fiel? Doch Jankyn rappelte sich wieder auf und versetzte nun seinerseits Alisoun einen solchen Schlag, daß sie wie tot zu Boden fiel. In dem Glauben, seine Frau tödlich getroffen zu haben, leistete er Abbitte und gab freiwillig die Kontrolle über Gut und Geld an Alisoun zurück. Letzten Endes hat sich also nichts geändert, denn auch Jankyn hat sich dem Willen der robusten Dame gefügt, die damit eine Bestätigung des Antifeminismus erzielt, denn sie ist durch ihre Selbstdarstellung eine Verkörperung dessen, was von der antifeministischen literarischen Tradition an Frauen gerügt wird.

Mit ihrer Funktion als Sprachrohr für die mittelalterliche antifeministische Tradition und deren Verkörperung ist die Rolle der Frau aus Bath in ihrem langen autobiographischen Monolog natürlich nicht erschöpft. Es wäre einseitig, Alisoun aufgrund ihrer Äußerungen zur Häretikerin abzustempeln, wie D.W. Robertson dies tut, der aus dem Literalsinn des Prologs ein allegorisches Sinngebäude zu konstruieren versucht. Seinem Verständnis nach will die Frau aus Bath die traditionelle hierarchische Ordnung von Ehemann über Ehefrau umkehren, eine Hierarchie, die in allegorischer Weise die Vorherrschaft des Geistes über das Fleisch und von Christus über die Kirche bedeutet (S. 330). Den langen Prolog auf diese Aussage zu reduzieren, täte Chaucers gekonnter Darstellung jedoch Abbruch. Chaucers Ziel scheint ein Sowohl als auch zu sein, d.h., er macht Alisoun durch ihre Selbstdarstellung einerseits zum Erzweib und kritisiert andererseits die Vorurteile, die von den Vertretern der antifeministischen Tradition unreflektiert durch die Jahrhunderte ins Feld geführt worden sind. Wie Gloria Shapiro (S. 140) zu bedenken gibt, reagiert Alisoun vehement gegen das Bild der Frau in der antifeministischen Literatur und gegen eine Gesellschaft, die für das Weiterleben dieses Bildes verantwortlich ist. Die von Chaucer benutzten Quellen beweisen, daß es im Mittelalter eine ganz gehörige Portion von männlichem Chauvinismus gibt, und die Frau aus Bath versucht, sich auf ihre Weise gegen diese konventionellen Vorurteile zu wehren. Sie kämpft für die Stellung der verheirateten Frau in einer Gesellschaft, in der der Frau von der Kirche eine untergeordnete Position zugewiesen wird. In die Selbstdarstellung der

Frau aus Bath fließt auch viel Sympathie des Autors ein. Sie ist nicht bloß ikonographische Figur, sondern sie besitzt auch eindrucksvolle menschliche Züge. Vor allem betont Chaucer das vorgerückte Alter der Frau aus Bath, das ihrer Situation Pathos verleiht. Ihre Altersklage, als sie sich an die vertane Zeit mit ihrem vierten Ehemann erinnert, ruft beim Leser oder Hörer eine gewisse Sympathie hervor: »Bei Jesus Christus, unserem Herrn! Wenn ich mich an meine Jugend und an meine Ausgelassenheit erinnere, dann prickelt es mir am Grunde meines Herzens. Bis heute tut es meinem Herzen gut, daß ich zu meiner Zeit die Freuden dieser Welt genossen habe. Aber das Alter, ach, das alles vergiftet, hat mir meine Schönheit und meine Kraft genommen. Laß fahren dahin, leb wohl! Zum Teufel damit! Die Blüte ist dahin; mehr ist dazu nicht zu sagen. Die Kleie muß ich nun, so gut ich kann, verkaufen; aber dennoch will ich versuchen, recht fröhlich zu sein.« (III, 469–79).

Auch für das Verständnis der eigentlichen Geschichte der Frau aus Bath sind ihre im Prolog beschriebenen Erfahrungen wichtig. Zwei Aspekte verdienen unsere besondere Aufmerksamkeit: das vorgerückte Alter der Frau aus Bath und ihr Kampf gegen die Beherrschung durch die Männerwelt. Die Geschichte, die ihr Chaucer in den Mund legt, gehört zu einem im englischen Mittelalter beliebten Typus, der Transformation einer häßlichen Alten (vgl. Eisner, *A Tale of Wonder: A Source Study of the Wife of Bath's Tale*). Neben Chaucers Behandlung des Themas existieren drei weitere Versionen, die etwa gleichzeitige *Tale of Florent* in Gowers *Confessio Amantis*, die burleske Artusromanze *The Weddynge of Sir Gawen and Dame Ragnell* aus der Mitte des 15. Jahrhunderts und die Ballade *The Marriage of Sir Gawaine* im Percy Folio (um 1600). Wie die Titel der beiden zuletzt genannten Versionen andeuten, ist die Transformationsgeschichte auch in die Artusliteratur eingegangen. Gowers Geschichte hingegen spielt sich vor einem anderen Hintergrund ab. Florent ist der Neffe des Kaisers, und die häßliche Alte entpuppt sich als die Tochter des Königs von Sizilien, die von ihrer bösen

Stiefmutter verzaubert worden ist. Ob Chaucer den Stoff bereits als Artusliteratur gekannt hat, ist schwer zu sagen; jedenfalls ist auch seine Erzählung im Artusmilieu angesiedelt. Damit aber werden ganz bestimmte Erwartungen geweckt, denen der Erzähler, die Frau aus Bath, jedoch in keiner Weise gerecht wird. Anstatt der erwarteten Struktur, bestehend aus einer Handlungskette mit den Gliedern Herausforderung des Artushofes, Auszug des Protagonisten auf Aventiurefahrt oder Queste, Zwischeneinkehr am Artushof und Auslösung einer inneren Krise, abermalige Aventiurefahrt oder Queste, Rückkehr zum Artushof und Wiederherstellung der inneren und äußeren Harmonie, begegnet man folgendem Handlungsschema: einleitende Bemerkungen der Frau aus Bath zu Feen und Bettelmönchen (III, 857–81), Exposition der eigentlichen Geschichte (III, 882–918), Digression zum Thema »Was Frauen am meisten lieben« (III, 919–50), exemplarische Erzählung von Midas und seiner Frau (III, 951–82), Weiterführung der ursprünglichen Geschichte (III, 983–1108), Auflösung und Abschluß der Geschichte (III, 1213–56) und schließlich Auslegung der Erzählung durch die Frau aus Bath (III, 1257–64). Bereits aus dieser Anordnung wird ersichtlich, daß die *Wife of Bath's Tale* zwar in einem arturischen Milieu angesiedelt, aber in keiner Weise gattungskonform ist. In den Augen der Frau aus Bath ist die sagenumwobene Artuszeit eine Märchenwelt, in der übernatürliche Kräfte wirksam waren, die die natürliche Ordnung der Dinge aufheben konnten. Zwar wird zunächst auch in der *Wife of Bath's Tale* ein ethisches Problem angesprochen – die Vergewaltigung des jungen Mädchens durch den Ritter –, diese Ebene jedoch verliert die Erzählerin schnell aus den Augen. Die ursprüngliche Problemstellung jedenfalls, die eine objektive Erörterung der wünschenswerten Beziehung unter den beiden Geschlechtern erwarten ließe, wird für die Frau aus Bath zum Anlaß für eine sehr subjektive, aber ihr durchaus angemessene Behandlung des Themas. Das Vergewaltigungsmotiv übrigens ist nur in Chaucers Version der Geschichte enthalten, denn es führt hier folgerichtig zu der Frage, mit der sich die Frau aus Bath des langen und breiten in ihrem Prolog beschäftigt hat: Wer hat Gewalt über wen? Erwartungsgemäß lautet die Antwort der Frau aus Bath: die Frauen über die Männer – und der weitere Verlauf der Erzählung illustriert genau diese Auffassung. Als der junge Ritter von Artus für sein Vergehen zum Tode verurteilt wird, bitten die Damen des Hofes um Gnade für ihn. Daraufhin überantwortet der König den Ritter der Königin, die ihm eine Chance gibt, sein Leben zu retten, wenn es ihm gelingen sollte, herauszufinden, was Frauen am liebsten haben. Auf diese Weise muß sich nun der junge Ritter, der dem unglücklichen Mädchen seinen Willen aufgezwungen hatte, dem Willen der Damen des Hofes unterwerfen.

Sobald er seine Aufgabe kennt, macht sich der Ritter daran, sie zu lösen. Er reitet los, um die richtige Antwort zu finden, doch jeder, den er fragt, gibt ihm eine andere Auskunft. Alle Antworten aber wiederholen noch einmal die Wünsche, die die Frau aus Bath bereits in ihrem langen Prolog geäußert hat. Schließlich begegnet der Ritter einem alten Weib auf einer Lichtung, die ihm die richtige Antwort verspricht unter der Bedingung, daß er ihren ersten Wunsch erfülle. Sie flüstert dem Ritter die Antwort ins Ohr, die er dann den Damen am Artushof laut verkündet: »Wommen desiren to have sovereynetee / As wel over hir housbond as hir love, / And for to been in maistrie hym above.« (III, 1038–40) [»haben Frauen den Wunsch, die Herrschaft sowohl über ihren Ehemann als auch über ihren Liebhaber zu besitzen und über ihn gebieten zu können.]. Als sich kein Widerspruch erhebt, glaubt er sich gerettet, bis die Alte ihn in diesem Augenblick des Triumphes als Ehemann begehrt. All seine Freude verkehrt sich in Leid, und sein Hochgefühl weicht tiefster Niedergeschlagenheit, denn er ist zum zweiten Mal ein Opfer weiblicher Willkür geworden. Er wird noch einmal dafür bestraft, daß er sich an dem jungen Mädchen vergangen hat. Als alle Proteste und Angebote seinerseits nichts nützen, muß er wohl oder übel sein gegebenes Versprechen einlösen und die Alte heiraten. Verständlicherweise ist der junge Mann etwas zurückhaltend in der Hochzeitsnacht und wird deshalb von der Alten an seine ehelichen Pflichten erinnert. Diese Situation findet er unerträglich und bekundet lauthals sein Mißfallen: »Thou art so loothly, and so oold also, / And therto comen of so lough a kynde« (III, 1100–01) [Du bist so häßlich und so alt, und dazu bist du noch von so niederer Abstammung]. Diese Anklage gibt der Alten Gelegenheit zu einem langen Diskurs über den wahren Adel, wobei typisch humanistische Anschauungen von Herzensadel präsentiert werden als dem einzig wahren Adel im Gegensatz zum Geburtsadel. Nachdem die Alte alle Argumente des Ritters zerpflückt hat, gibt sie ihm dennoch eine Wahl: Er kann sie entweder häßlich und treu oder schön und untreu haben. In »weiser« Zurückhaltung ordnet sich der Ritter seiner Frau unter und überläßt ihr die Entscheidung. Damit aber wird er zum dritten Mal ein Opfer weiblicher Willkür, wie aus dem Kommentar der Alten klar hervorgeht: »'Thanne have I gete of yow maistrie,' quod she, / 'Syn I may chese and governe as me lest?' / 'Ye, certes, wyf,' quod he, 'I holde it best.'« (III, 1236–38) [»Dann habt Ihr mir die Herrschaft also überlassen«, sagte sie, »da ich wählen und verfügen darf, wie es mir gefällt?« – »Ja, sicher, Frau«, sagte er, »ich halte es für das Beste.«]. Die Erzählung endet also in der gleichen Weise wie der Prolog, wo sich Jankyn seiner Frau unterordnet. Auf einer erzählerisch höheren Ebene wird somit auch in der *Wife of Bath's Tale* das Thema des weiblichen Herrschaftsanspruchs behandelt. Und folglich kann es die Frau aus Bath nicht lassen, ihre Erzählung mit einem wunderbaren, selbstenthüllenden Schlußwort zu beenden: »und Jesus Christus gebe uns Ehemänner – gefügig, jung und aktiv im Bett – und die Gnade, die überleben zu dürfen, die wir heiraten; und ich bete auch zu Jesus, er möge denjenigen das Leben verkürzen, die sich nicht von ihren Frauen beherrschen lassen wollen; und alten, mürrischen Geizhälsen möge Gott alsbald die wahre Pest schicken!« (III, 1258–64).

Mit diesem Wunsch, der noch einmal die Vorstellungen der Frau aus Bath zusammenfaßt, hat sie sich völlig aus dem von ihr gewählten arturischen Milieu entfernt. Für die Frau aus Bath bedeutet die Artuswelt kein politisches, ethisches und soziales Ideal, sondern nur ein Feenreich, in dem die Naturgesetze bisweilen außer Kraft treten. Es ist die Welt der Frauen, die hier ihre Idealvorstellung (»Frauen [haben] den Wunsch, die Herrschaft sowohl über ihren Ehemann als auch über ihren Liebhaber zu besitzen und über ihn gebieten zu können« [III, 1038–40]) durchsetzen. Als solches steht der Entwurf der Frau aus Bath in krassem Gegensatz zur Realität des 14. Jahrhunderts. Die Frau aus Bath erträumt sich eine ihr genehme Gesellschaftsordnung, die sie darüberhinaus mit einer Wunschvorstellung krönt: der Wiedergewinnung der Jugend. Die Geschichte von der häßlichen Alten, die einen jungen, strammen Mann ergattert, ist eine Projektion ihrer eigenen Situation. Auch sie hofft auf eine solche wundersame Transformation, die ihr sowohl Jugend als auch Herrschaft bringen soll. Als Realistin weiß sie natürlich, daß dies unmöglich ist, und deshalb bescheidet sie sich mit dem Wunsch nach einem neuen Ehemann: »Welcome the sixte, whan that evere he shal.« (III, 45) [Der Sechste sei willkommen, wann immer er kommen wird.].

Bibliographie zur Wife of Bath's Tale

Blanch, Robert J. »›Al was this land fulfild of fayerye‹: The Thematic Employment of Force, Willfulness, and Legal Conventions in Chaucer's *Wife of Bath's Tale*.« *SN*. 1985; 57:41–51.

Colmer, Dorothy. »Character and Class in *The Wife of Bath's Tale*.« *JEGP*. 1973; 72:329–39.

Eisner, Sigmund. *A Tale of Wonder: A Source Study of The Wife of Bath's Tale*. Wexford, Ireland: John English and Co.; 1957.

Gottfried, Barbara. »Conflict and Relationship, Sovereignty and Survival: Parables of Power in the *Wife of Bath's Prologue*.« *ChauR*. 1985; 19:202–24.

Haller, Robert S. »The Wife of Bath and the Three Estates.« *AnM*. 1965; 6:47–64.

Harwood, Britton J. »The Wife of Bath and the Dream of Innocence.« *MLQ*. 1972; 33:257–73.

Koban, Charles. »Hearing Chaucer Out: The Art of Persuasion in the *Wife of Bath's Tale*.« *ChauR*. 1971; 5:225–39.

Jordan, Robert. *Chaucer and the Shape of Creation*. Cambridge, Mass.: Harvard U. Pr.; 1967. S. 208–26.

Levy, Bernard S. »The Wife of Bath's *Queynte Fantasye*.« *ChauR*. 1970; 4:106–22.

Malone, Kemp. »The Wife of Bath's Tale.« *MLR*. 1962; 57:481–91.

Matthews, William. »The Wife of Bath and All Her Sect.« *Viator*. 1974; 5:413–43.

Meyer, Robert J. »Chaucer's Tandem Romances: A Generic Approach to the *Wife of Bath's Tale* as Palinode.« *ChauR*. 1984; 18:221–38.

Murphy, Ann B. »The Process of Personality in Chaucer's *Wife of Bath's Tale*.« *CentR*. 1984; 28:204–22.

Oberembt, Kenneth J. »Chaucer's Anti-Misogynist Wife of Bath.« *ChauR*. 1976; 10:287–302.

Patterson, Lee. »›For the Wyves love of Bathe‹: Feminine Rhetoric and Poetic Resolution in the *Roman de la Rose* and the *Canterbury Tales*.« *Speculum*. 1983; 58:656–95.

Pratt, Robert A. »The Development of the Wife of Bath.« In *Studies in Medieval Literature in Honor of A.C. Baugh*. Hg. MacEdward Leach. Philadelphia: U. of Pennsylvania Pr.; 1961. S. 45–77.

Quinn, Esther C. »Chaucer's Arthurian Romance.« *ChauR*. 1984; 18:211–20.

Reid, David S. »Crocodilian Humor: A Discussion of Chaucer's Wife of Bath.« *ChauR*. 1970; 4:73–89.

Robertson, D.W. Jr. *A Preface to Chaucer*. Princeton: Princeton U. Pr.; 1962. S. 317–31.

Rowland, Beryl. »Chaucer's Dame Alys: Critics in Blunderland?« In *Studies Presented to Tauno F. Mustanoja on the Occasion of His Sixtieth Birthday*. *NM*. 1972; 73:381–95.

Sands, Donald B. »The Non-Comic, Non-Tragic Wife: Chaucer's Dame Alys as Sociopath.« *ChauR*. 1977; 12:171–82.

Shapiro, Gloria K. »Dame Alice as Deceptive Narrator.« *ChauR*. 1971; 6:130–41.

Shumaker, Wayne. »Alisoun in Wander-Land: A Study in Chaucer's Mind and Literary Method.« *ELH*. 1951; 18:77–89.

Silverstein, Theodore. »The Wife of Bath and the Rhetoric of Enchantment; or How to Make a Hero See in the Dark.« *MP*. 1960; 58:153–73.

Storm, Melvin. »Alisoun's Ear.« *MLQ*. 1981; 42:219–26.

Weissman, Hope Phyllis. »Why Chaucer's Wife Is From Bath.« *ChauR*. 1980; 15:11–36.

The Friar's Tale

Im Prolog zur *Friar's Tale* entspinnt sich eine zweite Fehde unter den Pilgern, die für den Rest des Fragments III strukturbestimmend wird. Der Bettelmönch betrachtet seinen Mitpilger, den Kirchenbüttel, abschätzig. Bevor er sich mit ihm jedoch auseinandersetzt, kommentiert er zunächst einmal den langen Prolog der Frau aus Bath. Sie habe in ihren Ausführungen viele schwierige theologische Probleme angesprochen und einige davon sogar ganz ordentlich behandelt, trotz alledem habe sie aber ihre Kompetenzen überschritten, da Predigt und Theologie einerseits in den Zuständigkeitsbereich des Klerus gehörten und andererseits auch nichts zur Unterhaltung auf einer Pilgerfahrt beitrügen. Diese Bemerkung ist charakteristisch für den Bettelmönch, der sich sowohl seines sozialen als auch seines klerikalen Status wohlbewußt ist. Folglich ist es nicht verwunderlich, daß er sich jetzt, nach der Zurechtweisung der Frau aus Bath, seinem vermeintlichen Kontrahenten, dem Kirchenbüttel, zuwendet, über dessen Berufskollegen er eine erheiternde Geschichte zum Besten geben will. Ein Kirchenbüttel, wie die Pilger nur zu gut wissen, sei eine verachtenswerte Kreatur, über die nichts Gutes gesagt werden könne. Mit dieser Feststellung kündet sich jedoch nicht nur eine »heitere« Geschichte an, sondern auch eine Schmährede, die sich sowohl gegen einen ganzen Berufsstand als auch gegen einen Mitpilger richten wird. Dies erkennt der Wirt und mahnt den Bettelmönch unter Hinweis auf seine klerikale Stellung, von seinem Vorhaben abzulassen. Doch der Kirchenbüttel will nicht in Schutz genommen werden. Er nimmt die Herausforderung an. Und damit ist die Grundlage für die beiden nun folgenden Erzählungen geschaffen. Der Bettelmönch wird eine Geschichte über einen Kirchenbüttel erzählen, und der Kirchenbüttel wird ihm mit einer Erzählung über einen Bettelmönch antworten.

Wie bereits angedeutet, spielt beim Bettelmönch das Statusdenken ein ganz erhebliche Rolle. Zwar führt Chaucer diese dubiose Gestalt wohl ironisch als »worthy lymytour« [ehrenwerter Bettelmönch] und »noble Frere« [edler Ordensbruder] (III, 1265) zu diesem Zeitpunkt in das Geschehen ein, der Wirt hingegen nennt ihn mit wahrscheinlich ehrlichem Respekt »leeve maister deere« (III, 1300) [lieber, geschätzter Meister] und verweist auf seinen Status. Seiner Stellung als Geistlicher ist sich der Bettelmönch auch in seiner Auseinandersetzung mit dem Kirchenbüttel wohl bewußt. Er braucht kein Blatt vor den Mund zu nehmen, da Angehörige der Bettelorden nicht unter der Jurisdiktion des Weltklerus stehen, für dessen Gerichte der Kirchenbüttel seinen Dienst verrichtet. Folglich kann er, ohne Repressalien fürchten zu müssen, den Amtsmißbrauch dieser Berufsgruppe anprangern. Doch nicht nur das Wissen um Straffreiheit macht den Bettelmönch zum Ankläger, der frei heraussagt, was alle wissen, was sich aber alle aus Angst vor möglichen Folgen nicht zu sagen trauen, sondern auch das Bewußtsein seiner sozialen Überlegenheit. Der Kirchenbüttel, wenngleich auch Angestellter an einem bischöflichen Gericht, ist Laie, während der Bettelmönch dem geistlichen Stande angehört. Aller Wahrscheinlichkeit nach hat er eine theologische Ausbildung genossen – seine herablassende Bemerkung der Frau aus Bath gegenüber läßt darauf schließen –, und auf dieses Wissen ist er stolz. Sein Status und seine Kenntnisse ermöglichen es ihm, eine Geschichte über einen Kirchenbüttel zu erzählen, die zwar unterhalten soll, aber auf einer gehobenen Ebene. Wenngleich auch seine Erzählung schwankhafte Züge aufweist – sie handelt von einem betrogenen Betrüger –, kann sie doch nicht der Gattung des Schwankes zugerechnet werden, da sie fest im Weltbild mittelalterlicher Moraltheologie verankert ist. Im Gegensatz zur amoralischen Weltsicht des Schwankes könnte die *Friar's Tale* ohne ihren christlichen Kontext überhaupt nicht existieren. Vielmehr macht dieser Kontext die Geschichte überhaupt erst möglich, denn der Bettelmönch bedient sich, seinem klerikalen Status entsprechend, einer exemplarischen Erzählweise, so wie sie unter Klerikern üblich war. Przemyslaw Mroczkowski (S. 107) weist zu Recht darauf hin, daß die *Friar's Tale* in der Predigttradition des Hochmittelalters und deren Gemeinplätzen steht. Aus dieser Tradition stammen ebenfalls die meisten uns erhaltenen Versionen der Chaucerschen Erzählung (vgl. Taylor, »The Devil and the Advocate«, sowie Lenaghan, S. 284). Wenn der Bettelmönch also eine Geschichte erzählt, die sich gegen den Berufsstand der Kirchenbüttel im allgemeinen und gegen den Pilger-Kirchenbüttel im besonderen richtet, dann tut er dies hinter der Maske exemplarischen Erzählens. Läßt sich nämlich von Kirchenbütteln generell nichts Gutes sagen, dann muß die nun folgende Erzählung diesen Tatbestand illustrieren. Anhand eines Exempels wird die Verworfenheit eines Vertreters dieser anrüchigen Berufsgruppe dargestellt, der folgerichtig auch als Demonstrationsobjekt für den Kirchenbüttel unter den Pilgern fungiert, dem er als warnendes Beispiel dienen soll. Auf diese Weise kann der Bettelmönch ganz im Stile der Predigttradition seine Erzählung mit folgendem, zweimalig geäußertem Wunsch abschließen: »And God, that maked after his ymage / Mankynde, save and gyde us, alle and some, / And leve thise somonours goode men bicome! [...] And prayeth that thise somonours hem repente / Of hir mysdedes, er that the feend hem hente!« (III, 1642–44; III, 1663–64) [Und Gott, der die Menschheit nach seinem Bilde erschaffen hat, behüte und bewahre uns alle und lasse diese Büttel gute Menschen werden! [...] Und betet dafür, daß diese Büttel ihre Missetaten bereuen, bevor der Teufel sie holt!].

Diese *peroratio*, mit der die Erzählung einen formal passenden Abschluß erhält, zieht noch einmal ein Fazit und erhebt in ihrer Gestaltung Anspruch auf Allgemeingültigkeit. Der Bettelmönch unterläßt zwar jeden Hinweis, der auf ein bestimmtes Individuum deuten könnte, d.h., er vermeidet tunlichst eine Argumentation *ad hominem*; trotzdem ist sein Widersacher unmißverständlich in dem generischen Begriff »thise somonours« [diese Kirchenbüttel] mit eingeschlossen. Und damit wird auch dieser fromme Wunsch zum Angriff gegen seinen Kontrahenten mißbraucht. Der Bettelmönch offenbart sich auch hier als der Heuchler, als der er bereits ausführlich im *General Prologue* beschrieben wurde. Dort nämlich wird er als das genaue Gegenstück zum hl. Franziskus charakterisiert, der alle Gebote des Ordensgründers in ihr Gegenteil verkehrt. Der Bettelmönch ist weltgewandt, umgänglich und heuchlerisch. Solange es für ihn und seinen Orden von Vorteil ist, sieht er gerne über die strikten Regeln der Kirche hinweg. Das Sakrament der Beichte z. B. handhabt er nach eigenem Gutdünken, wobei das Seelenheil des Sünders von untergeordneter Bedeutung ist, solange sich die »Reue« in klingender Münze bemessen läßt. Der Bettelmönch mißbraucht sein Amt in sträflicher Weise, eine Tatsache, für die seine eigene Erzählung ein weiteres Beispiel ist. Unter dem Deckmantel einer exemplarischen Geschichte, so wie sie zum Repertoire des Predigers gehört, schleudert er seine Giftpfeile gegen einen Mitpilger.

Nun ist der Kirchenbüttel natürlich bei weitem kein unschuldiges Opfer. Im *General Prologue* findet sich sein Porträt unter denen der fünf Halunken, die Chaucer nach den ehrbaren Bürgern als letzte Gruppe beschreibt. Er ist lüstern, vulgär und abstoßend. Auch er mißbraucht sein Amt aufs sträflichste, indem er, statt seinen Aufgaben nachzukommen, Bestechungsgelder annimmt und Bußgelder veruntreut. Oberflächlich gesehen sind Bettelmönch und Kirchenbüttel zwar unterschiedliche Charaktere, in ihrem Innern jedoch ähneln sie sich. Beide sind skrupellos und mißbrauchen ihre Autorität. Folglich ist es nicht erstaunlich, daß auch die Geschichte dieser beiden Pilger die Persönlichkeit ihrer beiden Erzähler widerspiegelt. Ton und Sujet reflektieren sowohl deren äußerliche Unähnlichkeit als auch ihre innere Artverwandtschaft. Wie Janette Richardson (S. 230) richtig erkannt hat, weisen beide Erzählungen das gleiche Strukturmuster auf: erstens eine längere, beschreibende Passage, die die Schuldhaftigkeit des Protagonisten darstellt; zweitens die Begegnung mit dem, der die Strafe vollzieht; drittens ein langer, einseitiger Dialog; viertens das Eintreten eines Ereignisses, dem fünftens ein zweites kulminierendes folgt, in dem frühere Aussagen des Protagonisten seine Niederlage herbeiführen.

In der *Friar's Tale* wird diese Struktur mit folgendem Inhalt gefüllt: Die Geschichte beginnt mit einer 73 Verse langen Verurteilung der Praktiken des Kirchenbüttels, der als Protagonist in der Erzählung des Bettelmönches agiert. Eines Tages trifft dieser Kirchenbüttel auf dem Weg zum Hause einer alten Witwe einen grün gekleideten Gesellen, der sich als Gerichtsdiener ausgibt. Auch der Kirchenbüttel gibt vor, dieses Amt auszuüben, und beide schwören einander Brüderschaft. Während der Unterhaltung stellt sich heraus, daß der vermeintliche Gerichtsdiener in Wirklichkeit ein Teufel auf Seelenfang ist. Unerschüttert durch diese plötzliche Enthüllung, erkundigt sich der Kirchenbüttel nun nach Einzelheiten über das Wesen der Dämonen und ihr Treiben auf dieser Welt. Daraufhin gibt ihm der Teufel sehr präzise Auskünfte über seine Gestalt und über seine ihm von Gott eingeräumte Handlungsfreiheit. Unbeeindruckt von diesen präzisen Aussagen, beharrt der Kirchenbüttel auf dem mit dem Teufel geschlossenen Bündnis; es wird vereinbart, daß beide ihren jeweiligen Gewinn mit nach Hause nehmen sollen. Da begegnet ihnen ein Fuhrmann, der seine beiden Pferde zum Teufel wünscht, weil sein Karren steckengeblieben ist. Der Kirchenbüttel glaubt nun, diese Verwünschung sei eine direkte Aufforderung an seinen Begleiter, die Pferde mit sich fortzuführen, doch er wird eines Besseren belehrt. Der Fuhrmann habe das nur so dahin gesagt, beabsichtigt habe er das Gesagte nicht. Nach dieser Episode obliegt es jetzt dem Kirchenbüttel zu zeigen, was er kann. Wie ursprünglich beabsichtigt, nähert er sich dem Haus der Witwe, um aus der unschuldigen Alten wenigstens zwölf Pfennige herauszupressen. In ihrer Not verflucht die Witwe den Kirchenbüttel und wünscht ihn zum Teufel, es sei denn, er bereue seine Missetat. Da er sich weigert, packt ihn der Teufel mit Leib und Seele und fährt mit ihm hinab zur Hölle. Die Erzählung endet mit der bereits erwähnten *peroratio*.

Aus dieser Nacherzählung wird deutlich, daß die *Friar's Tale* dem von Janette Richardson entworfenen Strukturmuster folgt. Vergleicht man nun Chaucers Handhabung der Geschichte mit anderen Versionen, fallen sofort strukturelle Unterschiede ins Auge. Als Illustration soll hier das Exemplum »De advocato, quem diabolus vivum rapuit, dum iret facere exactionem« aus der berühmten Beispielsammlung *Dialogus miraculorum* des Caesarius von Heisterbach (etwa 1180 bis 1240) dienen. Die umfangreiche expositorische Passage, die die Schuldhaftigkeit des Protagonisten veranschaulichen soll, besteht in Caesarius' Exemplum aus zwei Sätzen, und der lange, einseitige Dialog fehlt völlig. Das Ereignis, das der Höllenfahrt des *advocatus*, eines Seneschalls und Eintreibers kirchlich verhängter Geldbußen, vorausgeht, erscheint in doppelter Form: Ein Mann verflucht sein Schwein und eine Mutter ihr schreiendes Kind. Beide Male verweigert der Teufel die Annahme, da die Gabe nicht »ex corde« [von Herzen] komme. Dafür aber nimmt er den *advocatus*, als ihn die Dorfbewohner, die ihn bereits von weitem kommen sahen, zum Teufel wünschen. Eine Abmachung wie in der *Friar's Tale* existiert in Caesarius' Version nicht. Ganz im Gegenteil. Der *advocatus* in diesem Exemplum erkennt sehr rasch die wahre Natur des Fremden, dem er zufällig begegnet ist, und setzt sein ganzes Streben daran, von ihm loszukommen. Dies aber gelingt nicht, weil er bereits von Gott verdammt und dem Teufel überantwortet ist. Auch diese Tatsache ist nicht unwesentlich, weil es in Caesarius' Erzählung für den Protagonisten keine Rettung mehr gibt, während in Chaucers Version diese Möglichkeit wenigstens angedeutet wird, da die Alte ihre Verwünschung folgendermaßen modifiziert: »'The devel,' quod she, 'so fecche hym er he deye, / And panne and al, but he wol hym repente!'« (III, 1628–29) [»Der Teufel,« sagte sie, »soll ihn noch vor seinem Tode holen, und meinetwegen auch die Pfanne – es sei denn, er bereue!»]. Beide Erzählungen unterscheiden sich in diesem Punkt von anderen Versionen der Geschichte, wo die Verdammnis des Protagonisten durch die wirkliche Intention dessen, der ihn verwünscht, bewirkt wird (vgl. Taylor, »The Friar's Tale«, S. 269–74). Daß dies theologisch nicht haltbar ist, hat bereits schon Paul Beichner (S. 374) herausgestellt. Nach orthodoxer Auffassung kann man keinen zur Hölle schicken, nur weil man den aufrichtigen Wunsch dazu hat. Dies wissen sowohl Caesarius als auch Chaucer, die deshalb der Intention des Verwünschenden höchstens die Funktion von Theaterdonner beimessen. Der *advocatus* jedoch wird verdammt, weil Gott, der höchste Richter, ihn bereits gerichtet hat, und der Kirchenbüttel, weil er sich hartnäckig weigert zu bereuen.

Damit soll nicht gesagt werden, daß Intention in der *Friar's Tale* keine Rolle spielt. Dies ist ganz und gar nicht so, wie der sechsmalige Gebrauch des Wortes »entente« (III, 1374, 1389, 1452, 1497, 1556, 1630) in dieser verhältnismäßig kurzen Erzählung beweist. Der Begriff »entente« ist natürlich nicht eindeutig, er hat ein breites Bedeutungsspektrum. Richard H. Passon ist der Verwendung dieses Wortes bei Chaucer nachgegangen und zu dem Ergebnis gekommen, daß der Dichter den Begriff vor allem immer dann benutzt, wenn es um Schuld oder Unschuld im moralischen Verhalten seiner Charaktere geht. »Entente« drückt somit nicht nur eine bloße Absichtserklärung aus, sondern gibt Aufschluß über die ethische Grundhaltung, aus der sich eine Absicht ableitet. In diesem Sinne wird das Wort auch in der *Friar's Tale* gebraucht, wo sich die ersten drei Verwendungen des Begriffs auf den Kirchenbüttel selber beziehen und seinen Charakter enthüllen. Dessen negative Charakterisierung erreicht mit der letzten Verwendung des Wortes »entente« ihren Höhepunkt, denn auf die Verwünschung durch die Witwe, sollte er sich weigern zu bereuen, antwortet der Kirchenbüttel: »'Nay, olde stot, that is nat myn entente'« (III, 1630) [»Nein, alte Kuh, es ist nicht meine Absicht«]. Und da diese Absichtserklärung aus tiefster persönlicher Überzeugung kommt, kann der Teufel jetzt Kirchenbüttel und Pfanne an sich reißen und hinab zur Hölle führen. Im Gegensatz zu den drei Versionen der Geschichte (Taylor, »The Friar's Tale«, S. 269–74), wo die Verdammung des Protagonisten (Bauer, *advocatus* und Seneschall) durch den Wunsch seines potentiellen Opfers bewirkt wird, ist der Kirchenbüttel in der *Friar's Tale* selbst an seinem Untergang schuld. Durch seine beharrliche Weigerung, seinen unseligen Lebenswandel zu bereuen, liefert er sich dem Teufel aus, der ihn nun mit bestem Gewissen als seinen Gewinn mit in die Hölle nehmen kann. Die Frage stellt sich jedoch, ob der Kirchenbüttel in diesem Falle wirklich eine Wahl hatte. Konnte er in diesem kritischen Augenblick seinen Lebenswandel überhaupt noch bereuen, nachdem er bereits vorher die Bitte der alten Witwe um Nachsicht mit folgenden Worten abgelehnt hatte: »'Nay thanne,' quod he, 'the foule feend me fecche / If I th'excuse, though thou shul be spilt!'« (III, 1610–11) [»Nein«, sagte er, »der häßliche Teufel soll mich holen, wenn ich mit dir Nachsicht hätte, selbst wenn du dabei zugrunde gehst!«] Soll mit dieser Selbstverwünschung der Knoten so fest zugezogen werden, daß der Kirchenbüttel nicht mehr entrinnen kann, wenn er konsequent auch das nächste Mal die Forderung nach Reue ablehnt? Eine solche Interpretation trifft wahrscheinlich nicht zu, denn der Kirchenbüttel würde sich wohl kaum absichtlich dem Teufel auf diese Weise überantworten. Es handelt sich hier eher um eine konventionelle Redensart, ähnlich dem Fluch des Fuhrmanns, von dem der Teufel selber sagt: »The carl spak oo thing, but he thoghte another.« (III, 1568) [daß der Kerl das eine sagte, doch etwas anderes dachte.]. Zu diesem Zeitpunkt ist es für Reue noch nicht zu spät. Das Maß ist erst in dem Moment voll, als sich der Kirchenbüttel ausdrücklich weigert, seine Missetaten zu bereuen, und er die Strafe für seine Weigerung sofort an Leib und Seele erfahren muß.

Da sich in Chaucers Erzählung der Protagonist selbst verdammt, muß seine Charakterisierung ganz anders erfolgen als in den anderen Versionen der Geschichte. Es genügt nicht, einfach einen Bauern, *advocatus* oder Seneschall als Hauptfigur zu wählen und dann die Handlung in Bewegung zu setzen und ablaufen zu lassen, bis der Protagonist auf den Wunsch eines anderen hin zur Hölle fährt. Da sich der Kirchenbüttel in der *Friar's Tale* selbst zu diesem Schicksal verurteilt, bedarf es einer detaillierten Charakterisierung dieser Figur. Hier nun wirken Erzählung und Erzählkontext unmittelbar zusammen. Die Erzählung verlangt nach einem Porträt, und der Rahmen liefert dafür die Einzelheiten. Ähnlich wie in der *Reeve's Tale*, wo der Erzähler, um sich zu revanchieren, eine Karikatur des Müllers zeichnet, verfährt der Bettelmönch mit der von ihm beschriebenen Figur. Da er sich mit seinem Pilgerbruder, dem Kirchenbüttel, verfeindet hat, überträgt er dessen Züge auf seinen Protagonisten. Folglich ähnelt dessen ausführliche Beschreibung am Anfang der Erzählung dem Porträt des Kirchenbüttels im *General Prologue*. Vom Kirchenbüttel in der *Friar's Tale* wird in III, 1354 zusammenfassend gesagt, daß er »A theef, and eek a somnour, and a baude« [ein Dieb, ein Büttel und ein Kuppler] gewesen sei, eine Beschreibung, die genau auf den Kirchenbüttel unter den Pilgern paßt. Auch dessen Bauernschläue und Unverschämtheit besitzt der Protagonist der *Friar's Tale*, sowie dessen Ignoranz. Der Begriff Ignoranz mag zuerst vielleicht erstaunlich klingen, da beide Charaktere mit allen Wassern gewaschen zu sein scheinen und ihre Position rücksichtslos ausnützen, was schließlich einen gewissen Grad an Intelligenz verlangt. Als Bauernschläue ist diese Fähigkeit zu verstehen, denn beide Charaktere erfassen zwar instinktiv eine für sie günstige Situation und nutzen sie weidlich aus, ihnen fehlt aber trotzdem jegliches tiefere Wissen und jegliche Gelehrtheit. Der Pilger-Kirchenbüttel plappert in betrunkenem Zustand einige angelernte lateinische Phrasen, wie eine Elster, die »wat« rufen kann. Die Bedeutung und der Sinn dieser Rechtsbegriffe sind ihm jedoch verschlossen. Und der Kirchenbüttel in der *Friar's Tale* zeigt seine Ignoranz im Umgang mit dem Teufel. Es mag vielleicht noch verzeihlich sein, daß er den grün gekleideten Fremden, der sich als Gerichtsdiener ausgibt, nicht sofort erkennt. Die Angabe über dessen Wohnort »fer in the north contree« (III, 1413) [weit oben im Norden], hätte ihn jedoch wenigstens stutzig machen sollen, da sich die Hölle mittelalterlicher Auffassung zufolge im hohen Norden befindet. Mit diesem Unbekannten, der einen ähnlichen Beruf ausübt, schließt er Brüderschaft. Er vertraut sich ihm voll an und verkündet ihm stolz sein sündhaftes Treiben. Die Szene hat Konfessionscharakter, nur ist dies der falsche Beichtvater. Als der Teufel daraufhin seine wahre Identität zeigt, ist unser Kirchenbüttel keineswegs bestürzt, sondern er möchte nun Einzelheiten über die Körperlichkeit der Dämonen wissen. Sein Interesse ist fast wissenschaftlicher Natur, aber das einer pervertierten Wissenschaft, die sich nur mit oberflächlichen Phänomenen, nicht aber mit den Ursachen und ihren Wirkungen befaßt. Deshalb kann der Teufel auch jede Vorsicht außer acht lassen, da sein Begleiter und potentielles Opfer den Ernst der Lage gar nicht durchschauen will oder kann. Folglich hat die breit angelegte Erklärung über das Wesen der Teufel und ihrer Funktion in einem göttlich bestimmten Universum überhaupt keine Wirkung auf den Kirchenbüttel. Den Warnungen gegenüber ist er taub, da er den spirituellen Sinn des Gesagten nicht begreifen kann. Und so bricht der Teufel seine Ausführungen fast höhnisch mit folgendem Hinweis ab: »Hernach, mein teurer Bruder, wirst du dorthin kommen, wo du meine Lehre nicht mehr brauchst. Deine Erfahrung wird es dir dann nämlich ermöglichen, vom Katheder aus Vorlesungen zu diesem Thema abzuhalten, und zwar besser als Vergil zu seinen Lebzeiten oder Dante.« (III, 1515–20). Und er fügt hinzu, er werde bei ihm bleiben, bis zu dem Zeitpunkt, an dem der Kirchenbüttel ihn verlassen wolle. Damit zeigt der Teufel selbst die Möglichkeit eines Auswegs auf, aber der Kirchenbüttel ist entweder zu dumm oder zu verblendet, um diese Möglichkeit auch wahrzunehmen. Er beruft sich auf den einmal geleisteten Schwur, den er Satan selbst halten würde. Und damit stellt er die Weichen für seinen Untergang. Mit offenen Augen läuft er in sein Verderben. Der Erzähler stempelt seinen Protagonisten als Ignoranten ab. Der Held seiner Geschichte, der von sich glaubt, er wäre der ausgekochteste Vertreter seines Berufs, wird zur komischen Figur, denn es ist abzusehen, daß der Betrüger sich schließlich selbst betrügen wird. Auf dieser Ebene gleicht die Handlung durchaus der des Schwankes, nur ist der Preis, um den es geht, ungleich höher als der, den man normalerweise im schwankhaften Geschehen findet. Der Einsatz ist Leib und Seele, eine Tatsache, der sich der Kirchenbüttel jedoch nie bewußt wird, denn er ist keine faustische Figur, sondern eher ein dummer Tölpel, der nicht versteht, um welchen Preis hier gespielt wird. Aus dieser Ignoranz heraus und aus dem Wissen des Lesers oder Hörers ergibt sich eine vielschichtige ironische Brechung des Geschehens. Ein Jäger, der Informanten wie Falken zur Hand hat, um seine Beute aufzuspüren (III, 1338–43), wird selbst zum Gejagten. Er schwört Brüderschaft mit seinem Erzfeind. Und er, der skrupellose Büttel, verliert schließlich seinen Gewinn an einen, der peinlichst darauf bedacht ist, alle Formen zu wahren. Der Teufel nämlich manipuliert nicht, sondern hält sich skrupulös an alle Abmachungen, was ihm vom uneinsichtigen Kirchenbüttel nur ein spöttisches Lächeln einbringt, der dem armen Teufel sogar Nachhilfeunterricht in Sachen Gewinn geben will. Nach der Begegnung mit dem Fuhrmann, aus der der Teufel mit leeren Händen hervorgeht, gehen die beiden »Brüder« zum Haus der Witwe, von der der Kirchenbüttel zwölf Pfennige erpressen will. Sein Vorhaben erklärt er dem Teufel mit folgenden Worten: »But for thou kanst nat, as in this contree, / Wynne thy cost, taak heer ensample of me.« (III, 1579–80) [Da du aber, zumindest in dieser Gegend, nicht auf deine Kosten kommen kannst, nimm dir jetzt ein Beispiel an mir.«]. Bei solchem Hochmut kann der Fall nicht mehr lange auf sich warten lassen, dessen ist sich der Hörer oder Leser der Geschichte gewiß. Die Ironie der Aussage ist deshalb unverkennbar. Hier wird eine Figur vom Erzähler so offensichtlich manipuliert, daß das Publikum die Anmaßung und Selbstsicherheit des Kirchenbüttels nur belächeln kann. Auf einer höheren Ebene, d.h. außerhalb der in sich geschlossenen Welt der Erzählung, fungiert der Kirchenbüttel natürlich als Surrogat für den Pilger-Kirchenbüttel, während der Bettelmönch in die Rolle des gerechten Teufels schlüpft. Der Teufel zeichnet sich durch gründliche theologische Kenntnisse aus. Er ist belesen, umgänglich, ja sogar liebenswürdig. Damit verkörpert er die Tugenden des Bettelmönches, der sich den Teufel als Instrument der Rache gewählt hat. Durch seine intellektuelle Überlegenheit über den Kirchenbüttel, dem er mit ironischer Distanz gegenübersteht, distanziert sich der Bettelmönch in der Figur des Teufels auch gleichzeitig vom Pilger-Kirchenbüttel. Die Geschichte wird *ad hominem* erzählt, d.h., der Pilger-Kirchenbüttel ist die eigentliche Zielscheibe der *Friar's Tale*, wenngleich der Bettelmönch in der abschließenden *peroratio* den Kirchenbüttel als Berufsstand anspricht. Selbstgefällig bringt der Bettelmönch seine Geschichte zu Ende in dem Glauben, den Pilger-Kirchenbüttel genügend desavouiert zu haben, um vor einer Gegenattacke sicher zu sein. Er hat seinen Gegner zur Hölle geschickt und hofft, daß er auch dort bleiben wird.

Wie immer steht natürlich auch hier Chaucer, der Autor, als Kontrollinstanz hinter seinem Erzähler. Und damit konstituiert sich eine dritte Erzählebene. Indem Chaucer nämlich den Bettelmönch eine exemplarische Geschichte erzählen läßt, die sich im Gegensatz zur Allgemeinverbindlichkeit dieser Gattung auf eine bestimmte Person bezieht, und indem er seinen Erzähler das Exemplum als Schmährede mißbrauchen läßt, gibt er ihn selber der Kritik preis. Der Leser oder Hörer ist aufgefordert, die *Friar's Tale* aus dreifacher Perspektive zu beurteilen: erstens, als in sich geschlossene Erzählung; zweitens, im Kontext des Rahmens aus der Sicht des Erzählers; und drittens, im Gesamtkontext aus der Sicht des Autors. Und zu guter Letzt stellt sich der Bettelmönch als Heuchler selbst an den Pranger, noch bevor er der nun fälligen Gegenattacke durch den Kirchenbüttel ausgesetzt wird. Unter dem Vorwand, mit seiner Erzählung nur zur Unterhaltung der anderen Pilger beitragen zu wollen (vgl. III, 1275), hat er einen Mitpilger attackiert. Er hat sich zu diesem Zwecke die Gattung des Exemplums ausgewählt und seine beispielhafte Erzählung mit einer homiletischen *peroratio* abgeschlossen. Damit aber hat er eine seinem geistlichen Stand angemessene Erzählgattung mißbraucht, und zwar in ähnlicher Weise, wie er laut Angaben im *General Prologue* sein klerikales Amt ständig mißbraucht. Und somit ist seine Erzählung letztendlich auch exemplarisch für seinen Charakter.

Bibliographie zur Friar's Tale

Baird, Joseph L. »The Devil's ›Privetee‹.« *NM*. 1969; 70:104–06.

Beichner, Paul E. »Baiting the Summoner.« *MLQ*. 1961; 22:367–76.

Birney, Earle. »›After His Ymage‹ – The Central Ironies of the *Friar's Tale*.« *MS*. 1959; 21:17–35.

Hahn, Thomas, und Richard W. Kaeuper. »Text and Context: Chaucer's *Friar's Tale*.« *SAC*. 1983; 5:67–101.

Hennedy, Hugh R. »The Friar's Summoner's Dilemma.« *ChauR*. 1971; 5:213–17.
Leicester, H. Marshall, Jr. »›No Vileyns Word‹: Social Context and Performance in Chaucer's *Friar's Tale*.« *ChauR*. 1982; 17:21–39.
Lenaghan, R.T. »The Irony of the *Friar's Tale*.« *ChauR*. 1973; 7:281–94.
Mroczkowski, Przemyslaw. »The *Friar's Tale* and Its Pulpit Background.« *English Studies Today*. 2nd Ser. 1961; 107–20.
Richardson, Janette. »Friar and Summoner. The Art of Balance.« *ChauR*. 1975; 9:227–36.
Taylor, Archer. »The Devil and the Advocate.« *PMLA*. 1921; 36:35–59.
–. »The Friar's Tale.« In *Sources and Analogues of the Canterbury Tales*. Hg. W.F. Bryan und Germaine Dempster. London: Routledge & Kegan Paul Ltd; 1958. S. 269–74.

The Summoner's Tale

Die Geschichte des Kirchenbüttels wird durch die vorhergehende Erzählung des Bettelmönches provoziert, der mit seiner Schilderung von der Höllenfahrt eines verblendeten Büttels die Revanche seines Mitpilgers geradezu herausfordert. Man kann es dem Kirchenbüttel nicht verdenken, wenn er zunächst mit stiller Wut auf die Attacke des Bettelmönches reagiert. Doch er fängt sich schnell und holt nun seinerseits zum Gegenschlag aus. Geschickt spielt er den Ball zurück, den ihm der Bettelmönch in seiner Erzählung unbeabsichtigt zugeworfen hat. Dort nämlich führte der Teufel den verstockten Büttel mit folgendem höhnischen Kommentar zur Hölle hinab: »'Thou shalt with me to helle yet tonyght, / Where thou shalt knowen of oure privetee / Moore than a maister of dyvynytee.'« (III, 1636–38) [»Du wirst noch heute abend mit mir zur Hölle fahren, wo du mehr über unsere Privatsphäre erfahren wirst als ein Magister der Theologie.«]. Der Begriff »privetee« gibt dem Erzähler der *Summoner's Tale* das Stichwort. Da »privetee« nicht nur Privatsphäre bedeutet, sondern auch Intimsphäre (vgl. III, 2143), kann der Kirchenbüttel das Wort in diesem Sinne in seinem Prolog aufnehmen. Er berichtet von der Höllenvision eines Bettelmönches, der von einem Engel durch das finstere Reich geführt wird. Da er nirgendwo einen Bettelmönch erblickt, fragt er seinen himmlischen Begleiter, ob seine Mitbrüder so voll der Gnade seien, daß sie von den Qualen der Hölle verschont blieben. Der Engel winkt ab. Ganz im Gegenteil, es gebe Millionen von Bettelmönchen in der Hölle, wie er gleich selber sehen werde, und er befiehlt Satan, seinen Schwanz zu heben. Sogleich kriechen zwanzigtausend Bettelmönche aus ihrer besonderen Behausung unter Satans Schwanz hervor, schwärmen durch die Hölle und kehren an ihren anrüchigen Aufenthaltsort zurück. Die Privatsphäre des Teufels, von der in der *Friar's Tale* die Rede war, wird folglich vom Kirchenbüttel als dessen Intimsphäre interpretiert, der damit den Witz des Bettelmönches gegen diesen selbst kehrt. Bevor der Büttel also seine eigentliche Erzählung beginnt, hat er bereits die Lacher auf seiner Seite. Erwartungsgemäß wird auch seine Erzählung zu einer Attacke gegen den Bettelmönch. Sie hat jedoch noch eine weitere Funktion: Sie ist eine generelle Kritik an den Praktiken der Bettelmönche.

Die *Summoner's Tale* gehört zur Gattung des Schwankes im weitesten Sinne, und zwar zu den nicht-erotischen Vertretern dieses Erzähltypus. Die Geschichte handelt von einem betrogenen Betrüger, der darüberhinaus öffentlich gedemütigt wird. Vergleicht man Chaucers Erzählung jedoch mit einem älteren Schwank ähnlichen Inhalts, z. B. dem *Li dis de la vescie a prestre* des Jacques de Baisieux, oder mit einer sehr viel späteren Eulenspiegelgeschichte, sind deutliche Unterschiede zur herkömmlichen Gestaltung der Gattung erkennbar. Wenngleich auch die Strukturierung des Handlungsablaufes der *Summoner's Tale* der plot-Gestaltung des Schwankes folgt, enthält Chaucers Erzählung viele zusätzliche Elemente, die man gewöhnlich nicht in der Schwankliteratur findet. Das Vorhandensein dieser Elemente, vor allem aus der Predigt, weist auf das eigentliche Ziel der Geschichte hin: Die *Summoner's Tale* ist nicht nur als schwankhafte Erzählung konzipiert, mit der sich der Kirchenbüttel für die Geschichte des Bettelmönches revanchiert, sondern sie ist auch als Desavouierung der Bettelmönche gedacht. Damit gehört die *Summoner's Tale* zu der reichen und vielfältigen Literatur, die sich seit Mitte des 13. Jahrhunderts gegen die Praktiken und Ansprüche der Bettelorden richtet. Es lassen sich hier drei Richtungen unterscheiden: die ursprüngliche Auseinandersetzung zwischen den Angehörigen des Weltklerus und den Mitgliedern der Bettelorden an der Universität Paris in den fünfziger Jahren des 13. Jahrhunderts. Zu nennen sind hier vor allem Wilhelm von Saint-Amour und Gérard von Abbeville, die sich für eine Begrenzung der Lehrstühle für Mendikanten und für ein Verbot der Abnahme der Beichte durch die Bettelmönche einsetzten. Diese theologiegeschichtliche Tradition lebte auch in England im 14. Jahrhundert fort. Zu ihren Anhängern gehörte u. a. auch John Wyclif. Daneben existierte eine satirische Tradition, die auf die Faussemblant-Passagen im *Rosenroman* des Jean de Meung zurückging. Und schließlich gab es noch Kritik aus den eigenen Reihen. So spaltete sich z. B. der Franziskanerorden in zwei Lager, die Konventualen und die Spiritualen. Besonders die Schriften des zur Spiritualen-Bewegung gehörenden Freundes und Schülers des hl. Franziskus, Bruder Leos *Speculum Perfectionis* und *Verba Sancti Francisci,* bildeten die Grundlage der reinen, unverfälschten franziskanischen Lehre, auf die sich die Gegner der verweltlichten Mendikantenorden oft beriefen (vgl. Fleming, »The Antifraternalism of the *Summoner's Tale* «, S. 690–91).

Auch in der *Summoner's Tale* ist das franziskanische Ideal unübersehbar, d.h., Chaucer kontrastiert das Verhalten des Protagonisten Bruder Johann, mit dem Leitbild des hl. Franziskus, ja, er geht sogar so weit, Bruder Johann Einzelheiten der franziskanischen Lehre aufzählen zu lassen, um dann zu zeigen, wie weit sich dieser Ordensbruder von seinen ursprünglichen Ordensregeln entfernt hat. Dieses Verfahren ist nicht überraschend, denn bereits im *General Prologue* war das Porträt des Bruders Hubert, dessen Aktivitäten und Ansichten denen des Ordensgründers diametral entgegenstehen, ähnlich konzipiert. Und da Bruder Hubert die eigentliche Zielscheibe für den Angriff des Kirchenbüttels ist, muß die Charakterisierung des Protagonisten in seiner Geschichte ähnliche Züge aufweisen, wie sie der Bettelmönch unter den Pilgern besitzt. Seine Machenschaften werden nun im schwankhaften Geschehen bloßgestellt.

Die Strukturierung der Erzählung weist die für einen Schwank charakteristischen Merkmale auf: erstens, Exposition (III, 1709–64); zweitens, Entwicklung des Betrugsmanövers (III, 1765–2143); drittens, Höhepunkt und Peripetie (III, 2144–61); viertens, Auflösung der Handlung (III, 2162–2293). Vor allem die beiden ersten Strukturteile ermöglichen es dem Erzähler unter Chaucers Anleitung, die Praktiken der Mendikanten aufs Korn zu nehmen und zu desavouieren. Bruder Johann, der Protagonist, wird als eloquenter Prediger in die Geschichte eingeführt. Er hat gerade in einer Kirche gepredigt und diesen Anlaß dazu benutzt, seinen Hörern das Seelenheil ihrer verstorbenen Freunde ans Herz zu legen. Warum für diese Verstorbenen von den Vikaren Totenmessen in der herkömmlichen Art lesen lassen, d.h. dreißig Seelenmessen, verteilt auf ebenso viele Tage, wenn dreißig Bettelmönche das Geschäft an einem Tag abwickeln und somit der armen Seele neunundzwanzig Tage Höllenpein ersparen könnten? Diese Variante des Lesens der Seelenmessen dürfte beim Leser ein Schmunzeln hervorrufen, sie zeigt aber auch deutlich den Mißbrauch, den Bruder Johann mit der Predigt treibt. Seelenmessen kosten gutes Geld – sie sind deshalb eine Einnahmequelle, die sowohl vom Weltklerus als auch von den Bettelorden geschätzt wird. Beide stehen folglich in hartem Konkurrenzkampf um diese Einkünfte. Warum dann nicht den Service rationalisieren und attraktiv machen, um den

Mitkonkurrenten aus dem Rennen zu werfen? In erster Linie geht es also nicht mehr um das Seelenheil des Verstorbenen, obwohl dieses Anliegen als Argument ins Feld geführt wird, es geht vielmehr ums Geld. Bruder Johann und viele andere Bettelmönche versuchen auf diese Weise, Gelder für ihren Konvent zu sammeln, und tun dies in Verletzung der Vorschriften des hl. Franziskus, der es seinen Anhängern untersagt hatte, sich für seelsorgerische Dienste entlohnen zu lassen. Auch die Beschreibung der Bettelaktivitäten von Bruder Johann zeigt, daß diese unvereinbar mit der Lebensweise eines Bettelmönches sind. Obwohl der hl. Franziskus seinen Anhängern in der *Regula primitiva* befohlen hat, ohne Sack, Beutel, Brot, Geld oder Wanderstab durch die Welt zu ziehen, besitzt Bruder Johann einen Beutel und einen Stab. Er dringt in jedes Haus ein, um dort etwas für seinen Orden zu ergattern. Nicht für seinen eigentlichen Unterhalt erbittet er Speisen, sondern, zusammen mit einem Mitbruder und begleitet von einem Träger, sucht er die Wohnungen seines Bezirks heim, um Geld und Naturalien zu erbetteln. Betteln wird folglich zum Geschäft. Zwar verspricht Bruder Johann, die Wohltäter in sein Gebet einzuschließen, und schreibt deshalb ihre Namen auf eine Tafel, sobald er jedoch dem Haus den Rücken gekehrt hat, löscht er diese Namen wieder. Als Bruder Hubert diesen Vorwurf hört, protestiert er lautstark. Der Kirchenbüttel habe in diesem Punkt die Unwahrheit gesagt, doch der Wirt ruft ihn zur Ordnung und fordert den Kirchenbüttel auf, weiterzuerzählen. Der Protest ist bezeichnend; er wirft ein Schlaglicht auf den Charakter des Bettelmönches, der der Darstellung des *modus operandi* seines Ordensbruders durch den Kirchenbüttel bis dahin widerspruchslos zugehört hat. Obwohl die geschilderten Aktivitäten alle unvereinbar sind mit den Vorschriften der Ordensregel, protestiert Bruder Hubert nicht, offensichtlich in Kenntnis der Gepflogenheiten seiner Mitbrüder. Sein Schweigen signalisiert folglich sein Einverständnis mit den beschriebenen Praktiken, die er alle, bis auf die gerade erwähnte, zu billigen scheint. Sein Protest hat somit eine entgegengesetzte Wirkung: Er bedeutet die Anerkennung aller anderen vorher erhobenen Vorwürfe gegen das Vorgehen der Mendikanten. Und dadurch manövriert sich der Bettelmönch in seiner Auseinandersetzung mit dem Kirchenbüttel in eine moralisch schwächere Position.

Die Exposition dient also dazu, den *modus operandi* von Bruder Johann zu illustrieren, während der zweite Abschnitt einen spezifischen Fall behandelt. Der Bettelmönch betritt das Haus des Laienbruders Thomas, wo er seit jeher gastfreundlich aufgenommen wurde. Die Absicht seines Besuches liegt auf der Hand: Er will von Thomas eine Zuwendung für seinen Orden. Folglich befaßt sich der verhältnismäßig lange zweite Teil der Darstellung mit der Strategie, mit der er sein Ziel erreichen will. Doch die Voraussetzungen für sein Vorhaben sind schlecht: Thomas ist krank und bettlägerig, worüber sich seine Frau beklagt. Außerdem hat das Ehepaar gerade erst ein Kind verloren, wovon der angeblich so um Thomas' Familie besorgte Bruder Johann nichts weiß. Unter diesen Umständen wäre es taktvoll, sich still zurückzuziehen, doch der Bettelmönch hält an seinem Vorsatz fest. Folglich ist es nicht verwunderlich, daß der gequälte Thomas sich schließlich energisch zur Wehr setzt. Um sich von dem aufdringlichen Besucher zu befreien, entwickelt er eine Gegenstrategie, die zur Peripetie der Handlung führt.

Auch der zweite Abschnitt dient neben der Entwicklung des schwankhaften Geschehens wieder dazu, die Praktiken der Mendikanten kritisch zu beleuchten. Angeprangert wird vor allem ihre Heuchelei. Bruder Johann gibt zwar vor, seine ganze Zeit im Gebet für Thomas und seine Familie zu verbringen, in Wirklichkeit aber weiß er nicht einmal Bescheid über so wichtige Ereignisse wie den Tod des Kindes. Anstatt diese Tatsache jedoch zuzugeben, erfindet er eine phantastische Geschichte. Er habe das Kind in einer Vision zum Himmel fahren sehen. Auch der Küster und der Spitteler – beide schon seit fünfzig Jahren Mitglieder des Ordens – hätten die gleiche Vision gehabt. Daraufhin habe der ganze Konvent aus Dankbarkeit für Gottes

Gnade ein *Te Deum* gesungen. Die Glocken habe man aber nicht läuten lassen. Dieser kurz eingeschobene Hinweis auf den Verzicht, die Glocken zu läuten, zeigt die Cleverness des Bettelmönches. Da es üblich ist, für einen Verstorbenen die Glocken zu läuten, Thomas aber dieses Läuten der Glocken des benachbarten Konvents hätte hören müssen, muß Bruder Johann eine Erklärung für das Abweichen von der sonst üblichen Praxis beibringen. Dafür dient der Hinweis auf das Singen des *Te Deum*. Fortgerissen von seiner Lügengeschichte, erdreistet sich der Bettelmönch nun, über die Auserwähltheit seines Ordens zu dozieren: »For, sire and dame, trusteth me right weel, / Oure orisons been moore effectueel, / And moore we seen of Cristes secree thynges, / Than burel folk, although they weren kynges.« (III, 1869–72) [Denn, werter Herr und gnädige Frau, darauf könnt ihr euch verlassen: Unsere Gebete sind effektiver, und wir sehen mehr von Christi verborgenen Dingen als Leute im Laienstand, selbst wenn sie König wären.]. Der Grund für diese besondere Gnade sei die Enthaltsamkeit der Bettelmönche, die ganz in der Nachfolge Christi lebten. Ironischerweise beschließt Bruder Johann diesen Teil seines Vortrages mit einer kurzen Skizzierung des franziskanischen Ideals, von dem er sich selbst so weit entfernt hat: »Deshalb sind wir Mendikanten, wir gesegneten Bettelmönche, mit der Armut und der Enthaltsamkeit vermählt, mit der Nächstenliebe, der Demut und der Abstinenz, mit der Verfolgung um der Rechtschaffenheit willen, mit dem Weinen, der Barmherzigkeit und der Reinheit.« (III, 1906–10). Der hl. Franziskus hätte seine Freude gehabt an diesem Bekenntnis, hätte der Lebenswandel seines Nachfolgers auch in der Praxis diesem Ideal entsprochen. Daß dem nicht so ist, wird aus den nachfolgenden Worten Bruder Johanns sofort wieder deutlich, denn er endet seine Beschreibung mit der anmaßenden Behauptung, die Bettelmönche wären wegen der hier aufgezählten Tugenden Gott lieber als alle anderen Menschen, besonders aber solche, die sich nicht in Enthaltsamkeit übten. Statt Demut, so wie es der Ordensgründer von seinen

Mitbrüdern gefordert hatte, spricht aus Bruder Johann der Hochmut. Außerdem dürfte der Leser oder Hörer der Geschichte kaum vergessen haben, daß unser enthaltsamer Bettelmönch 75 Verse vorher gerade eine Bestellung an die Hausfrau aufgegeben hat, ihm eine Mahlzeit aus Hühnerleber, geröstetem Schweinekopf und Weißbrot zu bereiten – fürwahr ein karges Mahl für einen Mendikanten.

Um Thomas gebefreudiger zu machen, muß Bruder Johann seine allgemeinen Ausführungen über die Auserwähltheit der Bettelmönche in den Augen Gottes wieder auf dessen spezifischen Fall beziehen. Tag und Nacht beten die begnadeten Bettelmönche in ihrem Konvent für Thomas' Gesundheit. Und wäre Thomas nicht ihr geliebter Mitbruder, wäre wohl jede Heilung unmöglich. Nicht zu Unrecht protestiert der Kranke an dieser Stelle. Obwohl er gutes Geld an viele Bettelmönche gegeben habe, verspüre er nicht die geringste Besserung. Bruder Johann hat sofort die Antwort parat. Der Grund für die Unwirksamkeit von Thomas' Zuwendungen sei seine Methode, sie zu verteilen. Hätte er die gesamte Summe an Bruder Johanns Konvent gegeben, dann wäre er in den vollen Genuß der heilbringenden Gebete gekommen. So aber habe er sein Geld verschwendet. Der Arbeiter müsse seinen gerechten Lohn bekommen (Lukas 10,7), Thomas aber habe die Arbeit seiner Mitbrüder umsonst haben wollen. Gestützt auf dieses aus seinem Kontext gerissene und zynisch interpretierte Bibelzitat, kann Bruder Johann nun sein Anliegen klarer ausdrücken. Der Konvent brauche Geld, um den Bau einer neuen Kirche zu finanzieren. Über den Segen solchen Tuns könne sich Thomas bei seinem Namensvetter, dem hl. Thomas von Indien, orientieren, der in der Hagiographie berühmt sei für seine Bautätigkeit. Geschickt wird hier mit den zwei Vorstellungen gespielt, die mit den Namen des hl. Thomas assoziiert wurden: seine Ungläubigkeit und seine Bautätigkeit (vgl. Clark, S. 165–66). Der Thomas in unserer Geschichte verkörpert in den Augen von Bruder Johann die Ungläubigkeit des Heiligen. Folglich kann er über die

Wohltätigkeit seines Mitbruders sagen: »Youre inconstance is youre confusioun.« (III, 1958) [Euer Wankelmut ist Euer Verderben.]. In seinem Glauben unbeständig war nämlich auch der hl. Thomas, der erst seine Hand in die Wunden Christi legen mußte, um an die Auferstehung des Herrn zu glauben. Dieser ungläubige Thomas aber wurde zum großen Kirchenbaumeister, d.h., er übte eine Tätigkeit aus, die auch unser Thomas mit seiner finanziellen Unterstützung fördern sollte. Auch er solle sich vom ungläubigen Thomas zu Thomas, dem Baumeister, wandeln und von seinem Ärger und Zorn ablassen.

In diesem Kontext eigentlich unpassend und unerwartet fallen hier die Stichworte »anger« [Ärger] und »ire« [Zorn] (III, 1981). Zwar forderte Thomas' Frau ganz am Anfang den Bettelmönch auf, ihren Mann zurechtzuweisen, weil er »as angry as a pissemyre« (III, 1825) [so gereizt wie eine Ameise] sei, aber nirgendwo hatte Thomas verärgert oder zornig reagiert, obwohl er Grund genug dafür gehabt hätte. Der Vorwurf kommt deshalb überraschend. Er gibt dem Bettelmönch die Gelegenheit, eine mehr als hundertversige Predigt über die Todsünde des Zornes zu beginnen. Eingeschlossen in diese Predigt sind drei Exempla aus Senecas Schrift *De ira*: vom Unglück, das ein erzürnter Richter über drei Menschen bringt, von Kambyses, der aus Zorn über den Vorwurf der Trunkenheit den Sohn seines Tadlers mit einem Pfeil erschießt, und schließlich von Kyros, der aus Wut darüber, daß sein Pferd im Gyndes ertrank, diesen Fluß eindämmen läßt. Auffällig an diesen Beispielen ist zunächst, daß sie völlig unzutreffend sind. Selbst wenn man unterstellen wollte, Thomas sei in seinem ehelichen Verhalten gelegentlich zornig, haben diese Beispiele nichts mit seiner bescheidenen häuslichen Situation zu tun. Thomas ist weder Richter noch Potentat, d.h., die Folgen eines hypothetischen Zornausbruches hätten bei ihm ganz andere Ausmaße als bei den hier zitierten exemplarischen Figuren. Die Geschütze, die hier aufgefahren werden, schießen also weit über das anvisierte Ziel hinaus. Doch dies ist nicht alles. Wie in der Forschung bereits vermerkt, haben die Exempla bei

Seneca eine andere Bedeutung. Das erste Beispiel soll dort die Ungerechtigkeit zeigen, deren ein Mensch im Zorn ohne jegliche Provokation fähig sein kann. Das zweite Beispiel dient dazu, die Berechtigung von Zorn in gewissen Situationen zu zeigen, während der Bettelmönch darin eine Aufforderung sieht, den Mächtigen zu schmeicheln und ihnen die unangenehme Wahrheit zu verschweigen. Und das dritte Beispiel soll bei Seneca die Selbstzerstörungstendenz exzessiven Ärgers verdeutlichen, während der Prediger daraus die Lehre ableitet, man solle die Gesellschaft eines zornigen Mannes meiden (vgl. Zietlov, S. 13). Daß Bruder Johann gerade diese Beispiele aus *De ira* wählt und ihnen eine andere Bedeutung gibt, zeigt wiederum seine Willkür und Selbstherrlichkeit. Ihm ist jedes Mittel recht, um den kranken Thomas zum Spenden zu animieren. Doch dieser läßt sich nicht beeindrucken. Auf die Aufforderung des Bettelmönches, nun von seinem Ärger abzulassen und zu beichten, antwortet er, daß er bereits bei seinem Seelsorger die Beichte abgelegt habe. Damit vereitelt er den Versuch des Bettelmönches, über die Beichte an sein Geld zu kommen, und zwingt ihn, seine Absicht in aller Offenheit zu erklären: »'Yif me thanne of thy gold, to make oure cloystre'« (III, 2099) [»Dann gib mir von deinem Gold zum Bau unseres Klosters«]. Man kann die Reaktion von Thomas angesichts dieser Unverfrorenheit verstehen, der »ny wood for ire« (III, 2121) [fast wahnsinnig vor Zorn] wird und eine Gegenstrategie ausklügelt, um dem frechen Bettelmönch das Handwerk zu legen.

Im dritten Teil erreicht die Handlung ihren Höhepunkt und ihre Peripetie. Der Bettelmönch wird auf die bereits erwähnte Weise gedemütigt und für seine Raffgier bestraft. Er, der so eloquent über die verheerenden Auswirkungen der Todsünde des Zorns doziert hat, wird nun zum lebenden Beispiel seiner eigenen Ausführungen: »He looked as it were a wilde boor; / He grynte with his teeth, so was he wrooth.« (III, 2160–61) [Er sah aus wie ein wilder Eber, er knirschte mit den Zähnen, so wütend war er.]. Nichts ist von seiner Beredsamkeit geblieben, als er nun fluchtartig das Haus des Laienbruders Thomas verläßt, dessen Gesinde ihn davonjagt.

Als vierter und letzter Abschnitt erfolgt die Handlungsauflösung. Der Junker Jankyn unterbreitet einen Lösungsvorschlag, wie man die Hinterlassenschaft von Thomas den Mitgliedern des Konvents zu gleichen Teilen zukommen lassen könne. Spielerisch wird die Beleidigung zu einem arithmetischen Problem umfunktioniert, dessen Lösung das Dilemma, in dem sich Bruder Johann befindet, beseitigen soll. Indem sich der Seigneur weigert, die Kränkung anzuerkennen, die Bruder Johann, der übrigens auch sein Beichtvater ist, erlitten hat, und den spöttischen Vorschlag seines Junkers ernsthaft akzeptiert, gibt er den Bettelmönch erneut der Lächerlichkeit preis. Anstatt Genugtuung zu erhalten, wird Bruder Johann zum zweiten Mal erniedrigt. Auch hierin läßt sich ein humorvoller Anklang an die Regeln des hl. Franziskus entdecken, der seine Mitbrüder angewiesen hatte, Beleidigungen demütig zu ertragen. Doch damit nicht genug. Selbst Jankyns grotesk anmutender Vorschlag steht in deutlichem Bezug zum Mendikantentum, ja, er spielt sogar in parodistischer Form auf eine Kontroverse zwischen den Vertretern des Weltklerus und den Bettelmönchen an. In seiner Streitschrift gegen die Bettelorden *De periculis novissimorum temporum* hatte der bereits erwähnte Wilhelm von Saint-Amour kategorisch festgestellt, daß allein der Weltklerus in der Nachfolge der 72 von Christus berufenen Apostel stehe und die Bischöfe die Nachfolger der zwölf Jünger seien. Gegen diese Interpretation der apostolischen Nachfolge erhoben die Vertreter der Bettelorden energischen Einspruch, da sie sich aufgrund ihres Lebensideals als direkte Nachfolger Christi sahen. Thomas von Aquin, Bonaventura, Thomas von York und John Pecham z. B. gehören zu den namhafteren Verteidigern des mendikantischen Anspruchs auf die *apostolica vita* (vgl. Szittya, S. 35–36). Vor diesem Hintergrund muß Jankyns seltsam anmutender Lösungsvorschlag für das Verteilungsproblem gesehen werden. Wie in der Forschung seit einiger Zeit bekannt, handelt es sich um eine Parodie auf die Ausgießung des Hl. Geistes (vgl. die Aufsätze von Levy und Levitan). Alan Levitan dokumentiert diese These mit einer Reihe von bildlichen Darstellungen des Pfingstereignisses. Auf diesen Bildern sitzen die zwölf Apostel im feurigen Rad, das eine verblüffende Ähnlichkeit mit dem Rad aufweist, an das Johanns zwölf Ordensbrüder ihre Nase halten sollen, um einen *flatus* ganz anderer Art zu empfangen. Anstatt des Heiligen Geistes ergießt sich über sie die Blähung ihres Laienbruders Thomas. Offensichtlich stand dieses Bild der Ausgießung des Heiligen Geistes bei Jankyns Lösungsvorschlag Pate. Und seine Verwendung in parodistischer Form ist gleichzeitig wiederum eine Kritik an der Anmaßung der Bettelmönche, in diesem Fall an dem Anspruch auf die *apostolica vita*. Das anrüchige, schwankhafte Geschehen in der *Summoner's Tale* muß also von Anfang bis zum Ende vor der Folie des Mendikantenideals einerseits und seiner ungenügenden Beachtung andererseits gesehen werden. Bruder Johann ist nicht nur eine Kopie des Pilgerbruders Hubert, mit dem der Kirchenbüttel eine persönliche Fehde austrägt, sondern er projiziert auch wie dieser das negative Image seines Standes. Anspruch und Wirklichkeit klaffen weit auseinander, eine Tatsache, die Chaucer mit Hilfe ironischer Brechung zu vermitteln sucht. Was immer der Bettelmönch sagt, wird sofort durch sein Verhalten widerlegt. Die hohen Tugenden der Nächstenliebe, Armut, Enthaltsamkeit und Demut, die der hl. Franziskus seinen Mitbrüdern eindringlich ans Herz gelegt hatte, werden zwar von Bruder Johann gepriesen, aber nicht von ihm praktiziert. Seine »Kardinaltugend« ist vielmehr die Heuchelei, d.h., er beruft sich gerne auf das Ideal, um es dann in klingende Münze umzusetzen. Daß er für diesen Mißbrauch auf so drastische Weise bestraft wird, mag zunächst als rein schwankhaftes Element erscheinen, da das Fäkalische in dieser Gattung oft eine bedeutende Rolle spielt. Doch auch hier ist eine höhere Gerechtigkeit am Werk. Da der hl. Franziskus Geld des öfteren mit Staub, Nattern, Steinen und gelegentlich auch mit Exkrementen verglichen hatte, ja, von ihm sogar die

Begebenheit erzählt wurde, wie er einen Mitbruder, der Geld entwendet hatte, dazu anhielt, dieses Geld mit dem Munde aufzuheben und auf Eselsmist zu legen, entspricht die Strafe des habgierigen Bettelmönches in der *Summoner's Tale* durchaus franziskanischen Vorstellungen. Er bekommt von Thomas genau das, was für den Ordensgründer Geld bedeutete.

Bibliographie zur Summoner's Tale

Adams, John F. »The Structure of Irony in *The Summoner's Tale*.« *EIC*. 1962; 12:126–32.

Baird, Joseph L. »The Devil's ›Privetee‹.« *NM*. 1969; 70:104–06.

Birney, Earle. »Structural Irony within the *Summoner's Tale*.« *Anglia*. 1960; 78:204–18.

Clark, Roy Peter. »Doubting Thomas in Chaucer's *Summoner's Tale*.« *ChauR*. 1976; 11:164–78.

Fleming, John V. »The Antifraternalism of the *Summoner's Tale*.« *JEGP*. 1966; 45:688–700.

–. »The Summoner's Prologue: An Iconographic Adjustment.« *ChauR*. 1967; 2:95–107.

Levitan, Alan. »The Parody of Pentecost in Chaucer's *Summoner's Tale*.« *UTQ*. 1971; 40:236–46.

Levy, Bernard. »Biblical Parody in the *Summoner's Tale*.« *TLS*. 1966; 11:45–60.

Merrill, Thomas F. »Wrath and Rhetoric in *The Summoner's Tale*.« *TSLL*. 1962; 4:341–50.

Richardson, Janette. »Friar and Summoner. The Art of Balance.« *ChauR*. 1975; 9:227–36.

Szittya, Penn R. »The Friar as False Apostle: Antifraternal Exegesis and the *Summoner's Tale*.« *SP*. 1974; 71:19–46.

Zietlov, Paul N. »In Defense of the Summoner.« *ChauR*. 1966; 1:4–19.

The Clerk's Tale

Im einleitenden Prolog zur *Clerk's Tale* ermahnt der Wirt den Scholaren zweimal, eine lustige Geschichte in einem ungekünstelten und einfachen Stil zu erzählen. Dieser Aufforderung stellt sich der Scholar und betont: »'Hooste,'[...] 'I am under youre yerde; / Ye han of us as now the governance, / And therfore wol I do yow obeisance, / As fer as resoun axeth, hardily.« (IV, 22–25) [»Wirt«, [...] »hier schwingt Ihr die Gerte; Ihr habt nun den Befehl über uns, und deshalb möchte ich Euch gehorchen, soweit es die Vernunft gebietet«]. Von der Warte des Scholaren aber scheint nur eine Forderung des Wirtes vernünftig zu sein: sein Wunsch nach einer rhetorisch schlichten Erzählung, denn im Vergleich zu seiner Vorlage *De obedientia et fide uxoria mythologia* von Petrarca, die im »heigh stile« (IV, 41) [erhabener Stil] geschrieben ist, wirkt die *Clerk's Tale* wirklich schlicht und einfach. Auf der anderen Seite erheben sich berechtigte Zweifel, ob die Erzählung lustig oder heiter ist. Der Wirt jedenfalls bezeichnet sie später als »gentil tale« (IV, 1212e) [edle Geschichte], d.h., offensichtlich entspricht sie nicht seinen Vorstellungen von »myrthe« [Heiterkeit], eine Eigenschaft, die er im *General Prologue* zusammen mit »sentence« [Lehrhaftigkeit] zum literaturästhetischen Prinzip erhoben hat. Es scheint also, als ob der Scholar das Ansinnen des Wirtes, »som myrie tale« (IV, 9) [eine lustige Geschichte] zu erzählen, als nicht vernünftig erachtet. Vielmehr wählt der Scholar einen Erzählstoff, der sich zwar in der zweiten Hälfte des 14. Jahrhunderts außerordentlicher Beliebtheit erfreute, aber wohl kaum wegen seiner Heiterkeit. In literarisch eigenständiger Form wird die Geschichte zuerst von Boccaccio als letzte Erzählung des zehnten Tages im *Decamerone* erzählt, ein Tag, der unter dem Motto steht: »Erzählungen über die, die generös und wunderbar in Liebesdingen und anderen Sachen gehandelt haben.« Im Jahr 1373 übersetzte Petrarca Boccaccios Novelle in lateinische Prosa, um der Thematik größere Würde zu verleihen. Bis zum Jahrhundertende wurde diese Version nicht nur versifiziert, sondern in Frankreich auch zweimal ins Französische übersetzt und anschließend dramatisiert. Eine französische Übersetzung, *Le livre Griseldis*, diente Chaucer neben Petrarcas lateinischem Text ebenfalls als Vorlage (vgl. dazu den Aufsatz von Morse).

Moderne Leser teilen im allgemeinen nicht die Begeisterung des mittelalterlichen Publikums für die Griseldis-Geschichte. Selbst prominente Chaucerianer haben sich schwer getan, der Erzählung positive Eigenschaften abzugewinnen. Das Unbehagen überwiegt, wie James Sledd in seinem 1953 erschienenen Aufsatz »*The Clerk's Tale*: The Monster and the Critics« ausführt. Er selbst schlägt vor, die Geschichte als mittelalterliche Geschichte zu lesen und zu akzeptieren, d.h., Griseldis als Inkarnation des höchsten Gutes zu betrachten (S. 86) und das Wunder- oder Sonderbare anzunehmen, ohne es zu hinterfragen (S. 79).

Die Chaucerforschung ist diesem Vorschlag zunächst gefolgt. S. K. Henninger (1957) betont die zentrale Stellung des Ordnungsprinzips, für das absoluter Gehorsam die Voraussetzung sei. Folglich müsse die Erzählung ganz aus dieser Perspektive gelesen werden. Im gleichen Jahr hebt Charles Muscatine die religiösen Anklänge in der Erzählung hervor, die ihr einen exemplarischen Charakter verleihen, sie also in die Nähe der Hiobsgeschichte, der Opferung Isaaks und der Kreuzigung Christi rücken. In Anlehnung an Muscatine versucht Elizabeth Salter (1962) die *Clerk's Tale* als religiöse Parabel zu deuten, obwohl sie sich der Unvereinbarkeit von realistischen und parabolischen Elementen durchaus bewußt ist. In der Literaturkritik der sechziger Jahre rückt der parabolische Aspekt der Geschichte immer mehr in den Mittelpunkt. So schreibt John M. McCall (1966) z.B.: »Das eigentliche Anliegen der *Clerk's Tale* ist die Entwicklung einer doppelten Thematik: Durch die freiwillige und vollkommene Unterordnung des menschlichen Willens triumphiert dieser Wille, wie analog dazu die absolute

Unterordnung, d.h. die Unterordnung unter den Tod, Sieg über den Tod bedeutet« (S. 261). John McCalls Ansatz zur Deutung der *Clerk's Tale* beruht auf einer bewußten Allegorisierung der Geschichte. Mit den anderen Kritikern verbindet ihn das gemeinsame Anliegen, die Erzählung aus ihrem realistischen Umfeld herauszuheben. Die Geschichte wird vom Ende her gelesen, wo der Erzähler unter Berufung auf seine Quelle Petrarca den exemplarischen Charakter seiner Erzählung hervorhebt: »This storie is seyd nat for that wyves sholde / Folwen Grisilde as in humylitee, [...] But for that every wight, in his degree, / Sholde be constant in adversitee / As was Grisilde« (IV, 1142–47) [Diese Geschichte wurde nicht deshalb erzählt, damit Frauen Griseldis und dem Vorbild ihrer Bescheidenheit folgen sollten [...], sondern deshalb, damit ein jeder so, wie es seinem Stand entspricht, in widrigen Umständen standhaft sein sollte – wie Griseldis]. Über diese tropologische Ebene schichtet der Erzähler im Anschluß noch eine anagogische Sinnebene: Die Geschichte sei auch als Beispiel dafür zu lesen, wie die christliche Seele nach Gott verlangen und ihm in vollkommener Liebe gehorchen sollte, denn Gott prüfe niemanden grundlos. Unterstellt man der Erzählung eine rein exemplarische Funktion, lassen sich in der Gestaltung gewisse Abstriche machen. Man würde z. B. keine wohlgerundete, psychologisch plausible Charakterisierung der Figuren erwarten. Walter wäre demnach ein typischer Herrscher. Er ist edler Abstammung, ehrbar, höflich, jung, schön und stark. Geschickt handhabt er die Politik seines Landes in autokratischer Weise, so daß er von seinen Untertanen zugleich geliebt und gefürchtet wird. Griseldis dagegen wäre die personifizierte weibliche Vollkommenheit. Sie besitzt neben Gehorsam, Standhaftigkeit und Bescheidenheit tugendhafte Schönheit. Beide, Walter und Griseldis, wären eher Typen als wirklich lebendige Menschen aus Fleisch und Blut, denn in einer Parabel bedarf es keiner wirklichen Charaktere. Folglich ist unter diesen Umständen auch keine Handlung zu erwarten, die sich aufgrund der Gesetze des psychologischen Realismus erklären ließe.

Ginge man nämlich mit solchen Erwartungen an die Geschichte heran, dann müßte die Handlungsweise der beiden Hauptfiguren abartig, ja sogar pervers erscheinen, wie dem Freudianer Norman Lavers, der 1964 zu folgenden Feststellungen kommt: »Ich glaube, es ist nicht schwierig, Griseldis' Handlungen in der Geschichte als die eines vollkommenen Masochisten zu sehen oder ihren Masochismus als eine Begleiterscheinung ihrer potentiell inzestuösen Beziehung zu ihrem alten Vater. Durch die symbolische Handlung des Ablegens der Kleidung, die ihr Vater ihr gegeben hatte, und des Anlegens der Kleidung, die Walter ihr bringt, übergibt sie sich einem neuen Hypnotiseur. Sie wird Walter genauso sklavisch und selbstlos ergeben sein wie vorher ihrem nun ganz und gar vergessenen Vater« (S. 182). Natürlich muß Walter aus dieser Sicht das genaue Gegenteil verkörpern, und deshalb charakterisiert ihn Lavers wie folgt: »In der Tat, glaube ich, kann man den Schlüssel zu Walters Behandlung von Griseldis in (1) seiner Tendenz zum Sadismus, (2) in seinem Verlangen nach und gleichzeitiger Angst vor einer inzestuösen Beziehung und (3) in einem letzten Wesenszug, den ich für beweisbar halte, sehen: in seiner morbiden Angst vor dem Tod« (S. 183). Diese Interpretation ist zu Recht kritisiert worden, da Lavers einen Schlüssel zur Erschließung eines Weltbildes benutzt, der einfach nicht paßt. Die Motivation für die Handlung der beiden Charaktere läßt sich mit Hilfe einer freudianisch ausgerichteten Psychoanalyse nicht zufriedenstellend erklären. Zunächst einmal muß man es als Gegebenheit akzeptieren, daß der Marquis Walter seine Frau auf eine Art und Weise prüft, die selbst dem Erzähler zuwider ist. Dreimal unterbricht der Scholar seine Erzählung, um die geschilderte Situation zu kommentieren und sich gleichzeitig von den Ereignissen zu distanzieren. Vor der Ausführung der ersten Prüfung bekennt der Erzähler: »But as for me, I seye that yvele it sit / To assaye a wyf whan that it is no nede, / And putten hire in angwyssh and in drede.« (IV, 460–62) [Für meinen Teil sage ich, es ist nicht gut, wenn man eine Frau dann auf die Probe stellt, wenn es nicht nötig ist, und sie in

Sorge und Furcht versetzt.]. Auch die zweite Testsituation findet das Mißfallen des Scholaren: »O nedelees was she tempted in assay! / But wedded men ne knowe no mesure, / Whan that they fynde a pacient creature.« (IV, 621–23) [Oh, es gab doch keinen Grund, sie so hart zu prüfen! Doch Ehemänner kennen keine Mäßigung, wenn sie ein geduldiges Geschöpf gefunden haben.]. Und nach Bestehen auch dieser schweren Prüfung wendet sich der Erzähler mit einer rhetorischen Frage an die Frauen: »But now of wommen wolde I axen fayn / If thise assayes myghte nat suffise?« (IV, 696–97) [Den Frauen würde ich jetzt gerne die Frage stellen, ob diese Prüfungen nicht schon genügten?]. Die Antwort darauf kann natürlich nur »ja« sein, aber die Frage impliziert bereits weitere Prüfungen. Diese sehr persönlichen Kommentare des Erzählers, die Chaucer seiner Vorlage hinzufügt, zeigen den emotionalen Konflikt, in dem sich der Erzähler befindet. Wie es A.C. Spearing (1964) so trefflich ausdrückt: »Wenn man die Geschichte von der geduldigen Griseldis liest, so wie sie Petrarca erzählt, dann wäre dies vergleichbar mit dem Aufsetzen einer ganz besonderen Brille, die es einem erlaubt, nur ein sehr eingeschränktes Farbspektrum zu sehen. Ab und zu aber nimmt der Scholar diese Brille ab und ist entsetzt darüber, was er nun sieht« (S. 94). In Petrarcas Version der Geschichte gibt es diesen Konflikt nicht, da sich der Autor nicht wertend in die Geschichte miteinbezieht. In Chaucers Version jedoch ist der Konflikt unvermeidlich, da der Erzähler einerseits in Übereinstimmung mit Petrarcas Intention vorgibt, eine exemplarische Geschichte zu erzählen, und andererseits die Parabel mit persönlichen Emotionen befrachtet. Eine ähnliche Situation trat bereits in der *Man of Law's Tale* auf, wo der Erzähler ebenfalls den Versuch machte, eine Legende sowohl zu säkularisieren und zu humanisieren als auch ihren religiösen Charakter zu intensivieren. Wie in der *Man of Law's Tale* ist die Charakterisierung in der *Clerk's Tale* minimal. Was Chaucer seinen beiden Quellen hinzufügt, soll, wie Severs (S. 229–48) bereits 1942 festgestellt hat, Griseldis' Ergebenheit noch stärker hervorheben und das

Pathos ihrer Situation erhöhen. Um dieses Ziel zu erreichen, konzentriert sich Chaucer auf einige Kernszenen, die er in eigener Regie umgestaltet (vgl. dazu vor allem die exzellente Analyse von Elizabeth Salter, S. 50–61). Betrachten wir z. B. die Szene, in der Griseldis dem Büttel ihre Tochter überantworten muß: Lammfromm sitzt sie da, ohne zu weinen oder zu seufzen, bevor sie bittet: »That she moste kisse hire child er that it deyde. / And in hir barm this litel child she leyde / With ful sad face, and gan the child to blisse, / And lulled it, and after gan it kisse.« (IV, 550–54) [daß sie ihr Kind küssen dürfte, bevor es sterben sollte. Und sie legte das kleine Kind mit traurigem Gesicht in ihren Schoß und segnete das Kind und wiegte es und küßte es danach.]. Obwohl dreimal zum Ausdruck kommt, daß Griseldis glaubt, der Büttel komme, um das Kind zu töten, hält sie sich trotzdem zurück. Sie reißt ihm nicht das Kind aus den Armen, um es zu herzen und zu küssen. Nein, sie bittet den Büttel unterwürfig, »So as he was a worthy gentil man« (IV, 549) [so wahr er ein achtbarer, edler Mann sei], er möge sie ihr Kind küssen lassen. Die Verbindung von Kuß und Tod in IV, 550 ist Chaucers eigener Zusatz zu seiner Quelle, wie auch Griseldis' Abschiedsrede in IV, 555–60: »Leb wohl, mein Kind! Ich werde dich nie wieder sehen. Da ich dich aber mit dem Zeichen des Kreuzes jenes Vaters bedacht habe – er muß gepriesen werden –, der für uns an einem Kreuz aus Holz starb, empfehle ich ihm deine Seele, mein kleines Kind, denn heute nacht wirst du meinetwegen sterben.« Diese Abschiedsworte sind eine Mischung aus Religiosität und Mütterlichkeit und spiegeln die spätmittelalterliche Auffassung von der Mutter Gottes als Pietà-Figur wider. Wie schon im Zusammenhang mit der *Man of Law's Tale* erwähnt wurde, enthalten viele spätmittelalterliche Wiegenlieder Anspielungen auf Christi Kreuzestod. Diese Situation, d.h. die Liebe der Mutter Gottes zu ihrem Sohn, gepaart mit ihrem Bewußtsein seines unabwendbaren Todes, benutzen sowohl bildende Künstler als auch Dichter, um einen emotionalen Appell an die hartherzigen Sünder zu richten. Die religiöse

Sphäre wird emotional aufgeladen. Eine analoge Situation ergibt sich in der *Clerk's Tale*, wo der Erzähler auf derselben Gefühlsskala spielt. Auch er ist bemüht, das Pathos zu erhöhen.

Fast unerträglich wird die Situation, als der Büttel Griseldis' Tochter mitnimmt und Griseldis' innige Bitte, den Leichnam wenigstens zu bestatten, unbeantwortet läßt. Die gleiche Szene wiederholt sich noch einmal, als der Büttel wiederkommt, um dieses Mal ihren Sohn zu holen: »This ugly sergeant, in the same wyse / That he hire doghter caughte, right so he – / Or worse, if men worse kan devyse – / Hath hent hire sone, that ful was of beautee.« (IV, 673–76) [Der schreckliche Dienstmann hat in derselben Weise, wie er ihre Tochter gepackt hatte, genau so – oder noch schlimmer, wenn man Schlimmeres erdenken kann – sich ihres Sohnes bemächtigt, der doch so schön war.]. Wieder bedient sich der Erzähler des Mittels des Kontrastes, denn nun wird die Schönheit des Kindes mit der Häßlichkeit des Büttels kontrastiert.

Voller Pathos ist auch die Szene, in der Walter sich entschließt, Griseldis zum Hause ihres Vaters zurückzuschicken, um, wie er sagt, eine andere, wohlgeborene Frau zu heiraten. Unterwürfig akzeptiert Griseldis seine Entscheidung. Sie bittet nur um einen alten Unterrock, damit sie nicht nackt aus dem Palast nach Hause gehen muß. Man könnte sich vorstellen, daß Griseldis am Ende ihrer Belastbarkeit angelangt sei, doch es kommen noch weitere Erniedrigungen auf sie zu. Griseldis wird nämlich nicht nur in ihrem alten Unterrock nach Hause geschickt, sie wird auch wieder zurückbeordert, um das Brautgemach für die neue Braut vorzubereiten und ihr zu dienen. Und als letzten Akt seelischer Grausamkeit fragt Walter Griseldis, wie ihr denn seine neue Braut gefalle. Erst dann setzt der Marquis dem makabren Spiel ein Ende und erklärt vor den versammelten Gästen und den Angehörigen seines Hofes, nachdem er den wahren Sachverhalt geschildert hat: »'And folk that ootherweys han seyd of me, / I warne hem wel that I have doon this deede / For no malice, ne for no crueltee, / But for t'assaye in thee thy wommanheede, / And nat to sleen my children – God forbeede! – / But for to kepe hem pryvely and stille, / Til I thy purpos knewe and al thy wille.'« (IV, 1072–78) [»Und denjenigen, die anders über mich gesprochen haben, gebe ich zu bedenken, daß ich diese Tat nicht aus Bosheit oder aus Grausamkeit getan habe, sondern um zu prüfen, ob du die Tugenden einer Frau besitzt, nicht aber, um meine Kinder zu töten – was Gott verhüten möge –, sondern um sie heimlich und in aller Stille aufzuziehen, bis ich deine Absicht und deinen Willen ganz erkannt hatte.«]. Man kann sicherlich mit Griseldis sympathisieren, die in Ohnmacht fällt, als sie diese Erklärung hört, vor lauter Freude, wie uns der Erzähler versichert. Zum ersten Mal darf sie ihre Gefühle offen zur Schau stellen. Als sie wieder zu sich kommt, umarmt sie ihre beiden Kinder und wird zum zweiten Mal ohnmächtig – beide Ohnmachtsanfälle sind Chaucers Hinzufügungen. Sie hält ihre Kinder derart fest, daß die Diener sie nur mit Mühe aus ihren Armen befreien können. Der Eindruck entsteht, als ob plötzlich alle aufgestauten Emotionen aus Griseldis hervorbrechen würden. Ein duldender Märtyrer wandelt sich vor unseren Augen zu einem wirklichen Menschen, der nun seinen Gefühlen freien Lauf läßt. So schön und eindrucksvoll die ganze Szene auch sein mag, sie paßt nicht ins Konzept. Der Erzähler ist beflissen, die unerträgliche Spannung, die sich nicht nur bei der Protagonistin, sondern auch beim Publikum angestaut hat, abzubauen. Dies versucht er durch eine Entladung der emotionsträchtigen Atmosphäre zu erreichen. Diese Atmosphäre aber, die nicht in den Bereich exemplarischen Erzählens gehört, entstand durch die bewußte Erzeugung von Pathos. Im Gegensatz zu Petrarca, dem es darum ging, ein allgemeingültiges menschliches Verhaltensmodell aus der Griseldis-Valtarius-Beziehung abzuleiten, stellt Chaucer das Individuelle in den Mittelpunkt (vgl. auch Kirkpatrick, S. 240). Durch die Betonung des Affektiven wird das Exemplum humanisiert, was nicht nur seinem Lehrcharakter abträglich ist, sondern es auch einem anderen Interpretationsansatz zugänglich macht. Wenn Griseldis und natürlich auch

Walter, dessen Grausamkeit in Chaucers Version weitaus stärker betont wird, aus der in sich geschlossenen Welt der Parabel herausgenommen werden, ändert sich auch die Bewertungsgrundlage für ihre Verhaltensweise. Bewußt oder unbewußt werden dadurch neue Kriterien zur Deutung eingeführt, die sich nicht mit der Absicht des Erzählers vereinbaren lassen, eine rein exemplarische Geschichte zu erzählen. Eine beispielhafte Erzählung illustriert einen Gesichtspunkt; sie setzt keine Charakterisierung oder Motivation voraus. Walters Aktionen oder Griseldis' Reaktionen lassen sich auf dieser Basis akzeptieren. Wenn Griseldis Standhaftigkeit im Unglück darstellen soll, dann ist dieses Faktum als Voraussetzung gegeben. Ebenfalls ist nichts dagegen einzuwenden, wenn Walter diese Standhaftigkeit eingehender Prüfung unterzieht. In diesem Fall wirkt eine Kraft auf ein Objekt ein, das dieser Kraft geduldig standhält, oder, wie es Joseph Grennen (S. 90–91) ausdrückt, Walter wäre die *causa agens* und Griseldis die *causa patiens*. Die Frage nach dem Warum stellt sich genauso wenig wie bei einem physikalischen Vorgang, der das Einwirken von Kräften demonstriert. Oder in Analogie zur Hiobsgeschichte, auf die in IV, 932 angespielt wird, trägt Griseldis ihr Leiden geduldig und ohne Widerrede. Ebenso wenig wie Hiob stellt Griseldis Walters Motive in Frage. Und ebenso wenig, wie Hiob sich gegen sein Schicksal auflehnt, sondern es auf sich nimmt, lehnt sich Griseldis gegen Walter auf. Auch sie erträgt ihre Leiden in stummer Geduld. Nicht ein Wort der Anklage kommt über ihre Lippen. Walters Handlungen mögen willkürlich erscheinen, sie sind aber nicht willkürlicher als die Gottes, denn in seiner Welt ist Walter gottähnlich. Er schaltet und waltet nach Gutdünken, selbst wenn er sich einmal den Anliegen seiner Untertanen fügt (siehe IV, 150–51: »Wherfore of my free wyl I wole assente / To wedde me« [deshalb werde ich freien Willens zustimmen und mich verheiraten]).

In dieser exemplarischen Welt bedarf es keiner Motivation, sondern die einmal präsentierte Situation muß als gegeben akzeptiert werden. Erst wenn man diese Welt verläßt, darf man die Frage nach dem Grund von Handlungen stellen. Diese Frage aber wird nicht nur vom Scholaren selbst gestellt, sondern er verläßt darüber hinaus auch noch den in seiner Quelle vorgegebenen fiktionalen Kontext, indem er die Affekte besonders heraushebt. Diese Tatsache ist in der Forschung zur *Clerk's Tale* nicht unberücksichtigt geblieben. Folglich hat man sich seit der Mitte der sechziger, aber vor allem in den frühen siebziger Jahren dieser Problematik erneut zugewandt. Richard Lanham (1966) und Patrick Morrow (1968) vermeinen, in der Unvereinbarkeit des Literalsinnes mit der allegorischen Deutung die der Geschichte inhärente Ambiguität zu erkennen, die sie als deren Wesensmerkmal betrachten. Robert Stepsis (1975), der sich dieses Problems ebenfalls bewußt ist, versucht eine Ehrenrettung von Walters Aktionen, indem er auf eine spezifische Gottesauffassung im 14. Jahrhundert verweist, die eine Erklärung für die Unberechenbarkeit und Willkür Walters darstellen könnte. Mit dem Hinweis auf Gottes *potentia absoluta* (siehe die Diskussion zu dieser Gottesvorstellung in der Einleitung zur *Knight's Tale*) meint Stepsis ein akzeptables Erklärungsmodell gefunden zu haben. Besonders Walters Handeln ist gelegentlich scharf kritisiert worden. So bezeichnet Joseph Grennen (1971) Walters Herrschaft als Parodie auf die göttliche Herrschaft (S. 90), und John McNamara (1973) glaubt sogar, daß der Marquis der Figur des Teufels gefährlich nahe komme (S. 192).

Die Diskrepanz zwischen den beiden Bedeutungsebenen, der wörtlichen und der übertragenen, muß notwendigerweise zu diesen Überlegungen führen, wenn man vom Autor eine gewisse Konsistenz verlangt. Die Frage stellt sich natürlich, ob man sie verlangen kann. So glaubt Elizabeth Salter (S. 55), die Bipolarität führe dazu, daß die Erzählung außer Kontrolle gerate. Salter ist sich folglich der Inkonsistenz bewußt und lastet sie dem Autor an. Robert Stepsis (S. 128–29), der diese Inkonsistenz ebenfalls bemerkt, formuliert seine Erkenntnis jedoch nur als Frage, ob der konsistente Bezug zwischen den beiden Bedeutungsebenen überhaupt notwendig sei. Wie ein mittelalterliches Publikum darauf reagiert hätte, ist ebenfalls ungewiß. In den Quellen und Analoga zur *Clerk's Tale* tritt diese Problematik jedenfalls nicht auf. In Boccaccios Version fehlt der exemplarische Schluß völlig. Dioneo, der Erzähler, beendet seine Darbietung mit der zynischen Bemerkung, daß es für einen Mann wie Gualtieri vielleicht besser gewesen wäre, eine der Frauen geheiratet zu haben, die sich von einem anderen Mann so ihren Pelz hätte schütteln lassen, daß anstelle des alten Unterrockes ein neues Kleid dabei herausgesprungen wäre. Für Boccaccio bleibt das Ganze eine unerhörte Begebenheit, aus der keine allgemeingültigen Lehren zu ziehen sind. Petrarca hingegen richtet seine Erzählung so aus, daß das Exemplarische immer präsent ist. Nur bei Chaucer tritt diese eigenartige Diskrepanz zwischen der Gestaltung der Erzählung und der Allegorese am Schluß auf, eine Diskrepanz, die durch das plötzliche *volte face* des Scholaren im »Lenvoy de Chaucer« (IV, 1177–1212) noch stärker akzentuiert wird. Vergleicht man weiterhin diese Geschichte mit anderen exemplarischen oder allegorischen Geschichten in den *Canterbury Tales*, dann zeigt sich, daß diese sehr viel typenreiner sind. Die *Pardoner's Tale* z. B. ist ein Musterbeispiel exemplarischen Erzählens, wie man es von der mittelalterlichen Predigt- und Beichtliteratur her kennt. Und die lange Prosaerzählung *The Tale of Melibee* ist eine typenreine Allegorese, die sich um das Schicksal des Protagonisten Melibeus rankt. In beiden Erzählungen gibt es nicht die geringsten Diskrepanzen zwischen Erzählweise und Gattungskonformität, die beim Leser oder Hörer Zweifel an der auktorialen Intention wecken könnten.

Angesichts der unterschiedlichen Behandlung des Erzählstoffes durch Boccaccio und Petrarca einerseits und Chaucers sonstiger Gestaltung exemplarischer und allegorischer Erzählungen andererseits hat die Divergenz der Sinnebenen in der *Clerk's Tale* vielleicht doch eine tiefere Bedeutung. Wollte Chaucer hier wirklich ein Idealbild von Gehorsam und geduldigem Leiden entwerfen? Wie Donald C. Baker vorschlägt, könnte die Motivation Chaucers, diese Erzählung zu diesem Zeitpunkt in die

Canterbury Tales einzufügen, die folgende gewesen sein: »Das Thema 'gentilesse' [Adel] war dafür verantwortlich, daß Chaucer diese Legende an genau dieser Stelle in die *Canterbury Tales* eingeführt hat und die Zusätze und Überarbeitungen machte, die als sein Beitrag zur *Clerk's Tale* angesehen werden müssen.« (S. 633). Baker betont weiterhin, daß Griseldis nicht Geduld an sich verkörpere, sondern als Beispiel natürlichen Adels fungiere. Auf diese Weise stellt er eine Verbindung zur *Wife of Bath's Tale* her, wie dies auch Richard Levy (1977) tut, der in Griseldis ebenfalls eine Verkörperung des wahren Adels sieht (S. 308). Baker und Levy ist in ihrer Beurteilung des Stellenwerts von »gentilesse« in der *Clerk's Tale* durchaus zuzustimmen, doch scheint die Geschichte zu verdeutlichen, daß das Konzept in einer veränderlichen Welt wie der Walters zumindest stark gefährdet, wenn nicht sogar inoperabel ist. Um diese These zu untermauern, bedarf es einer kurzen Analyse von Chaucers Konzept von »gentilesse«. Dazu gibt es zwei Ansätze: einen interpretativen, der sich auf die Analyse von Chaucers Diskussion dieses Themas stützt, und einen lexikalischen, der das Umfeld des Wortes »gentilesse« und seiner Derivativa untersucht. Insbesondere drei Passagen in Chaucers Werk eignen sich zur Untersuchung des erstes Ansatzes: erstens Boethius' Behandlung des »gentilesse«-Konzepts in seiner *Consolatio Philosophiae*, einem Werk, das von Chaucer übersetzt wurde; zweitens der Diskurs in der *Wife of Bath's Tale*; und drittens Chaucers Gedicht »Gentilesse». Unter der Rubrik »Eitelkeiten dieser Welt, die der Mensch meiden sollte« erwähnt Boethius neben Reichtum, Herrschaft, Ruhm und Fleischeslust auch die der edlen Abstammung, die er »gentilesse« nennt. Edle Abstammung sei kein Verdienst, da ein Mann, der seiner edlen Abstammung wegen gepriesen würde, eigentlich vom Verdienst seiner Vorfahren zehre. Von diesem Ruhm aber könne keiner profitieren. Nach dieser Definition, was »gentilesse« nicht ist, verweist Boethius auf den Ursprung des wahren Adels: »For yif thow loke youre bygynnyng, and God your auctour and yowr makere, thanne nis ther none forlyned wyght or ongentil, but if he norysssche his corage unto vices and forlete his propre byrthe.« (*Boece*, III, Metrum 6) [Wenn du auf deinen Anfang zurückblickst und auf Gott, der dich geschaffen und hervorgebracht hat, dann gibt es keinen Menschen, der degeneriert oder unedel wäre, es sei denn, er mache sein Herz den Lastern zugänglich und verließe seine rechtmäßige Stellung, die ihm bei seiner Geburt gegeben worden ist.]. Damit wird klar gesagt: Jeder Mensch, der in Harmonie mit Gott lebt, ist edel, d. h., Adel ist keine Sache der Abstammung, sondern des Verhaltens.

Dieser Auffassung wird in der *Wife of Bath's Tale* ein breiterer Rahmen gegeben. Dort wird Adel weder als Geburtsadel definiert noch als etwas, das sich vom Besitz herleitet, sondern einzig und allein als tugendhafter Lebenswandel: »Thy gentillesse cometh fro God allone. / Thanne comth oure verray gentillesse of grace; / It was no thyng biquethe us with oure place.« (III, 1162–64) [Dein Adel kommt von Gott allein. So kommt unser wahrer Adel aus seiner Gnade, er ist uns nicht mit unserem Stand vererbt worden.]. Dasselbe wird auch noch einmal in dem Gedicht »Gentilesse« wiederholt, in dem Gott als Ursprung des wahren Adels und ein Leben in Imitation Gottes als Leben des Adels bezeichnet wird.

Eine zweite Informationsquelle ist der Gebrauch des Wortes »gentilesse« in Chaucers Werk und der Begriffe »gentil« und »gentilman». Chaucer benutzt den Begriff »gentilesse« 91mal mit sehr unterschiedlicher Bedeutung, die von bloßer Formalität über Höflichkeit, beispielhaftes Betragen und edle Abstammung bis hinein in die religiöse Sphäre reicht, wo »gentilesse« Marias Mitleid für den Menschen und Gottes Großherzigkeit ausdrückt. Weiterhin benutzt er »gentilesse« in der Beschreibung von Chauntecleers Mutter, die schließlich eine Henne gewesen sein muß, und von May, einer äußerst fragwürdigen Frauengestalt in der *Merchant's Tale*. Daraus läßt sich auf eine gewisse Flexibilität in Chaucers Gebrauch dieses Wortes schließen. Um die Lage noch undurchsichtiger zu machen, wird das Adjektiv

»gentil« im Zusammenhang mit solch eindeutig negativen Charakteren wie dem Verwalter, dem Büttel und dem Ablaßkrämer gebraucht. Was läßt sich also aus solch verblüffender Vielfalt schließen? Sicherlich nicht, wie Héraucourt (S. 53) es tut, »daß Chaucer der erste ist, der den Ausdruck 'gentilman' mit neuem positivem Sinn füllt«. Vielmehr gesteht sich Chaucer eine ausreichende Breite zu, denn er erlaubt seinen Charakteren, den Begriff selber zu füllen. Das heißt also, nicht »gentil« oder »gentilesse« definieren Persönlichkeiten in Chaucers Werk, sondern die Charaktere füllen die beiden Begriffe durch ihre Aktionen mit Gehalt. Wie die häßliche Alte in der *Wife of Bath's Tale* es so treffend ausdrückt: »That he is gentil that dooth gentil dedis.« (III, 1170) [daß nur der edel ist, der edle Taten vollbringt.]. Folglich gibt es auch in Chaucers Dichtung Charaktere, die »gentil« erscheinen, aber durch ihre Handlungsweise diesem Anspruch nicht gerecht werden. Genannt sei hier das Beispiel von Aeneas in der *Legend of Good Women*. Er wird zuerst zwar als Personifikation von »gentilesse« beschrieben, entpuppt sich dann aber als Verräter. Er stiehlt sich heimlich davon und läßt seine Geliebte, Dido, zurück.

Diese Beispiele beweisen, daß Chaucer durch seine Lektüre von Dante und Boethius eine genaue Vorstellung davon hatte, was »gentilesse« im idealen Sinn bedeuten sollte. Sein eigener Gebrauch des Begriffes zeigt jedoch keine einheitliche Anwendung des Konzepts. Vielmehr ist die Bedeutung des Wortes vielschichtig. Im Idealfall sollten Handlungen, um das Prädikat »edel« zu verdienen, mit denen Gottes identisch sein, der, wie Chaucer verschiedene Male versichert, der Ursprung wahrer »gentilesse« ist. Da der Mensch aber nicht Gott ist und folglich Gottes Handlungen nur zu einem gewissen Grad der Perfektion imitieren kann, scheint das Ideal von »gentilesse« im irdischen Bereich unerreichbar zu bleiben. In dieser Sphäre gibt es verschiedene Formen von »gentilesse«, die in der *Clerk's Tale* genauso sehr einer Prüfung unterzogen werden wie Griseldis' Gehorsam und Standhaftigkeit. Die Ebenen, auf denen Chaucer diesen Test ausführt, korrespondieren übrigens mit denen, auf denen Griseldis von Walter geprüft wird.

Auf der niedrigsten Ebene kommt die Volksmeinung zu Wort, die glaubt, daß edle Abstammung wahren Adel ausmache. Doch die Menge, die Walter zuerst zuredet, eine Frau »Born of the gentilleste« (IV, 131) [von den Edelsten] zu heiraten, und dann enthusiastisch seine zweite beabsichtigte Ehe applaudiert, da die neue Braut von »heigh lynage« (IV, 991) [edler Abstammung] ist, wird schnell von Walter zurechtgewiesen. Er nämlich entschließt sich, eine Frau niedriger sozialer Herkunft zu heiraten, und seine Enthüllung, daß die vermeintlich hochgeborene zweite Frau in Wirklichkeit Griseldis' Tochter ist, trägt weiterhin dazu bei, die Volksvorstellung vom Wesen der »gentilesse« zu diskreditieren.

Auf der nächst höheren Ebene argumentiert Walter für den Herzensadel im Gegensatz zum Erbadel: »For God it woot, that children ofte been / Unlyk hir worthy eldres hem bifore; / Bountee comth al of God, nat of the streen / Of which they been engendred and ybore.« (IV, 155–58) [Weiß Gott, oft gleichen ja Kinder ihren würdigen Vorfahren nicht; Güte kommt von Gott allein, nicht aus dem Geschlecht, von dem sie gezeugt und geboren wurden.]. Walter macht sich hier die Position von Boethius zu eigen und demonstriert anschließend sofort, daß »gentilesse« wirklich nicht eine Frage der edlen Abstammung ist. Walters Aktionen nämlich sind alles andere als edel. Deshalb kritisieren ihn nicht nur seine Untertanen und beginnen, ihn sogar wegen seiner Grausamkeit zu hassen, sondern auch Griseldis selbst äußert Walter gegenüber eine versteckte Kritik: »O goode God! How gentil and how kynde / Ye semed by youre speche and youre visage / The day that maked was oure mariage!« (IV, 852–54) [O guter Gott, wie edel und wie gütig schient Ihr aufgrund Eurer Redeweise und Eures Gesichts an dem Tag, als unsere Heirat stattfand!]. Die Betonung liegt auf dem Verb »semed« [schient], denn diese Aussage rückt Walter in die Nähe von Aeneas in der *Legend of Good Women*. Der

Marquis ist einer von denen, die sich den Anstrich von »gentilesse« geben, deren Handlungen jedoch den schönen Schein bald zerstören.

Auf der höchsten Ebene steht Griseldis, die allem Anschein nach als Personifizierung von »gentilesse« konzipiert ist. Mißt man sie an ihren Qualitäten, dann zeigt sich ein gewisser Grad an Übereinstimmung zwischen ihren Tugenden und denen, die im Gedicht »Gentilesse« aufgezählt werden. Sie besitzt Gerechtigkeit und demonstriert diese in der Ausübung der ihr übertragenen Richterpflichten. Ihre Treue wird an verschiedenen Stellen lobend hervorgehoben. Ihre Ernsthaftigkeit wird gepriesen, ihre Freigebigkeit, ihre Lauterkeit und ihre Tüchtigkeit. Alle diese Tugenden werden auch im Gedicht »Gentilesse« erwähnt. Dazu kommen noch die Tugenden der Ehre, Höflichkeit, Zurückhaltung, Ergebenheit, Gehorsam, Güte, Beständigkeit, Vorsicht, Geduld und Keuschheit. Dieser Tugendkatalog ist beeindrukkend, und man mag sich fragen, ob sich eine noch perfektere Gestalt finden ließe. Bei näherer Betrachtung zeigt sich jedoch, daß Griseldis eine Tugend nicht besitzt, die unbedingt zu »gentilesse« gehört, die Tugend, die Chaucer am meisten schätzt, weil sie die menschlichste aller Tugenden ist: »pitee« oder »rewthe« [Erbarmen]. Griseldis wird diese Tugend weder zugeschrieben, noch offenbaren ihre Handlungen, daß sie sie besitzt. Im Gegenteil, in zwei wichtigen Situationen zeigt sie nicht das geringste Mitleid. Als sie das erste Mal mit Walters Entscheidung konfrontiert wird, ihre Tochter beiseite schaffen zu lassen, akzeptiert sie diese Entscheidung ohne Protest und ohne Fürbitte für das Leben ihres Kindes. Vielmehr sagt sie nur: »Lord, al lyth in youre plesaunce. / My child and I, with hertely obeisaunce, / Been youres al, and ye mowe save or spille / Youre owene thyng; werketh after youre wille.« (IV, 501–04) [Herr, alles liegt in Eurer Hand. Mein Kind und ich sind Euch in aufrichtigem Gehorsam ganz ergeben; Euer eigen Gut mögt Ihr erhalten oder verderben; handelt nach Eurem Willen.]. Auch das zweite Mal, als Walter sein makabres Spiel wiederholt, akzeptiert Griseldis seine Entscheidung emotionslos ohne Widerrede: »Naught greveth me at al, / Though that my doughter and my sone be slayn – / [...], dooth with youre owene thyng / Right as yow list« (IV, 647–48, 652–53) [Nichts betrübt mich im geringsten, selbst wenn meine Tochter und mein Sohn getötet sein mögen, [...], tut mit Euren Dingen das, was Euch gefälllt]. Diese Haltung Griseldis' ist bestimmt ein Beweis für ihre Geduld im Unglück, sie zeigt aber auch, daß ihr die Tugend des Mitleids fehlt und somit vollkommene »gentilesse«, die es im irdischen Bereich sowieso nicht zu geben scheint. Mit ihrem absoluten Gehorsam gegenüber Walter hat Griseldis eine Grenze überschritten, die der Scholar für sich selber gesetzt hat. Er hat seinen Gehorsam gegenüber den Forderungen des Wirtes eingeschränkt, »As fer as resoun axeth« (IV, 25) [soweit es die Vernunft gebietet]. Griseldis' Gehorsam erscheint unvernünftig, weil es der Gehorsam gegenüber einem bloßen Sterblichen, nicht aber gegenüber Gott ist. Obwohl Griseldis' Prüfungen auf der allegorischen Ebene entweder durch direkte Verweise oder aber durch die verwandte Ikonographie mit denen Abrahams, Hiobs und der Jungfrau Maria in Bezug gesetzt werden, wird diese Allegorese fragwürdig, da die Eigendynamik des Literalsinnes diesem Deutungsansatz zuwiderläuft.

Aus dieser Analyse ergibt sich folgender Befund: Keiner der Charaktere, inklusive Griseldis, erfüllt die hohen Ansprüche des wahren Adels völlig, und deshalb läßt sich die *Clerk's Tale* auch nicht als positive Antwort auf die *Wife of Bath's Tale* lesen, wie Donald C. Baker postuliert. Vielmehr werden in beiden Erzählungen unterschiedliche Mängel aufgezeigt. Die häßliche Alte in der *Wife of Bath's Tale* kann zwar eloquent über das Wesen von »gentilesse« dozieren, ihr praktischer Herrschaftsanspruch jedoch läßt ihre Ausführungen Theorie bleiben. Er ist mit dem Wesen wahrer »gentilesse« unvereinbar. Die Einschränkung der Gehorsamsbereitschaft durch die Normen der Vernunft, die der Scholar vor Beginn seiner Erzählung vornimmt, läßt später das Verhalten von Griseldis in einem besonderen Licht erscheinen.

Mehrmals distanziert sich der Erzähler von Walters Aktionen, indem er die Prüfungen als sinnlos und grausam verurteilt. Eingeschlossen in diese Kritik muß aber auch Griseldis sein, wenn für sie die gleichen Maßstäbe gelten, die der Erzähler sich selber ausbedingt, da sich Griseldis diesen unwürdigen und unsinnigen Testsituationen ohne ein Wort des Protestes unterwirft. Ihr Verhalten entspricht in diesen Situationen zwar exemplarischer Geduld, nicht aber mehr dem, was man von einer Vertreterin wahrer »gentilesse« erwarten dürfte, ein Tatbestand, der sich auch nicht durch Allegorese beseitigen läßt.

Bibliographie zur Clerk's Tale

Baker, Donald C. »Chaucer's Clerk and the Wife of Bath on the Subject of *Gentilesse*.« *SP*. 1962; 59:631–40.

Carruthers, Mary J. »The Lady, the Swineherd, and Chaucer's Clerk.« *ChauR*. 1983; 17:221–34.

Cherniss, Michael D. » *The Clerk's Tale* and *Envoy*, the Wife of Bath's Purgatory, and the *Merchant's Tale*.« *ChauR*. 1972; 6:235–54.

Condren, Edward I. »The *Clerk's Tale* of Man Tempting God.« *Criticism*. 1984; 26:99–114.

Frese, Dolores W. »Chaucer's *Clerk's Tale*: The Monsters and the Critics Reconsidered.« *ChauR*. 1973; 8:133–46.

Grennen, Joseph E. »Science and Sensibility in Chaucer's Clerk.« *ChauR*. 1971; 6:81–93.

Heffernan, Carol Falvo. »Tyranny and Commune Profit in the *Clerk's Tale*.« *ChauR*. 1983; 17:332–40.

Henninger, S.K., Jr. »The Concept of Order in Chaucer's *Clerk's Tale*.« *JEGP*. 1957; 56:382–95.

Héraucourt, Will. *Die Wertwelt Chaucers. Die Wertwelt einer Zeitwende*. Heidelberg: Carl Winter; 1939.

Kirkpatrick, Robin. »The Griselda Story in Boccaccio, Petrarch, and Chaucer.« In *Chaucer and the Italian Trecento*. Hg. Piero Boitani. Cambridge: Cambridge U. Pr.; 1983. S. 231–48.

Lanham, Richard. »Chaucer's *Clerk's Tale*: The Poem Not the Myth.« *Literature and Psychology*. 1966; 16:157–65.

Lavers, Norman. »Freud, The Clerk's Tale, and Literary Criticism.« *CE*. 1964; 26:180–87.

Levy, Bernard S. »*Gentilesse* in Chaucer's *Clerk's* and *Merchant's Tales*.« *ChauR*. 1977; 11:306–18.

McCall, John P. »The *Clerk's Tale* and the Theme of Obedience.« *MLQ*. 1966; 27:260–69.

McNamara, John. »Chaucer's Use of the Epistle of St. James in the *Clerk's Tale*.« *ChauR*. 1973; 7:184–93.

Middleton, Anne. »The Clerk and His Tale: Some Literary Contexts.« *SAC*. 1980; 2:121–50.

Morrow, Patrick. »The Ambivalence of Truth Chaucer's 'Clerkes Tale'.« *Bucknell Review*. 1968; 16:74–90.

Morse, Charlotte C. »The Exemplary Griselda.« *SAC*. 1985; 7:51–86.

Pearlman, E. »The Psychological Basis of the *Clerk's Tale*.« *ChauR*. 1977; 11:248–57.

Salter, Elizabeth. *Chaucer: The Knight's Tale and The Clerk's Tale*. London: Arnold; 1962. S.37–65.

Severs, J. Burke. *The Literary Relationships of Chaucer's Clerk's Tale*. New Haven: Yale U. Pr.; 1942.

Sledd, James. »The *Clerk's Tale*: The Monsters and the Critics.« *MP*. 1953–54; 51:73–92.

Spearing, A.C. »Chaucer's *Clerk's Tale* as a Medieval Poem.« In *Criticism and Medieval Poetry*. Hg. A.C. Spearing. London: Arnold; 1964. S. 76–106.

Steinmetz, David C. »Late Medieval Nominalism and the *Clerk's Tale*.« *ChauR*. 1977; 12:38–54.

Stepsis, Robert. »*Potentia Absoluta* and the *Clerk's Tale*.« *ChauR*.1975; 10:129–46.

Utley, Francis L. »Five Genres in the *Clerk's Tale*.« *ChauR*. 1972; 6:198–228.

The Merchant's Tale

Im Prolog zur *Merchant's Tale* wird die ironische Aufforderung des Scholaren an die Frauen, ihre Ehemänner jammern, weinen, die Hände ringen und klagen zu lassen, fast wortwörtlich wieder aufgenommen: »'Wepyng and waylyng, care and oother sorwe / I knowe ynogh, on even and a-morwe'« (IV, 1213–14) [»Weinen und Klagen, Kummer und andere Sorgen, kenne ich zur Genüge – am Abend und am Morgen«]. Bitterlich beklagt sich der Erzähler über seine leidvolle Ehe. Obwohl er gerade erst zwei Monate verheiratet ist, hat er bereits erfahren müssen, daß seine Frau die schlimmste ist, die es überhaupt gibt. Damit ist der Rahmen für eine Erzählung vorgegeben, die besonders von der älteren Chaucerkritik einhellig mißbilligt wurde. Kittredge spricht von Zynismus, von einem »Ausbruch von Verachtung und Haß« (S. 145), der den Kaufmann zum Erzählen dieser Geschichte veranlaßt. Eine Generation später nennt J. S. P. Tatlock die Erzählung »eines der überraschendsten Stücke unliebenswerter Virtuosität in der gesamten Literatur« (S. 175). An Bitterkeit überträfe diese Erzählung alle anderen in den *Canterbury Tales*. In den frühen fünfziger Jahren fällt Hugh C. Holman folgendes Urteil: »Die Geschichte des Kaufmanns ist eine der obszönsten, verbittertsten, pessimistischsten und humorlosesten Erzählungen in unserer Sprache« (S. 243). Und wieder zwanzig Jahre später konstatiert Norman T. Harrington: »Alles in der Geschichte ist entweder bösartig, töricht oder häßlich« (S. 30). Einschätzungen dieser Art finden sich häufig, und Zitate abwertenden Tenors ließen sich multiplizieren. Sie beruhen vor allem auf der Interpretation der *Merchant's Tale* als dramatischer Performanz des Erzählers, der seine eigenen negativen Erfahrungen in die Geschichte transponiere. Januarius, der törichte, ältliche Protagonist, wird als Surrogat für den Erzähler angesehen, denn eigentlich erzähle der Kaufmann unter dem Deckmantel der Januarius-und-May-Episoden seine eigene Ehegeschichte.

Dieser dramatische Interpretationsansatz zur *Merchant's Tale* wurde 1961 von B. H. Bronson (S. 584) in Frage gestellt, indem er nachwies, daß der Prolog zur *Merchant's Tale* in etwa der Hälfte aller vollständigen Handschriften der *Canterbury Tales* fehlt. In diesen Handschriften befindet sich die Erzählung des Kaufmanns zwischen der *Squire's* und der *Wife of Bath's Tale*. Daraus schließt Bronson, daß die *Merchant's Tale* ursprünglich außerhalb des dramatischen Rahmens geschrieben und einem anderen Pilger zugeordnet gewesen sei. Angesichts dieser Handschriftenlage ist es also durchaus wahrscheinlich, daß der Prolog, der zwar echt ist, erst im nachhinein geschrieben wurde, um als Verbindungsstück zwischen der *Clerk's* und *Merchant's Tale* zu dienen. Die Charakterisierung des Kaufmanns, in der Art, wie sie im Prolog vorgenommen wird, wäre dann erst im Hinblick auf den Inhalt und die Position der Erzählung erfolgt. Ein Zusammenhang mit dem Porträt im *General Prologue* besteht auch nicht, da dort nur seine äußere Erscheinung und seine Geschäftspraktiken beschrieben werden, nicht aber sein Familienleben. Dem dramatischen Interpretationsansatz zur *Merchant's Tale* wäre somit eine der beiden dafür wichtigen Grundlagen entzogen. Die andere ergibt sich aus der Zuordnung des langen Enkomions auf die Ehe (IV, 1267–1392) zum Erzähler, dem Kaufmann, der hier ein ironisches Loblied auf eine Institution singt, die er im Prolog gerade aufs heftigste verdammt hat. Zu Beginn der Passage scheint es wirklich so, als ob der Kaufmann einen Kommentar zu Januarius' Überlegungen abgäbe, der Schluß (IV, 1393–96) aber deutet darauf hin, daß das Vorhergehende Januarius' eigene Gedanken zum Thema Ehe sind. Kritiker, die eine dramatische Lesart bevorzugen, verweisen auf den Anfang und ordnen die lange Passage dem Kaufmann zu. Gegner dieses Interpretationsansatzes sehen dieses Loblied auf die Ehe eher als einen inneren Monolog von Januarius, dessen positive Einstellung zur Ehe vorher gerade beschrieben worden war. (Burrow, S. 200–01; Huppé, S. 150; Shores, S. 124–26). Auch Verbindungen dieser beiden Ansätze sind möglich, d.h., man liest die lange Passage zwar als Januarius' inneren Monolog, der jedoch auch durch die spezifische negative Sichtweise des Erzählers gefärbt sei (Olson, S. 205; Hartung, S. 7). Eine dritte Gruppe von Kritikern sieht in dieser Passage weder die Sichtweise des Kaufmanns noch die des Januarius reflektiert, sondern Chaucers eigene, der entweder als Kontrollinstanz fungiere (Ruggiers, S. 111–12; Bronson, S. 590, 592, 596) oder eine eigene Persona geschaffen habe, um die ironische Distanz zwischen Lobeshymne und antifeministischer Tradition schärfer hervortreten zu lassen (Jordan, S. 138–39). Die Interpretationsmöglichkeiten sind vielfältig. Und da die Passage voller Widersprüche ist, Fehleinschätzungen enthält, die ganz offensichtlich die Kritik des Lesers oder Hörers geradezu herausfordern, und Zweideutigkeiten beinhaltet, muß man sie wohl einer komplexen Erzählperspektive unterordnen. Januarius scheint der »Sprecher« dieses inneren Monologs zu sein, der jedoch auch auf der Folie der Erfahrungen und der Sichtweise des Erzählers gesehen werden muß, der letztendlich wiederum nur eine literarische Schöpfung Chaucers ist. Aus diesen drei sich überlagernden Perspektiven ergeben sich ironische Brechungen, denn der Leser oder Hörer weiß immer mehr als Januarius und der Kaufmann zusammen, da er von Chaucer als übergeordneter letzter Instanz durch die Erzählung geleitet wird.

Dieses Erzählverfahren ist übrigens nicht nur auf die lange Lobeshymne beschränkt, sondern schließt auch die anderen Teile der Erzählung mit ein. Das Enkomion ist Bestandteil des ersten Abschnitts (IV, 1245–1690), in dem die große Debatte über das Für und Wider der Ehe geführt wird, die etwa ein Drittel der Erzählung ausmacht und deutlich antifeministische Züge trägt. Im zweiten Abschnitt wird die Hochzeitszeremonie beschrieben, ferner Januarius' »Liebesspiel« zu Hause und in seinem Gartenparadies (IV, 1691–2218). Unterbrochen wird diese Schilderung von der Pluto-und-Proserpina-Episode (IV, 2219–2319), auf die das schwankhafte Ende der »Gartenromanze« folgt (IV, 2320–2418). So unterschiedlich diese vier

Abschnitte in Ton, Inhalt und Erzähltechnik auch sein mögen, sie sind doch alle Facetten des im ersten diskursiven Teil ausführlich behandelten Ehethemas. Abschnitt 2, 3 und 4 spiegeln auf verschiedenen Ebenen und mit unterschiedlicher Besetzung das wider, was im ersten Abschnitt diskutiert wird. Bilder und Motive, die dort verwendet werden, aktualisieren sich im dramatischen Kontext der Geschichte, die angesichts der Figurenkonstellation und der Torheit des Protagonisten Januarius einem schwankhaften Höhepunkt zustrebt. Diese Entwicklung aber hat rückwirkend auch wieder Bedeutung für den ersten Teil, da sie Januarius' Position noch lächerlicher erscheinen läßt. Neben der verbalen Ironie entwickelt sich eine dramatische Ironie, denn Januarius' enthusiastische Lobeshymne auf die Ehe wird mit seinen darauffolgenden bitteren Erfahrungen kontrastiert.

Um diese Verfahrensweise zu illustrieren, soll hier die einleitende Passage (IV, 1245–66) etwas näher untersucht werden. Der Erzähler stellt uns einen »worthy knyght« (IV, 1246) [würdigen Ritter] vor, der sechzig Jahre ehelos gelebt hat, aber zeit seines Lebens ein Schürzenjäger gewesen ist. Dieser Ritter hat nun entweder aus frommer Absicht oder aus Torheit den Entschluß gefaßt, in den heiligen Stand der Ehe einzutreten: »'Noon oother lyf,' seyde he, 'is worth a bene, / For wedlok is so esy and so clene, / That in this world it is a paradys.' / Thus seyde this olde knyght, that was so wys.« (IV, 1263–66) [»Kein anderes Leben ist auch nur einen Heller wert«, sagte er, »denn die Ehe ist so angenehm und rein, daß sie das Paradies auf Erden ist.« So sagte der alte Ritter, der so weise war.]. Wie Emerson Brown in seinem Aufsatz »*The Merchant's Tale*: Januarie's 'Unlikely Elde'« (1973) zu Recht feststellt, evoziert die zweimalige Aussage des Erzählers, Januarius habe bereits die sechzig überschritten, ganz bestimmte Vorstellungen in seinem Publikum. Dieses Alter nämlich wurde in den Schriften der Kirchenlehrer und Moraltheologen mit der Reinheit des Witwerstandes assoziiert, d.h., der Mensch, der dieses vorgerückte Lebensalter erreicht hatte, sollte seine Gedanken endgültig von den Dingen dieser Welt abwenden und sich bußfertig auf sein Ende vorbereiten. Die Vorstellung vom tugendhaften Alter zeichnete sich vor allem durch zwei Aspekte aus: die Einschränkung der sinnlichen Lebenserfahrung und das Anwachsen der Altersweisheit. Januarius verfolgt mit seinen Heiratsabsichten jedoch genau die entgegengesetzte Zielrichtung: Er wendet sich der Welt zu, frönt der Sinnlichkeit und macht sich dadurch, wie auch durch seine spätere entrüstete Ablehnung weiser Ratschläge, zum Toren. Diese Torheit wird durch den Vergleich des Ehestandes mit dem Paradies weiter akzentuiert. Jeder zeitgenössische Hörer oder Leser hätte gewußt, daß der Menschheit das irdische Paradies nach Adams Sündenfall verschlossen war. Um dorthin zu gelangen, mußte der Sünder erst einmal durch das Fegefeuer. Und eine Ehe konnte bereits dieses Fegefeuer hier auf Erden für einen Mann sein, wie es nicht nur die Frau aus Bath (vgl. III, 489), sondern später auch Januarius' Ratgeber Justinus (IV, 1670) ausdrückt. Die Vorstellung von der Ehe als Fegefeuer war jedenfalls wesentlich weiter verbreitet als die von der Ehe als Paradies. Folglich klingt die abschließende Bezeichnung Januarius' als »olde knyght, that was so wys« (IV, 1266) [alter Ritter, der so weise war] angesichts seiner Wünsche und Äußerungen wie blanker Hohn.

Januarius' Konzept vom Ehestand als Paradies dient jedoch auch als Ausgangspunkt für eine ganze Serie von Vorstellungen, die voller Ironie stecken. Aus seinen Worten geht hervor, daß er nach seiner Hochzeit seine Frau May wie sein Paradies lieben wird, und zwar in einem eigens für diese Liebe konstruierten Paradies. Da das Paradies in der christlichen Wertvorstellung das höchste Gut bedeutet, impliziert Januarius' Gleichsetzung von Ehe und Paradies auch die Ehe als höchstes Gut. Das Zusammensein mit May ist für Januarius ein paradiesischer Zustand, das *summum bonum* seines irdischen Lebens. Dieser Gedanke, der etwa 400 Verse später noch einmal zum Ausdruck kommt, befriedigt und beunruhigt Januarius zu gleicher Zeit: »›Vor geraumer Zeit habe ich vernommen‹, sagte er, ›daß kein Mensch zweimal vollkommene Glückseligkeit genießen kann, das heißt auf Erden und im Himmel. Selbst wenn man sich vor den Sieben Todsünden sowie vor jedem Zweig dieses Sündenbaumes in acht nehmen kann, gibt es doch so vollkommene Glückseligkeit und so große Zufriedenheit und Freude in der Ehe, daß mich das Grausen packt, wenn ich mir vorstelle, daß ich im Alter noch ein so fröhliches Leben führen soll, so köstlich, ohne Kummer und Streit, daß ich meinen Himmel hier auf Erden haben würde.‹« (IV, 1637–47). Auch weiß Januarius ganz genau, daß der Einlaß ins himmlische Paradies nur mit großen Anstrengungen erreicht werden kann. Angesichts dieser Tatsache wählt er trotzdem die einfachere Lösung. Er entscheidet sich für das irdische Eheparadies. Und als Aphrodisiaka und harte Arbeit ihm nicht alle erhofften Freuden dieses irdischen Paradieses verschaffen können, baut er sich einen paradiesischen Lustgarten, um das Paradies zu komplementieren, das er in May und in der Ehe gefunden zu haben glaubt. Dieses Paradies aber gehört einzig und allein ihm: »Diesem edlen Ritter, dem alten Januarius, war es ein solcher Genuß, sich im Garten zu ergehen und zu amüsieren, daß er es nicht duldete, daß irgendeiner den Schlüssel dazu bei sich trüge, außer ihm selbst; denn stets trug er den silbernen Schlüssel zu der schmalen Tür bei sich, mit dem er, wenn es ihn danach verlangte, diese aufschloß. Und wenn er in den Sommermonaten seiner Frau gegenüber seiner Verpflichtung nachkommen wollte, dann ging er gewöhnlich dorthin, mit May, seiner Frau, und niemand sonst; und Dinge, die im Bett nicht getan wurden, führte er im Garten mit Erfolg aus.« (IV, 2042–52). Man sieht, daß der Garten für Januarius ein komfortables Plätzchen ist! Und schaut man sich das Inventar etwas näher an, dann merkt man bald, daß hier alles in Nachahmung des Gartens Eden gestaltet ist, so, wie er in der Bibel beschrieben wird. Bedeutet aber der Garten Eden das Paradies der göttlichen Liebe, so ist Januarius' Garten ein Paradies irdischer Lüsternheit. Im Mittelpunkt seines Paradieses steht passenderweise ein

Birnbaum, da dieser Baum als phallisches Symbol gilt. Folglich ist es angemessen, daß Januarius' Paradies der Lüste durch diesen priapeischen Birnbaum gekrönt wird, denn in seinem Paradies sucht Januarius vor allem sexuelle Befriedigung, deren Erfüllung er mit erfolgreicher Ehe gleichsetzt.

Rekapitulieren wir: Die anfänglich zitierten Verse enthalten also sowohl dramatische als auch verbale Ironie. Die verbale Ironie setzt Ehe mit dem höchsten Gut gleich, und die dramatische Ironie konkretisiert sich in Januarius' Gartenparadies, in dem das Konzept der Ehe als höchstes Gut seine Erfüllung finden soll.

Auch in IV, 1267–70 begegnet man einer ähnlichen Situation: »And certeinly, as sooth as God is kyng, / To take a wyf it is a glorious thyng, / And namely whan a man is oold and hoor; / Thanne is a wyf the fruyt of his tresor.« [Und gewiß, so wahr Gott König ist, sich eine Frau zu nehmen, ist ein köstlich Ding, und erst recht, wenn ein Mann alt und grau ist, dann nämlich ist eine Frau sein wertvollster Schatz.]. Januarius bezeichnet eine Frau hier als den größten Schatz des Mannes, das heißt aber nichts anderes, als daß er May als seinen Besitz betrachtet. Sie ist für ihn die letzte Anschaffung in einem langen, erfolgreichen Leben. Diese Identifizierung, die zunächst nur unterschwellig gemacht wird, tritt mit aller Deutlichkeit in dem Augenblick zutage, als Januarius eifersüchtig wird. Eifersucht wie Habgier ist mittelalterlicher Vorstellung zufolge ein Laster, das aus dem verwerflichen Trachten herrührt, Besitz ergreifen zu wollen. Folglich ähnelt der eifersüchtige Ehemann, der seine Frau einschließt, dem Geizkragen, der seinen Schatz wegschließt. Seine Frau ist sein Schatz, und deshalb hat der jugendliche Liebhaber, der unweigerlich an diesen Schatz herankommt, etwas mit einem gewöhnlichen Dieb gemein. Januarius liebt May also wie seinen Besitz, wie sein höchstes Gut. Januarius' naives Argument für die Ehe als Quelle aller Glückseligkeit dient somit auch als ironisches Argument für Reichtum als Ursprung allen Glückes.

Wiederum lassen sich anhand der ausgewählten Passage beide Arten der ironischen Darstellung illustrieren. Verbale Ironie entsteht durch die Gleichsetzung von Frauen mit materiellen Gütern und dramatische Ironie durch die Folgen dieser Gleichsetzung: Da man Schätze bewachen muß, muß man auch Frauen bewachen, und da Schätze gestohlen werden können, können auch Frauen gestohlen werden, besonders, wenn man sie als seinen liebsten Besitz betrachtet. Jede weitere Einzelheit, die in Januarius' Lobeshymne auf die Ehe erwähnt wird, hat entweder einen ironischen Beigeschmack oder ist seiner Argumentation abträglich, wie z. B. die Paraphrase des notorischen Antifeministen Theophrast in IV, 1296–1306. Januarius hätte sich kaum eine schlechtere Autorität als Theophrast aussuchen können, dessen misogyne Ansichten er auch noch des langen und breiten zitiert. Selbst wenn er sich am Schluß seines Zitates von seinem Gewährsmann Theophrast distanziert, hat er durch den unpassenden Beleg seine Argumentationsbasis zerstört.

Dann befaßt sich Januarius mit dem sakramentalen Charakter der Ehe – eine Betrachtung, die ihn umweigerlich zur Ehe des ersten Menschenpaares führt. Als Gott Adam einsam und alleine im Paradies sah, gab er ihm eine Frau zur Gehilfin: »Heere may ye se, and heerby may ye preve, / That wyf is mannes helpe and his confort, / His paradys terrestre, and his disport.« (IV, 1330–32) [Jetzt wißt ihr also und könnt es auch beweisen, daß die Frau des Mannes Hilfe und sein Trost ist, sein Paradies auf Erden und seine Freude.]. Die Berufung auf Eva ist genauso unglücklich wie das Zitat aus Theophrast, denn es ließe sich kaum ein schlechteres Beispiel für fraulichen Beistand in der Ehe finden als die Urmutter Eva, die für die Vertreibung der Menschheit aus dem Paradies verantwortlich ist.

Nachdem er weitere Vorteile aufgezählt hat, die Ehefrauen ihren Männern brächten, zitiert Januarius abermals biblische Frauengestalten – dieses Mal als Beispiel für Ehefrauen, die ihre Männer wohl beraten hätten. Genannt werden Rebekka, Judith, Abigail und Esther. Diese vier Frauen, die nach dem typologischen Verständnis der Bibel als Erlösertypen gelten und somit Christi Erlösungswerk präfigurieren, zeigen trotz ihrer offensichtlichen Tugendhaftigkeit auch betrügerisches, treuloses, ja sogar mörderisches Verhalten. Auch in diesem Falle sind die gewählten Beispiele nicht eindeutig positiv, sondern eher doppeldeutig, eine Doppeldeutigkeit, die kurz darauf noch durch ein verdrehtes Bibelzitat unterstrichen wird. Aus Epheser 5, 28 »Wer seine Frau liebt, der liebt sich selbst« wird »If thou lovest thyself, thou lovest thy wyf« (IV, 1385) [Wenn du dich selbst liebst, liebst du deine Frau]. Januarius propagiert Eigenliebe als Nächstenliebe, eine Einstellung, die seine Selbstbezogenheit weiter akzentuiert.

Alles in allem ist Januarius' langes Enkomion auf die Ehe eine bunt zusammengewürfelte Abfolge von Behauptungen, Zitaten und Beispielen, die zumeist ihr Ziel verfehlen, als Illustration für die Vortrefflichkeit der Ehe zu dienen. Der antifeministische Tenor überwiegt und verkehrt das positiv Intendierte ins Negative, weil die Kontrollinstanz Chaucer Januarius' Monolog in diese Richtung manipuliert.

Nach dieser langen Einleitung zum Thema »Freuden der Ehe« ist der Zeitpunkt gekommen, daß Januarius seine Berater von seinen Heiratsabsichten in Kenntnis setzt. Es gilt, keine Zeit zu verlieren, denn die Vorbereitungen zur Hochzeit müssen sofort getroffen werden. Januarius äußert weiterhin seine Vorliebe für eine junge Frau – sie darf nicht älter als 20 sein –, und er bestärkt seine Absicht mit einer Anzahl von Vergleichen aus der Tierwelt: »'Oold fissh and yong flessh wolde I have fayn. / Bet is,' quod he, 'a pyk than a pykerel, / And bet than old boef is the tendre veel.'« (IV, 1418–20) [»Mir ist alter Fisch und junges Fleisch gerade recht. Ein Hecht ist besser als ein Hechtchen«, sagte er, »und zartes Kalbfleisch ist besser als altes Rindfleisch.«]. Diese etwas derbe Metaphorik wird weiterhin durch eine banale Sentenz komplementiert: »For sondry scoles maken sotile clerkis; / Womman of manye scoles half a clerk is. / But certeynly, a yong thyng may men gye, / Right as men may warm wex with handes plye.« (IV, 1427–1430) [Verschiedene Schulen machen den Gelehrten perfekt; eine Frau, die viele Schulen absolviert hat, ist ein halber Gelehrter. Eines junges Ding kann man aber gewiß formen, genau so, wie man warmes Wachs mit der Hand kneten kann.]. Die letztere Metapher, die übrigens aus der Predigtliteratur stammt, wird für die weitere Entwicklung der *Merchant's Tale* noch eine besondere Bedeutung erhalten. Zum Abschluß seiner langen Ausführungen über die Freuden der Ehe betont Januarius nochmals den am Anfang geäußerten Wunsch, ein keusches Leben in der Ehe zu führen. Diese Äußerung aber verhüllt nur unzureichend Januarius' wirkliche Motive: Er ist es leid, den Frauen nachjagen zu müssen, um seinen Vergnügungen frönen zu können. Daher glaubt er, er könne seine Bedürfnisse wesentlich einfacher in der Ehe befriedigen, in einer Institution, die noch dazu von der Kirche sanktioniert wird.

Da Januarius seinen Entschluß bereits gefaßt hat, wäre die nun folgende Diskussion eigentlich überflüssig. Die Debatte zwischen Placebo, dem sykophantischen Günstling, und Justinus, dem aufrichtigen Berater, trägt nichts zur weiteren Entwicklung der Erzählung bei. Trotzdem sind fast 100 Verse dem Dialog dieser beiden Männer gewidmet, dem eine zweifache Bedeutung zukommt: Erstens bietet sich damit die Gelegenheit zur Aufzählung weiterer antifeministischer Argumente, und zweitens fungiert der Dialog als Demonstration von Januarius' Torheit, der Justinus' weisen Rat mißachtet. Er kommentiert Justinus' Ansprache mit folgenden Worten: »Straw for thy Senek, and for thy proverbes! / I counte nat a panyer ful of herbes / Of scole-termes.« (IV, 1567–69) [Pfeif auf deinen Seneca und auf deine Sprüche! Ich scher' mich einen Dreck um Schulweisheiten.]. Januarius macht sich lächerlich, da er sich so sehr von seinen Gelüsten treiben läßt, daß er die Weisheit der Autoritäten in den Wind schlägt. In komischer, aber passender Kongruenz ist Januarius vor allem an Äußerlichkeiten interessiert. Angeregt durch äußere Reize läßt er vor seinem geistigen Auge die verschiedensten Kandidatinnen Revue passieren. Dabei spielen insbesondere die körperlichen Vorzüge der zukünftigen Partnerin eine Rolle, während ihre anderen Qualitäten nur en passant erwähnt werden: »entschied er sich schließlich für eine und ließ alle anderen aus seinem Herzen fahren und wählte sie kraft seiner eigenen Autorität; denn die Liebe ist ja stets blind und kann nicht sehen. Wenn er dann in seinem Bett lag, stellte er sich im Herzen und in Gedanken ihre frische Schönheit und ihr zartes Alter vor, ihre schlanke Taille und ihre langen, schlanken Arme, ihr kluges Auftreten, ihr adliges Wesen, ihr frauliches Benehmen und ihre Ernsthaftigkeit.« (IV, 1595–1604). Wichtig ist vor allem IV, 1598: »For love is blynd alday, and may nat see« [denn die Liebe ist ja stets blind und kann nicht sehen], da das Bild der Blindheit hier in die Erzählung eingeführt wird. Natürlich macht bekanntlich nicht nur die Liebe blind, sondern Januarius ist auch geistig blind, da er Justinus' weisen Rat verworfen hat. Ja, er hat sich bei seiner Wahl der Partnerin nicht einmal um Rat bemüht, sondern sich einzig und allein auf seine eigene Urteilskraft verlassen. Seine spätere physische Blindheit komplementiert nur seine geistige Blindheit, in der Januarius trotz seines besseren Wissens bis zum Ende der Erzählung gefangen bleibt.

Mit Januarius' Entschluß, May zu heiraten, endet der erste Teil der *Merchant's Tale*. Der zweite Abschnitt ließe sich als höfische Romanze bezeichnen, eine Romanze jedoch, die durch den antifeministischen Tenor der Erzählung relativiert wird, d.h., das traditionelle Romanzenmilieu bildet zwar den Hintergrund für die Handlung, die sich aber weit von dem in der Romanze üblichen Handlungsschema entfernt. Man könnte fast sagen, es dominiert der Geist der Antiromanze. Chaucer benutzt zwar die Terminologie der Romanze, er gibt aber den bekannten Begriffen einen neuen Inhalt, indem er sie in ungewöhnlichen Situationen gebraucht. In IV, 1709 z. B. wird der Ausdruck »with solempnitee« [aufs feierlichste] benutzt. Jeder würde von einer Hochzeit erwarten, daß sie feierlich verläuft. Doch zur selben Zeit betont der Erzähler mehrmals, daß dem »hastif« (IV, 1805) [ungeduldigen] Januarius daran gelegen war, seine Gäste so schnell wie möglich loszuwerden. Kurzum, er verletzt das höfische Dekorum, das seinen höchsten Ausdruck im Fest findet. Anstatt seine Gäste aufs köstlichste und ausgiebigste zu bewirten, versucht er unauffällig, das Hochzeitsmahl so schnell wie möglich zu beenden. In IV, 1755 wird erwähnt, Januarius habe Mitleid mit May. Mitleid aber ist *die* höfische Kardinaltugend in Chaucers Tugendsystem. Januarius' Mitleid jedoch findet wiederum einen seltsamen Ausdruck: »'Allas! O tendre creature, / Now wolde God ye myghte wel endure / Al my corage, it is so sharp and keene! / I am agast ye shul it nat susteene.« (IV, 1757–60) [»O weh! O zartes Geschöpf, nun wolle Gott, daß Ihr mein ganzes Verlangen auch ertragen könnt, das ja so heftig und groß ist! Ich fürchte, es wird zu viel für Euch sein.«]. In einem höfischen Kontext erscheint diese Art des Mitleids eher deplaziert. Weiterhin ist es in diesem pseudohöfischen Rahmen, in dem sich die Geschichte entwickelt, nicht verwunderlich, wenn just in dem Augenblick, als Januarius und May sich von der Tafel ins Schlafgemach zurückziehen wollen, der Junker Damian in die Geschichte eingeführt wird. Auch ihn hat Venus, hier Göttin der Lust, so entflammt, daß er sich liebeskrank auf sein Bett wirft und erst dann wieder aufsteht, als May bereit ist, seinen Schmerz zu lindern. Damit aber zeichnet sich der weitere Verlauf der »Romanze« bereits deutlich ab, der durch die plötzliche, warnende Apostrophe des Erzählers an Januarius noch unterstrichen wird. Durch sein Einmischen in die Erzählung läßt der Kaufmann keinen Zweifel daran, daß das romanzenhafte bald in ein schwankhaftes Geschehen umschlagen wird. Vor diesem Hintergrund wirkt die darauffolgende Bettszene noch grotesker. Nachdem Januarius sich zur Hebung seiner Potenz mit aphrodisischen Mitteln versorgt hat, nähert er sich seiner jungen Braut, die »as stille as stoon« (IV, 1818) [reglos wie ein Stein] im Bett auf ihren Bräutigam wartet. Noch einmal läßt der Erzähler anklingen, daß Januarius »His fresshe May« (IV, 1822) [seine frische May] wie »his paradys« (IV, 1822) [sein Paradies] liebt, bevor die Schilderung endgültig in eine unappetitliche Parodie auf höfische Konventionen umschlägt. Beim Küssen zerkratzt der alte Lüstling das zarte Gesicht seiner jungen Frau mit seinen Bartstoppeln. Sein »Liebesspiel« begleitet er mit unpassenden Vergleichen: Wie ein Arbeiter nicht zur gleichen Zeit schnell und gut arbeiten kann, so kann auch er sein geplantes Vorhaben nicht schnell und gut ausführen. Das Bild vom Arbeiter wird bis zum Ende der häßlichen Szene durchgehalten, denn der Erzähler sagt abschließend von Januarius: »Thus laboureth he til that the day gan dawe« (IV, 1842) [So quälte er sich ab, bis der Tag graute]. Kein Detail, das der Art und Weise Januarius', sich mit May im Bett zu vergnügen, abträglich sein könnte, wird vom Erzähler ausgelassen, der bemüht ist, hier das genaue Gegenbild eines jugendlichen höfischen Liebhabers zu zeichnen. Nach vollbrachter Arbeit sitzt Januarius fröhlich im Bett und singt und scherzt: »He was al coltissh, ful of ragerye, / And ful of jargon as a flekked pye. / The slakke skyn aboute his nekke shaketh / While that he sang, so chaunteth he and craketh.« (IV, 1847–50) [Er war ganz wie ein Füllen, voller Torheiten, und schwatzte wie eine gesprenkelte Elster. Die schlaffe Haut an seinem Hals wabbelte hin und her, als er sang, so krähte und gackerte er.]. So abstoßend diese Beschreibung auch sein mag, sie wirkt darüberhinaus auch noch lächerlich, denn der Erzähler beschreibt Mays Reaktion auf Januarius' Anstrengungen folgendermaßen: »Sie kümmerte sich nicht eine Bohne um sein Getue.« (IV, 1854).

Im Einklang mit diesem antiromantischen Tenor wird auch die Liebe beschrieben, die der Junker Damian für seine Herrin empfindet. Die Szene, in der Damian May seine Liebe erklärt, erinnert sehr an die Beschreibung in der *Miller's Tale*, als Nikolas sich an Alisoun heranmacht. Der schwankhafte Ton ist unverkennbar. Obwohl die Charaktere der Oberschicht angehören und in einem romanzenhaften Kontext agieren, benehmen sie sich wie Gestalten der Schwankliteratur. Damian steckt May heimlich einen Liebesbrief zu, den diese, nachdem sie ihn gelesen hat, in den Abort wirft. Der Erzähler läßt den Brief an dem wohl ungeeignetsten Ort verschwinden, sicherlich auch in der Absicht, auf den schmutzigen Charakter der sich anbahnenden Beziehung zu verweisen. Mit beißender Ironie wird ihre Affäre behandelt. Der Erzähler versteigt sich zu einer langen rhetorischen Frage, um die Beweggründe für Mays Verhalten zu erforschen. Geschah es durch Zufall oder durch göttliche Vorsehung, oder durch das günstige Zusammenwirken der Gestirne, daß Venus Damians Vorhaben wohlgesonnen war? Wie kam es, daß May sich Damians erbarmte und mit ihm Mitleid hatte? Wir bedürfen nicht dieser großen rhetorischen Geschütze, die Chaucer häufig auffährt, wenn es sich um die Beantwortung wichtiger Fragen handelt, um zu wissen, warum May Damians Absicht wohlwollend gegenüberstand. Wie Alisoun in der *Miller's Tale* folgt May ihrem sexuellen Bedürfnis, das sie dazu veranlaßt, sich dem attraktiven und virilen Junker zuzuwenden, denn wie der Erzähler uns bereits versichert hat, hielt sie nicht viel von Januarius' Anstrengungen auf diesem Gebiet. Der krönende Abschluß aber ist der Gebrauch von Chaucers Lieblingsvers in diesem dubiosen Kontext: »pitee renneth soone in gentil herte!« (IV, 1986) [Mitleid regt sich schnell im edlen Herzen!]. Die Verwendung von »pitee« [Mitleid] ist hier ebenso unangebracht und pervertiert wie bei Januarius, der dieses Wort zuvor mißbrauchte. Der Erzähler kommentiert diese Szene, als habe May mit ihrem Entschluß, Damian ihre Huld zu schenken, die nobelste Tat vollbracht, deren eine Frau fähig sein kann. »This gentil May, fulfilled of pitee« (IV, 1995), voller Mitleid hat die edle May gerade das Leben eines jungen Mannes gerettet, der daraufhin gesund von seinem Krankenlager aufersteht. Welch edlerer Gesinnung kann eine Frau fähig sein? Stolz und Verstocktheit hat sie aus ihrem Herzen verbannt, um sich in reiner Nächstenliebe Damian zuzuwenden und ihn vor dem sicheren Tod zu bewahren.

Kontrastiert wird diese wahrhaft edle Gesinnung mit der Beschreibung von Januarius' Gartenparadies, das den beiden Eheleuten zur Erquickung dient. Wohl kaum auf Zufall dürfte der Vergleich mit dem Garten von Deduit im *Rosenroman* beruhen, aus dem das Alter nämlich, zusammen mit anderen höfischen Untugenden, verbannt ist. Januarius ist an einem solchen Ort fehl am Platz. Trotzdem will er dort zusammen mit May die Freuden der Ehe genießen. Angesichts dieses Mißverhältnisses ist es nicht verwunderlich, daß unser edler Ritter nach kurzem Genuß weltlicher Glückseligkeit in seinem Gartenparadies blind wird. Und Blindheit macht ihn so eifersüchtig, daß er nun seine junge Frau May nirgendwohin mehr alleine gehen läßt, sehr zu ihrem und Damians Verdruß. Um aber doch ein Stelldichein zu arrangieren, spielt May Damian heimlich den Schlüssel zum Garten zu, der aus Wachs einen Abdruck anfertigt, von dem er dann einen Zweitschlüssel zum Gartenparadies machen läßt. Damit nimmt die Metapher, die Januarius in IV, 1430 bei der Beschreibung seiner Idealvorstellung einer Frau benutzt hatte, physische Gestalt an: Aus Wachs entsteht nun wirklich eine Form, die aber nichts mehr mit Januarius' Vorstellungen gemein hat. Mit diesem Schlüssel verschafft sich Damian Eingang in Januarius' Garten, als dieser an einem schönen Junitag May auffordert, mit ihm dorthin zu kommen. In parodistischer Absicht läßt der Erzähler Januarius Passagen aus dem Hohen Lied zitieren, um seine Frau in den *hortus conclusus* zu locken. Mit großer Virtuosität werden nun verschiedene allegorische Sinnebenen durch die wohlbekannten biblischen Bilder evoziert. Neben der Vorstellung vom Garten als Paradies, was der exegetischen Tradition entspricht, werden auch Bezüge zu Marias Jungfräulichkeit evoziert, die in der Exegese mit der Braut identifiziert wird. Im schwankhaften Kontext, der sich durch die Figurenkonstellation ergibt – der *senex amans*, die sexuell unbefriedigte junge Frau und der virile Liebhaber –, potenziert sich die Komik durch diese allegorischen Deutungsmöglichkeiten der Situation, vor allem, wenn der Erzähler Januarius' Paraphrase respektlos kommentiert: »Swiche olde lewed wordes used he.« (IV, 2149) [Solch alte, unanständige (oder dumme oder anzügliche) Worte gebrauchte er.]. In Januarius' Garten Eden lauert der Verführer »under a bussh« (IV, 2155) [unter einem Busch], ähnlich der Schlange, die Eva im Paradies verführte; mit dem Unterschied jedoch, daß diese »Schlange« zwecks Sündenfall von May ins Paradies bestellt worden ist und nun von ihr mit einem Fingerzeig zum Erklettern eines mit Früchten beladenen Baumes ermuntert wird.

Als die schwankhafte Handlung ihrem Höhepunkt zustrebt, unterbricht der Erzähler den Handlungsverlauf plötzlich, um zwei neue Charaktere einzuführen. Pluto und Proserpina, die beiden chthonischen Gottheiten der Antike, erscheinen hier passenderweise reduziert als Herrscher über die Feenwelt. Zufällig gehen sie an dem besagten Tage in Januarius' Gartenparadies spazieren, als die Ereignisse ihren erwarteten Lauf zu nehmen scheinen. Wie in der Forschung seit langem erkannt, fungieren Pluto und Proserpina als Spiegelbilder von Januarius und May und scheinen deshalb statt Gott bzw. Christus und Petrus, die in diesem Kontext in anderen Schwänken auftauchen, von Chaucer in die Handlung eingeführt worden zu sein. Sowohl Pluto als auch Januarius werden sich in ihrem Alter bewußt, daß sie viele Jahre ihres Lebens als Junggesellen vergeudet haben. Beide wollen Kinder haben, und beide sind lüstern. Pluto entschließt sich deshalb zum Raub der Proserpina, und Januarius bemächtigt sich Mays. Die Absichten beider werden aber durchkreuzt. So, wie es Proserpina gelingt, sich gelegentlich aus den Banden ihrer Ehe mit Pluto zu lösen, um auf die Erde zurückzukehren, so gelingt es May, aus ihrer lieblosen Ehe mit Januarius in die Arme ihres Liebhabers Damian zu flüchten. Wenn daher die beiden Gottheiten für Januarius bzw. für May Partei ergreifen, dann tun sie nur, was man von ihnen in dieser Situation erwarten würde. Sie gleichen Januarius und May, aber nicht nur in bezug auf ihr Alter und ihre Intention, sondern auch im Hinblick auf ihre Schläue und Geschicklichkeit. Pluto ist sehr daran gelegen, Januarius zu helfen, der May von Freiern wie Damian fernhalten möchte. Die unglückliche Proserpina dagegen möchte der ebenfalls unglücklichen May helfen, sich Januarius' Bewachung zu entziehen und ihr Glück anderswo zu finden.

Ton und Stil in diesem dritten Abschnitt ändern sich im übrigen wieder. Der Erzähler kehrt zur Debatte zurück, die neben dem Monolog charakteristisch für den ersten Teil der *Merchant's Tale* war. Wie bereits die vorhergegangenen Diskussionen zwischen den beiden Beratern von Januarius basiert auch diese verbale Auseinandersetzung zwischen Pluto und Proserpina auf Argumenten aus der antifeministischen Tradition. Damit ist auch diese Episode thematisch integriert. Zwar werden Pluto, der das Rededuell gewinnt, die besseren Argumente in den Mund gelegt, doch den Sieg trägt Proserpina davon. Ihrer Verschlagenheit ist es zu verdanken, daß May die kritische Situation erfolgreich besteht. Die Sympathie des Erzählers und somit unsere Sympathie liegt ganz offensichtlich auf der Seite Mays. Januarius, der *senex amans*, muß für seine Torheit und sein allzu besitzergreifendes Verhalten bestraft werden – dies ist das Gesetz des Schwankes.

Sobald Proserpina und Pluto abtreten, gilt unsere Aufmerksamkeit im vierten Abschnitt der Erzählung wieder der Gartenszene, wo der Betrug im Birnbaum stattfinden wird. Die Situation ist hervorragend ausgewählt, da sie es dem Erzähler ermöglicht, verschiedene ironische Brechungen zu erzielen. Nicht nur bittet May um eine unreife Birne, ein Verlangen, das man üblicherweise von einer schwangeren Frau erwarten würde, sondern sie benutzt ihren alten Ehemann buchstäblich auch als Leiter, um in den phallischen Birnbaum hinaufzuklettern, wo sie ihr Liebhaber Damian bereits sehnsüchtig erwartet. Dort findet die eigentliche Paarung statt, die der Erzähler nach einigem Herumdrucksen äußerst direkt und unverblümt beschreibt: »Ladyes, I prey yow that ye be nat wrooth; / I kan nat glose, I am a rude man – / And sodeynly anon this Damyan / Gan pullen up the smok, and in he throng.« (IV, 2350–2353) [Meine Damen, ich bitte euch, seid mir nicht böse; ich kann nicht schönfärben, ich bin ein einfacher Mann – und mit einem Ruck hob Damian ihr sogleich den Unterrock hoch und drang ein]. Durch dieses Eindringen, auch des Erzählers, wird plötzlich die fiktionale Illusion zerstört. Durch seine Ansprache an das Publikum und seine Entschuldigung zieht er die Aufmerksamkeit auf sich. Dies ist kein Zufall, sondern, wie Robert Jordan (S. 150) zu Recht bemerkt, eine bekannte Pose. Der Erzähler agiert linkisch und treuherzig zugleich. Es ist die gleiche Pose, die Chaucer, der Pilger, im *General Prologue* einnimmt, als er sich für seine Unwissenheit entschuldigt, oder im Prolog zur *Miller's Tale*, als er sich von dem Schwank des Müllers distanziert. Diese Vortäuschung von Hilflosigkeit angesichts überwältigender Fakten gehört zum Repertoire Chaucerschen Erzählens. Chaucer möchte damit ein Schmunzeln hervorrufen, denn schließlich geht es ihm um eine humorvolle Darstellung. Das wird ganz deutlich in der nächsten Szene, in der der Erzähler Januarius' Reaktion auf Mays und Damians Aktivität im Wipfel des Birnbaums schildert, nachdem ihm von Pluto sein Augenlicht wiedergegeben worden ist: »Up to the tree he caste his eyen two, / And saugh that Damyan his wyf had dressed / In swich manere it may nat been expressed, / But if I wolde speke uncurteisly; / And up he yaf a roryng and a cry, / As dooth the mooder wan the child shal dye« (IV, 2360–65) [Er richtete seine Augen zum Baum empor und sah, daß Damian sich mit seiner Frau so beschäftigte, auf eine solche Art, daß man es nicht beschreiben kann, es sei denn, ich wollte unhöflich sprechen; und er schickte ein Geheul und ein Geschrei hinauf – wie eine Mutter, wenn es ihrem Kind ans Leben geht]. Angesichts der schockierenden Offenheit, mit der der Erzähler gerade die Liebesszene im Birnbaum geschildert hat, ist diese zurückhaltende, gewählte Ausdrucksweise eine derart bewußte Pose, daß es schwerfällt, den beschriebenen Vorgang ernst zu nehmen. Der hier verwendete rhetorische Trick trägt zur Erheiterung des Lesers oder Hörers bei, der diese Geschichte nun eindeutig aus der Schwankperspektive beurteilt.

Die Erzählung endet, wie Proserpina angedeutet hat: May fällt eine plausibel erscheinende Erklärung ein, mit der sie ihre »arboriale« Tätigkeit erklärt, und Januarius läßt sich von ihrer Erklärung überzeugen, denn schließlich hat auch er davon einen Nutzen – er erhält sein Augenlicht wieder, weil, wie ihm May erklärt, sie mit einem Manne im Baum einen Ringkampf auszuführen hatte. Der Erzähler hätte es damit bewenden lassen können, doch er fügt noch ein Detail hinzu. Als Januarius und May abtreten, streichelt der greise Ritter liebevoll den Bauch seiner jungen Frau in der Annahme, sie sei schwanger – und vielleicht hat er, dank Damians Hilfe, sogar recht.

Bibliographie zur Merchant's Tale

Beidler, Peter G. »The Climax in the *Merchant's Tale*.« *ChauR*. 1971; 6:38–43.

Bronson, B.H. »Afterthoughts on the Merchant's Tale.« *SP*. 1961; 58:583–96.

Brown, Emerson, Jr. » *The Merchant's Tale*: Januarie's 'Unlikely Elde'.« *NM*. 1973; 74:92–106.

–. »Biblical Women in the Merchant's Tale: Feminism, Antifeminism, and Beyond.« *Viator*. 1974; 5:387–412.

Burnley, J.D. »The Morality of *The Merchant's Tale*.« *YES*. 1976; 6:16–25.

Burrow, John A. »Irony in *The Merchant's Tale*.« *Anglia*. 1957; 75:199–208.

Donaldson, E. Talbot. »The Effect of the Merchant's Tale.« In *Speaking of Chaucer*. Hg. E. Talbot Donaldson. New York: Norton; 1970. S. 30–45.

Harrington, Norman T. »Chaucer's Merchant's Tale: Another Swing of the Pendulum.« *PMLA*. 1971; 86:25–31.

Hartung, Albert E. »The Non-Comic *Merchant's Tale*, Maximianus, and the Sources.« *MS*. 1967; 29:1–25.

Holman, Hugh C. »Courtly Love in the Merchant's and the Franklin's Tales.« *ELH*. 1951; 18:241–52.

Huppé, Bernard F. *A Reading of the Canterbury Tales*. Albany: State U. of New York Pr.; 1964.

Jordan, Robert M. *Chaucer and the Shape of Creation*. Cambridge, Mass.: Harvard U. Pr; 1967. S.132–51.

Kittredge, George L. »Chaucer's Discussion of Marriage.« *MP*. 1912; 9:435–67.

Miller, Milton. »The Hair in the *Merchant's Tale*.« *PQ*. 1950; 29:437–40.

Olson, Paul A. »Chaucer's Merchant and January's ›hevene in erthe heere‹.« *ELH*. 1961; 28:203–14.

Otten, Charlotte F. »Proserpine: *Liberatrix Suae Gentis*.« *ChauR*. 1971; 5:277–87.

Ruggiers, Paul G. *The Art of the Canterbury Tales*. Madison: U. of Wisconsin Pr.; 1965. S. 107–20.

Shores, David L. »*The Merchant's Tale*: Some Lay Observations.« *NM*. 1970; 71:119–33.

Stevens, Martin. »›And Venus Laugheth‹: An Interpretation of the *Merchant's Tale*.« *ChauR*. 1972; 7:118–31.

Tatlock, John S.P. »Chaucer's *Merchant's Tale*.« *MP*. 1935–36; 33:367–81.

Wentersdorf, Karl P. »Theme and Structure in the Merchant's Tale: The Function of the Pluto Episode.« *PMLA*. 1965; 80:522–27.

Wurtele, Douglas. »The Blasphemy of Chaucer's Merchant.« *AnM*. 1981; 21:91–110.

The Squire's Tale

In der Einleitung zum Fragment V fordert der Wirt den Junker auf, eine Liebesgeschichte zu erzählen, ein Anliegen, das im Hinblick auf die Beschreibung dieser Figur im *General Prologue* durchaus gerechtfertigt erscheint. Von allen Pilgern nämlich ist der Junker der einzige, dessen poetische Begabung gerühmt wird: »He koude songes make and wel endite, /... and weel purtreye and write.« (I, 95–96) [Er konnte Lieder dichten und gut vertonen, ... und gut zeichnen und schreiben.]. Er besitzt also laut Aussage des Ich-Erzählers die Fähigkeiten, die man von einem jungen Adligen erwarten würde. Folglich ist sowohl der Wunsch des Wirtes verständlich als auch die Reaktion des Junkers, der nach artiger Beteuerung seiner beschränkten Fähigkeiten auf diesem Gebiet – ganz offensichtlich eine traditionelle Demutsformel – mit dem Erzählen einer Romanze beginnt. Auch ihm wird, wie bereits seinem Vater, dem Ritter, am Anfang der *Canterbury Tales* eine höfische literarische Gattung zugeordnet. Und wie von der Forschung schon seit langem akzeptiert, sollte die Wertung der *Squire's Tale* auch vor dem Hintergrund der *Knight's Tale* erfolgen. Anders als sein Vater jedoch, der den höfischen Roman zu einer philosophischen Betrachtung über die menschliche Willensfreiheit und Verantwortung erhebt, wählt der Junker ein höchst romantisches Sujet und verlegt den Ort des Geschehens in das märchenhafte und orientalisch prächtige Carev, die Hauptstadt des Tatarenreiches. Seine Romanze wird sich mit Liebe und Abenteuer beschäftigen, so, wie sich ein junger Ritter das erträumen mag. Eine Problematisierung der Gattung ist nicht beabsichtigt und wird jedenfalls vom Junker auch nicht geleistet.

Die Geschichte beginnt mit einem Porträt von Dschingis-Khan, dem Herrscher über die Tataren, und seiner Tochter Canacee, deren außergewöhnliche Schönheit den Junker dazu bewegt, sie mit einem Unsagbarkeitstopos zu beschreiben. Selbstverständlich wird ein höfisches Fest gefeiert, dessen Glanz und Pracht wiederum die rhetorische Fähigkeit des Junkers zur Beschreibung dieser Art Festlichkeiten übersteigt. Plötzlich, wie könnte es anders sein, erscheint ein fremder Ritter, ein Inbild höfischer Zucht, der selbst von Gawains traditionell gerühmter Höfischheit nicht hätte übertroffen werden können. Dieser Ritter nun, ein Abgesandter des Königs von Arabien und Indien, überbringt Dschingis-Khan und Canacee erlesene Geschenke von seinem Herrn: ein Messingpferd, auf dem man durch die Lüfte reiten kann; einen Spiegel, in dem zukünftiges Glück und Unglück zu sehen ist; einen Ring, der es seinem Besitzer ermöglicht, die Sprache der Vögel zu verstehen, und ein Schwert, das durch jede Rüstung schneiden, aber auch die geschlagene Wunde wieder heilen kann. Pferd und Schwert sind für Dschingis-Khan, Spiegel und Ring für seine Tochter bestimmt. Die wunderbaren Geschenke lösen ein großes Rätselraten aus, denn die Meinungen über Sinn und Wert dieser Gegenstände gehen weit auseinander. Aber es ist müßig, soweit es sich um den Fortgang der Geschichte handelt, darüber zu spekulieren, denn Schwert und Spiegel werden sofort in einem uneinnehmbaren Turm verschlossen, während das Pferd zwar noch während des Gelages vorgeführt wird, dann aber urplötzlich von der Bildfläche verschwindet – wohin, weiß nicht einmal der Erzähler (V, 342). Es bleibt also der Ring, der als handlungsmotivierendes Element in dem nun folgenden zweiten Teil der Geschichte eingesetzt wird.

Während die Höflinge vom Wein berauscht niedersinken und ihren Rausch ausschlafen, begibt sich Canacee, aufgeschreckt durch einen Traum, in Begleitung ihrer Dienerschaft in den Garten. Nach der Beteuerung des Erzählers, nun werde er endlich zum Kern der Geschichte kommen, tritt der magische Ring in Aktion. Auf ihrem Rundgang durch den Garten hört Canacee die Klage eines Falkenweibchens, das sie mit Hilfe des Ringes verstehen kann. Wie sich bald herausstellt, ist die Vogeldame von ihrem Geliebten verlassen worden, der nach mehreren Jahren Minnedienstes mit einer Weihe auf- und davongeflogen ist. Voller Mitleid für das Schicksal des Falkenweibchens läßt Canacee ihm eine Volière bauen, um sich der Verlassenen anzunehmen. Damit schließt die Episode, und der Erzähler beendet den zweiten Teil mit einer kurzen Vorschau auf weitere Abenteuer, die er im Anschluß berichten will. Es folgen noch zwei Verse rhetorischer Datierung im hohen Stil, bevor der

Franklin die Erzählung des Junkers mit viel Lob bedenkt, ihn nostalgisch mit seinem eigenen, ungeratenen Sprößling vergleicht und sich dann schließlich auf Aufforderung des Wirtes bereit erklärt, die nächste Geschichte zu erzählen.

Das jähe Ende der *Squire's Tale* hat Anlaß zu der Spekulation gegeben, ob Chaucer die Geschichte selbst abgebrochen habe oder ob der Rest verlorengegangen sei. Die Worte des Franklin sind nicht eindeutig, d.h., sie könnten sich auf die gesamte Geschichte beziehen, die dann aber wohl einige tausend Verse länger gewesen wäre, oder sie könnten als taktvolle Unterbrechung interpretiert werden, mit der der Franklin die sich als endlos ankündigende Erzählung an diesem Punkt höflich abbricht. Die moderne Chaucerforschung neigt allgemein dazu, die zweite Möglichkeit als die wahrscheinlichere anzusehen. Die *Squire's Tale* wird somit als bewußtes Fragment betrachtet, ähnlich wie die *Tale of Sir Thopas* – Chaucers eigener Versuch, eine Schweifreimromanze zu erzählen – und wie die *Monk's Tale*, eine Abfolge mittelalterlicher Tragödien. In beiden Fällen ist die Unterbrechung jedoch deutlich gekennzeichnet, da im ersten Fall der Wirt lautstark sein Mißfallen an Chaucers kläglicher Poetasterei zum Ausdruck bringt und im zweiten der Ritter sich energisch gegen die Erzählung weiterer *De-casibus*-Episoden verwahrt. Hier sagt der Franklin nur: »'In feith, Squier, thow hast thee wel yquit / And gentilly. I preise wel thy wit'« (V, 673–74) [»Wahrlich, Knappe, du hast dich gut geschlagen und in höfischer Manier. Deinen Verstand kann ich nur loben«]. Die Zweideutigkeit dieses Kommentars liegt auf der Hand; nur die Unwahrscheinlichkeit, daß der Junker den von ihm kurz skizzierten Erzählrahmen auch wirklich ausfüllt, spricht für die in der modernen Forschung weit verbreitete Hypothese, die lobenden Worte des Franklins seien als höfliche Unterbrechung zu interpretieren.

Wie in dieser gerafften Darstellung des Inhalts schon angeklungen ist, bedient sich der Junker einer Vielzahl rhetorischer Figuren. Da sind zunächst die beiden *descriptiones* von Dschingis-Khan und seiner Tochter Canacee. Die erste lehnt sich stark an die Vorgaben in den rhetorischen Handbüchern an, d.h., Einzelheiten seiner sozialen Stellung, seines Alters, seiner persönlichen Umstände und seiner charakterlichen Vorzüge werden beschrieben. Die zweite hingegen wird mit Hilfe einer *diminutio* schnell zu Ende geführt, so daß wir Canacees Schönheit nur erahnen, nicht aber sehen können. Während in diesem Falle das Stilmittel der *diminutio* wirklich dazu beiträgt, Canacees Schönheit über alle Realitäten, die mit Worten beschrieben werden können, hinauszuheben, wirkt die zweite Verwendung der *diminutio* nicht besonders gekonnt. Als sich der Junker nämlich der Beschreibung des Festes zuwendet, erklärt er: »Heere is the revel and the jolitee / That is nat able a dul man to devyse.« (V, 278–79) [Diese Freude und diese Fröhlichkeit kann ein Griesgram nicht beschreiben.]. Um nicht selbst in den Ruf zu geraten, ein solcher zu sein, hätte er nun das höfische Fest ausführlich beschreiben müssen. Dies geschieht aber nicht, sondern der Erzähler fährt mit einer rhetorischen Frage fort: »Wer könnte euch die Art der Tänze beschreiben« [...]? (V, 283–86), die er völlig unerwartet mit »Launcelot« beantwortet, um dann anscheinend die Beschreibung mit einer *occupatio* (V, 288–90) zu beschließen. Anstatt sich aber an das Gesagte zu halten, folgen sieben weitere Verse der Beschreibung des Festes, dem sich wiederum eine rhetorische Frage anschließt. Man hat das Gefühl, der Erzähler habe sich in einem Dickicht rhetorischer Figuren verirrt, so daß ihm nun der Weg, den seine Erzählung nehmen soll, unklar geworden ist. Um sich wieder zu orientieren, setzt er seine Beschreibung mit einem überleitenden Vergleich fort (V, 305–08), der wohl dem Zweck dienen soll, den Leser oder Hörer seinerseits in ein solches Erstaunen zu versetzen, daß er sich bereitwillig der rhapsodischen Vortragsweise des Erzählers unterordnet und sich führen läßt. Die Geschichte kehrt zu einer Beschreibung der wunderbaren Fähigkeiten des Messingpferdes zurück. Eine Episode, in der das Pferd eine Rolle spielt, scheint sich anzubahnen. Doch plötzlich entschwindet das Pferd und mit ihm die Publikumserwartung. Der erste Teil der Geschichte endet abrupt, ohne daß sich der Erzähler wenigstens mit seiner Lieblingsfigur, der *occupatio*, für dieses plötzliche Ende entschuldigt hätte.

Angesichts dieses abrupten Endes des ersten Teils wirkt der hochstilisierte Anfang des zweiten Teils besonders deplaziert, wenn nicht sogar lächerlich. In V, 347–52 läßt der Junker die Personifizierung des Schlafes mit weitgeöffnetem Munde (V, 350) auftreten, der die Zecher dazu bringt, niederzusinken. Es folgt wieder eine *occupatio* (V, 358–60), in der uns der Junker (zum Glück!) die Träume der Schläfer vorenthält, um sich Canacee und ihrem magischen Ring zuzuwenden. Bevor er aber endgültig mit dem Erzählen der Geschichte des Falkenweibchens beginnt, versucht er noch einmal, seine Kenntnis rhetorischer Figuren zu beweisen. In seiner *occupatio* (V, 401–08) läßt er einen Hinweis auf »The knotte why that every tale is toold« (V, 401) [das Hauptanliegen (Knoten), weswegen man eine jede Geschichte erzählt] einfließen. Der Terminus *nodus* stammt aus der *Ars poetica* des Horaz und bedeutet eine unauflösbare Situation, die nur von einem *deus ex machina* bereinigt werden kann. Für den Junker aber ist der »knotte« (Knoten) der zentrale Punkt eines Werkes, auf den der Erzähler zusteuern sollte. Da der Erzähler jedoch, wie sich bald darauf zeigt, weit davon entfernt ist, diesen Punkt auch nur annähernd zu erreichen, wirkt selbst seine Fehlinterpretation der Horazischen Bedeutung des Terminus *nodus* komisch. Als eigentlicher *deus ex machina* im Sinne von Horaz fungiert wahrscheinlich der Franklin, der mit seiner taktvollen Unterbrechung den Gordischen Knoten durchschlägt.

Unter dem Eindruck des großen rhetorischen Feuerwerks, das der Junker abschießt – neben den hier genannten Stilfiguren wird auch noch das Stilmittel der *amplificatio* (V, 189–262), der *paronomasia* (V, 105–06), des *exemplum* (V, 606–20) sowie der Beschreibung der Tages- bzw. Jahreszeit im hohen Stil (V, 263–65; 48–57) benutzt –, hat sich die Forschung natürlich

Gedanken über den Sinn dieses gewaltigen rhetorischen Aufwandes gemacht. Und da manche dieser Figuren, wie zu zeigen versucht wurde, eher verpuffen als erstrahlen, war man gelegentlich geneigt, die Verantwortung dafür allein auf den Junker abzuwälzen (vgl. Haller, Pearsall, 1964, und Göller).

Gerade aber der massive Einsatz von rhetorischen Mitteln hat neben der fragmentarischen Form der Erzählung des Junkers die Rezeptionshaltung nachfolgender Generationen beeinflußt. Die Rezeptionsgeschichte der *Squire's Tale* ist äußerst wechselvoll. Man könnte sie geradezu als ein Paradebeispiel für sich wandelnde Erwartungshorizonte bei der Rezeption mittelalterlicher literarischer Texte bezeichnen. Interessanterweise ist keine andere von Chaucers *Canterbury Tales* auf soviel Resonanz gestoßen, weder unter seinen eigenen Zeitgenossen noch unter den Dichterkollegen späterer Epochen, vor allem der Renaissance. Und da diese Resonanz ausschließlich positiv war, ist es ratsam, sie bei der eigenen Urteilsbildung über den künstlerischen Wert und die Intention der *Squire's Tale* miteinzubeziehen. Ein kurzes Resumee der Erzählung findet sich zunächst in John Lydgates Traumdichtung *Temple of Glass*. Edmund Spenser nimmt die Geschichte in Buch IV der *Fairy Queen* auf und führt sie zu Ende, da er glaubt, daß sie einmal vollständig existiert habe. John Lane, ein jüngerer Zeitgenosse Spensers, schrieb sogar eine Fortsetzung, die in Furnivalls Ausgabe die respektvolle Länge von immerhin 237 Druckseiten einnimmt, da auch er ebenso wie Sidney glaubte, daß der Rest der *Squire's Tale* entweder verlorengegangen oder aber absichtlich nicht überliefert worden sei. Milton erwähnt Chaucers Geschichte anerkennend im *Il Penseroso*. Weitere Fortsetzungen schließlich wurden von Thomas Speght, Joseph Sterling, J. Penn, Richard Wharton, J.H. Leigh Hunt und anderen anonymen Autoren vom Ausgang des 17. bis zur Mitte des 19. Jahrhunderts geschrieben (vgl. Göller, S. 163–65).

Angesichts dieser intensiven Beschäftigung mit der *Squire's Tale* ist es kaum verwunderlich, daß sich auch die Chaucerkritik im 20. Jahrhundert dieser Geschichte annahm. Da sich der literarische Geschmack geändert hatte – man hatte wenig Sinn mehr für die exotisch anmutende und rhetorisch flamboyante Romanze –, versuchte man, die Erzählung als ein Jugendwerk Chaucers abzutun. Die Geschichte sei, so Kittredge, eine »reine Romanze im mittelalterlichen Sinn« (Kittredge, S. 457), wenngleich eine Definition dieser Gattung von Kittredge nicht gegeben wird. Andere Kritiker entzogen sich einem Werturteil, indem sie eifrigst nach artverwandten Geschichten orientalischer Herkunft suchten, wie z.B. *Tausendundeine Nacht* (s. Braddys Aufsätze).

Im Anschluß an Gardiner Stillwells vernichtende Kritik am Junker als dem Erzähler der Geschichte verlegte man sich darauf, die *Squire's Tale* unter einer ironischen Perspektive zu lesen. Nicht mehr Chaucer, der Autor, sei für die mangelhafte narrative Gestaltung, die bombastische Rhetorik und die dünne Handlung verantwortlich zu machen, sondern der Erzähler, dessen dichterisches Unvermögen auf diese Weise bloßgestellt werden sollte. Solche Lesarten sind die natürliche Folge einer intensiveren Analyse der Erzählerrollen in Chaucers *Canterbury Tales*, die von den fünfziger Jahren an in verstärktem Maße betrieben wurde. Schonungslos wurden nun alle an modernen Maßstäben gemessenen Mängel aufgedeckt. Moderne Maßstäbe in diesem Falle sind eigentlich die Wertvorstellungen der klassischen Rhetorik, von denen sich die *Squire's Tale* erheblich unterscheidet. Benutzt wurde das analytische Instrumentarium des New Criticism, d.h. der textimmanenten Literaturkritik, das bei der Erschließung mittelalterlicher Texte nur bedingt einsetzbar ist. Unter diesen Voraussetzungen mußte die Kritik an der Erzählung und der Erzählweise des Junkers vernichtend ausfallen. Stellvertretend für diesen Interpretationsansatz soll der abschließende Kommentar von John P. McCall dienen: »Einerseits ist die *Squire's Tale* ein chaotischer und fragmentarischer Mißerfolg; andererseits – und dies in bedeutenderer Art und Weise – ist die Geschichte eines von Chaucers vollendetsten und faszinierendsten Meisterwerken. Der Dichter nämlich steuert all die unkontrollierten und merkwürdigen Versuche des Junkers, beeindruckend, subtil und feinsinnig zu wirken, da er sein Metier so gut beherrscht, daß er das ganze Unternehmen in seinem Sinne umfunktionieren kann. Und Chaucers Art, alles einzubringen, ist geschickt und konsequent gemacht: Er entwikkelt ein Geflecht aus Irrelevanz und Unlogik, das sich aus dem Zusammenprall von Romanzenwelt und Realität, von Kunst und Wirklichkeit ergibt. Ein heldenhafter König aus einem weit entfernten Land tut nichts anderes als in seinem Palast herumzusitzen und anschließend ins Bett zu gehen; seine galanten Höflinge verbringen die meiste Zeit mit Essen und Trinken; einige magische Geschenke lösen sich zu wirklichen Illusionen auf; und eine blasse Prinzessin, die mit Vögeln sprechen kann, erfährt eine sinnlose Geschichte darüber, wie sich Vögel wirklich benehmen. Selbst die Sonne und die Gestirne wandern in ihrer naturgegebenen Bahn, trotz aller Bemühungen ›dichterischer Kunst‹, ihren Lauf kunstvoll zu gestalten. Das Wunderbarste an der *Squire's Tale* aber ist, daß wir den subtilen Witz der Geschichte so lange nicht erkannt haben.« (S. 109). Diese Deutung der *Squire's Tale* steht in diametralem Gegensatz zu ihrer vorher skizzierten Rezeptionsgeschichte. Hätten Lydgate, Spenser, Lane, Milton, Speght etc. die Geschichte in dieser Weise gelesen, wären sie wohl kaum zu lobenden Kommentaren oder Fortsetzungen animiert worden. Offensichtlich haben sich Geschmack und Rezeptionsverhalten grundlegend geändert. McCalls witzige Interpretation ist kein Einzelfall, sie ist vielmehr repräsentativ für die Literaturkritik zur *Squire's Tale* in den sechziger Jahren.

Interessanterweise jedoch läßt sich eine abermalige Reorientierung in der kritischen Beurteilung der *Squire's Tale* seit Ende der sechziger Jahre feststellen. Grundlegend hierfür sind die beiden Studien von Göller (1968) und von Goodman (1983). Ausgehend von der positiven Rezeption der Geschichte durch Autoren in vergangenen Jahrhunderten, die zeitlich sehr viel näher an der Entstehungszeit liegen, versucht Göller die Problematik der *Squire's Tale* ins Visier zu nehmen. »Wer die *Squire's Tale* nur als Selbstkundgabe des Junkers liest, gerät in Versuchung, die Geschichte als künstlerisch wertlos abzutun. Aber es geht nicht nur um den Squire, sondern um die Idee des Rittertums, die *curteisye*, die Ehe, das Verhältnis von Mann und Frau zueinander, die Natur und Art des Mannes, die höfische Literatur, Boethius' *De consolatione philosophiae* usf.« (S. 176–77). Hier wird ein breites thematisches Spektrum aufgezeigt, auf das es im einzelnen noch einzugehen gilt. Goodmans Ansatz dagegen geht von der Gattungsproblematik aus. Sie bezeichnet die *Squire's Tale* als »composite romance«, d.h. als Romanze mit Episoden unterschiedlichster Herkunft. Diese Form, in der übrigens phantastische Elemente mit einem minuziösen Detailrealismus verbunden sind, sei eine zu Chaucers Zeit beliebte Spielart der Romanze gewesen und als eigenständige Gattung anerkannt. Nach diesem Kompositionsmuster seien auch *Partonope of Blois*, *Valentine and Orson* und *Generides* konstruiert. Folglich hätte ein zeitgenössisches Publikum die *Squire's Tale* kaum als Parodie auf diese beliebte Romanzengattung erkennen können (S. 132). Unter dem Eindruck des veränderten Interpretationsansatzes distanziert sich auch Derek Pearsall in seiner 1985 erschienenen Studie zu den *Canterbury Tales* implicite von seiner zwanzig Jahre früher vertretenen Meinung, wenn er sich dagegen verwahrt, immer dann den Erzähler als von Chaucer ironisch manipulierte Figur begreifen zu wollen, wenn sich seine Ansicht oder seine Erzählweise nicht mit den Erfordernissen des modernen Geschmacks in Einklang bringen ließen (S. 141).

Anliegen der zuletzt genannten Studien ist es folglich, die *Squire's Tale* in ihren historischen Kontext einzuordnen, d.h. besonders den Erwartungshorizont eines zeitgenössischen Publikums bei der Analyse miteinzubeziehen. Das geschieht im Vergleich der *Squire's Tale* mit den anderen Vertretern höfischer Gattungen in den *Canterbury Tales*. Man könnte z. B. eine

Reihe »Romanzen« bilden, zu der die Erzählungen des Ritters, der Frau aus Bath, des Junkers, des Franklins und die *Tale of Sir Thopas* gehören. Und diese Reihe ließe sich durch *Troilus and Criseyde*, Chaucers umfangreichsten höfischen Roman, erweitern. Auch andere Reihen wären denkbar, wie z. B. eine Reihe »nicht-Chaucerscher englischer Romanzen im Spätmittelalter«. Geht man von der philosophisch komplexen Geschichte aus, die Chaucer in der *Knight's Tale* erzählt, und nimmt man dazu die fast psychoanalytische Betrachtung des Wesens der Liebe, wie sie in *Troilus and Criseyde* durchgeführt wird, dann erscheint die Darstellung der höfischen Minne in der *Squire's Tale* in der Tat recht konventionell. Was wir hier aus der Klage des verlassenen Falkenweibchens erfahren, ist altbekannt. Zuerst wird ein typisch höfischer Liebhaber vorgestellt, der den Erwartungen des durch den höfischen Ehrenkodex geprägten Falkenweibchens völlig gerecht wird: Er achtet auf die äußere Form, er hält sich an die Vorschriften der höfischen Liebe, er dient seiner Geliebten manches Jahr mit Weinen und Wehklagen, und er tut überhaupt alles, was man von einem edel gesinnten Liebhaber erwarten könnte. Durch seinen Minnedienst findet er gerade in den Augen seiner Geliebten Gefallen, die ihn schließlich erhört, sich ihm aber nicht hingibt. Ihr Ansehen und ihre Ehre müssen sowohl öffentlich als auch privat bewahrt werden (V, 530–31). Erst als ihr der Erhörte auf Knien demütig und überschwenglich dankt, gibt das Falkenweibchen den Widerstand auf. Sie beschließt, ihm zu Willen zu sein, soweit dies vom Verstand her vertretbar sei (V, 569–70). Dieser Zustand der Gemeinsamkeit – man dürfte ohne Übertreibung sagen, des gemeinsamen Glücks – dauert etwa zwei Jahre, dann bittet der Falke um Urlaub. Obwohl dieses Ersuchen die Falkendame schmerzt, gesteht sie ihrem höfischen Liebhaber diese Freiheit zu, da sie weiß, daß es auch um die Ehre des Falken geht (V, 591–92). Sobald der Falke seine Freiheit wiedererlangt hat, geschieht, was geschehen muß: Er wendet sich einer anderen zu – ganz plötzlich und für die Falkendame völlig unverständlich, da die andere doch nur eine Weihe ist, also ein nichtadliges Mädchen.

Interessanterweise wird das Verhalten des verräterischen Vogel-Liebhabers durch ein Gleichnis aus der *Consolatio philosophiae* exemplarisch verallgemeinert. Da sich die Bedeutung des Gleichnisses in diesem Kontext jedoch radikal von der des ursprünglichen unterscheidet – wie in der Forschung schon seit langem bekannt –, erscheint eine kurze Erläuterung notwendig, vor allem, da sie Aufschluß gibt über die von der Falkendame vertretene Auffassung von der höfischen Minne. Boethius führt das Käfiggleichnis im zweiten Metrum des dritten Buches der *Consolatio Philosophiae* ein, um folgenden Tatbestand zu illustrieren: Jeder Mensch strebe nach vollkommener Glückseligkeit. Leider müsse man jedoch des öfteren feststellen, daß irdische Güter, die als Garanten dieser Glückseligkeit verstanden werden, nicht Glück, sondern Verderben bringen. Trotzdem bleibe selbst dem verirrten Menschen das Streben nach dem Guten, denn dieses Streben ist dem Menschen von Natur aus gegeben. Die menschliche Seele muß danach streben, weil ihr das Gute artverwandt ist, ganz gleich, wie stark oder schwach das Wissen um das Gute beim Einzelmenschen ausgeprägt ist. Um diesen Tatbestand zu verdeutlichen, gebraucht Boethius verschiedene Gleichnisse, u.a. auch das vom Käfig. Der gefangene Vogel sehne sich nach dem Wald zurück, selbst wenn der Mensch ihm seinen Napf mit Honig füllt. Geschehe es dann, daß der Vogel einmal außerhalb des Käfigs den schattigen Wald erblickt, dann stoße er mit seinen Füßen seine Speise um und sehne sich nur noch traurig nach dem Wald. Aus diesem und den anderen Beispielen zieht Boethius den Schluß: Alle Dinge kehren zu ihrem Ausgang zurück und erfreuen sich der Quelle, der sie entsprangen. Dies ist die einzige Ordnung mit festem Bestand.

Vergleicht man nun die Verwendung des Käfiggleichnisses im Kontext der *Squire's Tale* mit seiner Quelle, dann ergeben sich grundlegende Unterschiede in der philosophischen Aussage des Beispiels. Abgesehen davon, daß der Singvogel sich bei Boethius nur nach dem Walde sehnt, nicht aber seinem Bauer entflieht, wird die Bedeutung des Exemplums durch das Falkenweibchen in ihr Gegenteil verkehrt. Es erwartet, daß der eingeschlossene Vogel seinen Käfig nicht verläßt, um zu seinem natürlichen Habitat zurückzukehren. Vielmehr tadelt es dieses Verhalten als Sucht nach Neuem, eine Sucht, die seinen ehemaligen Liebhaber gerade dazu veranlaßt hat, sich der Weihe zuzuwenden. Aus Boethischer Sicht wäre das Verhalten des Falken jedoch natürlich. Er folgt seinem ihm innewohnenden Drang, sich aus der Gefangenschaft, in die er sich durch die Bindung mit dem Falkenfräulein begeben hatte, zu befreien. Die Natur des Falken zwingt ihn, so zu handeln, wie er es getan hat, und sich nicht durch höfische Konventionen einengen zu lassen. Wie Karl Heinz Göller zu Recht bemerkt: »Gleichzeitig verlangt die Falkin (implicite) aber auch, der Mann habe sich der Frau zu unterwerfen, und knüpft damit an die Ehedebatte und die Geschichte der Frau aus Bath an. Die Falkin will dem Gatten nur scheinbar wohl. In Wirklichkeit sperrt sie ihn in dem Käfig ein und hindert ihn daran, ›zu des Ursprungs heimischer Stätte‹ zurückzukehren. [...] Was aber so aussieht wie Kritik an der Treulosigkeit des Mannes, entpuppt sich bei genauerem Hinsehen als Kritik an einem bestimmten Frauentyp und am System der höfischen Liebe.« (S. 186–87).

Die Canacee-Episode in der *Squire's Tale* müßte also gegen die Intention des Erzählers gelesen werden, und zwar nicht als ironische Brechung, sondern als auktoriale Illustration der Unzulänglichkeit einer höfischen Liebesvorstellung, wie sie ein junger Adliger aus seiner Kenntnis der Literatur enthusiastisch und unkritisch übernommen haben könnte. Daß Chaucer selber nach anderen Möglichkeiten in der ehelichen Ich-Du-Beziehung suchte, macht die darauffolgende *Franklin's Tale* deutlich, in der ein weiteres Modell entworfen und getestet wird. Trotz dieser impliziten Kritik an den konventionellen Vorstellungen, die hier dem Junker in den Mund gelegt werden, dient die Geschichte nicht dazu, den Erzähler zu desavouieren oder der Lächerlichkeit preiszugeben. Im Zusammenspiel der verschiedenen Meinungen zu dem Themenkomplex Liebe und Ehe muß auch diese

Position vertreten werden, und wer wäre dafür ein geeigneterer Repräsentant als der Junker, der bereits durch seine Charakterisierung im *General Prologue* als der Prototyp des jungen adligen Liebhabers ausgewiesen wurde? Die Geschichte ist also nicht sinnlos, wie McCall sie abwertend bezeichnet hat, sondern sie nimmt ihren berechtigten Platz innerhalb des breiteren Binnenrahmens ein, den man seit Kittredge die »Ehegruppe« nennt. Ihre traditionelle Plazierung neben der vorhergehenden *Merchant's Tale* tut ein übriges. Waren in dieser Erzählung die adligen menschlichen Charaktere auf das tiefste Schwankniveau gesunken, so schwingen sich die adligen Vogelprotagonisten auf die höchste Stufe traditionellen Minnedienstes empor. Zwar verläßt der Falke momentan seine Dame für eine andere, aber seine reumütige Rückkehr wird in Aussicht gestellt (V, 654–55). Diese Vorschau der Ereignisse kommt nicht unerwartet – sie entspricht der romantischen Sichtweise des Junkers, dessen Weltbild im Grunde unkompliziert und positiv ist. Damit steht er den Vertretern der Gattungsreihe »nicht-Chaucersche englische Romanzen im Spätmittelalter« nahe, in denen trotz aller Verwicklungen die Liebe und das Gute siegen. Daß eine solche Sichtweise der Korrektur durch andere Erzählungen bedarf, ergibt sich von selbst. Erst im weiteren Kontext der Liebes- und Ehethematik erhält die *Squire's Tale* den ihr zustehenden Stellenwert. In einem solchen Kontext aber wirkt die Geschichte entrückt. Ihr fehlt die normgebende Kraft, die z. B. den Artusroman klassischer Prägung auszeichnet. Gawain (V, 95) und Launcelot (V, 287), die vom Junker erwähnt werden, sind Versatzstücke in einer orientalischen Fabelwelt. Am Anfang der Dschingis-Khan-Episode (V, 42–97), die so viele Anklänge an den Beginn des klassischen Artusromans hat, steht nicht die Herausforderung, die dann zur Bewährung des Protagonisten und damit zur Bestätigung der ritterlichen Wertwelt führen würde, sondern magische Geschenke. Wirkliche Krisenhaftigkeit gehört nicht zu den Erfahrungen der *Squire's Tale*. Sie wäre hier ebenso fehl am Platz wie in den zahlreichen Romanzen, die zu dieser Zeit verfaßt und rezipiert wurden.

Jennifer Goodman hat uns zu Recht daran erinnert, daß die *Squire's Tale* als Gattungstyp nicht allein steht. Ob die Geschichte sich aber aus dem Tatbestand, daß es noch ähnliche »composite romances« gab, legitimieren läßt, bleibe dahingestellt. Für *Sir Thopas*, Chaucers parodistische Nachdichtung der Schweifreimromanzen, wurden solche Argumente jedenfalls von der Forschung nicht ins Feld geführt, obwohl die parodierte Gattung sich weiterhin großer Beliebtheit auch im 15. Jahrhundert erfreute. Folglich sollte man mit dem Argument von der Existenz auch anderer Vertreter desselben Typs vorsichtig sein. Damit ist noch keine Aussage über Qualität und Legitimation gemacht. Die *Squire's Tale* könnte ebenso wie *Sir Thopas* als Persiflage einer Gattung gesehen werden, ohne daß dadurch ihre Stellung innerhalb des weiteren Kontextes der Liebes- und Ehedebatte geschmälert werden würde.

Bibliographie zur Squire's Tale

Braddy, Haldeen. »The Oriental Origin of Chaucer's Canacee-Falcon Episode.« *MLR*. 1936; 31:11–19.

–. »The Genre of Chaucer's *Squire's Tale*.« *JEGP*. 1942; 41:279–90.

Göller, Karl Heinz. »Chaucers ›Squire's Tale‹: ›The knotte of the tale‹.« In *Chaucer und seine Zeit: Symposium für Walter F. Schirmer*. Hg. Arno Esch. Tübingen: Niemeyer; 1968. S.163–88.

Goodman, Jennifer R. »Chaucer's *Squire's Tale* and the Rise of Chivalry.« *SAC*. 1983; 5:127–36.

Haller, Robert S. »Chaucer's *Squire's Tale* and the Uses of Rhetoric.« *MP*. 1964–65; 62:285–95.

Kahrl, Stanley J. »Chaucer's *Squire's Tale* and the Decline of Chivalry.« *ChauR*. 1973; 7:194–209.

Kittredge, George L. »Chaucer's Discussion of Marriage.« *MP*. 1912; 9:435–67.

McCall, John P. »The Squire in Wonderland.« *ChauR*. 1966; 1:103–09.

Neville, Marie. »The Function of the *Squire's Tale* in the Canterbury Scheme.« *JEGP*. 1951; 50:167–79.

Pearsall, D.A. »The Squire as Story-Teller.« *UTQ*. 1964; 34:82–92.

–. *The Canterbury Tales*. London: George Allen & Unwin; 1985. S. 138–44.

Peterson, Joyce E. »The Finished Fragment: A Reassessment of *The Squire's Tale*.« *ChauR*. 1970; 5:62–74.

Stillwell, Gardiner. »Chaucer in Tartary.« *RES*. 1948; 24:177–88.

Whiting, B.J. »Gawain: His Reputation, His Courtesy and His Appearance in Chaucer's *Squire's Tale*.« *MS*. 1947; 9:189–234.

The Franklin's Tale

Obwohl von der Forschung selten beachtet, dürfte die Plazierung der *Franklin's Tale* nach der Erzählung des Junkers nicht auf Zufall beruhen. Der Gutsbesitzer, wie der Franklin schlicht und etwas zu einfach in deutschen Übersetzungen genannt wird, hatte dem Junker Lob und Anerkennung für seinen Vortrag gezollt. Er war vor allem von der »gentillesse«, der Höfischheit, des jungen Adligen beeindruckt, ein Vorzug, der bedauerlicherweise seinem eigenen Sohn abgeht. Ermuntert durch die romantische Erzählung des Junkers, fühlt sich der Franklin nun seinerseits berufen, auf Aufforderung des Wirtes eine exotische Geschichte zu erzählen. Als Gattung wählt er das Lai, d.h., auch er bedient sich eines höfischen Genres. Die Forschung hat diese Tatsache zwar konstatiert, aber leider oft die falschen Schlüsse daraus gezogen. Einerseits wurde dem Franklin Anmaßung vorgeworfen, weil er sich einer Gattung bediene, die wohl kaum seinem sozialen Status entspräche, und andererseits mutmaßte man, daß die Gattung Lai zu Chaucers Zeit bereits veraltet gewesen sei (Loomis, S. 16–17, und Burlin, S. 60). Kurzum, aufgrund der Gattung der *Franklin's Tale* ließen sich bereits negative Rückschlüsse auf die Intention und den Charakter des Erzählers ziehen. Daß solche Rückschlüsse unzulässig sind, hat die Studie von Kathryn Hume bewiesen. Ihr ist es zu verdanken, daß wir heute eine wesentlich bessere Vorstellung davon haben, was ein zeitgenössisches Publikum unter dieser Gattung verstanden haben mag. Als höfische Erzählform wurde das Lai vor allem von Marie de France verwendet, die sechzehn Erzählungen dieses Typs verfaßt hat. Aber auch in der mittelenglischen Literatur sind Lais bekannt, wie z. B. die Übersetzung von Marie de Frances *Le Fresne*, *Freine*, *Sir Orfeo* oder *Sir Degare*, drei Lais, die in der Auchinleck-Handschrift (etwa 1330) überliefert sind. Es gibt zahlreiche andere Beispiele aus der englischen Literatur des 14. und frühen 15. Jahrhunderts, so daß sich die Annahme, es handle sich bei dieser Gattung um eine antiquierte literarische Form, nicht bestätigen läßt. Das Lai war vielmehr zu Chaucers Zeit eine weitverbreitete und gängige Gattung, die natürlich mit einem bestimmten Erwartungshorizont der zeitgenössischen Rezipienten verknüpft war. Traditionell assoziierte man mit dem Lai die folgenden Charakteristika: erstens die Liebesthematik als Problemstellung, zweitens die Präsenz magischer Elemente und drittens ein Ethos, das nicht von strikten moraltheologischen Vorstellungen geprägt ist. Diese Publikumserwartungen werden in der *Franklin's Tale* erfüllt. Der Franklin erzählt eine Geschichte, die den Anforderungen der Gattung nicht nur gerecht wird, sondern deren seltsamer Verlauf sich eigentlich nur durch die das Lai auszeichnenden Merkmale erklären läßt. Diese Tatsache kann gar nicht genug betont werden, da gerade die für das Lai typischen Merkmale die Forschung, vor allem in den sechziger Jahren, zu abwegigen Interpretationen der Aussage der Geschichte, der Persönlichkeit des Erzählers und der Intention Chaucers geführt haben.

Wie bereits bei der *Squire's Tale* zu beobachten war, hat die

Forschung aufgrund der Trennung von Erzähler und Autor ihre Auffassung von der Stellung und dem Gewicht der *Franklin's Tale* in den sechziger Jahren grundlegend revidiert. Man nahm eine Haltung ein, die der traditionellen Lesart wieder einmal diametral entgegenstand. Bis dahin war man mit leichten Modifizierungen Kittredges Auffassung gefolgt, daß die *Franklin's Tale* der krönende Abschluß der Ehedebatte sei. So schrieb Kittredge 1912: »Wir dürfen deshalb nicht zögern, die Lösung, die der Franklin anbietet, als die zu akzeptieren, die Geoffrey Chaucer selbst für sich gewählt hätte. Eine bessere wurde nie gefunden oder erdacht.« (S. 467). Kittredge ist voll des Lobes für den Franklin, der hier als Sprachrohr für Chaucer selber agiere. Diese Ansicht teilen Holman, Baker und Hodgson, die alle bemüht sind, die *Franklin's Tale* als positives Beispiel menschlichen Verhaltens selbst in schwierigen Situationen zu sehen.

Erst im Zuge von D.W. Robertsons gnadenloser Verurteilung des Franklins als sinnenfreudigen Epikureers – der eine völlig unchristliche Lösung des Eheproblems vorschlage, die den sakramentalen Charakter der Ehe verletze, weil der Mann die ihm zugeordnete Herrschaftsrolle nur *pro forma* innehabe, aber nicht wirklich ausfülle – versuchte die Forschung, Erzähler und Erzählung zu diskreditieren. Die Auffassung des Franklin von wahrer Höfischheit (*gentillesse*) sei lachhaft (Gaylord, S. 332), sein dichterisches Unvermögen werde von Chaucer bloßgestellt (Gaylord, S. 333), er sei ein Bündel von Widersprüchen (Peck, S. 258), und er betrüge sich schließlich selbst, wenn es um Schein und Sein, Illusion und Wahrheit gehe (Wood, S. 709–10).

Ähnlich wie in ihrer Beurteilung der *Squire's Tale* hat sich die Forschung seit Anfang der siebziger Jahre von diesem negativen Urteil distanziert, so daß Gertrude M. White z. B. 1974 von ihrem Ansatz behaupten konnte, er sei nicht revolutionär, sondern restaurativ, da sie bewußt an die von der älteren Chaucerforschung vertretenen Auffassungen anknüpfe (S. 455). Damit steht sie nicht allein, denn fast alle modernen Beiträge zur *Franklin's Tale* versuchen, die Geschichte so zu interpretieren, wie sie vom Erzähler dargeboten wird, ohne sie gegen den Strich zu bürsten, d.h., sie als Chaucers ironisch gemeinte Desavouierung des Franklins zu lesen. Ein solches Vorgehen bedeutet jedoch noch keine Identifizierung von Erzählung und Autor, denn die Problematik, die die *Franklin's Tale* aufwirft, mag sich zwar innerhalb des vorgegebenen literarischen Rahmens lösen lassen, ob diese Lösungsvorschläge auch in der Alltagswirklichkeit wirksam sind, bleibe dahingestellt. Deshalb ist es wichtig, die *Franklin's Tale* innerhalb ihres literarischen Kontextes zu sehen, wie dies durch den expliziten Hinweis auf die Gattungszugehörigkeit vom Erzähler selber suggeriert wird.

Bereits die Lokalisierung des Geschehens ist eindeutig. Die Handlung findet in der Bretagne statt, im alten Armorica, wie diese Landschaft in ihrer latinisierten gallischen Form heißt. Der genaue Ort ist Penmarch, südlich von Brest gelegen, wo Arveragus und Dorigen, die Protagonisten der Erzählung, zu Hause sind. Beide Namen sind keltischer Herkunft, so daß die Authentizität auch in der Namensgebung gewahrt bleibt, d.h., der Erzähler bemüht sich, seinem Lai ein realistisches geographisches und onomastisches Ambiente zu verleihen.

In dieser Umgebung wirbt Arveragus um Dorigens Liebe, in einer Art und Weise, wie sie einem höfischen Publikum vertraut gewesen wäre. Ein Liebhaber von adliger Herkunft dient seiner Dame und erleidet Schmerzen um seiner Liebe willen. Aufgrund seines Minnedienstes empfindet die Umworbene Mitleid mit dem edlen Ritter. Diese Art des Mitleids, das in V, 740 erwähnt wird, unterscheidet sich deutlich von dem, was Januarius für May oder May für Damian in der *Merchant's Tale* fühlt. Es ist ein Mitleid, das einzig und allein durch das Verdienst des werbenden Liebhabers hervorgerufen wird. Insofern steht Dorigens Reaktion im Einklang mit der traditionellen Minnetheorie, wie sie in der provenzalischen, französischen und einem Teil der mittelhochdeutschen sowie mittelenglischen Lyrik zu finden ist. Doch die Äußerung dieses Mitleids nimmt in der *Franklin's Tale* eine andere Form an. Mitleid bedeutet hier nämlich nicht die Einwilligung der Dame, dem Ritter ihre Liebe zu schenken, sondern Dorigens »pitee« führt zur Ehe und dem Aufsetzen eines Ehevertrages: »Ne sholde upon hym take no maistrie / Agayn hir wyl, ne kithe hire jalousie, / But hire obeye, and folwe hir wyl in al, / As any lovere to his lady shal, / Save that the name of soveraynetee, / That wolde he have for shame of his degree.« (V, 747–52) [er werde, solange er lebe, niemals, weder am Tage noch in der Nacht, gegen ihren Willen die Herrschaft an sich reißen oder ihr gegenüber Eifersucht zeigen, vielmehr werde er ihr gehorchen und ihren Willen stets befolgen, wie es ein Liebender seiner Dame ja schuldig ist; doch wollte er die Herrschaft dem Namen nach behalten, damit sein Stand keine Schmach erfahre.]. Dorigen verpflichtet sich ihrerseits zu Treue und Ergebenheit. Dieser ausgewogene Ehevertrag scheint eine Alternative zu den beiden extremen Positionen darzustellen, wie sie von der Frau aus Bath auf der einen Seite und dem Scholaren auf der anderen Seite vertreten werden. Der Franklin beschreibt eine Beziehung zwischen zwei Partnern, die als tolerant, vertrauensvoll und liebevoll bezeichnet werden kann, denn keiner der beiden versucht, den anderen zu unterdrücken oder gar zu beherrschen. Toleranz, Bescheidenheit, Selbstbeherrschung und liebevolle Fürsorge sollen die ehelichen Beziehungen prägen. Dorigens und Arveragus' Ehe basiert auf einer ausgewogenen Mischung von Dienst und Herrschaft, denn Dorigen ist sowohl die Geliebte der höfischen Minnetradition als auch die Ehefrau im christlichen Sinne, während Arveragus Diener und Herr zugleich ist, Diener gemäß den Vorstellungen der höfischen Minne und Herr gemäß den Vorschriften des christlichen Dogmas. Dorigen und Arveragus haben sich durch ihre Abmachung das Beste zweier bisher säuberlich getrennter Welten genommen. Da es sich bei dem Lai um eine rein literarische Problemstellung und -lösung handelt, steht die praktische Anwendung des vom Franklin vorgeschlagenen neuen Ehekonzepts auch nicht zur Debatte. Vielmehr formuliert er die Beschreibung des ehelichen Glücks, das etwas über ein Jahr anhält, nur als rhetorische Frage, um dann Arveragus nach England zu entsenden, wo er Ehre und Waffenruhm sucht. Auch dieses Anliegen ist durchaus verständlich, denn nichts ist mittelalterlicher höfischer Auffassung zufolge dem Ansehen eines Ritters abträglicher, als sich zu Hause zu »verligen«. Dafür ist Chrétiens Erec-Geschichte ein eindringliches Zeugnis. Arveragus tut folglich nur das, was man von ihm erwarten würde, wenn er nach den Flitterwochen seine ritterliche Ehre durch das Erlangen von Waffenruhm zu mehren sucht.

Dorigen hingegen bleibt zurück und verfällt während der ganzen Abwesenheit ihres Mannes in tiefe Traurigkeit. Ihr Schmerz und ihre Trauer sind so groß, daß sie ihren Freunden Anlaß zur Besorgnis geben. Schließlich gelingt es ihnen, Dorigen zu überreden, mit ihnen gemeinsam hinunter zum Strand zu gehen, um dort Zerstreuung zu suchen. Diese Art des Trostes ist jedoch nur von kurzer Dauer. Die schwarzen Felsen vor der Küste der Bretagne geben Dorigen erneut Anlaß zu Kummer, denn die bedrohlichen Klippen könnten die Heimkehr ihres geliebten Ehemannes Arveragus erschweren. Um dieser Sorge Ausdruck zu verleihen, läßt der Franklin Dorigen einen Monolog sprechen, der sich wieder einmal an Gedanken der *Consolatio Philosophiae* des Boethius anlehnt. Es handelt sich um eine fast schon typisch zu nennende Adaptation Boethischen Gedankenguts durch eine Figur in den *Canterbury Tales*: Die erhabenen philosophischen Gedankengänge werden unzulänglich referiert und interpretiert. In V, 865–67 bekräftigt Dorigen zwar ihren unerschütterlichen Glauben an Gottes Vorsehung, in den nächsten fünf Versen stellt sie aber einen Teil von Gottes Schöpfung in Frage: »But, Lord, thise grisly feendly rokkes blake, / That semen rather a foul confusion / Of werk than any fair creacion / Of swich a parfit wys God and a stable, / Why han ye wroght this werk unresonable?« (V, 868–72) [Doch, Herr, diese gräßlichen, teuflischen, schwarzen Felsen, die eher ein abscheuliches Chaos eines Werkes zu sein scheinen als eine schöne Schöpfung eines so vollkommen weisen und unwandelbaren Gottes, warum habt Ihr dieses unsinnige Werk erschaffen?]. Indem Dorigen nun einen Teil der Schöpfung in Frage stellt, zweifelt sie indirekt und ihr wahrscheinlich unbewußt den göttlichen Plan an. Außerdem beinhaltet ihr Zweifel die uralte Frage nach dem Ursprung des Bösen in dieser Welt. Diese abscheulichen Felsen scheinen überhaupt keine nützliche Funktion in einer an sich guten Schöpfung zu haben, da viele Schiffe an ihnen zerschellt sind, was wiederum viele Menschen das Leben gekostet hat. Ist es möglich, daß ein guter Gott solche Dinge geschaffen hat, die einzig und allein der Vernichtung des Menschen dienen, eines Menschen, der schließlich als ein Ebenbild Gottes erschaffen wurde? Natürlich kann Dorigen diese Fragen nicht beantworten und entscheidet sich deshalb dafür, den Gelehrten die Lösung des Rätsels zu überlassen. Dorigens Unfähigkeit, die verschiedenen Aspekte der Schöpfung in ihrem Weltbild zu harmonisieren, hat sie der Kritik ausgesetzt. Im besten Falle hat man sie als unlogisch (Peck, S. 265) bezeichnet und im schlimmsten als stolz, da sie die göttliche Ordnung verändern wolle (Benjamin, S. 120). Man sollte Dorigens Verlangen nach Beseitigung der Felsen, die sie zu Zweifeln an der Ausgewogenheit der göttlichen Schöpfung veranlaßt haben, jedoch nicht so kritisch sehen. Ihre Reaktion ist rein emotional, da sie sich nichts sehnlicher wünscht als die gesunde Rückkehr ihres Ehemanns, der die Felsen im Wege stehen könnten. Folglich wäre es unangebracht, aus Dorigens Frage Chaucers Interesse an einer grundlegenden philosophischen Erörterung über das Phänomen des Bösen ableiten zu wollen. Dieses Problem wird hier nur kurz angesprochen, denn aus der kosmischen Landschaft mit ihren widersprüchlichen Funktionen werden wir sofort in eine begrenzte Welt versetzt, wo der Einzelmensch Verantwortung für seine Entscheidung trägt.

Dorigen verläßt den Strand und zieht sich zusammen mit ihren Freunden in einen prachtvollen Garten zurück. In diesem »paradys« (V, 912) [Paradies] aber wartet der Versucher. Der Junker Aurelius umwirbt Dorigen in ähnlicher Weise wie einstmals ihr abwesender Ehemann Arveragus. Der Unterschied zwischen den beiden höfischen Liebhabern liegt in ihrer Absicht. Arveragus beabsichtigte Dorigen zu heiraten, während Aurelius ein Liebhaber der alten Schule ist. Der Franklin beschreibt ihn als romantisch schmachtenden Verehrer, der Dorigen bedeutungsvolle Blicke zuwirft, ihr heimlich Gedichte schreibt und sie mit Aufmerksamkeiten umwirbt. Da Dorigen keine Notiz von ihm nimmt, faßt er sich endlich ein Herz und gesteht ihr seine Liebe: Wenn sie ihn nicht erhört, wird er sterben! Natürlich bleibt Dorigen ihrem Manne treu – was hätte man auch anderes erwartet. Sie schwört bei Gott, daß sie Arveragus nie in Wort oder Tat verraten werde. Im nächsten Atemzug aber, im Spaß, stellt sie sich selbst eine Falle, die später zuschnappen wird. Um ihre Liebe zu Arveragus zu betonen, verlangt sie von Aurelius das Unmögliche. Nur wenn er die Felsen von der Küste entfernt, will sie ihm zu Willen sein. Dorigen bietet also das Unmögliche im Tausch für eine andere Unmöglichkeit, d.h., sie versichert Aurelius, ihn dann am liebsten zu haben, wenn es ihm gelingt, durch die Beseitigung der Klippen den Mann unbeschadet zu ihr zurückkehren zu lassen, den sie am meisten liebt (vgl. Ruggiers, S. 231). Dies aber ließe sich nur durch ein Wunder bewerkstelligen. Da Aurelius die Unerfüllbarkeit von Dorigens Forderung erkennt – »'Madame,' quod he, 'this were an inpossible!'« (V, 1009) [»Herrin«, sagte er, »das wäre eine Unmöglichkeit!«] –, zieht er sich zurück. Damit scheint die Versuchung erfolgreich beendet zu sein. Der Angriff wilder Leidenschaftlichkeit ist abgeschlagen, das Ideal ehelicher Treue hat gesiegt. Daß die Bedingung, die Dorigen gestellt hat, eventuell auch zu Komplikationen führen kann, dürfte einem mittelalterlichen Publikum nicht entgangen sein. Da gerade die Gattung des Lai für magische Elemente bekannt war, deutet sich eine Entwicklung der Dinge an, die von der Heldin nicht geplant und vor allem auch nicht gewünscht war. Es wird nur eine Frage der Zeit sein, bis Dorigen sich den Konsequenzen ihrer nicht ernstgemeinten Abmachung stellen muß. Im Moment jedenfalls scheint dem Werben Aurelius' ein Ende gesetzt zu sein, der sich nun darauf verlegt, um himmlischen Beistand für sein Unterfangen zu bitten. Es zeichnet ihn aus, daß er sich zwar zurückzieht, nicht aber von seiner Liebe abläßt. Er ist ein treuer und beharrlicher Liebhaber, der selbst dann nicht aufgibt, wenn sich ihm unüberwindlich erscheinende Hindernisse in den Weg stellen. Man muß diese Beharrlichkeit würdigen, denn auch die Sympathiesteuerung des Franklin ist so angelegt, daß Aurelius' Verlangen nicht unnatürlich und unehrenhaft erscheint. Diese Tatsache muß betont werden, da in der Forschung des öfteren Aurelius als der Bösewicht in der *Franklin's Tale* bezeichnet worden ist (Burlin, S. 66; White, S. 488; Carruthers, S. 297). Eine solche Einschätzung dieser Figur widerspricht der Intention des Erzählers. Aurelius gehorcht althergebrachten literarischen Traditionen, die bewußt mit dem neuen Lebens- und Eheideal von Arveragus und Dorigen kontrastiert werden. Für ihn haben diese Traditionen die gleiche Gültigkeit wie der Ehevertrag, den die beiden Liebenden geschlossen haben. Aus diesem Kontrast entwickelt sich die Spannung, ohne daß deshalb einer der Charaktere von vornherein zum Bösewicht abgestempelt werden soll. Wenn Aurelius folglich Apollo um ein Wunder bittet – er möge eine zwei Jahre andauernde Flut senden –, dann ist dies kein Zeichen von Perversität. Seine Bitte soll lediglich die Ernsthaftigkeit seiner Gefühle Dorigen gegenüber unter Beweis stellen.

Selbst als die Götter ihm diesen Wunsch nicht gewähren, läßt er noch immer nicht von seinem Vorhaben ab. Vielmehr versucht er, das Unmögliche möglich zu machen. Schließlich begibt er sich auf Anraten seines Bruders nach Orléans, wo er einen berühmten Gelehrten trifft, einen ehemaligen Kommilitonen dieses Bruders, der bereit ist, für eintausend Pfund eine optische Illusion hervorzurufen. Eintausend Pfund sind viel Geld. Aurelius müßte daher seinen ganzen Besitz veräußern. Seine Bereitwilligkeit, dieses zu tun, zeigt, wie ernst es ihm ist. Er ist kein junger Mann, der Dorigen an einem günstig erscheinenden

Nachmittag einmal schnell verführen möchte, d.h., er ist nicht auf ein flüchtiges Abenteuer aus; Aurelius ist vielmehr ein höfischer Liebhaber in der besten Minnetradition. Selbst in dem Augenblick, als er Dorigen mit der veränderten Sachlage konfrontiert, ist er immer noch höflich und zurückhaltend. Er bedrängt Dorigen nicht: »Denn, Herrin, Ihr wißt genau, was Ihr mir versprochen habt – nicht, daß ich irgend etwas mit Recht von Euch verlange, meine verehrte Herrin, ich bitte Euch ja nur um Eure Gunst –, aber in jenem Garten dort, an einem ganz bestimmten Ort – Ihr wißt genau, was Ihr mir versprochen habt; Ihr gabt mir Euer Versprechen in die Hand, mich am meisten zu lieben – weiß Gott, so sagtet Ihr, selbst wenn ich dessen nicht würdig sein mag.« (V, 1323–30). Aurelius ist noch immer der sanfte, unaufdringliche Liebhaber, als er Dorigen auf die Konsequenzen ihrer, wenn auch nicht ernstgemeinten Abmachung hinweist. Natürlich hätte Dorigen objektiv keinen Anlaß zur Besorgnis. Die Vereinbarung mit Aurelius entbehrt jeglicher ehrlicher Absicht, sich ihm jemals hinzugeben. Aurelius weiß dies, da er die Unmöglichkeit von Dorigens Wunsch erkannt hat. Außerdem sind die Bedingungen auch gar nicht buchstabengetreu von Aurelius erfüllt worden, denn Dorigen hatte von ihm verlangt, die Felsen eigenhändig Stück für Stück abzutragen, nicht aber mit Hilfe einer optischen Illusion im Meer verschwinden zu lassen. Zur Aufregung bestünde also kein Anlaß. Trotzdem löst der »faule Zauber« eine Krise aus, die notwendig ist, um die Thematik der Geschichte zu problematisieren. Dorigen reagiert auf Aurelius' Hinweis, als ob seine Aussage richtig sei. Sie akzeptiert, daß dieses »monstre or merveille« (V, 1344) [Ungeheuerliche oder Erstaunliche], das »agayns the proces of nature« (V, 1345) [gegen den Lauf der Natur] ist, Gültigkeit besitzt. Folglich sieht sie sich vor die Wahl gestellt, ihre Ehre zu verlieren oder Selbstmord zu begehen. Da Arveragus nicht zur Stelle ist, muß sie allein mit ihrem Scheinproblem fertig werden. Dieses Problem wird in Form eines langen Klagemonologs »ausdiskutiert«, der wiederum das Mißfallen der frühen Chaucerforschung erregt hat, da man darin nur eine breit ausgewalzte rhetorische *amplificatio* gesehen hat. Seit den vierziger Jahren versuchte man sich in psychologischen Deutungen, d.h., man glaubte, daß die eigentümliche Struktur von Dorigens Klage auf ihre emotionale Spannung zurückzuführen sei. Der Aufbau sei deshalb so verwirrend, weil sich die verzweifelte Dorigen im Unterbewußtsein von der letzten Konsequenz, dem Selbstmord, zu einer weniger drastischen Lösung ihres Dilemmas hinbewege (vgl. die Aufsätze von Shedd und Baker). In den siebziger Jahren schließlich nahm man Abschied von diesem Interpretationsansatz und postulierte, die Klage müsse vor dem Hintergrund ihres ursprünglichen Bedeutungskontextes, Hieronymus' Brief an Jovinianus, gelesen werden. Dies bedeute eine Interpretation der Klage nicht unter psychologischen, sondern unter moralischen Aspekten (Morgan, S. 77).

Dorigens Klage besteht aus 22 Exempla, die Hieronymus' Traktat *Epistola adversus Jovinianum* entnommen sind. Die Anordnung der Beipiele geschieht nach folgenden Gesichtspunkten: erstens Frauen, die Selbstmord vor der Vergewaltigung begingen, zweitens Frauen, die sich danach das Leben nahmen, und drittens Frauen, die einfach treu und vorbildlich waren. Als Motiv für ihre jeweilige Handlungsweise fungiert bei neun Exempla die Wahrung ihrer Ehre, bei sieben das ihrer Keuschheit und bei sechs das ihrer Treue. Obwohl der Ehre zahlenmäßig der wichtigste Platz zugeordnet zu sein scheint, steht Keuschheit eindeutig im Mittelpunkt. So beginnt denn auch der lange Monolog mit Beispielen von Mädchen und Frauen, die sich lieber selbst das Leben nahmen, als sich vergewaltigen zu lassen. Folgerichtig schließt Dorigen aus diesen Beispielen: »I wol conclude that it is bet for me / To sleen myself than been defouled thus.« (V, 1422–23) [Ich schließe daraus: Es ist besser für mich, wenn ich mich umbringe, als daß ich derart entehrt würde.]. Doch diesem Entschluß folgt keine Tat, sonden nur eine weitere Serie von Beispielen, die schließlich mit den wenig bekannten Namen Bilia, Rhodogune und Valeria endet. Von Bilia aber wissen wir, daß sie klaglos den üblen Mundgeruch ihres Mannes duldete. Rhodogune hingegen tötete ihre Amme, die sie dazu überreden wollte, ein zweites Mal zu heiraten. Und Valeria schließlich flüchtete, um sich nach dem Tod ihres ersten Ehemannes einer zweiten Heirat zu entziehen. Angesichts dieser Beispiele dürfte es wohl kaum verwundern, daß Dorigen immer noch lebt, als ihr Mann nach kurzer Abwesenheit zurückkehrt. Es wäre natürlich lächerlich anzunehmen, die Problematik der *Franklin's Tale* würde durch Selbstmord der Protagonistin gelöst, vor allem, da Dorigens lange Klage verschiedene Lösungsmöglichkeiten aufzeigt: Sie könnte sich das Leben nehmen, oder sie könnte abwarten, oder sie könnte die Entscheidung Arveragus überlassen. Aufgrund ihres Zögerns und ihrer anschließenden Beichte nimmt sie die dritte Möglichkeit in Anspruch.

Arveragus scheint die Situation mit Gelassenheit zu akzeptieren: »'Is ther oght elles, Dorigen, but this?'« (V, 1469) [»Ist es nichts weiter, Dorigen, als das?»]. Anstatt den eifersüchtigen Ehemann zu spielen, ermahnt er seine Frau, ihr Versprechen zu halten, denn, wie er sagt: »'Trouthe is the hyeste thyng that man may kepe'« (V, 1479) [»Wahrheit ist das höchste Gut, das ein Mensch besitzen kann«]. Die Ironie dieser Behauptung ist unübersehbar, da Dorigen das Opfer eines Scheinwunders geworden ist als Resultat eines Scheinversprechens. Arveragus aber operiert hier mit einem Wahrheitskonzept, das der Situation in keiner Weise gerecht wird. Wie Derek Pearsall richtig bemerkt, ist Arveragus' Verhalten – auch ohne theologisch fundierte Erklärung von der Heiligkeit der Ehe und ihrer Unverletzlichkeit – hier nicht gerade das eines vernünftigen Mannes, wenn er seine Frau zu Aurelius sendet, damit sie ihr einmal gegebenes Wort einlöse (S. 152). Deshalb unterbricht der Erzähler auch den Gang der Handlung (so wenigstens in der Ellesmere-Fassung der Erzählung), um seine Leser- oder Hörerschaft zu beruhigen. Man solle die Geschichte erst einmal zu Ende hören und sich dann ein Urteil bilden. Der Kommentar bereitet uns auf die bevorstehende Peripetie vor. Da Aurelius als perfekter Vertreter der alten höfischen Schule dargestellt wird, würde es gegen seine ritterliche Ehre verstoßen, Dorigens mißliche Situation schamlos auszunützen. Folglich entläßt er Dorigen aus ihrer Verpflichtung. Er preist die eheliche Liebe und lobt Dorigen als die beste und treueste Ehefrau, der er je begegnet ist. Eine solche Tat bleibt natürlich nicht unbelohnt. Da der gelehrte Scholar Aurelius' ehrenhaftes Verhalten sowie Arveragus' Vertragstreue schätzt, entbindet er Aurelius von seinen Verpflichtungen. Kurzum, Edelmut erzeugt Edelmut. Alles löst sich in Wohlgefallen auf, so daß der Franklin seine Erzählung mit einer *demande* abschließen kann: »Lordynges, this question, thanne, wol I aske now, / Which was the mooste fre, as thynketh yow?« (V, 1621–22) [Meine Herren, diese Frage möchte ich Euch jetzt stellen: Wer dünkt euch der Edelmütigste gewesen zu sein?].

Mit diesem rhetorischen Kunstgriff beendet der Erzähler seine Geschichte, ohne die Frage weiter zu erörtern. Damit unterscheidet sich die *Franklin's Tale* grundlegend von ihrer wahrscheinlichen Vorlage, dem *Filocolo* des Boccaccio, wo eine ähnliche Situation geschildert wird. Um ihren aufdringlichen Liebhaber Tarolfo loszuwerden, verfällt eine Ehefrau auf folgenden Ausweg: Sie verspricht Tarolfo, ihn am meisten zu lieben, wenn es ihm gelingt, einen Garten im Januar zum Blühen zu bringen. Zu ihrem Leidwesen kann Tarolfo diese Aufgabe mit Hilfe des Gelehrten Tebano lösen. In ihrer Verzweiflung gesteht sie ihrem Ehemann ihre mißliche Lage. Dieser fordert seine Frau auf, ihr einmal gegebenes Versprechen einzulösen, als disziplinarische Maßnahme, damit sie sich in Zukunft von vorschnellen Versprechungen zurückhalte. Daraufhin macht sich die Frau zu Tarolfo auf den Weg. Dieser aber ist so von der Großmut des Ehemanns beeindruckt, daß er seinen Anspruch aufgibt. Wie nicht anders zu erwarten, verzichtet Tebano ebenfalls auf das ihm zustehende »Honorar«. Im Anschluß an die Geschichte wird dieselbe Frage gestellt wie in der *Franklin's Tale*: Wer von den dreien war der Edelmütigste? Doch im Gegensatz zur

Franklin's Tale entspinnt sich nun eine wirkliche Debatte, um die Frage auch zu beantworten. Die Lösung wird von Fiammetta gegeben, die den Vorsitz führt, eine Lösung, die nach Abschluß der Diskussion als autoritativ angesehen werden muß. Der Ehemann sei der Edelmütigste, weil er keinerlei Verpflichtung gehabt hätte, seine Frau an Tarolfo auszuliefern, da ihr Versprechen ihr eheliches Gelübde verletzt habe und deshalb von vornherein ungültig gewesen sei. Er habe das wichtigste Gut aufgegeben, nämlich die Ehre, die ein Mann besitze, der eine keusche Frau habe. Tarolfo dagegen habe nur seiner Fleischeslust entsagt und sei damit dem Gebot seines Verstandes und seiner Moral gefolgt, während Tebano weise gehandelt habe, indem er Reichtümer verschmähte.

In der *Franklin's Tale* wird keine Antwort auf die Frage gegeben. Das Ende der Erzählung folgt somit einer Erzählstrategie, die man bereits in der *Knight's Tale* beobachten konnte. Formale Fragen dieser Art, formuliert als *demande d'amour* oder rhetorische Fragen, haben in Chaucers Dichtung eine Signalwirkung. Sie weisen den Leser oder Hörer darauf hin, daß die wahre Problematik nur durch die Rhetorik verdeckt wird, d.h., er muß die Aufgabe, die im *Filocolo* von Fiammetta erfüllt wird, selbst übernehmen. Die Antwort auf die vom Franklin gestellte Frage ist deshalb auch sehr verschiedenartig beantwortet worden, und zwar nicht in dem Sinne, wer von den drei Personen nun am großmütigsten agiert habe, sondern eher dahingehend, ob die Lösung angesichts der vielschichtigen Problematik überhaupt akzeptabel sei. Ein immer wiederkehrender Vorwurf, der gegen den Franklin erhoben wurde, ist ungenügende Kenntnis wahrer »gentillesse«, da er selbst ein Parvenu sei und höfische Lebensweise zwar kopiere, die wirkliche Bedeutung ihrer ethischen Normen aber nicht verstehe. Glücklicherweise kann dieses lange und oft vorgebrachte Argument nicht mehr aufrechterhalten werden, denn besonders die Studien von Pearcy und Specht zur literarischen und sozialen Stellung des Franklins beweisen das Gegenteil. Der Franklin gehört zur Gruppe der »gentry« [Landadel], der zwar rangmäßig unter Ritter und Junker rangiert, aber sowohl seiner öffentlichen Stellung nach als auch im Hinblick auf seinen materiellen Wohlstand ihnen durchaus ebenbürtig ist. Folglich ist eine Disqualifizierung des Erzählers als angeblich Neureicher und Aufsteiger unangebracht und unzulässig.

Wenn dennoch beim Leser ein gewisses Unbehagen wegen des Verlaufs der Erzählung entsteht, dann dürfte dieses wohl hauptsächlich auf deren *casus*-Charakter zurückzuführen sein. Da die Vorlage in Form einer *quistione* [Frage] abgefaßt war, bleibt die Erzählstruktur dieses Typus, wenn auch in modifizierter Form, in der *Franklin's Tale* erhalten. Hinzu kommt weiterhin, daß der Franklin den so aufbereiteten Stoff in die Form eines Lai gießt, da sein Inhalt, seine Beschaffenheit und seine Problematik dieser Gattung am ehesten entsprechen. Daraus entsteht ein Konstrukt, dem man oft mehr als anderen Erzählungen seine Künstlichkeit anmerkt. Bewußt steuert die narrative Entwicklung der Erzählung auf die angestrebten Krisen zu, um die Problematik schärfer zu akzentuieren. Ähnlich wie die *Clerk's Tale* läuft die Erzählung des Franklins auf Testsituationen hinaus, wo letztendlich nicht mehr menschliches Verhalten, sondern Werte geprüft werden. Und aus dieser Perspektive betrachtet, ist die so modern anmutende Auffassung von einer Ehe, die auf Gleichheit und gegenseitigem Respekt beruht, eigentlich nur ein handlungsauslösendes Element. Im entscheidenden Augenblick setzt sich nämlich nicht diese Auffassung als normgebendes Konzept durch, sondern Arveragus' eigenmächtige Entscheidung, Dorigen im Namen von »trouthe« zu Aurelius zu senden. Alles andere tritt zurück. Wahrheit wird von Arveragus zum höchsten Gut erhoben.

Arveragus' Entscheidung ist so verblüffend, daß sich der Erzähler, wie bereits erwähnt, wenigstens in der Ellesmere-Fassung der *Franklin's Tale* bemüßigt fühlt, eine prognostizierende Erklärung zu geben. Obwohl im Lai Wunderbares, Überraschendes und Magisches integrale Bestandteile der Gattung sind und das Einlösen von Versprechen auch im Märchen als häufiges Motiv erscheint, meint der Erzähler, er habe die Glaubwürdigkeit seiner Geschichte nun überstrapaziert und müsse deshalb erklärend in den Erzählvorgang eingreifen. Durch diesen Eingriff aber wird die Künstlichkeit der Erzählung besonders deutlich, deren Auflösung nun durch die Einführung eines anderen Wertes erfolgt, der, wie es scheint, dem »trouthe«-Konzept von Arveragus entgegengesetzt wird. Arveragus hatte »trouthe« zum Absolutum erhoben und durch seine eigenwillige Interpretation, was im Namen von »trouthe« zu geschehen habe, einen positiven Wert ins Zwielicht gerückt. Die eheliche Beziehung zwischen ihm und Dorigen ist offensichtlich gestört – dies läßt sich aus Arveragus' emotionaler Reaktion ablesen: Er bricht in Tränen aus und befiehlt Dorigen unter Androhung der Todesstrafe, niemandem von diesem Vorfall zu berichten. Wie immer man Arveragus' Verhalten interpretieren mag, es scheint im Widerspruch zu »gentillesse« zu stehen, denn im Namen von »trouthe« soll Dorigen sich nun prostituieren. In diesem entscheidenden Moment aber wird Arveragus' »trouthe« Aurelius' »routhe« [Barmherzigkeit] gegenübergestellt. Es dürfte nicht auf Zufall beruhen, daß diese beiden Konzepte sogar als Reimpaare (V, 1519/1520; 1529/30) in Aurelius' Überlegungen und Antwort an Dorigen erscheinen. Aurelius entscheidet sich für »routhe« und praktiziert somit die Tugend, die Chaucer von allen menschlichen Tugenden am meisten schätzt. Er hat Mitleid mit Dorigen und entläßt sie deshalb aus ihrer Verpflichtung. Ein solches Verhalten aber ist ein Zeugnis wahren Herzensadels. Durch seinen Verzicht auf das ihm zustehende Recht folgt Aurelius nicht nur dem Diktat der Barmherzigkeit, sondern auch dem Gebot der »gentillesse«. Und dadurch erhält die *Franklin's Tale* ihren positiven Ausgang.

Die Frage, die der Franklin im Anschluß an seine Erzählung, wohl in Anlehnung an Boccaccio, stellt, trifft folglich nicht den Kern der Sache. *Liberalità* – »Which was the mooste *fre*« (V, 1622) steht eigentlich nicht zur Debatte. Vielmehr werden konfligierende Normen gesetzt und bewertet. Daß sich dabei am Ende ein brauchbares Konzept von »gentillesse« herauskristallisiert, dürfte nicht nur der optimistischen Grundeinstellung des Erzählers zu verdanken sein, sondern auch Chaucers Vorstellung von mitmenschlichem Verhalten entsprechen.

Bibliographie zur Franklin's Tale

Baker, Donald C. »A Crux in Chaucer's *Franklin's Tale*: Dorigen's Complaint.« *JEGP*. 1961; 60:56–64.

Benjamin, Edwin B. »The Concept of Order in the *Franklin's Tale*.« *PQ*. 1959; 38:119–24.

Bergner, Heinz. »Der gelöste Konflikt in Chaucers ›Franklin's Tale‹.« In *Liebe – Ehe – Ehebruch in der Literatur des Mittelalters*. Hg. Xenia von Ertzdorff und Marianne Wynn. Gießen: Wilhelm Schmitz; 1984. S.140–47.

Burlin, Robert B. »The Art of Chaucer's Franklin.« *Neophil*. 1957; 51:55–73.

Carruthers, Mary J. »The Gentilesse of Chaucer's Franklin.« *Criticism*. 1981; 23:283–300.

David, Alfred. »Sentimental Comedy in *The Franklin's Tale*.« *AnM*. 1965; 6:19–27.

Gaylord, Alan T. »The Promises in *The Franklin's Tale*.« *ELH*. 1964; 31:331–65.

Hodgson, Phyllis, hg. *Chaucer. The Franklin's Tale*. London: Athlone Press; 1960.

Holman, Hugh C. »Courtly Love in the Merchant's and Franklin's Tales.« *ELH*. 1951; 18:241–52.

Hume, Kathryn. »Why Chaucer Calls the *Franklin's Tale* a Breton Lai.« *PQ*. 1972; 51:365–79.

Jacobs, Kathryn. »The Marriage Contract of the *Franklin's Tale*: The Remaking of Society.« *ChauR*. 1985; 20:132–43.

Kittredge, George Lyman. »Chaucer's Discussion of Marriage.« *MP*. 1912; 9:435–67.

Loomis, Laura Hibbard. »Chaucer and the Breton Lays of the Auchinleck MS.« *SP*. 1941; 38:14–33.
Morgan, Gerald. »A Defence of Dorigen's Complaint.« *MAE*. 1977; 46:77–97.
–. »Boccaccio's *Filocolo* and the Moral Argument of the *Franklin's Tale*.« *ChauR*. 1986; 20:285–306.
Pearcy, Roy J. »Chaucer's Franklin and the Literary Vavasour.« *ChauR*. 1973; 8:33–59.
Pearsall, Derek. *The Canterbury Tales*. London: George Allen & Unwin; 1985. S. 144–60.
Peck, Russell A. »Sovereignty and the Two Worlds of the *Franklin's Tale*.« *ChauR*. 1967; 1:253–71.
Ruggiers, Paul C. *The Art of the Canterbury Tales*. Madison: U. of Wisconsin Press; 1965. S. 226–37.
Sledd, James. »Dorigen's Complaint.« *MP*. 1947; 45:36–45.
Specht, Henrik. *Chaucer's Franklin in The Canterbury Tales: The Social and Literary Background of a Chaucerian Character*. Copenhagen: Akademisk Forl.; 1981.
Wood, Chauncey. »Of Time and Tide in ›The Franklin's Tale‹.« *PQ*. 1966; 45:688–711.
White, Gertrude M. »*The Franklin's Tale:* Chaucer or the Critics.« *PMLA*. 1974; 89:454–62.

The Physician's Tale

Das sechste Fragment oder die Gruppe C der *Canterbury Tales* beginnt unmittelbar, ohne Einleitung, mit einem Hinweis auf die Quelle des Erzählstoffes, der aus Livius' Geschichtswerk *Ab Urbe Condita* entlehnt wurde und die berühmte Virginia-Episode aus dem dritten Buch dieses Werkes behandelt. Berühmt deshalb, weil diese Episode in vielen anderen mittelalterlichen Bearbeitungen überliefert worden ist. Zu denken wäre hier an Jean de Meungs Teil des *Rosenromans*, Boccaccios *De claris mulieribus* und Gowers *Confessio Amantis* sowie die französische Übersetzung der römischen Geschichte des Livius von Bersuire oder Bercheur. Dank der Vielzahl der Bearbeitungen, teil- und auszugsweise in Bryans und Dempsters *Sources and Analogues of Chaucer's Canterbury Tales* abgedruckt, hat sich die Forschung, die sich erst seit Mitte der sechziger Jahre dieser verhältnismäßig vernachlässigten Erzählung angenommen hat, u. a. auch mit der Behandlung des Stoffes in den Quellen und Analoga befaßt. Um Chaucers andersgeartete Darstellung der Geschichte entsprechend würdigen zu können, wurde versucht, Abweichungen von Livius und Jean de Meung, den beiden wahrscheinlichen Vorlagen in der Gestaltung des Erzählstoffes, festzustellen und zu analysieren (Hansen, S. 136–37; Ramsey, S. 190–93; Rowland, S. 166–69; Middleton, S. 11–13; Anvils, S. 19–22; Delany, S. 47–54). Man hat sich mit Chaucers Zusätzen beschäftigt, mit der andersartigen Charakterisierung der Figuren, mit der narrativen Entwicklung und der Erzählhaltung, d.h. mit dem Verhältnis zwischen Erzähler und Erzähltem, und schließlich mit der möglichen Aussage der Geschichte. Hier gibt es wie immer ganz unterschiedliche Meinungen, begünstigt in diesem Falle durch eine *moralisatio* des Erzählers, die der Geschichte nur teilweise gerecht zu werden scheint, und durch eine sich von dieser *moralisatio* unterscheidende Rezeption durch Harry Baily – den Wirt und Leiter der imaginären Pilgerfahrt nach Canterbury –, die in ihrer simplifizierenden Verkürzung beim Leser ebenfalls ein Unbehagen zurückläßt (Bartholomew, S. 46–57, Mathewson, S. 42; Kinney, S. 76–84, Delany, S. 56–60). Gegen diese Art des Ansatzes ist an sich nichts einzuwenden, wenn man sich darüber im klaren ist, nach welchen Kriterien man vorgehen will, und wenn man methodologisch einsichtige Voraussetzungen schafft, nach denen man die Konzeption und Gestaltung des Virginia-Stoffes untersucht. Dazu gehört auch die gattungsmäßige Zuordnung des Stoffes in seinen verschiedenen überlieferten Versionen. Diese wichtige Frage ist von kaum einem Interpreten der *Physician's Tale* erörtert worden. Beryl Rowland (S. 166) und Anne Middleton

(S. 26–27) gehören zu den löblichen Ausnahmen, denn beide sind sich der verschiedenen gattungsmäßigen Zuordnung der Erzählung bewußt, ohne jedoch auf diese Problematik näher einzugehen. Statt eine weitere Interpretation der Geschichte vorzustellen, soll zunächst diese Frage erörtert werden.

Wie bereits erwähnt, macht dieses Vorgehen das Erstellen und die Definition von literarischen Gattungen unumgänglich, also auch die Festlegung der Verfahrensweise, d.h., wie man das Korpus der zu untersuchenden Texte bildet. Es gibt hier zwei grundsätzlich verschiedene Ansätze: Man kann induktiv vorgehen, obwohl bei der unübersehbaren Textfülle ein Modell des Narrativen nie auf absolut induktivem Wege erstellt werden kann. Es ließe sich aber auch deduktiv vorgehen – ein hypothetisches Beschreibungsmodell müßte erarbeitet werden, dessen Überprüfbarkeit natürlich auch nicht absolut gewährleistet wäre. Ganz gleich, welches System in welcher Modifizierung man wählt, man muß sich der begrenzten Tragfähigkeit des Ansatzes bewußt sein. Um uns in diesem Versuch dennoch voranzubringen, soll dem Vorgehen hier eine hermeneutische Verfahrensweise zugrundegelegt werden, d.h., aus der Überschau über die Masse von Einzelwerken werden Klassen gebildet, die Invarianten aufweisen, und diese so konstituierten Textkorpora werden dann in ihrer historischen Entwicklung verfolgt. Damit wären die Voraussetzungen für die Untersuchung von Einzelwerken in ihrer historischen Relation zum Gesamtkorpus gegeben und die Überprüfung der Wandlungsfähigkeit der Gattung im Hinblick auf die spezifische Ausformung der Einzeltexte gewährleistet. Modifizierungen des Vorentwurfs wären bei dieser dialektischen Verfahrensweise also möglich. Im übrigen müßten auktoriale Intention, soweit explizit vorhanden, und die Rezeptionsbedingungen, soweit nachprüfbar, unbedingt in dieser Verfahrensweise mitberücksichtigt werden, da Texte vom Autor als einer gewissen Gattung zugehörig konzipiert sein oder aber vom Publikum als bestimmten Gattungen zugehörig rezipiert werden können.

Verfolgt man bei dieser Verfahrensweise die Entstehung und Wandlung der Virginia-Geschichte, muß man zunächst feststellen, daß es ein Geschehen als historisch belegbares Ereignis nicht gibt. Fest steht allein, daß die Römer etwa um die Mitte des 5. vorchristlichen Jahrhunderts an die Kodifizierung des damals geltenden Rechts gingen und daß diese Aufgabe von Dezemvirn geleistet wurde, die, mit besonderen Vollmachten ausgestattet, das Zwölftafelgesetz schufen und die danach – wahrscheinlich wegen Überschreitung ihrer Befugnisse – gezwungen wurden, ihr Amt niederzulegen. Um diesen historischen Kern rankt sich nun in der römischen Historiographie eine Geschichte, die die politischen Ereignisse dem an der geschichtlichen Entwicklung seines Staates interessierten römischen Bürger vergegenwärtigt. Wer der Erfinder dieser Geschichte ist und ob der erste Annalist die Geschichte als wahres Geschehen ansah, wissen wir nicht. Jedenfalls soll sie zum ersten Mal in der Mitte des 3. Jahrhunderts v. Chr. bei Fabius Pictor erwähnt worden sein, in einer Form, in der sie auch Diodorus Siculus (1. Jahrhundert v. Chr.) übernommen hat. Einer der zehn Gesetzgeber entbrennt in Liebe zu einem Mädchen aus edlem Geschlecht, das er durch Geld für sich zu gewinnen sucht. Da die Jungfrau standhaft bleibt, schickt er Ankläger aus, die zu Unrecht einen Rechtsanspruch auf sie als Sklavin erheben. Der Dezemvir macht sich selbst zum Richter und spricht das Mädchen trotz der Proteste seines Vaters dem Ankläger zu. Als es hinweggeführt werden soll, ergreift der Vater in seiner Verzweiflung blitzschnell ein Messer von einer Fleischerbank, tötet sein eigenes Kind, um es nicht in die Hand des Dezemvirn fallen zu lassen, und flieht aus der Stadt zu dem Heer, das auf dem Algidus steht. Dort entsteht ein Aufruhr, der schließlich zum Sturz und zur Bestrafung des Dezemvirn führt.

Das fiktive Geschehen ist so in knapper Form gleichsam als Tatsachenbericht in die römische Historiographie eingegangen. Es gehört von nun an zu den *res gestae*, wie sie wahrscheinlich in den einfachen Verzeichnissen der Magistrate und später in den

Priesterannalen gesammelt und weitergegeben wurden. Klare Aussagen über die Form dieses Materials zu machen, ist schwierig, da es wahrscheinlich für die Frühzeit der Republik überhaupt wenig schriftliche Zeugnisse gab, die noch dazu bei der Plünderung Roms durch die Gallier im Jahre 386 dem Feuer zum Opfer gefallen sein dürften. Für unsere Zwecke ist es letztlich auch völlig belanglos, wie das legendenhafte Material in die römische Geschichtsschreibung Eingang fand; wichtig ist allein die Tatsache, daß es von nun an als Faktum weiter überliefert und der historischen Sichtweise des jeweiligen Annalisten entsprechend modifiziert und interpretiert wurde. Die überlieferten Tatsachen des alten Berichts werden nun aufgrund einer erweiterten Kenntnis des öffentlichen und privaten Lebens politisch, juristisch und psychologisch unterbaut. So hat die Darstellung z. B. in der Sullanischen Annalistik – zu denken wäre hier an die Überlieferung von Dionysius von Halicarnassus – eine andere Form bekommen, die das Staatsverständnis dieser Zeit widerspiegelt. Die anonymen Personen erhalten Namen und werden bestimmten Ständen zugeordnet. In der neuen Version beherrscht der Gegensatz von zwei verschiedenen Klassen das Konzept der Geschichte. Eine hauchdünne Oberschicht, deren Vertreter Appius Claudius ist, hält alle Macht in ihrer Hand und gebraucht sie völlig willkürlich gegen die entrechtete breite Masse des Volkes, die sich der Willkür der Dezemvirn schutzlos preisgegeben sieht. Der Übergriff des Appius Claudius und sein Rechtsbruch werden Anlaß zu einer Revolution der rechtlosen unteren Volksklasse gegen die führende tyrannische Oberschicht. Die Gründe für die Umdeutung liegen auf der Hand. Der Verfasser glaubt, in der alten Geschichte das Widerspiel der seine eigene Zeit beherrschenden politischen Kräfte – den Kampf zweier verschiedener Klassen – typisiert zu sehen. Folglich deutet er die Episode in diesem Sinne.

Wenden wir uns nun der Darstellung bei Livius zu. Auffällig ist zunächst, daß sich an den faktischen Gegebenheiten nichts Grundlegendes ändert; trotzdem ist der Tenor grundsätzlich anders. Nachdem Livius vom moralischen Verfall der Dezemvirn berichtet hat – einem Verfall, der sowohl die äußere wie auch die innere Sicherheit Roms bedroht, da einerseits die Soldaten im Feld sich unter der Führung der verhaßten Dezemvirn nur zu gerne Niederlagen beibringen lassen, während es andererseits auch im Inneren der Stadt gärt und brodelt –, wendet er sich zwei Ereignissen zu, um diesen Zustand des Niedergangs zu illustrieren: der Ermordung des Siccius durch gedungene Mörder auf Befehl der als Generäle agierenden Dezemvirn außerhalb der Stadt und der Virginia-Episode innerhalb der Stadt. Auch vergißt Livius nicht, einen Bogen zur Lucretia-Geschichte zu spannen, um die aufsehenerregenden Ereignisse in den größeren Kontext der römischen Geschichte einzugliedern. Virginia zeichnet sich durch keusche Gesinnung aus, um derentwillen sie von ihrem Bräutigam Icilius geliebt wird. Virginia ist Inbegriff der *pudor* [Sittsamkeit] und *pudicitia* [Keuschheit] und wird vom lüsternen Appius verfolgt. Wenn Icilius folglich als Virginias Anwalt während der ersten Gerichtsszene auftritt, dann nicht als Propagandaredner, der für die entrechtete Masse der Plebs eintritt, sondern einzig und allein als Beschützer der Sittlichkeit: »*pudicitia saltem in tuto sit*« [laßt wenigstens unsere Keuschheit unangetastet] (S. 148). Und dann ruft er die *fides* der Götter und Menschen an. Die zweite Gerichtsszene wird gar nicht mehr in vollem Umfang erzählt, da Livius die Wahrhaftigkeit seiner Gewährsleute anzweifelt. Natürlich wird auch hier Virginia dem Kläger zugesprochen, der daraufhin Hand an das Mädchen legen will, während der vom Schlachtfeld herbeigeeilte Virginius Appius ohnmächtig mit der Faust droht: »Ich habe meine Tochter mit Icilius verlobt und nicht mit dir; ich habe sie für die Ehe erzogen und nicht zur Hurerei.« (S. 156). Virginius' anschließende Verzweiflungstat ist somit wieder ethisch motiviert; er will nicht, daß seine Tochter zur Metze für Appius wird. Und als Virginius sich endlich zu seiner Truppe durchgeschlagen hat, ruft er dort nicht zum Klassenkampf auf, zum Aufbruch der entrechteten Plebs gegen die herrschenden Tyrannen, sondern er warnt seine Mitstreiter, sie sollten ihre Töchter und Frauen vor der ungezügelten Libido des Appius Claudius schützen. Die lange, in indirekter Rede wiedergegebene Ansprache beschäftigt sich nur mit ethischen Werten, die von den Dezemvirn mit Füßen getreten werden. Folglich ist Aufstand jetzt ein Akt der Notwehr, um die ethischen Grundwerte der römischen Familie gegen die Unmoral der Vertreter der Obrigkeit zu sichern, damit das sittliche Fundament des Staates erhalten werden kann.

Livius' Akzentuierung hier ist typisch für sein Geschichtswerk. Er sieht sich als Chronist des Aufstiegs und Niedergangs Roms, der sich mit *vita*, *mores*, *viri* und *artes* im ersten und mit *disciplina* und *mores* im zweiten Teil seiner Geschichte befaßt. Die enge Anlehnung von Teilen der Einleitung an Sallust, trotz zuweilen unterschiedlicher Akzentsetzung, zeigt, daß Livius sich als letztes Glied einer langen Reihe von Historikern fühlt, die sich in ihren Ansichten über die Funktion der Geschichte völlig einig waren. Geschichte mußte einen moralischen Nutzen haben. Hier liegt der eigentliche Wert der Geschichtsschreibung für Livius: Sie liefert die Urbilder für richtiges und falsches Verhalten, die *exempla*, nach denen der Mensch sein Verhalten einrichten soll.

In diesen Kontext ist die Virginia-Geschichte eingebettet. Sie bildet einen Knotenpunkt in der römischen Geschichte wie die bereits erwähnte Lucretia-Geschichte. Beide führen zu einer Veränderung der Herrschaftsform. Tarquinius' Lüsternheit, d.h. das Fehlen seiner *virtus*, die letztlich für seine Regierungsunfähigkeit verantwortlich ist, bedingt das Ende des Königtums, und Appius Claudius' gleiches moralisches Versagen hat die Absetzung der Dezemvirn zur Folge. In dem breitangelegten, mit vielen Details gespickten Geschichtsbild, das Livius für seine Zeitgenossen und die Nachwelt entwirft, gibt es gewisse Schlüsselszenen, die bedeutungsträchtiger sind als die unendlichen Kriege und inneren Zwistigkeiten, von denen der Chronist berichtet. Diese Fakten der geschichtlichen Entwicklung einer Stadt zum Weltreich wirken fast wie Beiwerk. Sie bilden das

Gerüst, das eine innere Geschichte trägt, die eigentlich den Niedergang der *mores* zeigt, die das römische Volk als Volksganzes auszeichneten. Für Livius, den im Kaiserreich schreibenden Historiker, ist die frühe Republik Idealform, weil dort trotz der großen Zahl der Kämpfe zwischen Konsuln und Volkstribunen, zwischen *patres* und *plebs*, bei krisenhafter Zuspitzung der innenpolitischen Lage beide Parteien willens waren, das Ideal der *res publica* über die *res privata* zu stellen. Und dies war nur möglich, weil die ethischen Normen als Produkt gesamtrömischer Gesinnung noch im wesentlichen intakt waren. Wie die Virginia-Geschichte zeigt, setzen sie sich im entscheidenden Augenblick durch, so daß *plebs* und *patres* sich gemeinsam um die Wiederherstellung der traditionellen Staatsform und der angestammten, in den Zwölftafelgesetzen kodifizierten Rechte bemühen. Trotz der individuellen Tragik ist die Virginia-Episode im Gesamtkontext der »Römischen Geschichte« des Livius als positiv zu sehen, da hier die inhärenten guten Qualitäten des römischen Volkscharakters zum Durchbruch kommen. Sie hat folglich Signalwirkung, da sie Möglichkeiten für die Zukunft, die aus dem Gewesenen erwachsen, in exemplarischer Weise verdeutlicht. Das historiographische Konzept, gültig für die römische Geschichtsschreibung vor allem der Kaiserzeit, *historia magistra vitae*, ist durch sie eindrucksvoll belegt. Dem aus der Geschichte lebenden Menschen der Gegenwart soll sie als Vorbild dienen, denn sie hat wie alle Beispiele der Vorfahren Spiegelfunktion. Dabei ist es belanglos, daß die politische Wirkungskraft einer so konzipierten Geschichte verbraucht war, d. h., Livius' Geschichtswerk zum Denkmal römischer Größe geworden war, nicht aber als Anstoß zur Regeneration im Sinne frührepublikanischer Vorstellungen vom Gemeinwohl diente.

Erwartungsgemäß ist die Virginia-Geschichte dank ihrer ethischen Aussagekraft von Valerius Maximus in seine nun rein exemplarisch konzipierte Geschichtensammlung *Facta et dicta memorabilia* aufgenommen worden. Nach einer enkomiastischen Anrufung der Keuschheit zitiert Valerius 13 römische und

3 nicht-römische Beispiele dieser Tugend. Die Virginia-Geschichte folgt als zweites Beispiel nach der Lucretia-Episode, um die Vorzüglichkeit der Keuschheit zu illustrieren. Virginius, trotz plebejischer Herkunft ein Muster an aristokratischer Gesinnung, verschont sein eigenes Fleisch und Blut nicht, um sein Haus vor Schande zu bewahren. Der Dezemvir Appius Claudius, auf seine Macht vertrauend, verfolgt Virginius' jungfräuliche Tochter mit lüsterner Begierde. Daraufhin führt der Vater seine Tochter zum Forum und tötet sie dort, weil er lieber unschuldige Keuschheit vernichtet als der Vater einer entehrten Tochter ist. In diesem typenreinsten Exempla-Buch der römischen Antike wird folglich der nachweisbare Schritt in eine andere Gattung vollzogen. Das Geschichtswerk des Livius dient Valerius nur noch als Steinbruch, aus dem er beliebig Episoden zur Illustration von Einzelthemen herauslöst. Die Behandlung der Virginia-Episode im Übergang von Livius zu Valerius zeigt deutlich, was sich gattungsspezifisch ändert, wenn ein Stoff aus der Historiographie herausgenommen und in den neuen Rahmen der Exemplum-Literatur gestellt wird, ein Vorgang, der für die späteren mittelalterlichen Versionen der Virginia-Geschichte bei Jean de Meung, Boccaccio und Gower von grundsätzlicher Bedeutung ist.

Die Änderungen gegenüber der Historiographie sind sowohl inhaltlicher als auch formaler Art. Inhaltlich begegnen wir zunächst der Auflösung des Kausalnetzes, d.h., die Darstellung des kontinuierlichen Geschichtsprozesses verschwindet zugunsten einer Zerlegung dieses Prozesses in unabhängige, unverbundene Einzelepisoden. Sobald sich die christliche Weltanschauung durchsetzt, erfolgt dann die Vermittlung dieser geschichtlichen Bruchteile an den Rezipienten als *figurae* einer göttlich determinierten Heilsgeschichte. In formaler Hinsicht erfolgen im wesentlichen drei Änderungen. Erstens tritt das Bewußtsein der eigenen Perspektive zurück zugunsten der Allgemeingültigkeit. Das ist eine bedeutende Veränderung, da das individuelle Geschichtsbewußtsein des jeweiligen Historikers ausgeschaltet wird. Zweitens verschwindet das Makroexemplarische der Geschichte als *magistra vitae* zugunsten des Mikroexemplarischen, dargestellt als statische Episoden mit Allgemeinverbindlichkeit. Nicht mehr die Geschichte als Prozeß lehrt, sondern die einzelnen Geschichten tun dies. Drittens erfolgt die Neueingliederung des historischen Geschehens in einen nicht-historiographischen Kontext, der die Auswahl der Ereignisse bestimmt. Daraus ergibt sich, daß das einst zur Historie gewordene Geschehen nun seine Bedeutung aus dem Kontext erhält und somit kontextuell unterschiedlich gedeutet werden kann. Diese Art der Deutung unterscheidet sich grundlegend von den verschiedenartigen Deutungsmöglichkeiten, die wir in der Historiographie vorgefunden haben. Die Virginia-Geschichte, ganz gleich, ob sie als Klassenkampf oder als Wiederherstellung verletzter ethischer Grundprinzipien gedeutet wird, ist Teil des Verfassungskampfes, der unter den Dezemvirn stattfindet. In diesem Kontext fungiert sie als Illustration der unterschiedlichen Auffassungen, die aufeinanderprallen. Dieser Kontext generiert die Episode, die ihre essentielle Bedeutung nur aus diesen historischen Gegebenheiten erhalten kann. Sobald die Geschichte jedoch aus der Historiographie herausgelöst wird, ergeben sich unterschiedliche Deutungsmöglichkeiten, die durch die neugeschaffenen Kontexte bestimmt werden. In Jean de Meungs *Rosenroman* versucht Verstand, Amant davon zu überzeugen, daß Liebe, die aus Barmherzigkeit hervorgeht, größer ist als Gerechtigkeit. In dem von beiden Partnern geführten Dialog fungiert diese These als übergeordnetes Thema, dem ein weiteres Thema untergeordnet ist: Macht und Tugend sind selten miteinander vereinbar. Würden alle Menschen in brüderlicher Liebe miteinander leben, bedürfte es keiner Institutionen zur Bewahrung der Gerechtigkeit – Institutionen, die von Männern besetzt sind, die ihre Macht oft zum Leidwesen der Machtlosen mißbrauchen. Als Zeugnis für diese Tatsache wird dann auf Livius' Virginia-Geschichte verwiesen, die der Autor Jean de Meung als »cas« bezeichnet, also als exemplarische Veranschaulichung seiner

Thesen. Abgerundet wird die Erzählung wiederum durch eine kurze Wiederholung der zu vermittelnden Lehre, die Amant auch in dieser Weise akzeptiert.

Bei Boccaccio nun ist der Kontext, in dem die Virginia-Geschichte erscheint, ein völlig anderer. Im Vorwort zu seinem Werk *De claris mulieribus* weist der Autor auf die Tatsache hin, daß zwar die Lebensläufe berühmter Männer von seinem großen Zeitgenossen und Meister Francesco Petrarca gesammelt und geschrieben worden seien, keiner aber bis jetzt Lebensbeschreibungen berühmter Frauen verfertigt habe. Diese aber seien um so mehr zu rühmen, da sie trotz ihrer geistigen und körperlichen Unterlegenheit bewundernswerte Taten vollbracht hätten. Bemerkenswert seien besonders die Verdienste der Frauen aus vorchristlicher Zeit, die nicht auf die Zuversicht biblischer und christlicher Frauen hätten bauen können, sich das Himmelreich durch ihre Entbehrungen und Selbstaufopferungen zu verdienen. Deshalb habe er sich auf die Beschreibung der Lebensläufe von Heidinnen beschränkt, und zwar von positiven sowie negativen Vertreterinnen, um durch die Niederschrift ihrer Taten den Leser einerseits zur Tugendhaftigkeit zu erziehen und andererseits von Lasterhaftigkeit abzuhalten. Die moralische Nutzanwendung der Porträtsammlung steht klar im Vordergrund. Aus diesem Kontext erhält die Virginia-Geschichte ihre Bedeutung, eine Bedeutung, die am Ende der Erzählung in spezifischer Weise modifiziert wird. Die Geschichte zeigt auch, welchen Schaden ungerechte Richter anrichten können. Deshalb ist das Beispiel an die Adresse der Mächtigen gerichtet, die sich davor hüten sollen, die zeitgenössische Praxis, Gerechtigkeit aus Begehrlichkeit mit Füßen zu treten, zu perpetuieren. Damit erhält die Geschichte ihre praktische Nutzanwendung, die Boccaccio in seiner Vorrede als sein Anliegen hervorhebt.

Bei Gower schließlich findet sich die Virginia-Geschichte als Illustration der fünften Regel, die ein Herrscher zu beachten habe: die Wahrung von Keuschheit und die Meidung von Lüsternheit. Der größere kontextuelle Rahmen ist die Erziehung

Alexanders des Großen, die von Genius zur Illustration des Herrscherideals benutzt wird. Alexander seien von Aristoteles fünf Lebensregeln gegeben worden, von denen Genius dann jede einzelne anhand von exemplarischen Erzählungen illustriert, u. a. auch, daß Gerechtigkeit und Lüsternheit einander ausschlössen. Dafür gebe es das »olde ensample« der Virginia-Geschichte bei Livius. Diese Maxime wird am Ende der Geschichte wiederholt, bevor Genius seine Erklärung der fünften Regel mit der Erzählung der letzten Geschichte abschließt.

Zusammenfassend läßt sich sagen: Alle exemplarisch konzipierten Versionen der Virginia-Geschichte erhalten ihren Sinn aus dem Kontext. Bei Jean de Meung dient die Geschichte zur Illustration, daß Macht und Tugend selten miteinander vereinbar sind; bei Boccaccio, um den Schaden zu zeigen, den ungerechte Richter verursachen können; und bei Gower schließlich, um zu beweisen, daß Gerechtigkeit und Lüsternheit einander ausschließen. In allen drei Versionen ist durch die Herauslösung der Episode aus dem ursprünglichen historischen Rahmen nichts mehr von ihrer einstigen Bedeutung erhalten geblieben. Sie trägt jetzt die Wesenszüge des Exemplums, das als Funktionsbegriff unter der Berücksichtigung der fünf Aspekte Weltbild, Figuren, *modus dicendi*, auktoriale Intention und schließlich Rezeption beschrieben werden soll.

Die Welt des Exemplums ist erwartungsgemäß gesetzmäßig, typisch und unproblematisch. Eine vorgegebene Ordnung wird transparent. In dieser Welt können die Figuren nicht anders als typenhaft, einpolig und unindividuell sein, weil subtile Charakterisierung und Vielschichtigkeit den eindimensionalen Rahmen des Exemplums sprengen würden. Da die Figuren aber Träger einer exemplarischen Handlung sind, müssen sie diese illustrieren, d.h., sie haben Demonstrationscharakter. Die Konzentration auf eine in eine Erzählung eingekleidete Lehre bringt einen Verzicht mit auf alles, was nicht der Illustration dieser Lehre dient. Dies bedeutet einen klaren Aufbau der Geschichte, die ohne Umschweife auf das Ziel hin erzählt wird. In der Handlungsführung gibt es folglich nur einen Hauptstrang, der im rhetorisch schlichten Stil des *sermo levis* gehalten ist. Aufwendige Tropik ist deshalb im Exemplum fehl am Platze und normalerweise auch dort nicht anzutreffen. Vielmehr verwendet der Autor einen einfachen Erzählstil, um sein Anliegen zu vermitteln: die Nutzanwendung der Erzählung für den Einzelnen, einen Stand oder die Allgemeinheit. Die Vermittlung des Lehrinhaltes ist die zentrale Aufgabe des Exemplums, und einzig und allein sie bestimmt die auktoriale Intention, die wiederum auf eine entsprechende Rezeption gerichtet ist. Die Aussage soll in ihrem vollen Umfang vom Zielpublikum aufgenommen und verstanden werden. Das Geschehen hat etwas Endgültiges, es fordert nicht zur Reflexion auf, wie dies bei Texten anderer literarischer Gattungen durchaus üblich ist. Geprägt wird diese Art des Rezeptionsverhaltens, d.h. die Publikumshaltung und dessen Erwartungshorizont, natürlich auch durch die Erzählsituation sowie durch die Person des Erzählers oder Autors. Predigtexempla sind deshalb anders zu beurteilen als Exempla, die im Kontext eines Schwankes zu finden sind. Chaucer z. B. setzt exemplarische Erzählungen mit Vorliebe in den Fabliaux ein und invertiert durch den dem Exemplum abträglichen Kontext die dieser Erzählgattung inhärente Aussagefunktion. Beispielhafte Erzählungen vom »irous Cambises« [zornigen Kambyses] und »irous Cirus« [zornigen Kyros] innerhalb der *Summoner's Tale* zur Illustration der negativen Auswirkungen der Todsünde *ira* wirken lächerlich, wenn sie von einer wutschnaubenden Erzählerfigur, dem Bettelmönch, mit schriller Stimme vorgetragen werden. In einem anderen Kontext, z. B. der sentenziösen *Tale of Melibee*, könnten sie dagegen ihre lehrhafte Funktion uneingeschränkt bewahren. Der Kontext, in dem die Virginia-Erzählung bei Jean de Meung, Boccaccio und Gower auftaucht, entspricht der klassischen Vorstellung, so daß die Wirkungskraft des Beispiels von daher nicht beeinträchtigt wird. Auch die Erzählerfiguren, Verstand im *Rosenroman*, Genius in der *Confessio Amantis* und Boccaccio als Autor der

Exemplasammlung *De claris mulieribus*, entsprechen durchaus den Erwartungen, die man an Erzähler dieser literarischen Gattungen knüpfen darf.

Wie sehen nun die Rahmenbedingungen für die Rezeption der *Physician's Tale* aus, der Chaucerschen Version der Virginia-Geschichte? Die Erzählsituation ist durch einen Doppelrahmen geprägt: einen äußeren und einen inneren. Den äußeren Rahmen bilden die *Canterbury Tales* in ihrer Gesamtheit, d.h., hier nimmt die *Physician's Tale* ihren Platz neben allen anderen Geschichten ein und wirkt als Teil eines literarischen Ganzen auf die Zuhörer oder Leser. Für die Bedeutung der Geschichte ist folglich der Gesamtkontext wichtig, da sich dieser Rezipientenkreis in seiner Aufnahme jeder Einzelerzählung durch sein Gesamturteil leiten lassen wird. Hier spielen Erwägungen über Struktur, Thematik, Erzähler und Gattungen eine wesentliche Rolle, Aspekte, die dazu beitragen, beim Rezipienten einen Gesamteindruck zu erzeugen, der wiederum als Maßstab zur Interpretation der Einzelerzählungen dienen wird. Der innere Rahmen, der von diesen Erwägungen frei ist, konstituiert sich durch die Pilger, vornehmlich Harry Baily, den Wirt. Sie treten als unmittelbares Publikum auf, und als solches kommentieren sie gelegentlich die gerade gehörten Geschichten. Ihre Stellungnahme muß deshalb auch vom mittelbaren Rezipienten mit in sein Urteil einbezogen werden, denn gerade Harry Baily fungiert, auch wenn er sich nicht durch besondere literarische Feinfühligkeit auszeichnet, in seinen Reaktionen auf das Erzählte oft als *vox populi*, d.h., seine Beurteilung enthält irgendwo etwas Brauchbares, wenngleich seine Perspektive, aus der er die Dinge wahrnimmt, beschränkt ist.

Als Erzähler innerhalb des inneren Rahmens tritt der Arzt auf, eine im *General Prologue* ungenau definierte Persönlichkeit. Wir wissen nur, daß es sich bei diesem Pilger um einen wissenschaftlich beschlagenen Mann handelt, der zur Zeit der Pest reich geworden ist und der diesen Reichtum zu schätzen weiß. Außerdem verrät uns der allwissende Ich-Erzähler, der für die

Porträts im *General Prologue* verantwortlich zeichnet, daß der praktisch veranlagte Arzt sich wenig mit der Lektüre der Bibel befaßt hat. Der Arzt gehört zur soliden Mittelschicht der Canterbury-Pilger, die überwiegend erbauliche Geschichten erzählen, die sich um einen moralischen Kern ranken. Die Zuteilung der Virginia-Geschichte an den Arzt als Standesvertreter folgt somit durchaus dem üblichen Verteilungsprinzip – eine Hinterfragung des Erzählstoffes aufgrund der Diskrepanz zwischen Erzähler und Erzählung läßt sich deshalb nicht von vorneherein postulieren, wie dies z. B. bei der *Merchant's Tale*, einer schwankhaften Romanze, möglich ist (vgl. Ussery, S. 119–42, und Rowland, S. 178, im Gegensatz zu den kritischen Stimmen von Hoffman, S. 31, und Longworth, S. 232).

Die Erzählung selbst erfolgt unvermittelt, ohne Einleitung, mit einem Hinweis auf die Quelle. Titus Livius wird als *auctoritas* zitiert, woran sich jedoch eine 99 Verse lange *digressio* anschließt, die nichts mit Livius zu tun hat, trotzdem aber etwas mehr als ein Drittel der Gesamterzählung umfaßt. Die Geschichte endet mit einer 10 Verse langen *moralisatio* des Erzählers, der dem Publikum eindringlich die Nutzanwendung des Gehörten vermitteln möchte. Darauf folgt die Beurteilung der Geschichte durch Harry Baily in etwa 30 Versen und dann die Überleitung zur nächsten Erzählung, der *Pardoner's Tale*.

Eigentümlich für den Leser mutet jedoch zunächst die *digressio* an, die ihren Ausgang in der Feststellung des Erzählers hat, Virginia sei ein perfektes Geschöpf der Natur gewesen. Diese *digressio* ist zweiteilig. Zunächst beschäftigt sie sich, wohl in Anlehnung an den *Rosenroman* (V. 16005–248), mit der Perfektion Naturas, die jede menschliche Schöpfung übertreffen kann, woran sich eine Aufforderung an Erzieher anschließt, ihre pädagogischen Aufgaben gewissenhaft zu erfüllen. Natura wird als Gottes »vicaire general« (VI, 20) [Stellvertreter] bezeichnet, die in seinem Sinn auf der Erde waltet. Diese Macht hat Virginia sowohl in geistiger als auch in körperlicher Hinsicht zur vollkommensten Vertreterin der menschlichen Rasse werden lassen.

Durch diesen Vorspann ist die Virginia-Geschichte kontextuell eingebettet, so daß der Kontext einerseits auf die nachfolgende Geschichte wirkt, die Geschichte aber andererseits auch den Kontext beeinflußt. Virginia, Inbegriff menschlicher Perfektion, wird ein Opfer männlicher Lüsternheit und väterlicher Willkür. Unschuldig leidet sie, weil sie von der Natur besonders bevorzugt worden ist. Hier tritt folglich eine Spannung im Weltbild der Geschichte zutage. Obwohl Natura als Gottes Stellvertreter die Welt gesetzmäßig ordnen sollte, zeigt der Verlauf der Geschichte, daß diese providenzielle Ordnung seltsame Formen annehmen kann. Jedenfalls wird die eingangs postulierte Ordnung in der Geschichte nicht mehr transparent. Das Weltbild wird somit kompliziert und problematisch.

Es ist nicht verwunderlich, wenn sich in einer solchen Welt auch die Figuren ändern. Anstatt die Erzählung mit Typen zu besetzen, versucht der Erzähler Charaktere zu entwerfen, deren Handlungsweise motiviert werden soll. Appius ist nicht mehr nur der einfache Richter, der, durch die Schönheit des Mädchens betört, diese für sich gewinnen möchte, sondern er wird zur Durchführung seines Plans vom Teufel selbst angestiftet. Auch Virginius, der in allen drei Exemplaversionen der Geschichte impulsiv handelt, erhält bei Chaucer viel Zeit, um sich sein Vorgehen zu überlegen. Er versucht, sich und seine Tochter durch rationale Argumentation davon zu überzeugen, daß der Freitod die einzige ehrenvolle Lösung des Dilemmas sei. Weiterhin ist der Erzähler um die Emotionalisierung besonders der Heldin bemüht. Virginia, die in keiner anderen Version eine Sprechrolle hat, sondern immer nur als passives Opfer gezeigt wird, rückt in den Mittelpunkt nicht nur des Interesses, sondern auch der Handlung. Durch die Diskussion mit ihrem Vater über ihr Schicksal wird sie zur Hauptakteurin. Sie ist nicht bereit, die väterliche Entscheidung gelassen hinzunehmen, sondern versucht, das Geschick von sich abzuwenden. Erst als die Unterredung mit ihrem Vater keine Wende zum Positiven bringt, fügt sie sich in ihr Schicksal. Kurzum, das Menschenbild in der *Physi-*

cian's Tale ist kompliziert. Die Figuren haben keinen eindeutigen Demonstrationscharakter mehr, sondern die Umstände, unter denen sie handeln, sowie ihre Motivation werden analysiert. Dadurch wird die Handlung notwendigerweise vielschichtig.

Diese Vielschichtigkeit wird natürlich auch durch den *modus dicendi* begünstigt. Es wurde bereits auf die *digressio* am Anfang der Erzählung verwiesen, die als Handlungskontext das eigentliche Geschehen problematisiert. Außerdem zeigt die *Physician's Tale* eine Ausweitung der narrativen Gestaltung durch rhetorische Figuren und durch Tropen. Zu nennen wären hier *prosopopoeia*, *ratiocinatio*, *similitudo*, *traductio*, *hyperbole*, *repetitio*, *contentio*, *expolitio*, *sententia*, *digressio*, *apostrophe* und *exemplum*. Von diesen gehören zum *ornatus difficilis*, d.h. zum erhabenen Stil, *prosopopoeia*, *similitudo*, *contentio*, *expolitio* und *exemplum* (vgl. Rowland, S. 166–67). Im Vergleich zum schlichten Stil der Exempla bewegt sich die Diktion der *Physician's Tale* also auf einem weitaus anspruchsvolleren Niveau. Ziel dieser rhetorischen Modulation ist vor allem die Erzeugung von Pathos, eine Absicht, die sich übrigens besonders in den Geschichten der zur Mittelschicht gehörenden Erzähler der *Canterbury Tales* feststellen läßt. Zu denken wäre hier an die *Man of Law's Tale*, die *Clerk's Tale*, die *Second Nun's Tale* und die *Prioress's Tale*. In allen vier Geschichten widerfährt dem passiven Protagonisten viel Leid; drei der unschuldig Leidenden sind Frauen, der vierte ein Kind, das wegen seiner Frömmigkeit von den Juden ermordet wird. Vom Thema her gehört die Virginia-Geschichte zu diesem Textkorpus und wirkt wie diese Erzählungen im Hinblick auf ihre rhetorische Gestaltung und die Schilderung des Handlungsablaufs außerordentlich pathetisch.

Bei der kurzen Beschreibung des Aufbaus der *Physician's Tale* wurde bereits erwähnt, daß die Geschichte mit einer 10 Verse umfassenden *moralisatio* des Erzählers endet: »Hier kann man sehen, was der Lohn der Sünde ist. Seht euch vor, denn niemand weiß, wen Gott schlagen wird, in keinem Stand; auch weiß niemand, wie es den Wurm des Gewissens vor bösem Lebenswandel schaudern mag, selbst wenn der noch so verborgen ist, daß außer Gott und dem Menschen selbst niemand davon weiß. Denn ob einfacher Mensch oder Gelehrter, er weiß nicht, wie bald er sich fürchten muß. Deshalb rate ich euch, diesen Rat anzunehmen: Verlaßt die Sünde, bevor die Sünde euch verläßt.« (VI, 277–86). Nach Auffassung des Erzählers hat seine Geschichte exemplarische Funktion, die Nutzanwendung ist für die Allgemeinheit gedacht – angesprochen sind alle. Nur stellt sich die Frage: Entspricht der Schluß, den der Arzt aus seiner Erzählung zieht, auch dem Handlungsablauf? Wie von der Literaturkritik zu Recht festgestellt worden ist, ergibt sich hier eine gewisse Diskrepanz zwischen Erzählung und Erzähler (vgl. Hanson, S. 136–37, Ramsey, S. 195, und Middleton, S. 14).

Auf Appius trifft die Bemerkung bestimmt zu, aber Appius ist Nebenfigur. Hauptfigur ist Virginia – dies ist Chaucers Innovation bei der Gestaltung des traditionellen Figureninventars –, und auf die Hauptfigur trifft die *moralisatio* in keiner Weise zu; sie stirbt völlig unschuldig, so daß man höchstens sagen könnte: Seht, was Unschuld für einen Lohn erhalten kann. Außerdem ist nicht klar, ob in der *moralisatio* Virginius miteingeschlossen ist, denn es wäre möglich, daß ihm sein Handeln Gewissensbisse bereiten könnte. Kurzum, die exemplarische Lehre, die der Erzähler aus seiner Geschichte zieht, ist unpräzise und teilweise unzutreffend. Dadurch aber geht der klare Demonstrationscharakter der Erzählung verloren, denn anstelle von Eindeutigkeit tritt Mehrdeutigkeit. Diese Tatsache wird auch durch die Rezeption im inneren Rahmen belegt. Harry Baily, der Wirt, reagiert zunächst zornig auf den Amtsmißbrauch von Appius und fährt dann fort: »O weh, ihre Schönheit kam sie teuer zu stehen! Deshalb sage ich, man kann tagtäglich sehen, daß die Gaben der Fortuna und der Natur der Grund für den Tod eines manchen Menschen sind. Ihre Schönheit war ihr Tod, wage ich zu behaupten.« (VI, 293–97). Diese *moralisatio* bezieht sich wenigstens auf die Protagonistin, wenngleich sie natürlich oberflächlich ist, denn es sind nicht allein die Vorzüge, mit denen Natura Virginia ausgestattet hat, die den Tod des Mädchens verursachen, sondern vor allem die Sittenstrenge eines unerbittlichen Vaters, der seine Tochter für ein abstraktes Prinzip opfert. Jedenfalls fordert die Diskrepanz zwischen der Sichtweise des Erzählers und des Rezipienten im inneren Rahmen den Rezipienten im äußeren Rahmen, d.h. die Leserschaft der *Canterbury Tales*, zur Reflexion der Geschichte auf. Das Geschehen hat nichts Endgültiges mehr, sondern wird zum Objekt individueller Interpretation.

Die Untersuchung der *Physician's Tale* im Hinblick auf die fünf erstellten Kriterien Weltbild, Figuren, *modus dicendi*, auktoriale Intention und Rezeption hat in allen Punkten wesentliche Unterschiede zur Gestaltung des Exemplums deutlich werden lassen, so daß man die Erzählung folglich nicht mehr dieser Gattung zuordnen kann, selbst wenn der Erzähler ihre exemplarische Bedeutung hervorhebt. Offensichtlich führen diese essentiellen Veränderungen, die Chaucer bei der Gestaltung des traditionellen Erzählstoffes vornimmt, zu dessen Präsentation im Gewand einer neuen Gattung, die man als Novelle bezeichnen könnte. In dieser Gattung nämlich zeichnet sich das Weltbild durch Problemhaftigkeit aus, da die Umstände, unter denen Ereignisse stattfinden, von entscheidender Bedeutung sind, so daß eine eindimensionale typische Situation nicht auftreten kann. Die Figuren agieren hier als Charaktere in sozialen und moralischen Konfliktsituationen. Die Stilebene ist variabel, obwohl die mittlere Lage vorherrscht. Die Handlungsführung kann ein- oder mehrsträngig sein. Als auktoriale Intention ist die Vermittlung eines Geschehens beabsichtigt, das dem Publikum eine eigenständige Wertung ermöglicht, da der Demonstrationscharakter der erzählten Geschichte nicht mehr eindeutig vorgegeben ist. Daher führt auch die Publikumsrezeption zwangsläufig zur Reflexion ethischer und sozialer Normen, die in der Erzählung problematisiert werden.

Die Erfindung des literarischen Typus der Novelle wird traditionell Boccaccio zugeschrieben, der in den Erzählungen seines *Decamerone* ältere literarische Gattungen wie Exemplum, Heiligenlegende und Schwank zu einer neuen Erzählform umgestaltet. Obwohl wir wissen, daß Chaucer mit der *Teseida*, dem *Filocolo* und dem *Filostrato* vertraut war – sie bilden die Vorlage für die *Knight's Tale*, die *Franklin's Tale* und den *Troilus* –, gibt es bislang keinen Beweis, daß er auch das *Decamerone* kannte. Jedenfalls diente keine der Erzählungen des *Decamerone* als Vorlage für eine der 23 *Canterbury Tales*. Aufgrund dieses Beweises *ex negativo* ist anzunehmen, daß Chaucer nicht mit Boccaccios *Decamerone* vertraut war. Da aber seine Handhabung des Virginia-Stoffes offensichtlich in der einer Novelle entsprechenden Form gehalten ist, muß man davon ausgehen, daß Chaucers Experimente mit traditionellen Gattungen in den *Canterbury Tales* unabhängig von Einflüssen anderer Autoren zur Schaffung einer für die mittelenglische Literatur neuen Erzählform führte.

Unter diesem Aspekt betrachtet, wird die *Physician's Tale* nun einem Interpretationsansatz zugänglich, der zuvor durch das angeblich Exemplarische der Erzählweise verdeckt worden ist. Nicht beispielhafte Keuschheit bildet das ethische Zentrum der Geschichte, sondern die Handlungsweise von Virginius. Er stellt eine übermäßige Rigidität zur Schau und bedient sich einer Sprache, die wenig Mitleid, aber viel juristischen Formalismus zeigt: »O gemme of chastitee, in pacience / Take thou thy deeth, for this is my sentence. / For love, and nat for hate, thou most be deed; / My pitous hand moot smyten of thyn heed.« (VI, 223–26) [O Juwel der Keuschheit, nimm deinen Tod in Geduld an, denn so lautet mein Beschluß. Aus Liebe, nicht aus Haß mußt du sterben, meine bedauernswerte Hand muß dir den Kopf abschlagen.]. Virginius fühlt sich nicht als Scharfrichter verantwortlich, sondern er läßt seine Hand den von ihm gefällten Richterspruch ausführen. Hier wird eine bewußte Trennung zwischen richterlicher Instanz und ausführendem Organ angestrebt. Ähnlich wie ein kirchliches Gericht den verstockten Häretiker dem weltlichen Arm des Gesetzes ausliefert, so liefert Virginius seine Tochter jetzt an seine Hand aus. Virginia wird bewußt von ihrem Vater objektiviert, d.h., sie wird bereits durch diese Art der Anrede zu einem Objekt, das der Vater aufgrund angestammten väterlichen Rechts opfern kann. Zwar versucht Virginius, den falschen Richter Appius für seine Handlungsweise verantwortlich zu machen, aber diese Schuldzuweisung kann letzten Endes nicht die Tatsache verschleiern, daß Virginius selbst die Verantwortung trägt. Er stellt die Alternative als Schande oder Tod dar, eine Alternative, die nicht einmal eine wirkliche Wahl ist, da Virginius die Schande sofort als unakzeptabel verwirft. Um Virginius' selbstherrliche Entscheidung sofort in Frage zu stellen, legt Chaucer Virginius die folgende Rede in den Mund, die nur in dieser Version der Virginia-Geschichte zu finden ist: »›O Gnade, lieber Vater!‹ sagte die Jungfrau; und mit diesen Worten schlang sie ihm beide Arme um den Hals, wie sie es gewöhnlich tat. Die Tränen quollen ihr aus den Augen, und sie sagte: ›Guter Vater, muß ich sterben? Gibt es denn keine Gnade, gibt es denn keine Rettung?‹ – ›Nein, gewiß nicht, meine liebe Tochter‹, sagte er.« (VI, 231–37). Diese Szene ist sentimental, jedoch scheint die Sentimentalisierung von Virginias Schicksal von Chaucer beabsichtigt zu sein, um die Unschuld und Todesangst des Mädchens mit der rücksichtslosen Härte des väterlichen Urteils zu kontrastieren. Chaucer geht so weit und berichtet, daß Virginia einmal in Ohnmacht fällt, nachdem sie sich der Auswegslosigkeit ihrer Situation bewußt wird. Erst dann antwortet sie ihrem Vater: »'Yif me my deeth, er that I have a shame; / Dooth with youre child youre wyl, a Goddes name!'« (VI, 249–50) [»Gebt mir den Tod, bevor ich Schande erleide; tut Euren Willen mit Eurem Kind, in Gottes Namen!«]. Mit diesen Worten ordnet sich Virginia der Autorität ihres Vaters unter, der dadurch zum allmächtigen Herrn über Leben und Tod hochstilisiert wird. Diese Auffassung der elterlichen Funktion steht aber in krassem Gegensatz zu derjenigen, die Natura am Anfang geäußert hat, denn schließlich nehmen die Eltern eine Aufgabe der Natur wahr, wenn sie die Art erhalten. Die Betonung liegt auf erhalten. Virginius jedoch tut genau das Gegenteil, denn er zerstört die Art, noch dazu eine Kreatur, die als das vollkommenste Spezimen ihrer Gattung bezeichnet worden ist. Durch Chaucers Behandlung der essentiellen Szene, Virginius' Rechtsprechung, Virginias Gesuch um Gnade, die Verweigerung dieses Gesuchs, die Fügung der Verurteilten in ihr unabwendbar erscheinendes Schicksal und die Exekution, erhält die *Physician's Tale* eine vollkommen andere Ausrichtung, als man sie in den vorher besprochenen Versionen der Geschichte fand. Ohne jedes Mitleid, in vollem Bewußtsein opfert Virginius seine Tochter einem unmenschlichen Prinzip. Und für diese Tat ist er verantwortlich. Folglich ist ihr Tod auch keine Tragödie, wie Ramsey (S. 197) behauptet, sondern Virginius trägt dafür die Verantwortung. Appius fungiert nur als auslösendes Moment. Durch seine Lüsternheit und seine Nachstellungen setzt er eine Reaktion in Gang, die durch Virginius' auf rationaler Entscheidung beruhenden Entschluß, seine Tochter zu töten, schließlich beendet wird. Alle anderen Argumente sind hinfällig, einschließlich das des Wirts nach dem Anhören der Geschichte. Die grimmige Moral, mit der der Erzähler seine Geschichte beschließt, trifft deshalb vor allem auf Virginius zu, der sich ob seiner Tat einmal vor einem höheren Richter wird verantworten müssen.

Bibliographie zur Physician's Tale

Amoils, E.R. »Fruitfulness and Sterility in the *Physician's* and *Pardoner's Tales.*« *ESA*. 1974; 17:17–37.

Bartholomew, Barbara. *Fortuna and Natura. A Reading of Three Chaucer Narratives*. The Hague: Mouton; 1966. S. 46–57.

Brown, Emerson, Jr. »What Is Chaucer Doing With the Physician and His Tale?« *PQ*. 1981; 60:129–49.

Crowther, J.D.W. »Chaucer's *Physician's Tale* and It's Saint.« *ESC*. 1982; 8:125–37.

Curry, W.C. »Chaucer's Doctor of Phisyk.« *PQ*. 1925; 4:1–24.

Delany, Sheila. »Politics and the Paralysis of Poetic Imagination in *The Physician's Tale*.« *SAC*. 1981; 3:47–60.

Fichte, Joerg O. »Incident – History – Exemplum – Novella: The Transformation of History in Chaucer's *Physician's Tale*.« *Florilegium*. 1983; 5:189–207.

Hoffman, Richard R. »Jephthah's Daughter and Chaucer's Virginia.« *ChauR*. 1967; 2:20–31.

Longsworth, Robert. »The Doctor's Dilemma: A Comic View of the ›Physician's Tale‹.« *Criticism*. 1971; 13:223–33.

Mandel, Jerome H. »Governance in the *Physician's Tale*.« *ChauR*. 1976; 10:316–25.

Mathewson, Jeanne T. »For Love and Not for Hate: The Value of Virginity in Chaucer's *Physician's Tale*.« *AnM*. 1973; 14:35–42.

Middleton, Anne. »The *Physician's Tale* and Love's Martyrs: ›Ensamples Mo Than Ten‹ as a Method in the *Canterbury Tales*.« *ChauR*. 1973; 8:9–32.

Ramsey, Lee C. »›The Sentence of It Sooth Is‹: Chaucer's *Physician's Tale*.« *ChauR*. 1972; 6:185–97.

Rowland, Beryl. »The Physician's ›Historial Thyng Notable‹ and the Man of Law.« *ELH*. 1973; 40:165–78.

Ussery, Huling E. *Chaucer's Physician: Medicine and Literature in Fourteenth Century England*. New Orleans: Tulane U. Pr.; 1972.

Young, Karl. »The Maidenly Virtues of Chaucer's Virginia.« *Speculum*. 1941; 16:340–49.

The Pardoner's Tale

Nachdem der Arzt seine Erzählung vom traurigen Schicksal der Virginia beendet hat, zeigt sich Harry Baily tief gerührt. Erschüttert vom Tode des unschuldigen Mädchens verlangt er zum Trost nach etwas Aufmunterndem, entweder einer Arznei, einem Trunk starken Bieres oder einer heiteren Geschichte.

Er entscheidet sich für die heitere Geschichte und bittet den Ablaßkrämer, der ihm für diese Aufgabe bestens geeignet scheint, etwas Scherzhaftes zu erzählen: »'Thou beel amy, thou Pardoner,' he sayde, / 'Telle us som myrthe or japes right anon.'« (VI, 318–19) [»Du Süßer, du Ablaßkrämer«, sagte er, »erzähl uns auf der Stelle etwas Heiteres oder Witziges!«]. Die Bezeichnung »beel amy«, mit der der Wirt den Ablaßkrämer hier tituliert, könnte eine Spitze sein. *Beel amy*, abgeleitet vom französischen *belle amie* [schöne Freundin], wäre eine angemessene Anrede für eine Dame; auf den Ablaßkrämer bezogen, ist sie eine Anspielung auf dessen Mangel an Männlichkeit. Mit dieser Invektive motiviert Chaucer die Fehde zwischen Ablaßkrämer und Wirt, die jedoch erst nach Beendigung der *Pardoner's Tale* zum Ausbruch kommt. Zunächst bleibt diese anzügliche Bemerkung ohne Folgen. Der Ablaßkrämer, der von seinem Wesen her Unterhaltung schätzt, willigt sofort ein, wird aber sogleich von Angehörigen des Adels am Erzählen eines Schwankes gehindert, denn diese fordern lautstark: »'Nay, lat hym telle us of no ribaudye! / Telle us som moral thyng, that we may leere / Som wit, and thanne wol we gladly heere.'« (VI, 324–26) [»Nein, er soll uns keine Zoten erzählen! Erzähl uns etwas Moralisches, damit wir daraus etwas lernen können, dann wollen wir nämlich gerne zuhören.«] Angesichts dieses lautstarken Protests fühlt sich der Ablaßkrämer verpflichtet, der Aufforderung der Adligen nachzukommen. Er bittet sich einen Moment Bedenkzeit aus, besorgt sich ein Glas Bier, um sich das Nachdenken etwas zu erleichtern, und beginnt dann mit einem längeren Prolog, der unter dem Motto »*Radix malorum est Cupiditas*« (VI, 334) [Habsucht ist die Wurzel allen Übels] steht.

Alle diese Details, die ungezwungen und natürlich in die Schilderung der Erzählsituation einfließen, sind wichtig, weil sie nicht nur die Struktur des Prologs und der eigentlichen Erzählung bestimmen, sondern auch in thematischem Bezug zur *Pardoner's Tale* selbst stehen. Wie diese Bezüge im einzelnen aber zu deuten sind, darüber besteht in der Forschung keine Übereinstimmung. Obwohl Einleitung, Prolog und Erzählung nur knapp 650 Verse umfassen, gibt es über einhundert Studien zu dieser Erzählsequenz innerhalb der *Canterbury Tales*, d. h., im Gegensatz zur lange vernachlässigten vorhergehenden Geschichte des Arztes stehen der Prolog und die Erzählung des Ablaßkrämers schon seit der Jahrhundertwende im Mittelpunkt des wissenschaftlichen Interesses. Da es zu weit führen würde, sämtliche Einzelheiten der kritischen Diskussion darzustellen, sollen hier nur die Hauptpunkte referiert werden, mit denen sich die Forschung beschäftigt hat. Diese Punkte lassen sich dann wieder in Unterpunkte gliedern, auf die an geeigneter Stelle eingegangen werden soll. Drei Fragen haben die Forschung bewegt: Erstens, was geschieht, während der Ablaßkrämer seinen Prolog und seine Geschichte zum Besten gibt? Zweitens, wie wird der Erzähler charakterisiert, oder vielleicht besser ausgedrückt, wie charakterisiert er sich selber? Und drittens, um was für eine Erzählung handelt es sich, und welche Funktion hat der alte Mann darin? Ohne diese Fragen nun im Einzelnen beantworten zu wollen, soll zunächst auf die Gliederung des narrativen Komplexes eingegangen werden, der VI, 314–968 umfaßt. Einer 15 Verse langen Einleitung (VI, 314–28), Abschnitt 1, die hauptsächlich die Unterredung zwischen Wirt und Ablaßkrämer wiedergibt, folgt dessen Ansprache an die Pilger (VI, 329–462), Abschnitt 2. Die eigentliche Erzählung (VI,462–915), Abschnitt 3, ist eine Demonstration des Predigtstils des Ablaßkrämers. Dieses Beispiel ist in vier Teile untergliedert: 3.1 Der Anfang des Exemplums (VI, 462–83); 3.2 Die

Verurteilung von 3.2.1 Völlerei (VI, 483–588), von 3.2.2 Glücksspiel (VI, 589–628) und von 3.2.3 Fluchen (VI, 629–59); 3.3 Das Ende des Exemplums (VI, 860–88); und 3.4 die Peroratio, die der Ablaßkrämer an seine Gemeinde zu richten pflegt (VI, 889–915). Daran schließt sich eine weitere Ansprache des Ablaßkrämers an die Pilger an (VI, 915–40), Abschnitt 4. Und der Erzählkomplex endet mit einer Unterredung zwischen Wirt und Ablaßkrämer (VI, 941–68), Abschnitt 5. Aus dieser Darstellung sollte die konzentrische Anordnung deutlich werden. Den äußeren Ring bildet die Auseinandersetzung zwischen dem Ablaßkrämer und den anderen Pilgern. Und im Mittelpunkt steht das Exemplum, dessen Kern die Verdammung der Sünden der Völlerei, des Glücksspiels und des Fluchens bildet. Der Aufbau ist höchst kunstvoll und bereits in der kurzen Überleitung von der *Physician's* zur *Pardoner's Tale* angelegt.

Die Zustimmung des Ablaßkrämers, eine Geschichte mit moralischem Inhalt erzählen zu wollen, wirft für Chaucer ein künstlerisches Problem auf. Sollte eine solche Erzählung sofort auf die *Physician's Tale* folgen, wäre die Ausgewogenheit des Erzählverlaufs gestört. Anstelle von Erzählungen verschiedener Gattungszugehörigkeit und kontrastierenden Inhalts würden nun zwei ernsthafte Geschichten aufeinanderfolgen. Chaucer löst dieses Problem, indem er dem Ablaßkrämer einen längeren Prolog zuteilt – Abschnitt 2 –, und indem auch der Forderung des Wirts nach etwas Heiterem und Unterhaltsamem Rechnung getragen wird. Zusammen mit der Einleitung und der abschließenden Auseinandersetzung zwischen Wirt und Ablaßkrämer bildet der Prolog den schwankhaften Rahmen, der die exemplarische Erzählung, das große Mittelstück, einschließt.

Der Prolog des Ablaßkrämers ist ähnlich dem der Frau aus Bath; beide Figuren stellen sich selber dar und enthüllen ihre innerste Natur. Es ist müßig zu fragen, warum der Ablaßkrämer hier freimütig ein Geständnis ablegt. Einige Kritiker haben für die Selbstenthüllung seinen betrunkenen Zustand verantwortlich gemacht; andere haben gemeint, der Ablaßkrämer sei nur leicht beschwipst und redselig; wieder andere glauben, er sei vollkommen nüchtern und kaltblütig; und es gibt schließlich Kritiker, die glauben, das Geständnis sei nicht ernstgemeint, sondern diene nur zur Unterhaltung der Pilger. In der Tat vermischt sich hier Unterhaltung mit der Bloßstellung grundsätzlicher charakterlicher Mängel. Während die Frau aus Bath ihr Publikum mit ihrem Geständnis amüsiert, weil ihr unersättlicher Sexualtrieb und ihre Auseinandersetzung mit ihren fünf Ehemännern letztlich komisch erscheinen, wirkt die Selbstenthüllung des Ablaßkrämers trotz aller Komik der Details schokkierend. Er entpuppt sich als skrupelloser Seelenverkäufer, der sein religiöses Amt aufs sträflichste mißbraucht. Außerdem ist er nur zu einem gewissen Grad als Individuum konzipiert, denn im Hintergrund seines Selbstporträts scheinen die eigentlichen Drahtzieher des Ablaßhandels zu stehen. Nicht nur Papst Bonifatius VIII. verkaufte im Jubiläumsjahr 1300 Ablässe im großen Stil, sondern auch Bonifatius IX. autorisierte in seinem Jubiläumsjahr 1390 einen groß angelegten Ablaßhandel, der in England vor allem von den Mitgliedern des Hospitals und der Kapelle der hl. Maria von Roncesvales zu Charing Cross betrieben wurde, einer Vereinigung, zu der auch unser Ablaßkrämer gehört (Beichner, S. 162). Ablaßkrämer waren verpflichtet, das Volk zu Einkehr und Buße zu bewegen, eine Aufgabe, die sie mit Hilfe der Predigt wahrzunehmen versuchten. Außerdem durften sie Ablässe an jene verteilen, die der Kirche Spenden gegeben hatten. Von einem Verkauf von Ablässen läßt sich technisch nicht sprechen, da es sich bei der Transaktion nach Auffassung der Kirche um den Austausch von Gabe und Gegengabe handelt. Theologischer Doktrin zufolge hatten Petrus und seine Nachfolger von Christus die Befugnis erhalten, an besonders verdienstvolle Gläubige Ablaß ihrer Sünden aus Gottes unendlichem Gnadenschatz zu vergeben. Der temporale Aspekt der Sünde (*poena*), die normalerweise durch Wiedergutmachung (*satisfactio*) gesühnt werden mußte, konnte auf diese Art vergeben werden. Unter Wiedergutmachung verstand man die üblichen

Arten der Buße wie Gebet, Fasten, Wallfahrt usw. Um ihren Beruf ausüben zu können, bedurften die Ablaßkrämer zunächst einmal einer besonderen Genehmigung des Papstes, in dessen Namen die Ablässe vergeben wurden. Außerdem durften sie nur in einem ganz bestimmten Bezirk tätig sein, der ihnen von den Bischöfen zugewiesen wurde. Dort konnten sie ihrer Tätigkeit ungehindert durch die örtliche Geistlichkeit nachgehen.

Chaucers Pardoner scheint sich an die Bestimmungen zu halten. Er predigt, um die Herzen der Gemeindemitglieder zu erreichen und sie bußfertig zu machen. Auch hat er sich mit päpstlichen Bullen (VI, 336) und Lizenzen des zuständigen Bischofs ausgestattet (VI, 337), um seine Tätigkeit ungestört ausüben zu können. So weit scheint alles in bester Ordnung zu sein. Doch wie so viele seiner Zeitgenossen geht dieser Ablaßkrämer lukrativen Nebenbeschäftigungen nach. Er führt einen Sack mit Schweineknochen mit sich, die er als Reliquien an die Gläubigen verkauft, wenn er sich erst einmal Einlaß in eine Gemeinde verschafft hat.

Der Prolog, der, wie bereits erwähnt, unter dem Motto *»Radix malorum est Cupiditas«* steht, ist als Selbstdarstellung des Ablaßkrämers konzipiert, der den Pilgern seine Arbeitsweise vorführen möchte. Er ist als Demonstration dafür gedacht, wie er die einfältige Landbevölkerung übers Ohr haut, wann immer sich die Gelegenheit dazu ergibt. Mit seinen sogenannten Reliquien betreibt er einen schwunghaften Handel, indem er ihre wunderbare Heilkraft anpreist. So wirksam ist die Kraft eines Trunkes, in den diese heilbringenden Knochen getaucht werden, daß er sogar Eifersucht heilt. Selbst wenn eine Frau ihren Mann betrogen hat und ihre Untreue überall öffentlich bekannt ist, wird er ihr nach Einnahme des Trunkes nicht mehr mißtrauen. Der beste Trick, den der Ablaßkrämer anwendet, um seine Ware an den Mann zu bringen, ist seine strikte Weigerung, die sogenannten Reliquien an irgendeinen Mann zu verkaufen, der einer großen Sünde schuldig ist, oder an eine Frau, die ihren Mann betrogen hat. Man kann sich leicht vorstellen, wie die ganze Gemeinde nach Anhören dieser einschränkenden Bemerkung wie ein Mann aufsteht und sich zu den Reliquien drängt, damit sie auch ja keiner heimlich anschwärzen kann. Mit diesen und ähnlichen Tricks kassiert der Ablaßkrämer tüchtig und wirtschaftet in die eigene Tasche. Er ist nicht im geringsten am Seelenheil des Einzelnen interessiert, sondern er übt sein Amt einzig und allein zum eigenen Profit aus: »For myn entente is nat but for to wynne, / And nothyng for correccioun of synne.« (VI, 403–04) [Denn meine Absicht gilt ausschließlich meinem Profit, ich beabsichtige nicht, sie von Sünden zu reinigen.]. Diese Enthüllung seiner Absicht ist zugleich die schärfste Selbstanklage, da die Praktiken des Ablaßkrämers einen eklatanten Mißbrauch seines Amtes darstellen.

Man möchte glauben, der Ablaßkrämer habe mit diesem Geständnis seinen moralischen Tiefstpunkt erreicht, doch es folgen noch weitere Enthüllungen sündhaften Treibens. Gelingt es ihm nämlich nicht, auf die gerade geschilderte Weise an den Geldbeutel eines Mannes heranzukommen, verleumdet er ihn hinter seinem Rücken. Verleumdung aber gehört zu den verabscheuungswürdigsten Zungensünden, deren sich ein Diener Gottes schuldig machen kann. Wie der Ablaßkrämer selber sagt, speit er scheinheilig sein Gift aus, während er über sein Lieblingsthema predigt: »Ich predige nur über die Habsucht. Deshalb ist mein Thema schon seit jeher: Habsucht ist die Wurzel allen Übels. So kann ich gegen dasselbe Laster predigen, dem ich selbst fröne – der Habsucht nämlich. Denn obwohl ich dieser Sünde schuldig bin, kann ich doch andere Leute von der Habsucht abbringen und sie zutiefst reumütig machen.« (VI, 424–31). Damit wird zugleich auf einen Erfolg des Ablaßkrämers verwiesen, denn obwohl er vom moralischen Standpunkt aus gesehen der denkbar schlechteste Prediger ist, verschafft er sich dennoch Gehör. Man muß folglich den Mann von seinem Amt trennen: Als moralisches Wesen ist der Ablaßkrämer äußerst korrupt, aber als Prediger ist er erfolgreich, da er andere von der Sünde der Habsucht abbringt. Angespielt wird hier wohl auf eine theologische Kontroverse, die im ausgehenden 14. Jahrhundert diskutiert wurde. Wie verhält es sich mit den Sakramenten, die ein moralisch korrupter Priester verabreicht hat? Die katholische Kirche trennt hier den Mann von seinem priesterlichen Amt, während die Anhänger Wyclifs die Gültigkeit dieser Sakramente anzweifelten. Vom orthodoxen Standpunkt aus ist der Ablaßkrämer zwar ein schlechter Mensch, aber sein Erfolg spricht für seine Fähigkeit, wenigstens andere aus dem Zustand der Todsünde zu befreien. Und so stellt sich folglich die kuriose Situation eines Mannes dar, der sich zwar mit seinem Geständnis verdammt, aber anderen durch die Ausübung seines Amtes zum Heil verhilft: »For though myself be a ful vicious man, / A moral tale yet I yow telle kan« (VI, 459–60) [Bin ich auch selbst ein äußerst lasterhafter Mensch, kann ich euch dennoch eine moralische Geschichte erzählen].

Diese Zeilen machen deutlich, daß der Ablaßkrämer im Laufe seiner Selbstdarstellung an dem Punkt angekommen ist, wo er gewöhnlich seinen Zuhörern eine Geschichte erzählt, um seinem Motto die notwendige rhetorische Ausschmückung und den richtigen Nachdruck zu verleihen. Es hat den Anschein, als ob sich beim Ablaßkrämer im Zuge seiner Darbietung langsam die Grenze zwischen seiner augenblicklichen und der ihm sonst geläufigen professionellen Situation verwischt hat, so daß er nun die Pilger mit einer der Geschichten unterhält, die er gewöhnlich zum Besten gibt, da »lewed peple loven tales olde« (VI, 437) [einfache Leute alte Geschichten lieben]. Die nun folgende *Pardoner's Tale* ist genau so eine Erzählung, wie sie zum Repertoire der Ablaßkrämer gehört. Indem er ein Predigtmärlein erzählt, behandelt der Ablaßkrämer die anwesenden Pilger in derselben herablassenden Art wie seine sonstigen Zuhörer. In einem Anfall intellektueller Hybris, so scheint es, stellt er Pilger und Landgemeinde gleich. Der Ablaßkrämer ist folglich nicht nur raffgierig, sondern auch hochmütig, d. h., er exemplifiziert die beiden spätmittelalterlichen Hauptsünden: Hochmut und Habsucht. Dadurch wird er, der nun eine exemplarische Geschichte von der Verwerflichkeit der Todsünde erzählt, selbst zum lebendigen Beispiel menschlicher Sündhaftigkeit. Das Schlimme an der *Pardoner's Tale* ist also, daß sich die drei Hauptfiguren in der Erzählung in keiner Weise vom Erzähler unterscheiden.

Die Geschichte selbst ist eine Variante eines oft benutzten Exemplums aus der Predigt- und Beichtliteratur. Sie ist zwar einer Predigt ähnlich, aber keine wirkliche Predigt, wie in der Forschung oft behauptet wird. (Siehe vor allem die Aufsätze von Owen und Merrix.) Wie Siegfried Wenzel, wohl einer der besten Kenner mittelalterlicher Predigtliteratur, gezeigt hat, bedient sich der Ablaßkrämer hier des technischen Vokabulars, der Metaphorik und des Handlungsaufbaus und -ablaufs der zeitgenössischen Predigtliteratur, aber er gestaltet seine Geschichte weder als Predigt im alten noch im neuen Stil (Wenzel, S. 140). Eine genaue Vorlage für die *Pardoner's Tale* ist nicht bekannt, doch wird hier ein landläufiges Thema behandelt, wie es auch in vielen ähnlichen Erzählungen belegt ist. Dieser Ursprung der Geschichte erklärt ihre enge Anlehnung an die klerikale rhetorische Tradition und die Verwendung symbolhafter Sprache. Als Ort der Handlung z. B. dient zunächst ein Wirtshaus, das in Anlehnung an zahlreiche religiöse Traktate wie *Ayenbite of Inwit* oder *The Book of Vices and Virtues* »develes temple« (VI, 470) [Tempel des Teufels] genannt wird. Hier verbringen die drei jungen Burschen ihre Zeit mit Zechen, Würfelspiel und Fluchen. Wie traditionell diese Auffassung ist, geht aus dem gerade zitierten *Book of Vices and Virtues* hervor, einer englischen Version des französischen *Somme le Roy* aus dem letzten Viertel des 13. Jahrhunderts: »Das Wirtshaus ist die Schule des Teufels. Dort lehrt er sie Völlerei, Lüsternheit, Fluchen, Meineid, Lügen, Widersprechen, Gott und seine Heiligen zu verneinen, Lug und Trug und viele andere Sünden. Daher stammen Aufruhr, Streit und Mord.« Hier nun Chaucers Beschreibung des Wirtshauses: »In Flaundres whilom was a compaignye / Of yonge folk that haunteden folye, / As riot, hasard, stywes, and tavernes, / Where as with harpes, lutes, and gyternes, / They daunce and pleyen at dees bothe day and nyght, / And eten also and drynken over hir myght, / Thurgh which they doon the devel sacrifise / Withinne that develes temple in cursed wise / By superfluytee abhomynable.« (VI, 463–71) [In Flandern gab es einst eine Gruppe von jungen Leuten, die nur Törichtes im Sinn hatten – wie Streit, Glücksspiel, Bordell- und Wirtshausbesuche, wo sie zu Harfen, Leiern und Zithern tanzten und Tag und Nacht mit Würfelspiel verbrachten und obendrein noch übermäßig aßen und tranken, wodurch sie dem Teufel in diesem Tempel des Teufels mit ihrer verfluchten, abscheulichen Verschwendung ein Opfer darbrachten.]. Die Parallelität der beiden Passagen ist unverkennbar. Zwar wird in der *Pardoner's Tale* noch nichts von Mord gesagt, aber auch dieses Verbrechen wird nicht lange auf sich warten lassen, denn wie das Beispiel aus der homiletischen Literatur zeigt, ist Mord und Totschlag die letzte und folgerichtige Konsequenz des Wirtshausbesuches.

Wie nicht anders zu erwarten, gibt diese generelle Beschreibung der Lasterhaftigkeit der Kneipe dem Erzähler eine willkommene Gelegenheit zu einer fast 200 Verse umfassenden Verurteilung dreier Laster, die besonders mit dem Wirtshaus assoziiert werden: Völlerei, Glücksspiel und Fluchen. Dieser Exkurs ist in das Predigtmärlein eingeschoben, damit der Erzähler anhand vieler Beispiele die drei von ihm bekämpften Hauptsünden in ihrer unseligen Auswirkung darstellen kann. Folglich ändert sich auch Tempo und Ton der Erzählung. Die eigentliche Geschichte wird unterbrochen, und der Ton gleicht dem eines Priesters, der mit erhobenem Zeigefinger von der Kanzel herab zu seiner Gemeinde predigt, um den versammelten Kirchgängern die Verwerflichkeit der drei Sünden so plastisch wie möglich vor Augen zu führen. Der Ablaßkrämer agiert hier, als ob er sich wirklich in einer Kirche befände. Rhetorisch brillant donnert er in einem affektiven Predigtstil los: »O glotonye, ful of cursednesse! / O cause first of oure confusioun! / O original of oure dampnacioun« (VI, 498–500) [O Völlerei, verflucht seist du! O Hauptgrund unseres Verderbens! O Urheber unserer Verdammnis]; »O wombe! O bely! O stynkyng cod« (VI, 534) [O Bauch! O Magen! O stinkender Sack]. In technisch beeindruckender Weise zieht der Ablaßkrämer alle Register seines rhetorischen Könnens: Mal spricht er eloquent, mal gelehrt, mal appellierend und mal überzeugend. Wir werden Zeugen einer brillanten oratorischen Vorstellung, die Chaucers souveräne Beherrschung der rhetorischen Tradition eindrucksvoll demonstriert. Um seinen Ausführungen den Anschein von Dringlichkeit zu geben, benutzt der Ablaßkrämer des öfteren Asyndeta, d.h., er verzichtet auf Überleitungen, und Hyperbata, die unnatürliche Abfolge von Worten und Ideen (vgl. z. B. VI, 551–52 und 556–59).

Die rhetorische Ausmalung der drei Wirtshauslaster Völlerei, Glücksspiel und Fluchen erhält ihre besondere Note durch den Rückgriff des Erzählers auf handfeste Beispiele. Erwartungsgemäß erscheinen in seinem langen Diskurs die üblichen biblischen Exempla, um die verheerenden Folgen von Trunksucht und Völlerei zu schildern: Lot schwängerte in betrunkenem Zustand seine beiden Töchter; der trunkene Herodes ließ Johannes den Täufer hinrichten; und Adam verlor seiner Völlerei wegen das Paradies – er aß zur Fastenzeit den ihm von Eva angebotenen Apfel. Zu diesen Paradebeispielen aus der Bibel, die in der homiletischen Literatur traditionell zur Exemplifizierung der Todsünde *gula* [Völlerei] verwendet werden, gesellen sich in der Darstellung des Ablaßkrämers auch viele Beispiele, die nur auf eigener Erfahrung und Beobachtung beruhen können. Vor allem sollten sich die Pilger von dem Genuß des Weines, der in der Fishstreet und in Cheapside verkauft wird, zurückhalten, weil dieser Wein oft mit minderwertigen spanischen Weinen verpanscht sei. Diese Bemerkung fällt aus dem Rahmen der herkömmlichen Illustrationen, wie auch die Serie von Flüchen, die der Ablaßkrämer in seine Verurteilung dieses Lasters einfließen läßt: »'By Goddes precious herte,' and 'By his nayles,' / And 'By the blood of Crist that is in Hayles, [...] 'By Goddes armes« (VI,

651–52, 654) [»Bei Gottes teurem Herzen!« und »Bei seinen Nägeln!« und »Bei Christi Blut, das zu Hayles ist [...] »Bei Gottes Armen]. Jeder mittelalterliche Prediger wußte, daß seine Gemeindemitglieder diese Flüche kannten und benutzten. Deshalb hätte er sich gehütet, sie als Illustration dieser Sünde auch noch in aller Öffentlichkeit zu wiederholen. Der Ablaßkrämer aber nutzt die Gelegenheit, um sich, wie er meint, einmal schadlos auszufluchen. Diese Einstellung jedoch unterminiert seine Position als Prediger, und so wird der breit angelegte Exkurs schließlich zu einer Verurteilung des Ablaßkrämers aus eigenem Mund. Vor allem die vehemente Invektive gegen das Laster der Trunkenheit muß in diesem Kontext gesehen werden, denn hat der Ablaßkrämer nicht gerade zuvor an einem Bierausschank tüchtig dem Bier zugesprochen, weil er Bedenkzeit benötigte, um sich eine moralische Geschichte zu überlegen? Der Stellenwert des Exkurses gewinnt somit an Bedeutung. Es handelt sich nicht nur um die Illustration von Lasterhaftigkeit per se, sondern um die Lasterhaftigkeit des Ablaßkrämers, der als Prediger seine eigenen Untugenden zur Schau stellt. Damit aber wird wieder die enge Verbindung zwischen Erzähler und Erzählung deutlich gemacht, denn die Sünden, die der Ablaßkrämer in seinem Predigtmärlein verurteilt, praktiziert er selber.

In VI, 660 setzt der Erzähler schließlich seine ursprüngliche Erzählung fort. Die drei jungen Burschen erfahren, daß einer ihrer Saufkumpane an der Pest gestorben ist. Deshalb ziehen sie aus, um den Tod zu töten. Trotz der Warnung eines Kindes, daß der Tod oft schneller und unerwarteter komme, als man annehme, ziehen die drei aus, um den Tod zu suchen. Sie verpflichten sich, der furchtbaren Folgen ihrer Abmachung noch unbewußt, füreinander sterben zu wollen, und machen sich auf den Weg.

Auf ihrer Suche begegnen sie einem mysteriösen alten Mann, der Generationen von Kritikern Anlaß gegeben hat, über sein Wesen, seine Identität und seine Bedeutung nachzugrübeln. Es gibt eine wahre Flut von Aufsätzen, die sich mit diesem »Problem« befassen. Ohne weiter auf die Gründe für die jeweiligen Interpretationen seiner Identität eingehen zu wollen, sollen doch einige der Lesarten hier referiert werden. Man hat ihn für den Tod selber gehalten, eine wenig überzeugende Auffassung angesichts der Tatsache, daß der alte Mann selbst nach dem Tod sucht und sterben will. Andere haben in ihm das Alter und den Boten des Todes gesehen. Wieder andere vermeinten, in ihm die Figur des ewigen Juden zu erkennen oder einen göttlichen Boten, der die drei Burschen zur Einkehr bewegen solle, oder die Verkörperung ihres Wunsches, ewig leben zu wollen, oder auch nur den Typus des alten Mannes per se. Dazu gesellen sich noch weitere Interpretationen, die den alten Mann mit dem Ablaßkrämer in Verbindung bringen. Die Figur, die mit dem Stock auf den Boden schlage, um Zuflucht bei Mutter Erde zu suchen, repräsentiere die Einsicht des Ablaßkrämers, daß er impotent sei. Oder der alte Mann reflektiere die Freudlosigkeit, die auch das Leben des Ablaßkrämers auszeichne. Oder der alte Mann sei der *vetus homo*, der Mensch im unerlösten Zustand, und somit ähnle er dem Ablaßkrämer. Oder der alte Mann wie auch die drei Zecher seien Personifizierungen zweier Kräfte, die in der Persönlichkeit des Ablaßkrämers miteinander im Widerstreit lägen.

Es gibt weitere Deutungen, die hier jedoch übergangen werden sollen, denn es ist gar nicht so wichtig, den alten Mann zu identifizieren. Viel wichtiger scheint zu sein, welche Impulse er der Geschichte gibt und was seine Konfrontation mit den drei jungen Burschen zum Ausdruck bringt. Vergleicht man die Figuren, ergibt sich folgendes Raster: Der Mann ist alt, die Zecher sind jung; er ist bescheiden, sie agieren stolz und lasterhaft; er ist respektvoll im Umgang mit ihnen, sie beleidigend im Umgang mit ihm; er sucht den Tod, um seinem Leben ein Ende zu setzen, sie suchen den Tod, um ihn zu töten; er ist arm, sie suchen Reichtum; er unterwirft sich Gottes Willen, sie handeln eigenmächtig und denken nur an sich selbst; und er erfleht Gottes Segen, während sie Gott verhöhnen (vgl. auch

Dean, S. 47). Ganz offensichtlich ist der alte Mann als Gegentyp zu den drei jungen Burschen konzipiert, deren Charakterisierung durch diese Gegenüberstellung noch negativer wird.

Nachdem Ermahnungen nichts fruchten, sondern die drei Burschen zu noch größerer Frechheit und sogar zu Tätlichkeit veranlassen, erklärt der Alte schließlich: »›Nun, ihr Herren‹, sagte er, ›wenn ihr so darauf erpicht seid, den Tod zu finden, dann geht diesen krummen Pfad hinauf, denn in jenem Wäldchen, bei meinem Ehrenwort, ließ ich ihn unter einem Baum zurück; und dort wird er bleiben; er wird sich wegen eurer Prahlerei nicht verstecken. Seht ihr jene Eiche? Genau dort werdet ihr ihn finden.‹« (VI, 760–65). Obwohl dieser Hinweis natürlich wörtlich verstanden werden kann, scheint der symbolhafte Charakter der von ihm benutzten Bilder wichtiger zu sein. Er empfiehlt den dreien, den krummen Pfad entlangzugehen, der in der Exegese immer auf den Weg zum spirituellen Tod verweist. Der Baum, der hier erwähnt wird, ist der Baum des Todes. Er wächst in einem Wäldchen, das der Exegese nach ein Typus des Gartens ist, in dem der Sündenfall stattfand. Er steht im Gegensatz zum Baum des Lebens im Paradies (vgl. Haines, S. 230). Und letztlich sind die Wurzeln dieses Baumes Habsucht, die zuvor schon als *radix malorum* bezeichnet worden ist. Die nachfolgende Handlung rechtfertigt diese Interpretation. Als die drei Jünglinge nämlich zum Fuß der Eiche kommen, finden sie dort einen Goldschatz, der sie die Suche nach dem Tod vergessen läßt. Natürlich brauchen sie nicht mehr nach dem Tod zu suchen, da sie ihn schon gefunden haben. Das Gold ist Ausdruck ihrer Verblendung. Es verkörpert die Güter dieser Welt, deren Genuß um ihrer selbst willen den spirituellen Tod des Menschen nach sich zieht.

Durch die Auffindung des Schatzes wird auch gleichzeitig das Motiv Habsucht wieder in die Geschichte eingeführt. Nun bewahrheitet sich nämlich, was die drei sich zu Beginn ihrer Queste nach dem Tod versichert hatten: »To lyve and dyen ech of hem for oother« (VI, 703) [daß jeder für den anderen leben und sterben wollte]. Als der Jüngste von ihnen ins Dorf geht, um dort Wein und Speise einzukaufen, planen seine beiden zurückgebliebenen Kumpane, ihn zu töten, um dann das Gold untereinander aufzuteilen. Doch Habsucht ist ein universales Laster – auch der Jüngste möchte lieber den ganzen Schatz für sich behalten, als ihn durch drei zu teilen, und deshalb vergiftet er den Wein in zwei von drei Flaschen, bevor er zu seinen Kumpanen zurückkehrt. Alles läuft wie geplant: Die beiden fallen über den Jüngsten her und töten ihn. Dann setzen sie sich nieder, um ihren Durst zu löschen, erwischen die vergifteten Flaschen und sterben ebenfalls. Damit endet das Exemplum. Der Ablaßkrämer nutzt die Gelegenheit zu einer abschließenden Apostrophe, in der er noch einmal die Wirtshaussünden verurteilt, dieses Mal auch den Mord, den er in seiner ersten Verurteilung nicht miteinbezogen hat, der aber zu den Sünden des Wirtshauses gehört.

Nach Beendigung des Predigtmärleins kehrt der Ablaßkrämer zur Schilderung seines *modus operandi* zurück – das Ganze war schließlich als Illustration dessen gedacht, wie er eine Gemeinde dazu bewegt, Ablässe und Reliquien zu erwerben. Mit einer Ermahnung an die imaginäre Gemeinde, sich vor der Sünde der Habsucht in acht zu nehmen, fordert er nun die einzelnen Gemeindemitglieder auf, zu ihm zu kommen und sich Absolution erteilen zu lassen. In der Mitte dieser Vorführung stockt der Ablaßkrämer plötzlich in VI, 915 mit den Worten: »And lo, sires, thus I preche.« [Und so, ihr Herren, predige ich.]. Daran schließt sich die übliche Valediktion an mit der Fürbitte des Ablaßkrämers, Jesus möge den Pilgern seine Absolution erteilen, »For that is best; I wol yow nat deceyve.« (VI, 918) [denn das ist das Beste; ich will euch nicht belügen.]. Damit hat der Ablaßkrämer unzweifelhaft recht, da durch Christi Kreuzestod die *culpa*, die Erbsünde, ausgelöscht worden ist, während mit dem Ablaß nur die *poena*, die Nachlassung zeitlicher Strafen vor Gott, erreicht werden kann. Dann aber folgt eine überraschende Wendung. Im gleichen Augenblick, in dem der Ablaßkrämer mit seiner Demonstration zu Ende ist und sich förmlich von den Pilgern verabschiedet, besinnt er sich und fährt fort: »Doch, ihr Herren, ein Wort habe ich bei meiner Geschichte vergessen: Ich habe Reliquien und Ablässe in meiner Tasche, so wertvoll wie die, die ein anderer in England verkauft, sie wurden mir aus der Hand des Papstes zuteil. Wenn irgendeiner von euch aus Frömmigkeit spenden und meine Absolution erhalten will, komme er sogleich herbei und knie hier nieder und empfange demütig meinen Ablaß« (VI, 919–26). In diesem Ton fährt er fort, um sich schließlich an den Wirt zu wenden: »Ich schlage vor, daß unser Wirt hier den Anfang macht, denn er ist am meisten in Sünde verstrickt. Komm herbei, Herr Wirt, und opfere als erster, und du sollst jede Reliquie küssen, und zwar für einen Dreier! Schnüre sofort deinen Geldbeutel auf.« (VI, 941–45). Die Reaktion des Wirtes ist scharf. In nunmehr brutaler Offenheit schlägt er vor, den Ablaßkrämer zu kastrieren und sein Skrotum als Reliquie in Schweinedung einzufassen. Angesichts dieser beleidigenden Äußerung ist es nicht verwunderlich, daß der Ablaßkrämer vor Wut sprachlos ist. Nur durch das energische Eingreifen des Ritters, der seiner traditionellen Aufgabe als Wahrer des Friedens nachkommt, werden die beiden Kontrahenten wieder versöhnt. Der Ritter besteht darauf, daß beide den Friedenskuß austauschen, und mit dieser versöhnlichen Geste endet die *Pardoner's Tale* und mit ihr das Fragment VI.

Viele Kritiker haben versucht, für das Verhalten des Ablaßkrämers eine Erklärung zu finden. Besonders die ältere Forschung hat dafür Argumente aus dem psychologischen Realismus zu Hilfe genommen. So meint Kittredge: »Der Ablaßkrämer war nicht immer ein Seelenmörder. Er ist ein Abtrünniger, vielleicht von einem Mönchsorden. Einst predigte er um Christi Sache willen, und jetzt erleidet er einen wahrhaften Paroxysmus schmerzhafter Ehrlichkeit unter dem Einfluß der wunderbaren Geschichte, die er erzählt hat, und der Erinnerungen, die sich in ihm regen. Die Krise geht vorüber, und die Reaktion folgt. Vor sich selbst flüchtet er sich in eine wilde Orgie hemmungslosen

Spiels.« (S. 217–18). Es muß wohl an Kittredges eindrucksvoller Formulierung liegen, daß diese Einschätzung auch heute noch gern zitiert wird, obgleich sich die moderne Forschung einhellig davon distanziert. Kittredge beschreibt hier einen psychologisch nachvollziehbaren Vorgang. Um die Handlungsweise des Ablaßkrämers plausibel erscheinen zu lassen, kommentiert er sie so, daß sie, von der Warte des Realismus aus beurteilt, verständlich ist. Wie eindrucksvoll diese psychologische Erklärung auch sein mag, sie erscheint unzulänglich, da Chaucer vor allem ikonographische Figuren schafft, deren Handlungsweise moralische Funktion hat. Der Ablaßkrämer ist eine solche Figur. Als Individuum soll er die Korruption des Ablaßhandels repräsentieren, eine Korruption, die auch durch sein physisches Handikap zum Ausdruck kommt, auf das immer wieder verwiesen wird. Wie Halversen einmal zu Recht gesagt hat: »Die Sexualität des Ablaßkrämers ist sein Geheimnis« (S. 155), d. h., wir wissen nicht, ob er Eunuch, Homosexueller oder sogar Hermaphrodit ist. Was er auch immer sein mag, im sexuellen Bereich wird er als defizitär beschrieben und so von den anderen Pilgern negativ abgehoben. Physiologische Merkmale gesellen sich folglich zu moralischen, während die Psychologie im Sinne Kittredges wohl kaum eine Rolle spielt. Es ist daher weitaus angebrachter, den Ablaßkrämer als Opfer seiner eigenen, typenhaften Persönlichkeit zu sehen, die Chaucer peinlich genau konstruiert hat. Der Ablaßkrämer ist im Grunde seines Wesens korrupt. Er ist fast eine Personifizierung der Habsucht, denn alle seine Handlungen beruhen letztlich auf seinem Streben nach Geld. Er predigt für Geld, er verkauft Ablässe für Geld, und er verhökert falsche Reliquien für Geld. Sein immerwährendes Thema ist *»Radix malorum est Cupiditas«*, da er selbst eine Inkarnation dieser Wurzelsünde ist. Folglich verkörpern auch die drei Figuren in seinem Predigtmärlein die Sünde der Habgier, die sowohl deren physischen als auch seelischen Tod bewirkt. Habgier reizt zur Maßlosigkeit. Wer habgierig ist, dessen Verstand verwirrt und vergiftet sich. Dies drückt sich im realistischen Sinne in der Figur des jüngsten Zechers aus, der den Wein vergiftet, und im übertragenen Sinne in der Figur des Ablaßkrämers selbst, der sagt: »Thus spitte I out my venym under hewe / Of hoolynesse« (VI, 421–22) [so speie ich also mein Gift aus und gebe das auch noch als Frömmigkeit aus]. Um dieses der Habsucht innewohnende destruktive Potential zu verdeutlichen, beläßt es Chaucer nicht bei der gegenseitigen Vernichtung der drei Zecher, sondern er zeigt auch noch, wie der Autor der Erzählung sich selbst zerstört. Auch er läßt sich aus Habsucht dazu verleiten, den Bogen zu überspannen und aus dem Gefühl intellektueller Überheblichkeit heraus die Pilger für dumm verkaufen zu wollen. Habsucht blendet ihn und führt zu seiner sozialen Vernichtung innerhalb der Gruppe der Pilger. Somit wird der Ablaßkrämer selbst zur exemplarischen Figur, die illustriert, daß Habsucht einerseits die Wurzel allen Übels ist und andererseits den Menschen vernichtet. Diese Doktrin ist die simple, aber eindrucksvolle Lehre der *Pardoner's Tale*.

Bibliographie zur Pardoner's Tale

Beichner, Paul E. »Chaucer's Pardoner as Entertainer.« *MS*. 1963; 25:160–72.

Beidler, Peter G. »The Plague and Chaucer's Pardoner.« *ChauR*. 1982; 16:257–69.

Calderwood, James L. »Parody in *The Pardoner's Tale*.« *ES*. 1964; 45:302–09.

Cespedes, Frank V. »Chaucer's Pardoner and Preaching.« *ELH*. 1977; 44:1–18.

Collette, Carolyn P. »›Ubi Peccaverant, Ibi Punirentur‹: The Oak Tree and the Pardoner's Tale.« *ChauR*. 1984; 19:39–45.

Dean, Christopher. »Salvation, Damnation, and the Role of the Old Man in the *Pardoner's Tale*.« *ChauR*. 1968; 3:44–49.

Ginsberg, Warren. »Preaching and Avarice in the Pardoner's Tale.« *Mediaevalia*. 1976; 2:77–99.

Halverson, John. »Chaucer's Pardoner and the Progress of Criticism.« *ChauR*. 1970; 4:184–202.

Kellog, Alfred L. »An Augustinian Interpretation of Chaucer's Pardoner.« *Speculum*. 1951; 26:465–81.

Kittredge, George L. *Chaucer and His Poetry*. Cambridge, Mass.: Harvard U. Pr.; 1915. S. 211–18.

Merrix, Robert P. »Sermon Structure in the *Pardoner's Tale*.« *ChauR*. 1983; 17:235–49.

Miller, Robert P. »Chaucer's Pardoner, the Scriptural Eunuch, and the Pardoner's Tale.« *Speculum*. 1955; 30:180–99.

Nichols, Robert E., Jr. »The Pardoner's Ale and Cake.« *PMLA*. 1967; 82:498–504.

Owen, Nancy H. »The Pardoner's Introduction, Prologue, and Tale: Sermon and *Fabliau*.« *JEGP*. 1967; 66:541–49.

Pearsall, Derek. »Chaucer's Pardoner: The Death of a Salesman.« *ChauR*. 1983; 17:358–65.

Peterson, Joyce E. »With Feigned Flattery: The Pardoner as Vice.« *ChauR*. 1976; 10:326–36.

Reiss, Edmund. »The Final Irony of the *Pardoner's Tale*.« *CE*. 1964; 25:260–66.

Rhodes, James F. »Motivation in Chaucer's *Pardoner's Tale*: Winner Take Nothing.« *ChauR*. 1982; 17:40–61.

Sedgewick, G. G. »The Progress of Chaucer's Pardoner, 1880–1940.« *MLQ*. 1940; 1:431–58.

Standop, Ewald. »Chaucers Pardoner: Das Charakterproblem und die Kritiker.« In *Geschichtlichkeit und Neuanfang im sprachlichen Kunstwerk: Studien zur englischen Philologie zu Ehren von Fritz W. Schulze*. Hg. Peter Erlebach, Wolfgang G. Müller, Klaus Reuter. Tübingen: Gunter Narr Verlag; 1981. S. 56–69.

Steadman, John M. »Old Age and *Contemptus Mundi* in *The Pardoner's Tale*.« *MAE*. 1963; 3:121–30.

Stevens, Martin, und Kathleen Fahey. »Substance, Accident, and Transformations: A Reading of the Pardoner's Tale.« *ChauR*. 1982; 17:142–58.

Storm, Melvin. »›A Culpa et a Poena‹: Christ's Pardon and the Pardoner's Tale.« *NM*. 1982; 83:439–442.
Wenzel, Siegfried. »Chaucer and the Language of Contemporary Preaching.« *SP*. 1976; 73:138–61.

The Shipman's Tale

Im Gegensatz zu manchen anderen Erzählungen, zu denen sich in der jüngeren Chaucerforschung viele, oft stark divergierende Interpretationsansätze entwickelt haben, ist die Forschungslage zur *Shipman's Tale* verhältnismäßig eindeutig. Die Erzählung gehört zu der Gruppe der Schwänke, ja sie wurde sogar lange als Chaucers typischster Beitrag zu dieser Gattung angesehen. Im Anschluß an John W. Spargos Untersuchung zu Chaucers Quellen und Vorlagen (S. 56), nahm man an, daß Chaucers Erzählung direkt auf einen französischen Schwank zurückgehe, der jedoch nicht überliefert worden sei. Diese Annahme gründet sich vor allem auf das Milieu der *Shipman's Tale*, die als einzige von Chaucers schwankhaften Erzählungen französisch geprägt ist. Der Ort der Handlung ist St. Denis in der Nähe von Paris.

Gegen die nominelle Zuordnung der *Shipman's Tale* zum Korpus Chaucerscher Schwankdichtung lassen sich keine Einwände erheben, obwohl fraglich ist, ob die Erzählung ein typischer Vertreter dieser Gattung ist. In den siebziger Jahren wurden verschiedene Versuche unternommen, die Beziehung zwischen *Shipman's Tale* und Schwank näher zu bestimmen. So behauptet z. B. Michael McClintock (S. 112), Chaucer arbeite zwar mit einer etablierten Gattung, aber nicht in ihr, und Peter Nicholson (S. 586) meint, daß die Erzählung ihre besondere Form u. a. durch die Gegenüberstellung zweier Welten erhalte, nämlich der des Schwankes und der des Bürgertums. Beide Literaturhistoriker bemühen sich, ihre Einschätzung von Chaucers *Shipman's Tale* anhand eines Vergleichs mit Kriterien zu erklären, die sie als gattungstypisch für den Schwank erachten.

Nicholson geht bei seiner Analyse von der *Shipman's Tale* selbst aus, d. h., er konzentriert sein Interesse auf die Punkte, die bei Chaucer abweichend vom Vorbild der literarischen Tradition behandelt werden. Der *Shipman's Tale* fehle z. B. die im Schwank übliche verbale Anzüglichkeit. Stattdessen liege die Betonung auf der humorvollen Zweideutigkeit der Erzählung. Und die Gestaltung bestimmter, für den Schwank entscheidender Szenen entspreche nicht der Publikumserwartung. Das Treffen zwischen Mönch und Frau führe zunächst nicht zu einem Liebesabenteuer, sondern zu einer finanziellen Abmachung. Die Frau müsse ihre Schulden, nicht ihre Liebschaft vor ihrem Ehemann geheimhalten. Und der Ehebruch verursache keinen Konflikt, sondern führe vielmehr zu einem glücklichen Abschluß der Geschichte. Der Erzähler schließlich ergreife nicht Partei, sondern bleibe verhältnismäßig unbeteiligt im Hintergrund.

McClintock verfolgt den umgekehrten Weg. Er geht von einer Definition des Schwankes aus, um dann anhand dieser Definition die Abweichungen in der *Shipman's Tale* zu untersuchen. In Anlehnung an Bédier definiert er den Schwank als Situtationskomödie, deren von Typen getragene, knappe und prägnante Handlung die Zuhörer zum Lachen anregen soll. Anstatt sich aber nun mit all den von ihm aufgezählten Punkten zu befassen, konzentriert sich McClintock auf das spielerische Element im Schwank, dem seine weitere Untersuchung der *Shipman's Tale* gewidmet ist.

Zusammenfassend läßt sich folglich sagen, daß es in der Forschung Ansätze zu einer kontrastierenden Analyse der *Shipman's Tale* vor dem Hintergrund des Schwankes gibt, diese Analysen jedoch immer nur punktuell durchgeführt werden. Eine detaillierte Untersuchung der *Shipman's Tale* vor der Folie des Schwankes steht noch aus. Dies ist nicht verwunderlich, da gerade nach Erscheinen von Nykrogs bedeutender Studie zur französischen Schwankdichtung die Forschung auf diesem Gebiet wieder besonders in Bewegung geraten ist. Zu erwähnen wären die Studien von Jean Rychner, Jürgen Beyer, Thomas D. Cooke, Peter Dronke, Reinhard Kiesow, Roy J. Pearcy, Mary Jane Schenck, Philippe Menard, Howard Bloch und Charles Muscatine. Den Ergebnissen der Untersuchungen dieser Forscher ist es zu verdanken, daß man heute ein sehr viel differenzierteres Bild von der Gattung Schwank entwerfen kann, das von der Beschreibung der Kommunikationssituation über das Figureninventar und seine Funktionen in der Plotgestaltung bis zur Rezeption reicht. Es ist also möglich, anhand eines deskriptiven Rasters die Gattungsmerkmale des Schwankes zu erfassen und sie einer Besprechung der *Shipman's Tale* zugrunde zu legen. Der erste Schritt wäre somit die Erstellung eines solchen Katalogs von Gattungsmerkmalen und seine sinnvolle Anordnung innerhalb eines Systems zur Beschreibung und Interpretation poetischer Texte. Dieses Beschreibungsmodell müßte solche Kategorien enthalten, die es ermöglichen, literarische Produkte der unterschiedlichsten Gattungszugehörigkeit zu analysieren, d. h., das zu erstellende Beschreibungsraster muß so angelegt sein, daß es einerseits die Gesamtheit literarischer Texte erfaßt und andererseits die Zuordnung der Einzeltexte zu verschiedenen Gattungen ermöglicht. Ziel des Verfahrens ist es schließlich, ein Korpus wesensverwandter Texte zu konstituieren und ihre Eigenheiten zu erfassen. Dabei soll hier die folgende hermeneutische Methode im Hinblick auf die Konstituierung des zu untersuchenden Korpus schwankhafter Erzählungen zur Anwendung kommen. Nach einem Überblick über die Masse der Einzeltexte soll eine Textklasse etabliert werden, die durch eine Gruppe invariabler Merkmale gekennzeichnet ist. Weiterhin soll die historische Entwicklung der resultierenden Textklasse untersucht werden, denn nur so ist es möglich, einerseits die Verwandtschaft von Einzeltexten zum Gesamtkorpus und andererseits die Transformationsfähigkeit der Gattung im Hinblick auf die spezifische Ausformung von Einzeltexten zu untersuchen. Durch dieses dialektische Verfahren lassen sich Modifizierungen am vorher erstellten Modell vornehmen. Außerdem müssen auktoriale Intention, wenn explizit geäußert, und Rezeptionsbedingungen, soweit nachprüfbar, miteinbezogen werden, da ein Text entweder von seinem Autor oder von seinem Publikum als einer bestimmten Gattung zugehörig verstanden werden kann. Reinhard Kiesows Untersuchung z. B. zeigt, daß ein beträchtliches Textkorpus vorhanden ist, das von seinen Autoren als Schwank bezeichnet wird. Dies bedeutet aber nichts anderes, als daß im 13. und 14. Jahrhundert ein gewisser Konsensus bestand, welche literarische Form als Schwank bezeichnet werden konnte. Vergleicht man weiterhin diese Textsorte mit anderen literarischen Gattungen, ergeben sich ganz erhebliche Unterschiede in der Konzeption und Gestaltung. Wie diese im Gegensatz zu anderen mittelalterlichen Textsorten der übergeordneten Kategorie Kleinepik aussehen, darüber soll das folgende Beschreibungsmodell Aufschluß geben. Dieses Modell gliedert sich in übergeordnete Kategorien: erstens kommunikative Situation; zweitens Bedeutungsspektrum, gegliedert in Weltbild, Figuren, Fabel, Raum, Zeit und Erzählperspektive; drittens auktoriale Intention und viertens Rezeption.

Die kommunikative Situation konstituiert sich durch einen in den meisten Fällen anonymen Erzähler, der sich an ein Publikum wendet, das Unterhaltung sucht. Die Erzählung selbst strebt einer komischen Peripetie zu, auf die das Geschehen zugeschnitten ist. Das Geschehen selbst findet in einer Welt statt, die ungeordnet erscheint und keinem höheren moralischen Gesetz gehorcht. Es fehlen Ideale oder Wertvorstellungen, an denen sich die Charaktere orientieren könnten. Vielmehr schaffen sich die handelnden Figuren ihre eigene Welt, die ihrem Egoismus und Hedonismus angepaßt ist. Ohne metaphysische Dimension wird diese Welt zum Spielplatz für Lüstlinge degradiert, die dort ihre niedrigen Triebe austoben. Die Welt degeneriert zur Schmierenbühne, auf der die Akteure ihr Leben als Farce inszenieren.

Nicht verwunderlich ist es, daß die Figuren, die diese Welt bevölkern, nur eindimensionale, nicht-individualisierte Typen sind, denn subtile Charakterisierung und Heterogenität würden den beschränkten Rahmen des Schwankes durchbrechen. Im Gegensatz zu anderen literarischen Gattungen, in denen die Figuren ebenfalls typenhaft und eindimensional sind, wie z. B. dem Exemplum und der Heiligenlegende, wo die Figuren einerseits das exemplarische Geschehen illustrieren und andererseits die paradigmatische Lebenserfahrung von Erwähltwerden, Krise (Bekehrung), Anfechtung (Passion) und Triumph exemplifizieren, also eine Reflexion des vorherrschenden Weltbildes darstellen, bestimmen die Figuren im Schwank das amoralische Weltbild. Sie unterstützen nicht nur die Fabel, d. h. den Plot, sondern sie tragen ihn und bringen ihn zur Durchführung. Die schwankhafte Handlung ließe sich nicht ohne bestimmte Typen realisieren. Wie Nykrog gezeigt hat, rekrutieren sich die Figuren im Schwank aus allen Klassen der Gesellschaft, aber die einzelnen Klassen interagieren nur selten miteinander. Die Personen bleiben in ihrer eigenen sozialen Klasse. Dies gilt insbesondere für die Angehörigen der Aristokratie, die unter den Figuren des Schwankes eher eine Ausnahmeerscheinung sind. Das Gros der Personen besteht aus Angehörigen des Bürgertums, der Landbevölkerung und des Klerus. Diese Figuren agieren nicht als Individuen, sondern typisieren gewöhnlich die Vorstellung vom Klassencharakter der jeweiligen sozialen Gruppe. Da Betrug das entscheidende Handlungselement im Schwank ist, muß der Betrüger gewitzter sein als sein Opfer. Damit ergibt sich eine fast automatische Zuordnung vom Betrüger zum Klerus und vom Betrogenen zu einer der anderen beiden Klassen, wobei die Zuordnung zur Landbevölkerung, bestehend aus Bauern, Handwerkern und Händlern, weitaus häufiger ist als zum Bürgertum. Klassenvorstellung und Funktion innerhalb des schwankhaften Geschehens verbinden sich folglich, um die Typenhaftigkeit der Figuren zu bewirken. Da das Objekt der Begierde des Betrügers oft ein Familienmitglied im Haushalt des Opfers ist – entweder seine Frau oder seine Tochter –, muß diese Figur so charakterisiert sein, daß sie in irgendeiner Weise die

Absichten des Betrügers unterstützt. Sie muß präsent, bereitwillig und clever sein oder wenigstens präsent, gutgläubig und naiv. Ihre Eigenschaften richten sich je nach der Rolle, die sie im schwankhaften Geschehen spielt, d. h., sie muß schlau und durchtrieben sein, wenn sie als Betrügende fungiert. Ihre Rolle im Geschehen des Schwankes bestimmt somit wieder ihren charakterlichen Typus.

Bei der Beschreibung der Figuren in ihrem Bezug zum Weltbild des Schwankes sind bereits gelegentliche Verweise auf die Struktur der Fabel, d. h. des Plot dieser Gattung, eingeflossen. Obwohl natürlich die Handlungsstruktur kein unabdingbares Indiz für die Gattungszugehörigkeit eines literarischen Textes sein muß, zeigen Texte der gleichen Gattung oft ähnliche Handlungsmuster. Der höfische Roman z. B. benötigt entweder das Strukturelement der Aventiure oder das der Queste oder beide zusammen. Eine Heiligenlegende bedarf der Anfechtung (auch in der Form der Passion) und des Triumphes. Ohne diese Strukturelemente wären beide Gattungen unvollkommen. Kernsituation des schwankhaften Geschehens ist der Betrug, der sogar als Selbstbetrug oder einfach als Mißverständnis auftreten kann. Um diesen Betrug durchzuführen, bedarf es einer Struktur, in der wenigstens eine Peripetie, d. h. ein Umschwung der Handlung, stattfindet, die die persönliche Lage einer der handelnden Figuren tiefgreifend verändert. Eine Erkenntnis dieser Veränderung, d. h. eine Anagnorisis, ist nicht notwendig. Es gibt eine ganze Anzahl von Schwänken des Typus des verprügelten, aber trotzdem zufriedenen Ehemanns, wo das Element der Erkenntnis fehlt. Anagnorisis ist also kein essentieller Bestandteil der Handlungsstruktur des Schwankes, sondern die Auflösung der Handlung kann sich sofort an die Peripetie anschließen. Die Struktur der Gattung konstituiert sich vielmehr aus den folgenden vier Elementen: Exposition, Entwicklung des Betrugsmanövers, Höhepunkt und Umschwung und Auflösung der Handlung. Diese Handlungskette läßt sich natürlich durch das Hinzufügen weiterer Elemente modifizieren. Die bereits erwähnte Anagnorisis kann hinzutreten, und es können dem einen Umschwung der Handlung weitere Umschwünge folgen, in denen die Rollen der Figuren vertauscht werden. Der Betrogene kann nach Erkenntnis der Sachlage nun Betrüger werden und sich für die erlittene Schmach rächen.

Aus der Handlungsstruktur und dem Figureninventar des Schwankes lassen sich weiterhin Rückschlüsse auf die Gestaltung von Raum und Zeit in dieser Gattung ziehen. Als Raum dient die familiäre Umgebung der täglich erlebten Umwelt, denn gerade die Einbettung in ein vertrautes Milieu trägt viel zum Verständnis der Handlung bei. Die im Schwank benutzten Requisiten kennzeichnen dieses Milieu einerseits, und andererseits dienen sie zur Durchführung des für den Schwank essentiellen Betrugsmanövers. Gegenständen kommt somit sowohl charakterisierende als auch handlungsinitiierende Funktion zu. Da das schwankhafte Geschehen immer der Krise mit nachfolgender Peripetie zustrebt, erscheint der Handlungsablauf gerafft. Sowohl Erzählzeit als auch erzählte Zeit werden auf das absolut Notwendige reduziert, d. h., alles ausschmückende Beiwerk entfällt, und der Zeitraum wird auf die zur Durchführung des Plot benötigte Zeitspanne begrenzt. Schwänke sind deshalb von ihrer Erzähltechnik her äußerst ökonomisch angelegt, weil die Pointe im Mittelpunkt steht, nicht aber der Weg dahin.

Das weitgefächerte Bedeutungsspektrum des Schwankes bringt eine ganz bestimmte Erzählperspektive mit sich, die jedoch oft durch den Anspruch auf Ernsthaftigkeit verstellt wird. Etwa zwei Drittel der französischen Schwänke enden mit einem Lehrsatz. Eine sprichwörtliche Redewendung oder eine Moral wird der Geschichte hinzugefügt, um ihre didaktische Absicht zu unterstreichen. Bei näherer Betrachtung aber stellt sich heraus, daß die Lehre und der Inhalt des Schwankes völlig gegensätzlich sind, d. h., die Moral am Ende der Geschichte ist unangebracht. Doch damit nicht genug. Im schwankhaften Kontext verliert der Lehrsatz weiterhin seine Bedeutung. Er wird durch den Kontrast mit der vorausgegangenen Handlung entwertet. Damit aber wird eine im Mittelalter weitverbreitete Auffassung vom Wesen der Literatur in Frage gestellt: nämlich, daß sich aus jeder Geschichte eine brauchbare Lehre ziehen läßt. Die gewaltsame Verbindung von Schwank und Lehrsatz verstärkt nur den Eindruck, daß diese Gattung nicht zur Moralisierung geeignet ist. Damit steht der Schwank im Gegensatz zum Exemplum, das es sich zur Aufgabe macht, anhand eines Beispiels die gemeingültige Aussage eines Lehrsatzes zu veranschaulichen. Im Schwank ist dies nicht möglich, vor allem deshalb nicht, weil die Erzählhaltung den Betrüger favorisiert. Alles, was gesagt und getan wird, gereicht ihm zum Nutzen und hilft ihm, seine betrügerischen Absichten straflos durchzuführen. Der Erzähler des Schwankes ist absolut zuverlässig, denn die Entwicklung der Handlung läßt keinen Raum zur Manipulation oder Duplizität. Was immer er zur Verteidigung des Betrogenen sagen mag, ist ironisch und nicht ernsthaft gemeint, da vom Autor unterstützte konfligierende Wertordnungen im Schwank keinen Platz haben. Der Autor muß vielmehr seine amoralische Grundhaltung wahren.

Neben der einseitigen Parteinahme für den Betrüger ist die auktoriale Perspektive allwissend. Obwohl zurückhaltend in seiner Informationsbereitschaft, läßt der Autor die Hinweise in seine Erzählung einfließen, die für das Verständnis des Handlungsablaufs wichtig sind.

Durch sein bewußtes Beziehen einer amoralischen Grundhaltung unterscheidet sich der Schwankdichter von den Autoren anderer mittelalterlicher Gattungen. Während diese in ihren Werken die orthodoxe Weltsicht mit ihrer hierarchischen Ordnung, ihren sozialen Normen und ihren ethischen Werten propagieren, macht es sich der Autor des Schwankes zur Aufgabe, dieses festgefügte Wertsystem zu hinterfragen. Indem er nämlich das Geschehen in seinen Geschichten aus jeglichem metaphysischen Kontext herauslöst, verschiebt sich die Perspektive, unter der der Mensch gesehen wird. Der Schwank zelebriert die unabdingbare, physische Natur des Menschen mit all ihrem

Egoismus, ihrer Lustbezogenheit und ihrer Derbheit, eine Natur, die innerhalb der Welt des Schwankes auch nicht nach moraltheologischen Normen beurteilt wird oder werden sollte. Die Erzählperspektive ist deshalb auch nicht antichristlich oder antitheologisch oder unmoralisch; sie ist vielmehr urmenschlich, sie unterwirft das Geschehen keinen höheren moralischen Gesetzen. Damit komplementiert sie die Vorstellung vom Menschen als moralisch verantwortlichem, sittlichem Wesen. Der Schwank zeigt die andere Seite des Menschseins, ohne sie explizit zu verurteilen.

Erzählperspektive und auktoriale Intention ließen sich bei der eben erfolgten Darstellung nicht immer genau trennen. Eine strikte Trennung wäre auch unmöglich, da beide Aspekte einander bedingen. Charakterisiert man nämlich den Standpunkt des Erzählers im Schwank als amoralisch, dann ist damit bereits eine Aussage zur vordergründigen auktorialen Intention gemacht. Es wird dadurch das *docere*, d. h. die Belehrung, ausgeschlossen. Der Schwankautor will sein Publikum nicht belehren, sondern unterhalten. Mit Recht hat Bédier die Schwänke als »contes à rire« bezeichnet, Erzählungen, die zum Lachen anregen sollen. Doch fragt man sich sogleich, welche Art von Lachen damit gemeint sein könnte. Ist es befreiendes Lachen, schallendes Gelächter, spöttisches Belächeln, das Lachen, das im Halse steckenbleibt, das hüstelnde Lachen in einer peinlichen Situation, das feine Lächeln derer, die die Lage sofort durchschauen, oder schließlich nur dummes Gekichere? Diese breite Skala möglichen Lachens verdeutlicht, daß das Lachen in den »contes à rire« näherer Beschreibung bedarf. Dieses Lachen – und damit wären wir bei der Rezeption des Schwankes angelangt – scheint wohl in erster Linie ein Lachen über jemanden oder etwas zu sein. Die Hörer oder Leser lachen über das Schicksal des Betrogenen, über den Angehörigen eines bestimmten sozialen Standes, dessen Anmaßung oder Dummheit oder Grobschlächtigkeit lächerlich gemacht wird, über einen Mann oder eine Frau, der oder die aus Leichtgläubigkeit und Naivität einem Verführer zum Opfer fallen. Kurzum, man lacht über die Unterlegenen, deren Niederlage jedoch beim Publikum keine Sympathie hervorruft. Die ästhetische Distanz läßt keine Identifizierung mit den Personen des Schwankes zu, nicht einmal mit den erfolgreichen Betrügern. Die Reaktion des Publikums kann unter diesen Gegebenheiten von schallendem, aber gutmütigem Gelächter bis zum höhnischen Verlachen reichen. Scherz, Witz und Humor findet man in den Schwänken kaum, denen das leichte spielerische Element zumeist fehlt. Das Gelächter, das durch den Schwank hervorgerufen wird, entspringt den niedrigeren Regionen menschlicher Betrachtungs- und Verhaltensweise. Trotzdem hat dieses Lachen einen Solidarisierungseffekt. Indem das Publikum des Schwankes über das naive Opfer eines geschickt angefertigten Betrugsmanövers lacht, ein Opfer, das oft einem niedrigeren sozialen Stand angehört, fühlt es sich diesem sowohl sozial als auch intellektuell überlegen. Durch sein Lachen schirmt sich das Publikum folglich gegen eine andere Klasse oder gegen eine andere Geisteshaltung ab. Diese Solidarität, die beim Publikum durch das Anhören von Schwänken erzeugt wird, unterscheidet sich radikal von der, die die Hörergemeinschaft des klassischen höfischen Romans verbinden soll. Diese Hörer nämlich werden aufgefordert, die höfischen Werte und Normen zu akzeptieren und zu praktizieren. Deshalb wird von ihnen Identifikation mit der Wertwelt des höfischen Romans gefordert, während das Lachen über das Schicksal des oder der Betrogenen im Schwank Distanz zu den dort herrschenden Wertvorstellungen schafft. Man identifiziert sich nicht damit, sondern empfindet höchstens eine gewisse Schadenfreude.

Vergleicht man nun die *Shipman's Tale*, Chaucers angeblich gattungstypischsten Schwank, mit diesem Idealtypus, dann lassen sich Unterschiede in allen vier Bereichen feststellen. Die kommunikative Situation konstituiert sich in diesem Fall durch einen bekannten Erzähler, der darüberhinaus seine Identität wechselt. Wie von der Forschung eigentlich einhellig akzeptiert wird, war die *Shipman's Tale* ursprünglich für die Frau aus Bath gedacht – die mehrmalige Verwendung des Personalpronomens in der ersten Person Plural, wenn der Erzähler von »uns Frauen« spricht, läßt daran keinen Zweifel. Außerdem entspricht der »Tugendkatalog« für gute Ehemänner, den die Frau des Kaufmanns in VII, 175–78 erstellt, dem männlichen Idealbild, das im autobiographischen Prolog der Frau aus Bath entworfen wird. Und schließlich scheint auch die abweichende Gestaltung der Rolle der Frau in der *Shipman's Tale* eher der Vorstellung von der Natur der Frau zu entsprechen, wie sie die Frau aus Bath entwickelt, als der eines anderen Pilgers. Die Zuordnung der *Shipman's Tale* zum Schiffsherrn dürfte eine spätere Entscheidung Chaucers gewesen sein. Auf alle Fälle hat die Aufhebung der Anonymität des Erzählers einen nicht unerheblichen Einfluß auf die Erzählperspektive.

Im Gegensatz zur Welt des Schwankes mit ihren fehlenden Idealen und Wertvorstellungen wird die Welt der *Shipman's Tale* durchaus von übergeordneten Normen bestimmt. Wie bereits Janette Richardson (S. 313) festgestellt hat, herrscht in dieser Welt die merkantile Philosophie, die ihrer Auffassung nach von Chaucer bloßgestellt werde, da diese Philosophie sich letztendlich auf geistiger Blindheit begründe. Ein positiveres Bild entwirft V.J. Scattergood, der meint, die Geschichte diene dazu, das bürgerliche merkantile Ethos zu beschreiben (S. 212). Zwar sieht auch Scattergood darin eine Beschränkung, die sich vor allem im Fehlen der imaginativen Weltsicht bemerkbar mache, die den Kaufmann dazu verurteile, immer nur auf der wörtlichen Begriffsebene operieren zu müssen, diese Beschränkung schütze ihn aber auch vor der unangenehmen Erkenntnis des wahren Sachverhalts (S. 225–26). Wie auch immer die jeweilige Beurteilung der Defizite dieser Welt lauten mag, Richardson und Scattergood haben bestimmt recht, wenn sie das Weltbild der *Shipman's Tale* als merkantil bezeichnen. Für den Kaufmann ist sie eine »queynte world« (VII, 236) [sonderbare Welt], die seinem Stand viel Unbill bereitet, da weltliche Güter als Glücksgüter dauernd in Gefahr sind. Folglich richtet sich sein ganzes

Streben danach, seinen materiellen Wohlstand zu wahren oder sogar noch zu vermehren. Da diesem Ziel seine ganze Aufmerksamkeit gilt, bemerkt er nicht, daß es noch andere Weltsichten neben der seinen gibt. Seine Frau und der Mönch, Don Johann, vertreten mit ihrer Sicht der Welt die im Schwank übliche hedonistische Weltanschauung. Für die Frau des Kaufmanns bedeutet Geld keinen Eigenwert, sondern Kaufkraft, die sie zur Anschaffung neuer Kleider einsetzt. Und für den Mönch ist Geld ein willkommenes Mittel, um sich sexuelle Befriedigung zu verschaffen. Geld dient also für diese beiden Personen ausschließlich dazu, eine Welt der Selbstbefriedigung zu schaffen, eine Welt, die der Selbstverneinung des Kaufmanns diametral gegenübersteht. Bei dieser unterschiedlichen Weltsicht ist ein Konflikt bereits vorprogrammiert.

Im Hinblick auf diese Situation hätte sich Chaucer leicht der typisierenden Charakterisierung bedienen können, wie sie im Schwank üblich ist. Doch er weicht davon ab. Don Johann entspricht nicht dem landläufigen Bild des Mönches, wie man ihn gelegentlich in der französischen Schwankliteratur, etwa den drei Fassungen des *Du Segretain ou du moine*, beschrieben findet. Dort nämlich ist das Porträt des Mönches an das des Priesters angelehnt, der in den Schwänken eine ausgesprochen negative Figur darstellt. Er ist lüstern und willens, sich die Zuneigung seiner Angebeteten zu erkaufen. Don Johann bedient sich auch des Geldes, um sich bei der Dienerschaft im Hause des Kaufmanns lieb Kind zu machen, aber er geht dabei taktvoll vor, und die Motive für seine Großzügigkeit sind nicht sofort erkennbar. Erst am Ende erreicht er sein eigentliches Ziel, die Gunst der Frau des Kaufmanns, zu dessen Erlangung er ironischerweise des Kaufmanns eigenes Geld benutzt. Er ist gewitzt, umsichtig und weltgewandt. Diese Eigenschaften sowie seine Position als Betrüger erinnern eher an die im Schwank übliche Charakterisierung der Studenten. Anstatt den Stereotyp des Klerikers zu verkörpern, ist Don Johann eine verhältnismäßig komplexe Figur, wenn man ihn vor der im Schwank üblichen Folie betrachtet.

Auch der Kaufmann entspricht nicht dem Bild des Vertreters dieses Standes in den Fabliaux. Anstatt ein Geizhals und Wucherer zu sein, ist er ein erfahrener, ehrlicher Händler, der sich nichts zuschulden kommen läßt. Er ist ein treuer Freund und fürsorglicher Ehemann. Im Vertrauen auf seine freundschaftlichen und familiären Bindungen zu Don Johann eröffnet er ihm den Zugang zu seinem Vermögen und zu seiner Frau. Seine Motive sind ehrenhaft, wenngleich seine Handlungsweise im schwankhaften Kontext naiv erscheint und den Betrug letztendlich herausfordert.

Daß sich die Geschichte aber dahin entwickeln wird, verdeutlicht das Porträt der Frau, das der typenhaften Gestaltung des Schwankes am ehesten entspricht. Vor allem in ihren Dialogen offenbart sich die Frau des Kaufmanns als Inkarnation des schwankhaften Frauenbildes. Sie beklagt sich über das sexuelle Desinteresse ihres Mannes und über seine Knausrigkeit. Um Befriedigung auf beiden Gebieten zu erhalten, wendet sie sich dem Mönch zu. Getreu ihrem Grundsatz, daß Geld wichtiger ist als Sex, geht es ihr primär um den Erhalt von Geld zur Bezahlung ihrer Schulden. Für Geld ist sie dann bereit, mit Sex zu bezahlen. Nach ihrem Abenteuer mit Don Johann erhebt sie dieses Prinzip auch zur Grundlage für die eheliche Beziehung zu ihrem Mann.

Bei dieser Figurenkonstellation überrascht es kaum, daß Betrug zum Dreh- und Angelpunkt im Geschehen der *Shipman's Tale* wird, doch auch dieses gattungskonstituierende Plotmerkmal des Schwankes nimmt hier völlig andere Formen an. In den beiden Erzählungen mit dem Motiv »the lover's gift regained« [die wiedergewonnene Gabe des Liebhabers] (vgl. Spargos bereits zitierte Untersuchung), die Chaucers Version der Geschichte am ähnlichsten sind, Boccaccios *Decamerone*, VIII,1, und Sercambis *Novelle*, XIX, spielt der Ehemann eine eher untergeordnete Rolle. Er wird zwar auch betrogen, aber von einer habgierigen Frau bei Boccaccio bzw. einer habgierigen und unkeuschen bei Sercambi, die daraufhin das Opfer eines Betrugsmanövers wird. Die Handlungsführung strebt eindeutig dieser Situation zu. Es geht um die Bloßstellung der Ehefrau, die ihrem Mann das mit ihrem Ehebruch verdiente Geld zurückzahlen muß. Somit wird sie das Opfer des Umschwungs, dem die Handlungsauflösung folgt. In der *Shipman's Tale* dagegen richtet sich das Betrugsmanöver zunächst vor allem gegen den Kaufmann. Nach der langen Exposition beschäftigt sich etwa die Hälfte der Erzählung mit dem Schmieden und der Durchführung des Planes, der Don Johann eine Nacht bei der Ehefrau des Kaufmanns bescheren soll. Man würde jetzt den Höhepunkt, die Peripetie, erwarten, doch das Geschehen nimmt einen anderen Verlauf. Der verbleibende Rest der Erzählung zerfällt in drei Teile: ein weiteres Betrugsmanöver des Mönches, den eigentlichen Höhepunkt mit doppelter Peripetie und die Auflösung der Handlung. Anders als in Boccaccios und Sercambis Erzählungen erfolgt die Klärung der verzwickten Sachlage nicht in Gegenwart des betrügerischen Liebhabers. Vielmehr erklärt Don Johann dem Kaufmann, der ihn auf seinem Weg nach Paris besucht, er habe das geliehene Geld bereits seiner Frau zurückerstattet. Während einer stürmischen Liebesnacht nach seiner Rückkehr erzählt der Kaufmann seiner Frau von seinem Treffen mit Don Johann und von dessen Behauptung. Nach einer kurzen Schimpfkanonade auf den »false monk« (VII, 402) [falschen Mönch], befreit sich die Frau geistesgegenwärtig und geschickt aus der mißlichen Lage. Sie habe geglaubt, der Mönch habe ihr das Geld um der Freundschaft zu ihrem Manne und um seiner Ehre willen gegeben. Deshalb habe sie es auch in Kleidung investiert, die sie schließlich zur Steigerung des Ansehens ihres Mannes trage. Sollte er dennoch Forderungen an sie haben, könne und wolle sie ihm ihre Schulden nur im Bett zurückzahlen. Da der Kaufmann sofort erkennt, daß er das Geld verloren hat, fügt er sich weise in die Situation und nimmt das Angebot seiner Frau an. Den Höhepunkt der *Shipman's Tale* bildet also das Bettgeflüster, bei der sich das Geschehen krisenhaft zuspitzen könnte, wäre da nicht die Geistesgegenwart der Ehefrau und die versöhnliche Haltung des Ehemannes. Ein Umschwung tritt zwar ein – die Frau wird mit der für sie ungünstigen Sachlage konfrontiert –, doch diesem Umschwung folgt sofort die Gegenstrategie, die das Blatt wendet und zu einem Umschwung in der Situation ihres Mannes führt. Er verliert die einhundert Franken, erachtet diesen Verlust aber gering, denn er hat ja gerade auf seiner erfolgreichen Geschäftsreise eintausend Franken verdient.

Schwankhaftes Geschehen und merkantile Weltsicht treffen und verbinden sich in dieser entscheidenden Szene. Diese Entwicklung beruht natürlich vor allem auf der auktorialen Perspektive, durch die die beiden Weltsichten geschickt manipuliert werden. Das scheinbar eindeutige Vokabular der Handelssprache wie z. B. »chaffare« [Ware], »lene« [leihen], »dettour« [Schuldner], »paye« [bezahlen] und »taille« [Kredit] wird sexuell aufgeladen und umfunktioniert. Durch die so erzielte Doppeldeutigkeit wird der Nährboden vorbereitet, auf dem sich das schwankhafte Geschehen parallel zu den geschäftlichen Transaktionen des Kaufmanns entwickeln kann. Der Leser oder Hörer wird sich in zunehmendem Maße der Doppelbödigkeit bewußt und wartet darauf, daß sich die schwankhafte Weltsicht gegenüber der merkantilen durchsetzt, um dadurch zur Krise und Handlungsauflösung zu führen. Diese Entwicklung findet jedoch nicht statt. Vielmehr durchdringen sich beide Weltsichten und modifizieren einander. Zum schwankhaften Weltbild gehört die Plotgestaltung, d. h. das erfolgreiche Betrugsmanöver des Mönches und die Geistesgegenwart der Ehefrau. Zum merkantilen Weltbild gehört die Abmachung der beiden Ehepartner, die ganz im Sinne eines geschäftlichen Arrangements zum beiderseitigen Nutzen getroffen wird. Das Paulinische Gebot der Gegenseitigkeit: »Der Mann leiste der Frau die *schuldige* Pflicht, desgleichen die Frau dem Manne« (1. Korinther, 7,3) wird zu einem Ehevertrag degradiert, demzufolge der Mann für die Liebesdienste seiner Frau zahlt, die auf diese Weise die notwendigen Mittel erhält, um die Kleidung zu kaufen, die sie zur Hebung des Status und des Ansehens ihres Ehemanns benötigt. Die Ehe wird auf eine rein materielle Basis gestellt, eine Basis jedoch, die beiden Partnern Nutzen und Befriedigung verspricht. Vor der christlichen Folie, die hier so offensichtlich im Hintergrund steht, ist diese Interpretation des Paulinischen Gebots ebenso wenig zutreffend wie seine einseitige Auslegung durch die Frau aus Bath im Prolog zu ihrer Geschichte. Innerhalb der Welt der *Shipman's Tale* jedoch ist diese Lösung folgerichtig und dürfte vom Publikum schmunzelnd akzeptiert werden. In Erkenntnis dieser Sachlage schließt der Erzähler seine Geschichte mit dem Wunsch ab: »Thus endeth my tale, and God us sende / Taillynge ynough unto oure lyves ende. Amen.« (VII, 433–34) [So endet meine Geschichte, und Gott gewähre uns ein Kerbholz (Sex; Erzählen), das ausreicht, bis wir sterben. Amen.]. Dieser Wunsch des Erzählers ließe sich als Abwandlung des zu Ende des Schwankes üblichen moralischen Lehrsatzes verstehen. Doch in für die *Shipman's Tale* konsequenter Weise enthält dieses Distichon keine Moral, sondern möglicherweise ein dreifaches Wortspiel. Als lautliches Wortspiel bedeutet »taillynge« Kredit und Sex, als orthographisches »Erzählen«. Das homonyme Wortspiel, Kredit und Sex, ist auf jeden Fall intendiert, darüber gibt die Aufforderung der Frau an ihren Ehemann, sich für den erlittenen Schaden von ihr im Bett entschädigen zu lassen, eindeutig Aufschluß (vgl. VII, 414–24). Zu Ende der *Shipman's Tale* potenziert sich das spielerische Element, das progressiv in der verbalen Gestaltung der Geschichte deutlicher wird. Damit aber erreicht das Geschehen eine neue Metaebene, die über die beiden Weltbilder des merkantilen Ethos und des Schwankes hinausgeht. Im Witz heben sich die beiden Weltsichten auf und verlieren ihre ursprünglich postulierte Gültigkeit.

Folglich ist die Reaktion auf die *Shipman's Tale* auch nicht das Lachen über jemanden oder über etwas oder das Verlachen. Die Protagonisten, selbst der dupierte Kaufmann, behalten ihre unverletzte Identität. Darin unterscheidet er sich deutlich von den anderen Betrogenen in Chaucers Schwänken, wie z. B. dem Zimmermann John in der *Miller's Tale*, dem Müller Symkyn in der *Reeve's Tale* oder Januarius in der *Merchant's Tale*, die zum

Gespött der Leute werden. Niemand in der *Shipman's Tale* wird der Lächerlichkeit preisgegeben. Das Lachen richtet sich vielmehr auf die Situation, die aus der Verquickung zweier Weltsichten entsteht, eine Situation, die sich auf die konsequente Manipulation von Worten und ihrer Bedeutung im jeweiligen Kontext gründet. Anstelle distanzierenden Lachens über den Schaden, den die Betrogenen verdientermaßen erleiden, tritt ein amüsiertes Lächeln über die humorvolle *concordia discors*, die sich aus der Doppeldeutigkeit der Begriffe ergibt.

Bibliographie zur Shipman's Tale

Coletti, Theresa. »The *Mulier Fortis* and Chaucer's *Shipman's Tale*.« *ChauR*. 1981; 15:236–49.

Copland, Murray. »*The Shipman's Tale*: Chaucer and Boccaccio.« *MAE*. 1966; 35:11–28.

Fichte, Joerg O. »Chaucer's *Shipman's Tale* Within the Context of the French Fabliaux Tradition.« In *Chaucer's Frame Tales. The Physical and the Metaphysical*. Hg. Joerg O. Fichte. Tübingen: Gunter Narr und Cambridge: D.S. Brewer; 1987. S. 51–66.

Joseph, Gerhard. »Chaucer's Coinage: Foreign Exchange and the Puns of the *Shipman's Tale*.« *ChauR*. 1983; 17:341–357.

Keiser, George R. »Language and Meaning in Chaucer's *Shipman's Tale*.« *ChauR*. 1977; 12:147–61.

Lawrence, William W. »Chaucer's *Shipman's Tale*.« *Speculum*. 1958; 33:56–68.

Levy, Bernhard S. »The Quaint World of *The Shipman's Tale*.« *SSF*. 1967; 4:112–18.

Martin, Wallace, and Nick Conrad. »Formal Analysis of Traditional Fictions.« *PLL*. 1981; 17:3–22.

McClintock, Michael W. »Games and the Players of Games: Old French Fabliaux and the *Shipman's Tale*.« *ChauR*. 1970; 5:112–36.

McGalliard, John C. »Characterization in Chaucer's *Shipman's Tale*.« *PQ*. 1975; 54:1–18.
Nicholson, Peter. »The ›Shipman's Tale‹ and the Fabliaux.« *ELH*. 1978; 45:583–96.
Richardson, Janette. »The Façade of Bawdry: Image Patterns in Chaucer's *Shipman's Tale*.« *ELH*. 1965; 32:303–13.
Scattergood, V.J. »The Originality of the *Shipman's Tale*.« *ChauR*. 1977; 11:210–31.
Schneider, Paul Stephen. »›Taillynge Ynough‹: The Function of Money in the *Shipman's Tale*.« *ChauR*. 1977; 11:201–09.
Silverman, Albert H. »Sex and Money in Chaucer's *Shipman's Tale*.« *PQ*. 1953; 32:329–36.
Spargo, John. *Chaucer's Shipman's Tale. The Lover's Gift Regained. Folklore Fellows Communications*. 91; 1930.

The Prioress's Tale

Nach der amüsanten, schwankhaften Erzählung des Schiffsherrn wendet sich der Wirt an die Priorin und bittet sie höflichst, die nächste Geschichte zu erzählen. Sie beginnt mit einem Gebet und erzählt dann die Geschichte eines Marienwunders, welche dem geistlichen Stand der Erzählerin angepaßt ist, von der man eine Legende oder eine wundersame Begebenheit erwartet. Es handelt sich dabei um das Schicksal eines kleinen Jungen, der zu Ehren der Mutter Gottes die Hymne »O Alma Redemptoris Mater« gelernt hat. Auf dem Weg von und zur Schule, der ihn durch das jüdische Ghetto der Stadt führt, singt er laut und frohgemut dieses Lied. Angestachelt vom Teufel, verschwören sich daraufhin die Juden, töten den Knaben und werfen seinen Leichnam in eine Latrine. Da das Kind trotz durchschnittener Kehle weitersingt, weil ihm die Jungfrau Maria ein Korn auf die Zunge gelegt hat, findet man ihn, bestraft die Übeltäter und überführt seine Leiche feierlich in ein Kloster, wo der junge Märtyrer bestattet wird. Nach Beendigung der Geschichte erstarren alle Pilger in ehrfurchtsvollem Schweigen, bis der Wirt die Betroffenheit durch einen Witz zu lösen versucht.

Angesichts des frommen Charakters dieser Marienlegende, von der es übrigens 33 weitere Versionen gibt, und ihrer Wirkung auf die Pilger ist die Kontroverse, die seit den fünfziger Jahren um diese Erzählung entstanden ist, höchst erstaunlich. Anlaß dazu gab die einundzwanzigste Strophe, in der en passant von der Bestrafung der Bösewichte berichtet wird: »Mit Folter und mit einer schmachvollen Art des Todes ließ der Präfekt die Juden, die von diesem Mord wußten, auf der Stelle hinrichten. Er wollte eine so verfluchte Tat nicht dulden. ›Böses soll haben, was Böses verdient‹ – deshalb ließ er sie von wilden Pferden schleifen, und danach ließ er sie nach dem Willen des Gesetzes hängen.« (VII, 628–34). Zweifellos ist die Strafe, die die Übeltäter trifft, drakonisch. Sie übertrifft aber nicht, was wir bei Chaucer oder auch in anderen mittelalterlichen Geschichten finden. Man denke an Allas Rache an seiner eigenen Mutter, deren nackten Körper er in Stücke hackt, um den Verrat an seiner unschuldig verbannten Frau zu sühnen, oder an das Schicksal des Verräters Godard in *Havelock*, der zuerst gehäutet und dann verbrannt wird. Mittelalterliche Gerichtsbarkeit ist schnell, und einmal gefällte Urteile werden ohne Umschweife vollstreckt. Wahrscheinlich hätte die eher beiläufig erzählte Strafaktion auch wenig Aufsehen erregt, wenn es sich bei den Übeltätern nicht um Juden gehandelt hätte. Wegen der Schilderung ihrer schmählichen Hinrichtung und der ihrer Nachstellung und Tötung des jungen Protagonisten kam es zum Vorwurf des Antisemitismus. Da man Chaucer, dem feinsinnigen Humanisten, eine solche Haltung nicht unterstellen wollte, lastete man sie der Erzählerin an, indem man sie der Bigotterie beschuldigte. Vor allem Richard Schoeck wirft der Priorin vor, sie erzähle »eine grausame, antisemitische Geschichte« (S. 242), »unemotional und ohne Anteilnahme, ja sogar mit mitleidsloser Genugtuung« berichte sie »von der Folterung der Juden, wie sie von wilden Pferden zerrissen und gehängt werden« (S. 251). Chaucer hingegen sei sich der Unmenschlichkeit ihrer Geschichte voll bewußt, die dazu diene, die Falschheit ihres Charakters zu entlarven, der geprägt sei durch Weltlichkeit und sentimentale Verfälschung aller Werte (S. 258, 243). Doch nicht nur Richard Schoeck, sondern auch der ansonsten so feinfühlige Kritiker von Chaucers Werken E. T. Donaldson bezichtigt die Priorin »einer harten, unchristlichen Haltung gegenüber den Juden«, die von Chaucer nicht geteilt werde (S. 933). Schoecks Beurteilung ist keine Ausnahme, denn man findet eine ähnlich negative Einstellung gegenüber der Priorin, Madame Eglentyne, bei einer ganzen Anzahl namhafter Chaucerforscher in den fünfziger Jahren. In einem für die Zeit typischen Interpretationsansatz versucht man den Stein des Anstoßes zu beseitigen, indem man säuberlich zwischen Autor und Erzähler unterscheidet und dem Erzähler die alleinige Verantwortung für seine Geschichte aufbürdet. Da nach heutigem Empfinden die Erzählung mit Vorurteilen behaftet zu sein scheint, Vorurteilen, die man dem Autor nicht anlasten möchte, weil sie nicht in das Bild eines humanen, verständigen und gütigen Chaucer passen, verfällt man auf das wohlerprobte Mittel der ironischen Lesart. Die Geschichte sei so und nicht anders erzählt, damit sie auf die Erzählerin zurückschlage. Und entscheidet man sich einmal, wie Friedman (»The *Prioress's Tale* and Chaucer's Antisemitism«, S. 121) dazu, den vermeintlichen Antisemitismus in der *Prioress's Tale* als Satire gegen Madame Eglentyne zu verstehen, dann muß man auch das Porträt der Priorin im *General Prologue* satirisch lesen. Ob eine solche Lesart aber zwingend ist, ist fraglich. Florence Ridley, die wohl objektivste Interpretin der *Prioress's Tale* Mitte der sechziger Jahre, sagt zu dem Vorwurf des Antisemitismus: »Die Einstellung, für die Madame Eglentyne von Kritikern im 20. Jahrhundert verdammt wird, wurde von den meisten ihrer Landsleute geteilt. Es gibt keinen Grund zur Annahme, daß Chaucer diese Einstellung eher verdammte als teilte« (S. 35). Die Priorin und Chaucer scheinen demnach dieselbe Einstellung zu haben, die übrigens auch vom Landpfarrer, einem der angesehensten der Canterbury-Pilger, geteilt wird; er ist nicht gerade zimperlich in seiner Verurteilung der Juden, ohne dafür jemals von Kritikern des Antisemitismus bezichtigt worden zu sein (vgl. die *Parson's Tale*, X, 590–91).

Die Geschichte der Priorin gehört zur Gattung der Marienwunder, d. h., sie ist Teil der Heiligenlegenden oder Heiligenviten, in denen eine Auseinandersetzung zwischen dem christlichen Protagonisten und seinen Versuchern oder Feinden unerläßlicher Bestandteil der Struktur ist. Um diesen Gegensatz deutlicher herauszuheben, arbeitet die Gattung vorwiegend mit übersteigerter Porträtierung. Der Heilige muß als Inbegriff des Guten dargestellt werden und seine Verfolger als Inkarnation des Bösen. Folglich ist die Charakterisierung der beiden Parteien durch die Gattung bereits vorgegeben. In diesem Falle ist der Gegensatz sogar archetypisch angelegt, denn es sind nicht die Juden, die in freier Entscheidung das unschuldige Kind verfolgen und töten, sondern »Oure firste foo, the serpent Sathanas« (VII, 558) [Unser Erzfeind, die Schlange Satanas], der die Juden zu dieser Tat anstachelt. Die Juden werden somit zu Handlangern des Teufels, ähnlich wie dies auch im Chester Fronleichnamszyklus zu finden ist, wo Judas von Satan dazu gebracht wird, seinen Herrn, Christus, zu verraten (vgl. auch Joh. 13:2). Die Einführung von Satan als treibender Kraft ins Geschehen der *Prioress's Tale* dürfte nicht auf Zufall beruhen. Vielmehr soll dem kindlichen Märtyrer, der ganz als Typus Christi konzipiert ist, ein »ebenbürtiger« Antagonist gegenübergestellt werden. Die wahre Auseinandersetzung geschieht nicht zwischen dem unschuldigen Kind und den Juden, sondern zwischen dem Prinzip des Guten und des Bösen auf der höchsten Ebene. Folglich ist der Vorwurf des Antisemitismus haltlos und verfehlt. Die Juden erfüllen nur eine Funktion ähnlich der der Heiden oder Widersacher Christi in anderen Heiligenlegenden, wie z. B. in der *Second Nun's Tale*. Sie werden von Satan als Mittel zum Zweck benutzt, um die Zerstörung des Guten zu bewirken (s. auch den Aufsatz von R. W. Frank, Jr.)

Wenngleich die Erzählung der Priorin sich auch in ihrem Aufbau an den der Heiligenlegende anlehnt – die vielen anderen Versionen dieses Marienwunders haben hier bestimmt strukturierend gewirkt –, ist die Gestaltung der Legende doch Chaucers eigenes Verdienst. Der Ton ist unverwechselbar und der Erzählerin wie auf den Leib geschnitten. Auch unterscheidet sich der Prolog durch die Form eines Gebetes, das die Priorin zunächst an Gott Vater und dann an die Mutter Gottes richtet, von der Erzählung selber. Hier wird das Mysterium der jungfräulichen Geburt gepriesen. Die Betonung liegt auf der theologischen Doktrin, die in Gebetsform ausgedrückt wird, im Gegensatz zur Geschichte, die die Mutter Gottes als Fürsprecherin für die Menschheit zeigt. An die Stelle der direkten Anrede im Gebet tritt in der Erzählung die auktoriale Erzählform, an die Stelle komplizierter Syntax kommt eine lineare, parataktische Satzordnung, und an die Stelle der erhabenen, mit lateinischen Ausdrücken durchsetzten Diktion tritt ein schlichterer Redestil.

Gekennzeichnet wird die Erzählhaltung der Priorin vor allem durch ihre intensive Anteilnahme am Geschehen. Chaucer gelingt es vortrefflich, die Erzählweise von Madame Eglentyne dem im *General Prologue* von ihr entworfenen Porträt anzupassen. Dort nämlich wird die Priorin als zart besaitet, rührselig und mitleidsvoll beschrieben. Ganz gleich, wie man diese Beschreibung wertet – man hat das Porträt im Anschluß an John Livingston Lowes' Aufsatz als Abbild einer mittelalterlichen Romanzenheldin gedeutet, man hat darin Chaucers satirische Kritik an monastischen Mißbräuchen erkennen wollen (vgl. Steadman) und man hat kürzlich erst Parallelen zur gängigen Beschreibung der Mutter Gottes darin entdeckt (s. H. L. Frank) –, Madame Eglentyne offenbart sich als empfindsame Dame, die sich mitfühlend der geschundenen Kreatur erbarmt. Im Prolog erwecken Hunde und Mäuse ihr Mitleid und in ihrer Erzählung der kleine Märtyrer. Obwohl selber von stattlicher Figur – ihre Körpergröße wird verschiedene Male betont (I, 154–56) –, gilt ihre Aufmerksamkeit besonders dem Wohl der Kleinen. Mütterlich kümmert sie sich um ihr Wohlergehen und nimmt an ihrem Schicksal Anteil. Aus dieser Perspektive nimmt sich vor allem der Protagonist ihrer Geschichte klein und hilfsbedürftig aus. Das Adjektiv »litel« erscheint zwölfmal in ihrer Erzählung, vor allem als Modifizierung des kleinen Jungen, der darüberhinaus als »yong«, »innocent«, »child« und »clergeon« bezeichnet wird. Die kindhafte Unschuld des Knaben soll dadurch hervorgehoben werden, eine Unschuld, die einerseits im Gegensatz zu der Boshaftigkeit seiner Widersacher steht und andererseits dem Leser oder Hörer ein emotionales Engagement abverlangt. Die Priorin appelliert an das Mitgefühl ihres Publikums, d. h., es geht ihr um dessen Anteilnahme am Schicksal des kleinen Märtyrers. Mit dieser Zielsetzung steht die *Prioress's Tale* auch in der im 14. Jahrhundert stark verbreiteten Tradition affektiver Frömmigkeit, auf die Chaucer vor allem in seinen »rhyme royal«-Erzählungen zurückgreift.

Um ihr Ziel, die emotionale Anteilnahme des Publikums, zu erreichen, bedient sich Madame Eglentyne weiterhin bestimmter Erzählstrategien. Die Erzählung wird nicht als historische Episode in der Vergangenheit geschildert, sondern gelegentlich aktualisiert. Um z. B. das vergebliche Warten der Witwe auf die Rückkehr ihres Kindes eindringlich darzustellen, wechselt die Erzählerin von der Vergangenheit zur Gegenwart. Die Witwe *geht* (gooth) halb wahnsinnig vor Sorge dorthin, wo sie ihren Sohn zu finden glaubt, und *fragt* (frayneth) und *bittet* (preyeth) alle, die dort wohnen, um Auskunft (vgl. VII, 593–602).

Der Kontakt zum Publikum wird auch dadurch intensiviert, daß die Priorin ihre Erzählung mit Kommentaren versieht. So vergegenwärtigt sie sich z. B. die Situation des jungen eifrigen Schülers, indem sie sich an die Frömmigkeit des hl. Nikolaus erinnert fühlt und dem Hörer oder Leser diesen Eindruck mitteilt. Oder sie fügt ihrer Bemerkung, der Abt sei ein heiliger Mann gewesen, wie Mönche es sind, hinzu: »– or elles oghte be –« (VII, 643) [– oder sein sollten –], wohl in der Erkenntnis, daß der Vertreter dieses Standes unter den Canterbury-Pilgern alles andere als heilig ist. Und sie hebt bestimmte Ereignisse hervor, indem sie ihre Aussage durch Redewendungen wie »As I have seyd« (VII, 551) [Wie ich gesagt habe] oder »I seye« (VII, 572) [Ich sage] einleitet. Damit wird die Aufmerksamkeit des Publikums auf einen bestimmten Tatbestand gelenkt, der der Erzählerin wichtig erscheint. Ihren Bericht über den Mord an dem Knaben, dessen Körper die Übeltäter in eine Grube warfen, nimmt sie z. B. in der folgenden Strophe wieder auf: »I seye that in a wardrobe they hym threwe / Where as thise Jewes purgen hire entraille.« (VII, 572–73) [Ich sage, daß sie ihn in eine Latrine warfen, wo die Juden sich ihres Kots entledigten.]. Dem an sich schon schrecklichen Tatbestand werden noch weitere abstoßende Details hinzugefügt, um dem Publikum das Ausmaß der bösen Tat eindringlich vor Augen zu führen.

Eine zusätzliche Art der Einbeziehung des Publikums geschieht mittels verschiedener Gedankenfiguren. Auffällig stark vertreten ist die Apostrophe, von der es in der kurzen Erzählung (etwas über 200 Verse) allein fünf gibt (VII, 560; 574–75; 579–85; 607–08; 684–90). Dazu kommen zwei rhetorische Fragen (VII, 561–64; 574–75), von denen die zweite sich zu einem Dialog verbindet (VII, 576–78). Alle drei Figuren haben den Zweck, den Leser oder Hörer in das Geschehen miteinzubeziehen. Diese Intention wird besonders durch die Anrufung des hl. Hugh von Lincoln zu Ende der Erzählung deutlich, wenn die Priorin gleichsam stellvertretend für die Pilger (inneres Publikum) und den Leser oder Hörer (äußeres Publikum) Gottes Segen erfleht. Die Nennung des kleinen Hugh als Schutzheiligen ist der Situation wohlangepaßt, denn auch er soll das gleiche Schicksal wie der Knabe in der Erzählung erlitten haben und wurde deshalb als jugendlicher Märtyrer verehrt.

Als weitere rhetorische Figuren, die darauf abzielen, die Leser- oder Zuhörerschaft in die Geschichte anteilnehmend miteinzubeziehen, dienen der Priorin *circumlocutio*, *epithetum* und *determinatio*. Unter *circumlocutio* versteht man eine Paraphrase: Personen, Dinge oder Handlungen werden durch ihre charakteristischen Eigenschaften ausgedrückt. Damit verlagert sich die Beschreibung von der denotativen auf die konnotative Bedeutungsebene. In der *Prioress's Tale* finden sich die folgenden Beispiele dieser rhetorischen Figur: »Oure firste foo« (VII, 558) [Unser Erzfeind] zur Bezeichnung des Teufels, »O cursed folk of Herodes al newe« (VII, 574) [O verfluchtes Volk, stets ist ein Herodes unter euch] zur Bezeichnung der Juden, »O martir, sowded to virginitee« (VII, 579) [O Märtyrer, du gehörst auch zu den Unberührten] und »This gemme of chastite, this emeraude, / And eek of martirdom the ruby bright« (VII, 609–10) [Dieses Juwel der Keuschheit, dieser Smaragd und leuchtende Rubin des Märtyrertums] als Bezeichnung für den Knaben und »This welle of mercy« (VII, 656) [Dieser Quell der Gnade] als Bezeichnung für Maria. In allen fünf Fällen dient die rhetorische Figur dazu, beim Publikum eine bestimmte Reaktion auf den jeweiligen Referenten hervorzurufen: eine negative Einstellung gegenüber Juden und Teufel und eine positive gegenüber dem Jungen und seiner Schutzpatronin Maria.

Auch das *epithetum* verfolgt diesen Zweck. Seine Funktion ist ähnlich der der *circumlocutio*, d. h., das *epithetum* verlagert ebenfalls die Aussage von der denotativen auf die konnotative Bedeutungsebene. Das zu bezeichnende Objekt wird jedoch nicht umschrieben, sondern durch einen prägnanten Begriff ausgedrückt: »This innocent« (VII, 566) [Dieser Unschuldige] als Bezeichnung für den Jungen, »his mooder, honour of mankynde« (VII, 619) [seine Mutter, die Zierde der Menschheit] für Maria und »This newe Rachel« (VII, 627) [diese neue Rahel] für die Mutter des Jungen. Die Sympathiesteuerung ist offensichtlich. Mitleid bzw. Ehrfurcht soll für die guten Charaktere in der Erzählung geweckt werden.

Sympathiesteuerung erfolgt schließlich auch durch den Einsatz von *determinatio*, dem Gebrauch von einschränkenden Adjektiven. In der verhältnismäßig kurzen Erzählung finden sich etwa siebzig Belege für dieses Stilmittel. Die Adjektive, die von der Priorin zur Beschreibung verwendet werden, sind emotional aufgeladen, d. h., sie beabsichtigen, eine ganz bestimmte Publikumsreaktion hervorzurufen. Es lassen sich hier vier Gruppen unterscheiden. Erstens die bereits erwähnten diminutiven Adjektive wie »litel«, »smale« und »yonge». Zweitens die dazu im Gegensatz stehende Gruppe von Adjektiven wie »grete«, »chief« und »large». Drittens eine große Gruppe von Adjektiven, die Unschuld ausdrücken: »tendre«, »sweet«, »blisful«, »free«, »sely«, »innocent«, »meek«, »kinde«, »piteous«, »deere«, »clere« und »merciable«. Und viertens wiederum die dazu im Gegensatz stehende Gruppe von Adjektiven, die menschliche Boshaftigkeit bezeichnen: »cursed«, »foul«, »hateful«, »yvel« und »sinful«.

Um ihre Erzählung eindringlicher zu gestalten, benutzt die Priorin noch zwei weitere Figuren: *comparatio* und *sententia*. Der Vergleich zielt darauf ab, einen Vorgang auszumalen. So fallen die Tränen des Abtes wie Regen aus seinen Augen (VII, 674), und er liegt flach vor dem kleinen Märtyrer auf dem Boden, als ob er gebunden wäre (VII, 676). Die Sentenz hingegen vermittelt eine allgemeingültige Wahrheit, wie z. B., daß Mord aufgedeckt werden wird (VII, 576) und Böses mit Bösem vergolten werden soll (VII, 632). Auch hier wird dem Publikum ein Rezeptionsverhalten suggeriert.

Der Effekt des rhetorischen Repertoires, das die Erzählerin in ihrer Geschichte aufbietet, ist deutlich. In ihrer Welt gibt es nur Gut und Böse, schwarz und weiß. Schattierungen kommen nicht vor; sie gehören auch nicht ins enge Weltbild der Heiligenlegende. Trotz der Polarität der Konzeption beschränkt sich Chaucer nicht auf die virtuose Ausgestaltung einer weitverbreiteten Legende. Wie Marie P. Hamilton schon 1939 gezeigt hat, macht Chaucer darüber hinaus auch Anleihen bei der Liturgie. Als weitere Quelle diente ihm die Meßordnung des Festes der Unschuldigen Kinder, das am 28. Dezember gefeiert wurde. Dieses Fest fand zu Ehren der beim Kindermord zu Bethlehem unschuldig erschlagenen Knaben statt. Daher stammen die Anspielungen auf Herodes (VII, 574) und auf Rahel (VII, 627), die als Typus der trauernden Mutter bereits in die *Ordo Rachelis* eingegangen war. Und wahrscheinlich entlehnte Chaucer aus der Liturgie vom Stundengebet der Vesper nach dem Ritus von Salisbury das rätselhafte Korn, das die Mutter Gottes auf die Zunge des Kindes legt, um es am Leben zu erhalten (vgl. Sister Maltman, O. P., S. 167). Das Korn symbolisiert die Seele des Märtyrers, die von seinem Körper getrennt ist. Erst als der Abt das Korn entfernt, kann der Junge den Geist aufgeben (VII, 672). Durch diese bewußten Entlehnungen aus der Meßordnung zum Fest der Unschuldigen Kinder erhält die Geschichte der Priorin eine zusätzliche Bedeutung. Das Schicksal des Jungen bleibt nicht Einzelschicksal, sondern es wird in den größeren Rahmen der unschuldig Verfolgten und um ihres Glaubens willen Getöteten gestellt. Typologisch aber verweist die Geschichte letztlich auf Christus selbst, zu dem die von Herodes ermordeten Kinder in antitypischem Bezug stehen. Wie Christus ist der Knabe ein »gemme of chastite« (VII, 609) [Juwel der Keuschheit], und wie er ist er ein »of martirdom the ruby bright« (VII, 610) [leuchtender Rubin des Märtyrertums]. Deshalb wird er sich einreihen in die Schar der 144 000 Reinen im Gefolge von Christus, dem Lamm Gottes. In diesem typologischen Kontext gesehen, wirken Vorwürfe wie Antisemitismus und Grausamkeit deplaziert, denn nicht auf den historischen Ist-Zustand zielt die Geschichte, sondern auf das ewige Reich Gottes nach dem Jüngsten Gericht. Nach diesem soll die sündige Menschheit streben, deren beste und erfolgreichste Anwältin die Mutter Gottes ist, von deren Wundertat hier berichtet wurde.

Bibliographie zur Prioress's Tale

Beichner, Paul E. »The Grain of Paradise.« *Speculum*. 1961; 36:302–07.

Brennan, John P. »Reflections on a Gloss to the *Prioress's Tale* From Jerome's *Adversus Jovinianum*.« *SP*. 1973; 70:243–51.

Ferris, Sumner. »The Mariology of *The Prioress's Tale.*« *ABR*. 1981; 82:232–54.

–. »Chaucer at Lincoln (1387): The *Prioress's Tale* as a Political Poem.« *ChauR*. 1981; 15:295–321.

Frank, Hardy Long. »Chaucer's Prioress and the Blessed Virgin.« *ChauR*. 1979; 13:346–62.

Frank, Robert Worth. »Miracles of the Virgin, Medieval Anti-Semitism, and the 'Prioress's Tale'.« In *The Wisdom of Poetry: Essays in Early English Literature in Honor of Morton W. Bloomfield*. Hg. Larry D. Benson und Siegfried Wenzel. Kalamazoo; 1982. S. 177–188.

Friedmann, Albert B. »The *Prioress's Tale* and Chaucer's Anti-Semitism.« *ChauR*. 1974; 9:118–29.

–. »The Mysterious ›Greyn‹ in the *Prioress's Tale.*« *ChauR*. 1977; 11:328–33.

Fritz, Donald W. »The Prioress's Avowal of Ineptitude.« *ChauR*. 1974; 9:166–81.

Hamilton, Marie Padgett. »Echoes of Childermas in the Tale of the Prioress.« *MLR*. 1939; 34:1–8.

Hirsh, John C. »Reopening the *Prioress's Tale.*« *ChauR*. 1975; 10:30–45.

Jember, Gregory K. » *Cum Grano Salis*: A Note on the *Prioress's Tale.*« *AN&Q*. 1977; 15:82–86.

Kelly, Edward H. »By Mouth of Innocents: The Prioress Vindicated.« *PLL*. 1969; 5:362–74.

Lowes, John Livingston. »Simple and Coy. A Note on Fourteenth Century Poetic Diction.« *Anglia*. 1910; 33:440–51.

Maltman, Sister Nicholas, O.P. »The Divine Granary, Or the End of the Prioress's ›Greyn‹.« *ChauR*. 1982; 17:163–70.

Rex, Richard. »Chaucer and the Jews.« *MLQ*. 1984; 45:107–22.

Ridley, Florence H. *The Prioress and the Critics*. Univ. of Cal. Pub., English Studies, 30. Berkeley und Los Angeles; 1965.

Schoeck, Richard J. »Chaucer's Prioress: Mercy and Tender Heart.« *The Bridge Yearbook of Judaeo-Christian Studies*. 1956; 2:239–55.

Steadman, John M. »The Prioress's Dogs and Benedictine Discipline.« *MP*. 1956–57; 54:1–6.

Wurtele, Douglas. »Prejudice and Chaucer's Prioress.« *RUO*. 1985; 55:33–43.

Sir Thopas

Gemäß dem kontrastiven Prinzip, das häufig die Abfolge der *Canterbury Tales* bestimmt, insistiert der Wirt nach Beendigung der *Prioress's Tale*, eines Marienwunders, darauf, daß nun wieder etwas Heiteres geboten werden sollte, und zwar von Geoffrey, dem Pilger. In typisch Chaucerscher Selbstironisierung gibt der Erzähler zu verstehen, daß er nur eine einzige Verserzählung kenne, die er vor langer Zeit einmal gelernt habe. Wenn er diese Geschichte erzählen dürfe, werde er sie gerne zum besten geben. Der Wirt stimmt zu in der Annahme, er werde von dem etwas weltfremd wirkenden Pilger Geoffrey »Som deyntee thyng« (VII, 711) [etwas Köstliches] zu hören bekommen. Diese Erwartung dürfte jedoch bereits nach Beendigung der ersten Strophe der Erzählung enttäuscht worden sein: *Sir Thopas* entpuppt sich nämlich als eine Travestie, als eine parodistische Verfahrensweise, die im folgenden erläutert werden soll.

Grundsätzlich gibt es vier Konstanten bei der Werkgestaltung und -überlieferung, nämlich Text, Autor, Medium und Rezipient. Dabei lassen sich Unterschiede in den einzelnen Textklassen vor allem bei der Kategorie Text selbst feststellen, denn hier werden zwei Vorgänge wirksam, die für die Textklassenkonstituierung wichtig sind: Mechanisierung und Inkongruenz. Der parodistische Text mechanisiert bestimmte Relationen im Original oder legt deren Mechanisierung offen durch Repetition, Inversion oder Interferenz der semantischen Reihen, d. h., Verfahrensweisen des Originals werden parodiert und durch Übertreibung oder Karikatur lächerlich gemacht. Im Verhältnis zur mechanisierten Folie tritt Übermechanisierung ein, die die Funktion hat, das Denken zu entmechanisieren. Inkongruenz hingegen bezieht sich auf die Relation zwischen neuen und beibehaltenen Signifikanten. Die Diskrepanz kann auf einer oder zwischen mehreren Ebenen des parodistischen Textes in Relation zum Original vorkommen.

Ausgehend von diesen beiden auch kombinierbaren Vorgängen, der Mechanisierung und der Inkongruenz, könnte man die verschiedenen parodistischen Textklassen in Modifizierung von Markiewiczs Modell (S. 1271) folgendermaßen konstituieren: Parodie sowie Pastiche bezeichnen das Verfahren der Mechanisierung, wobei die Mechanisierung für die Parodie stark und für den Pastiche schwach ausgeprägt ist. Die Parodie bezieht sich immer auf ein Original, während der Pastiche ein neues Werk ist, das aus einer Vielzahl von zusammengetragenen Einzelheiten besteht. Die Burleske ist charakterisiert durch Inkongruenz, d. h., ihre Komik beruht einerseits auf der Diskrepanz zwischen ernsthafter Aussage und niedrigem Stil oder trivialer Aussage und erhabenem Stil und andererseits auf der Inkongruenz von Normerwartungen hinsichtlich Thematik, Charakterisierung, Kompositionsprinzip und Normerfüllung. Sie bezieht sich auf eine Textklasse. Die Travestie schließlich ist eine Kombination von bewußter Mechanisierung und Inkongruenz, die sich als parodistische Verfahrensweise sowohl an Einzeltexten als auch an Textklassen orientiert. Als Textklassen sind die Texte eines Autors, einer Gruppe von Autoren, einer Richtung, einer Gattung oder einer Epoche zu verstehen.

Um die parodistische Verfahrensweise besser analysieren zu können, ist es ratsam, eine Hierarchisierung der Strukturschichten der parodierten Texte bzw. Textklassen vorzunehmen. Zu unterscheiden sind hier acht Strukturschichten: erstens, Phonetik; zweitens, Lexik; drittens, Syntax; viertens, Rhetorik; fünftens, Metrik; sechstens, Thematik, Motivik und Topik; siebtens, Charakterisierung und achtens, Kompositionsprinzip. Oder anders ausgedrückt, es lassen sich fünf Codes herausschälen. Der phonetische Code, der lexikalische Code und der syntaktische Code entsprechen den ersten drei Strukturebenen. Der rhetorisch-metrische Code schließt die beiden Ebenen Rhetorik und Metrik ein. Und der literarisch-kulturelle Code umfaßt die drei letzten Schichten Thematik, Motivik und Topik, Charakterisierung und Kompositionsprinzip. Während sich die Parodie und der Pastiche auf die Manipulation der ersten vier Codes beschränken und die Burleske den literarisch-kulturellen Code in Bezug zum rhetorisch-metrischen Code manipuliert, kann die Travestie alle fünf Codes umfassen, d. h., sie kann in allen acht Strukturschichten wirksam sein. In Anlehnung an Quintilians *Institutio oratoria* lassen sich vier Modifikationstypen von Signifikanten im Original feststellen: *adductio*, *detractio*, *transmutatio* und *immutatio*. Elemente können dem Original hinzugefügt werden – Adduktion; Elemente des Originals können getilgt werden – Detraktion; Elemente des Originals können umgestellt werden – Transmutation; und Elemente des Originals können ersetzt werden – Immutation. Solche Veränderungen betreffen alle Typen parodistischer Texte.

Mit diesem Instrumentarium zur Textanalyse läßt sich sowohl die Intention analysieren, die Chaucer in *Sir Thopas* verfolgt, als auch die Gültigkeit der verschiedenen Interpretationen dieser Erzählung prüfen. Geht es Chaucer um die Verspottung der zeitgenössischen Spielmannsromanzen, deren nur allzu offensichtliche Defekte er humorvoll aufs Korn nimmt (s. Loomis, S. 492)? Oder macht er sich über die unzulängliche Kunstfertigkeit der Spielleute selbst lustig, d. h., parodiert der höfische Dichter seine fahrenden Kollegen, die mit ihrem zusammengeklaubten Wissen auf Märkten und in Wirtshäusern ein nichthöfisches Publikum unterhielten (vgl. hierzu den Aufsatz von Moore)? Oder geht es ihm um eine Verspottung der Flamen? Der Held dieser Romanze, Sir Thopas, ist flämischer Herkunft (s. den Beitrag von Manly). Oder will er vielleicht sogar das in der Romanzenliteratur verbreitete Ritterideal auf humoristische Weise bloßstellen und abwerten?

Die Gegenüberstellung von Spielmannsdichtung und *Sir Thopas* liegt nahe, da Chaucer in der abschließenden Strophe seiner

Erzählung vier solche Werke erwähnt: *Horn Child* (ca. 1320), *Bevis of Hampton* (ca. 1300), *Guy of Warwick* (ca. 1300) und *Libeaus Desconus* (ca. 1325–50) – zwei andere Werke, die er ebenfalls erwähnt, gehören entweder zu einer anderen Gattung (*Ypotys*) oder existieren überhaupt nicht (*Pleyndamour*). Wie grob und stümperhaft diese Werke von ihrer Anlage und Komposition her auch sein mögen, es handelt sich bei den Spielmannsromanzen um durchaus ernsthafte Versuche, Formen, Sprache und Ideal des Hofes zu kopieren. Ritterliche Aventiure soll in aller Ernsthaftigkeit dargestellt werden. Der Ritter ist Vorbild und soll als exemplarische Figur in Überlebensgröße gezeigt werden. Seine Abenteuer sind Ausdruck ritterlichen Mutes und ritterlicher Standesverpflichtung. Der Romanzenheld, der dieses Ideal zu verkörpern sucht, kämpft z. B. gegen Unholde, die die Straßen unsicher machen, andere Ritter in schändlicher Weise getötet oder sich an Frauen oder Mädchen vergangen haben. Er besteht Abenteuer mit Fabeltieren, zumeist Drachen; er besiegt unehrenhafte Standesvertreter; er befreit zu Unrecht eingekerkerte Gefangene; er bestreitet Turniere; er zeigt sich den unterlegenen Gegnern als milder, zur Vergebung bereiter Sieger; und er kämpft tapfer im Zeichen des Kreuzes gegen die Heiden. Alle diese Themen erscheinen in den Spielmannsromanzen, deren exemplarische Intention sich folglich nicht von der des höfischen Romans unterscheidet. Im Gegensatz zu ihren Vorlagen bzw. Vorbildern enthalten sie jedoch eklatante Defekte: ein Übermaß an Beschreibung physischer Details; irrelevante und deshalb oft lächerlich wirkende Kataloge; verwaschene und klischeehafte Bildersprache; erstarrte, leblose Formeln; holprige Metrik; mangelhafte Komposition mit plötzlichen, unerwarteten Übergängen und dem unmotivierten Erscheinen überirdischer oder märchenhafter Charaktere und unzulänglicher Charakterisierung der handelnden Figuren. Träten alle hier genannten Fehler zusammen in einem Werk auf, dann läse sich dieses wie *Sir Thopas*, wo Chaucer auf engstem Raum alle Unarten der Spielmannsromanze zusammenfaßt und durch Übertreibung karikiert, d. h., er mechanisiert und parodiert damit die Verfahrensweise der Originale.

Die Persiflage beginnt bereits auf der lexikalischen Ebene. *Sir Thopas* enthält eine ganze Reihe von Ausdrücken, die in Chaucers Dichtung gar nicht oder nur selten zu finden sind, wie z.B. die Begriffe »swayn« (VII, 724) [Jüngling], »child« (VII, 810, 817, 830) [Knappe], »spelle« (VII, 893) [Geschichte], »lovedrury« (VII, 895) [feurige Liebe] etc. Diese Begriffe und viele andere gehören zum Idiom der Spielmannsdichtung, die Chaucer hier offensichtlich parodiert (vgl. Loomis, S. 490–491, Fußnote 3, und Scheps, S. 38). Auch die Syntax der volkstümlichen Romanzendichtung wird durch Chaucers parodistische Verfahrensweise erfaßt. Man findet gelegentlich Brüche, die darauf zurückzuführen sind, daß der Autor die Syntax eines Satzes in ein kompliziertes Reimschema hineinzwängen muß. Als Beispiel soll Strophe 20 dienen. Wörtlich wird hier gesagt, daß Sir Thopas mit einem dreiköpfigen Riesen kämpfen mußte: »For nedes moste he fighte / With a geaunt with hevedes three, / For paramour and jolitee / Of oon that shoon ful brighte.« (VII, 841–44) [... wegen der Liebe und der Freude einer, die so strahlend schön sei – oder: ... aus Liebe zu und Freude an einer, die so strahlend schön schien]. Diese Information – der Grund für seinen erneuten Kampf mit dem Riesen – wird aber syntaktisch so ungeschickt nachgeschoben, daß die eigentliche Aussage des Satzes unklar wird. Bedingt wird diese sonderbare Anordnung – ein Nebensatz, eingeleitet durch »for«, gefolgt von einer präpositionalen Wendung, wiederum eingeleitet durch »for« – durch die Erfordernisse des Reimschemas.

Am deutlichsten wird Chaucers Anlehnung an die Spielmannsromanzen jedoch auf der rhetorischen Ebene, in der Fülle von Klischees, die der Dichter in seine Romanze einfließen läßt. Man begegnet formelhaften Redewendungen auf Schritt und Tritt: »Of myrthe and of solas« (VII, 714), »rede as rose« (VII, 726), »bright in bour« (VII, 742), »it is no nay« (VII, 766), »fil in love-longynge« (VII, 772), »under my goore« (VII, 789), »By dale and eek by downe!« (VII, 796), »stile and stoon« (VII, 798), »riden and goon« (VII, 800), »in this place« (VII, 816), »*par ma fay*« (VII, 820), »with sydes smale« (VII, 836), »hill and dale« (VII, 837), »bothe game and glee« (VII, 840), »whit as is a lilye flour« (VII, 867) etc. Chaucers Zeitgenossen dürften mit dieser Art von Ausdrücken vertraut gewesen sein; sie gehörten zum Repertoire des mittelalterlichen Spielmanns, der diese vorgefertigten Formeln benutzte, um sie in einen festgefügten metrischen Kontext einzubauen. Es handelt sich hier um bedeutungslose, in sich erstarrte Redewendungen, die nur noch Füllfunktion haben.

Chaucer beläßt es jedoch nicht nur bei der Anwendung dieser Phrasen, sondern verwendet höfische Redewendungen auch bewußt falsch. So bezeichnet er z. B. die Lippen seines Helden Sir Thopas »rede as rose« (VII, 726) [rot wie die Rose], seinen Teint »lyk scarlet in grayn« (VII, 727) [wie Scharlach] und seine Nase als »semely« (VII, 729) [hübsch]. Außerdem lobt er seine schlanke Taille – »sydes smale« (VII, 836). Alle diese Vergleiche und Begriffe gehören zum Vokabular der Beschreibung von Frauenschönheit im Mittelenglischen, so daß unser Held wesentlich weniger martialisch wirkt, als es bei seinen Abenteuern nötig wäre.

Eine weitere Unart mittelenglischer Spielmannsdichtung ist deren Vorliebe für Kataloge. Chaucer parodiert auch diese Neigung in der rhetorischen Gestaltung der populären Romanzen, indem er zuerst Küchenkräuter anstatt Blumen aufzählt, die auf der Wiese wachsen, über die Sir Thopas galoppiert, und danach Vögel. Auch der traditionelle Vogelkatalog wird fehlerhaft verwendet: Zu einem Singvogel, der Drossel, gesellen sich Sperber, Specht oder Papagei und Wildtauben – Vögel, die weniger für ihren schönen Gesang als für ihre Lüsternheit bekannt waren (vgl. den Aufsatz von Donovan). Auch im Rüstungs- und Waffenkatalog am Ende des zweiten »Fit« [Gesang] findet man ein heilloses Durcheinander aller möglichen Rüstungsgegenstände, von denen einige vom gemeinen Fußvolk und andere von der adligen Kavallerie getragen wurden. Sir Thopas ist nicht wählerisch. Er legt alles an, ohne Rücksicht auf die Reihenfolge der Kleidungsstücke und ihre ursprüngliche Bestimmung.

Am auffälligsten erscheint Chaucers parodistische Intention jedoch im Bereich der Metrik. Dem Zwischenstück – dem einzigen in den *Canterbury Tales*, das im *rhyme royal* gehalten ist – folgt noch etwas Einmaliges: eine Erzählung in Schweifreimstrophen. Diese in der Romanzendichtung des östlichen Mittellandes weit verbreitete Strophenform wird von Chaucer *ad nauseam* eingesetzt. Die ersten dreizehn Strophen folgen dem Schema aabaab. Die sich aus dem gleichförmigen Rhythmus ergebende Monotonie wird plötzlich in der 14. Strophe unterbrochen, wo nach den ersten Versen (aab) unerwartet der Flickvers »In towne« (VII, 793) erscheint. Es folgen drei weitere Flickversstrophen mit einer beeindruckenden Variationsbreite in der Gestaltung der Schweifreimstrophe, bis schließlich der erste Abschnitt mit der Regelstrophe aabaab ausklingt. Eine ähnliche Anordnung findet sich auch im zweiten Abschnitt, in dem die ersten vier Strophen dem bewährten Schema aabaab folgen, bevor Chaucer dieses Schema wieder abwandelt, indem er drei sechszeilige Strophen aabaab und eine Flickversstrophe hinzufügt. Der dritte Abschnitt, der nach 4 1/2 Strophen abbricht, ist zu kurz, um größere strophische Variationen zuzulassen. Man sollte annehmen, daß die beeindruckende Breite in der metrischen Gestaltung der Schweifreimstrophe die Eintönigkeit des Vortrages mildern würde; jedoch selbst der unerwartete Flickvers in VII, 793 gibt der Romanze keinen neuen metrischen Impuls, sondern stößt ins Leere, weil die Formulierung »In towne« zu banal ist, als daß sich eine Wendung hätte anbahnen können. Man kann folglich die Reaktion des Wirtes verstehen, der Chaucer, den Pilger, nach dem Herunterleiern von etwas über 200 Versen ungehalten unterbricht, da ihm die Ohren vom Zuhören der inkompetenten Vortragsweise wehtäten: »'By God,' quod he, 'for pleynly, at a word, / Thy drasty rymyng is nat worth a toord!'« (VII, 929–30) [»Bei Gott«, sagte er, »ich will's dir kurz und bündig sagen: Dein widerliches Gereime ist einen Dreck wert!«]. Interessanterweise bezieht sich die Kritik des Wirtes nur auf die Form der Darbietung, nicht aber auf die Darbietung selbst, über die er kein Wort verliert. Er stuft Chaucers Vortrag nur als Ungereimtheit ein und verkennt dabei die parodistische Absicht des Dichters. Lediglich die Mechanisierung des metrischen Codes wird ihm bewußt, die Mechanisierung der anderen Codes entgeht ihm. Besonders Chaucers clevere Manipulation des literarisch-kulturellen Codes bleibt vom Wirt unerwähnt. Auf der Ebene der Thematik, Motivik und Topik nämlich parodiert Chaucer zwei unverzichtbare Themen der Romanze: Liebe und Abenteuer. Sir Thopas verliebt sich in eine Feenkönigin und reitet aus, um die Geliebte ausfindig zu machen. Auf seiner Aventiure-Fahrt begegnet er dem Riesen Sir Olifaunt, d. h. Sir Elefant, der unserem Helden in einer wunderbaren Umkehrung der David- und Goliathgeschichte mit einer Steinschleuder zu Leibe rückt. Hier wird nicht nur das häufig auftretende Motiv des Riesenkampfes persifliert, sondern auch die Charakterisierung des Helden als Supermann. Sir Thopas ist vollkommen unvorbereitet für den Kampf – er trägt nicht einmal eine Rüstung – , obwohl er sich auf Abenteuerfahrt befindet. Deshalb kann er sich nur durch Flucht vor dem steineschleudernden Riesen retten, dem er jedoch befiehlt, sich nicht von der Stelle zu rühren, bis er ausreichend bewaffnet am nächsten Tag zurückkommen würde, um ihm dann den Garaus zu machen. Da aber in den beiden noch folgenden Gesängen nichts geschieht, ist Sir Thopas, von dem der Erzähler behauptet, er wäre der erlesenste Ritter (VII, 901–02), sowohl als Liebhaber wie auch als Kämpfer erfolglos. Damit aber werden beide Themenkreise der Romanze negiert. Ähnliches gilt für die Charakterisierung des Helden. Es wurde bereits im Zusammenhang mit der rhetorischen Gestaltung darauf hingewiesen, daß Sir Thopas' Aussehen eher dem einer höfischen Dame als dem eines tatkräftigen Ritters entspricht. Auch trägt die Aufzählung seiner Fähigkeiten nichts dazu bei, ihn in ein besseres Licht zu rücken. Und schließlich zeichnet ihn sein hastiger Rückzug vor dem Riesen Sir Olifaunt nicht gerade als Haudegen aus. Parodiert wird hier wohl vor allem die in den mittelenglischen Romanzen übliche Charakterisierung des Protagonisten als unbesiegbarer Supermann. Dort nämlich eilen die Helden von Sieg zu Sieg, ohne jemals wirklich gefordert zu werden, um am Ende Königreich und Prinzessin zu erhalten. Im Vergleich dazu ist Sir Thopas ein Antiheld, der nichts anderes tut, als kreuz und quer durch die Landschaft zu galoppieren, ohne je ein Abenteuer zu bestehen. Wie Chaucer spöttisch sagt, kommt er nur »almest« (VII, 758) [fast] in eine schwierige Lage.

Auf der letzten zu analysierenden Kompositionsebene, dem literarisch-kulturellen Code, lassen sich ebenfalls Abweichungen vom herkömmlichen Schema feststellen. Wenn auch unvollkommen, so wird die übliche Romanzenhandlung doch bereits im ersten Abschnitt abgehandelt. Hier wird die Ausfahrt des Ritters geschildert, das Brautwerbungsmotiv eingeführt, das zur Queste und Aventiure des Protagonisten führt, und schließlich seine Heimkehr beschrieben. Damit enthält dieser Abschnitt alle Motive, die man von einer Abenteuerromanze erwarten würde. Der zweite Abschnitt hingegen zeigt nur ein Versatzstück, die Bewaffnung des Helden. Und der dritte Abschnitt bricht mitten im Satz ab, ohne daß irgend etwas geschehen ist oder geschehen könnte. John Burrow hat dieses Strukturprinzip einmal treffend »progressive Verkleinerung« (S. 65) genannt, ein Prinzip, das auch durch die Strophenanordnung der Erzählung zum Ausdruck kommt: Abschnitt 1 enthält achtzehn, Abschnitt 2 neun und Abschnitt 3 schließlich nur viereinhalb Strophen, das entspricht einem Verhältnis von 4:2:1. Die Erzählung strebt dem Nullpunkt zu.

Es zeigt sich also, daß Chaucers parodistische Manipulation alle fünf Codes umfaßt, d. h., *Sir Thopas* ist wohl in erster Linie als Travestie gedacht. Alle sprachlichen, metrischen, thematischen und strukturellen Eigenheiten der Spielmannsromanzen werden systematisch aufgegriffen und durch Mechanisierung bloßgestellt. Was die Übertreibung jedoch noch schärfer hervortreten läßt, ist die absolute Funktionslosigkeit der Elemente, die Chaucer in *Sir Thopas* vorführt. Seine Romanze verfehlt das Ziel einer jeden Romanze: die Auszeichnung des Ritters und das Gewinnen der Braut. Als Romanzenheld macht Sir Thopas seinem Namen keine Ehre, denn anstatt der beste aller Ritter zu sein, ist er eine gescheiterte Existenz.

Auf die erste Frage – geht es Chaucer um die Verspottung der zeitgenössischen Spielmannsromanze? – erhalten wir somit eine positive Antwort: *Sir Thopas* ist eine Travestie; die Verfahrensweisen der Spielmannsromanzen werden aufgezeigt und lächerlich gemacht. Will der höfische Dichter damit aber auch seine fahrenden Kollegen parodieren? Da viele der Fehler in dieser literarischen Gattung auf dem Unvermögen der Autoren beruhen, wäre es durchaus denkbar, daß Chaucers Travestie sich gegen deren dichterische Unfähigkeit richtet. Diese Vermutung ist nicht ungerechtfertigt, da uns auch aus anderen Quellen bekannt ist, daß die Stellung der Spielleute am Ausgang des 14. Jahrhunderts problematisch geworden war. In der politischen Allegorie *Wynnere and Wastoure* steht eingangs eine Klage über den Verfall der Spielmannsdichtung: »Whylome were lordes in londe that louved in thaire hertis / To here makers of myrthes, that matirs couthe fynde, / Wyse wordes with-inn, that writen were neuer / Ne redde in no romance that euer renke herde.« (V. 20–23) [Einstmals gab es Herren im Lande, die es liebten, den Verfassern von vergnüglichen Geschichten zuzuhören, die Stoffe und weise Worte darin finden konnten, wie man sie in Romanzen niemals lesen oder hören konnte.]. Hier wird eindeutig Stellung zu Gunsten der Spielleute im Gegensatz zu den Verfassern von höfischen Romanzen bezogen. Auf der anderen Seite aber findet man eine klare Verurteilung der Spielmannsdichtung etwa im C-Text von *Piers Plowman*: »And summe murthes to make as mynstrels conneth, / Wolleth neyther swynke ne swete, bote sweren grete othes, / Fyndeth out foule fantasyes and foles hem maketh / And hath wytt at wille to worche yf thei wolde.« (Prolog, V. 35–38) [Und einige tragen zur Unterhaltung bei, wie Spielleute es tun, die weder arbeiten noch schwitzen wollen, sondern nur kräftig fluchen. Sie fabrizieren üble Erfindungen und machen sich zum Narren, obwohl sie Verstand genug haben, um zu arbeiten, wenn sie wollten.]. Man muß sich der Diskussion um den Status der Spielleute bewußt sein, um Chaucers mögliche satirische Kritik an diesem Stand würdigen zu können, denn die parodistische Darstellung des Inhalts und der Form der Spielmannsromanzen in *Sir Thopas* schlägt natürlich auch auf deren Autoren zurück. Auch sie werden zur Zielscheibe von Chaucers humorvoller Attacke.

Dritter Angriffspunkt von Chaucers Schweifreimromanze scheint die bürgerliche Prätention zu sein, ritterliche Lebensweise imitieren zu wollen. Aus diesem Grund konnte er kaum einen geeigneteren Helden als Sir Thopas mit seiner flämischen Herkunft wählen. Im Mittelalter waren die Flamen zwar als reiche Kaufleute bekannt, deren Textilien weithin berühmt waren, als Ritter jedoch besaßen sie nicht das geringste Ansehen. Im Gegenteil, in den Augen sowohl der Franzosen als auch der Engländer galten sie als Inbegriff der Unritterlichkeit. In Froissarts Chroniken, die hier als Informationsquelle dienen sollen, findet man gelegentlich Hinweise auf die bürgerliche Überheblichkeit und Selbstzufriedenheit der Flamen. Abfällig äußert er sich über die ungeordneten Haufen, die die Streitmacht des flämischen Heeres darstellen, und über die militärische Inkompetenz der flämischen Heerführer, besonders Philip van Arteveldes, dem es nicht gelang, die Stadt Oudenarch einzunehmen. Dieser sei in seiner Jugend als Fischer erzogen worden, nicht aber als Kriegsmann. Wie aus diesen Bemerkungen hervorgeht, ist Froissart den Flamen nicht wohlgesonnen, weil er sie als unritterlich betrachtet. Der Hofdichter Chaucer dürfte diese Ansicht geteilt haben, so daß sein Porträt von Sir Thopas auch vor diesem gesellschaftspolitischen Hintergrund gesehen werden muß. Der Hinweis, daß Sir Thopas aus Poperyng stamme, dürfte ein übriges getan haben, da Poperyng als typisch hausbackene Handelsstadt galt, die sich durch nichts auszeichnete, was einem Ritter hätte zur Ehre gereichen können. Dort wurde der Held der Geschichte geboren, und zwar »in the place« (VII, 720), d. h. in einem Haus am Marktplatz, nicht etwa in einem Schloß oder auf einem Herrenhof. Die Satire ist übrigens noch bissiger, wenn man bedenkt, daß Poperyng einem Abt unterstand, der dann Sir Thopas' Vater gewesen sein müßte, da er der Sohn des Landesfürsten war.

Die bürgerliche Herkunft, die durch Sir Thopas' Nationalität und seinen Geburtsort bereits angedeutet wird, wird durch die Beschreibung seiner Kleidung noch deutlicher. Er trägt Schuhe aus Cordoba-Leder, seine Beinkleider sind aus Brügge-Tuch, seine Hautfarbe wird mit Weißbrot, die Farbe seines Gesichtes mit Scharlachröte und seine Haar- bzw. Bartfarbe mit Safran verglichen. Dazu gesellen sich, wie bereits erwähnt, Details, die der Beschreibung der weiblichen Physiognomie entlehnt sind.

Nicht nur Sir Thopas' Aussehen und Kleidung sind unritterlich, auch mit seinen höfischen Künsten ist es nicht weit her. Wie ein Bauer geht er mit einem Hühnerhabicht auf die Jagd. Er ist ein guter Bogenschütze – kein Kompliment, wenn man bedenkt, daß Bogenschützen immer Angehörige der nichtadligen Klasse waren. Und am schlimmsten von allen seinen Vorzügen: Sir Thopas ist ein exzellenter Ringkämpfer, der jeden Kampf um einen Widder gewinnt. Um den Widder zu ringen galt als gröbste Art der Volksbelustigung, die dem Müller Robin angemessen war, nicht aber einem Ritter. Und als krönenden Abschluß des Porträts berichtet Chaucer, Sir Thopas sei so keusch wie ein junges Mädchen gewesen. Angesichts der Reputation der Flamen in England zu Chaucers Zeit dürfte dieser Hinweis viel zur Erheiterung des Publikums beigetragen haben. Flämische Prostituierte bevölkerten damals nämlich die Londoner Bordelle, so daß Lüsternheit geradezu identisch war mit dem geographischen Begriff Flandern. Keuschheit wäre also keine Tugend gewesen, die ein zeitgenössisches Publikum von Sir Thopas erwartet hätte. In dieser Beschreibung offenbart sich erwartungsgemäß das unritterliche Verhalten des Protagonisten. Folglich verbinden sich Porträt und Aktionen des Helden zu einer Parodie auf bürgerliche Anmaßung, höfische Formen nachäffen zu wollen.

Diese Feststellung führt uns zu Punkt vier der ursprünglichen Fragestellung, ob und inwieweit auch das Rittertum durch die Travestie betroffen ist. Beabsichtigte Chaucer mit der Parodie von Sir Thopas, Ambitionen des Ritterstandes schlechthin abzuwerten? Lassen sich hier Vorstellungen entdecken, die von Angehörigen der Aristokratie zu Chaucers Zeit zwar noch ernst genommen wurden, die Chaucer aber mit seiner Travestie in *Sir Thopas* lächerlich machen wollte? Ein Blick auf Chaucers ernsthafte höfische Dichtung, wie z. B. die *Knight's Tale* oder *Troilus and Criseyde*, zeigt, daß er die Gattung des höfischen Romans vor allem dazu benutzt, grundsätzliche menschliche und philosophische Probleme zu erörtern. Aventiurefahrt spielt darin überhaupt keine Rolle. Es scheint folglich, als ob Chaucer durch die parodistische Darstellung von Sir Thopas das zu seiner Zeit durchaus noch ernstgenommene literarische Liebes- und Abenteuerideal abwerten wollte. Dieses Ideal, das in der Vorstellung der Aristokratie zu Ausgang des 14. Jahrhunderts noch recht lebendig war und das im 15. Jahrhundert mit dem wirtschaftlichen Niedergang des Rittertums immer stärker betont wurde, scheint Chaucer zurückzuweisen. Liebe und Abenteuer, so wie sie in den Romanzen verherrlicht wurden, sind romantische Träumereien, die nichts mit der Funktion des Rittertums zu tun haben. *Sir Thopas* dürfte deshalb auch eine Abrechnung mit gewissen überlebten Idealen sein, die sich in der traditionellen Standesliteratur des Rittertums finden lassen. Aus dieser Perspektive wird die Travestie zur wohlgemeinten Kritik.

Zusammenfassend läßt sich deshalb sagen, daß die parodistische Stoßrichtung der Erzählung vier Ziele verfolgt. Sie ist als Travestie der Spielmannsromanzen gedacht, sie verulkt das dichterische Unvermögen der Spielleute, sie wendet sich gegen die bürgerliche Prätention, höfische Lebensweise zu imitieren, und tut dies, indem sie einen Flamen zum Helden der Romanze macht, und sie nimmt schließlich überalterte, vorwiegend literarische Vorstellungen vom Wesen des ritterlichen Ideals aufs Korn. All dies geschieht auf knappstem Raum, denn bevor Sir Thopas ein weiteres Abenteuer bestehen kann, unterbricht der Wirt die Geschichte, weil ihm die Ohren weh tun. Diese Unterbrechung ist ein gelungener Kunstgriff des Dichters. Da er den Wirt eingreifen läßt, vermeidet er Langatmigkeit. Die brillante Travestie, die vor allem durch ihre Kürze wirkt, wäre bei wesentlich längerer Ausdehnung eintönig und langweilig geworden. Durch die Unterbrechung des Wirtes aber kann sie abrupt beendet werden, ohne daß der Erzähler für die fragmentarische Natur seiner Geschichte verantwortlich gemacht werden könnte. Und letztlich spielt der Wirt geradezu in Chaucers Hände, wenn er nun in VII, 935 nach einer Prosaerzählung verlangt, deren Thematik entweder »som murthe« (VII, 935) [etwas Unterhaltsames] oder »som doctryne« [eine Lehre] sein soll. Damit wird die Erzählung der nachfolgenden *Tale of Melibee* gerechtfertigt, mit der Chaucer der Pilger die zweite Möglichkeit, nämlich eine belehrende Geschichte zu erzählen, voll ausschöpft, nachdem der Wirt den subtilen Witz des unterhaltsamen *Sir Thopas* offenbar nicht verstanden hat.

Bibliographie zu Sir Thopas

Benson, D.C. »Their Telling Difference: Chaucer the Pilgrim and His Two Contrasting Tales.« *ChauR*. 1983; 18:61–79.

Burrow, J.A. »Four Notes on Chaucer's *Sir Thopas*.« In *Essays on Medieval Literature*. Oxford: Clarendon Press; 1984. S. 60–78.

Conley, J. »The Peculiar Name *Thopas*.« *SP*. 1976; 73:42–61.

Donovan, M.J. »*Sir Thopas*, 772–774.« *NM*. 1956; 57:237–46.

Gaylord, Alan T. »Chaucer's Dainty ›Dogerel‹: The ›Elvyssh‹ Prosody of *Sir Thopas*.« *SAC*. 1979; 1:83–104.

–. »The Moment of *Sir Thopas*: Towards a New Look at Chaucer's Language.« *ChauR*. 1982; 16:311–29.
–. »The ›Miracle‹ of *Sir Thopas*.« *SAC*. 1984; 6:65–84.
Haskell, Ann S. »Sir Thopas: The Puppet's Puppet.« *ChauR*. 1975; 9:253–61.
Kooper, E.S. »Inverted Images in Chaucer's *Tale of Sir Thopas*.« *SN*. 1984; 56:147–54.
Loomis, Laura H. »*The Tale of Sir Thopas*.« In *Sources and Analogues of Chaucer's Canterbury Tales*. Hg. W.F. Bryan und Germaine Dempster. London: Routledge Kegan Paul Ltd.; 1958. S. 486–559.
Manly, John M. »Sir Thopas: A Satire.« *E&S*. 1928; 13:52–73.
Markiewicz, H. »On the Definitions of Literary Parody.« In *To Honour Roman Jacobson. Essays on the Occasion of His 70th Birthday*. The Hague: Mouton; 1967. II, S. 1267–72.
Moore, Arthur K. »*Sir Thopas* as Criticism of Fourteenth-Century Minstrelsy.« *JEGP*. 1954; 13:532–45.
Scheps, Walter. »Sir Thopas: The Bourgeois Knight, the Minstrel and the Critics.« *TSL*. 1966; 11:35–43.
Stanley, E.G. »The Use of Bob-Lines in *Sir Thopas*.« *NM*. 1972; 73:417–26.
Wood, Chauncey. »Chaucer and ›Sir Thopas‹: Irony and Concupiscence.« *TSLL*. 1972; 14:389–403.

The Tale of Melibee

Als einziger unter den Pilgern erzählt Chaucer, der Pilger, eine zweite Geschichte, nachdem der Wirt vorher die *Tale of Thopas* unsanft unterbrochen hat. Unzufrieden mit Geoffreys »drasty speche« (VII, 923) [abscheulichem Gerede] und »drasty rymyng« (VII, 930) [widerlichem Gereime] verlangt er nach einer Prosaerzählung, die entweder unterhaltend oder belehrend sein soll. Chaucer der Pilger erklärt sich bereit, »a litel thyng in prose« (VII, 937) [eine kleine Sache in Prosa] zu erzählen, eine

»moral tale vertuous« (VII, 940) [Erzählung ... von Moral und Tugend]. Damit kündigt sich eine Geschichte an, die das entgegengesetzte Ziel von *Sir Thopas* verfolgt. Die *Tale of Melibee* ist ein ernsthaftes moralisches Traktat, dessen Anliegen die Belehrung des Publikums ist. Eingeleitet wird diese populäre Erzählform durch einen Kommentar über das Verhältnis von Bearbeitung und Original, der in der Forschung viel Beachtung gefunden hat. Der Erzähler stellt zunächst fest, daß die nun folgende Geschichte schon mehrmals bearbeitet und in verschiedener Weise wiedergegeben worden sei. Dies sei jedoch nicht ungewöhnlich, denn das Beispiel der vier Evangelisten lehre uns, daß sie alle über das Martyrium Christi in ihren eigenen Worten berichtet hätten, ohne etwas an der Bedeutung des von ihnen beschriebenen Ereignisses zu verändern. Auch der Erzähler werde nun seine Version der Melibeus-Geschichte erzählen, die natürlich ihre ursprüngliche Bedeutung beibehalte, wenngleich er mehr Sprichwörter in seine Fassung der Geschichte aufnehmen werde, als manche es »in this litel tretys« (VII, 957) [in diesem kleinen Traktat] zuvor gehört haben könnten.

Stein des Anstoßes ist der Begriff »litel tretys«. Nach herkömmlicher Lesart bezog man die Aussage auf Chaucers Vorlage, das *Livre de Melibée* des Renaud de Louens, eines Dominikanermönches, der das Traktat *Liber consolationis et consilii* des Albertano von Brescia in der Mitte des 14. Jahrhunderts ins Französische übersetzt hatte. Gegen diese Interpretation spricht jedoch die Tatsache, daß es in Chaucers Fassung gar keine Abweichungen gibt und er sich eng an seine Vorlage anlehnt. Die sprichwörtlichen Redewendungen, die er angeblich hinzugefügt haben will, können sich deshalb nicht auf Renauds Fassung beziehen. D. W. Robertson, *A Preface to Chaucer* (Princeton, 1962), S. 369, und nach ihm Bernard F. Huppé, *A Reading of the Canterbury Tales* (Albany, 1964), S. 235, schlagen deshalb vor, »tretys« als Bezeichnung für die gesamten *Canterbury Tales*, die bis zu diesem Zeitpunkt verfaßt worden seien, zu sehen. Und Richard L. Hoffmann (S. 568), der sich diesem Argument anschließt, meint sogar, »tretys« beziehe sich auf alle Erzählungen, die vor der *Tale of Melibee* geschrieben wurden, ebenso wie auf die noch folgenden. Damit erhält aber auch der von Chaucer verwandte Begriff »sentence« (VII, 946, 947, 961, 963) eine andere Bedeutung. Wenn Chaucer nämlich darauf insistiert, die Bedeutung der Melibeus-Geschichte sei dieselbe wie die Bedeutung der anderen Erzählungen, dann müßte sich in umgekehrter Verfahrensweise auch die Bedeutung dieser Erzählungen aus der Bedeutung der *Tale of Melibee* bestimmen lassen. Die Melibeus-Geschichte würde somit zum Eckstein des Sinngebäudes der *Canterbury Tales*, die ihre Bedeutung aus dieser Erzählung ableiten (vgl. Hoffmann, S. 577). Damit käme der so oft geschmähten und in vielen Ausgaben unterschlagenen *Tale of Melibee* eine zentrale Bedeutung zu. Wie John W. Clark (S. 153) und Glending Olson (S. 149) jedoch überzeugend bewiesen haben, beruht eine solche Interpretation der Bedeutung des Begriffs »tretys« auf einem Irrtum. Im literaturwissenschaftlichen Vokabular Chaucers bezieht sich »tretys« immer auf eine expositorische Abhandlung, d. h. in diesem Falle zwar nicht auf Chaucers direkte Vorlage, aber doch auf die Melibeus-Geschichte schlechthin, von der es verschiedene Fassungen gibt. Neben Übersetzungen ins Italienische, Deutsche und Niederländische existieren allein vier verschiedene französische Versionen des *Liber consolationis et consilii*. Offensichtlich beruft sich Chaucer auf diese Versionen, wenn er von »tretys« spricht. Seine Geschichte wird folglich die Bedeutung des *Melibeus* wiedergeben, auch wenn sie mehr sprichwörtliche Redewendungen enthalten sollte als andere Versionen, die der eine oder andere unter den Canterbury-Pilgern gehört haben könnte. Die *Tale of Melibee* muß daher in ihrem richtigen Kontext gelesen werden, d. h. in ihrer Position im Fragment VII; sie ist nicht der Eckstein der *Canterbury Tales*. In diesem Kontext fungiert die Geschichte zunächst als Kontrast zur vorausgehenden *Tale of Thopas*, denn so, wie das parodistische Element in dieser vielschichtigen Travestie dominiert, so beherrscht eine strenge Moral die *Tale of*

Melibee. *Sir Thopas* illustriert Chaucers spielerisches Talent, seine große Begabung, mit ein paar krumm gesetzten Federstrichen die literarischen Mängel einer volkstümlichen Gattung bloßzustellen. In ihrer Unbeholfenheit und Stümperhaftigkeit ist die Geschichte von Sir Thopas ein brillantes Zeugnis von Chaucers literarischem Genie: Durch Übertreibung und Karikatur macht er die Verfahrensweise der Originale deutlich und somit lächerlich. *Sir Thopas* ist deshalb in erster Linie ein Spiel mit der Literatur, das jedoch durch die Erzählung von Melibeus gebrochen wird. Chaucer läßt die brillante Parodie nicht als eigenständige in sich geschlossene Aussage bestehen, sondern er ordnet ihr ein moralisches Traktat zu, das natürlich nun durch seine Nachbarschaft zur *Tale of Thopas* seinerseits gebrochen wird. Beide Geschichten bilden die beiden Grenzpunkte eines breiten Spektrums literarischer Möglichkeiten, die nicht so sehr als »murthe« (VII, 935) [Unterhaltsames] und »doctryne« (VII, 935) [Lehre] zu verstehen sind, sondern eher als imaginative Gestaltung, d. h. Fiktion im reinsten, ureigensten Sinn, und reale Wiedergabe, d. h. die Darstellung wirklicher Sachverhalte. Interessant bei dieser Polarität ist es, daß Chaucer, der Pilger, sich selbst diese beiden Optionen vorbehält. Er bildet somit den Schnittpunkt der beiden Koordinaten des literarischen Systems. Der moderne Leser mag zwar den in *Sir Thopas* praktizierten Ansatz zur Literatur vorziehen, er darf deshalb aber nicht die Validität der durch die *Tale of Melibee* verkörperten Auffassung in Frage stellen. Zweifellos findet die Melibeus-Geschichte heute wenig Resonanz, da ein modernes Publikum moraltheologische Traktate wenig schätzen dürfte. Dieser Wandel des literarischen Geschmacks sollte jedoch nicht unsere Beurteilung des Stellenwertes der Melibeus-Geschichte innerhalb der *Canterbury Tales* beeinflussen. Deshalb dürften abschätzige Bemerkungen, wie sie in der Literaturkritik immer wieder zu lesen sind, nicht den Kern der Sache treffen.

Kritikpunkte sind sowohl der Inhalt der Erzählung als auch ihre Form. So betrachtet Whittock noch 1968 die *Tale of Melibee* als ein Paradebeispiel unzulänglicher dichterischer Fähigkeiten: »Nur ein Holzkopf hätte so schlecht schreiben können, und als solcher präsentiert sich Chaucer, der Pilger« (S. 217). Und Palomo sieht in einer sehr viel subtileren Beurteilung das Ganze als großartigen Witz an (S. 314). Sie glaubt, durch ihren sorgfältigen Vergleich von Chaucers Version mit der französischen Vorlage beweisen zu können, daß Chaucer »dieses prätentiöse und mittelmäßige Machwerk bürgerlicher Moralvorstellung bis zur Lächerlichkeit aufbläst, ohne deshalb zum Lachen zu reizen« (S. 306). Es sei eine stilistische Parodie und verfolge somit dieselbe Absicht wie *Sir Thopas*. Beide Erzählungen ergänzten einander in hervorragender Weise (S. 309). Eine Parodie ist die *Tale of Melibee* sicherlich nicht, denn die sprachlichen und syntaktischen Eigenheiten von Chaucers Erzählung – verbale Dubletten, d. h. die Wiedergabe eines Wortes im Original durch zwei Begriffe in der Übersetzung, und die Tendenz der Subordinierung, um asymmetrische Satzstrukturen zu erreichen – sind Bestandteil des *style clergial*. Auch Chaucers französische Vorlage weist im Vergleich zu Albertanos lateinischer Urfassung bereits diese Merkmale auf, die Chaucer nun seinerseits noch akzentuiert. Und da Chaucers Prosastil für seine Nachfolger in England als Modell gilt, kann von parodistischer Absicht nicht die Rede sein (vgl. dazu den Aufsatz von Diane Bornstein, die eine Detailanalyse aller von Chaucer gemachten Änderungen durchführt). Festzustellen wäre also, daß die *Tale of Melibee* weder vom Inhaltlichen noch vom Stilistischen her eine parodistische Absicht verfolgt.

Worum geht es nun bei dieser Erzählung? Ein junger Mann namens Melibeus verläßt eines Tages sein Haus, um sich vor den Toren der Stadt zu ergehen. Während seiner Abwesenheit dringen drei seiner Erzfeinde in sein Haus ein, verprügeln seine Frau Prudentia und verwunden seine Tochter Sophia an Füßen, Händen, Ohren, Nase und Mund. Als Melibeus von diesem Angriff erfährt, ist er zunächst untröstlich, beruft dann aber auf Anraten seiner Frau einen Staatsrat ein. Es bilden sich zwei

Parteien: Seine falschen Freunde und die ungestümen Jünglinge drängen Melibeus zum Krieg; die Ärzte, die Rechtsanwälte und die weisen alten Männer dagegen raten zur Vorsicht. Melibeus entscheidet sich für Krieg und Vergeltung, wird aber von seiner Frau aufgehalten, diesen Vorsatz sofort in die Tat umzusetzen (VII, 967–1049). Damit beginnt eine lange Debatte zwischen den beiden Eheleuten, die folgende Stadien durchläuft: erstens eine Diskussion über die Validität von Ratschlägen, die Frauen erteilen. Melibeus bringt fünf Einwände vor, die jedoch von Prudentia systematisch entkräftet werden (VII, 1054–1110). Dann folgt eine Schilderung der Art und Weise, wie man beraten soll. Prudentia gibt Melibeus zunächst sechs Verhaltensregeln, die mit der Feststellung abschließen, daß man nicht durch eine Entscheidung gebunden ist, wenn es die Verhältnisse entweder nicht zulassen oder wenn sie sich ändern (VII, 1114–1230). Madame Prudentia versucht danach, ihren Ehemann zu überzeugen, daß er sich offensichtlich in der Zusammensetzung seines Thronrates sowie im Entscheidungsprozeß selber geirrt habe (VII, 1240–60). Da Melibeus dies konzediert, tritt die Diskussion nun ins Stadium der Analyse ein: Die Ratschläge der beiden Parteien werden noch einmal aufgenommen, von Melibeus interpretiert und von Prudentia analysiert. Zunächst wird dieses Verfahren auf die drei Gruppen der moderaten Ratgeber angewandt (VII, 1265–1347) und dann auf die der Kriegstreiber (VII, 1348–1425). Bei dieser Analyse werden fünf Gesichtspunkte berücksichtigt: erstens die Natur und Beschaffenheit derer, die Melibeus Schaden zugefügt haben; zweitens das Wesen und der Charakter derer, die Melibeus zur Vergeltung geraten haben; drittens die Konsequenzen eines Vergeltungsschlages; viertens das Motiv seiner Feinde; und fünftens die verschiedenen Gründe, die für das Geschehen verantwortlich waren. Mit Punkt fünf ist der zentrale Diskussionspunkt erreicht, denn hier erklärt Prudentia unter Zuhilfenahme einer allegorischen Verfahrensweise den Grund und die Bedeutung des Vorfalls. Melibeus akzeptiert die Analyse und verwirft den

Gedanken, Vergeltung üben zu wollen. Er gibt aber gleichzeitig zu bedenken, daß ein Verzicht auf Strafe als Laxheit gedeutet werden und weitere Attacken seiner Feinde nach sich ziehen könnte. Damit tritt die Diskussion in ein neues Stadium ein: Wem steht es zu, eine Strafe zu vollstrecken, und wann kann die Obrigkeit Strafaktionen durchführen? Prudentia vertritt die Ansicht, Strafen sollten grundsätzlich von Richtern verhängt werden. Außerdem müßte die Obrigkeit mehr Macht und Gewalt besitzen als die Übeltäter. Diese Eigenschaft aber spricht sie Melibeus ab und rät zur Geduld. Dieser erhebt Einspruch, denn er sei reicher und mächtiger als seine Feinde (VII, 1546–47). Erwartungsgemäß folgt daraufhin eine längere Widerrede, die sich mit einer Analyse weltlicher Güter befaßt. Drei Dinge müsse man vermeiden: das Verlangen nach Reichtum, Untätigkeit und Geiz. Und drei Dinge müsse man erstreben: Gott im Herzen, ein gutes Gewissen und einen guten Namen. Daraus folgert Prudentia, man solle nicht auf Reichtümer vertrauen, sondern auf Gott, der allein über Sieg oder Niederlage entscheide. Damit ist die Debatte über Krieg und Vergeltung abgeschlossen. Auf die Frage, was er denn nun tun solle, rät ihm Prudentia, er solle sich mit seinen Feinden aussöhnen und mit ihnen in Frieden leben (VII, 1674–75). Melibeus weigert sich, diesen Rat zu akzeptieren, der sich gegen seine Ehre richte (VII, 1681). Daraufhin reagiert Prudentia zornig; sie empfiehlt ihrem Ehemann, sich endlich mit Gott zu versöhnen, der die Sache wohl richten werde. Er werde seine Gegner zu Melibeus senden, die ihn für ihre Taten um Vergebung bitten werden. Prudentia werde selber dafür sorgen, daß alles einen guten Verlauf nehme (VII, 1713–23). Melibeus willigt ein, und die lange Diskussion, der große Mittelteil der Erzählung (VII, 1050–1725), ist damit abgeschlossen. Es folgt die Auflösung: Melibeus' Feinde akzeptieren Prudentias weisen Ratschlag, Melibeus um Verzeihung zu bitten und sich seinem Richtspruch zu unterwerfen. Sie begeben sich zu seinem Haus und bekennen ihre Schuld. Melibeus will daraufhin den Besitz seiner Feinde einziehen und sie ins Exil schicken, doch auf Anraten von Prudentia läßt er Gnade walten. Er verzeiht ihnen, damit Gott ihm einst auch seine Verfehlungen verzeihen möge. Damit endet die Erzählung.

Chaucers Übersetzung des *Livre de Melibée* ist, wie bereits erwähnt, nicht nur sinn-, sondern auch fast wortgetreu. Abgesehen von wenigen stilistischen Veränderungen folgt sie dem Original bis ins Detail. Deshalb läßt sich in diesem Falle auch nicht von einer Bearbeitung sprechen, die man analysieren könnte, sondern nur von einer englischen Version der französischen Vorlage. Das heißt aber nichts anderes, als daß sich die *Tale of Melibee* als ein Werk Chaucers der Kritik entzieht. Kritik üben ließe sich höchstens an der Tatsache, daß Chaucer dieses Traktat überhaupt in seine Erzählsammlung aufgenommen hat. Da er die Geschichte jedoch selber in seiner Eigenschaft als Pilger erzählt, wären ihm solche Vorbehalte wahrscheinlich seltsam vorgekommen, denn Erzählungen von der Art des *Melibeus* gehörten nun einmal zum Standardrepertoire mittelalterlicher Lehrdichtung – die große Zahl von Übersetzungen dieses Werkes beweist seine offensichtliche Beliebtheit. Worauf aber könnte die Popularität eines Werkes beruhen, das in den Versionen von Renaud bzw. Chaucer etwa zu einem Fünftel aus Sentenzen besteht? Der Anteil dieses Materials in der ursprünglichen Fassung von Albertano von Brescia war übrigens noch größer, so daß das *Livre de Melibée* bzw. die *Tale of Melibee* bereits eine Reduzierung in dieser Hinsicht darstellt. Trotzdem erscheint es beim Lesen der Geschichte, als handle es sich bei dem Traktat um einen sentenzhaften Cento, d. h. eine Kette von lehrhaften Zitaten, die vorwiegend biblischen bzw. lateinisch-klassischen Ursprungs sind. Wenngleich eine solche Kompositionsweise die Leseerwartungen eines modernen Publikums kaum noch befriedigen kann, ist sie für mittelalterliche Verhältnisse dem Sujet des Traktats durchaus angemessen. Schließlich ist es die Absicht Albertanos bzw. seiner Übersetzer und Bearbeiter, anhand des Fallbeispiels von Melibeus eine ernsthafte Lehre zu vermitteln.

Im Zentrum des Traktats steht deshalb die Analyse der Gründe, die zu dem Vergehen führten, welches zu Eingang der Geschichte geschildert wird. Hier werden die üblichen vier Kategorien aufgezählt, zu denen sich noch zwei andere gesellen. Zunächst nämlich spricht Chaucer von der *causa longinqua*, Gott, und der *causa propinqua*, den drei Feinden. Dazu kommen die traditionellen vier Gründe: *causa efficiens*, der Haß seiner Feinde; *causa materialis*, die fünf Wunden seiner Tochter; *causa formalis*, die Art des Vorgehens seiner Feinde; und *causa finalis*, ihre Absicht, seine Tochter zu töten. Die anschließende Erläuterung bezieht sich jedoch nur auf die *causa longinqua*, Gott, weil Prudentia der Frage nachgehen will, warum Melibeus ein Opfer seiner drei Feinde geworden ist. Um dafür eine plausible Erklärung zu geben, bedient sie sich einer allegorischen Verfahrensweise. Der Vorgang wird auf einer übertragenen Bedeutungsebene gedeutet. Der Name Melibeus bedeute »Honigtrinker«. Melibeus habe zuviel vom Nektar weltlicher Güter, Freuden und Ehren genossen, so daß er darüber Christus, seinen Schöpfer, vergessen habe. Deshalb habe sich Gott von ihm abgewandt, um ihn für seine Vergehen zu züchtigen. Weil Melibeus ein Leben der Gottesferne geführt habe, seien seine drei Erzfeinde, die Welt, das Fleisch und der Teufel, durch die Öffnungen seines Körpers in sein Herz eingedrungen. Da er sich ungenügend gegen ihre Versuchungen verteidigt habe, sei seine Seele an fünf Stellen verwundet worden, d. h., die Todsünden seien durch die fünf Sinne in sein Herz gelangt. Christus, der Herr, habe dieses zugelassen und auch, daß seine Tochter verwundet worden sei (VII, 1409–25). Diese Aussage bildet den Kern der Erzählung, die hier im moralischen Sinn als eine der für die allegorische Lesart möglichen Bedeutungen interpretiert wird.

Die Vorstellung vom Körper als Haus, durch dessen Öffnungen – die fünf Sinne – die Feinde des Menschen in seine Seele eindringen, gehört zu den Standardbildern mittelalterlicher Moraltheologie [vgl. Cornelius, *The Figurative Castle* (Bryn Mawr, 1930), S. 1–36]. Chaucer vervollständigt diese Allegorie, indem er als einziger auch der Tochter von Melibeus einen Namen gibt, nämlich Sophia (Weisheit); sie wird in der Allegorie offensichtlich mit der Seele gleichgesetzt, die von den drei Erzfeinden des Menschen, der Welt, dem Fleisch und dem Teufel, verwundet wird. Melibeus' Nachlässigkeit, Selbstzufriedenheit und Gottesferne machen ihn nicht nur verletzbar, sondern führen auch zu einem Verlust an Weisheit. Nun dient Weisheit (*sapientia*) nicht zur Bezeichnung der Seele, deren Funktionen mittelalterlicher theologischer Ansicht nach wie folgt definiert wurden: *anima*, die Kraft, die den Körper belebt; *animus*, der Wille; *mens*, der Verstand; *memoria*, das Reflexions- und Erinnerungsvermögen; *ratio*, das Urteilsvermögen; *sensus*, das Gefühl; *amor*, die Liebe; *conscientia*, das Gewissen; und *spiritus*, der Geist, der den Körper verläßt. Weisheit, im Mittelalter ein oft gebrauchtes Synonym für Christus, wohnt der harmonischen Seele inne, die Christus reflektiert. Um diesen Zustand zu erreichen, müssen die drei Seelenmächte, *ratio* – das Urteilsvermögen, *animus* – der Wille und *mens* – der Verstand, im Einklang miteinander stehen. Es scheint folglich, als habe Chaucer bewußt den Namen Sophia – *sapientia* – Weisheit gewählt, um diesen Zustand zu bezeichnen.

Störend an der in diesem Teil schlüssigen Allegorie wirkt dann aber der Rat von Prudentia, Melibeus solle sich mit seinen Feinden versöhnen. Auf der wörtlichen Bedeutungsebene bestehen hier keine Schwierigkeiten. Melibeus, der in seiner Stadt die Macht innehat – Albertano denkt hier offensichtlich an die ihm vertrauten Herrschaftsstrukturen der italienischen Stadtstaaten –, ist wohl beraten, den von Prudentia vorgeschlagenen Weg der Versöhnung einzuschlagen. Wie sie richtig feststellt, sind weder Vergeltung noch harte Strafen dazu angetan, den Frieden dauerhaft zu sichern. Auf der übertragenen Ebene hingegen scheint die Allegorie hier plötzlich zu entgleisen, wie Paul Strohm (S. 37) festgestellt hat. Warum sollte Gott wollen, daß der Mensch gegenüber seinen drei Erzfeinden Nachsicht üben sollte? Diese Haltung steht überhaupt nicht im Einklang mit der üblichen

Forderung, der christliche Streiter solle sich gegen seine Feinde zur Wehr setzen. Die Antwort auf dieses Dilemma scheint in VII, 1714–19 gegeben zu werden: Gott bestimmt allein! Er hat Melibeus wegen seines leichtfertigen Lebenswandels gestraft, und er kann die Gesinnung seiner Feinde nach Belieben ändern. Hier wird dem Einzelmenschen die Entscheidungsgewalt zu einem gewissen Grad aus den Händen genommen. Eine solche Haltung bedeutet aber nicht Willensunfreiheit und Passivität, sondern sie ist Ausdruck absoluten Gottvertrauens, wie es z. B. von den Mystikern gefordert wird (vgl. Strohm, S. 38–40). Aussöhnung mit Gott und Vertrauen auf seinen göttlichen Ratschluß werden von Prudentia letztlich zur Grundregel richtigen menschlichen Verhaltens erhoben. Alle Weisheit beginnt mit dieser Erkenntnis, die am Ende des langen Argumentationsprozesses steht.

Angesichts der von Prudentia promulgierten Norm und ihrer Argumentationsweise dürfte die von Albertano gewählte Form der Präsentation verständlich erscheinen. Der Dialog zwischen Melibeus und Prudentia ist Ausdruck der Psychomachie. Prudentia ist die Personifizierung der Tugend *prudentia*, die aristotelischer Anschauung zufolge die herausragende Stellung unter den vier Kardinaltugenden innehatte. Ihre Funktion war es, die Vervollkommnung des menschlichen Intellekts zu erzielen. Genau in diesem Punkt aber ist Melibeus defizitär, und er bedarf deshalb des weisen Rates von Prudentia. Ihr obliegt es, die vom Willen nach Vergeltung getragenen Entscheidungen zu revidieren. Sie fungiert somit als Instanz, die Melibeus – den aus Selbstsucht gestrauchelten Menschen – wieder zu rationalen Entscheidungen anhält. Dieser Entscheidungsprozeß wird als Zwiegespräch gestaltet, in dem sich *prudentia* gegen das willensbetonte Element durchsetzen muß. In diesem Prozeß kann sie auf einen schier unerschöpflichen Vorrat an Wissen zurückgreifen, d. h., der angehäufte Schatz an Erfahrungsweisheit ist dauernd präsent und kann als Waffe gegen Unvernunft und Willkür eingesetzt werden. Und diesem Ansturm muß sich der Wille letztlich beugen.

Abgesehen von ihrer allegorischen Bedeutung, die sich in der Form der Psychomachie präsentiert, hat die Melibeus-Geschichte natürlich auch eine ganz praktische Bedeutung. Wie Donald Howard wohl zu Recht vermutet, dürfte die immer zeitgemäße Warnung an die Mächtigen, überlegt zu handeln und den Frieden zu wahren, für den Hofdichter Chaucer als Sujet für eine Geschichte nicht uninteressant gewesen sein. Richard II., John of Gaunt, Gloucester und Bolingbroke hätten alle von *Melibee* profitieren können (S. 315). Ob Chaucer an eine bestimmte Situation dachte, bleibe dahingestellt. Jedenfalls läßt sich die Melibeus-Geschichte auch als eine Art Fürstenspiegel lesen und dürfte allein deshalb Chaucers Interesse gefunden haben, denn gerechtes Herrschen wird oft in seiner Dichtung thematisiert.

In Anbetracht der vielschichtigen Bedeutung der *Tale of Melibee* sollten Zweifel an ihrer Ernsthaftigkeit endgültig ausgeräumt sein. Weder vom Inhalt noch vom Stil her ist eine parodistische Absicht des Erzählers erkennbar. Es handelt sich vielmehr um eine expositorische Schrift, die sowohl den privaten wie auch den öffentlichen Entscheidungsprozeß zum Thema hat und ihn im weiteren Kontext eines durch Gott bestimmten Lebens zu sehen versucht. Von seiner Form her steht die Erzählung damit in genauem Gegensatz zu *Sir Thopas*, und von ihrem Inhalt her verweist sie auf die nachfolgende *Monk's Tale*, in der das Hauptthema, der Fall der Mächtigen, als konsequente Fortsetzung der Melibeus-Geschichte betrachtet werden muß.

Bibliographie zur Tale of Melibee

Bornstein, Diane. »Chaucer's *Tale of Melibee* as an Example of *Style clergial*.« *ChauR*. 1978; 12:236–54.

Clark, John W. »›This Litel Tretys‹ Again.« *ChauR*. 1971; 6:152–56.

Hoffmann, Richard L. »Chaucer's Melibee and Tales of Sondry Folk.« *C&M*. 1969; 30:552–77.

Howard, Donald R. *The Idea of the Canterbury Tales.* Berkeley, Los Angeles, London: U. of Calif. Press; 1976. S. 310–16.
Olson, Glending. »A Reading of the *Thopas-Melibee* Link.« *ChauR.* 1975; 10:147–53.
Owen, Charles A., Jr. »The *Tale of Melibee.*« *ChauR.* 1973; 7:267–80.
Palomo, Dolores. »What Chaucer Really Did to *Le Livre de Mellibee.*« *PQ.* 1974; 53:304–20.
Strohm, Paul. »The Allegory of the *Tale of Melibee.*« *ChauR.* 1967; 2:32–42.
Whittock, Trevor. *A Reading of the Canterbury Tales.* Cambridge: Cambridge U. Pr.; 1968. S. 209–17.

The Monk's Tale

Viel ist über die gelungene Verbindung von *Monk's* und *Nun's Priest's Tales* im siebten Fragment geschrieben worden; so weit bekannt, hat sich jedoch bis jetzt niemand um den Zusammenhang zwischen der *Monk's Tale* und der vorausgehenden *Tale of Melibee* gekümmert. Ist es Zufall, daß Chaucer die *Monk's Tale* an dieser Stelle in die Abfolge von Erzählungen einbaut, nachdem der Mönch, der nach dem Ritter die zweite Geschichte hätte erzählen sollen, vom Müller unsanft daran gehindert worden war? Ganz gleich, welcher Anordnung man folgt, zwischen der Unterbrechung durch den Müller und der eigentlichen Erzählung liegen eine ganze Reihe von Geschichten – sieben und ein Fragment in der Ausgabe von Manly und Rickert und sechzehn und ein Fragment in den Ausgaben, die die Anordnung der Ellesmere-Handschrift bevorzugen. Es scheint also so, als ob Chaucer den Mönch als Erzähler zunächst aus den Augen verloren hätte. Nun greift er auf ihn zurück, nachdem er selbst in seiner Eigenschaft als Pilger gerade zwei diametral entgegengesetzte Erzählungen vorgetragen hat. Nach dem langen Prosatraktat würde man nun eine heitere Erzählung erwarten – als

Gegengewicht zu den ernsthaften Ausführungen von Madame Prudence. Diese Meinung teilt offensichtlich auch Harry Baily. Seine gutherzige Frotzelei ist darauf angelegt, den Mönch dazu zu bewegen, etwas Amüsantes zu erzählen. Die Anspielungen des Wirtes zielen auf etwas Erotisch-Pikantes ab, vielleicht auf einen Klosterschwank. Doch der Mönch bekräftigt vielmehr, er wolle etwas Ehrbares erzählen, entweder eine Heiligenlegende vom Leben des hl. Eduard oder einige Tragödien, von denen er einhundert in seinem Kloster habe. Er entscheidet sich für die Tragödien und erzählt siebzehn Beispiele vom Sturz hochgestellter Persönlichkeiten. Damit scheint das Gleichgewicht im Erzählablauf gestört zu sein, denn der ernsthaften Erörterung im *Melibeus* folgen nun siebzehn Beispiele vom Fall der Mächtigen. Daß diese Beispiele nicht gerade dazu angetan sind, die Pilger zu erheitern, macht der Einwurf des Ritters deutlich, der den Mönch schließlich unterbricht, um ihn am Erzählen weiterer Tragödien zu hindern. Er habe schon mehr als genug von traurigen Dingen erzählt; und dieser Meinung schließt sich auch Harry Baily an. Der Ritter hätte statt einer Geschichte mit negativem Ausgang lieber eine mit positivem Ausgang gehört, und Harry Baily zieht eine fröhliche Jagdepisode vor, für deren Erzählung der Mönch doch geradezu prädestiniert sei. Der gemeinsamen Kritik an der Darbietung des Mönches folgen also ganz unterschiedliche Auffassungen von dem, was man als erheiternd bezeichnen könnte. Doch dies steht im Moment nicht zur Debatte. Wichtig ist allein die Tatsache, daß die Aufzählung vom unglücklichen Schicksal so vieler biblischer und historischer Gestalten die in der *Tale of Melibee* angeschlagene ernsthafte Tonlage nicht verändert. Trotzdem erfüllt die *Monk's Tale*, wie es scheint, eine Kontrastfunktion. Dieser Kontrast besteht jedoch nicht in der Tonlage, sondern in der Behandlung einer essentiellen Frage, nämlich der der menschlichen Willensfreiheit und des Ablaufs von Entscheidungsprozessen.

Die lange Argumentation von Dame Prudence darüber, ob Melibeus sich an seinen Feinden rächen soll oder nicht, läuft letztlich auf eine Analyse von Melibeus' Seelenzustand hinaus. Er ist selber schuld an seinem Schicksal, das ja nicht von außen über ihn hereinbricht, sondern die notwendige Konsequenz seiner Selbstzufriedenheit, Fahrlässigkeit und Gottesferne ist. Melibeus hat deshalb den »Schicksalsschlag« zu Recht erlitten, den Madame Prudence folgerichtig als Züchtigung Gottes interpretiert. Für Melibeus sollte dies eine Warnung sein, seinen Lebenswandel zu ändern und sich mit Gott zu versöhnen (VII, 1714–15). Erst dann könne er sein Haus mit Gottes Hilfe wieder in Ordnung bringen. Die Aufgabe des eigenen rebellischen Willens und die freiwillige Fügung in die göttliche Vorsehung sind folglich die Fixpunkte richtigen menschlichen Verhaltens. Zu dieser Einsicht kommt Melibeus durch die weisen Erläuterungen von Prudence. Deshalb wendet sich sein Schicksal auch zum Besten.

Vor dieser Folie muß die Aufzählung der siebzehn Tragödien in der *Monk's Tale* gelesen werden, denn im Gegensatz zu Melibeus werden alle dort genannten Persönlichkeiten mit Ausnahme von Nebukadnezar vom Schicksal gestürzt und entmachtet. Wenngleich die Darstellung dieser Macht in den verschiedenen Episoden uneinheitlich ist und die Beziehung zwischen Schicksal und göttlicher Allmacht oft ungenau oder unzulänglich definiert ist, scheint die der *Monk's Tale* zugrundeliegende Absicht doch unverkennbar: Sie zeigt, daß der Fall der Mächtigen auf ihre unzureichende Kenntnis der menschlichen Position in einem göttlich gefügten Universum zurückzuführen ist. Wie man auch das Vergehen der verschiedenen Einzelfiguren beurteilen mag, allen fehlt die Einsicht, daß nur ein Leben in Harmonie mit Gott vor sogenannten Schicksalsschlägen schützen kann. Zugegeben, dieser Aspekt tritt in den Einzelepisoden mit unterschiedlicher Akzentuierung auf und scheint vor allem bei den Beispielen aus der zeitgenössischen Geschichte sogar ganz zu fehlen – dies mag an der Vortragsweise des Erzählers liegen, der Fall oft mit Klage vermischt –, der Gesamteindruck bleibt aber trotzdem bestehen: Der Fall der Mächtigen ist nicht unverdient.

Mit dieser Orientierung leistet der Mönch aber mehr, als er verspricht. Die Schuldfrage wird nämlich in seiner einleitenden Definition der Tragödie nicht erörtert. In typisch verengender Weise definiert hier der Mönch zunächst: »Tragedie is to seyn a certeyn storie, / As olde bookes maken us memorie, / Of hym that stood in greet prosperitee, / And is yfallen out of heigh degree / Into myserie, and endeth wrecchedly.« (VII, 1973–77) [Tragödie bedeutet das Erzählen einer verbürgten Geschichte, die uns von alten Büchern überliefert wird, von einem, der hoch im Glück stand und von seinem hohen Stand ins Elend fiel und eines erbärmlichen Todes starb.]. Dieser landläufigen Definition folgen Beobachtungen zur Metrik und zur Frage, ob Tragödien in Prosa oder Vers geschrieben sind. Das Kernstück der Beschreibung geht natürlich auf Boethius zurück, dessen eher beiläufigen Ausführungen zu diesem Thema in Buch II, Prosa 2, im Mittelalter fälschlicherweise eine präskriptive Bedeutung zugebilligt wurde: »What other thynge bywaylen the cryinges of tragedyes but oonly the dedes of Fortune, that with an unwar strook overturneth the realmes of greet nobleye (*Glose. Tragedye is to seyn a dite of a prosperite for a tyme, that endeth in wrecchidnesse.*)« [Was sonst bejammern die Klagen der Tragödien als die Taten des Schicksals, das mit unerwartetem Streich die Herrschaft der Mächtigsten zerstört (Anmerkung: Tragödie ist ein Diskurs über eine Zeit des Wohlstands, die im Elend endet).] Die Aspekte der Klage und des Schicksals werden vom Mönch zu Beginn seiner Erzählung der zunächst gegebenen Definition hinzugefügt, bevor er seinen Prolog mit der Warnung endet: »Lat no man truste on blynd prosperitee; / Be war by thise ensamples trewe and olde.« (VII, 1997–98) [Niemand soll dem blinden Glück vertrauen; laßt euch diese alten und wahren Beispiele eine Warnung sein.] Damit wird der exemplarische Charakter der nun folgenden Geschichten betont, in denen auch der Schicksalsbegriff eine dominierende Rolle spielt, der oft die Schuldfrage zu überlagern und zu verdecken droht. Angesichts der Tatsache, daß bei Boethius Fortuna letztlich überhaupt keine eigene Macht zugebilligt wird, sondern Schicksal nur als eine Manifestation in der göttlichen Entscheidungskette zu sehen ist, d.h. also, daß Schicksal nie widrig, sondern immer nur gut sein kann, hat man die Schicksalsvorstellung des Mönches kritisch beleuchtet, besonders da er dieses Konzept in Geschichten einführt, deren Quellen keinen Verweis auf schicksalhafte Fügung enthalten. Wie Edward M. Socola (S. 160–64) feststellt, hat Chaucer in elf seiner Geschichten Änderungen in der Behandlung der Schicksalsthematik gegenüber den vermutlichen Vorlagen (Boccaccios *De casibus virorum illustrium*, Dantes *Göttlicher Komödie* [für die Ugolino-Episode], Jean de Meungs Teil des *Rosenromans* und dem *Alten Testament*) vorgenommen. Diese Änderungen haben dem Mönch den Vorwurf eingetragen, er bringe in seinen Geschichten zwei unvereinbare Vorstellungen von der Natur der Fortuna zum Ausdruck: zum einen als ein Strafvollzugsorgan Gottes und zum anderen als eigenständige Macht, die vielleicht auch die Guten vernichte (vgl. Strange, S. 170, 176). Dieser Dualismus, so argumentiert man weiter, beruhe letztlich auf dem ungenügenden Verständnis des Mönches vom Fortuna-Konzept des Boethius. So bezichtigt Robert Kaske den Mönch, eine im Sinne von Boethius philosophisch unbefriedigende Darstellung der negativen Erscheinungsform Fortunas gegeben zu haben (S. 261). Mit dieser Feststellung ist der nächste Schritt bereits vorgegeben; denn wenn dem so ist, dann muß Chaucer damit einen bestimmten Zweck verfolgt haben. Und dieser Zweck kann natürlich nur die Desavouierung des Mönches sein, der ja bereits im *General Prologue* satirisch porträtiert worden ist. So nennt ihn Rodney K. Delasanta einen »theologischen Einfaltspinsel« (S. 125), und David E. Berndt malt das düstere Bild eines Mannes, der mit jeder weiteren Geschichte immer tiefer im Morast seiner Hoffnungslosigkeit versinkt (S. 448). Der hedonistische Mönch sehe mit Trauer und Schrecken, wie Fortuna die Mächtigen immer wieder ihrer materiellen Güter beraube, Güter, die ihm selbst Lebensinhalt und Glück bedeuteten.

Solche und ähnliche Interpretationen sind die notwendige Folge des dramatischen Ansatzes bei der Deutung der *Canterbury Tales*. Die siebzehn Beispiele vom Fall der Mächtigen sind von Chaucer absichtlich in dieser für manche Kritiker unbefriedigenden Form verfaßt worden, um gegen den Erzähler, Daun Piers, Zeugnis abzulegen, dessen Fortuna-Konzept unvereinbar ist mit dem der christlichen Tradition, wie es sich vornehmlich in der *Consolatio Philosophiae* des Boethius darstellt. Abgesehen davon, daß man mit diesem Ansatz auch die schwächsten Erzählungen unter den *Canterbury Tales* entschuldigen kann – dann liegt die Schuld für offensichtliche Mängel nie beim Autor, sondern immer nur bei den Erzählern –, stellt sich die Frage nach der Richtigkeit der Beurteilung der *Monk's Tale* durch die Kritiker. Verleitet nicht das Negativurteil über den Mönch, der nun wirklich als unzulänglicher Vertreter seines geistigen Standes beschrieben wird, zur vorschnellen Annahme, auch seine Präsentation von siebzehn Fallbeispielen sei zu verurteilen? Ist die Darstellung wirklich so unorthodox, wie oft in der Chaucerkritik behauptet wird? Und muß denn die *Monk's Tale* überhaupt nur vor dem Hintergrund der *Consolatio Philosophiae* gelesen werden? Eine Studie von Douglas L. Lepley (1977) beschäftigt sich mit der ersten Frage. Seine Analyse zeigt, daß der Mönch keineswegs an der scheinbaren Sinnlosigkeit der Welt verzweifelt, sondern daß seine Beispiele zur Illustration wirklichen und falschen Glückes dienen – ähnlich wie die Beispiele, die Philosophia, die Gesprächspartnerin und Lehrmeisterin von Boethius, anführt (S. 169). Der Vorwurf, die Beispiele des Mönches seien unorthodox, läßt sich folglich nicht aufrechterhalten, was jedoch nicht besagt, daß die *Monk's Tale* die Möglichkeiten des philosophischen Systems von Boethius völlig ausschöpft. Es werden in diesem Traktat Einsichten formuliert, die in der Geschichte des Mönches keine Rolle spielen. Der Grund dafür ist offensichtlich, denn schließlich handelt es sich bei der *Monk's Tale* um eine Aufzählung von Fallbeispielen und nicht um ein philosophisches Traktat über die kosmische Ordnung und den Platz des Menschen darin.

Das führt uns zur Begutachtung der zweiten Frage, inwieweit die *Consolatio Philosophiae* überhaupt die Folie zur *Monk's Tale* darstellt. Die Anleihen bei Boethius sind offensichtlich, wie bereits Bernard L. Jefferson, *Chaucer and the Consolation of Philosophy of Boethius* (Princeton; 1971), S. 144–45, vor vielen Jahren dokumentiert hat. Was hätte näher liegen können für einen Autor, der Boethius' Schrift ins Englische übersetzt hat, als von seiner Vorlage geeignetes Material zu übernehmen für eine Tragödiensammlung, die bereits unter dem Motto der vermeintlichen Definition dieses Begriffes in der *Consolatio Philosophiae* steht? Betont werden muß hier allerdings, daß die Passagen aus Buch II bis IV der *Consolatio* über verschiedene Einzelepisoden verstreut sind. Es geht dem Autor folglich nicht darum, in Anlehnung an Boethius eine kohärente Argumentationskette zu konstruieren, er will vielmehr in einer Serie von Fallbeispielen demonstrieren, daß irdisches Glück vergänglich ist und man Fortuna deshalb nicht trauen darf. Diese Aussage leitet die erste Episode ein (VII, 1995–98), und sie schließt die letzte Episode ab (VII, 2761–66). Die Beispiele sind also exemplarisch konzipiert, d.h., die Einzelschicksale dienen dazu, diese Lektion in immer neuer Form zu veranschaulichen. Wie der Mönch zu Eingang erwähnt, wäre es ihm ein leichtes, hundert Beispiele anzuführen. Man mag Chaucer dankbar sein, daß er es bei siebzehn hat bewenden lassen – sein Vorbild Boccaccio bringt es immerhin auf beinahe einhundertachtzig, wobei die Beispiele innerhalb der Einzelepisoden nicht mitgerechnet sind. Das Thema ist endlos, weshalb Boccaccio auch nur die berühmtesten Beispiele auswählte.

Auch Boccaccio verfolgt mit seiner Exemplasammlung eine didaktische Absicht, die sich jedoch von der Chaucers unterscheidet. Entsetzt von fürstlicher Willkür und Lasterhaftigkeit, sieht er sich bemüßigt, anhand von Beispielen den Fall der Mächtigen exemplarisch darzustellen, um auf diese Weise den Potentaten ins Gewissen zu reden und sie auf den Pfad der Tugend zurückzuführen. Wörtlich sagt er: Deshalb werde ich

Beispiele davon geben, was Gott oder (in ihrer Sprache) Fortuna sie über diejenigen lehren kann, die er/sie erhöht. Für Boccaccio bedeutet Gott und Fortuna das gleiche. Die parenthetische Bemerkung besagt jedoch, daß sich die Mächtigen dieser Tatsache nicht bewußt sind. Sie glauben, daß sie ihre Stellung Fortuna verdanken – in Wirklichkeit aber hat Gott sie dort eingesetzt, dem sie natürlich Rechenschaft für ihre Taten schuldig sind. In Buch VI erscheint Fortuna in Person, um mit dem Autor zu diskutieren. Sie wird als riesenhaft groß beschrieben, mit brennenden und drohenden Augen. Ihr wirres Haar hängt ihr übers Gesicht herab. Sie hat hundert Arme und Hände, trägt ein buntes Kleid und hat eine Stimme so rauh wie Eisen. Boccaccio beläßt es folglich nicht bei Fortuna als abstraktem Konzept. Er gibt ihr Gestalt, verändert dadurch aber ihre Funktion als Gottes Handlangerin nicht. Das von Boccaccio gewählte Verfahren ließe sich am besten als poetische Ausgestaltung eines abstrakten Konzepts beschreiben. Eine Vorstellung wird verbildlicht, um dadurch an Kontur und Glaubwürdigkeit zu gewinnen.

Ein Blick auf die Darstellung Fortunas in der *Monk's Tale* zeigt Ähnlichkeiten in der Verfahrensweise. Bereits 1950 hatte Socola (S. 164) darauf hingewiesen, daß sich die siebzehn Fallbeispiele in drei Gruppen einteilen ließen: »Erstens, Tragödien, in denen Fortuna nicht erwähnt wird oder keine Rolle spielt (Luzifer, Adam und Simson); zweitens, Tragödien, in denen Fortuna als abstrakte Figur erscheint (Herkules, Nebukadnezar, Belsazar, Zenobia, Peter von Kastilien, Peter von Zypern, Bernabò und Ugolino); und drittens, Tragödien, in denen Fortuna als Person und Individuum auftritt (Nero, Holofernes, Antiochus, Cäsar und Krösus).« Die Anregung zu dieser Art der Darstellung hätte Chaucer von Boccaccio übernehmen können. Jedenfalls scheint es sich hier um eine poetische Verfahrensweise zu handeln, nicht aber, wie in der Forschung häufig betont wird, um eine mißverstandene Fortunakonzeption des Mönches. Daß der Erzähler zwischen abstrakter und individualisierender Darstellung von Fortuna variiert, hat ihm den Vorwurf eingetragen, er verkenne die eigentliche Position dieser Schicksalsmacht. Darstellung wird demnach als Aussage mißverstanden. Eine sorgfältige Analyse der siebzehn Fallbeispiele zeigt jedoch, daß der Mönch Fortuna keineswegs als eigenständige Schicksalsmacht konzipiert. Auch in der *Monk's Tale* fungiert sie letztlich als ein Aspekt der göttlichen Allmacht. Und sie leistet mehr, als der Mönch zunächst ankündigt. Sie bedeutet nicht nur irdisches Glück, eine Beschränkung, die angesichts ihrer Position im göttlich gefügten Universum auch widersinnig wäre, sondern sie manifestiert die göttliche Gerechtigkeit. Wenngleich diese Funktion Fortunas nicht in allen Episoden gleich stark hervorgehoben wird, ist die überwiegende Anzahl der Fallbeispiele so angelegt, daß die Mächtigen aufgrund ihres eigenen Fehlverhaltens zu Fall kommen. Die drei einführenden Episoden, in denen Fortuna entweder unerwähnt bleibt oder gar nicht als Strafvollzugsorgan fungiert, machen dieses Grundkonzept deutlich. Luzifer stürzt von seiner erhabenen Position wegen seiner Sünde der Anmaßung (VII, 2002). Adam wird aus dem Paradies wegen seines Fehlverhaltens vertrieben (VII, 2012–13). Simson, dessen Macht und Edelmut der Mönch zwar verschiedentlich rühmt, kommt durch seine Indiskretion zu Fall (VII, 2021–22; 2052–54; 2091–94), ein Vergehen, das zu den Zungensünden gehört.

Herkules fungiert als Symbol für Überheblichkeit. Ihm fehlt es an Selbsterkenntnis, wie der Erzähler traurig bemerkt (VII, 2137–39). Nebukadnezar hingegen erreicht diese Einsicht. Auch er ist zunächst stolz und eigensinnig. Nachdem ihn Gott aber erniedrigt hat, kehrt er in sich und tut Buße. Damit wird er zur einzigen positiven Gestalt in der *Monk's Tale*; sein Schicksal zeigt, daß nicht jeder Fall endgültig sein muß. Unterordnung unter Gottes Willen führt vielmehr zu der heilsamen Erkenntnis, daß Gott allmächtig und gnädig ist (VII, 2182). Sein Sohn Belsazar hingegen wird wieder als Negativbeispiel angeführt. Er hat aus dem Schicksal seines Vaters nichts gelernt. Vielmehr verharrt er in Stolz und Götzendienerei (VII, 2185–87). Zenobia, von der der Erzähler voller Bewunderung spricht, scheint sich seiner Schilderung zufolge zu sehr mit irdischen Reichtümern umgeben zu haben. Sie fordert deshalb den Neid und die Habgier ihrer Feinde geradezu heraus und wird schließlich ein Opfer ihrer Nachstellungen.

Bei den nun folgenden vier Beispielen aus der zeitgenössischen Geschichte ist die Schuldfrage schwer festzustellen. Mit Ausnahme der längeren Schilderung des Schicksals von Ugolino und seinen Söhnen widmet der Mönch den anderen drei Figuren eine oder allenfalls zwei Strophen, in denen er ihren Fall und Tod beklagt. Da Chaucers Publikum mit den Einzelheiten ihres Werdegangs sowie mit ihren Charaktereigenschaften vertraut gewesen sein dürfte, genügte eine summarische Darstellung. Obwohl nicht besonders erwähnt, ist Mitschuld am eigenen Untergang nicht auszuschließen. Bei Peter von Kastilien handelt es sich schließlich um einen Mann, dem die Geschichte den wenig schmeichelhaften Beinamen »der Grausame« verliehen hat. Peter von Zypern war bei seinen Leuten seines ungezügelten Lebenswandels und seiner harten Hand wegen wenig beliebt. Und von Bernabò Visconti sagt der Autor selbst, er sei die »Geißel der Lombardei« (VII, 2400) gewesen. Selbst in der längeren Darstellung des bedauernswerten Schicksals Ugolinos und seiner Söhne steht die Frage der Mitschuld unausgesprochen im Hintergrund, denn der Erzähler fordert sein Publikum auf, sich bei Dante ausführlicher über die Ereignisse zu informieren. Wie allgemein bekannt, begegnet Dante auf seiner Höllenwanderung Ugolino, eingefroren im neunten Höllenkreis, wo die Verräter ihre Strafe verbüßen. An der Schuld Ugolinos besteht also nicht der geringste Zweifel, selbst wenn die Geschichte hier in einer Art und Weise erzählt wird, die das Pathos der Situation hervorheben soll (vgl. Boitani, S. 54–64). Der Mönch läßt die Vorgeschichte weg und konzentriert sich ganz auf das Leiden Ugolinos und seiner Kinder – ein Leiden jedoch, das selbstverschuldet ist.

Bei den nächsten drei Beispielen von Nero, Holofernes und Antiochus ist die Schuldfrage wieder völlig eindeutig. Nero wird als bösartiger Tyrann charakterisiert, der nicht einmal seine eigene Mutter verschont. Holofernes, ein zügelloser Heerführer, ruft zum Götzendienst auf. Und Antiochus ist die Inkarnation der Hoffart. Das Wort »pride« [Stolz] erscheint viermal in der kurzen Darstellung.

Die beiden nächsten Vertreter, Alexander und Julius Cäsar, erscheinen zunächst edel und vorbildlich. Doch gerade beim Porträt von Alexander, von dem der Mönch sagt, daß nichts seinen Erfolg schmälern und seinen Kampfgeist mindern könne »Save wyn and wommen« (VII, 2644) [außer Wein und Frauen], wird der Bezug zum traditionellen Alexanderbild sofort wieder deutlich. In der homiletischen Literatur ist Alexander ein Negativbeispiel, d.h., sein Fall ist selbstverschuldet – so wenigstens würde es ein zeitgenössisches Publikum interpretieren. Bei der Beschreibung des Schicksals von Julius Cäsar zieht der Autor eine Parallele zum Schicksal von Pompeius. Im Kampf um die Vorherrschaft zwischen diesen beiden heroischen Figuren wurde Pompeius durch schnöden Verrat gestürzt. Cäsar ging somit siegreich aus der Auseinandersetzung hervor. Ihn aber ereilte das gleiche Schicksal in Gestalt des Verräters Brutus. Unterschwellig wird hier jedenfalls deutlich, daß ein Sieg, errungen mit unlauteren Mitteln, ob vom Sieger gebilligt oder nicht, destruktives Potential in sich birgt. Cäsar ist impliziert. Auch er wird durch die Hand eines Verräters sterben.

Bei Krösus, dem abschließenden Beispiel, ist die Schuldfrage wieder eindeutig. Er wird vom Erzähler des Stolzes bezichtigt. Seines Hochmuts wegen kommt er schließlich elendiglich ums Leben, wie ihm seine Tochter bei der Deutung seines Traumes vorhergesagt hat.

Zusammenfassend läßt sich folglich sagen, daß der Fall der Mächtigen in der *Monk's Tale* auf persönlichem Verschulden beruht. Diese Tatsache wird nicht immer explizit hervorgehoben. In einigen Fällen bedarf es der Kenntnis der moraltheologischen Tradition, aus der die Fallbeispiele entlehnt sind, und in anderen evoziert wahrscheinlich der Name Vorstellungen bei einem zeitgenössischen Publikum, die dem heutigen Leser nicht mehr präsent sind. Die eigentliche Darstellung Fortunas in diesen Episoden dürfte wohl vor allem poetisch motiviert sein. Wenngleich der Mönch diese Schicksalsmacht gelegentlich als Individuum zeichnet, die ihre Günstlinge zunächst erhebt, sie dann in Sicherheit wiegt und sie schließlich fallen läßt, scheint er damit nur das zu illustrieren, was auch Boccaccio im Prolog zu seiner *De-casibus*-Sammlung betont hat. Die Mächtigen betrachten ihren Reichtum und ihren Status als Güter Fortunas und verkennen, daß Gott die eigentliche Quelle aller sogenannten Glücksgüter ist. Diese Tatsache wird in der *Monk's Tale* nie aus den Augen verloren, selbst wenn es gelegentlich den Anschein hat, als ob Fortuna völlig willkürlich und eigenständig das Schicksal der Menschen bestimmt.

Die Reaktion auf die Erzählung des Mönches ist, wie bereits erwähnt, negativ. Der Ritter ist unzufrieden mit der generellen Thematik, da er die Komödie, d.h. den erfolgreichen Aufstieg des Menschen aus widrigen Umständen, der Tragödie vorzieht. Und Harry Baily ist einfach gelangweilt – offensichtlich hält er nichts von Boccaccios Behauptung zu Beginn von Buch II seiner *De-casibus*-Sammlung, daß man das Gleiche gar nicht oft genug wiederholen könne, um die gewünschte didaktische Wirkung zu erzielen. Er sei beinahe eingeschlafen, und dann wäre die Anstrengung des Mönches völlig umsonst gewesen. Die Kritik richtet sich folglich gegen den Inhalt der Erzählungen und die Darstellungsweise des Mönches, der eigentlich nur das tut, was man von ihm erwarten würde. Es gibt nun einmal unzählige Sammlungen ähnlichen Materials, die von fleißigen Ordensbrüdern des Mönches in den klösterlichen Skriptorien zusammengestellt wurden. Der Mönch steht fest in dieser Tradition. Auch er könnte hundert Geschichten zur gleichen Thematik erzählen, eine Aussicht, der man im vorgegebenen Erzählkontext nur mit Schrecken hätte entgegensehen mögen. Deshalb greift Chaucer zum bewährten Mittel der Unterbrechung, um der dogmatisch zwar soliden, aber von der Erzählweise her nicht gerade begeisternden Tragödiensammlung des Mönches mit der Geschichte des Nonnenpriesters ein Gegengewicht zu setzen.

Bibliographie zur Monk's Tale

Berndt, David E. »Monastic *Acedia* and Chaucer's Characterization of Daun Piers.« *SP*. 1971; 68:435–50.

Boitani, Piero. »The *Monk's Tale*: Dante and Boccaccio.« *MAE*. 1975; 45:50–69.

Delasanta, Rodney K. »›Namoore of this‹: Chaucer's Priest and Monk.« *TSL*. 1968; 13:117–32.

Fry, Donald K. »The Ending of the *Monk's Tale*.« *JEGP*. 1973; 71:355–68.

Haas, Renate. »Chaucers Tragödienkonzept im europäischen Rahmen.« In *Zusammenhänge, Einflüsse, Wirkungen. Kongreßakten zum ersten Symposium des Mediävistenverbandes in Tübingen*. Hg. Jörg O. Fichte, Karl Heinz Göller und Bernhard Schimmelpfennig. Berlin, New York: Walter de Gruyter; 1986. S. 451–65.

Johnson, Dudley R. »The Biblical Characters of Chaucer's Monk.« *PMLA*. 1951; 66:827–43.

Kaske, Robert E. »The Knight's Interruption of the *Monk's Tale*.« *ELH*. 1957; 24:249–68.

Lepley, Douglas L. »The Monk's Boethian Tale.« *ChauR*. 1977; 12:162–70.

Olson, Kurt. »Grammar, Manhood, and Tears: The Curiosity of Chaucer's Monk.« *MP*. 1978; 76:1–17.

Oruch, Jack B. »Chaucer's Worldly Monk.« *Criticism*. 1966; 8:280–88.

Socola, Edward M. »Chaucer's Development of Fortune in the ›Monk's Tale‹.« *JEGP*. 1950; 49:159–71.

The Nun's Priest's Tale

Innerhalb der kontrastiven Struktur der *Canterbury Tales* kommt der *Nun's Priest's Tale* eine doppelte Aufgabe zu: Sie fungiert einerseits als gattungsmäßiges und andererseits als ideologisches Gegengewicht zur vorhergehenden *Monk's Tale*. Es handelt sich um eine epische Tiererzählung, die Züge der Fabel, des Exemplums und der Bestiarien in sich vereint und die Form einer Komödie hat. Von ihrem Aufbau her erfüllt sie somit die Anforderungen des Ritters, der, nachdem er die *De-casibus*-Tragödien des Mönches unterbrochen hat, folgenden Handlungsablauf fordert: »And the contrarie is joye and greet solas, / As whan a man hath been in povre estaat, / And clymbeth up and wexeth fortunat, / And there abideth in prosperitee.« (VII, 2774–77) [Dagegen ist es für mich eine Freude und eine große Befriedigung, wenn ein Mensch, der in Armut lebte, aufsteigt und glücklich wird und sein Glück dann von Bestand ist]. Wenngleich die Geschichte auch nicht von einem Menschen handelt, dem dieses Schicksal beschieden ist, dann doch von einem Hahn, der sich bisweilen so menschlich verhält, daß man geneigt ist zu vergessen, daß es sich bei ihm um ein Tier handelt. Vor der Folie der *Knight's Tale* betrachtet, dürfte die Erzählung vom Hahn Chauntecleer und seiner Frau Pertelote wohl nicht ganz den Erwartungen des Ritters entsprechen, der sich wahrscheinlich eine erhabenere Darstellung des von ihm gewünschten Themas vorgestellt hat. Vor dem Hintergrund der tristen *Monk's Tale* jedoch erweist sich die *Nun's Priest's Tale* als brillante Umsetzung der Forderung des Wirts nach etwas Heiterem in der vom Ritter gewünschten Form.

Die literarische Qualität der Erzählung ist folglich auch nie angezweifelt worden. Für viele Chaucerliebhaber ist sie die beste der *Canterbury Tales*, der Inbegriff Chaucerscher Weltsicht und Dichtkunst (Muscatine, S. 238, Pearsall, S. 230). Diese Ansicht kommt in einer Anekdote zum Ausdruck, die der ehemalige

Harvard-Professor Morton Bloomfield berichtet: Einer seiner Lehrer habe die *Nun's Priest's Tale* zur Eignungsprüfung für das Literaturstudium erhoben: »Wenn jemand keinen Gefallen an dieser Geschichte finden konnte, stand fest, daß Literatur und Literaturstudium nichts für ihn waren« (Bloomfield, S. 70). Trotz oder vielleicht gerade wegen der allgemeinen Anerkennung, die der Geschichte von der Chaucerkritik gezollt wird, gibt es keinen verbindlichen Interpretationsansatz, der über die Beschreibung der künstlerischen Mittel hinausgeht. Beharrlich hat sich die Erzählung des änigmatischen Nonnenpriesters der Festlegung ihrer Bedeutung entzogen. Es gibt einfach zu viele Nuancen, Schattierungen, bewußte Widersprüche, Halbheiten, Andeutungen und ironische Umkehrungen, als daß sich eine eindeutige Lesart herauskristallisieren ließe. Und so erscheint die Erzählung in der Chaucerkritik eher wie ein Mosaik, dessen Gesamtheit man nicht erfassen kann, wenn man zu nahe an es herantritt. Man erkennt die Umrisse der Komposition, Einzelheiten fallen ins Auge, aber das Gesamtbild bleibt unklar. Unter diesen Umständen erscheint es geradezu widersinnig, daß man zu Anfang der fünfziger Jahre *die* Bedeutung der *Nun's Priest's Tale* gefunden zu haben glaubte. Gestützt auf die Aussage des Erzählers meinte man den Schlüssel zur Erzählung selbst zu besitzen: »But ye that holden this tale a folye, / As of a fox, or of a cok and hen, / Taketh the moralite, goode men. / For Seint Paul seith that al that writen is, / To oure doctrine it is ywrite, ywis; / Taketh the fruyt, and lat the chaf be stille.« (VII, 3438–43) [Ihr aber, die ihr diese Erzählung für eine Torheit haltet – von einem Fuchs oder von einem Hahn und einer Henne –, nehmt die Moral, ihr guten Leute. Der hl. Paulus sagt nämlich, daß alles, was geschrieben steht, für unsere Belehrung geschrieben worden ist; nehmt die Frucht und laßt die Schale liegen.]. Der Nonnenpriester bezieht sich hier offensichtlich auf eine Stelle im 2. Kor. 3, 4–6: »Ein solches Vertrauen aber haben wir durch Christus zu Gott. Nicht daß wir tüchtig sind von uns selber, etwas zu erdenken, als von uns selber; sondern, daß wir tüchtig sind, ist von Gott, welcher uns auch tüchtig gemacht hat zu Dienern des neuen Bundes, nicht des Buchstabens, sondern des Geistes. Denn der Buchstabe tötet, aber der Geist macht lebendig.« Dazu heißt es wie folgt in der Auslegung durch den hl. Augustinus, der das Wort mit der Spreu vergleicht, das den Weizen des Geistes verhüllt: »Die Spreu zu essen, heißt ein Lasttier zu sein, den Weizen zu essen aber ein Mensch. Wer seinen menschlichen Verstand benutzt, wird deshalb die Spreu zur Seite werfen und den Weizen des Geistes essen. Darum ist es nützlich, daß das Geheimnis durch den Buchstaben verhüllt wird.« (*De doctrina christiana*, 3.5.9). Der Erzähler fordert also durch den Hinweis auf den Korintherbrief und die darin implizierte Auslegung durch den hl. Augustinus den Leser auf, seine Erzählung nicht wortwörtlich, sondern im übertragenen Sinn zu verstehen. Damit scheint er dem Leser den Schlüssel zur Interpretation geradezu in die Hand zu drücken. Die *Nun's Priest's Tale* muß eine Allegorese sein! Mit diesem interpretatorischen Schlüssel läßt sich der tiefere Sinn der Geschichte erschließen. Nach sorgfältiger Prüfung des Figureninventars, des Milieus und der Handlung kommt Mortimer J. Donovan (1953) zu folgendem Ergebnis: Bei der Geschichte handle es sich um eine Predigt zum Thema Sündenfall mit glücklichem Ausgang (S. 506). Die Witwe, Eigentümerin des Hühnerhofes, sei die heilige Kirche (S. 505), der Hahn Chauntecleer der wachsame und aufmerksame Christ (S. 502–03) und der Fuchs der Häretiker und Teufel (S. 498). In seinem 1954 erschienenen Aufsatz meint Charles Dahlberg, sogar zwei übertragene Ebenen in der *Nun's Priest's Tale* ausmachen zu können. Auf der primären Ebene repräsentiere der Fuchs die Bettelmönche (S. 280), der Hahn den weltlichen Klerus (S. 282) und die arme Witwe die irdische Kirche (S. 285). Auf einer höheren Ebene aber sei Chauntecleer eine Figura Christi (S. 286), Pertelote eine Figura der ewigen Kirche (S. 286) und der Fuchs eine Figura des Teufels (S. 285). Beide Forscher sehen sich in ihrer Annahme durch das Bild des Gartens oder Hühnerhofs bestätigt, das zu Anfang der Geschichte erwähnt wird (VII, 2847–49). Sie entdecken darin eine Parallele zum *hortus conclusus*, zum Paradiesgarten, im Hohen Lied des Salomon. Allegorischer Lesart zufolge ist dieser Garten eine Figura des irdischen Paradieses. Außerdem weise die Tatsache, daß die Tiere sprechen könnten, auf die Zeit vor dem Sündenfall hin. Folglich sei es Chaucers Absicht, in der *Nun's Priest's Tale* die Geschichte von der Versuchung und dem Fall des Menschen erneut darzustellen. Dies sei die Bedeutung, auf die der Erzähler am Ende seiner Geschichte anspiele. Abgesehen von berechtigten Zweifeln, die von befugter theologischer Seite im Mittelalter gegen die Gleichsetzung von Allegorese und Allegorie erhoben wurden, müßte eine Allegorie, um als solche fungieren zu können, einwandfreie Korrespondenzen zwischen der wörtlichen Bedeutung und den übertragenen Sinnebenen aufweisen. Beides, der Buchstabe und der Geist, das Ding und seine tiefere Bedeutung, die Spreu und der Weizen, der Hahn, der Fuchs, die Witwe und deren Signifikanz auf der allegorischen Ebene müssen durch diesen Prozeß gleichermaßen an Bedeutung gewinnen (vgl. Allan, S. 26). Und selbst das Integumentum im Sinne von Bernhard Silvestris, d. h. eine erfundene Geschichte wie die Mythen der Antike mit tieferer moralischer und historischer Bedeutung, muß eine solche Korrespondenz zwischen den verschiedenen Sinnebenen enthalten. Schaut man sich die von Donovan vorgeschlagene Allegorisierung unter diesem Gesichtspunkt an, läßt sich folgendes sagen: Auf Witwe und Fuchs scheint die Korrespondenz zuzutreffen. Es ist einsichtig, daß die alte Witwe als Figura der Kirche gedacht sein könnte, da die Kirche schließlich für das geistliche Wohl des Einzelchristen Sorge tragen muß. Es ist auch vorstellbar, daß der Fuchs den Teufel symbolisiert, der, so wie der Fuchs auf Hühnerfang, auf Seelenfang aus ist. Auch in den Bestiarien gibt es dafür Anhaltspunkte. Die Frage stellt sich jedoch, ob Chauntecleer als wachsamer und aufmerksamer Christ gelten kann. Schließlich verläßt er seinen sicheren Platz, weil er so sehr in seine schöne Frau Pertelote verliebt ist, daß er sein eigenes besseres Wissen in den

Wind schlägt und die warnenden Omen mißachtet, die ihm Unheil verheißen haben. Aus Lüsternheit verläßt er seinen sicheren Ort und setzt sich der Gefahr aus. Ist er erst einmal auf der Erde, wird er ein argloses Opfer des Fuchses. Aus Eitelkeit vergißt Chauntecleer jegliche Vorsichtsmaßnahmen. Beim Krähen schließt er sogar seine Augen, so daß ihn der Fuchs leicht beim Genick erwischen und mit sich fortschleppen kann. Erst im letzten Moment gelingt es Chauntecleer, sich mit Hilfe eines Tricks aus der mißlichen Lage zu befreien. Offensichtlich läßt sich angesichts dieser Vorgänge auf der wörtlichen Erzählebene die von Donovan postulierte allegorische Lesart nicht aufrechterhalten. Chauntecleer ist weder wachsam noch aufmerksam, und es ist mehr als zweifelhaft, ob er als Christ bezeichnet werden kann. Seine Ehe z. B. ist monogam und polygam zugleich. Sie ist inzestuös und, so unwahrscheinlich es klingen mag, auch morganatisch (vgl. VII, 2865–76). Diese Tatsachen, Chauntecleers Verhaltensweise und seine Liebesbeziehung zu seinen Hühnerdamen, lassen sich nur schwer im Rahmen der von Donovan geforderten allegorischen Struktur unterbringen.

Dieselben Schwierigkeiten ergeben sich übrigens auch bei Dahlbergs allegorischer Deutung. Wie ist es möglich, Chauntecleer mit Christus gleichzusetzen? Wo gibt es im Neuen Testament einen Hinweis darauf, daß er ein Opfer seiner fleischlichen Begierden geworden wäre? Wo einen Beleg für seine Geliebten und dafür, daß er in die Klauen des Teufels gefallen ist? Und wie lassen sich Pertelotes Binsenwahrheiten mit der göttlichen Wahrheit der heiligen Kirche vergleichen? Auch hier funktioniert die notwendige Korrespondenz zwischen wörtlicher und übertragener Ebene offensichtlich nicht, d. h. aber nichts anderes, als daß eine allegorische Lesart, wie sie Donovan und Dahlberg vorgeschlagen haben, nicht möglich ist.

Ein Blick auf die verschiedenen Lehren, die zu Ende der Erzählung von Hahn, Fuchs und Erzähler vorgetragen werden, hätte allzu beflissenen »Allegorikern« bereits eine Warnung sein müssen. Ganz bewußt werden hier dem Leser verschiedene Interpretationsmöglichkeiten angeboten, so daß die »moralite« (VII, 3440) [Moral] gar nicht eindeutig sein kann. Vielmehr zielt auch hier die Erzählstrategie auf Vieldeutigkeit ab: Dem Rezipienten werden Möglichkeiten zur Wahl gestellt, die er ganz nach Lust und Laune wahrnehmen kann. Weiterhin sind die hier formulierten Erkenntnisse keineswegs grundlegend, sondern bewegen sich ziemlich an der Oberfläche menschlichen Abstraktionsvermögens. Es handelt sich mehr um Sprichwörtliches als um wirkliche Einsichten in menschliches Verhalten. Und angesichts der Banalität des Geschehens zu diesem Zeitpunkt wären tiefschürfende philosophische Betrachtungen wohl auch fehl am Platz. Situation und Kommentar sind in diesem Moment aufeinander abgestimmt, so daß die hochtrabende Aufforderung des Erzählers, die Moral der Geschichte zu beachten und den Rest fahren zu lassen, von vornherein an der wirklichen Sachlage vorbeizugehen scheint. Viel wahrscheinlicher ist es, daß sich Nonnenpriester und Autor über den Moralanspruch der »goode men« (VII, 3440) [guten Leute] lustig machen, die ähnlich wie der Rechtsgelehrte Erbauliches und Lehrhaftes in der Literatur fordern (vgl. Manning, S. 404; Allen, S. 27; Scheps, S. 5; Pearsall, S. 237–38). Der Nonnenpriester erzählt eine Fabel, d. h. eine Geschichte, die von vielen traditionell als unwahr betrachtet wird, selbst wenn er im Brustton der Überzeugung den Wahrheitsgehalt seiner Erzählung beteuert. Nun will er sich gegenüber den Lesern, Zuhörern oder Pilgern rechtfertigen, die sich wie der Landpfarrer – »'Thou getest fable noon ytoold for me'« (X, 31) [»Von mir wirst du keine Fabel erzählt bekommen«] – gegen die Erzählung verwahren könnten, indem er sie auffordert, nach einer Moral zu suchen, die die Geschichte in theologisch eindeutiger Form gar nicht beinhaltet. Ironischerweise hat der Erzähler bereits vorher auf das Buch von »Launcelot de Lake« (VII, 3212) verwiesen, einen höfischen Roman, der als Lügengeschichte berüchtigt war, um den Wahrheitsgehalt seiner Erzählung zu beteuern. Eine klar fixierbare Moral scheint die Geschichte nicht zu haben, eine Tatsache, die jedoch nicht negativ zu deuten ist. Chaucer scheint vielmehr durch sein Sprachrohr, den Nonnenpriester, zum Ausdruck bringen zu wollen, daß ein literarisches Werk keiner konventionellen Moral bedarf, um seine Existenz zu rechtfertigen. Literatur trägt ihre eigene Existenzberechtigung in sich. Und aus dieser Perspektive gesehen, würde die *Nun's Priest's Tale* zu einem weiteren Beispiel für Chaucers subtile Kritik an den herkömmlichen Prinzipien orthodoxer mittelalterlicher Literaturästhetik. Er würde damit die Vorstellung ausräumen, eine schöne Hülle müsse einen ethischen Kern umschließen, um für eine Leser- oder Hörerschaft akzeptabel zu sein. Wie Judson B. Allen (S. 35) zu Recht feststellt, »ist der Weizen die Spreu«. Umgekehrt läßt sich aber auch die Spreu als Weizen bezeichnen, d. h., die Wirkung der Erzählung beruht nicht auf der vorgegebenen Moral, die durch die Oberfläche transparent wird, sondern mögliche Bedeutungen lassen sich aus der Erzählweise herausschälen. Und hierin liegt zugleich die Schwierigkeit, da die Geschichte eine so komplexe Struktur und Rhetorik aufweist, daß die sich bietenden Möglichkeiten immer wieder ironisch gebrochen werden.

Trotz ihrer Form als epischer Tiererzählung ist die *Nun's Priest's Tale* nicht arm an gewichtigen Themen. Sie beschäftigt sich z. B. mit der Bedeutung von Träumen, eine Thematik, der Chaucer in seiner frühen Dichtung, vor allem im *House of Fame*, viel Aufmerksamkeit gewidmet hat. Weiterhin begegnet man der häufig behandelten Frage, inwieweit sich göttliche Vorsehung und menschliche Willensfreiheit vereinbaren lassen. Man denke an die Diskussion im 4. Buch des *Troilus*, in der *Knight's Tale*, der *Franklin's Tale* und der vorhergehenden *Monk's Tale*. Und schließlich finden sich hier eine Anzahl weiterer Themen, die immer wieder in den *Canterbury Tales* aufgegriffen und neu beleuchtet werden, wie z. B. das Zusammenleben in der Ehe, menschliche Eitelkeit, menschliche Torheit und menschliche Gewitztheit. Von der Thematik her beurteilt – Stoff für ein Epos, doch die Abhandlung dieser Themen findet auf der Ebene des Hühnerhofes statt. Damit weicht die Ernsthaftigkeit einer humorvollen, verschmitzten Darstellung. Anstatt Erhabenheit begegnet man ironischer Distanz, denn immer wieder rückt der Erzähler die Perspektive zurecht. Er läßt seine Zuhörerschaft nie vergessen, daß sich die Geschichte auf einem Hühnerhof ereignet und Chauntecleer und Pertelote Federvieh und keine Menschen sind. Mit Hilfe der Tierfabel schafft er einerseits eine erzählerische Distanz und stattet andererseits seine Hauptfiguren mit unverwechselbaren menschlichen Eigenschaften aus, die darüberhinaus Typencharakter haben. Die Probleme, die in dieser Geschichte behandelt werden, sind offensichtlich menschliche Probleme, doch die Figuren bleiben trotz all ihrer menschlichen und typenmäßigen Charakterzüge Tiere. Dieses Festhalten an den Gegebenheiten auf der tierischen Ebene spielt in Chaucers Handhabung der Fabel eine wichtige Rolle. Er benutzt diese literarische Gattung nicht für exemplarische Zwecke, sondern er schafft im Tierreich eine Situation, die einer bestimmten menschlichen Situation entsprechen soll, so daß der Bezug zwischen den beiden Ebenen umfassend und total ist. Man denke an die Aesopischen Fabeln, wo die Charaktere einfach der Tierwelt entnommen sind, sich aber genauso verhalten wie die Menschen; oder an die beispielhafte Umsetzung von Renart-Episoden in der Predigtliteratur Englands in der Mitte des 14. Jahrhunderts durch John of Sheppey, Nicholas Bozon und John Bromyard, die mit Hilfe von Tiergeschichten eine bestimmte geistliche oder moralisch-menschliche Situation illustrieren wollen (vgl. Shallers, S. 324–28); oder an die Tierepen selbst, vor allem den *Roman de Renart*, deren Ursprünge sich aus der Absicht herleiten, den heldisch-höfischen Roman zu persiflieren (vgl. Jauß, *Untersuchungen zur mittelalterlichen Tierdichtung* [Tübingen, 1959], S. 219 ff.). In allen drei Typen werden auf der tierischen Ebene Analogiesituationen zur menschlichen Ebene geschaffen: Die spezifisch tierischen Merkmale, die gewisse Tiere auszeichnen, bleiben dabei weitgehend unberücksichtigt. Chaucer hingegen bedient sich der Fabel, um eine Wechselwirkung zwischen den Ebenen zu erzielen. Immer wieder bricht er die Illusion, als handle es sich bei den Figuren um menschliche Charaktere, die einfach in einen Hühnerhof hineintransponiert seien. Er vermenschlicht seine Hühner nie so sehr, daß sie nicht mehr als Hühner erkennbar wären. Sobald die Fiktion zu real erscheint, wird sie vom Autor zerstört. Nach dem langen gelehrten Diskurs der beiden Ehepartner Chauntecleer und Pertelote über die Bedeutung von Träumen steigt der Hahn von seinen philosophischen Höhen herab und blickt liebevoll verlangend auf Pertelote: »Jetzt wollen wir aber von etwas Erfreulichem reden; lassen wir das andere. Frau Pertelote, bei meinem Seelenheil, in einer Sache hat Gott mir große Gnade gewährt; denn wenn ich die Schönheit Eures Antlitzes sehe – Ihr seid so scharlachrot um die Augen –, dann verschwindet meine ganze Furcht; [...] Und mit diesen Worten flog er vom Balken herab [...] Königlich war sein Gebaren, er fürchtete sich nicht mehr. Zwanzigmal flog er auf Pertelote und trat sie auch ebenso oft, noch bevor es 9 Uhr war.« (VII, 3157–62, 72, 76–79). Die kleine Bemerkung über den roten Ring um Pertelotes Augen bringt uns nach all der hochtrabenden Rhetorik wieder auf die Ebene des Hühnerhofes. Auch die Beschreibung von Chauntecleers amouröser Tätigkeit verstärkt diesen Eindruck. Den gleichen Trick benutzt Chaucer übrigens noch einmal, um die Erörterung über göttliche Vorsehung, Prädestination und menschliche Willensfreiheit zu beenden. Nachdem der Erzähler diese gewichtigen Fragen in die thematische Landschaft seiner Geschichte hineingestellt hat, bricht er unvermittelt mit dem Hinweis ab, er wolle ja nur von einem Hahn erzählen, der den Rat seiner Frau hätte teuer bezahlen müssen. Damit verlagert sich das Geschehen wieder vom Gipfel philosophischer Betrachtungsweise in die Niederungen des Hühnerhofes, in dem diese Probleme einen ganz anderen Stellenwert haben.

Um die Ernsthaftigkeit seiner Erzählung hin und wieder in Frage zu stellen, benutzt Chaucer auch den Kunstgriff der heroischen Parodie. Nachdem der Fuchs sich in den Hühnerhof eingeschlichen hat und dem ahnungslosen Chauntecleer auflauert, unterbricht der Erzähler den Fortgang der Handlung mit einer kurzen Apostrophe, in der er berüchtigte Verräter zitiert: »O false mordrour, lurkynge in thy den! / O newe Scariot, newe Genylon, / False dissymulour, o Greek Synon, / That broghtest Troye al outrely to sorwe!« (VII, 3226–29) [O falscher Mörder, der du in deinem Versteck lauerst! O neuer Judas, neuer Ganelon, falscher Verräter, o Grieche Sinon, der du Troja ins Unglück stürztest!]. Die Sprache gewinnt hier an heroischer Größe, nur weil ein Hahn von seinem sicheren Platz auf seiner Hühnerstange hinunter in den Hof geflogen ist, wo ihm der Fuchs auflauert!

Chaucer benutzt diesen Kunstgriff noch einmal, als Chauntecleer wirklich vom Fuchs geschnappt wird. In etwa 35 Versen folgen in rasanter Abfolge eine Apostrophe an das Schicksal, eine Anrufung der Venus, eine weitere Apostrophe an den Grammatiker Galfredus von Vinsauf, den der Autor um poetischen Beistand bittet. Darauf folgen drei hyperbolische Vergleiche mit der Klage um Priamus, mit der Trauer von Hasdrubals Frau und mit dem Jammer der Senatorenfrauen, als Nero Rom anzünden und die Senatoren erschlagen ließ. Pertelotes Trauer und Klage seien noch viel gewaltiger gewesen. Chaucer entzündet hier vor unseren Augen ein brillantes rhetorisches Feuerwerk, bedient sich der gesamten epischen Maschinerie und inszeniert ein eindrucksvolles Schauspiel, nur weil ein eitler und dummer Gockel von einem Fuchs geschnappt und fortgeschleppt worden ist. Um jedoch noch weiter zur Erheiterung des Publikums beizutragen, katapultiert der Erzähler seine Zuhörer sofort wieder aus der hehren Welt der Antike in die prosaische Gegenwart des Hühnerhofes. Nach seinem ernüchternden Kommentar »Now wole I turne to my tale agayn« (VII, 3374) [Jetzt will ich mich wieder meiner Erzählung zuwenden] folgt die Beschreibung der Verfolgungsjagd. Alles rennt, bewaffnet mit Stöcken und Spinnrocken, hinter dem Fuchs her: die Witwe, ihre beiden

Töchter, die Magd, die Hunde, die Kuh, das Kalb, selbst die Schweine, wie eine Horde wildgewordener Teufel. Es herrscht ein heilloses Durcheinander. Die Beschreibung der Szene ist meisterhaft gehandhabt, was jedoch nicht darüber hinwegtäuschen darf, daß sie zum Repertoire komischer Szenen in der mittelalterlichen Literatur gehört. Die wahre Leistung Chaucers liegt in der Verbindung dieses Topos mit der vorhergehenden rhetorischen »tour de force«. Die Gegenüberstellung dieses heterogenen Materials und die grundverschiedenen Sprachstile zerstören jegliche Illusion einer höfischen Atmosphäre, die Chaucer gelegentlich in der *Nun's Priest's Tale* hervorruft. Die Handlung findet nicht in einer Ritterburg, sondern auf einem Hühnerhof statt.

Wie verschiedene Male betont, sind die Probleme, die in der Erzählung des Nonnenpriesters angeschnitten werden, trotz des humorvollen Tons der Präsentation ernsthaft. Die Bedeutung von Träumen z. B. spielt eine nicht unwesentliche Rolle in Chaucers Dichtung. Diesem Thema wird auch in der *Nun's Priest's Tale* ein breiter Raum gewidmet. Chauntecleers Traum folgt eine längere Diskussion über den Wahrheitsgehalt und die Aussagekraft von Träumen. Chauntecleer hat von einem Tier geträumt, das in den Hühnerhof eingebrochen war und ihn töten wollte. Dieses Tier sah wie ein Hund aus, hatte ein rötliches Fell, einen langen Schwanz, schwarze Ohren, eine schmale Schnauze und zwei stechende Augen. Trotz dieser einwandfreien Beschreibung, die nur auf einen Fuchs zutreffen kann, erkennt Chauntecleer seinen Erzfeind nicht. Ihm wird, so glaubt er, eine göttliche Warnung zuteil in der offensichtlichsten Form, die ein Traum mit prophetischer Bedeutung annehmen kann – der *visio*, in der die Zukunft klar und deutlich ohne Verhüllung erscheint –, und trotzdem kann er mit diesem Traum nichts anfangen. Pertelote hingegen behauptet, der Traum ihres Mannes sei ein *insomnium*, herbeigeführt durch ein Übermaß an Cholerese, also Absonderung der roten Galle. Nach dieser Ansicht wäre Chauntecleers Traum kein *somnium caeleste* – prophetischer

Traum, sondern lediglich ein *somnium naturale* – ein Traum, der auf natürliche Ursachen zurückzuführen und somit bedeutungslos sei. Aufgrund dieser gegensätzlichen Meinung entspinnt sich eine lange, gelehrte Disputation über das Wesen und den Ursprung von Träumen. Pertelote ist eine energische Verfechterin der Humoralpathologie. Ihre anatomischen und physiologischen Kenntnisse sind hervorragend. Und ihr Vorschlag, Chauntecleer solle ein Abführmittel einnehmen, wäre durchaus vereinbar mit mittelalterlichen Heilpraktiken, wenn ihre Diagnose stimmte (vgl. Curry, S. 48–51). Doch gerade hierin scheint der Fehler ihrer Therapie zu liegen, denn Pertelote, die moderne, medizinisch bewanderte Henne, will nicht zugeben, daß Chauntecleers Traum vielleicht doch nicht auf natürliche Ursachen zurückzuführen ist. Deshalb fühlt sich nun Chauntecleer seinerseits verpflichtet, ihr einen langen Vortrag über mittelalterliche Traumtheorie zu halten. Anhand vieler Beispiele illustriert er die prognostische Bedeutung von Träumen. Man sollte nun annehmen, daß Chauntecleer nach dieser großangelegten Verteidigung die entsprechenden Lehren zöge, doch weit gefehlt. Ironischerweise schlägt er die Warnung in den Wind. Hingerissen von seinen Gefühlen tut er genau das Gegenteil von dem, was er tun sollte. Der Anblick seiner attraktiven Frau Pertelote weckt ein solches Verlangen in ihm, daß er alles, was er gerade behauptet hat, außer acht läßt. In diesem Teil steht folglich nicht die mittelalterliche Traumauffassung zur Diskussion, er beinhaltet vielmehr eine Kritik an denen, die Warnungen erhalten und sie trotzdem nicht beachten. Chauntecleer fliegt von seinem sicheren Platz auf der Stange in den Hof hinab, um sich nun mit Pertelote zu vergnügen. Nicht zu Unrecht begleitet er seine Handlung mit dem Ausspruch: »For al so siker as *In principio*, / *Mulier est hominis confusio* – / Madame, the sentence of this Latyn is, / 'Womman is mannes joye and al his blis.'« (VII, 3163–66) [denn so wahr wie das *In principio* ist das *Mulier est hominis confusio* – Madame, die Bedeutung dieses lateinischen Spruches ist: »Die Frau ist des Mannes Freude und sein ganzes

Glück.«]. In beiderlei Hinsicht hat Chauntecleer recht. Das theologisch fundierte lateinische Sprichwort bezieht sich auf den ursprünglichen Sündenfall. Weiterhin beinhaltet es, daß der Mensch immer wieder ein Opfer seines Verlangens wird. Der menschliche Wille gewinnt Einfluß über den Verstand und verleitet ihn dann, Handlungen zu sanktionieren, die er hätte verhindern oder abblocken müssen. Dadurch wird die gottgewollte Hierarchie verkehrt, eine Hierarchie, die im ehelichen Bereich ihren Ausdruck in der Vorherrschaft des Mannes über die Frau findet. Eine Umkehr dieser Hierarchie aber bedeutet nichts anderes als Sünde, die sich mittelalterlicher Auffassung zufolge dadurch ausdrückt, daß der Mensch seinen Libidoimpulsen nachgibt. Die sexuelle Vereinigung von Adam und Eva wird deshalb zum symbolischen Ausdruck für den Sündenfall.

Chauntecleer hat also vom Prinzipiellen her recht, wenn er diesen lateinischen Ausspruch zitiert; er hat aber auch von der Situation her recht. Offensichtlich läßt er sich durch den Sexappeal seiner schönen Frau so verwirren, daß er gegen sein besseres Wissen die ihm zuteil gewordene Warnung in den Wind schlägt. Für ihn bewahrheitet sich, im Moment wenigstens, die von ihm gewählte Übersetzung des lateinischen Sprichwortes: »Die Frau ist des Mannes Freude und sein ganzes Glück.«

Chauntecleers Entscheidung, sich nicht vom prophetischen Traum leiten zu lassen, wirft aber noch ein weiteres Problem auf: Wie ist Gottes Vorsehung mit der menschlichen Willensfreiheit vereinbar? Der Erzähler ist sich dieses Zusammenhangs durchaus bewußt, denn in dem Moment, da Chauntecleer seine Entscheidung getroffen hat und sich mit Pertelote amüsiert, der Fuchs aber bereits auf der Lauer liegt, um sich im günstigen Moment auf Chauntecleer zu stürzen, unterbricht er seine Erzählung mit einer längeren Apostrophe, in der verschiedene Möglichkeiten zur Diskussion gestellt werden. Genannt werden drei Autoritäten, nämlich der hl. Augustinus, Boethius und Bischof Bradwardine, die unterschiedliche Meinungen vertreten, wie die göttliche Vorsehung und die menschliche Willensfreiheit miteinander zu vereinbaren seien. Der Kirchenvater Augustinus vertrat die Auffassung, daß die menschliche Willensfreiheit völlig unabhängig von Gottes Vorsehung sei. Boethius hingegen glaubte, daß Gottes Vorsehung zwar die menschliche Willensfreiheit grundsätzlich nicht berühre, es sei denn im Hinblick auf bedingte Notwendigkeit (»necessitee condicioneel«, VII, 3250). Und Bischof Bradwardine schließlich war der Meinung, daß alle menschlichen Entscheidungen durch einfache Notwendigkeit (»symple necessitee«, VII, 3245) bedingt seien, d. h., in seinem philosophischen System hat die göttliche Vorsehung den größten Einfluß auf die menschliche Entscheidungsfreiheit (vgl. dazu den Aufsatz von Payne). Der Erzähler skizziert diese Möglichkeiten, legt sich aber nicht fest. Die akademische Frage bleibt also auf der Ebene der Diskussion unbeantwortet. Innerhalb der Geschichte selbst zeichnet sich jedoch eine Lösung ab. Der deterministische Chauntecleer – der Hahn war fest davon überzeugt, daß ihm sein Traum unweigerlich Unglück bringen müsse, da ihm Einblick in Gottes Vorsehung gewährt worden ist – gerät zwar in eine ausweglos erscheinende Situation, kann sich jedoch daraus befreien. Lüsternheit, Torheit und Eitelkeit, nicht Gottes Vorsehung, haben ihn zum Opfer des Fuchses werden lassen. Geistesgegenwärtig befreit er sich aus der mißlichen Lage. Zur rechten Zeit fällt ihm ein Trick ein, mit dem er den schlauen Fuchs hereinlegt. Kurzum, die Frage nach der Willensfreiheit, die der Erzähler im entscheidenden Augenblick gestellt hat, als sich die Katastrophe anzubahnen schien, wird positiv beantwortet. Die Entscheidungsebene verschiebt sich jedoch. Anstatt auf dem philosophischen Gipfel zu verweilen, spielt sich der Entscheidungsprozeß auf der Ebene der Geschicklichkeit, Geistesgegenwart und Cleverness ab. Der theologische Überbau bleibt unvermittelt in der geistigen Landschaft stehen, während das Geschehen auf den Boden der Tatsachen zurückkehrt. Will man nun der Erzählung eine tiefere Bedeutung beimessen, d. h., die Fabel zu menschlicher Verhaltensweise in Bezug setzen, dann ließe sich folgende prosaische

Moral ziehen: Solange der Mensch lebt, wird er impulsiv handeln und ist deshalb fehlbar. Trotzdem erlaubt ihm sein gottgegebener Verstand, sich aus hoffnungslos erscheinenden Situationen zu befreien. Der Ausgang der *Nun's Priest's Tale* ist somit positiv. Die Erzählung komplementiert folglich die fatalistische Weltsicht der *Monk's Tale*. Auch in der Geschichte des Nonnenpriesters wird das Problem menschlicher Verantwortlichkeit zuerst in der Form der Tragödie angesprochen. Wenngleich nur ein Hahn, so ähnelt doch Chauntecleers Schicksal zunächst dem der Opfer in den *De-casibus*-Tragödien des Mönches (vgl. dazu die Aufsätze von Watson und Strange, S. 178). Doch dann gibt der Erzähler diesen Ansatz auf und wendet die Geschichte zum Positiven, indem er postuliert, der Mensch könne aus seinen alltäglichen Erfahrungen lernen. Dem Menschen, der vom Nonnenpriester mittels der beiden Hauptakteure Chauntecleer und Pertelote auf der niederen und zugleich höheren Ebene der Tierfabel dargestellt wird, wird die volle Verantwortung für seine Entscheidungen aufgebürdet. Er ist für sein Fehlurteil verantwortlich, was jedoch nicht ausschließt, daß er aus seinen Fehlern lernt. Er ist eitel, irrational und egoistisch, aber auch liebenswert. Wie Paul Ruggiers (S. 195) feststellt: »Zu behaupten, daß der Mensch frei sei, und in gleichem Atemzug diese Behauptung zu widerrufen, schafft eine paradoxe Situation. Und dann zu zeigen, daß Liebe sowohl Freude als auch Leid bringt, intensiviert dieses Paradoxon. Wie soll man sich angesichts dieser Widersprüchlichkeit verhalten?« Die Antwort, die in der *Nun's Priest's Tale* gegeben wird, ist einfach. Sie heißt schlicht: Selbstbeherrschung üben. Ganz gleich, ob der Erzähler oder Chaucer der Verkünder dieser Binsenwahrheit ist, hier kommt die Hoffnung zum Ausdruck, daß rational denkende und handelnde Menschen trotz ihrer Fehlbarkeit Verantwortung in einer hoffentlich rationalen Welt annehmen werden. Diese Erkenntnis scheint die Moral der Geschichte zu sein, auf die der Erzähler am Ende hinweist – eine Moral, die nicht durch einen komplizierten Allegorisierungsprozeß zugänglich gemacht werden muß.

Bibliographie zur Nun's Priest's Tale

Allen, Judson B. »The Ironic Fruyt: Chauntecleer as Figura.« *SP*. 1969; 66:25–35.

Bloomfield, Morton W. »The Wisdom of the Nun's Priest's Tale.« In *Chaucerian Problems and Perspectives. Essays Presented to Paul E. Beichner, C.S.C.* Hg. Edward Vasta und Zacharias P. Thundy. Notre Dame: U. of Notre Dame Pr.; 1979. S. 70–82.

Brody, Saul N. »Truth and Fiction in the *Nun's Priest's Tale*.« *ChauR*. 1979; 14:33–47.

Curry, Walter C. »Chauntecleer and Pertelote on Dreams.« *ESt*. 1924; 58:24–60.

Dahlberg, Charles. »Chaucer's Cock and Fox.« *JEGP*. 1954; 53:277–90.

Donovan, Mortimer J. »The *moralite* of the Nun's Priest's Sermon.« *JEGP*. 1953; 52:493–508.

Gallick, Susan. »Styles of Usage in the *Nun's Priest's Tale*.« *ChauR*. 1977; 11:232–47.

Henderson, Arnold C. »Medieval Beasts and Modern Cages: The Making of Meaning in Fables and Bestiaries.« *PMLA*. 1982; 97:40–49.

Mann, Jill. »The *Speculum Stultorum* and the *Nun's Priest's Tale*.« *ChauR*. 1975; 9:262–82.

Manning, Stephen. »The Nun's Priest's Morality and the Medieval Attitude Towards Fables.« *JEGP*. 1960; 59:403–16.

Muscatine, Charles. *Chaucer and the French Tradition*. Berkeley Los Angeles: U. of Cal. Pr.; 1957. S. 237–43.

Myers, D.E. »Focus and ›Moralite‹ in the *Nun's Priest's Tale*.« *ChauR*. 1973; 7:210–20.

Payne, F. Anne. »Foreknowledge and Free Will: Three Theories in the *Nun's Priest's Tale*.« *ChauR*. 1976; 10:201–19.

Pearsall, Derek. *The Canterbury Tales*. London, Boston, Sydney: George Allen & Unwin; 1985. S. 228–38.

Ruggiers, Paul G. *The Art of the Canterbury Tales*. Madison London: U. of Wisconsin Pr.; 1967. S. 184–96.

Schauber, Ellen, und Ellen Polsky. »Stalking a Generative Poetics.« *NLH*. 1981; 12:397–413.

Scheps, Walter. »Chaucer's Anti-Fable: *Reductio ad Absurdum* in the *Nun's Priest's Tale*.« *Leeds SE*. 1970; 4:1–10.

Shallers, A. Paul. »The 'Nun's Priest's Tale': An Ironic Exemplum.« *ELH*. 1975; 42:319–37.

Standop, Ewald. »Zur allegorischen Deutung der *Nonnes Preestes Tale*.« In *Festschrift zum 75. Geburtstag von Theodor Spira*. Hg. H. Viebrock und W. Erzgräber. Heidelberg: Carl Winter; 1961. S. 88–97.

Watson, Charles S. »The Relationship of the *Monk's Tale* and the *Nun's Priest's Tale*.« *SSF*. 1964; 1:277–88.

Wentersdorf, Karl P. »Symbol and Meaning in Chaucer's *Nun's Priest's Tale*.« *NMS*. 1982; 26:29–46.

The Second Nun's Tale

In der F-Version des Prologs zur *Legend of Good Women*, die allgemein als die frühere der beiden Fassungen gilt, erwähnt Chaucer, daß er u. a. auch ein Cäcilienleben geschrieben habe (*Legend of Good Women*, F, 426). Diese Heiligenlegende scheint er unverändert übernommen und in den Rahmen der *Canterbury Tales* eingegliedert zu haben. Die Erzählung wird nun der Zweiten Nonne zugeordnet, einer Gestalt, die im *General Prologue* (I, 163) als Begleiterin der Priorin zwar erwähnt, aber nicht näher beschrieben wird. Zusammen mit der Geschichte des Dienstmannes des Stiftsherrn bildet sie das Fragment VIII der *Canterbury Tales* in der Anordnung der Ellesmere-Handschrift. Mit dieser nachweislich spät entstandenen Geschichte – sowohl der Stiftsherr als auch sein Diener sind Neuankömmlinge und gehören nicht zur ursprünglichen Gruppe der Pilger – ist die Erzählung der Zweiten Nonne in kontrastiver Weise eng verknüpft, so daß die Integration des älteren Stoffes wenigstens teilweise gewährleistet ist (s. dazu die Aufsätze von Grennen, Peck und Rosenberg). Eine Überleitung zum vorausgehenden Fragment VII fehlt. Vielmehr beginnt die *Second Nun's Tale* mit einem dreigliedrigen Prolog, dem dann die eigentliche Cäcilienlegende folgt.

In VIII, 25 des Prologs bezeichnet die Erzählerin ihre Geschichte als »translacioun« [Übersetzung], eine Bezeichnung, die für die *Second Nun's Tale* in weitaus größerem Maße zutrifft als für Chaucers Adaptationen von Werken anderer Autoren. Wie in der Forschung seit langem bekannt, lehnt sich Chaucers Cäcilienleben zunächst verhältnismäßig eng an die Fassung der Legende in der *Legenda Aurea* des Jacobus a Voragine an und später – ab VIII, 344 – an die Version des Cäcilienlebens im *Sanctuarium seu vitae sanctorum* des Mombritius. Vor allem der erste Teil der *Second Nun's Tale* läßt sich als wortgetreue, versifizierte Übersetzung des lateinischen Originals bezeichnen, während der zweite Teil die bei Mombritius beschriebenen Ereignisse in gestraffter Form präsentiert. Der Tenor beider Quellen wird von Chaucer beibehalten; eine Umdeutung findet nicht statt, sondern eher eine noch stärkere Konzentrierung der Handlung auf die Protagonistin, was schon in den beiden Quellen angelegt ist. Folglich kann man die Aussage der Erzählerin uneingeschränkt akzeptieren, daß sie sich als fromme Vermittlerin eines bekannten Stoffes sieht. Sie will nichts Neues schaffen, sondern möchte mit ihrer Erzählung einen Beitrag zur Erbauung leisten. Ihr Cäcilienleben soll ein Beispiel frommen Tuns sein, was sie im ersten Teil ihres Prologs als bestes Heilmittel gegen Müßiggang anpreist und womit sie ihr literarisches Wirken zu rechtfertigen versucht. In typisch Chaucerscher Manier bleibt dieser konventionelle Eröffnungstopos der geistlichen Literatur nicht nur konventionelle Redeweise, sondern er setzt auch den Ton für die eigentliche Cäcilienlegende, in der sich die Heilige als Inbegriff von »feithful bisynesse« (VIII, 24) [aufrichtigem Bemühen] offenbart. Alle Handlungen Cäcilies dienen dazu, den Glauben zu stärken, die Zahl der Gläubigen zu vermehren und den Glauben gegen die Widersacher Gottes zu verteidigen. Unablässig verkündet sie die Botschaft Christi und erlahmt in ihrem frommen Eifer auch dann nicht, als sie nach ihrer erfolglosen Hinrichtung noch drei Tage lang, bis zu ihrem Tode, halb enthauptet den Gläubigen predigt und Anweisungen zur Nutzung ihres Hauses und ihrer Habe gibt. Und indem sich die Zweite Nonne eine solche Protagonistin für ihre Erzählung wählt, versucht sie, deren wunderbare Tätigkeit fortwirken zu lassen, denn das beispielhafte Leben der Heiligen soll Ansporn zum frommen Tun auch des Zielpublikums dieser Geschichte sein. Aus dieser Absicht heraus erklären sich zwei Zielsetzungen: erstens der Verzicht auf eine völlige Neuschöpfung der Legende – die Erzählerin will vielmehr ihren Vorlagen sinngemäß folgen – und zweitens der Verzicht auf jegliche Rhetorik, die der Materie unangemessen wäre. Die Erzählerin wird folglich den *sermo humilis*, den schlichten Erzählstil, wählen, der jedoch in der anspruchsvollen metrischen Form der *rhyme-royal-* oder Chaucerstrophe erscheint, in der auch das Marienwunder in der *Prioress's Tale* gefaßt ist. Während die Priorin jedoch diese Form dazu verwendet hatte, eine rhetorisch anspruchsvolle Darbietung zu geben, legt die Zweite Nonne keinen Wert auf subtile Erzählkunst und stilvolle Rhetorik. Ihre Geschichte reflektiert vielmehr das stilistische Niveau der durch die *Legenda Aurea* vorgegebenen Prosaform, wenngleich die metrischen Gegebenheiten der *rhyme-royal*-Strophe der Syntax eine fließende Form und damit schlichte Eleganz verleihen. Das feierliche Stilelement beschränkt sich allein auf das Gebet, die *Invocacio ad Mariam*, das den zweiten Teil des Prologs bildet (VIII, 29–84). In diesem Gebet hat Chaucer Verse aus lateinischen Hymnen, devotionaler Lyrik und dem Gebet des hl. Bernhard im abschließenden Canto von Dantes *Göttlicher Komödie* zusammengefaßt, das sich in der anaphorischen Form des Du-Stils der Prädikation präsentiert (vgl. vor allem VIII, 29, 32, 36, 37, 39, 40 etc.). Doch mit dem Ende des Gebets endet auch der feierliche Ton, und die eigentliche Erzählung erfolgt in einem schlichten, rhetorisch schmucklosen Stil, so wie ihn der hl. Augustinus in seinem Traktat *De doctrina christiana*, 4.12, als Stil für Erbauungsliteratur empfiehlt.

Diese stilistischen Unterschiede werden im dritten Teil des Prologs deutlich, in dem in Anlehnung an Jacobus a Voragine eine etymologische Deutung des Namens von Cäcilie gegeben wird. Es handelt sich hier um eine symbolische und figurative Erklärung, die die Bedeutung und das Schicksal der Protagonistin bereits in komprimierter Form versinnbildlicht. Wenngleich dieses Verfahren vom modernen linguistischen Standpunkt aus kurios und unwissenschaftlich erscheinen mag, unterliegt es doch Gesetzmäßigkeiten, die vor allem vom bedeutendsten Vertreter dieses Interpretationsansatzes, Bischof Isidor von Sevilla, in dessen *Etymologien* festgelegt worden sind. Isidor, der die Kenntnis der etymologischen Bedeutung von Wörtern hinsichtlich des richtigen Verständnisses der diesen Wörtern innewohnenden Kraft für unabdingbar hält, schlägt drei Ansätze zur Erschließung dieser Bedeutung vor: erstens »ex causa« [von der Ursache her], zweitens »ex origine« [vom Ursprung her], und drittens »ex contrario« [vom Gegensatz her]. Die erste Interpretation des Namens von Cäcilie erfolgt nach dem »ex origine«-Verfahren. Der Name bedeutet »'hevenes lilie'« (VIII, 87) wegen ihrer jungfräulichen Keuschheit. Die zweite Interpretation »'the wey to blynde'« (VIII, 92) beruht auf der »ex causa«-Methode. Und die dritte Interpretation »'Wantynge of blyndnesse'« (VIII, 100) ist ein Beispiel für die »ex contrario«-Deutung (vgl. Clogan, S. 231–36). Mit dieser Namensbestimmung, die Chaucer, wie bereits betont, aus seiner Quelle übernimmt, ist die figurative Bedeutung der nun folgenden Heiligenlegende bereits festgelegt. Cäcilie wird sich als würdige Trägerin ihres Namens erweisen, indem sie die dort inhärenten Eigenschaften durch ihre Handlungen unter Beweis stellt.

Cäcilienleben bilden seit dem 6. Jahrhundert einen festen Bestandteil der Hagiographie. Die erste dieser Darstellungen, die *Passio S. Caeciliae*, verwendet Material aus dem *Sacramentum Leonianum*, einer Sammlung vom Ende des 5. Jahrhunderts, die fünf Messen zu Ehren der Heiligen enthält. Aus früherer Zeit – die Ereignisse verweisen auf den Anfang des 3. Jahrhunderts – liegen keine Zeugnisse vom Leben und Leiden Cäcilies vor, d. h., die Fixierung der Legende, die sich um die Person dieser Heiligen rankt, erfolgt erst verhältnismäßig spät. Weiterhin zeigt diese Legende viele Umstände, die als gattungstypisch für die Märtyrerpassion anzusehen sind, wie z. B. die vielen Bekehrungen, die Unterrichtung der Täuflinge in Grundfragen des christlichen Glaubens, die Taufe dieser Konvertierten durch den Papst, die langen Auseinandersetzungen mit einem heidnischen Richter und die Umwandlung des Hauses des Märtyrers in eine Kirche, in der sein Andenken bewahrt werden soll. Doch nicht nur Anklänge an die typische Märtyrerpassion, sondern auch Parallelen zu den Viten anderer Märtyrerinnen lassen sich finden, wie z. B. der hl. Agathe, Agnes, Katharina, Lucia und Margaretha. Alle diese Märtyrerinnen sind junge Frauen aus edlem Geschlecht, die sich weigern, ihre Jungfräulichkeit aufzugeben und Götzendienst zu tun. Stattdessen unterwerfen sie sich lieber den Folterungen ihrer Widersacher und bewahren ihren Glauben in jungfräulicher Keuschheit bis zu ihrer Hinrichtung durch Enthauptung. Zu diesem Typus gehört auch das Leben der hl. Cäcilie, selbst wenn Cäcilie im Gegensatz zu den anderen hier erwähnten Mädchen die Ehe nicht ausschlägt, sondern sie als Instrument der Bekehrung nutzt. Auch sie verharrt sogar noch in der Ehe in Keuschheit und zieht es vor, die Schar der Gläubigen zu mehren, als selbst in physischem Sinne fruchtbar zu sein.

Wenngleich die von Cäcilie praktizierte Form der Ehe vom dogmatischen Standpunkt aus nicht ganz unproblematisch ist, scheint ihre Passion im Mittelalter doch besonderen Anklang gefunden zu haben. In Kalendarien, Legendaren und Passionalen wird ihre Geschichte immer wieder erzählt. Man findet sie u. a. bei Venantius Fortunatus, Beda, Aldhelm, Rabanus Maurus, Odo, dem bereits erwähnten Jacobus a Voragine und Mombritius und auf Englisch bei Aelfric, im *Northern Homily Cycle*, im *South English Legendary*, im *Scottish Legendary* und bei Bokenham. Kurzum, Chaucer folgt mit seiner Wahl, die Legende der hl. Cäcilie zu erzählen, einer wohletablierten Tradition. Trotz dieser Vielzahl von Bearbeitungen, von denen man einen gewissen Stabilisierungseffekt erwarten würde, ändert sich die Auffassung von der Bedeutung der Passion Cäcilies über die Jahrhunderte hinweg, wie Sherry L. Reames gezeigt hat, d. h., die von Chaucer im Anschluß an seine beiden Quellen, die *Legenda Aurea* und das *Sanctuarium seu vitae sanctorum*, entworfene Lebensgeschichte der Heiligen unterscheidet sich von der ursprünglichen *Passio S. Caeciliae*. Die entscheidende Änderung scheint von Jacobus a Voragine gemacht worden zu sein, dessen Bericht Chaucer zunächst folgt. Wie Sherry L. Reames durch einen Vergleich der Version aus der *Legenda Aurea* mit der früheren *Passio S. Caeciliae* zu Recht feststellt, betont Jacobus besonders das Wirken übernatürlicher Kräfte, die das Schicksal der Akteure bestimmen, während in der ursprünglichen *Passio S. Caeciliae* die Charaktere ihre Lage rational erfassen und eigenständige Entscheidungen treffen (S. 39). In Chaucers Version sei diese Tendenz sogar noch ausgeprägter. Alles Menschliche und jede irdische Erfahrung werde zugunsten des Göttlichen und des Überirdischen aufgegeben, d. h., das Mitwirken der einzelnen Figuren im Heilsprozeß beschränke sich auf irrationales Annehmen schicksalhaft empfundener Bestimmung. Valerian z. B. unterbricht Cäcilies Ausführungen über das Sakrament der Taufe nicht mehr mit eifrigen Fragen, die ihn als nach der Wahrheit Suchenden kennzeichnen. Seine Bekehrung wird praktisch von außen, oder besser gesagt, von oben bewirkt. Ein wirkliches Verständnis ist nicht nötig, solange er sich nicht gegen die Erfahrung wehrt. Damit aber träte die von Augustinus geforderte eigene Bereitschaft, aktiv den Glauben zu empfangen und sich durch Läuterung oder Bekehrung würdig zu zeigen, in den Hintergrund.

Ähnlich verhält es sich bei der Bekehrung von Valerians Bruder Tiburtius. Wo die *Passio S. Caeciliae* die freiwillige Bereitschaft des neuen Konvertiten betont, den christlichen Glauben anzunehmen, nachdem er in den Hauptpunkten der christlichen Lehre unterwiesen worden ist, wird Tiburtius bei Jacobus und folglich auch bei Chaucer plötzlich erwählt und auf seinen neuen Weg gelenkt. Wieder ist Gottes unergründlicher Wille Anlaß zur Bekehrung, die Tiburtius widerfährt und der er sich nicht entziehen kann. Das Wunderbare wird noch deutlicher in den beiden verbleibenden Bekehrungsszenen, die bei Chaucer in kürzerer Form als in seinen Vorlagen erscheinen. In der *Passio S. Caeciliae* gelingt es Valerian und Tiburtius, Maximus, den Offizier der Garde des Präfekten, der sie verhaften soll, davon zu überzeugen, daß Gott ihm die Augen bei ihrer Hinrichtung öffnen und er die Herrlichkeit Gottes sehen werde, sobald er an Gott glaube und von seinen Sünden ablasse. Nichts davon findet sich mehr in der *Second Nun's Tale*, wo Maximus sich aufgrund einer nicht näher beschriebenen Predigt plötzlich zum Christentum bekehrt, in der Nacht von Cäcilie getauft wird und bei der Hinrichtung die Seelen der beiden Brüder gen Himmel fahren sieht, worauf er das Bekehrungswerk fortsetzt, bis ihn Almachius, sein Herr, zu Tode peitschen läßt. Alles ereignet sich mit äußerster Geschwindigkeit – die Ereignisse überstürzen sich förmlich, d. h., wir werden Zeugen von Gottes andauernder Wunderwirksamkeit, die immer mehr Seelen dem heidnischen Aberglauben entreißt. Davon bleiben natürlich auch die Häscher des Almachius nicht ausgenommen, die der Präfekt bald darauf ausschickt, um Cäcilie verhaften und vorführen zu lassen. Kaum hören sie die »wise loore« (VIII, 414) [weise Lehre], brechen sie in Tränen aus, bekehren sich zum Christentum und geloben, dafür zu sterben.

Schaut man sich den in Chaucers Quellen vorgegebenen und in der *Second Nun's Tale* beschriebenen Verlauf der Ereignisse an, dann wird deutlich, daß der Sinn der Cäcilienlegende für die Autoren dieser Werke hauptsächlich in der Beschreibung der wundervollen Früchte lag, die die mystische Hochzeit Cäcilies und Valerians hervorgebracht hat: Zusammen bekehren sie Tiburtius; die beiden Brüder bekehren Maximus und sein Gesinde; Maximus bekehrt wieder andere, indem er Zeugnis von der Himmelfahrt der Seelen des Tiburtius und des Valerian ablegt; Cäcilie bekehrt die Schergen des Almachius, und drei Tage nach ihrer Hinrichtung predigt sie noch, halb enthauptet, den Gläubigen, um sie in ihrer Standhaftigkeit zu stärken. Zweifelsohne trägt Cäcilies und Valerians Ehe reichliche Frucht. Die keusche Jungfrau wird zur geistlichen Mutter, die Gottes wunderbares Werk in Gang setzt und durch ihr Martyrium heiligt. Alle, die sie mit ihrem Wort berührt, werden durch Gottes Geist, der aus ihr spricht, zum richtigen Glauben bekehrt. Diese wundersame Tätigkeit Cäcilies steht im Mittelpunkt der Erzählung, nicht aber der Entscheidungsprozeß, durch den der Einzelne, der Gottes Botschaft empfangen hat, für sich entscheidet, wie er sich aufgrund seiner eigenen, selbständigen Wahl der ihm erwiesenen Gnade würdig zeigen kann.

Angesichts dieser Konzeption des Legendenstoffes ist es nicht verwunderlich, daß sich das Interesse ganz auf die Heilige konzentriert. Ansätze dazu gibt es bereits in Chaucers Quellen, doch die strikte Durchführung dieser Zielsetzung erfolgt erst in der *Second Nun's Tale*. In dem Moment, als sich Chaucer von der *Legenda Aurea* abwendet und die Mombritius-Version der Legende benutzt, gestaltet er den Rest der Geschichte mit diesem Ziel vor Augen. Valerian und Tiburtius werden zu Nebenfiguren degradiert. Sie verlieren ihren Charakter und ihre Individualität. In der *Second Nun's Tale* bleibt ihnen die Anerkennung als hervorragende christliche Leitfiguren versagt. Die Aufzählung der vielen guten Werke und Glaubensbeweise, die sowohl in der *Passio S. Caeciliae* als auch in Chaucers Vorlagen erwähnt werden, wird auf die beiläufige Bemerkung gebracht: »It were ful hard by ordre for to seyn / How manye wondres Jhesus for hem wroghte« (VIII, 358–59) [Es wäre sehr schwer, der Reihe nach zu sagen, wie viele Wunder Jesus für sie geschehen ließ].

Nicht einmal sie selbst bewirken die Wunder durch Christi Beistand, sondern Christus tut die Wunder für sie! Doch damit nicht genug. Ihre ausführliche eloquente Verteidigung vor Almachius wird auf zwei Verse reduziert. Nichts bleibt von ihrer Standhaftigkeit, ihrem Zeugnis vor dem falschen Richter und ihrem Mut angesichts des sicheren Todes. Sie werden widerstandslos hinweggeführt, um, so scheint es, lediglich als Glaubensbeweis für Maximus zu dienen, dem ihre Himmelfahrt nach ihrer Hinrichtung in einer Vision offenbart wird. Sobald Cäcilie die Bestattung der drei Märtyrer vorgenommen hat, kehrt die Erzählung zu ihrem Hauptanliegen zurück, die Protagonistin in Aktion zu zeigen. Jetzt wird ihre Gerichtsszene beschrieben, der dramatische Höhepunkt von Chaucers Version der Cäcilienlegende. Fast ein Viertel der Erzählung ist diesem Ereignis gewidmet. Almachius, der Widersacher Christi, und Cäcilie, Christi heiliges Werkzeug, stehen sich endlich gegenüber. Wie in der Forschung verschiedentlich vermerkt, ist Almachius bei Chaucer am negativsten gezeichnet. Seine Aufgabe besteht vor allem darin, den Widerpart zur unbescholtenen christlichen Märtyrerin darzustellen (vgl. Peck, S. 26, und Beichner, S. 204). Folglich intensiviert Chaucer seine negativen Charakterzüge, die sich zwar nicht durch seine eigenen Handlungen und Reden ausdrükken, sondern auf dem Eindruck beruhen, der aufgrund von Cäcilies scharfen Attacken von seiner Persönlichkeit entsteht. Chaucer folgt seinen Vorlagen, wenn er Almachius während der Verhandlung gegen Cäcilie nicht stärker als Richter hervortreten läßt; er nimmt Almachius aber seine stoische philosophische Haltung. Die Redeanteile gehen eindeutig an Cäcilie, die mit 53 Versen fast zweimal so viel spricht wie Almachius, dem 30 Verse zukommen. Beherrscht wird Cäcilies vehement vorgetragene Attacke vor allem von drei Themen: Almachius' Torheit, Blindheit und fehlender Autorität. Alle drei Themen sind in Chaucers Quellen vorgegeben, doch in seiner Version der Cäcilienlegende werden sie verbal intensiviert. Vor allem der Vorwurf der Torheit findet sich in der *Second Nun's Tale* wesentlich häufiger als bei

Mombritius. Almachius wird sofort als Tor und Narr abgestempelt, so daß der Vorwurf geistiger Blindheit, den Cäcilie zum Schluß erhebt, fast eine natürliche Folge von Almachius' anfänglicher Charakterisierung ist. Wer so töricht ist, der muß blind sein, denn nur ein blinder Tor könnte glauben, ihm sei wirkliche Macht gegeben. Almachius jedoch hat nicht, wie er glaubt, Gewalt über Leben und Tod, sondern er ist nur »Ministre of deeth« (VIII, 485) [Diener des Todes]. Das Leben wird vom lebendigen Gott allein den Seinen gegeben; wer aber an leblose steinerne Götzen glaubt, der ist blind und geistig tot. In dieser Feststellung gipfelt die Auseinandersetzung zwischen dem Vertreter des Irdischen, der Ohnmacht und des Todes, Almachius, und der Repräsentantin des Überirdischen, der Macht und des Lebens, Cäcilie. Die Thematik ist von den Quellen vorgegeben, doch die Handlungsführung wird von Chaucer dramatisiert. Wie Paul E. Beichner gezeigt hat, läßt Chaucer alle Passagen weg, die das dramatische Momentum verlangsamen oder abschwächen könnten. Zielstrebig legt er den Dialog so an, daß ein Maximum an Konfrontation und Brisanz erreicht wird. Die eigentliche Hinrichtung wird somit zum unbedeutenden Nachspiel: Das heiße Bad läßt Cäcilie durch Gottes Beistand unversehrt, und der Henker ist unfähig, ihr Haupt mit drei Schwertstreichen vom Rumpf zu trennen. Folglich geht die Protagonistin auch siegreich aus ihrer Passion hervor; sie stirbt nicht zu dem Zeitpunkt, den Almachius bestimmt, sondern drei Tage später, zu einer Zeit, die sie selbst gewählt hat, nachdem ihr Werk vollendet und alles zum Besten geordnet ist.

Die *Second Nun's Tale* zeigt also auch Chaucers künstlerischen Gestaltungswillen, wenngleich er seine Kunst dem Anliegen der Legende unterordnet und versucht, »den besonders legendarischen Klang nachzubilden, den er in der *Legenda Aurea* fand« (Wolpers, S. 308). Folglich kann die Erzählerin mit Fug und Recht behaupten, sie sei bei den »wordes and sentence / Of hym that at the seintes reverence / The storie wroot« (VIII, 81–83) [Worten und Sinn dessen, der zur Verehrung der Heiligen diese Geschichte geschrieben hat] geblieben. Chaucer akzentuiert zwar, was er in seinen beiden Quellen vorfand, aber er setzt keine neuen Akzente. Durch Straffung des Materials und durch Zuspitzung der Gerichtsszene erzielt er eine dramatische Wirkung, die über seine Vorlagen hinausgeht. Das Anliegen jedoch ist dasselbe. Auch er will Cäcilie und ihre Aktionen in den Mittelpunkt stellen. Sie soll zur alleinigen Leitfigur werden, neben der alle anderen Charaktere nur eine untergeordnete Rolle innehaben. Ihre Standhaftigkeit, ihr Glaubenseifer und ihre Passion sind beispielhaft und haben die Funktion, im Leser oder Hörer frommes Miterleben und Bewunderung hervorzurufen. Cäcilie stellt somit einen Frauentypus in seiner Vollendung dar, dem Chaucers besonderes Interesse galt, wie die Geschichten von Griseldis und Constanze beweisen. Als Heilige jedoch erreicht Cäcilie eine Ebene, die das Menschliche transzendiert. Daß diese Transzendenz letztlich im Falle Cäcilies nur durch Passion und Martyrium erzielt werden kann, ergibt sich aus den Umständen der Legende. Sie sind so angelegt, daß das Leben der Heiligen in Verklärung enden muß.

Bibliographie zur Second Nun's Tale

Beichner, Paul E. »Confrontation, Contempt of Court, and Chaucer's Cecilia.« *ChauR*. 1974; 8:198–204.

Clogan, Paul M. »The Figural Style and Meaning of *The Second Nun's Prologue and Tale*.« *M&H*. N.S. 1972; 3:213–40.

Collette, Carolyn P. »A Closer Look at Seinte Cecile's Special Vision.« *ChauR*. 1976; 10:337–49.

Glasser, Marc D. »Marriage and the *Second Nun's Tale*.« *TSL*. 1978; 23:1–14.

Grennen, Joseph E. »Saint Cecilia's ›chemical wedding‹: The Unity of the Canterbury Tales, Fragment VIII.« *JEGP*. 1966; 65:466–81.

Hirsh, John C. »The Politics of Spirituality: The Second Nun and the Manciple.« *ChauR*. 1977; 12:129–46.

Kolve, V.A. »Chaucer's *Second Nun's Tale* and the Iconography of Saint Cecilia.« In *New Perspectives in Chaucer Criticism*. Hg. Donald L. Rose. Norman, Ok.: Pilgrim; 1981. S. 137–74.
Luecke, Janemarie. »Three Faces of Cecilia: Chaucer's *Second Nun's Tale*.« *ABR*. 1982; 33:335–48.
Peck, Russell A. »The Ideas of ›Entente‹ and Translation in Chaucer's *Second Nun's Tale*.« *AnM*. 1967; 8:17–37.
Reames, Sherry L. »The Cecilia Legend as Chaucer Inherited It and Retold It: The Disappearance of an Augustinian Ideal.« *Speculum*. 1980; 55:38–57.
Rosenberg, Bruce A. »The Contrary Tales of the Second Nun and the Canon's Yeoman.« *ChauR*. 1968; 2:278–91.
Wolpers, Theodor. *Die englische Heiligenlegende des Mittelalters*. Tübingen: Max Niemeyer Verlag; 1964. S. 302–08.

The Canon's Yeoman's Tale

Bei Boughton, in etwa sechs Meilen Entfernung von Canterbury, holen zwei Neuankömmlinge auf schweißnassen Pferden die Gruppe der Pilger ein. Vom Aussehen des einen Reisenden schließt der Erzähler auf einen Stiftsherrn, der in Begleitung seines Dieners den Pilgern hinterhergeritten ist, um sich ihnen anzuschließen. Die beiden reisen mit leichtem Gepäck. Auf die Frage des Wirtes, ob der Stiftsherr auch eine lustige Geschichte zur Unterhaltung der Pilgergruppe beitragen könne, antwortet dessen Diener, daß dieser dazu durchaus in der Lage sei. Er sei ein gelehrter und bedeutender Mann, der in vielen Künsten bewandert sei. So mächtig sei sein Wissen, daß er die ganze Straße bis nach Canterbury mit Gold oder Silber pflastern könne. Der Wirt nimmt diese Aussage mit Erstaunen zur Kenntnis. Wenn der Stiftsherr über solche Fähigkeiten verfüge, warum sei er dann so schäbig gekleidet? Der Diener windet sich und will das Geheimnis nicht preisgeben. Doch der Wirt insistiert und will zunächst wissen, wo die beiden wohnen. In

Winkeln und dunklen Gassen, wo sich allerlei Diebesgesindel herumtreibe. Warum sei sein Gesicht so geschwärzt? Das komme vom Blasen des Feuers, das auflodern müsse, um Materie zu verwandeln und zu vervielfältigen. Das Bemühen der beiden ist jedoch erfolglos. Die Wissenschaft ist unergründlich und hat sie zu Bettlern gemacht. Ehe der Diener fortfahren kann, raunt ihm sein Herr zu, er solle schweigen und seine Berufsgeheimnisse nicht enthüllen. Ermuntert vom Wirt, läßt sich der Diener aber nicht einschüchtern. Als der Stiftsherr erkennt, daß er den Diener nicht davon abhalten kann, ihrer beider Lebensgeschichte zu erzählen, verläßt er fluchtartig die Reisegruppe und galoppiert davon. Sein Diener verwünscht ihn und verspricht den Anwesenden, sie nun in die »Kunst« einzuweihen, der er sieben Jahre seines Lebens geopfert hat. Damit endet der Prolog, und der erste Teil der *Canon's Yeoman's Tale* beginnt.

Dieser Teil besteht aus der Beschreibung eines alchimistischen Labors und aus einer autobiographischen Schilderung des Werdegangs unseres Zauberlehrlings. Das Ganze wird im Stil eines Bekenntnisses erzählt. Es folgt der zweite Teil ab VIII, 972, in dem der Diener nun eine Geschichte von einem Stiftsherrn berichtet – nicht sein eigener Herr, wie er betont (VIII, 1088 bis 91) –, der einem einfältigen, aber habgierigen Priester dreimal vorgaukelt, er könne mit Hilfe eines Pulvers wertloses Metall in Edelmetall verwandeln, um ihm dann das Pulver für den Preis von vierzig Pfund zu verkaufen. Daran schließt sich eine etwa einhundert Verse lange *moralisatio* der Geschichte an, in die einige Erkenntnisse aus verschiedenen alchimistischen Traktaten miteinbezogen sind.

Plazierung, Aufbau und Ton der Geschichte haben zu weitreichenden Spekulationen geführt, die vor allem in den sechziger und siebziger Jahren angestellt wurden. Bis zu diesem Zeitpunkt nämlich war die Forschung zur *Canon's Yeoman's Tale* nicht nur spärlich, sondern auch verhältnismäßig übereinstimmend in ihrem Urteil. So vermeinte man im plötzlichen Auftauchen des Stiftsherrn und seines Dieners ein Betrugsmanöver erkennen zu können. Die beiden hätten sich der Pilgerfahrt anschließen wollen, um den Pilgern mit der Hoffnung auf Gewinn durch alchimistische Verwandlung wertloser Materie in Gold oder Silber ihr Geld abzunehmen. Dieser Plan sei durch den aufmerksamen Wirt vereitelt worden, der den Diener zum Geständnis und den Stiftsherrn zur Flucht veranlaßt hätte (vgl. nicht nur Kittredge, S. 87–88, und Manly, S. 235–52, sondern auch Muscatine, S. 220). Die Frage, warum Chaucer sich dazu entschlossen hat, an dieser Stelle zwei neue Charaktere einzuführen und eine Desavouierung der Alchimie vorzunehmen, beantwortete man mit dem Hinweis, daß Chaucer möglicherweise das Opfer eines betrügerischen Alchimisten geworden sei (s. Manly, S. 246).

Im Gegensatz zu dieser autobiographischen Lesart, deren hypothetischer Charakter wenig überzeugend wirkt, erscheinen andere Vorschläge, warum Chaucer gerade an dieser Stelle die Erzählung des Canon's Yeoman einfügt, wahrscheinlicher. Man hat darauf verwiesen, daß die Strukturierung des Fragments VIII, bestehend aus der *Second Nun's Tale* und der *Canon's Yeoman's Tale*, kontrastiv angelegt ist (vgl. vor allem Rosenberg, »The Contrary Tales of the Second Nun and the Canon's Yeoman«). Im Gegensatz zur ersten Geschichte, deren Protagonistin, die hl. Cäcilia, ihr Leben in karitativer Sorge um das Seelenheil ihrer Mitbürger verbringt und schließlich für ihren Glauben stirbt, handeln die Charaktere in der *Canon's Yeoman's Tale* aus Habgier und Gewinnsucht. Sie verkörpern das Prinzip der *cupiditas*, während Cäcilia *caritas* personifiziert. Cäcilia vertraut nur auf ihren Glauben an Gott, während die Protagonisten in der anderen Erzählung versuchen, allein mit dem Verstand die Geheimnisse der göttlichen Natur zu ergründen und diese Natur zu ihrem Nutzen umzufunktionieren. Jedoch nicht nur thematisch sind beide Geschichten kontrastiv angelegt, auch die Metaphorik wird in dieser Weise eingesetzt. Feuer und Blindheit sind die dominierenden Bilder in beiden Geschichten. Cäcilia wird in einem gewaltigen Kessel über einem großen

Feuer gekocht, ohne daß ihr die Hitze etwas anhaben kann. Im Gegensatz zu den chemischen Lösungen, die der Stiftsherr erhitzt, um die Umwandlung der Materie zu erzielen, bleibt Cäcilia unversehrt, da sie bereits geläutert ist. Auch ist Cäcilia in der *Second Nun's Tale* die einzig wirklich Sehende, gegen die das blinde Wüten ihrer Feinde eine ohnmächtige Geste bleibt. In der *Canon's Yeoman's Tale* hingegen lassen sich die Charaktere durch ihre Habsucht und den Glauben an den Erfolg alchimistischer Experimente nicht nur selber blenden, sondern sie verführen auch andere zum blinden Glauben an ihre »Kunst«.

Die Anordnung der beiden Erzählungen in Fragment VIII erscheint folglich wohldurchdacht, selbst wenn Chaucer eine neue Figur in das Geschehen einführt, um die kontrastive Wirkung zu erzielen. Die Übereinstimmung von Themenbereichen und Metaphern mit einigen in der *Second Nun's Tale* sollte jedoch nicht dazu verleiten, die Komplexität der Erzählung des Canon's Yeoman zu unterschätzen. Die oft recht unterschiedlichen Interpretationsansätze der jüngeren Forschung haben gezeigt, daß die hier angesprochene Problematik vielfältig und diffizil ist, eine Tatsache, die bereits in der eigenartigen Form der Erzählung ihren Niederschlag findet. Wie anfangs erwähnt, gliedert sich die Geschichte in drei Teile: den Prolog, die *pars prima* und die *pars secunda*. So wenigstens erfolgt die Unterteilung in der Ellesmere-Handschrift, eine Anordnung, wie sie sich auch in der Riverside-Ausgabe wiederfindet. Verfolgt man jedoch die handschriftliche Überlieferung der *Canterbury Tales*, dann zeigt sich, daß diese Gliederung durchaus nicht zwingend ist. Wie Hartung nachgewiesen hat, waren sich die Schreiber und Herausgeber der *Canon's Yeoman's Tale* selbst nicht ganz sicher, wie die Geschichte einzuteilen war. Die meisten Handschriften (29) haben keine Aufteilung in *pars prima* und *pars secunda*. Andere (14 Handschriften) zeigen auf verschiedenartige Weise eine Unterteilung bei VIII, 972 an, wo auch in der Riverside-Ausgabe der zweite Teil beginnt. Da aber der zweite Teil die eigentliche Geschichte vom Stiftsherrn erzählt, der einen

Priester dreimal betrügt, ist dieser Teil eine selbständige, in sich geschlossene Erzählung. Ob Chaucer, wie Hartung glaubt, diese Geschichte aus seinem Repertoire entnommen und hier integriert hat, ist unerheblich. Jedenfalls ist eine Aufteilung in Einführung (VIII, 554–719), Prolog (VIII, 720–971) und Erzählung sinnvoller und entspräche der der *Wife of Bath's Tale* und der *Pardoner's Tale*, wie McCracken schon 1971 richtig bemerkt hat. Gerade nämlich das Auseinanderklaffen des autobiographischen ersten Teils hat die Forschung vor das Problem gestellt, wie denn die beiden Teile als erzählerische Einheit zu verstehen seien.

Der erste Teil schildert die Lehrjahre des Canon's Yeoman bei seinem Herrn, dem Stiftsherrn, und berichtet über das vergebliche Bemühen der beiden und anderer, Materie durch alchimistische Prozesse zu verändern. Die großangelegte Beschreibung des Labors mit seiner Vielzahl von chemischen Stoffen, die der Erzähler wahllos aufeinander zu häufen scheint, kulminiert nicht im Auffinden des wundersamen Elixiers, das die Alchimisten suchen, sondern in einer großen Explosion, die das ganze Labor in die Luft zu sprengen droht. Obwohl jeder der eifrigen Diener dieser schwarzen Kunst sich wie ein Salomon vorkommt, weiß er eigentlich nichts: »He that semeth the wiseste, by Jhesus, / Is moost fool, whan it cometh to the preef; / And he that semeth trewest is a theef.« (VIII, 967–69) [Wer der Weiseste zu sein scheint – bei Jesus –, ist der größte Narr, wenn es zum Beweis kommt; und wer der Ehrlichste scheint, ist ein Dieb.]. Damit stellt der Canon's Yeoman nicht nur die Ausübenden dieser Wissenschaft bloß, sondern stellt auch die geheimnisumwitterte Kunst selbst in Frage. Was bleibt, ist Frustration, Armut und Desillusionierung.

Der zweite Teil könnte als Exemplifizierung des gerade Gesagten gewertet werden. Hier nämlich wird geschildert, wie ein Stiftsherr, der immer wieder vom Erzähler als der betrügerischste und falscheste bezeichnet wird, einen Priester um vierzig Pfund prellt, die ihm dieser für ein wertloses Pulver zahlt, mit dem sich das Metall angeblich veredeln läßt. Dieser Bericht wird mehrmals von langen Apostrophen unterbrochen, in denen der Erzähler seinem Unmut Luft macht und die betrügerischen Machenschaften dieses Ausbunds der Hölle aufs schärfste verurteilt. Jedoch nicht nur der materielle Betrug erregt den Zorn des Erzählers, sondern vor allem auch die Folgen. Denn wer einmal in die Klauen des Verführers gefallen ist, der wird nun selbst zum Betrüger und verführt wiederum Unschuldige: »Thus maketh he his introduccioun, / To brynge folk to hir destruccioun.« (VIII, 1386–87) [So führt er (der Priester) sich ein, damit er die Leute ruinieren kann.]. Der Prozeß, der hier geschildert wird, geht ununterbrochen weiter, denn aus Verführten werden immer wieder Verführer, deren Opfer wiederum zu Verführern werden. Angesichts dieses unaufhörlichen Betrugs kommt die Mahnung des Erzählers an seine Zuhörerschaft, sich nicht von dieser gottlosen Wissenschaft verführen zu lassen, nicht unerwartet. Alchimie, wie sie vom diabolischen Stiftsherrn, dem Erzbösewicht in der Geschichte, betrieben wird, ist Blendwerk. Und um seiner Meinung Nachdruck zu verleihen, zitiert der Canon's Yeoman noch aus einschlägigen alchimistischen Werken wie dem *De secretis naturae* des Arnoldus de Villa Nova (der Erzähler zitiert fälschlicherweise das *Rosarium* desselben Autors als Quelle für VIII, 1428–40) und der *Epistola solis ad lunam crescentem*, die dem Senior Calid Filius Hamil zugeschrieben wurde, vom Erzähler jedoch mit Platon in Verbindung gebracht wird (vgl. vor allem Duncan, S. 652–55). Interessant an diesen Zitaten ist die Tatsache, daß der Canon's Yeoman sich auf solche Quellen stützt, die die Manipulation der Natur mit Hilfe alchimistischer Experimente ablehnen. Folglich kann er seine Schlußrede mit dieser Feststellung zu Ende bringen: »Thanne conclude I thus, sith that God of hevene / Ne wil nat that the philosophres nevene / How that a man shal come unto this stoon, / I rede, as for the beste, lete it goon. / For whoso maketh God his adversarie, / As for to werken any thyng in contrarie / Of his wil, certes, never shal he thryve, / Thogh that he multiplie terme of his lyve.« (VIII, 1472–79) [Mein Schluß ist der: Da Gott im Himmel nicht will, daß die Alchimisten beschreiben, wie ein Mensch zu diesem Stein gelangen kann, rate ich euch, und zwar zu eurem Besten, es sein zu lassen. Denn wer Gott zu seinem Gegner macht, indem er etwa irgend etwas gegen den Willen Gottes tut, der wird gewiß nie Erfolg haben, selbst wenn er sein Leben lang mit Umwandeln beschäftigt wäre.]. Mit dieser abschließenden Beurteilung des Stellenwerts der Alchimie knüpft der Erzähler an seine zu Ende des ersten Teils gemachte Aussage an, wo er den Ausübenden dieser Kunst jegliche Weisheit abspricht. Es scheint also, als ob der Canon's Yeoman aus eigener Erfahrung schöpfend und unter Berufung auf Autoritäten gewisse Experimente der Alchimie ablehnt, obwohl es ihm schwerfällt, davon abzulassen (vgl. VIII, 712–14).

Hierin ist eine gewisse Widersprüchlichkeit gesehen worden, die auch zu unterschiedlichen Auffassungen von der endgültigen Aussage der *Canon's Yeoman's Tale* und von Chaucers eigener Bewertung der Alchimie geführt hat. Andernfalls wäre es für Elias Ashmole wohl kaum möglich gewesen, diese Erzählung in seine 1652 erschienene Sammlung alchimistischer Traktate *Theatrum Chemicum Britanicum* aufzunehmen mit dem Hinweis: »he that Reads the latter part of the *Canon's Yeoman's Tale*, will easily perceive him [Chaucer] to be a Judicious Philosopher, and one that fully knew the Mistery« (S. 470) [wer den zweiten Teil der *Canon's Yeoman's Tale* liest, wird leicht erkennen, daß er [Chaucer] ein objektiv abwägender Philosoph/Alchimist war, der das Geheimnis völlig kannte]. Der Terminus »Judicious Philosopher« dürfte hier den gleichen Stellenwert haben wie das Wort »philosophres«, das in den Versen VIII, 1428–71 dreimal (1434, 1444 und 1464) gebraucht wird. Und der Begriff »Mistery« korrespondiert mit dem Terminus »secree of the secretes« (VIII, 1447), dem *secretum secretorum*, einem Schlüsselkonzept in der alchimistischen Literatur (vgl. Finkelstein, S. 271–76). Aus Ashmoles Sicht ist die richtige Alchimie folglich etwas durchaus Positives, und Chaucer wird als Kenner der Kunst gerühmt. Alchimie ist eben nicht gleich Alchimie, sondern man muß sorgfältig zwischen den jeweils benutzten Mitteln und Zielen unterscheiden. Deshalb erscheinen auch solche Lesarten der *Canon's Yeoman's Tale* bedenklich, die darin eine Pauschalverurteilung der Alchimie sehen wollen (vgl. z. B. Grennen, der Chaucer unterstellt, in der Alchimie diabolischen Verrat zu sehen, weil sie angeblich die Schöpfung und Erlösung parodiere, S. 553; oder Gardner, der Alchimie als falsche Religion bezeichnet, S. 12; oder Olmert, der das inventarische Chaos im ersten Teil als Reflexion des Zustands dieser Wissenschaft betrachtet, S. 90; oder auch den an sich guten Aufsatz von Duncan, der zu dem Schluß kommt, daß Chaucer auch die ernsthafte Alchimie parodiere, weil er der Meinung sei, eine wahre Alchimie gäbe es nicht, S. 646, 651).

Zutreffender hingegen scheinen die Interpretationsansätze zu sein, die zwischen den einzelnen Vorstellungen vom Wesen und Ziel der Alchimie differenzieren. Ganz offensichtlich handelt es sich beim ersten Stiftsherrn um einen Ignoranten und Spitzbuben, dessen »Künste« äußerst beschränkt sind. Kritisiert werden hier die vergeblichen Versuche, Materie umzuwandeln, und die ebenfalls vergebliche Suche nach dem Stein der Weisen, genannt Elixier. Der Begriff »multiplie«, abgeleitet von *multiplicatio*, d. h. die wunderbare Potenzierung der Kraft und Effektivität des sich wandelnden Elixiers, beherrscht die Vorstellung vom Wesen der Alchimie, wie sie sowohl im Prolog als auch im ersten Teil der Geschichte beschrieben wird. Wie Muscatine es einmal trefflich ausgedrückt hat, entfaltet sich in diesen Teilen das Konzept von Alchimie als blindem Materialismus (S. 217). Im zweiten Teil hingegen ändert sich die Auffassung von der Rolle der Alchimie. Anstelle der Beschreibung tritt nun zunächst die Erzählung einer exemplarischen Geschichte, die den Betrug, den ein Stiftsherr an einem Priester mit Hilfe der Alchimie begeht, plastisch vor Augen führt. Exemplarisch ist diese Geschichte insofern, als sie zeigt, was der Canon's Yeoman die ganze Zeit immer wieder betont hat, daß Umwandlung von Materie unmöglich ist. Diese Fertigkeit läßt sich nur vorgaukeln, d. h., sie kann nur durch einen Trick erreicht werden. Insoweit wird im zweiten Teil die im ersten Teil vertretene Auffassung vom Wesen der Alchimie fortgeführt. Wichtiger jedoch als die Wissenschaft erscheinen hier ihre Ausübenden zu sein. Waren es im ersten Teil am Rande der Legalität lebende und persönlich hoch verschuldete Stümper, die sich vergeblich bemühten, den Geheimnissen der Alchimie auf die Spur zu kommen, so ist der Stiftsherr im zweiten Teil ein Erzbetrüger: »In al this world of falshede nis his peer« (VIII, 979) [Auf dieser ganzen Welt gibt es keinen, der ihm an Falschheit gleichkäme]. Nur ein Teufel, »as hymselven is« (VIII, 984) [wie er selbst], hätte es ihm gleich tun können. Dieser Judas, »roote of al trecherie« (VIII, 1069) [Wurzel allen Verrates] und »roote of alle cursednesse« (VIII, 1301) [Wurzel aller Ruchlosigkeit], hatte solche teuflischen Gedanken in seinem Herzen, wie er Christenmenschen ins Unglück stürzen könnte (VIII, 1070–71). Diese Art der beschreibenden Epitheta für den Stiftsherrn ließe sich beliebig wiederholen, denn in jeder seiner vielen Apostrophen betont der Erzähler die diabolische Natur des Verführers. Daß sich dieser Teufel in Menschengestalt der Alchimie zur Ausführung seines Werkes bedient, erscheint jedoch nicht zwingend. Zwar lassen sich Bezüge zwischen alchimistischen Praktiken und christlichen Riten feststellen, aber diese Praktiken als schwarze Messe zu sehen, hieße der Wissenschaft eine größere parodistische Intention zu unterstellen, als sie sie gehabt haben dürfte. Eher scheint es, daß *multiplicatio* ein Mittel zum Zweck ist, den leichtgläubigen und habgierigen Priester zu verführen. Das Motiv des Verrats und der Verführung nämlich steht im Mittelpunkt der exemplarischen Erzählung des zweiten Teils. Deshalb ist auch den Beteuerungen des Canon's Yeoman durchaus Glauben zu schenken, der sich strikt dagegen verwahrt, seinen Herrn mit dem Stiftsherrn in der Erzählung in Verbindung zu bringen (vgl. VIII, 1088–91). Die beiden Figuren als eine Persönlichkeit zu betrachten, scheint im Hinblick auf die ausgesprochen teuflische Natur des zweiten

Stiftsherrn nicht zulässig zu sein (vgl. dazu die Lesart von Baldwin, S. 236–37). Aber auch die Identifizierung des betrogenen Priesters mit dem Erzähler, wie es Gardner (S. 2) und Ryan (S. 304) vorschlagen, ist ungerechtfertigt. Der exemplarische zweite Teil ist nicht als Schlüsselroman zu lesen. Vielmehr soll hier gezeigt werden, daß gerade diejenigen, die sich um das Seelenheil der christlichen Gemeinde sorgen sollten, diesen Verpflichtungen nicht nachkommen. Der Priester, ein »annueleer«, wie ihn der Erzähler nennt, d. h. ein Geistlicher, der einzig und allein Seelenmessen für die Verstorbenen abhält, vernachlässigt sein Amt sträflich, indem er aus Habsucht dem betrügerischen Stiftsherrn bei dessen alchimistischen »Experimenten« zur Hand geht. Er, der als ordinierter Geistlicher sich um spirituelle Belange kümmern sollte, verfällt der Materie. Er wird vom Stiftsherrn dazu verführt, sich von seiner wirklichen Aufgabe, der Sorge für das Seelenheil der Verstorbenen, abzukehren und sich durch trügerische Versprechungen vom Glück durch materielle Güter der Welt zuzuwenden. Das wahre Gut – Gott –, das der Priester als Diener Gottes suchen und bewahren sollte, verliert er aus den Augen, verführt durch die Machenschaften eines diabolischen Versuchers. Wie aus den bereits erwähnten Zitaten ziemlich eindeutig hervorgeht, ist der Stiftsherr im *pars secunda* nicht nur Verführer im landläufigen Sinne, sondern eine *figura* des Verführers *per se*, der den Fall des Priesters aufgrund der gleichen Sünde herbeiführt, die auch Adam das Paradies, also die Gottesnähe, gekostet hatte. Beide werden Opfer ihrer *cupiditas*, ihrer Habgier. Wie der Apfel nur Mittel zum Zweck ist, d. h., durch das Versprechen der Gottgleichheit seine Bedeutung erhält, so verhält es sich auch mit der Alchimie im zweiten Teil der *Canon's Yeoman's Tale*. Alchimie birgt die Hoffnung auf materielle Güter in sich, deren Besitz, so müßte der Priester wissen, für das Seelenheil des Menschen ein äußerst fragwürdiges und gefährliches Gut ist, da Mißbrauch weltlicher Güter die Regel und ihre richtige Verwendung die Ausnahme ist. Das Lesen von Seelenmessen für die Verstorbenen wäre eine solche löbliche Ausnahme für den richtigen Gebrauch materieller Güter. Dieser Tätigkeit aber scheint der Priester entfremdet worden zu sein, wie die ominöse Feststellung in VIII, 1386–87 vermuten läßt, da der Priester nun seinerseits die Menschen verführe. Damit aber ist nicht nur ein einzelner Mensch korrumpiert, sondern der Vertreter des Standes, dem die Seelsorge obliegt. Aus einem Diener Gottes ist ein Diener des Teufels geworden, der nun seinerseits das unheilige Werk der Betörung anstatt des heiligen Werkes der Bekehrung fortsetzt.

Diese Entwicklung sieht der Erzähler zunächst als verdammenswert an, Alchimie *per se* hingegen wird nicht verurteilt. Es gibt eine wahre Alchimie, deren Beschreibung die Verse VIII, 1428–71 gewidmet sind. Diese Alchimie nämlich ist keine manipulierte Wissenschaft, die gegen die Gesetze der Natur verstößt, indem man der Natur auf unnatürliche Weise Wirkungen abringen will. Wahre Alchimie steht auf der gleichen Ebene wie Philosophie, denn dem wahren Alchimisten wird die Wahrheit oder himmlische Weisheit durch Gottes Gnade gegeben (vgl. VIII, 1467–71). Deshalb ist es nicht verwunderlich, wenn man in der wirklich ernsthaften Literatur zur Wesens- und Zielbestimmung der Alchimie auch Hinweise auf die mystische Gotteserfahrung findet. Besonders das pseudo-aristotelische alchimistische Traktat *Secretum secretorum* wurde u. a. als Anleitung zur mystischen Gottesschau gelesen (vgl. Finkelstein, S. 275). Damit aber ist Alchimie aus dem empirischen Bereich der Naturwissenschaften genommen und in den metaphysischen Bereich eingegliedert. Es scheint, als ob dieser Aspekt der Wissenschaft in der *Canon's Yeoman's Tale* durchaus anerkannt würde.

Leider aber sieht die Praxis anders aus, wie der Hauptteil der Erzählung zeigt. Hier versuchen ungebildete »puffer« [Glutbläser] oder »Geber's cooks« [Gebers Köche] nach Geberus, dem Verfasser des Traktats *Summa perfectionis*, wie die Zauberlehrlinge der alchimistischen Kunst spöttisch genannt wurden, mit allem möglichen Brimborium aus wertlosen Substanzen Edelmetalle herzustellen. Daß dieses Unterfangen zwecklos ist, hat der Canon's Yeoman nach siebenjähriger Lehrzeit festgestellt. Der Preis, den er für diese Erkenntnis gezahlt hat, ist hoch: seine weltliche Habe und seine Haut. Verarmt und mit von Hitze entstelltem Gesicht präsentiert er sich den Pilgern, um vor ihnen ein Geständnis abzulegen. Auf Veranlassung des Wirtes, der mit seinen gezielten Fragen den Canon's Yeoman zum Sprechen bewegt, bricht er in eine Klage aus, in der er sein nutzloses Tun der letzten sieben Jahre bedauert und verurteilt. Dieses Geständnis ist nicht als Ohrenbeichte zu verstehen und schon gar nicht als Travestie auf das Sakrament und das Ritual der Ohrenbeichte, so wie es in zeitgenössischen Handbüchern beschrieben wird. Vielmehr scheint Chaucer sich an eine andere Tradition in der geistlichen Literatur des Mittelalters anzulehnen: die Sündenklage. In deren Mittelpunkt nämlich steht die auch in der *Canon's Yeoman's Tale* betonte Erkenntnis, das Leben vergeudet zu haben. Nicht von ungefähr beginnt der erste Teil der Erzählung, eigentlich der Prolog zu der im zweiten Teil erzählten Geschichte, mit der Feststellung: »With this Chanoun I dwelt have seven yeer, / And of his science am I never the neer. / Al that I hadde I have lost therby, / And, God woot, so hath many mo than I.« (VIII, 720–23) [Bei diesem Stiftsherrn habe ich es sieben Jahre lang ausgehalten und stehe trotz seines Wissens kein bißchen besser da. Alles, was ich besaß, habe ich dabei verloren, und weiß Gott, außer mir ist es noch vielen anderen so ergangen.]. Trotz seiner Anstrengungen ist seine Mühe vergeblich gewesen. Deshalb möchte er jetzt für die anderen ein abschreckendes Beispiel sein (VIII, 737). Diesem Zweck dient auch die lange Aufzählung von Chemikalien und Substanzen, die in chaotischer Form vom Canon's Yeoman präsentiert werden. Der Eindruck eines wilden Durcheinanders entsteht, so daß die immer wieder auftauchende formelhafte Wendung »oure labour is in veyn« (VIII, 777) [unsere Arbeit ist umsonst] oder »Al is in veyn« (VIII, 843) [wird doch alles umsonst sein] oder »We faille of that which that we wolden have« (VIII, 958) [Das, was wir gerne hätten, erreichen wir nicht] das vergebliche

Bemühen der Alchimisten deutlich macht. Dieses vergebliche Bemühen wird weiterhin eindrucksvoll durch das Bild des explodierten Laboratoriums vor Augen geführt, ein Ereignis, das den Erzähler schließlich dazu bringt, sich der Torheit zu bezichtigen (VIII, 959). Selbsterkenntnis steht also am Ende dieses langen autobiographischen Monologs. Der Canon's Yeoman nutzt folglich die Begegnung mit den Pilgern auf ihrer Reise nach Canterbury, um sich über sein Leben klar zu werden. Im Gegensatz zu seinem Herrn, der sich aus Furcht vor der Enthüllung seines unseligen Lebenswandels vom eingeschlagenen Weg nach Canterbury wieder abwendet und davonreitet, akzeptiert der Canon's Yeoman die sich ihm bietende Gelegenheit zur Regenerierung. Eine Pilgerfahrt in idealer Form nämlich verlangt Wandlung. Die Pilger müssen ihre Sünden gestehen und für ihre Verfehlungen Buße tun. Dann können sie gewandelt und moralisch erneuert von der Pilgerfahrt zurückkehren. Der Canon's Yeoman bewegt sich in diese Richtung, denn er distanziert sich von dem Übel in seinem Leben. Er ist bereit, ein neues Leben zu beginnen (vgl. dazu auch Campbell, S. 179).

Im größeren Rahmen der *Canterbury Tales* setzt die Sündenklage des Yeoman ein Zeichen – sie hat Signalwirkung, denn sie verweist den Leser oder Hörer wieder auf den moralischen Zweck der Pilgerfahrt kurz vor dem Erreichen des gesteckten Ziels. Die Haltung des Canon's Yeoman jedoch ist nur eine menschliche Reaktion auf den in der Pilgerfahrt implizierten Aufruf zur Erneuerung durch Reue, Beichte und Buße. Eine ganz andere Art des Geständnisses findet sich im darauffolgenden *Manciple's Tale*, dem letzten Schwank, den Chaucer in seine große Erzählsammlung aufnimmt, bevor er den Landpfarrer mit einem breitangelegten Traktat über das Sakrament der Beichte einen Schlußstrich ziehen läßt.

Bibliographie zur Canon's Yeoman's Tale

Baldwin, Ralph G. »The Canon's Yeoman: A Conjecture.« *JEGP*. 1962; 61:323–43.

Campbell, Jackson J. »The Canon's Yeoman as Imperfect Paradigm.« *ChauR*. 1982; 17:171–81.

Duncan, Edgar H. »The Literature of Alchemy and Chaucer's *Canon's Yeoman's Tale*: Framework, Theme, and Characters.« *Speculum*. 1968; 43:633–56.

Finkelstein, Dorothee. »The Code of Chaucer's ›Secree of Secrees‹: Arabic Alchemical Terminology in *The Canon's Yeoman's Tale*.« *Archiv*. 1970; 207:260–76.

Gardener, John. »*The Canon's Yeoman's Prologue and Tale*: An Interpretation.« *PQ*. 1967; 46:1–17.

Grenberg, Bruce L. »The *Canon's Yeoman's Tale*: Boethian Wisdom and the Alchemists.« *ChauR*. 1966; 1:37–54.

Grennen, Joseph E. »The Canon's Yeoman's Alchemical ›Mass‹.« *SP*. 1965; 62:546–60.

Harrington, David V. »The Narrator of the *Canon's Yeoman's Tale*.« *AnM*. 1968; 9:85–97.

Hartung, Albert A. »›Pars Secunda‹ and the Development of the *Canon's Yeoman's Tale*.« *ChauR*. 1977; 12:111–28.

McCracken, Samuel. »Confessional Prologue and the Topography of the Canon's Yeoman.« *MP*. 1971; 68:289–91.

Olmert, K. Michael. »*The Canon's Yeoman's Tale*: An Interpretation.« *AnM*. 1967; 8:70–94.

Reidy, John. »Chaucer's Canon and the Unity of *The Canon's Yeoman's Tale*.« *PMLA*. 1965; 80:31–37.

Rosenberg, Bruce. »The Contrary Tales of the Second Nun and the Canon's Yeoman.« *ChauR*. 1968; 2:278–91.

Ryan, Lawrence V. »The Canon's Yeoman's Desperate Confession.« *ChauR*. 1974; 8:297–310.

The Manciple's Tale

Die Geschichte von der schwatzhaften Krähe – in vielen Versionen auch von einem schwatzhaften Raben – gehört zu den im europäischen und orientalischen Raum weitverbreiteten Erzählungen. Chaucer hätte sie in verschiedenen Ausprägungen kennen können: aus Ovids *Metamorphosen*, dem französischen *Ovide Moralisé*, dem *Livre du voir dit* des Guillaume de Machaut und wahrscheinlich auch aus dem dritten Buch von John Gowers *Confessio Amantis*. Diese Quellen und Analoga sind von der Forschung sorgfältig untersucht worden, mit folgendem Ergebnis: Wie schon häufig bei Chaucers Bearbeitungen festgestellt werden konnte, weicht er auch in der Behandlung dieses beliebten Erzählstoffes in wesentlichen Punkten von seinen Vorlagen ab, eine Tatsache, die natürlich Anlaß zu Spekulationen über die Bedeutung der *Manciple's Tale* gegeben hat. Darüber wird im einzelnen noch zu sprechen sein. Zunächst jedoch soll kurz auf die Intention eingegangen werden, die sich aus all den Versionen vor Chaucer herauslesen läßt. Diese Intention ist ganz eindeutig didaktisch-exemplarischer Natur: Das Beispiel vom indiskreten Raben, der aufgrund seiner Schwatzhaftigkeit seine Schönheit verlor, soll als Warnung davor dienen, im falschen Moment zu reden. Ovid beginnt seine Geschichte vom »corvus loquax« [vom geschwätzigen Raben], der einmal weiß gewesen, dessen Gefieder nun aber schwarz sei, mit dem Hinweis, daß die Zunge den Schaden verursacht hätte – »Lingua fuit damno« (vgl. Work, S. 701). Der Autor des *Ovide Moralisé* nennt als Grund für die Verwandlung »folour, / Et [...] vilz langue jenglerresse, / Qui fu nuisable et tricheresse« [Torheit und (...) üble Schwatzhaftigkeit, die schädlich und Verrat gewesen sei] (vgl. Work, S. 703). Und John Gower beginnt seine Erzählung mit dem Rat: »Mi Sone, be thou war ther by / And hold thi tunge stille clos« [Mein Sohn, gib acht und halte deine Zunge im Zaum]. »And tak a tale into thi mynde, / The which of olde ensample I finde« [Und nimm dir diese Erzählung zu Herzen, die ich in einem alten Beispiel finde] (vgl. Work, S. 709–10). Die Beispielhaftigkeit, die in den anderen drei Versionen impliziert ist – auch bei Guillaume de Machaut, wenngleich dort wohl am unaufdringlichsten –, wird von John Gower klar und deutlich ausgesprochen. Damit aber ist die gattungsmäßige Zuordnung der Geschichte eindeutig. Es handelt sich um ein Exemplum, das den Zuhörern in Form einer beispielhaften Geschichte eine allgemeine Lebensweisheit vermitteln will.

Bei Chaucer nun findet sich zu Anfang der *Manciple's Tale* nichts von dieser Absicht. Die Geschichte wird bis zu Ende erzählt und erst im nachhinein mit einer Moral versehen: »Lordynges, by this ensample I yow preye, / Beth war, and taketh kep what that ye seye« (IX, 309–10) [Herrschaften, ich bitte euch, seid durch dieses Beispiel gewarnt und überlegt euch genau, was ihr sagt]. Diese allgemein gehaltene Warnung wird jedoch sofort relativiert, wenn der Erzähler seine Aussage wie folgt präzisiert: »Erzählt nie in eurem Leben einem Mann, wie ein anderer mit seiner Frau geschlafen hat – er wird euch gewiß tödlich hassen.« (IX, 311–13). Diese Erfahrung, die natürlich auch in der Geschichte steckt, ist nicht das Anliegen von Chaucers Quellen, in denen das Beispiel vom geschwätzigen Raben ganz allgemein und losgelöst von einer spezifischen Situation gesehen wird. Dort ist entscheidend, daß der Rabe in einem unpassenden Moment seinen Schnabel öffnet, während die Begleitumstände später für die moralische Nutzanwendung keine weitere Rolle mehr spielen. In großartiger Hinwegsetzung über die Details, die wohl eine Analyse vom moralischen Standpunkt aus wert gewesen wären, konzentrieren sich die Verfasser der anderen Versionen vor allem auf den Raben, der dann zum Sündenbock gemacht wird, während das eigentliche Geschehen – das ehebrecherische Verhältnis, das der treue Vogel seinem Herrn aufdeckt – moralisch überhaupt nicht bewertet wird. Es ist nicht mehr als ein handlungsauslösendes Moment, das in die Lehre des Beispiels nicht weiter eingeht. Diese

Nichtbeachtung eines wesentlichen Tatbestandes wird vom Erzähler der *Manciple's Tale* schonungslos aufgedeckt, wenn er seine zunächst allgemein gehaltene Feststellung auf die spezifische Sachlage einschränkt. Was mag der Erzähler und hinter ihm der Autor damit beabsichtigt haben? Ist die Erzählung des Verwalters als Parodie auf die Fehlleistung der vorausgehenden exemplarischen Versionen der Geschichte vom geschwätzigen Raben zu verstehen, die die beiden moralischen Kernprobleme – den Ehebruch und den Mord an der Ehebrecherin – in ihrer Moralisierung unberücksichtigt lassen, wie Richard Hazelton in einer 1963 verfaßten Studie vorschlägt? Und macht sich Chaucer insbesondere über seinen älteren Dichterkollegen John Gower lustig, indem er dessen mahnende Anrede »Mi Sone« in der *Confessio Amantis* durch übermäßigen Gebrauch in den letzten 45 Versen der *Manciple's Tale* parodiert, wo diese Anrede zehnmal erscheint? Auszuschließen ist diese Annahme nicht, wenngleich die bloße Unterstellung einer parodistischen Intention keine zufriedenstellende Antwort auf Chaucers Absicht sein kann. Es läßt die Erzählsituation außer acht, die Persönlichkeit des Erzählers und die auktoriale Manipulation der Pilger. Der von Hazelton vorgeschlagene Interpretationsansatz bezieht sich ganz auf die Gattung des Exemplums und deren unvollkommene Handhabung durch Chaucers Vorgänger. Die *Manciple's Tale* wäre somit als literarischer Witz zu verstehen. Ehe man sich diese, sicherlich interessante Auffassung zu eigen macht, sollte man vielleicht doch noch einmal Chaucers Version der Geschichte im Vergleich mit seinen Quellen und Vorlagen genauer untersuchen.

Auffällig ist zunächst die völlig andere Gestaltung der Figuren. Während im *Ovide Moralisé* und bei Guillaume de Machaut ihre Charakterisierung ausgewogen ist, tritt in der Erzählung des Verwalters eine Polarisierung ein. Phoebus wird als Ideal des höfisch vollkommenen Liebhabers in die Geschichte eingeführt. Niemand ist ihm an ritterlichen Tugenden und höfischem Benehmen ebenbürtig. Die Beschreibung von Phoebus übertrifft bei weitem, was Chaucer in seinen Vorlagen finden konnte. Doch leider ist dieses Musterexemplar eines Edelmannes mit einer Frau verheiratet, die es mit der ehelichen Treue nicht so genau hält. Coronis, wie die Dame bei Ovid heißt, der sie, wie auch seine Nachfolger, in höchsten Tönen preist, hat einen Liebhaber. Dieser Liebhaber wird als junger Mann bezeichnet, sonst aber nicht weiter charakterisiert. Bei Chaucer nun begegnet man einer ganz anderen Charakterisierung. Coronis, die bei Guillaume z. B. so »covenant et belle« [hübsch und schön] ist, die ihrer Huld wegen unter allen Frauen in Thessalien am meisten gerühmt wird und die weder »rude« [ungehobelt] noch »nice« [töricht], sondern »cointe« [graziös], »aperte« [intelligent] und »sage« [weise] ist, wird bei Chaucer schlicht und einfach ein namenloses »wyf« [Weib]. Kein Wort verschwendet der Erzähler auf die Beschreibung oder Herkunft dieser Frau, die Phoebus' Zuneigung so schändlich mißbraucht. Sie und ihr Liebhaber – »A man of litel reputacioun, / Nat worth to Phebus in comparisoun« (IX, 199–200) [ein Mann mit nicht gerade gutem Ruf und mit Phoebus nicht zu vergleichen] – werden lediglich durch eine Reihe negativer Vergleiche und hämischer Kommentare des Erzählers beschrieben. Wie der Vogel seinen offenen Käfig verlasse, um im Wald wieder nach elenden Würmern zu scharren, wie die Katze, die man mit Milch und Fleisch ernährt habe, dennoch Mäuse fresse, wenn sie ihrer habhaft werden könne, und wie die läufige Wölfin sich mit den Übelsten der Meute paare, so verhielten sich auch lüsterne Männer! In einer für den Erzähler typischen Art beschönigt er zunächst den Tatbestand, da er die Beispiele, die sich so eindeutig auf das Verhalten von Phoebus' Frau beziehen, in vollkommener Umdeutung der Tatsache den Männern anlastet, um dann jedoch sofort mit der Schilderung des Ehebruchs fortzufahren. Durch die bewußt falsche Anwendung der drei vorhergehenden Vergleiche wirkt die nun beschriebene Handlung noch abstoßender und verwerflicher, da die Verhaltensweise von Phöbus' Frau so offensichtlich durch die Tierbeispiele belegt wird. Indem sie

Ehebruch begeht, folgt sie ihrer »natürlichen« Veranlagung, genauso wie Tiere ihrem Trieb folgen. Gleich der Wölfin, die sich immer mit den Übelsten der Meute paare, verhält sich Phöbus' Frau. Auch sie zieht den unbedeutenden Mann dem berühmten, edlen Phoebus vor.

Die Charakterisierung der Figuren der *Manciple's Tale* ist folglich vollkommen gegensätzlich. Phoebus ist gut, und seine Frau und ihr Liebhaber sind schlecht. Doch damit nicht genug. Der Kommentar des Erzählers tut ein übriges, um die ohnehin schon schmutzige Affäre noch anrüchiger erscheinen zu lassen. Unter dem Deckmantel platonischer »Weisheit« stellt er eine Betrachtung über Verbalien und Realien an. Eine Frau von edler Abstammung, die sich einem anderen hingibt, nenne man Dame, eine Frau niedriger sozialer Herkunft jedoch »wenche« [Dirne] oder »lemman« [Liebchen]. In beiden Fällen jedoch sei der Sachverhalt der gleiche: »And, God it woot, myn owene deere brother, / Men leyn that oon as lowe as lith that oother.« (IX, 221–22) [Und doch, weiß Gott, mein lieber Bruder, man legt die eine genauso flach wie die andere.]. Der Kommentar ist überflüssig, wirft aber ein Licht auf die Geisteshaltung des Erzählers, der offensichtlich Freude daran hat, in die verbalen Niederungen hinabzusteigen.

Nachdem Phoebus aus Eifersucht seine Frau mit seinem Bogen erschossen hat, packt ihn die Reue, und er bezichtigt die Krähe des Verrats. In einer vehementen Anklage beschuldigt er sich, eine Unschuldige umgebracht zu haben, und nimmt anschließend Rache an der Krähe. Er reißt ihr die weißen Federn einzeln aus, färbt sie schwarz ein und nimmt ihr sowohl Sprache als auch Gesang. Auch in dieser Darstellung des Geschehens unterscheidet sich die *Manciple's Tale* von den Quellen und Vorlagen. Unerwähnt bleibt Coronis' Schwangerschaft, die bei Ovid, im *Ovide Moralisé* und bei Guillaume de Machaut Phoebus zur Reue veranlaßt. Unerwähnt bleibt weiter, daß Phoebus verzweifelt versucht, die Tote wieder zum Leben zu erwecken, es ihm jedoch nur gelingt, seinen Sohn zu retten. In allen drei Versionen wird der Rabe zur Strafe schwarz gefärbt, aber nur in der Erzählung des Verwalters verliert er seine Fähigkeit zu sprechen. Die unterschiedliche Handhabung bringt eine wesentliche Veränderung in der Charakterisierung der Figuren mit sich. In den Vorlagen beruht Phoebus' Reue auf der Erkenntnis, daß er die Konsequenzen seiner Handlung nicht genügend berücksichtigt hat, und er versucht, seine Tat wieder rückgängig zu machen. In der *Manciple's Tale* hingegen fehlt der äußere Anlaß. Phoebus wird von plötzlicher Reue erfaßt und redet sich dann ein, eine Unschuldige getötet zu haben. Damit aber erliegt er einer Selbsttäuschung, denn der Tatbestand des Ehebruchs ist eindeutig. Indem er die Krähe ihrer Sprache beraubt, wird die Illusion vollkommen, denn nun gibt es keinen Mitwisser mehr, der ihn noch einmal mit der verdrängten Wahrheit konfrontieren könnte. Zurück bleibt ein Phoebus, der nicht die Sympathie des Lesers gewinnt, sondern der sich aufgrund seiner selbstauferlegten Blindheit lächerlich macht. Eine solche Wandlung paßt jedoch ganz und gar nicht in das anfangs entworfene Bild vom edlen, höfischen Phoebus, das der Verwalter liebevoll gezeichnet hat. Die Sympathiesteuerung hat sich verändert, denn aus dem strahlenden Helden ist ein gehörnter Ehemann geworden, der nicht einmal wahrhaben will, daß er von seiner Frau betrogen worden ist. Je weiter die Erzählung fortschreitet, desto mehr schwankhafte Züge erscheinen, so daß das Exemplum von einst sich schließlich als Schwank darstellt.

Im Gegensatz zu Richard Hazelton sollte man dies aber nicht als Gattungskritik sehen. Die *Manciple's Tale* wird vielmehr von einer Gattung in eine andere transponiert – ein Vorgang, der angesichts der Person des Erzählers durchaus verständlich und angemessen ist. Der Übergang zum Schwankhaften zeichnet sich bereits in der Beschreibung von Phoebus ab, dessen anfänglichem Porträt als idealem Ehemann dieser Zusatz folgt: »Save oonly, if the sothe that I shal sayn, / Jalous he was« (IX, 143–44) [mit einer Ausnahme, wenn ich die Wahrheit sagen soll: Er war eifersüchtig]. Durch diese Aussage wird alles, was vorher an

Gutem über Phoebus gesagt worden ist, relativiert. Ein höfischer Liebhaber ist nicht eifersüchtig. Eifersucht kennzeichnet den Ehemann im Schwank, der dann natürlich auch von seiner Frau betrogen wird. Diese Entwicklung ist unabdingbar – eine Tatsache, die auch der Verwalter betont, wenn er sagt, es sei vergebliche Liebesmüh', ein falsches Weib ständig überwachen zu wollen. Bildersprache und Diktion tun ein übriges, um das Geschehen schnell auf die Ebene des Schwankes zu bringen. Selbst die Krähe paßt sich dieser Situation an. Ist sie in den anderen Versionen der Geschichte über den Ehebruch der Frau entrüstet und glaubt, es sei ihre Freundespflicht, ihren Herrn über das unmoralische Treiben in seinem Hause aufzuklären, so findet sich in der *Manciple's Tale* nicht eine Spur von edler Gesinnung. Vielmehr begrüßt sie ihren heimkehrenden Herrn frech: »Cokkow! Cokkow! Cokkow!« (IX, 243). Ihr macht es sichtlich Freude, den gehörnten Phoebus zu verspotten, indem sie ihm einerseits von der Unbedeutendheit seines Rivalen berichtet und andererseits den Tatbestand so drastisch wie möglich beschreibt: »'For on thy bed thy wyf I saugh hym swyve.'« (IX, 256) [»Ich sah nämlich, wie er es mit deiner Frau auf deinem Bett trieb.«]. Das Verb »swyve« ist in diesem Zusammenhang offensichtlich so anrüchig, daß es der Schreiber in der Ellesmere-Haandschrift »swy etcetera« abkürzt und in der Hengwrt-Handschrift durch »etcetera« ersetzt. Sonst taucht es nur noch in der *Reeve's Tale* und der *Merchant's Tale* auf, die ebenfalls zu den schwankhaften Erzählungen gehören. Angesichts des Tatbestandes selbst und dieser ordinären Ausdrucksweise wirkt die fünfzehn Zeilen später einsetzende Klage von Phoebus in rhetorisch hohem Stil lächerlich, ganz abgesehen davon, daß die Beschreibung der Ehefrau als »so trewe« (IX, 275) [so treu] und »Ful giltelees« (IX, 277) [ganz unschuldig] unzutreffend ist. Wie so oft in den *Canterbury Tales* arbeitet der Dichter hier mit den Elementen des Stilbruchs, um eine potentiell ernsthafte Situation ins Lächerliche zu ziehen. Sieben Apostrophen, zwei rhetorische Fragen und drei *explanationes* in einer einundzwanzig Verse umfassenden Klage schießen weit über das Ziel hinaus – die Rhetorik wirkt nur noch hochtrabend und gespreizt.

Auch das Ende der kurzen Erzählung, wenn der Verwalter in 45 Versen die sogenannten Ratschläge seiner Mutter zitiert, folgt wieder der typischen Fabliau-Struktur. Die Moral, die hier aus der Geschichte gezogen wird, trifft nicht auf das Erzählte zu. Im Epilog werden zwar auch Zungensünden angesprochen, wie z.B. »wikked tonge« (IX, 320) [böse Zunge], »muchel spekyng« (IX, 335) [vieles Reden] und »janglyng« (IX, 350) [Geschwätz], aber keine, deren die Krähe schuldig ist. Das »Vergehen« der Krähe kann kaum als Verleumdung bezeichnet werden, da sie Phoebus nichts als die Wahrheit gesagt hat. Auch ist sie nicht der Sünde des übermäßigen Sprechens schuldig. Und von Geschwätz kann schon gar nicht die Rede sein, da sie sehr wohl weiß, was sie tut. Wenn man überhaupt eine Zungensünde ins Feld führen will, dann am ehesten *secreti revelatio* [Geheimnisverrat], wenngleich auch dieser Punkt strittig ist, denn die Krähe ist ja nur Zuschauerin und nicht Eingeweihte. So läuft die ganze großangelegte Empfehlung darauf hinaus, lieber den Mund zu halten als sich zu exponieren. Das ist ein sehr pragmatischer Ratschlag, der jedoch jeglicher moralischer Grundlage entbehrt (vgl. auch Severs, S. 11). Und aufgrund seiner Amoral paßt er gut in das amoralische Weltbild des Schwankes.

Gelegentlich hat man die »Lehre« im Epilog der *Manciple's Tale* auch in Bezug zum Prolog gesetzt und argumentiert, die ganze Geschichte sei als Apologie gegenüber dem Koch zu verstehen, der vom Verwalter dort gröblich beleidigt wird (vgl. dazu Davidson, S. 6–7, und Ward, S. 221). Wie Britton J. Harwood, S. 275, jedoch zu Recht feststellt: »Der Mann, der regelmäßig ein Dutzend Rechtsanwälte betrogen hat, wird sich wohl kaum dazu gezwungen sehen, seine Geschichte deshalb zu erzählen, um reuig seinen Irrtum einzugestehen, den Koch ausgescholten zu haben.« Der Verwalter ist aus härterem Holz geschnitzt. Seiner Beschreibung im *General Prologue* nach zu urteilen, ist er ein ganz gerissener Bursche, dem noch keiner auf die Schliche gekommen ist. Obwohl er den cleversten Juristen in England dient, hat er sie immer übervorteilt. Ein betrunkener Koch ist folglich kein Gegner für ihn. Er weiß genau, wie weit er gehen kann, ohne Gefahr zu laufen, sich einer Gegenattacke auszusetzen, wie z. B. der Bettelmönch. Interessant an dieser etwas einseitigen Auseinandersetzung ist das Vorgehen des Verwalters, das seiner späteren Erzähltechnik sehr ähnelt. Er beginnt auf einer stilistisch hohen Ebene und verlagert dann die Argumentationsbasis auf ein ganz niedriges Niveau. Zuerst trägt er dem Koch in ausgesprochen höflichen Worten an, als Erzähler für ihn einzuspringen. Der Koch ist offensichtlich betrunken – man sieht es ihm an – und nicht in der Lage, eine Geschichte zu erzählen. Aus dieser Tatsache entwickelt sich dann jedoch urplötzlich ein vehementer persönlicher Angriff, der in dem Ausruf »Fy, stynkyng swyn! Fy, foule moote thee falle!« (IX, 40) [Pfui, stinkendes Schwein! Pfui, es soll dir dreckig gehen!] gipfelt. Der Koch ist sprachlos vor Wut und übermäßigem Weingenuß. Bei dem Versuch, tätlich zu werden, fällt er aus dem Sattel und muß mit vereinten Kräften wieder aufs Pferd gehoben werden. Der Wirt fühlt sich verpflichtet, schlichtend einzugreifen, und warnt den Verwalter davor, die Sache auf die Spitze zu treiben, da sich der Koch rächen könne. Um eine mögliche Gegenattacke des Kochs abzublocken, lenkt der Verwalter ein. Er bietet dem Koch einen Schluck Wein an, um ihn zu besänftigen. Und er hat Erfolg. Der Koch trinkt den dargebotenen Wein in vollen Zügen, beruhigt sich und dankt sogar noch seinem »Wohltäter«. In seinem Umgang mit dem Koch offenbart der Verwalter wiederum seine Cleverness und sein Manipulationstalent. Er, der bis jetzt alle seine Vorgesetzten betrogen hat, hat natürlich auch leichtes Spiel mit dem angetrunkenen Koch. Er erklärt einfach das Gift zur Medizin und hat mit seiner Behandlung sofort Erfolg. Der düpierte Rivale ergibt sich dem Trunk und räumt das Feld. Der Verwalter kann mit seiner Erzählung beginnen, eine Erzählung, in der nicht die geringste Reue gezeigt wird, sondern wieder clevere Manipulation. Manipuliert wird zunächst die Publikumserwartung. Statt einer beispielhaften Erzählung bekommt das Publikum einen Schwank zu hören. Und statt einer Moral erhält es eine pragmatische Lehre, über die sich der Erzähler aber vorher souverän hinweggesetzt hat. In seinem Umgang mit dem Koch hat er bewiesen, daß man das Maul ruhig ungestraft weit aufreißen kann; man muß nur wissen, wie man sich vor eventuellem Schaden bewahrt. In diesem Punkt ist der Erzähler wesentlich gewitzter als die Krähe in der Erzählung, die sich zwar auch in eine schwierige Situation hineinmanövriert, sich im Gegensatz zum Verwalter jedoch nicht mehr daraus befreien kann. Für den abgefeimten Verwalter steht das Pilgerpublikum auf der gleichen Ebene wie die Krähe. Deshalb kann er sich erdreisten, seinen Zuhörern in der Form eines Zitats »gute« Ratschläge zu erteilen und sie auf diese Weise zu düpieren. Als einziger unter den Pilgern bleibt er trotz seiner Anmaßung ungestraft, denn seine Provokation ist so subtil und clever, daß sich keiner verletzt fühlt.

Innerhalb des Strukturplans der *Canterbury Tales* bedarf eine solche Geschichte eines Gegengewichts, um die Dinge wieder ins rechte Lot zu bringen. Folglich dürfte die Plazierung der *Manciple's Tale* direkt vor der abschließenden *Parson's Tale* nicht auf Zufall beruhen. Chaucers Verweis auf die Erzählung des Verwalters im Prolog der *Parson's Tale* zeigt, daß diese Reihenfolge beabsichtigt war. So unterschiedlich die beiden Pilger auch sein mögen, es verbindet sie der gleiche literarische Ansatz. Der Verwalter sagt von sich, er sei »a man noght textueel« (IX, 235) [nicht belesen]. Das gleiche behauptet der Landpfarrer: »I am nat textueel« (X, 57) [ich bin nämlich nicht belesen]. Und beide behaupten, sie wollten auf Auslegung verzichten (IX, 34 und X, 45). Im Umgang mit den Quellen seiner Geschichte hatte sich der Verwalter im mittelalterlichen Sinne wirklich als unbelesener Mann erwiesen, denn in seiner Version der Erzählung ändern sich sowohl Gattungszugehörigkeit als auch Bedeutung. Der Landpfarrer hingegen entpuppt sich als äußerst belesener Mann, der sowohl mit der Bibel als auch mit den Schriften der Kirchenväter und Kommentatoren engstens vertraut ist. Im Gegensatz zu seiner Absichtserklärung, er wolle nicht auslegen, tut der Verwalter nichts anderes: Koch, Geschichte und Publikum werden dauernd von ihm interpretiert und in dem von ihm erstellten Kontext gesehen (vgl. dazu auch Harwood, S. 276). Der Landpfarrer hingegen vertritt lediglich die offizielle kirchliche Doktrin. Er interpretiert seine Geschichte nicht, sondern er versteht sich nur als Diener Gottes, dem es obliegt, den Pilgern den richtigen Weg zur Erlösung zu zeigen. Sein Traktat über die Buße, das die *Canterbury Tales* formal beendet, steht in diametralem Gegensatz zur vollkommen persönlich gehaltenen Erzählung des Verwalters, die ihm nur dazu dient, seine Cleverness und sein Manipulationstalent unter Beweis zu stellen. Und so ist die nachfolgende *Parson's Tale* auch als Antwort auf die vorhergehende *Manciple's Tale* zu verstehen.

Bibliographie zur Manciple's Tale

Birney, Earle. »Chaucer's ›Gentil‹ Manciple and His ›Gentil‹ Tale.« *NM*. 1960; 61:257–67.

Cadbury, William. »Manipulation of Sources and the Meaning of the *Manciple's Tale*.« *PQ*. 1964; 43:538–48.

Campbell, Jackson J. »Polonius Among the Pilgrims.« *ChauR*. 1972; 7:140–46.

Davidson, Arnold E. »The Logic of Confusion in Chaucer's *Manciple's Tale*.« *AnM*. 1979; 19:5–12.

Harwood, Britton J. »Language and the Real: Chaucer's Manciple.« *ChauR*. 1972; 6:268–79.

Hazelton, Richard. »The *Manciple's Tale*: Parody and Critique.« *JEGP*. 1963; 62:1–31.

Hirsh, John C. »The Politics of Spirituality: The Second Nun and the Manciple.« *ChauR*. 1977; 12:129–46.

Scattergood, V.J. »The Manciple's Manner of Speaking.« *EIC*. 1974; 24:124–46.

Severs, J. Burke. »Is the *Manciple's Tale* a Success?« *JEGP*. 1952; 51:1–16.

Wood, Chauncy. »Speech, the Principle of Contraries, and Chaucer's Tales of the Manciple and the Parson.« *Mediaevalia*. 1980; 6:209–29.

Work, James A. »The *Manciple's Tale*.« In *Sources and Analogues of the Canterbury Tales*. Hg. W.F. Bryan und Germaine Dempster. London: Routledge & Kegan Paul Ltd; 1958. S. 699–722.

The Parson's Tale

Wie Generationen von Kritikern betont haben, sind die *Canterbury Tales* zwar unvollständig, aber nicht unvollendet. Der Prolog zur *Parson's Tale* läßt keinen Zweifel, daß diese Erzählung von Chaucer als abschließende Geschichte auf dem Weg nach Canterbury gedacht war. Wie der Wirt sagt: »Now lakketh us no tales mo than oon.« (X, 16) [nun fehlt uns nur noch eine Geschichte.]. Er wendet sich an den Landpfarrer, der als einziger noch nichts zur Unterhaltung der Pilger beigetragen hat. Damit tritt der Landpfarrer zum zweiten Mal auf den Plan. Zuvor nämlich war er nach der Erzählung des Rechtsgelehrten vom Schiffsherrn daran gehindert worden, mit seinen Ausführungen zu beginnen: »'Heer schal he nat preche; / He schal no gospel glosen here ne teche.'« (II, 1179–80) [»Hier soll er nicht predigen; er soll hier weder das Evangelium auslegen noch lehren.«]. Und um den Pfarrer davon abzuhalten, hatte er selbst mit der Erzählung eines Schwankes begonnen. Ob Chaucer bereits zu diesem frühen Zeitpunkt die spätere Verwendung des Pfarrers genau geplant hat, läßt sich nur schwer sagen; jedenfalls verschwindet der Pfarrer vorerst von der Bildfläche und taucht erst wieder im Prolog des letzten Fragments auf. Der Wirt spricht ihn als letzten der Pilger an, die ihm noch eine Erzählung schuldig geblieben seien, und fordert ihn auf: »'Unbokele and shewe us what is in thy male; / For trewely, me thynketh by thy cheere / Thou sholdest knytte up wel a greet mateere. / Telle us a fable anon, for cokkes bones!'« (X, 26–29) [»Mach deine Tasche auf und zeig uns, was drinnen ist; denn wahrlich, deinem Verhalten nach dünkt mich, daß du eine bedeutende Sache mit einem guten Schluß versehen könntest. Erzähl uns sofort eine Fabel, verdammt nochmal!«]. Der Wirt benutzt den Euphemismus »for cokkes bones« wohl in Erinnerung daran, daß er zuvor »for Goddes bones« (II, 1166) [bei Christi Leib] gesagt hatte und dafür vom Pfarrer gerügt worden war. Interessant ist hier die Verhaltensweise des Wirtes, der zwar erkennt, daß der Pfarrer der geeignete Mann ist, um den Erzählzyklus zu beenden, der sich aber immer noch im Ton gegenüber diesem wohl ernsthaftesten Teilnehmer an der Wallfahrt nach Canterbury vergreift, denn wie könnte er sonst von ihm eine Fabel verlangen? Kein Wunder, daß der Pfarrer dieses Ansinnen sofort entschieden zurückweist: »Von mir wirst du keine Fabel erzählt bekommen; in seinem Brief an Timotheus tadelt Paulus nämlich jene, die sich von der Wahrheit abwenden und Fabeln und ähnlichen Schund erzählen. Weshalb sollte ich Spreu aus meiner Faust säen, solange ich Weizen säen kann, wenn es mich danach verlangt? Deshalb sage ich, wenn ihr von Moral und tugendhaften Dingen hören und mir Aufmerksamkeit schenken wollt, will ich euch zu Ehren Christi sehr gern erlaubte Unterhaltung zuteil werden lassen, wie ich es kann.« (X, 31–41).

Die Reaktion des Priesters auf das Ansinnen des Wirtes ist auch aus poetologischer Sicht interessant. Sie bezeugt eine rigide Haltung gegenüber der Dichtung. Der Pfarrer lehnt Fabeln als Lüge ab. Sie sind Geschichten ohne einen moralischen Kern, einzig und allein dazu bestimmt, der Unterhaltung des Publikums zu dienen. Impliziert in der Argumentation des Pfarrers ist zum einen der philosophische Vorbehalt gegen Dichtung, wie er seit Platons Zeiten existiert, d. h. Dichtung als fiktionale Gestaltung der Realien. Der Hinweis auf den Timotheusbrief des Paulus macht dies deutlich. Zum anderen sieht sich der Pfarrer bemüßigt, eine Alternative zur Dichtung, d. h. zum fiktionalen Erzählen, anzubieten. Da er jede Art von *fabula* ablehnt, muß die verbleibende »Erzählung« expositorischen Charakter haben.

Vergleicht man zudem das Literaturverständnis des Pfarrers mit dem des Nonnenpriesters, dann liegen Welten zwischen diesen beiden Angehörigen des Klerus. Der Nonnenpriester zitiert die Bibel, um seine Zuhörerschaft auf einen tieferen Sinn in seiner Erzählung, einer Fabel, hinzuweisen, d. h., er bedient sich einer theologischen Argumentationsmethode für einen vollkommen säkularen Zweck. Die Folie zu seiner Geschichte bildet der menschliche Sündenfall, doch dieses theologische Konzept hat innerhalb des Kontextes der Erzählung keine moraltheologischen Auswirkungen. Der angedeutete religiöse Rahmen erfüllt die daran geknüpften Erwartungen nicht, sondern bleibt nur theologisches Versatzstück. Gegen den Hintergrund des ursprünglichen Sündenfalls, aber ohne die dadurch suggerierte moraltheologische Bedeutung zum Tragen zu bringen, hatte der Erzähler es seinen Figuren überlassen, ihr Schicksal selber zu bestimmen. Dabei richtete sich der Blick vor allem auf irdisches Wohlbefinden. In der Form einer Fabel, eines fiktionalen Textes, wurde eine Reihe von Problemen angesprochen, die im mitmenschlichen Bereich größte Bedeutung haben. Vorsicht, Maßhalten und menschliche Rücksichtnahme wurden als Verhaltensnormen propagiert, als allgemeingültige Prinzipien, die sich theologisch nicht von einer Religion vereinnahmen lassen.

Im Vergleich zu diesem Standpunkt ist die Absicht des Pfarrers völlig unterschiedlich. Er will von Moral und tugendhaften Dingen berichten und der Pilgerfahrt mit seiner Geschichte eine neue Ausrichtung geben: »I wol yow telle a myrie tale in prose / To knytte up al this feeste and make an ende. / And Jhesu, for his grace, wit me sende / To shewe yow the wey, in this viage, / Of thilke parfit glorious pilgrymage / That highte Jerusalem celestial.« (X, 46–51) [Ich werde euch deshalb eine heitere Geschichte in Prosa erzählen, um dieses ganze Fest zu beenden und zu beschließen. Und Jesus möge so gnädig sein und mir Verstand geben, damit ich euch auf dieser Reise den Weg derjenigen vollkommenen, großartigen Wallfahrt zeigen kann, die man himmlisches Jerusalem nennt.]. Die »heitere Geschichte« wird ein wenig später »meditacioun« (X, 55) [Meditation] genannt, eine Bezeichnung, die für die Ausführungen des Pfarrers wesentlich zutreffender ist. Die Pilger wissen also, worauf sie sich einlassen, wenn sie den Vorschlag des Pfarrers einstimmig annehmen. In fast demokratischer Weise akzeptieren sie seine Bedingungen und somit auch die Tatsache, daß nun der Geistliche den Wirt als Führer und Zeremonienmeister ablöst (vgl. auch Wenzel, »Chaucer's Parson's Tale: ›Every Tales Strengthe‹«, S. 93). Das Ziel heißt nun nicht mehr Canterbury, sondern himmlisches Jerusalem, d. h., der Blick richtet sich über das Weltliche hinaus auf die überirdische Sphäre. Für den Pfarrer bedeutet die menschliche Existenz ein Leben in Gott, denn die Entscheidungen des Menschen in seinem irdischen Dasein müssen vor allem im Hinblick auf ihre Auswirkungen für das Nachleben geschehen. Sie sind verantwortlich für sein Seelenheil. Aus dieser Perspektive gesehen wird das Leben teleologisch; es ist auf ein spirituelles Ziel ausgerichtet. Sein Verlauf ist eine Wallfahrt, die den Menschen entweder zum Himmel oder aber zur Hölle führt. Dies sind die beiden möglichen Endpunkte, die der Mensch aufgrund freier Entscheidung erreichen kann, wie bereits der Prophet Jeremia berichtet, unter dessen Motto die *Parson's Tale* steht: »'Stondeth upon the weyes, and seeth and axeth of olde pathes (that is to seyn, of olde sentences) which is the goode wey, / and walketh in that wey, and ye shal fynde refresshynge for youre soules, etc.'« (X, 77–78) [Steht auf den Wegen und schaut und fragt nach alten Wegen (d. h. nach alten Lehren), welcher davon der gute Weg ist, und geht diesen Weg, und ihr werdet Erquickung für eure Seele finden etc.]. Diese Aussage entspricht mittelalterlicher orthodoxer Anschauung. Man findet die gleiche Auffassung in Dantes *Göttlicher Komödie*, wo die verschiedenen Seelen, die Dante auf seiner Wanderung durch die Hölle, das Fegefeuer und den Himmel trifft, nicht durch Zufall dorthin gekommen sind, sondern sich dort aufgrund ihrer eigenen, auf freier Entscheidung beruhenden Wahl befinden. Wie es Dante in dem ihm zugeschriebenen Brief an Can Grande della Scala ausdrückt, zeigt die *Göttliche Komödie*, wie den Menschen aufgrund von guten oder schlechten Taten, ausgeführt in vollkommener Entscheidungsfreiheit, entweder belohnende oder strafende Gerechtigkeit zuteil wird. Diese Ansicht, mit der Dante die allegorisch-moralische Aussage seines Werkes beschreibt, ist ein theologischer Grundsatz, der als allgemeinverbindliches Credo gelten kann. Und natürlich ist es dem Pfarrer angesichts der Wahlmöglichkeiten des Menschen darum zu tun, ihm den Weg zum himmlischen Jerusalem zu zeigen, d. h., ihn auf den Weg zur Erlösung zu bringen. Dahin aber gibt es unter den verschiedenen spirituellen Wegen einen, der ganz besonders dafür geeignet ist: »Es gibt viele geistliche Wege, die die Menschen zu unserem Herrn Jesus Christus und zum Reich des Glanzes führen. Unter diesen Wegen gibt es einen sehr vortrefflichen und angemessenen Weg, der weder dem Mann noch der Frau versperrt ist, die wegen ihrer Sünden vom rechten Weg zum himmlischen Jerusalem abgekommen sind; und dieser Weg heißt Buße« (X, 79–80). Somit wird die *Parson's Tale* zu einem weiteren Kapitel in der umfangreichen mittelalterlichen Beichtliteratur, die seit dem Vierten Lateranischen Konzil in den Jahren 1215/16 die Länder Europas überschwemmte. In den dort verabschiedeten Dekreten wurde es den Gläubigen u. a. vorgeschrieben, mindestens einmal im Jahr zur Beichte zu gehen. Doch zur Durchsetzung dieser Minimalforderung an die christliche Gemeinde bedurfte es zunächst einmal einer Reform der Priesterschaft, denn offensichtlich mangelte es den Geistlichen selbst an rudimentären dogmatischen Kenntnissen. In England begann die Offensive zur Priester- und Laienbildung in der zweiten Hälfte des 13. Jahrhunderts und wurde vor allem durch die Reformbischöfe Richard Poore von Salisbury und Durham, Robert Grosseteste von Lincoln, Peter Quinel von Exeter und

Erzbischof John Peckham getragen. Vor allem die Dekrete dieses Erzbischofs aus dem Jahre 1281 beeinflußten Inhalt und Zielsetzung der pastoralen Handbücher. Darin wurde nämlich festgelegt, daß jede Gemeinde viermal im Jahr in folgenden sechs Dingen zu unterrichten sei: den Glaubensartikeln, den Zehn Geboten, den Sieben Kardinaltugenden, den Werken der Barmherzigkeit, den Sieben Todsünden und den Sakramenten. Bei den Sakramenten wiederum stand die Beichte im Mittelpunkt des Interesses. Zunächst wurden diese Traktate in lateinischer, bald aber auch in der Volkssprache verfaßt. Wie umfangreich diese Literatur war, zeigt die von Lee W. Patterson zusammengestellte Liste von neunzehn eigenständigen Werken allein auf Englisch (vgl. Patterson, S. 338). Unter diesen Werken nehmen vier eine Sonderstellung ein, *The Clensyng of Mannes Sowle*, *The Weye to Paradys*, *The Boke of Penance* und die *Parson's Tale*, die alle die gleiche Struktur aufweisen: eine Unterteilung in drei Abschnitte, die die drei Bestandteile des Sakraments der Beichte behandeln. Sie beginnen mit einer Abhandlung über die Reue, befassen sich dann mit dem Bekenntnis der Sieben Todsünden und enden mit einer Darstellung der Buße. Diesem Schema folgt auch die *Parson's Tale*, die jedoch auch eine Beschreibung der *remedia* [Heilmittel] gegen die einzelnen Todsünden enthält. Als Hauptquellen für die *Parson's Tale* hat die Forschung – vor allem Siegfried Wenzel – drei Traktate identifiziert: die *Summa de casibus* des Pennaforte für den Rahmen, den Text *Primo/Quoniam* für die Darstellung der Sünden und den Text *Postquam* für die Behandlung der *remedia* (s. Wenzel 1971 und 1974). Ob Chaucer diese Traktate selbst zusammengefaßt hat oder ob diese Arbeit schon vorher geleistet worden ist, läßt sich beim augenblicklichen Forschungsstand nicht sagen. Sehr wahrscheinlich muß man von Zwischenstadien ausgehen, die die Genese der *Parson's Tale* in einer Weise beeinflußt haben, die heute nicht mehr klar rekonstruierbar ist.

Wie das Sakrament der Beichte zerfällt auch die *Parson's Tale* in drei Hauptabschnitte: Bis X, 315 wird die Reue behandelt, dann folgt die Beichte, bestehend aus einer Einleitung (X, 316–86) und der Darstellung der Sieben Todsünden sowie ihrer *remedia* (X, 387–1028). Und in X, 1029–80 wird die Wiedergutmachung oder Buße besprochen. Die Abhandlung erfolgt im großen und ganzen in logisch konsequenter Form. Die Reue z. B. hat vier Komponenten: Erstens, was ist Reue? Zweitens, was sind die Ursachen für Reue? Drittens, wie äußert sich Reue? Und viertens, was bewirkt die Reue für die Seele? Es folgt eine weitere Unterteilung der Ursachen in sechs verschiedene Formen sowie eine Unterteilung der Äußerungen der Reue in ebenfalls sechs Abschnitte, bevor die Darstellung, was die Reue für die Seele bewirkt, diesen ersten Hauptteil abschließt. Eine ähnliche Unterteilung findet sich natürlich auch im zweiten Hauptteil. Dieser beginnt mit einer Evozierung der drei Ursachen für die Sünde, denen eine Darstellung der beiden Arten von Sünde folgt: die Sünden des Fleisches und die Sünden des Geistes, d. h. die Todsünden. Eine Besprechung der *remedia* schließt sich beiden Teilen an. Danach folgt eine Auflistung der sieben Umstände, die sich erschwerend auf die Sünde auswirken können, sowie der vier Komponenten der Beichte. Der dritte Hauptteil schließlich zerfällt in drei Untergruppen: die drei Arten der Mildtätigkeit, die vier körperlichen und geistlichen Exerzitien und die vier Dinge, die der Buße hinderlich sein können.

Diese an sich klare Gliederung ist bereits in den Handschriften der *Canterbury Tales* nicht mehr eindeutig erkennbar, da die Abhandlung über die Sieben Todsünden und ihre *remedia* eine derart zentrale Stellung innehat, daß sie von den Schreibern bereits zum Kernpunkt der *Parson's Tale* gemacht wurde. In der Tat umfaßt diese Darstellung mit 641 Versen fast drei Fünftel des Gesamtumfangs des Traktats. Sehr detailliert werden hier die Sieben Todsünden nebst ihren Verästelungen beschrieben, so daß vor den Augen des Lesers ein prächtiger, weitverzweigter Sündenbaum entsteht in Anlehnung an scholastische Gliederungs- und Beschreibungsmodelle. Von daher ist es verständlich, daß gerade dieser Teil die Phantasie der Kritiker angeregt hat. So schlug Frederick Tupper z. B. vor, daß diese Abhandlung im Hinblick auf die Pilger gelesen werden müßte. Er ging sogar so weit, zu behaupten, die Pilger seien von Chaucer als Personifizierung der Sieben Todsünden konzipiert und exemplifizierten die in der *Parson's Tale* dargestellten Sünden. Bei der Unvollkommenheit der verschiedenen Pilger ist es durchaus verständlich, wenn die eine oder andere Sünde, von der der Pfarrer spricht, sich auch im Sündenregister der einzelnen Pilger wiederfindet. So führt er z. B. seine Darstellung von Habsucht mit dem Zitat aus den Schriften des Paulus ein: »the roote of alle harmes is Coveitise« (X, 739) [Habsucht ist die Wurzel allen Übels], ein Zitat, das sofort den Ablaßkrämer in Erinnerung ruft. Oder in seiner Beschreibung des Hochmuts findet sich folgende Feststellung: »Also the synne of aornement or of apparaille is in thynges that apertenen to ridynge, as in to manye delicat horses that been hoolden for delit, that been so faire, fatte, and costlewe« (X, 432) [Die Sünde des Schmückens oder der Zier gibt es auch in den Dingen, die zum Reiten gehören. Das zeigt sich etwa an zu vielen feinen Pferden, die zum Vergnügen gehalten werden, die ja so schön, kräftig und teuer sind]. Es folgt noch eine Beschreibung des kostbaren Zaumzeugs, so daß man sofort an den Mönch erinnert wird, dessen Pferd im *General Prologue* in ähnlicher Weise beschrieben wurde. Unter der Rubrik »Fluchen«, die zur Todsünde des Stolzes gehört, wird dieses Laster verdammt, vielleicht im Hinblick auf den Wirt, der schon einmal vom Pfarrer wegen seines Fluchens gerügt worden war. In den Versen X, 612–17 werden die Schmeichler attackiert, zu denen unter den Pilgern vor allem der Bettelmönch gehört. Und in X, 407 findet sich ein Verweis auf die, die immer zuerst zum Offertorium gehen möchten, wie die Frau aus Bath. Lee W. Patterson hat etwa 35 Passagen identifiziert, die Anklänge an bereits vorher Gesagtes haben, ohne daß man jedoch daraus einen zwingenden Schluß auf den Stellenwert der *Parson's Tale* als Schlüssel zu den einzelnen Pilgern bzw. ihren Geschichten ziehen könnte.

Einerseits schöpft Chaucer sowohl bei der Gestaltung der *Parson's Tale* als auch aller anderen Geschichten aus den gleichen homiletischen Quellen, so daß Übereinstimmungen unvermeidbar sind (vgl. Patterson, S. 259–61). Andererseits sind die Pilger typenhafte Figuren, die zum Teil so porträtiert werden, daß sie die Tradition der Ständesatire bzw. der physiognomischen Typenlehre widerspiegeln. Und da sich auch die Beichtliteratur sowohl dieser Quellen als auch der Beobachtung des täglichen Lebens bedient, lassen sich wiederum Übereinstimmungen in Wort und Sachverhalt nicht ausschließen. Obwohl bereits John L. Lowes in einem gegen Tupper gerichteten Aufsatz auf die Fragwürdigkeit von dessen Ansatz hingewiesen hat, sind auch in jüngerer Zeit immer wieder Versuche unternommen worden, die *Parson's Tale* als die moralische Instanz zu betrachten, in der alle Geschichten konvergieren. Oder eng verbunden mit dieser Sicht hat man das Traktat des Pfarrers als moralische Instanz gesehen, das bei rückwärts gewandter Betrachtung nun seinerseits die Erzählungen in einem neuen Licht erscheinen läßt, d. h., der Leser werde nach seiner Lektüre der *Parson's Tale* gezwungen, sein Urteil über die verschiedenen Erzählungen anhand der ihm nun zur Verfügung stehenden moralischen Normen zu revidieren. Natürlich fehlt es auch nicht an Stimmen, die die *Parson's Tale* entweder nur als eine unter vielen Erzählungen verstanden haben wollen oder darin sogar eine satirische Absicht zu entdekken glauben (vgl. die Aufsätze von Donaldson, Allen und Kaske). Was immer man über die *Parson's Tale* sagen mag, das Traktat steht in krassem Gegensatz zu dem, was viele Kritiker an Chaucers Dichtung schätzen. Die Geschichte ist in holpriger Prosa geschrieben – darin unterscheidet sie sich wenig von der ebenfalls etwas unbeholfen wirkenden *Tale of Melibee*. Sie entbehrt jeglicher Komik. Sie ist unzweideutig in ihrer strikten moraltheologischen Aussage. Und sie scheint das Bild von Chaucer als humanem und humanistischem Dichter auf fast brutale Weise zu zerstören. Der Abhandlung folgt ein Widerruf, der sich gleich an die *Parson's Tale* anschließt und mit folgenden

Worten eingeleitet wird: »Heere taketh the makere of this book his leve.« [Hier nimmt der Verfasser dieses Buches Abschied.]. In diesem Widerruf bedauert Chaucer, weltliche Werke verfaßt zu haben, wie z. B. den *Troilus*, *The Book of the Duchess*, *The House of Fame*, *The Legend of Good Women* und *The Book of the Lion* – nicht überliefert – sowie die *Canterbury Tales*, »that sownen into synne« (X, 1086) [die nach Sünde klingen]. Er läßt nur seine Übersetzung des Boethius, Predigten, Heiligenlegenden und Lehrdichtung bestehen. Auch hier wird die Existenzberechtigung der weltlichen Literatur in Frage gestellt, d. h. der Literatur, die keinen moralischen Kern besitzt wie eben auch viele der *Canterbury Tales*. Ob die *Parson's Tale* und der Widerruf genuin sind, braucht heute nicht mehr diskutiert zu werden. Beide Werke gehören eindeutig zum Chaucerkanon, d. h., man kann die sich aufdrängende Frage nach dem Gewicht der beiden Aussagen nicht mit dem Hinweis auf nicht-authentische Werke abtun. Man kann im Hinblick auf die *Retractation* höchstens anführen, daß ein solcher Widerruf bei mittelalterlichen Dichtern nicht unüblich war. Augustinus, Beda, Geraldus Cambrensis, Jean de Meung, Boccaccio und viele andere hatten einen Teil ihres literarischen Werkes bzw. ihr literarisches Gesamtwerk auf dem Sterbebett widerrufen. Man kann angesichts der großen Anzahl dieser Widerrufe vielleicht sogar von einer Konvention sprechen (vgl. Sayce, S. 239–45). Offensichtlich war der Einfluß der kirchlichen Autoritäten im Angesicht des Todes so groß, daß sich die Autoren im Zuge einer generellen Reue für ihre Sündhaftigkeit von jenen ihrer Werke distanzierten, die unter strikt moraltheologischem Aspekt betrachtet als fragwürdig gelten konnten. Abweichungen von der Norm wurden in dem wichtigen Augenblick widerrufen, in dem die irdische Existenz ihrem Ende zuging und der Mensch sich aufgefordert fühlte, Rechenschaft abzulegen. Eine solche Haltung ist durchaus verständlich, da all die hier erwähnten Autoren zuerst einmal gläubige Christen waren, die sich am Ende ihres irdischen Daseins auf das ewige Leben vorbereiten wollten. Das gilt natürlich auch für Chaucer. Auch er war ein guter mittelalterlicher Christ, der sich als Schriftsteller jedoch des Wertes seiner Werke wohl bewußt war und versucht hat, der Literatur einen eigenständigen Geltungsbereich zu verschaffen. In seiner eigenen Literaturauffassung hat sich Chaucer immer wieder von engstirnigen Limitierungsversuchen distanziert, die er, indem er sie von seinen eigenen literarischen Geschöpfen, den Pilgern, vorbringen ließ, subtiler Ironisierung preisgab. Sollte er deshalb in den Augen der Kirche gesündigt haben, so widerruft er nun, was anstößig erscheinen könnte. Damit ordnet er sich in die lange Reihe von Autoren ein, die vor ihm ebenso gehandelt hatten.

Soll mit dieser Lozierung der *Retractation* im historischen Kontext deren Bedeutung sowie die Doktrin der *Parson's Tale* relativiert werden? Entschieden nicht! Beide Werke bleiben Chaucers letzte und endgültige Aussagen zur geistig-seelischen Situation des Menschen in dieser Welt. Mit Ironie oder Perspektivismus ist ihnen nicht beizukommen (vgl. Wenzel, »Chaucer's *Parson's Tale* 'Every Tales Strengthe'«, S. 88–91). Dann wiederum ist weder die *Parson's Tale* noch die *Retractation* eine Erzählung. Beide sind im nicht-fiktionalen Bereich angesiedelt, haben also mit den *Canterbury Tales* nichts zu tun. Der Pfarrer nimmt sich aus dem vom Wirt angeregten Erzählwettbewerb bewußt heraus. Sein Traktat gehört nicht zu dieser Kategorie von Literatur. Und doch hat es seine ganz eigene Existenzberechtigung als Abschluß einer literarischen Reihe, die auf dem binären Prinzip von Erzählung und Gegenerzählung beruht. Die *Parson's Tale* ist die *peroratio* zu der fiktionalen Pilgerfahrt nach Canterbury, die schon zu Ende des *General Prologue* ihre devotionale Bestimmung verloren hat. Mit den Ausführungen des Pfarrers zum Sakrament der Beichte wird diese religiöse Ausrichtung plötzlich wieder aufgenommen, d. h., Chaucer knüpft noch einmal an das an, was er zu Anfang des *General Prologue* als Ziel erklärt hatte, und er geht gleichzeitig weiter, indem er nun ein neues Ziel setzt. Anstatt des irdischen Canterbury wird jetzt das himmlische Jerusalem zum Endpunkt der Reise. Er revitalisiert folglich die zur Metapher gewordene Wallfahrt und gibt ihr einen neuen Sinn. Auch innerhalb des fiktionalen Kontextes hat somit die nicht-fiktionale *Parson's Tale* eine wichtige Bedeutung. Mit ihr wird der religiöse Rahmen geschlossen, den Chaucer im *General Prologue* entwirft. Vom strukturellen Gesichtspunkt ist das Traktat des Pfarrers zum Sakrament der Beichte der geeignete Schlußstein des literarischen Gebäudes, wenngleich, und das muß hier noch einmal mit aller Deutlichkeit gesagt werden, von diesem Gebäude nur Fundament und Vierung vorhanden sind. Das Mauerwerk ist unvollkommen und trägt sogar, wie die Wasserspeier oder die Steinmetzarbeiten mittelalterlicher Kathedralen, oft groteske Züge, wenn man das Mauerwerk bzw. seine einzelnen Steine überhaupt als Bestandteile eines Baus betrachten kann. Die große Mitte der *Canterbury Tales* nämlich folgt ihren eigenen fiktionalen Gesetzmäßigkeiten, die von der abschließenden *Parson's Tale* unberührt bleiben. Man braucht also nicht perspektivistisch zu verfahren, d. h., das Traktat des Pfarrers als eine unter vielen Stimmen zu sehen. Dieser Ansatz würde der *Parson's Tale* auch gar nicht gerecht werden, denn das hieße, sie mit den falschen Maßstäben zu messen. Andererseits wäre es ebenso widersinnig, die vorhergehenden Erzählungen aus der Perspektive der *Parson's Tale* lesen zu wollen, da sie als Dichtung natürlich vor der Doktrin nicht bestehen können. Die *Parson's Tale* und die übrigen Geschichten sind letztlich zwei unvereinbare Gegensätze, da Wahrheit und Fiktion einander ausschließen. Wenn man den Begriff Perspektive noch einmal bemühen will, dann wohl in folgender Weise. Im Traktat des Pfarrers verschiebt sie sich zugunsten einer metaphysischen Betrachtungsweise, die sich mit den Letzten Dingen, vor allem der Erlösung und wie man sie erlangt, beschäftigt. Die Welt ist Durchgangsort, und somit haben die weltlichen Probleme nur sekundäre Bedeutung, ja, sie sind eigentlich nur wichtig im Hinblick auf das transzendente Ziel der menschlichen Pilgerfahrt zum himmlischen Jerusalem. Zuvor hatte die Wallfahrt nach Canterbury noch vor ihrem eigentlichen Beginn ihren Bezug zu dieser allegorischen Pilgerfahrt verloren. Sie war zur Fiktion geworden, die es dem Dichter Chaucer erlaubte, einen Erzählzyklus zu schaffen, in dem sich Erzähler aller Stände mit physischen und metaphysischen Problemen befassen. Sehr oft verschwindet hier der Makrokosmos des Universums aus unserem Gesichtskreis, während der Mikrokosmos des menschlichen Bewußtseins zum Untersuchungsgegenstand des Dichters wird. Hier werden Fragen nach der Entscheidungsfreiheit des Menschen und seiner Verantwortung für sich selbst und andere gestellt, nach dem Wesen des wahren Adels und nach den Grenzen des menschlichen Wissens. Auf diese Fragen werden unterschiedliche Antworten gegeben, wenn sie überhaupt beantwortet werden. Und diese Pluralität scheint letztlich auch vom Dichter beabsichtigt zu sein, woran auch die Eindimensionalität des abschließenden moraltheologischen Traktats aus dem Munde des Pfarrers nichts ändern kann.

Bibliographie zur Parson's Tale

Allen, Judson B. »The Old Way and the Parson's Way: An Ironic Reading of the *Parson's Tale*.« *JMRS*. 1973; 3:255–71.

Finke, Laurie A. »›To Knytte up al this Feeste‹: The Parson's Rhetoric and the Ending of the *Canterbury Tales*.« *LeedsSE*. 1984; 15:95–107.

Finlayson, John. »The Satiric Mode of the *Parson's Tale*.« *ChauR*. 1971; 6:94–116.

Kaske, Carol V. »Getting Around the *Parson's Tale*: An Alternative to Allegory and Irony.« In *Chaucer at Albany*. Hg. Rossell Hope Robbins. New York: Franklin; 1975. S. 147–78.

Lowes, John L. »Chaucer and the Seven Deadly Sins.« *PMLA*. 1915; 30:237–371.

McGerr, Rosemarie P. »Retraction and Memory: Retrospective Structure in the *Canterbury Tales*.« *CL*. 1985; 37:97–113.

Olmert, Michael. »The Parson's Ludic Formula for Winning on the Road to Canterbury.« *ChauR*. 1985; 20:158–68.

Patterson, Lee W. »The ›Parson's Tale‹ and the Quitting of the *Canterbury Tales*.« *Traditio*. 1978; 34:331–80.

Pfander, H.G. »Some Medieval Manuals of Religious Instruction in England and Observations on Chaucer's Parson's Tale.« *JEGP*. 1936; 35:243–58.

Sayce, Oliver. »Chaucer's ›Retractions‹: The Conclusion of the *Canterbury Tales* and its Place in Literary Tradition.« *Medium Aevum*. 1971; 40:230–48.

Schricker, Gale C. »On the Relation of Fact and Fiction in Chaucer's Poetic Ending.« *PQ*. 1981; 60:13–27.

Tupper, Frederick. »Chaucer and the Seven Deadly Sins.« *PMLA*. 1914; 29:93–128.

Wenzel, Siegfried. »The Source of the ›Remedia‹ of the *Parson's Tale*.« *Traditio*. 1971; 27:433–54.

–. »The Source of Chaucer's Seven Deadly Sins.« *Traditio*. 1974; 30:351–78.

–. »Chaucer's Parson's Tale: ›Every Tales Strengthe‹.« In *Europäische Lehrdichtung*. Hg. Hans G. Rötzer und Herbert Walz. Darmstadt: Wissenschaftliche Buchgesellschaft; 1981. S. 86–98.

–. »Notes on the *Parson's Tale*.« *ChauR*. 1982; 16:237–56.

Wood, Chauncey. »Speech, the Principle of Contraries, and Chaucer's Tales of the Manciple and the Parson.« *Mediaevalia*. 1980; 6:209–29.

ANMERKUNGEN ZU DEN CANTERBURY TALES

General Prologue

I,17 hooly blisful martir: Thomas à Becket, Erzbischof von Canterbury, der am 29. 12. 1170 von fünf Rittern König Heinrichs II. in der Kathedrale von Canterbury ermordet und 1173 heilig gesprochen wurde.

I,17–18 seke ... seeke: *Rime riche*, d. h. ein identischer Reim zweier Wörter mit unterschiedlicher Bedeutung. Diese Art des Reims galt als besonders kunstvoll.

I,20 Southwerk: Kleiner Vorort von London am Südufer der Themse. Southwark war für seine vielen Gasthöfe bekannt, von denen der hier genannte Tabard, der »Heroldsrock«, einer der geräumigsten war.

I,24 nyne and twenty: Vorgestellt werden aber dreißig Pilger, von denen die drei Priester in Begleitung der Priorin im Verlauf der Wallfahrt zu einer Person, dem Nun's Priest, werden.

I,44–45 that ... he: Die Konstruktion mit einem allgemeinen Relativpronomen gefolgt von einem personenbezogenen Personalpronomen erscheint relativ häufig im Mittelenglischen.

I,51 Alisaundre: Alexandria, erobert von Peter I. von Zypern im Oktober des Jahres 1365.

I,53–54 Pruce ... Lettow ... Ruce: Bezieht sich auf Kämpfe des Deutschritterordens gegen die slawische Bevölkerung in Preußen, Litauen und Rußland.

I,57 Algezir ... Belmarye: Algeciras im maurischen Königreich Granada wurde im März 1344 von König Alfons von Kastilien eingenommen. Benmarin, Königreich der Berber in Nordafrika.

I,58 Lyeys... Satalye: Ayas, Hafenstadt in Armenien, wurde 1367 von Peter I. von Zypern erobert. Adalia, eine türkische Hafenstadt, wurde ebenfalls von Peter I. im Jahre 1361 eingenommen.

I,62 Tramyssene: Tlemcen, Stadt in Algerien, wo Kämpfe gegen moslemische Heere stattfanden.

I,65 Palatye: Balat, Stadt in der Türkei nördlich des antiken Milet, deren Herr Peter I. von Zypern 1365 einen Lehenseid geleistet hatte.

I,86 Flaundres... Artoys... Pycardie: Vielleicht ein Hinweis auf einen Feldzug, den Henry Despencer, Bischof von Norwich, im Jahre 1383 gegen die Anhänger des Gegenpapstes Clemens führte.

I,115 Cristopher: Ein Medaillon mit dem Bild des hl. Christoph, das als Talisman gegen Tod und Verletzung galt.

I,120 Seinte Loy: Der hl. Eligius, der vor seiner Bekehrung Hofmann und Künstler war. Fluchen, obwohl im Mittelalter weit verbreitet, hätte einer Nonne nicht angestanden. Ein Fluch beim hl. Eligius galt als mildeste Form dieser Sünde.

I,121 Eglentyne: Ein Name, der mit Heldinnen aus der höfischen Romanze assoziiert wurde und folglich gut zur Priorin paßt, die sich bemüht, die Sitten des Hofes zu imitieren.

I,127–36: Die Tischsitten der Priorin sind am Vorbild des *Rosenromans* (V. 13408–32) modelliert. La Vieille, die alte lebenserfahrene Kebse, erteilt jungen Frauen gute Ratschläge, wie sie die Gunst der Männer gewinnen können. Dazu gehören auch gute Tischsitten. Chaucers Beschreibung könnte ironisch gemeint sein.

I,146: Nonnen war es ausdrücklich verboten, Hunde und andere Haustiere zu halten.

I,147 rosted flessh: Die Regeln des Benediktinerordens verboten den Genuß von Fleisch. Fleisch war nur für die Kranken bestimmt, nicht aber zur Fütterung von Haustieren.

I,162 *Amor vincit omnia*: Liebe besiegt alles. Ursprünglich ein Motto aus Vergils Eklogen, das sich auf die Macht des Eros bezieht. In christlicher Zeit jedoch wurde dieses einst pagane Liebeskonzept spiritualisiert und als Ausdruck der Macht der göttlichen Liebe gebraucht. Im Kontext des Porträts der Priorin ist der Wahlspruch bewußt zweideutig: Er kann sich sowohl auf sexuelle als auch auf spirituelle Liebe beziehen.

I,166 outridere: Ein Mönch, dessen Aufgabe es war, die Ländereien eines Klosters zu verwalten.

I,169–70: Es war Sitte, daß die Pilger auf ihrer Wallfahrt nach Canterbury Glocken am Zaumzeug ihrer Pferde mit sich führten.

I,173 Seint Maure ... Seint Beneit: Der hl. Maurus war ein Schüler des Benedikt von Nursia, des Begründers des abendländischen Mönchtums. Er soll der Überlieferung nach die Benediktinerregel 543 nach Frankreich gebracht haben.

I,178: Der Text im *Breviarium in Psalmo*, das dem hl. Hieronymus zugeschrieben wurde, lautet: »Esau venator erat: quoniam peccator erat et penitus non invenimus in scripturis sanctis sanctum aliquem venatorem. Piscatores invenimus sanctos.« [Esau war ein Jäger, deshalb war er ein Sünder. Und in der Heiligen Schrift finden wir keinen heiligen Jäger. Heilige Fischer finden wir.]

I,179–80: In einem Text aus dem *Decretum* des Gratianus heißt es: »Sicut piscis sine aqua caret vita, ita sine monasterio monachus.« [Wie ein Fisch außerhalb des Wassers sein Leben verliert, so ein Mönch ohne Kloster.]

I,187 Austyn: Das Werk *De opere monachorum* des Kirchenvaters Augustinus wurde zur Grundlage für die Augustinerregel.

I,208 Frere: Hinter dem Porträt des Bettelmönchs steht das Bild des hl. Franziskus. Der Bettelmönch wird in seiner Lebensweise und Geisteshaltung als das genaue Gegenstück zu diesem großen Vorbild dargestellt. Er schätzt reiche Kleidung, liebt Geld, scheut den Umgang mit Armen und Kranken, treibt sich in Tavernen herum, singt Liebeslieder und wird schnell zornig und überheblich.

I,209 lymytour: Bezeichnung für einen Bettelmönch im 14. Jahrhundert, der in einem begrenzten Bezirk um Almosen betteln durfte.

I,210 ordres foure: Dominikaner, Franziskaner, Karmeliter und Augustiner.

I,212–13: Der Bettelmönch verheiratete die von ihm verführten Frauen und sorgte auch für die entsprechende Mitgift.

I,223–32: Die hier beschriebene Praxis ist ein eklatanter Mißbrauch des Sakraments der Beichte, das wirkliche Reue über begangene Missetaten verlangt.

I,252a ferme: Der Bettelmönch zahlt einen Betrag für das Exklusivrecht, in seinem Bezirk betteln zu dürfen.

I,254 »*In principio*«: Die Anfangsverse (1–14) des Johannesevangeliums, denen magische Kraft zugeschrieben wurde.

I,258 love-dayes: Tage, an denen außergerichtliche Vergleiche ausgehandelt wurden. Im späten 14. Jahrhundert wurde diese Institution oft mißbraucht, da die Bettelmönche, anstatt für das Recht der Armen zu streiten, für ein entsprechendes Honorar die Sache der Reichen vertraten.

I,261 maister: Magister, Meister, ein anmaßender Titel, den der hl. Franziskus als für einen Bettelmönch unpassend verurteilt hatte.

I,271 mottelee: Die Livree des Kaufmanns deutet darauf hin, daß er einer der beiden bedeutenden englischen Kaufmannsgilden im 14. Jahrhundert angehörte, den Merchants of the Staple oder den Merchant Adventurers.

I,277 Middelburgh ... Orewelle: Middelburgh, Hafen auf der Insel Walcheren vor der niederländischen Küste direkt gegenüber der englischen Hafenstadt Orwell.

I,278 sheeldes: Eine Verrechnungseinheit, vergleichbar dem *écu*.

I,282 chevyssaunce: Kredite, die entweder gewährt oder aufgenommen wurden. Der Terminus war auch ein euphemistischer Ausdruck für Wucher.

I,286 logyk: Die wichtigste Disziplin des Triviums, zu der weiterhin Grammatik und Rhetorik gehörten.

I,291 benefice: Entweder ein Stipendium, das armen Studenten gewährt wurde, bis sie eine Stelle gefunden hatten, oder eine Stellung in einem Kirchensprengel.

I,294 Twenty bookes: Angesichts der extrem hohen Buchpreise im Mittelalter eine ansehnliche Bibliothek.

I,297 philosophre: Wortspiel, da Philosoph im Sprachgebrauch des 14. Jahrhunderts auch die Bedeutung von Alchimist hatte.

I,308: Ein Wissenschaftsideal, das auf Seneca zurückgeht: gaudeo discere, ut doceam.

I,309 SERGEANT OF THE LAWE: Ein hochrangiger Jurist, der das Amt des Richters bei wichtigen Gerichten innehaben konnte.

I,310 Parvys: Ein Platz oder Hof (auch überdacht) vor einem Gebäude, wo Rechtsanwälte ihre Klienten treffen konnten. Ob es sich dabei um die Säulenhalle von St. Paul's in London oder um einen ähnlichen Ort in Westminster handelte, ist ungeklärt.

I,317 fees and robes: Wiederholte Zahlungen in der Form von Kleidern und Geld.

I,319 fee symple: Ein Dokument, das den Verkauf oder Transfer von Besitz ermöglicht.

I,324 kyng William: König Wilhelm der Eroberer; der Jurist kennt also alle Rechtsfälle und Urteile seit dem Jahre 1066. Dies dürfte wohl eine bewußte Übertreibung sein, die jedoch dazu dienen soll, den Juristen als hervorragenden Vertreter seines Berufes zu kennzeichnen.

I,326 pynche: Gerichtsverfahren konnten eingestellt werden, wenn die vorgelegten Dokumente fehlerhafte Wendungen enthielten.

I,328 medlee: Einfarbiger Wollstoff, der gewöhnlich nur von den Nichtadligen getragen wurde. Die schlichte Kleidung soll den Rechtsgelehrten als unprätentiös ausweisen.

I,333 sangwyn: Das Porträt des Gutsbesitzers enthält viele Merkmale des physiognomischen Typus des Sanguinikers, wenngleich die negativen Aspekte von Chaucer bewußt unterdrückt werden.

I,336 Epicurus: Die Philosophie Epikurs wurde mit luxuriösem Lebenswandel assoziiert.

I,340 Seint Julian: Der Schutzpatron der Gastlichkeit.

I,355: Der Gutsbesitzer hatte den Vorsitz auf der Versammlung der Friedensrichter inne.

I,356 knyght of the shire: Ein Mitglied des Parlaments.

I,357 anlaas and a gipser: Dolch und Geldbörse sind das Zeichen eines Mannes von gehobener sozialer Stellung.

I,359 shirreve: Der zweithöchste königliche Beamte einer Grafschaft.

I,360 vavasour: Der niedrigste Rang in der Adelshierarchie; eigentlich der Vasall eines Vasallen.

I,364 fraternitee: Eine religiöse Bruderschaft, keine Handwerkszunft, da die fünf hier genannten Bürger alle verschiedene Berufe ausüben.

I,372 alderman: Um Stadtrat zu werden, bedurfte es eines gewissen Kapitals, die hier vertretenen Bürger sind also wohlhabende Geschäftsleute.

I,376–78: Die in diesen drei Zeilen gemachten Aussagen sollen das prätentiöse Verhalten der Bürgerfrauen unterstreichen.

I,384 mortreux: Ein Gericht aus Schweinefleisch, angemacht mit Salz, Ingwer, Safran, Eigelb, Brot und Ale.

I,386 mormal: Ein Geschwür, das mittelalterlicher medizinischer Vorstellung zufolge mit dem Typus des Melancholikers in Verbindung gebracht wurde. Es konnte von persönlicher Ungepflegtheit, dem Essen bestimmter als »melancholisch« bezeichneter Speisen, dem Trinken starker Weine und dem Umgang mit schmutzigen oder kranken Dirnen herrühren. Vgl. Walter C. Curry, *Chaucer and the Medieval Sciences* (New York, 1926), S. 47–52.

I,389 Dertemouthe: Die Schiffsleute aus Dartmouth waren im späten 14. Jahrhundert als Freibeuter bekannt.

I,404 Cartage: Hier wahrscheinlich nicht Karthago in Nordafrika, sondern Cartagena in Spanien.

I,408 Gootlond... cape of Fynystere: Gotland, Insel vor Schweden; Kap Finisterre an der Nordwestspitze Spaniens.

I,410 barge: Ein Einmaster mit Ruderbänken von etwa 27 m Länge und 7 m Breite.

I,414 astronomye: Gemeint ist eher Astrologie, da der Arzt seinen Patienten zu astrologisch günstigen Stunden Medikamente verabreicht.

I,416 magyk natureel: Natürliche Magie wurde als legitimer Zweig der Naturwissenschaften angesehen und darf deshalb nicht mit schwarzer Magie verwechselt werden.

I,420: Bezieht sich auf die mittelalterliche humores-Lehre, d.h. die Lehre von den vier Körpersäften, die wiederum mit den Sternzeichen in Verbindung standen. Diese Sternzeichen waren ihrer Qualität nach entweder erdig (kalt und trocken), luftig (heiß und feucht), wäßrig (kalt und feucht) oder feurig (heiß und trocken). Die Sternzeichen bestimmten also bei der Geburt den Typus eines Menschen, der entweder melancholisch (kalt und trocken), sanguinisch (heiß und feucht), phlegmatisch (kalt und feucht) oder cholerisch (heiß und trocken) veranlagt sein konnte.

I,429 Esculapius: Vater der Medizin, der im Mittelalter als Verfasser vieler medizinischer Handbücher galt.

I,430 Deyscorides ... Rufus: Dioscurides, etwa zur Regierungszeit Neros, Autor des bedeutendsten Werkes der Antike zur Pharmakologie. Rufus von Ephesus, erste Hälfte des 1. nachchristlichen Jahrhunderts, Verfasser eines anatomischen Traktats.

I,431 Ypocras, Haly ... Galyen: Hippokrates, 5. Jahrhundert v. Chr., war der Begründer der griechischen Medizin. Ali ibn Abbas, persischer Arzt des 10. Jahrhunderts. Galen, geboren im 2. Jahrhundert n. Chr., ist die medizinische Autorität im Mittelalter schlechthin. Er ist der Begründer der humores-Lehre.

I,432 Serapion, Razis ... Avycen: Serapion der Jüngere, arabischer Arzt des 11./12. Jahrhunderts, dem das Traktat *Liber de medicamentis simplicibus* zugeschrieben wurde. Rhazes, arabischer Arzt in Bagdad am Ende des 9. Jahrhunderts. Avicenna, arabischer Philosoph und Arzt des 11. Jahrhunderts.

I,433 Averrois, Damascien... Constantyn: Averroes, arabischer Philosoph und Arzt des 12. Jahrhunderts. Johannes Damascenus (674–754), Theologe, dessen Name mit den Schriften von Serapion d. Ä. in Verbindung gebracht wurde. Constantinus Afer, ein Mönch, der im 11. Jahrhundert die arabische Heilkunde aus Karthago nach Salerno brachte.

I,434 Bernard... Gatesden... Gilbertyn: Bernard Gordon, ein Schotte, war um 1300 Professor der Medizin in Montpellier. John Gaddesden war der Hofarzt Eduards II. und Verfasser des Handbuches *Rosa medicinae*. Gilbertus Anglicus, zweite Hälfte des 13. Jahrhunderts, studierte in Salerno und verfaßte das medizinische Handbuch *Compendium medicinae*.

I,443: »aurum potabile« [Goldwasser] wurde als das effektivste Heilmittel in der mittelalterlichen Medizin betrachtet. Deshalb ist es nur natürlich, daß der Arzt eine besondere Vorliebe für Gold hat.

I,448 Ypres... Gaunt: Ypern und Gent waren die bedeutendsten flämischen Handelszentren für Wolle.

I,449–50: Opfergaben wurden nach Rang und Stand dargebracht. Folglich maßt sich die Frau aus Bath eine besondere, ihr nicht zustehende soziale Position an.

I,460 at chirche dore: Vom 10. bis zum 16. Jahrhundert bestand die Trauzeremonie aus zwei Teilen. Die Vermählung wurde vor dem Kirchenportal vorgenommen, während die eigentliche Messe in der Kirche selbst abgehalten wurde.

I,463–66: Die hier genannten Orte gehören zu den Wallfahrtszentren des Mittelalters. Die Frau aus Bath ist somit fast eine professionelle Pilgerin, die sich auch gerne am Rande der großen Pilgerstraßen vergnügt.

I,468 Gat-tothed: Die unschuldig klingende Zahnlücke könnte mittelalterlicher physiognomischer Vorstellung zufolge auf den Charakter der Frau aus Bath verweisen, denn eine Zahnlücke bedeutete forsches Wesen, Verlogenheit, Neigung zur Völlerei und Lüsternheit.

I,475 remedies of love: Anspielung auf Ovids *Remedia amoris*, ein Werk mit Anweisungen zum »Entlieben«.

I,486: Exkommunizierung war oft die Strafe für Nichtzahlung des Zehnten.

I,507–11: Chaucer kritisiert hier indirekt die weit verbreitete Praxis des Absentismus, indem er den Landpfarrer als vorbildlichen Seelsorger seiner Gemeinde beschreibt.

I,510 chaunterie for soules: Eine Einrichtung für das tägliche Lesen von Seelenmessen, um damit die Strafzeit der Seelen im Fegefeuer zu verkürzen.

I,529 PLOWMAN: Wie sein Bruder, der Landpfarrer, ist auch der Ackersmann ein idealer Vertreter seines Standes, der alle seine Aufgaben und Pflichten erfüllt.

I,562 tollen thries: Ein bestimmter Teil des Mehles stand dem Müller neben seiner finanziellen Vergütung zu. Diesen Teil nahm der Müller gleich dreimal.

I,563: Anspielung auf das Sprichwort: »Ein ehrlicher Müller hat einen goldenen Daumen.«

I,567 temple: Gemeint ist wohl entweder der Inner oder der Middle Temple in der Nähe von Strand, wo zwei Rechtsanwaltsvereinigungen ihren Sitz hatten. Der Verwalter war für die Versorgung dieser Vereinigungen zuständig.

I,587 colerik: Ein Hinweis darauf, daß das Porträt des Gutsverwalters u.a. auch physiognomische Züge des Cholerikers enthält: scharfen Verstand, gutes Erinnerungsvermögen, aufbrausendes Temperament und dünne Beine, die als Zeichen von Lüsternheit galten. Vgl. Walter C. Curry, *Chaucer and the Medieval Sciences*, S. 109.

I,588–90: Das glattrasierte Gesicht und das kurzgeschorene Haar stempeln den Gutsverwalter zu einem Vertreter der unteren sozialen Klassen ab.

I,616 Scot: Ein in Norfolk geläufiger Name für Pferde. Dadurch wird noch einmal die Herkunft des Gutsverwalters unterstrichen. Er stammt aus Bawdeswell in der Grafschaft Norfolk.

I,620 Baldeswelle: Bawdeswell, ein Ort etwa 20 km nordwestlich von Norwich.

I,623–33: Das Gesicht des Büttels ist von einer Hautkrankheit, genannt *gutta rosacea*, befallen. Als Ursache für diese Krankheit galten schlechte Ernährungsgewohnheiten, eine »heiße« Leber, Alkoholmißbrauch und Völlerei, vor allem im Jugendalter. Knoblauch, Zwiebeln, Lauch und Rotwein waren genau die Speisen und Getränke, von denen man eine Verschlechterung des Gesundheitszustandes derer erwartete, die an *gutta rosacea* litten.

I,646 »*Questio quid iuris*«: Was besagt das Gesetz in diesem Punkt? Eine bedeutungslose Phrase aus dem Munde des Büttels, der kein Latein versteht.

I,655 ercedekenes curs: Exkommunizierung durch den Erzdiakon, die wegen vieler Vergehen ausgesprochen werden konnte, wie z.B. wegen Nichtzahlung des Zehnten, Begehen eines Sakrilegs, übler Nachrede, Brandstiftung, Diebstahl, Wucher, Betrug, Meineid, Verrat, Zauberei und Häresie.

I,662 *Significavit*: Der Haftbefehl, der vom Zivilgericht erlassen wurde, um den mit dem kirchlichen Bann belegten Missetäter festzunehmen. Der volle Text lautete: »Significavit nobis venerabilis pater NN quod talis NN excommunicatus est.« [Euch verkündet der ehrwürdige Vater NN, daß solcher NN exkommuniziert worden ist.]

I,663–64: Bezieht sich auf die Lüsternheit des Büttels, der sich an allen Frauen und Mädchen seines Kirchensprengels vergreift.

I,670 Rouncivale: Das Hospiz der Gebenedeiten Maria von Rouncivalle in der Nähe von Charing Cross, berüchtigt für seine unlauteren Geschäftspraktiken beim Verkauf von Ablässen.

I,671 court of Rome: Bezieht sich auf eine von Papst Bonifaz IX. angeprangerte Praxis, daß Ablaßkrämer oft behaupteten, sie kämen mit der vollen Autorisierung des Papstes aus Rom, obwohl es sich bei den Betreibern dieses Gewerbes häufig um nichts weiter als Taugenichtse und Vagabunden handelte.

I,675–79, 686, 688–91: Die Beschreibung des Ablaßkrämers (wachsgelbe, dünne, strähnige Haare, hervorstechende Augen, Fistelstimme und Bartlosigkeit) enthält die physiognomischen Merkmale eines Eunuchen von Geburt aus, dessen Charakter als besonders verworfen galt.

I,685 vernycle: Miniaturausgaben des Schweißtuchs der hl. Veronika, das Pilger in Rom als Beweis ihrer Wallfahrt dorthin erwerben konnten. Der Ablaßkrämer benutzt dieses Abzeichen, um seine Behauptung, er sei gerade erst aus Rom zurückgekommen, zu untermauern.

I,692 Berwyk ... Ware: Berwick im Norden Englands und Ware in Hertfordshire im Süden, d.h. also von Norden bis Süden.

I,701–06: Durch den Verkauf zweifelhafter Reliquien verdiente der Ablaßkrämer zusätzlich, wenn ihm ein Landpfarrer die Möglichkeit gegeben hatte, in seiner Kirche zu predigen.

I,709 lessoun . . . storie: Die »lectio« ist die Lesung aus der Heiligen Schrift. Die »historia« beinhaltet die Rezitation einer Reihe von Passagen aus der Bibel oder aus den Heiligenviten.

I,710 offertorie: Das Offertorium der Messe, das auf das Credo folgt.

I,719 Belle: Name eines Gasthauses in der Nähe des Tabard Inn. In Southwark gab es ein halbes Dutzend Schenken dieses Namens.

I,754 Chepe: Cheapside, eine Hauptstraße Londons.

I,785 make it wys: Das Idiom »make it« plus Adjektiv tritt häufig im Mittelenglischen auf. Es ist wahrscheinlich von der französischen Konstruktion *faire* plus Adjektiv abgeleitet.

I,792–94: Dieser ehrgeizige Plan, der ursprünglich 120 Erzählungen vorsah, wurde jedoch nicht ausgeführt.

I,817 In heigh and lough: Eine Übersetzung der lateinischen Rechtsformel *in alto et basso*.

I,826 the Wateryng of Seint Thomas: Ein Bach am Weg nach Canterbury, etwa zwei Meilen vom Tabard Inn entfernt.

The Knight's Tale

I,859 olde stories: Gemeint sein dürften Chaucers Vorlagen, Boccaccios *Teseida* (1339–1341?) und die *Thebais* des lateinischen Dichters Statius (zweite Hälfte des 1. Jahrhunderts

n. Chr.), dessen Werk Chaucer vor allem in der Einleitung zur *Knight's Tale* benutzt. So übernimmt er z.B. das Motto »Iamque domos« von Statius (*Thebais*, XII, 519 f.).

I,860 Theseus: Legendärer Held der griechischen Mythologie, der u.a. den kretischen Minotaurus erschlagen und dadurch Athen von der minoischen Oberhoheit befreit haben soll. Erzählt werden Theseus' Heldentaten vor allem auch in Ovids *Metamorphosen*, einem Werk, das Chaucer bereits in seiner Traumdichtung *The Book of the Duchess* als Vorlage gedient hatte.

I,866 regne of Femenye: Land der Amazonen, das Theseus erobert haben soll.

I,868 Ypolita: Königin der Amazonen. Neben Phädra und Ariadne eine der Ehefrauen des Theseus.

I,875–85: Mit Hilfe der rhetorischen Figur der *occupatio* rafft Chaucer erwähnenswerte Ereignisse zusammen, ohne sie ausführlich zu erzählen.

I,915 Fortune: Erster Hinweis auf die Göttin Fortuna, die nach R.M. Lumiansky, »Chaucer's Philosophical Knight«, *Tulane Studies in English* 3 (1952) 54, vom Erzähler vierzehnmal für eine Wendung des Geschehens verantwortlich gemacht wird.

I,920 pitee: Mitleid gehört zu den Kardinaltugenden in Chaucers Wertesystem. Nicht nur Herrscher sollten Mitleid zeigen, sondern auch alle anderen, denen das Schicksal Macht über ihre Mitmenschen verliehen hat. Man könnte »pitee« als das Bindemittel bezeichnen, das nach Chaucers Ansicht das gesellschaftliche Gefüge zusammenhält.

I,925 false wheel: Anspielung auf die im Mittelalter übliche Vorstellung des Rades der Fortuna, das durch seine unaufhörliche Drehung die Mächtigen erniedrigt und die Schwachen erhöht.

I,928 Clemence: Göttin der Barmherzigkeit.

I,932 Cappaneus: Einer der sieben Helden, die zusammen mit Polyneikes nach Theben zogen, um die Stadt zu erobern. Er wurde von einem Blitzstrahl des Zeus erschlagen.

I,938 Creon: Onkel der beiden verfeindeten Brüder Polyneikes und Eteokles und nach deren Tod Herrscher über Theben.

I,966 His baner he desplayeth: Das Zeigen der Fahnen galt als offizielle Kriegserklärung.

I,980 Mynotaur: Vgl. Anmerkung zu I,860.

I,989 assaut: In Boccaccios Version (*Teseida*, II, 71–73) ergibt sich die Stadt, nachdem die thebanischen Truppen geschlagen und geflohen sind. Eine Stadt im Sturm nehmen zu lassen ist eine Praxis mittelalterlicher Kriegsführung.

I,1005–14: In der *Teseida*, II, 84, schickt Teseo Leute auf das Schlachtfeld, die sich um die Toten und Verwundeten kümmern und die Kriegsbeute einbringen sollen. Chaucers Beschreibung hingegen stellt die mittelalterliche Wirklichkeit dar, wo Plünderer den erschlagenen Rittern die Rüstung abnahmen und sich so einen Teil der Beute sicherten.

I,1013–14 Arcita ... Palamon: Die Namen der beiden Ritter übernimmt Chaucer von Boccaccio. Sie sind historisch nicht belegt. Als Stilmittel benutzt Chaucer die rhetorische Figur *commutatio*, die Wiederholung von Wörtern oder Passagen in umgekehrter Reihenfolge.

I,1024 raunsoun: Es war im Mittelalter üblich, Gefangene gegen die Zahlung eines Lösegeldes freizulassen. Daß Theseus dieser Praxis nicht folgt, ist zumindest erstaunlich, vor allem, da Chaucer in diesem Punkt wieder bewußt von seiner Vorlage abweicht.

I,1033–55: Verquickung zweier Konventionen: Natureingang und *descriptio pulchritudinis*. Die Schönheit Emelies übertrifft sogar noch die Schönheit der Natur, die gleichsam als Folie für die Beschreibung Emelies dient.

I,1039: *Dubitatio*, angebliche Unfähigkeit, ein Urteil abgeben oder etwas ausdrücken zu können.

I,1077–79; 1095–97: Chaucer bedient sich bei seiner Beschreibung des Vorgangs der mittelalterlichen Vorstellung, daß Liebe im wahrsten Sinne des Wortes auf den ersten Blick entsteht. Vgl. auch die Schilderung von Troilus' plötzlicher Liebe zu Criseyde in *Troilus and Criseyde*, I,271–80.

I,1087–91: Bezieht sich auf die Vorstellung, daß die Planeten das Schicksal der Menschen in der Stunde ihrer Geburt entscheidend bestimmten. Saturn wurde dabei ein besonders unheilvoller Einfluß zugeschrieben. Vgl. auch die Beschreibung von Saturns Eigenschaften in I,2453–69.

I,1155 paramour: Durch den Gebrauch dieses Terminus, der aus dem höfischen Sprachgebrauch stammt und die Liebe eines Ritters zu seiner Dame bezeichnet, beschreibt Arcite seine Gefühle für Emelie. Es sind die Gefühle eines Menschen für eine Frau, nicht die Verehrung, die ein Mensch einem göttlichen Wesen entgegenbringt. Dieser Unterschied spielt im Laufe der Debatte der beiden Ritter eine wichtige Rolle.

I,1164 'who shal yeve a lovere any lawe?': Zitat aus Boethius, *Consolatio Philosophiae*, III, m. 12.

I,1167 positif lawe: Im Gegensatz zum Naturgesetz ist die *lex positiva* einzig und allein von Menschen geschaffenes Gesetz.

I,1177–80: Anspielung auf die äsopische Fabel vom Löwen und vom Bären, die um den Kadaver eines Rehkitzes kämpfen, der ihnen dann von einem Fuchs abgejagt wird.

I,1191 Perotheus: In der griechischen Mythologie ist Peirithoos ein Freund des Theseus, der ihm im Kampf gegen die Amazonen beistand und dem Theseus wiederum behilflich war, Persephone (in anderen Versionen der Sage Helena) aus der Unterwelt zu entführen.

I,1210 hym Arcite: Das Personalpronomen fungiert hier als Demonstrativpronomen.

I,1246: Vgl. Anmerkung zu I,420.

I,1251–67: Lockere Paraphrase mehrerer Passagen aus Boethius, *Consolatio Philosophiae*, IV, pr. 6; III, pr. 2; II, pr. 5.

I,1303–12: Paraphrase einer Passage aus Boethius, *Consolatio Philosophiae*, I, m. 5. Das Problem der menschlichen Willensfreiheit wird hier zum ersten Mal angesprochen, ein Problem, das innerhalb der Erzählung ungelöst bleibt.

I,1329 Juno: Junos Eifersucht, auf die hier Bezug genommen wird, rührte von ihrem Wissen um Jupiters außereheliche

Beziehung zu den beiden Thebanerinnen, Semele und Alkmene, her. Aus Rache verfolgte sie die Thebaner und verursachte die Zerstörung ihrer Stadt.

I,1347–54: Eine *demande d'amour* oder Liebesfrage, wie sie von der höfischen Gesellschaft an den Minnehöfen, besonders denen Südfrankreichs, während des Hochmittelalters diskutiert wurde.

I,1373–74 maladye / Of Hereos: Die in I,1355–79 aufgeführten Symptome weisen Arcites Zustand als Liebeskrankheit aus. In den Lehrbüchern der mittelalterlichen Medizin wurde *amor hereos* als wirkliche, ernsthafte Krankheit beschrieben, deren Verlauf tödlich enden konnte. Wie angegriffen der Gesundheitszustand Arcites ist, geht aus Chaucers Aussage hervor, daß die Krankheit bereits die fortgeschrittene Form der Manie angenommen habe. Manie war mittelalterlicher Auffassung nach eine Krankheit des Gehirns, dessen vorderste Zelle, der Sitz des »Allgemeinsinns« und der »Phantasie« (celle fantastik, I,1376), von der Manie befallen werden konnte. Dieser Zustand trat ein, wenn ein Überfluß an schwarzer Galle (humour malencolik, I,1375) in die vorderste Zelle eindrang und sie funktionsunfähig machte. Vgl. Stephan Kohl, *Wissenschaft und Dichtung bei Chaucer: Dargestellt hauptsächlich am Beispiel der Medizin* (Frankfurt, 1973), S. 218–301.

I,1379 daun: Abgeleitet von *dominus* [Herr], ist »daun« ursprünglich eine Anrede für sozial Höhergestellte. Von Chaucer wird der Titel jedoch ohne Klassenunterschied benutzt.

I,1385 Mercurie: Der traditionelle Götterbote, den Arcite hier zu sehen glaubt.

I,1387 slepy yerde: *Somniferam virgam*, mit der Merkur den hundertäugigen Riesen Argus einschläfert.

I,1390 Argus: Ein hundertäugiger Riese, der auf Jupiters Geheiß von Merkur eingeschläfert und dann getötet wurde.

I,1391–92: Bewußte Zweideutigkeit, deren sich die Götter oft in orakelhafter Form bedienten. Arcites Leid wird in Athen wirklich enden, jedoch nicht so, wie er zunächst annimmt.

I,1428 Philostrate: Chaucer übernahm diesen Namen aus Boccaccios *Filostrato*, der Vorlage zu seinem eigenen höfischen Roman *Troilus and Criseyde*. Für Boccaccio und Chaucer bedeutete der Name »der von der Liebe Besiegte«, eine Deutung, die auf eine fehlerhafte etymologische Ableitung des Wortes zurückzuführen ist, das im Griechischen »der Heerliebende« heißt.

I,1462–64: Im Gegensatz zu der hier gemachten Aussage gibt es in den Quellen keinen Hinweis auf dieses Datum. Der 3. Mai könnte jedoch für Chaucer ein Unglückstag gewesen sein, denn als solcher fungiert er auch in der *Nun's Priest's Tale*, VII,3190 und in *Troilus and Criseyde*, II,56.

I,1472 opie of Thebes: Gemeint ist wohl das für sein Opium berühmte ägyptische Theben.

I,1502 courser: Bei Chaucer immer ein Jagdpferd.

I,1529 roundel: Eine beliebte lyrische Form, deren Umfang zwischen acht und dreizehn Zeilen liegen konnte. Die Anfangszeilen des Gedichts wurden im Inneren und am Schluß wieder aufgenommen.

I,1534–39: Freitag ist der Tag der Venus und bei Chaucer gelegentlich ein Unglückstag. Vgl. auch *Nun's Priest's Tale*, VII,3341.

I,1546 Cadme and Amphioun: Kadmos war der mythologische Gründer Thebens, Amphion erbaute die Mauern der Stadt.

I,1609 darreyne: *Derationare* bedeutet ursprünglich »ein Argument widerlegen«. Im Mittelenglischen erhält das Verbum jedoch die Bedeutung »etwas durch einen Gerichtskampf entscheiden lassen«, d. h. einen Kampf, in dem ein Rechtsstreit durch vom Gericht eingesetzte Kämpfer ausgefochten wurde.

I,1623 Cupide: Liebesgott, an den die folgende kurze *exclamatio* – anklagende Anrufung – gerichtet ist.

I,1626 his thankes: Adverbialer Genitiv.

I,1655–59: Die Tiermetaphorik, die in I,2626–30 wieder aufgenommen wird, dient dazu, die Entmenschlichung der Protagonisten während des Kampfes deutlich werden zu lassen. Vgl. J. Heltermann, »The Dehumanizing Metamorphoses of the *Knight's Tale*«, *ELH* 38 (1971), 493–511.

I,1663–72: Hier wird eine der Grundfragen bei Boethius aufgegriffen: Wie lenkt Gott das menschliche Geschick? In seiner göttlichen Vorsehung (purveiaunce I,1665) plante Gott zunächst das Universum. Mit der Ausführung dieses Planes betraute er dann eine weitere Macht, die Bestimmung (destinee I,1663), die alles das realisierte, was er in seiner göttlichen Vorsehung ersonnen hatte. Da aber die Bestimmung bereits ein Stück vom göttlichen Ursprung entfernt ist, manifestiert sie sich nicht mehr als Einheit, sondern in vielerlei Gestalt. Zu den Mächten der Bestimmung gehören z.B. göttliche Wesen, die Weltenseele, die Natur, die Sterne, Engel und schließlich auch Teufel. Aufgefächert in diese verschiedenen Aspekte, wirkt die Bestimmung auf eine weitere Macht ein, das Schicksal, dessen Aufgabe es ist, das Los der Menschen zu bestimmen. Da das Schicksal jedoch am weitesten von der göttlichen Vorsehung entfernt ist, erscheint es dem Menschen als wechselhaft, launisch und irrational. Was immer dem Menschen an Glücksgütern in seinem Leben zuteil wird (Reichtum, Macht, Liebe, Leid, Glück, Unglück, Geburt und Tod) sind Gaben des Schicksals, genauer gesagt des individuellen Schicksals. Daneben existiert auch ein gemeinsames Schicksal, das sich aus der Bestimmungsmacht der Natur herleitet. Diesem gemeinsamen Schicksal ist es auch zu verdanken, daß die Planeten in ihren vorgeschriebenen Bahnen kreisen, die Jahreszeiten in regelmäßiger Folge ablaufen und die Menschenalter den ordnungsgemäßen Ablauf von der Geburt bis zum Tod einhalten. Das Schicksal eines jeden Menschen ergibt sich aus einer Kombination der verschiedenen Mächte, die über ihn Einfluß haben. Was dem Menschen deshalb als Zufall und Ungereimtheit erscheint, ist in Wirklichkeit genauestens bestimmt, da es im göttlich geplanten Universum keine Zufälligkeiten gibt.

I,1682 Mars ... Dyane: Gott des Krieges und Göttin der Jagd.

I,1704–13: Bei Boccaccio (*Teseida*, V, 80–81) entdeckt Emelia die beiden kämpfenden Ritter und benachrichtigt Teseo, der die Kampfhähne trennt.

I,1748–59: Da bei Boccaccio Teseo Palamone und Arcite nicht zum Tode verurteilt, fehlt die Fürbitte der Damen für die beiden Ritter, die deren Begnadigung erwirkt.

I,1761: Chaucers Lieblingsvers, der in beinahe identischer Form auch in der *Merchant's Tale*, IV,1986, in der *Squire's Tale*, V,479, und im Prolog zur *Legend of Good Women*, F, 503, erscheint. Vgl. auch Anmerkung zu I,920.

I,1913 doon wroght: Das kausative Verb »don« wird normalerweise von einem Infinitiv gefolgt. Die Konstruktion mit dem Partizip des Präteritums ist unüblich.

I,1918–67: Die Beschreibung des Tempels der Venus ist eine stark gekürzte Version der Originalfassung Boccaccios. Sie ist als Allegorese der Liebe konzipiert, deren Attribute hier als Personifizierungen auftreten. *Locus classicus* dieser Art der Darstellung dürfte wohl Guillaume de Lorris' Schilderung des Gartens der Kurzweil im *Rosenroman* sein, der ebenfalls vom Pförtner Müßiggang (V. 1940) bewacht wird.

I,1929 gooldes: Die gelbe Farbe der Studentenblume symbolisiert die Farbe der Eifersucht.

I,1930 cokkow: Der Kuckuck wurde traditionell mit Lüsternheit und Untreue assoziiert.

I,1936 mount of Citheroun: Der Musenberg Kithäron wird hier mit der Venusinsel Kythera verwechselt.

I,1941 Narcisus: Erblickte sein Spiegelbild im Wasser und verliebte sich so sehr darein, daß er starb.

I,1942 Salomon: In 1. Kön 11,3 wird von Salomos siebenhundert Frauen und dreihundert Konkubinen berichtet. Der Name Salomos wird daher im Mittelalter nicht nur mit Weisheit, sondern auch mit Torheit in Liebesdingen assoziiert.

I,1943 Ercules: Starb unter großen Qualen auf dem Scheiterhaufen, nachdem er ein Gewand angelegt hatte, das ihm von seiner eifersüchtigen Ehefrau Deianeira übersandt worden war. Das Gewand war im giftigen Blut des Kentauren Nessus getränkt worden, den Herkules erschlagen hatte.

I,1944 Medea and Circes: Berühmte Zauberinnen der griechischen Mythologie. Medea half Jason beim Raub des Goldenen Vlieses, wurde aber später von ihm wegen Kreusa, der schönen Tochter Kreons, verstoßen. Circe verwandelte nicht nur die Gefährten des Odysseus in Schweine, sondern schlug auch den Helden ein Jahr lang in ihren Bann.

I,1945 Turnus: Der große Widersacher des Aeneas, mit dem er um die Liebe der Lavinia kämpfte. Er wurde von Aeneas im Zweikampf getötet.

I,1946 Cresus: Der reiche König von Lydien, der ein Opfer der Mißgunst der Götter, nicht aber der Venus wurde. Vgl. auch VII,2727 ff.

I,1967–2050: Auch die Beschreibung des Tempels von Mars lehnt sich an die bei Boccaccio (*Teseida*, VII, 29–37) an. Wieder wird das Stilmittel der Allegorese eingesetzt, um die Natur und das Wirken von Mars zu veranschaulichen.

I,1987 northren lyght: Vielleicht der Polarstern.

I,2025 barbour... bocher... smyth: Barbier, Fleischer und Schmied, drei Berufsgruppen, die unter dem Einfluß von Mars stehen: Barbier und Fleischer, weil sie Blut vergießen; der Schmied, weil er Waffen fertigt.

I,2031 Julius: Julius Caesar, der von Brutus und Cassius ermordet wurde.

I,2032 Nero...Antonius: Kaiser Nero fiel 68 n. Chr. einem Volksaufstand zum Opfer und beging Selbstmord. Marcus Antonius, der große Widersacher Octavians, verübte nach der verlorenen Seeschlacht von Actium Selbstmord.

I,2045 Puella ... Rubeus: Zwei von sechzehn Figuren aus der Geomantie, mit deren Hilfe man im Mittelalter glaubte, die Zukunft vorhersagen zu können. Diese Figuren waren bestimmten Planeten zugeordnet.

I,2051–88: Die Beschreibung des Tempels der Diana ist nicht in Chaucers Quellen vorgegeben.

I,2055: Diana ist nicht nur die Göttin der Jagd, sondern auch die Hüterin der Keuschheit.

I,2056 Calistopee: Gemeint ist wohl Kallisto, deren Schwangerschaft von Diana entdeckt wurde. Die Göttin verwandelte sie in eine Bärin. Von Jupiter, dessen Geliebte Kallisto war, wurde sie zum Sternbild des Großen Bären erhoben.

I,2059 loode-sterre: Hier irrt Chaucer, denn der Polarstern gehört zum Sternbild des Kleinen Bären.

I,2061 Hir sone: Arkas, der Sohn der Kallisto, Sternbild des Bootes oder Bärenhüters.

I,2063 Diane: Diana verwandelte Daphne auf ihren Hilferuf hin in einen Lorbeerbaum, als diese versuchte, sich dem zudringlichen Apollo zu entziehen.

I,2065 Attheon: Der Jäger Aktäon, der Diana beim Baden überrascht hatte, wurde von der erzürnten Göttin daraufhin in einen Hirsch verwandelt und von seinen eigenen Hunden zerfleischt.

I,2070–71 Atthalante ... Meleagre: Atalante, eine Jägerin, und Meleager, der Sohn des Königs von Kalydon, erlegten gemeinsam den berüchtigten Eber von Kalydon, den Diana aus Zorn über ein unterlassenes Opfer dorthin gesandt hatte, um das Land zu verwüsten.

I,2077–78: Im Himmel waltete die Göttin Diana als Luna.

I,2081–82: In der Unterwelt regierte Diana als Proserpina an der Seite ihres Gatten Pluto.

I,2085 Lucyna: Als Göttin, die über die Nachkommenschaft der Menschen wachte, hieß Diana Lucina.

I,2095–2189: Die folgende Schilderung der beiden sich gegenüberstehenden Gruppen um Palamon bzw. Arcite gestaltet Chaucer in eigener Regie. Er reduziert den langen Heldenkatalog Boccaccios (*Teseida*, VI, 14–57) auf die Beschreibung zweier markanter Figuren, Lykurg, König von Thrakien, der Palamon zur Seite steht, und Emetrius, König von Indien, der an der Seite Arcites kämpft.

I,2129 Lygurge: In der Beschreibung dieses Waffengefährten kombiniert Chaucer Züge des Agamemnon und des Evander in der *Teseida*. Walter C. Curry, *Chaucer and the Medieval Sciences*, S. 130ff., vermutet, daß Chaucer hier einen »saturnalischen« Typus beschreiben wollte, da Palamon mit Saturns Hilfe sein Ziel erreicht.

I,2133 grifphon: Mythologisches Wesen mit dem Kopf eines Adlers, Vogelschwingen und dem Körper eines Löwen.

I,2156 Emetreus: Auch für diese Figur gibt es bei Boccaccio keine direkte Vorlage. Da die Beschreibung aber viele Details enthält, die mit Mars in Verbindung stehen, vermutet Walter C. Curry, daß Chaucer auch in diesem Falle einen bestimmten Typus schaffen wollte. Arcites Schutzgott ist Mars. Folglich ist es nicht verwunderlich, wenn sein Waffenbruder Emetrius »martialische« Züge trägt.

I,2160 clooth of Tars: Wahrscheinlich Seide aus Tarsus, einer Stadt in Kleinasien.

I,2197–2206: In der Form einer *occupatio* gibt Chaucer eine kurze, prägnante Beschreibung des höfischen Festes. Wie bereits bei der Beschreibung der Rüstung der Ritter (I,2118–25) lehnt sich der Dichter auch hier ganz an zeitgenössische mittelalterliche Vorstellungen an. Der Anachronismus ist also beabsichtigt und trägt zum Verständnis des Geschehens bei, das schließlich nicht in epischer, sondern in romanzenhafter Form erzählt wird.

I,2217 in hir houre: Der mittelalterliche Tag ist in zwei Abschnitte von je zwölf Stunden unterteilt, die von Sonnenaufgang bis Sonnenuntergang bzw. von Sonnenuntergang bis Sonnenaufgang dauern. Die erste Stunde nach Sonnenaufgang ist dem Planeten gewidmet, der den betreffenden Tag beherrscht, d.h. am Sonntag der Sonne, am Montag dem Mond, am Dienstag dem Mars, am Mittwoch dem Merkur, am Donnerstag dem Jupiter, am Freitag der Venus und am Samstag dem Saturn. Die darauffolgenden Stunden stehen unter dem stündlich wechselnden Einfluß der anderen Planeten, deren Ablauf im Ptolemäischen System wie folgt geschieht: Saturn, Jupiter, Mars, Sonne, Venus, Merkur und Mond. Wenn sich Palamon also sonntagnachts zur Stunde der Venus erhebt, dann muß dies die 23. Stunde sein, da es, wie es in I,2211–12 heißt, in zwei Stunden Tag wird, d.h., der Montag beginnt.

I,2222 Vulcanus: In der griechischen Mythologie war Aphrodite/Venus mit dem göttlichen Schmied Hephästus/Vulkan verheiratet, dem sie aber nicht immer treu war, wie die Episode, die Chaucer in I,2385–90 erzählt, zeigt.

I,2224 Adoon: Adonis, der Geliebte der Venus, der von einem Eber getötet worden war und auf Fürbitte der Göttin sechs Monate im Jahr die Unterwelt verlassen durfte.

I,2271 thridde houre: Drei Stunden nach Arcites Besuch des Tempels, d.h. in der ersten Stunde des Montags, ging die Sonne auf. Es ist die Stunde des Mondes, zu der Emelie ihr Gebet an Diana richtet.

I,2294 Stace of Thebes: Statius, dessen *Thebais* jedoch Chaucer hier nicht als Vorlage dient. Vorlage ist die *Teseida*, VII, 76ff.

I,2299 Queene of the regne of Pluto: Vgl. Anmerkung zu I,2081–82.

I,2303 Attheon: Vgl. Anmerkung zu I,2065.

I,2367 nexte houre of Mars: Dies muß die vierte Stunde des Montags sein. Dazwischen liegen die Stunden des Saturn und des Jupiter.

I,2415–18: Das Abschneiden der Haare (so z.B. die mönchische Tonsur) war ein Zeichen des Dienstverhältnisses. Vgl. auch das Porträt des Gutsverwalters, I,589, dessen Status als Bediensteter auf diese Weise kenntlich gemacht wird.

I,2454: Saturn hatte unter den sieben Planeten die größte Umlaufbahn.

I,2462 signe of the leoun: Die sieben Planeten sind mittelalterlicher Auffassung zufolge den zwölf Tierkreiszeichen zugeordnet. Der beherrschende Planet bzw. die beiden beherrschenden Planeten eines jeden Tierkreiszeichens stellt/stellen sein

Haus dar. Aus der Position der Planeten in ihren Häusern lassen sich die Einflüsse des Schicksals auf den Menschen erkennen: Saturns Einfluß auf den Menschen ist besonders negativ, wenn er entweder im Haus des Wassermanns oder aber im Haus des Löwen steht, das sich dem des Wassermanns diametral gegenüber befindet.

I,2466 Sampsoun: Vgl. Richt 16, 4–31.

I,2491 on the morwe: Es ist jetzt Dienstag, der Tag des Mars, des Schutzgottes von Arcite.

I,2542: Gemeint sind die Bedingungen, die Theseus in I,1845–61 verkündet hat.

I,2552 stake: Ein von Palisaden umzäunter Platz, zu dem die Gefangenen gebracht werden sollen.

I,2604–18: Bemerkenswert an dieser Beschreibung ist ihre Blutrünstigkeit. Chaucer bedient sich in der Schilderung des Kampfes des wuchtig klingenden Stabreims, so wie er in der Dichtung des nordwestlichen Mittellandes in der zweiten Hälfte des 14. Jahrhunderts üblich war. Die Verwendung dieses Stilmittels trägt wesentlich dazu bei, die Wirkung der beschriebenen Szene zu erhöhen. Die Turnierordnung, die Theseus in I,2543–55 festgesetzt hatte, wird, jedenfalls dieser Beschreibung nach zu urteilen, von den Kontrahenten kaum beachtet.

I,2614: Das Fußballspiel ist seit der Regierungszeit Eduards II. (1307–1327) in England belegt.

I,2626 Galgopheye: Wahrscheinlich das Tal Gargaphie in Griechenland, wo Aktäon von Diana in einen Hirsch verwandelt wurde, nachdem er die Göttin beim Baden überrascht hatte.

I,2630 Belmarye: Benmarin in Marokko, wo der Erzähler der Geschichte, der Ritter, auf seinen vielen Kreuzfahrten gekämpft haben soll; vgl. I,57.

I,2636–51: Die Schilderung der Gefangennahme von Palamon unterscheidet sich völlig von der in der *Teseida*, VIII, 120–23. Dort verbeißt sich das Pferd von Cromis, einem Waffengefährten von Arcita, derart in Palamones Arm, daß er nur mit

Mühe aus den Zähnen des wilden Tieres befreit werden kann. Arcita nutzt die Gunst der Stunde und entwaffnet seinen Gegner. Daraufhin wird er zum Sieger des Turniers erklärt.

I,2685: Bei Boccaccio (*Teseida*, IX, 4–8) schickt Venus selbst die Furie Erinis, um Arcitas Pferd zu erschrecken und den Reiter zu Fall zu bringen.

I,2749–60: Es war die Aufgabe des *spiritus animalis*, die Giftstoffe im *spiritus naturalis* durch die Lunge auszustoßen. Da diese aber verletzt ist, kann der *spiritus animalis* seine Funktion nicht erfüllen, so daß Arcite am Ende stirbt.

I,2797–98: In der *Teseida*, IX, 81–83; X, 28–30, heiratet Arcita Emelia noch auf dem Sterbebett, bevor er Palamone zu seinem Nachfolger bestimmt.

I,2809–15: An dieser Stelle erfolgt bei Boccaccio (*Teseida*, XI, 1–3) eine längere Beschreibung des Aufstiegs von Arcitas Seele bis zur Sphäre des achten Himmels, von der er belustigt auf die Welt herabblickt, vor allem auf die, die seinen Tod beweinen.

I,2919–66: Diese *occupatio*, die sich fast über fünfzig Verse erstreckt, ist eine rhetorische *tour de force*, denn obwohl Chaucer vorgibt, keine Einzelheiten der Beisetzungsfeierlichkeiten berichten zu wollen, gibt er dennoch eine detaillierte Beschreibung von Arcites Bestattung.

I,2967: Bei Boccaccio (*Teseida*, XII, 3–15) vergehen nur ein paar Tage, bis Teseo Palamone zu sich rufen läßt und ihm Emelia zur Frau gibt.

I,2988 faire cheyne of love: Chaucer übernimmt dieses Bild der Liebeskette, die Himmel und Erde verbindet, von Boethius (*Consolatio Philosophiae*, II, m. 8). Das Bild jedoch geht bereits auf Homer zurück (*Ilias*, VIII, 19ff.), wo Zeus die anderen Götter auffordert, ihn mit Hilfe einer goldenen Kette vom Himmel herabzuziehen.

The Miller's Tale

I,3120 for dronken: Manche Herausgeber (Skeat, Baugh) ziehen hier die Lesart »fordronken« [vollkommen betrunken] vor, d. h., sie betrachten »for« als intensivierendes Präfix und »dronken« als das Partizip des Präteritums.

I,3124 Pilates voys: Bezieht sich auf die Figur des Pilatus in den mittelenglischen Fronleichnamsspielen. Pilatus wie auch der später noch genannte Herodes wurden häufig als tobende und schreiende Potentaten dargestellt.

I,3152: Sprichwörtliche Redewendung.

I, 3163–64: Das Konzept der »pryvetee«, das je nach Kontext »geheime Absicht« bzw. »göttliche Planung« oder aber auch »Geschlechtsteile« heißen kann, nimmt in der *Miller's Tale* eine leitmotivische Funktion ein. Vgl. auch Paula Neuss, »Double Meanings: I. *Double Entendre* in *The Miller's Tale*«, *EIC* 24 (1974) 325–40.

I,3171–75: Chaucer nimmt hier wieder die Pose des objektiven Berichterstatters ein, in der er sich schon im *General Prologue* präsentiert hatte.

I,3191 art: Gemeint sein dürfte wohl das Trivium, bestehend aus Grammatik, Rhetorik und Dialektik, denn die zum Quadrivium gehörende Astrologie als Zweig der Astronomie wird im nächsten Vers besonders erwähnt.

I,3193 conclusiouns: *Terminus technicus*, der die Problemstellung bezeichnet.

I,3204: Echo auf die *Knight's Tale*, I, 2779, wo der todwunde Arcite bald alleine in seinem Grab liegen wird.

I,3208 Almageste: Titel eines Traktats über Astronomie, das dem Ptolemäus zugeschrieben wurde.

I,3209 astrelabie: Instrument zur Ortsbestimmung der Gestirne.

I,3213 sautrie: Ein harfenähnliches, dreieckiges Instrument, das mit einem Federkiel gezupft wurde. Klerikern war das Spielen von Instrumenten grundsätzlich untersagt.

I,3216 *Angelus ad virginem*: Verkündigungshymne. Offensichtlich von Chaucer in parodistischer Absicht gebraucht, da Nikolas sich selber Alison ankündigen wird. Vgl. Jesse M.Gellrich,»The Parody of Medieval Music in the *Miller's Tale*«, *JEGP* 73 (1974) 177–78.

I,3217 Kynges Noote: Die Identität dieses Liedes bleibt ungeklärt. Es ist jedoch wahrscheinlich, daß es sich auch hier um ein Wortspiel handelt, da »note« auch von ae. notu – Geschäft, Angelegenheit abgeleitet sein könnte. Vgl. Beryl Rowland, »Chaucer's Blasphemous Churl: A New Interpretation of the *Miller's Tale*«, in *Chaucer and Middle English Studies in Honour of Rossell Hope Robbins*, hg. Beryl Rowland (London, 1974) S. 46.

I,3224 narwe in cage: Frauen und junge Mädchen werden in der Schwankliteratur sowohl im wörtlichen als auch im übertragenen Sinn oft im häuslichen Gefängnis gehalten, um sie vor dem Zugriff junger Liebhaber zu schützen.

I,3227 Catoun: Dionysius Cato, der im Mittelalter als Autor der Maximensammlung *Disticha* galt.

I,3256 noble: Goldmünze, die im Londoner Tower geprägt wurde. Ihr Wert betrug 6s. 8d.

I,3274 Oseneye: Augustinerabtei in der Nähe von Oxford.

I,3291 Thomas of Kent: Der hl. Thomas à Becket, erschlagen von Baronen Heinrichs II. im Jahre 1170. Obwohl er hier als Zeuge angerufen wird, ist er nicht etwa der Schutzpatron der Ehebrecher.

I,3318: Das Oberleder der Schuhe war so kunstvoll durchbrochen, daß das Muster dem Fenster der Londoner St. Paul's-Kathedrale ähnelte. Der *terminus technicus* für solches Schuhwerk ist »calcei fenestrati«.

I,3349 love-longynge: Liebesverlangen. Erster Begriff in einer Reihe von Ausdrücken, die Chaucer aus dem Vokabular der populären Romanzentradition entlehnt, um Absolons Werben einen höfischen Anstrich zu geben. Vgl. auch I,3354 paramours, I,3361 deere lady und I,3362 rewe.

I,3384 Herodes ... scaffold hye: Vgl. Anmerkung zu I, 3124. Obwohl es keine genauen Angaben darüber gibt, wie die »pageant wagons«, die Wagen, auf denen die einzelnen Episoden der Fronleichnamszyklen aufgeführt wurden, aussahen, läßt sich aus den Bühnenanweisungen entnehmen, daß sie zweistöckig gewesen sein müssen. Herodes saß also auf der oberen Platform.

I,3387: Sprichwörtliche Redewendung zum Ausdruck der Machtlosigkeit. Vgl. auch I,1838: »go pipen in an yvy leef.«

I,3449 Seinte Frydeswyde: Der hl. Frideswide wurden heilende Kräfte zugeschrieben.

I,3451–54: Volkstümlicher Auffassung nach drangen Astrologen/Astronomen in Gottes Privatsphäre ein. Vgl. *Dives and Pauper*, EETS 275, 117 und 140.

I,3457–61: Eine berühmte Episode aus dem Leben des Thales von Milet, die zum Repertoire klassischer und mittelalterlicher Dichter gehörte.

I,3480 nyght-spel: Zauberspruch, um die Nachtgeister zu bannen.

I,3483–86: Der Zauberspruch, den der Zimmermann aufsagt, wird als weißes Vaterunser bezeichnet; weiß deshalb, weil keine schwarze Magie mit im Spiel ist. Sein Sinn und seine Herkunft sind, wie es bei Zaubersprüchen oft vorkommt, unklar.

I,3512 hym: Gemeint ist Christus, der nach dem Bericht des apokryphen Evangeliums des Nikodemus zur Hölle niederfuhr, um die Seelen der Erzväter aus der Macht des Teufels zu befreien.

I,3515: Astronomische Berechnungen wurden oft nach dem Stand des Mondes gemacht. Auch galten manche Tage des Mondes als günstig für geplante Vorhaben.

I,3519–21: Beruht nicht auf der alttestamentlichen Noah-Geschichte, sondern auf zeitgenössischen mittelalterlichen Vorstellungen von den fünfzehn Zeichen des Jüngsten Gerichts. Vgl. M.F. Vaughn, »Chaucer's Imaginative One-Day Flood«, *PQ* 60 (1981) 117–23.

I,3529: Sir 32,24.

I,3554 pryme: Neun Uhr morgens.

I,3637 a furlong way: Achtelmeile oder zweieinhalb Minuten.

I,3645 corfew-tyme: Etwa 20 Uhr, wenn das Feuer über Nacht abgedeckt wurde.

I,3655 laudes: Morgengebete, die noch vor Sonnenaufgang in den Klöstern gesungen wurden. U.a. enthalten sie den Vers »Laetabuntur in cubilibus suis« – »Sie sollen fröhlich sein in ihren Betten«, ein Vers, der nur allzu treffend die Situation von Alison und Nikolas beschreibt. Vgl. Jesse M. Gellrich, »The Parody of Medieval Music in the *Miller's Tale*«, *JEGP* 73 (1974) 180–81.

I,3668 grange: Zu einem Kloster gehörender Außenhof.

I,3687: Beim ersten Hahnenschrei, d.h. mitten in der Nacht.

I,3709 'com pa me': Komm, küß mich. Vielleicht der Name oder Refrain eines Liedes.

I,3742 »A berd! A berd!«: Möglicherweise eine bewußte Doppeldeutigkeit, da »to make a berd« die Bedeutung »jemanden betrügen« hat. Vgl. I,4096 und III,361.

I,3754–57: Vielleicht eine Anspielung auf im Mittelalter übliche Heilmethoden. Vgl. David Williams, »Radical Medical Therapy in the *Miller's Tale*«, *ChauR* 15 (1981) 227–35.

I,3767 Cristes sweete tree: Christi süßes Kreuz. Süß deshalb, weil Christus durch seinen Kreuzestod die Menschheit von der Erbsünde erlöst hat.

I,3770 viritoot: Ungeklärter Ausdruck, der gewöhnlich mit »auf Trab« übersetzt worden ist, von Edmund Reiss, »Daun Gerveys in the *Miller's Tale*«, *PLL* 6 (1970) 117–18, aber mit »Teufel«. Dieser Interpretation zufolge wäre Gerveys, der Schmied, der Teufel, an den Absolon sich um Hilfe wendet.

I,3771 Seinte Note: Entweder St. Neot, ein angelsächsischer Heiliger aus dem 9. Jahrhundert, oder, wie Edmund Reiss, »Daun Gerveys in the *Miller's Tale*«, S.116, vorschlägt, »die heilige Schrift«.

I,3818 Nowelis flood: Verwechslung von Noah und Nowel (Weihnachten).

The Reeve's Tale

I,3876: Vgl. Luk 7,32.

I,3877: Vielleicht eine Anspielung auf 2. Kor 12,7.

I,3881–82: Vgl. Alanus de Insulis, *Liber parabolarum*, 1,61–62, in *PL*, 210: 582.

I,3919–20: Matth 7,3.

I,3921 Trumpyngtoun: Trumpington, drei Meilen südlich von Cambridge an der Straße nach London gelegen, wo es auch heute noch einen Ort gibt, der »Old Mills« heißt.

I,3933 Sheffeld: Sheffield war schon im Mittelalter für seine Stahlprodukte berühmt.

I,3941 Symkyn: Diminutivform von Simon. Die Namensgebung mag nicht ganz zufällig sein, da Simons Schwiegervater, der Pfarrer, wirklich der Simonie schuldig ist. Vgl. I,3983–86.

I,3943: Simons Frau ist die uneheliche Tochter des Pfarrers.

I,3944–45: Die Mitgift ist deshalb so stattlich, um den Ehemann über den Makel der unehelichen Geburt seiner Frau hinwegzutrösten.

I,3949: Im Gegensatz zu seinen Berufskollegen, die gewöhnlich an den Hof eines Feudalherren gebunden waren, ist Symkyn freier Unternehmer.

I,3954–55: Die roten Kleider der Müllerin standen Angehörigen ihrer sozialen Schicht nicht zu.

I,3963 smoterlich: Bezieht sich wahrscheinlich auf die uneheliche Abstammung von Symkyns Frau.

I,3974: Gewollt komische Gegenüberstellung zweier Charakteristika aus unterschiedlichen sozialen Bereichen. Die platte Nase verweist auf die bäuerliche Abstammung des Mädchens, während ihre grauen Augen ein Merkmal adliger Damen sind. Augen dieser Farbe gehören zum mittelalterlichen weiblichen Schönheitsideal.

I,3987 sokene: Eigentlich feudale Gerichtsbarkeit; hier aber das Recht des Mühlenbesitzers, gegen die Entrichtung eines

Pachtzinses das Getreide der Ortschaft mahlen zu dürfen, in der sich die Mühle befand.

I,3990 Soler Halle: Wahrscheinlich King's Hall, das heute zu Trinity College gehört.

I,3999 wardeyn: Der Leiter eines College.

I,4014 Strother: Der Ort existiert nicht mehr oder hat auch niemals existiert. Tolkien weist in seiner Studie zum Dialekt der *Reeve's Tale* darauf hin, daß »strother« eine Dialektbezeichnung für Marsch ist und Chaucer mit der Wahl des Wortes als Ortsname vielleicht nur die ländliche Herkunft der beiden Studenten unterstreichen wollte.

I,4023; 4026–33: Die Dialogpartien der beiden Studenten zeigen viele Eigenheiten des nördlichen Dialekts, von denen hier einige exemplarisch genannt werden sollen: 4023 »fares« anstatt »fareth«; 4026 »na« anstatt »no«; 4030 »Swa« anstatt »so«; 4030 »werkes« anstatt »werketh«; 4030 »wanges« anstatt »wangen« oder »wongen«; 4032 »ham« anstatt »home«; 4033 »heythen« anstatt »hennes«. Außerdem werden Wörter skandinavischen Ursprungs benutzt, die zum Wortschatz des nördlichen Dialekts gehören, wie z.B. 4033 »heythen«, 4045 »ille« oder 4088 »lathe«.

I,4055: Bezieht sich auf eine der Geschichten aus dem Tierepos *Reinke de Vos:* Die Stute erzählte dem Wolf, der ihr Fohlen kaufen wollte, der Preis sei auf dessen Hinterhuf geschrieben. Als der Wolf sich daraufhin hinter das Fohlen stellte, um den Preis zu lesen, schlug das Fohlen aus. Diesen Vorgang kommentierte die Stute mit der Feststellung: Die größten Gelehrten sind nicht immer die weisesten.

I,4065 fen: Wahrscheinlich Lingay Fen, ein Landstrich südlich von Trumpington, wo es zu Chaucers Zeit noch viele wilde Pferde gab.

I,4115 Bayard: Epischer Name für einen Ackergaul oder ein Zugpferd, wie die Bezeichnung »capul« (4105) andeutet.

I,4127 Cutberd: Der hl. Cuthbert, Bischof von Lindisfarne und Schutzheiliger von Northumberland.

I,4171 complyn: Letztes kanonisches Stundengebet des Tages.

I,4233: Etwa fünf Uhr morgens, d.h. kurz vor Tagesanbruch.

I,4236–47: Parodie auf das traditionelle Tagelied. Vgl. Robert E. Kaske, »An Aube in the *Reeve's Tale*«, *ELH* 26 (1959) 295–310.

I,4286 croys of Bromeholm: Zwischen 1205 und 1223 wurde diese Reliquie – ein Stück des Kreuzes Christi – aus dem Orient nach Bromholm gebracht.

I,4287 *In manus tuas*: Luk 23,46: »Vater, ich befehle meinen Geist in deine Hände.«

I,4320–21: Das Ende der *Reeve's Tale* entspricht der mittelalterlichen Praxis, eine Geschichte mit einer sprichwörtlichen Redewendung abzuschließen.

The Cook's Tale

I,4331: Spr 11,29.

I,4336 Hogge of Ware: Hogge (Hodge) ist eine Abkürzung von Roger. Ware liegt in Herfordshire, unweit von London.

I,4347 Jakke of Dovere: Wie aus der nachfolgenden Beschreibung deutlich wird, ein wieder aufgewärmter alter Fleischpudding.

I,4357 'sooth pley, quaad pley': Ein Witz, der wahr ist, ist ein schlechter Witz.

I,4377 Chepe: Cheapside, eine der Hauptgeschäftsstraßen im mittelalterlichen London.

I,4399: Lehrlinge waren im Haus ihres Meisters einquartiert.

I,4402 Newegate: Eines der Londoner Gefängnisse. Gefangene wurden dorthin zum Strafvollzug unter den Klängen von Musik gebracht, um ihre Mitbürger auf ihre Schande aufmerksam zu machen.

I,4422: Der Schreiber der Hengwrt-Handschrift schließt das Fragment mit folgendem Hinweis: »Of this cokes tale maked Chaucer na moore«, eine Aussage, aus der hervorgeht, daß er die Geschichte als unvollendet, nicht aber als verloren ansah.

The Man of Law's Tale

II,1–15: Grundlage für die Kalkulationen, die der Wirt hier anstellt, ist das Astrolabium, dessen Eigenschaften und Funktionen von Chaucer selber in seinem Traktat *Astrolabe* beschrieben werden. Man hat versucht, die Zeitbestimmung für das Jahr 1386 nachzurechnen, aber ohne Erfolg. Vgl. S. A. Eisner, »Chaucer's Use of Nicholas of Lynn's Calendar«, *Essays and Studies* N.S. 29 (1976) 17–18.

II,2 artificial day: Im Gegensatz zum natürlichen Tag, der in 24 Stunden unterteilt ist, geht der künstliche Tag von Sonnenaufgang bis Sonnenuntergang.

II,11 Phebus: Der Sonnengott. Hier Metonymie für Sonne.

II,25 Senec: Seneca, römischer Philosoph, der diesen fast schon sprichwörtlichen Gedanken in seinen *Epistolae morales*, 1,3 äußert.

II,30 Malkyn: Häufiger Name für ein Mädchen von niedriger sozialer Herkunft.

II,33–38: Bei seiner Anrede gebraucht der Wirt eine auffällig hohe Anzahl von Rechtsbegriffen, wie z.B. II,34 »forward«, II,35 »submytted«, II,36 »cas« und »juggement«, II,37 »Acquiteth« und »biheeste« und II,38 »devoir«.

II,43–45: Ein Rechtsgrundsatz, der zwar zu Chaucers Zeit bereits sprichwörtlich ist, letztlich aber auf Justinians *Digesta* zurückgeht.

II,55 Episteles: Ovids *Heroides*, die Chaucer als Quelle für viele der nachfolgend aufgeführten Geschichten dienten.

II,57 Ceys and Alcione: Die Geschichte dieser beiden Liebenden wird in Chaucers *Book of the Duchess*, V. 62–152, erzählt.

II,61 Seintes Legende of Cupide: *Legend of Good Women*, eine Erzählsammlung, die dem leidvollen Schicksal von Frauenfiguren aus der Antike gewidmet ist.

II,63 Lucresse ... Tesbee: Die Schändung der Lucretia bzw. die unglückliche Liebesgeschichte von Pyramus und Thisbe.

II,64 Dido ... Enee: Dido stürzte sich in ein Schwert, nachdem Aeneas auf Geheiß der Götter nach Italien aufgebrochen war.

II,65 Phillis ... Demophon: Phyllis erhängte sich, nachdem Demophon sie verlassen hatte, und wurde in einen Nußbaum verwandelt.

II,66 Dianire ... Hermyon: Deianeira beklagte den Tod des Herkules, den sie ungewollt verursacht hatte, indem sie ihm ein Gewand gab, das mit dem vergifteten Blut des von Herkules erschlagenen Zentauren Nessus getränkt war. Hermione beweinte die Verbannung des Orest.

II,67 Adriane ... Isiphilee: Ariadne beklagte Theseus' Verrat, der sie auf der Insel Naxos zurückließ, nachdem er mit ihrer Hilfe auf Kreta den Minotaurus erschlagen und aus dem Labyrinth herausgefunden hatte. Hypsipyle erfuhr ein ähnliches Schicksal – sie wurde von Jason verraten.

II,69 Leandre ... Erro: Leander ertrank, als er den Hellespont durchschwamm, um zu Hero zu gelangen.

II,70 Eleyne: Helena von Troja.

II,71 Brixseyde ... Ladomya: Briseis war der ursprüngliche Name der Heldin der mittelalterlichen Troja-Romane, der zu Criseida bzw. Criseyde bei Boccaccio und Chaucer wird. Laodameia beging Selbstmord nach dem Tod ihres Mannes im Trojanischen Krieg.

II,72 Medea: Tötete ihre beiden Söhne, nachdem Jason sie verlassen hatte.

II,75 Ypermystra, Penelopee, Alceste: Hypermnestra wurde von ihrem Vater Danaus ermordet, weil sie sich weigerte, ihren Ehemann zu töten. Penelope, die treu wartende Frau des Odysseus. Alceste ging für ihren Mann in den Tod. Ihr ist der Prolog der *Legend of Good Women* gewidmet.

II,78 Canacee: Anspielung auf eine Erzählung in Gowers *Confessio Amantis*, III, 143 ff.

II,81 Tyro Appollonius: Ebenfalls eine Anspielung auf eine Erzählung in Gowers *Confessio Amantis*, VIII, 271 ff.

II,92 Pierides: Die Musen, die so nach Pieria, ihrem Geburtsort, oder nach Pierus, ihrem Vater, genannt wurden. Die Begebenheit, auf die sich der Rechtsgelehrte hier bezieht, handelt von den neun Töchtern des Königs Pierus, die für ihre Anmaßung, sich mit den Musen messen zu wollen, in Elstern verwandelt wurden.

II,99–121: Der Prolog ist eine Paraphrase von Passagen aus dem Traktat *De miseria conditionis humane*, 1,14, von Papst Innozenz III.

II,125 sys cynk: Sechs und fünf, ein Wurf, mit dem man beim Würfelspiel gewinnt.

II,171 han doon fraught: Vgl. I,1913, wo die gleiche Konstruktion – kausatives Verb plus Partizip des Präteritums – benutzt wird.

II,288 Pirrus: Er war der Anführer des letzten großen Angriffes auf die Stadt Troja, bei dem die Zitadelle Ilion niedergebrannt wurde.

II,289 Thebes: Anspielung auf den Kampf der Sieben um Theben.

II,290 Hanybal: Der große karthagische Heerführer, der mit seinen Truppen während des zweiten Punischen Krieges bis nach Rom vorstieß.

II,295 firste moevyng: Das *Primum Mobile*, das alles in Bewegung setzt und durch seine Kraft die Planeten in unheilvolle Konstellationen zusammendrängt. Der natürliche Lauf der Sonne wäre entlang der zwölf Zeichen des Tierkreises, eine Bewegung, die durch die Einwirkung des *Primum Mobile* beeinträchtigt wird.

II,301: Dem Planeten Mars wurde oft eine unheilvolle Wirkung zugeschrieben. Die Konstellation von Mars und Mond, die in den folgenden Versen erläutert wird, verschärft die an sich schon negative astrologische Situation.

II,302 ascendent tortuous: Wahrscheinlich das Sternzeichen des Widders, das im Steigen ist, da dieses Zeichen dem Planeten Mars zugeordnet war.

II,304 derkeste hous: Die ungünstigste Position des Planeten Mars. Folglich könnte es sich entweder um das Haus des Widders oder des Skorpions handeln, deren Einfluß leidbringend und zerstörerisch ist.

II,312 eleccioun: Die Wahl eines astrologisch günstigen Zeitpunkts.

II,314 roote: Die Konstellation der Planeten bei der Geburt eines Menschen.

II,359 Semyrame: Semiramis, die sagenhafte Gründerin Babylons, die ihren Mann ermordet hatte. Sie ist im Mittelalter der Prototyp des sündhaften Weibes.

II,360: In der mittelalterlichen Ikonographie wird die Schlange im Paradies mit einem Frauenkopf dargestellt.

II,400 Julius: Julius Caesars Sieg über Pompeius wird von Lukan in seinem Werk *Pharsalia*, III, 73–79, beschrieben. Lukan vermerkt jedoch ausdrücklich, daß es keinen Triumphzug zu beschreiben gab, da Caesar auf eine solche Feier verzichtete. Erst die französischen Übersetzer von Lukan fügen diese Beschreibung eigenmächtig hinzu.

II,404 scorpioun: Der Skorpion galt im Mittelalter weithin als Symbol des Verrats.

II,421–27: Eine weitere Paraphrase einer Passage aus *De miseria conditionis humane*, 1,23.

II,473–76: Dan 6, 23–24.

II,486–87: Jona 2, 11.

II,489–90: 2. Mose 14, 22: Durchzug des Volkes Israel durch das Rote Meer.

II,491–94: Offb 7, 1–3.

II,500 Egipcien Marie: Die hl. Maria von Ägypten, die zur Buße für ihren sündhaften Lebenswandel 47 Jahre mit nur zweieinhalb Broten in der Wüste lebte.

II,502–03: Matth 4, 14–21.

II,505 oure occian: Der östliche Atlantik.

II,519 Latyn corrupt: Vulgärlatein im Gegensatz zum klassischen Latein der Antike.

II,557 furlong wey: Ein Achtel einer Meile oder zweieinhalb Minuten.

II,578 Alla: Historische Figur; König von Deira (Yorkshire, Nottinghamshire, Derbyshire und Lancashire) im 6. Jahrhundert.

II,639–40: Das apokryphe Buch Susanna berichtet darüber, wie Susanna fälschlich des Ehebruchs bezichtigt wurde.

II,641 Seint Anne: Die Mutter der Jungfrau Maria.

II,754 elf: Elfe, gewöhnlich ein böser Geist in Frauengestalt.

II,771–77: Paraphrase einer Passage aus *De miseria conditionis humane*, 2,19.

II,925–31: Paraphrase einer Passage aus *De miseria conditionis humane*, 2,21.

II,934–36: 1. Sam 17, 4–51.

II,939–42: Bericht aus dem apokryphen Buch Judith.

II,947 Septe: Ein Gebirgszug mit sieben Bergen gegenüber von Gibraltar.

II,1126 olde Romayn geestes: Die Vita des Mauritius ist ebenfalls in Trivets anglo-normannischer Chronik enthalten.

II,1132–38: Paraphrase einer Passage aus *De miseria conditionis humane*, 1,22.

II,1163–90: Der Epilog zur *Man of Law's Tale* findet sich nur in 35 Handschriften. 22 Handschriften, darunter auch die berühmte Hengwrt-Handschrift, enthalten diese Passage nicht.

II,1172 Jankin: Diminutivform von John, dem traditionellen Namen für Priester.

II,1173 Lollere: Lollarden, die volkstümliche Bezeichnung für die Anhänger von John Wyclif, einem englischen Reformator des späten 14. Jahrhunderts.

II,1179 Shipman: In den 35 Handschriften, in denen der Epilog zur *Man of Law's Tale* enthalten ist, gibt es verschiedene Lesarten: 28 nennen hier den Junker, 6 den Kirchenbüttel und nur die Selden-Handschrift den Schiffsherrn.

II,1183 cokkel: Wortspiel mit dem Begriff »Lollere«. Lat. *lollium* bedeutet Unkraut, d.h., Lollarden können in Anlehnung an die Parabel »Vom Unkraut unter dem Weizen« (Matth 13,14–30) nur Unkraut in den reinen Weizen des Glaubens säen.

II,1189 phislyas: Herkunft und Bedeutung dieses Wortes sind ungeklärt.

The Wife of Bath's Tale

III,1 Experience ... auctoritee: Erfahrung und Autorität, d.h. empirisches Wissen und autoritative Texte bilden die beiden Eckpfeiler des Prologs der Frau aus Bath. Obwohl sich die Frau aus Bath als Verkörperung praktischer Lebenserfahrung präsentiert, ist ihre Lebensbeichte voll von Zitaten aus den Standardwerken der mittelalterlichen antifeministischen Tradition.

III,3 wo that is in mariage: Der Kummer in der Ehe gehört zu den Standardthemen der antifeministischen Literatur, vertreten durch die *Epistola adversus Jovinianum* des hl. Hieronymus, das *Liber aureolus de nuptiis* des Theophrast, die *Dissuasio Valerii ad Rufinum ne uxorem ducat* in den *De nugis curialium* des Walter Map und den *Miroir de mariage* des Eustache Deschamps. Aber auch in der lyrischen Tradition mittelalterlicher französischer Dichtung gehört dieses Thema zu dem in den *chansons de malmariée* behandelten Themenkreis.

III,4 twelve yeer: Nach kanonischem Recht das Alter, in dem Mädchen heiraten durften.

III,6 at chirche dore: Die Trauung wurde vor dem Kirchenportal vollzogen. Danach begab sich das Brautpaar zum Anhören der Hochzeitsmesse in die Kirche hinein.

III,11 Cane of Galilee: Die Hochzeit zu Kana. Vgl. Joh 2,1ff. Die Argumentation stammt aus der *Epistola adversus Jovinianum*, I, 40.

III,16: Joh 4,5ff.

III,25 diffinicioun: Vgl. *Epistola adverus Jovinianum*, I, 15.

III,26 devyne and glosen: Verweis auf die oft spitzfindigen Bibelauslegungen durch mittelalterliche Theologen.

III,28: 1. Mose 1,28.

III,31: Matth 19,5.

III,33 bigamye ... octogamye: Bigamie, im kirchenrechtlichen Sinne Wiederheirat nach dem Tod eines der beiden Ehegatten. Die achte dieser Wiederheiraten würde dann als Oktogamie bezeichnet werden. Vgl. *Epistola adversus Jovinianum*, I, 15.

III,35–36: 1. Kön 11,3 besagt, daß Salomo 700 Frauen und 300 Konkubinen gehabt habe.

III,39 yifte of God: Die Frau aus Bath denkt hier offensichtlich an die enorme Potenz, die ein Mann mit so vielen Frauen besitzen muß.

III,44a–44f: Diese Verse erscheinen nur in einigen Handschriften. Ihre Echtheit ist umstritten.

III,46–50: *Epistola adversus Jovinianum*, I, 9–10; basiert auf 1. Kor 7,9 und 39. Mit dem Apostel ist Paulus gemeint.

III,51–52: 1. Kor 7,28.

III,54 Lameth: *Epistola adversus Jovinianum*, I, 14; vgl. 1. Mose 4,19–23.

III,64–65: 1. Kor 7,25.

III,75–76: Die Frau aus Bath weiß ganz genau, daß Jungfräulichkeit der Idealzustand ist, nimmt sich jedoch bewußt von der Verfolgung dieses Zieles aus.

III,83–86: *Epistola adversus Jovinianum*, I, 10; vgl. 1. Kor 7,6 und 39.

III,91–94: *Epistola adversus Jovinianum*, II, 22.

III,99–104: *Epistola adversus Jovinianum*, I, 40 und I, 8; vgl. 2. Tim 2,20 und 1. Kor 7,7.

III,108–110: *Epistola adversus Jovinianum*, I, 34 und II, 6; vgl. Matth 19,21.

III,115ff.: *Epistola adversus Jovinianum*, I, 36, und *Rosenroman*, V.4401–24.

III,130: Vgl. 1. Kor 7,3.

III,143–46: *Epistola adversus Jovinianum*, I, 7. In III,145 ist nicht Markus, sondern Joh 6,9 gemeint.

III,147: *Epistola adversus Jovinianum*, I, 11; vgl. 1. Kor 7,20.

III,156 tribulacion: Vgl. 1. Kor 7,28.

III,158–160: Davon steht nichts in 1. Kor 7,4, auf den sich die Frau aus Bath hier beruft.

III,163ff.: Der Zwischenruf des Ablaßkrämers ist wahrscheinlich durch die einseitige Bibelauslegung der Frau aus Bath bedingt.

III,180–83: Nicht im *Almageste*, einer Abhandlung über Astronomie des Ptolemäus, nachweisbar. Das Zitat gehört vielmehr zu einer Sammlung sprichwörtlicher Redewendungen, die als Vorwort zur lateinischen Übersetzung des Werkes durch Gerard von Cremona diente.

III,198 statut: Bezieht sich auf die Pflichten, die ihre Ehemänner laut Ehevertrag zu erfüllen hatten, besonders im sexuellen Bereich, wie die nachfolgenden Ausführungen deutlich machen.

III,217–18: In Dunmow bei Chelmsford in Essex war es üblich, Ehepaaren eine Speckseite zu überreichen, die in einem Jahr weder gestritten noch ihre Ehe bereut hatten.

III,231–34: Bezieht sich auf die Geschichte vom Vogel, der dem Ehemann von den Seitensprüngen seiner Frau erzählt. Chaucer behandelt diesen beliebten Erzählstoff in der *Manciple's Tale*.

III,235–47: Die folgende Tirade lehnt sich an die *Miroir de mariage*, V.1589–1611, das *Liber aureolus de nuptiis* und an die *Epistola adversus Jovinianum*, I, 47 an.

III,248–75: Vgl. *Rosenroman*, V.8579–8600, und *Miroir de mariage*, V.1625–48; 1732–41; 1755–59.

III,282–92. Vgl. *Rosenroman*, V.8667–86, und *Miroir de mariage*, V.1538–59; 1570–75.

III,293–302: Vgl. *Miroir de mariage*, V.1765–77.

III,316–22: Vgl. *Miroir de mariage*, V.3520–25.

III,324 Daun Ptholome: Vgl. Anmerkung zu III,180–83.

III,333–36: Vgl. *Rosenroman*, V.7410–14, und *Ars amatoria*, III, 92ff.

III,337–39: Vgl. *Miroir de mariage*, V.1878–84; 8672–91.

III,341–45: Vgl. 1. Tim 2,9.

III,348–56: Vgl. *Miroir de mariage*, V.3208–15.

III,357–61: Vgl. *Rosenroman*, V.14381–84. Argus, Sohn des Zeus, der wegen seiner Sehkraft berühmt war.

III,362–78: Vgl. *Epistola adversus Jovinianum*, I, 28, wo diese Vergleiche aus Spr 30,21–23; 30,16ff. und 25,30 entnommen sind.

III,387–92: Vgl. *Miroir de mariage*, V.3600–08.

III,432 Wilkyn, oure sheep: Wahrscheinlich nicht das Schaf, sondern ihr lammfrommer Ehemann William ist gemeint.

III,441–42: Die Frau aus Bath verdreht hier geschickt die kanonische Auffassung von der Stellung des Mannes in der Ehe. Weil der Mann der Frau in intellektueller Hinsicht überlegen ist, sollte er auch die dominierende Position in der Ehe einnehmen und sich nicht demütigen lassen, wie es die Frau aus Bath verlangt.

III,460 Metellius: Die folgende Erzählung ist aus der klassischen Exemplasammlung *Facta et dicta memorabilia* des römischen Autors Valerius Maximus (1. Jahrhundert n. Chr.) entlehnt.

III,469–73: Vgl. *Rosenroman*, V.12932–48.

III,483 Seint Joce: Der hl. Jodokus. Dieser hat jedoch nur den Namen mit einer Gestalt im *Testament de Jean de Meung* gemeinsam, über dessen Gefühlskälte sich eine Dame, genannt Katherine, so entrüstet, daß sie ihrem Ehemann oft »ein Kreuz aus dem gleichen Holz machte«.

III,498 Daryus: Die Beschreibung vom Grabmal des Darius findet sich in dem lateinischen Versepos *Alexandreis*, VII, 381ff., des Gautier de Châtillon.

III,517–24: Vgl. *Rosenroman*, V.13697–708.

III,527 clerk of Oxenford: Jankyn ist ein ehemaliger Student aus Oxford, der mit den niederen Weihen aus seinem College ausgeschieden ist. Beim vierten Mann der Frau aus Bath versah er offensichtlich die Stelle eines Sekretärs. Mit seiner Heirat war ihm die weitere Karriere innerhalb der Kirche verbaut. Sein Antifeminismus mag zum Teil auf der Erkenntnis beruhen, daß er sich aus Bequemlichkeit seine Berufsaussichten verdorben hat.

III,555–58: Alle diese Aktivitäten hätten einem devotionalen Zweck dienen sollen. Für die Frau aus Bath dagegen sind sie ein willkommener Anlaß, sich außer Hause mit ihrem Liebhaber und künftigem Ehemann zu amüsieren; vgl. *Rosenroman*, V.13522–28.

III,560–62: Vgl. Matth 6, 19–20.

III,603 Gat-tothed: Vgl. Anmerkung zu I,468.

III,604 Venus seel: Wahrscheinlich ein Muttermal auf dem Unterleib. Vgl. Walter C. Curry, *Chaucer and the Medieval Sciences*, S.106.

III,609–10 Venerien / In feelynge: In emotionaler Hinsicht ist die Frau aus Bath ein typisches Produkt des Planeten Venus, mit dem Liebe und Ausschweifung assoziiert wurden.

III,610 myn herte is Marcien: Von ihrem Intellekt her jedoch steht die Frau aus Bath unter dem Einfluß des Planeten Mars, mit dem mittelalterlicher Vorstellung nach Aggression und Härte verbunden waren.

III,613: Die Frau aus Bath ist im Aszendenten des Stiers geboren, der für Mars ein besonders ungünstiges Haus darstellt. Daher rühren ihre negativen Eigenschaften.

III,615ff.: Die Frau aus Bath sieht sich als Produkt zweier widersprüchlicher astraler Einflüsse. Sie wähnt sich von den Planeten Venus und Mars in ihren Neigungen gesteuert und in ihren Entscheidungen determiniert. Damit stellt sie die Willensfreiheit in Frage und verstößt gegen die orthodoxe Auffassung von der Freiheit des menschlichen Willens, die einen wesentlichen Bestandteil der augustinischen Lehre darstellt.

III,630–33: Für die Frau aus Bath bestand keine legale Verpflichtung, ihren Besitz ihrem Ehemann zu übertragen.

III,642 olde Romayn geestes: Eine Anspielung auf die Exemplasammlung *Facta et dicta memorabilia* des Valerius Maximus, aus der die beiden Episoden von Simplicius Gallus (III,443) und P. Sempronius Sophus (III,647) entnommen sind.

III,647 Another Romayn: Vgl. Anmerkung zu III,642.

III,651–53: Vgl. Sir 25,31.

III,669ff.: Diese Sammelhandschrift, hätte sie existiert, ließe sich als Bibel der antifeministischen Literatur bezeichnen. Die Frau aus Bath nennt jetzt die Autoren beim Namen, aus deren Werken sie bereits viele Zitate entlehnt hat.

III,671 Valerie ... Theofraste: *Dissuasio Valerii ad Rufinum ne uxorem ducat* in *De nugis curialium* von Walter Map aus dem Jahre 1180. Theophrast, der Verfasser des *Liber aureolus de nuptiis*, das uns teilweise in der *Epistola adversus Jovinianum* des hl. Hieronymus überliefert ist.

III,674–75 Seint Jerome ... book agayn Jovinian: Die bereits des öfteren zitierte *Epistola adversus Jovinianum*.

III,676 Tertulan: Tertullianus, frühchristlicher Kirchenvater, der u.a. auch wegen seiner asketischen Schriften *De exhortatione castitatis*, *De monogamia* und *De pudicitia* berühmt war.

III,677 Crisippus, Trotula, ...Helowys: In der *Epistola adversus Jovinianum* wurde Chrysippus als negatives Beispiel erwähnt, weil er zur Ehe riet. Trotula, eine Medizinerin aus Salerno, der ein Werk über Frauenkrankheiten, *De aegritudinibus mulieribus*, zugeschrieben wurde. Héloïse, die nach Angaben in der *Historia calamitatum* des Petrus Abaelardus diesem eine Reihe von Argumenten gegen ihre zukünftige Ehe aufgeführt haben soll.

III,679 Parables of Salomon: Die Sprüche Salomos, vor allem Kapitel 7,10–12.

III,680 Ovides Art: Die *Ars amatoria*, ein im Mittelalter häufig zitiertes Werk.

III,692: Anspielung auf die aesopische Fabel vom Löwen, der zu einer bildlichen Darstellung von einem Mann, der einen Löwen erlegt hatte, gesagt haben soll, daß aus der Warte des Löwen die Darstellung umgekehrt erfolgt wäre.

III,697 children of Mercurie and of Venus: Der Planet Merkur wurde mit Gelehrsamkeit und der.Planet Venus mit der Liebe assoziiert. Vgl. III,699–700.

III,704: Im Sternzeichen der Fische erreicht der Planet Venus seine höchste Stellung und übt somit seinen größten Einfluß aus. Deshalb besitzt Merkur hier keine Macht.

III,721 Sampson: Vgl. Richt 16,4–21.

III,725 Hercules ... Dianyre: Herkules starb, als er ein Gewand anzog, das seine Frau Deianeira auf Geheiß des von Herkules erschlagenen Zentauren Nessus in dessen giftiges Blut getaucht hatte, in der Annahme, es handle sich um eine Tinktur zur Bewahrung der Liebe. Um den furchtbaren Qualen zu entrinnen, verbrannte sich Herkules auf einem von ihm selbst errichteten Scheiterhaufen.

III,727–46: Beispiele, die aus der *Epistola adversus Jovinianum*, I, 48, entlehnt werden. Sokrates wird hier als Opfer seiner streitsüchtigen Frau Xanthippe dargestellt. Pasiphae (III,733) paarte sich aus Lüsternheit mit dem Stier des Minos und gebar den Minotaurus. Klytämnestra (III,737) tötete zusammen mit ihrem Geliebten Aigisthos ihren Ehemann Agamemnon nach seiner Heimkehr aus Troja. Amphiaraus (III,741) versteckte sich, um nicht am Kampf der Sieben gegen Theben teilnehmen zu müssen, da er seinen eigenen Untergang vorausgesehen hatte. Eriphyle (III,743), seine Frau, überredete ihn jedoch, dennoch an dem Feldzug teilzunehmen. Auf der Flucht vor seinen Verfolgern wurde Amphiaraus vom Erdboden verschlungen.

III, 747–64: Diese Beispiele stammen aus der *Dissuasio Valerii ad Rufinum ne uxorem ducat*, VI, 3, des Walter Map.

III,747 Lyvia ... Lucye: Mit Livia ist wahrscheinlich die Römerin Livilla gemeint, die ihren Ehemann Drusus auf Betreiben ihres Geliebten Sejanus vergiftete. Lucilia ist die Frau des römischen Dichters Lucretius.

III,757 Latumyus: Die nachfolgende Geschichte wird bei Walter Map über Pacuvius erzählt.

III,778–781: Vgl. *Epistola adversus Jovinianum*, I, 28, und Spr. 21,9.

III,782–83: Vgl. *Epistola adversus Jovinianum*, I, 48.

III,784–85: Vgl. Spr. 11,22.

III,829–49: Mit dieser Auseinandersetzung zwischen Bettelmönch und Büttel werden die Geschichten der beiden motiviert, die auf die *Wife of Bath's Tale* folgen.

III,847 Sidyngborne: Sittingbourne auf dem Wege nach Canterbury. Von dort ist der Ort etwa 25 km entfernt.

III,878–81: Die Unkeuschheit der Bettelmönche ist ein beliebtes Thema in der satirischen Literatur Englands im ausgehenden 14. Jahrhundert. Besonders die Anhänger von Wyclif beschuldigten die Mitglieder der Bettelorden neben vieler anderer Vergehen der Verführung von Frauen und Mädchen. Die Frau aus Bath greift diesen landläufigen Vorwurf auf und wandelt ihn sarkastisch ab: Die Bettelmönche lauerten zwar wie der *incubus* (III,880) – ein Dämon, der schlafende Frauen schwängert – den Frauen auf, doch wegen ihrer mangelnden Potenz bliebe ihr Vergehen folgenlos.

III,882–88: Der junge Ritter verstößt durch diese Tat gegen den ritterlichen Ehrenkodex, der es ihm gebietet, Jungfrauen und Frauen zu schützen, nicht aber, sie zu vergewaltigen. Da das Verhalten des Ritters den ethischen Normen des Rittertums diametral entgegengesetzt ist, erfüllen sich in keiner Weise die Erwartungen, die ein Publikum an eine Artusromanze gestellt hätte.

III,893 statut: Ein Erlaß Eduards I. aus dem Jahre 1285 verhängte die Todesstrafe für Vergewaltigung.

III,902–12: Die Aufgabe, die die Königin dem jungen Ritter stellt, gehört zu dem Typus des Halslösungsrätsels, das man vor allem im Märchen findet.

III,951–82: Die Midas-Geschichte wird in Ovids *Metamorphosen*, XI, 174–93, erzählt. Von der Frau aus Bath wird sie jedoch in höchst eigenwilliger Weise abgewandelt. Bei Ovid gibt der Barbier des Königs dessen Geheimnis preis, nicht seine Frau. An der Stelle, wo er in das von ihm gegrabene Loch spricht, beginnt Schilf zu wachsen, das das Geheimnis bei Wind weiterflüstert. Dies ist das Ende (remenant, III, 981) der Geschichte. Siehe auch Judson B. Allen und Patrick Gallacher, »Alisoun Through the Looking Glass Or: Every Man His Own Midas«, *ChauR* 4 (1970) 99–105.

III,1026–30: Die hier beschriebene Szene gleicht den Minnegerichtshöfen, wie sie Andreas Capellanus in seinem Traktat *De arte honeste amandi* schildert, wenngleich der Anlaß hier ernst ist, während die Minnegerichtshöfe nur Streitfragen um richtiges Minneverhalten (*demandes d'amour*) zu entscheiden hatten.

III,1038–39 sovereynetee ... over hir housbond as hir love: Die Frau aus Bath verbindet hier zwei vollkommen unvereinbare Vorstellungen. Die übergeordnete Stellung der Frau als Minneherrin wird vor allem in der höfischen Lyrik propagiert. In der Ehe jedoch nahm der Mann die übergeordnete Position ein, eine Tatsache, gegen die sich die Frau aus Bath schon während ihres langen Monologes immer wieder zur Wehr gesetzt hatte.

III,1109 gentillesse: Die folgende Diskussion kontrastiert Geburts- und Herzensadel. Alle hier zitierten Autoritäten betonen, daß wahrer Adel auf edler Gesinnung, nicht auf edler Abstammung beruhe.

III,1118–24: Vgl. *Rosenroman*, V.18620–34.

III,1126 Dant: Die Frage nach dem Ursprung des wahren Adels erörtert Dante in seinem Traktat *Il Convivio*, IV.

III,1128–30: Vgl. Dante, *Purgatorio*, VII, 121–23.

III,1139–45: Der Vergleich mit dem Feuer stammt aus der *Consolatio Philosophiae*, III, pr.4, des Boethius.

III,1152–58: Vgl. die einleitende Canzone zu Kap. IV von Dantes *Il Convivio*.

III,1165 Valerius: Valerius Maximus, Autor der Exemplasammlung *Facta et dicta memorabilia*, III, 4, in welcher der Aufstieg des Tullus Hostilius vom Hirten zum König geschildert wird.

III,1168 Senek ... Boece: Seneca, *Ad Lucilium epistolae morales*, 44,2–5. Boethius, dessen *Consolatio Philosophiae*, III, pr. 6, m. 6, dieses Thema behandelt.

III,1184 Senec: Vgl. Seneca, *Ad Lucilium epistolae morales*, 2,4.

III,1191–94: Vgl. die 10. Satire des römischen Satirikers Juvenal.

The Friar's Tale

III,1302 erchedeken: Der Erzdiakon führte den Vorsitz im Kirchengerichtshof einer Diözese. Ihm oblag es, Vergehen, die nach kanonischem Recht strafbar waren, zu verfolgen.

III,1308 contractes ... lakke of sacramentz: Mit diesen Vereinbarungen sind Testamente und Eheverträge gemeint, deren Mißbrauch von den Vertretern der kirchlichen Gerichtshöfe verfolgt wurde. Mittelalterliche Christen waren verpflichtet, die sieben Sakramente einzuhalten: Taufe, Konfirmation, Kommunion, Ehe, Ordination, Beichte und Letzte Ölung.

III,1309 usure ... symonye: Nach kanonischem Recht war der Verleih von Geld gegen Zinsen verboten. Auch der Kauf oder Verkauf von kirchlichen Ämtern war untersagt.

III,1312 tytheres: Die Kirchensteuer belief sich gewöhnlich auf ein Zehntel des Einkommens.

III,1317 hook: Das gekrümmte Ende des Bischofsstabes, mit dem die Sünder, bildlich gesprochen, vor den kirchlichen Gerichtshof gezogen wurden.

III,1329–31: Die Bettelorden unterstanden nicht der Aufsicht des Weltklerus.

III,1332 wommen of the styves: Bordelle mit Lizenz waren ebenfalls von der Kontrolle durch die Kirchengerichtshöfe ausgenommen.

III,1350: Vgl. Joh 12,6.

III,1361 chapitre: Als »Kapitel« wurde die Versammlung der Geistlichen am Kirchengerichtshof bezeichnet.

III,1382 courtepy of grene: Ein kurzer, grüner Rock. Die Farbe Grün könnte auf die diabolische Natur des Fremden verweisen, da Geister und Dämone diese Farbe bevorzugen. Auf alle Fälle ist es nicht abwegig, den Teufel als Jäger darzustellen.

III,1392 bailly: Amtmann an einem weltlichen Gericht, der Vorladungen und Erlasse zu überbringen hatte.

III,1413 fer in the north contree: Mittelalterlicher Vorstellung zufolge lag die Hölle im Norden.

III,1459 determinat: Da man wußte, daß Teufel jede beliebige Gestalt annehmen konnten, war ihr eigentliches Aussehen ein viel diskutiertes Thema der mittelalterlichen Theologie.

III,1475 alle thyng hath tyme: Der Teufel zitiert die Bibel: Pred 3,1.

III,1491 Job: Vgl. Hiob 1,12; 2,6.

III,1502 Dunstan: Erzbischof Dunstan von Canterbury (961–988) soll sich der Legende nach in seiner Jugend einen Teufel dienstbar gemacht haben, indem er ihn mit einer glühenden Zange bei der Nase faßte.

III,1503: Auch Jakobus, Bartholomäus, Andreas, Thomas, Petrus, Simon und Judas besaßen mittelalterlicher Vorstellung nach Macht über den Teufel. Vgl. *Early South English Legendary*, EETS 87, 35–37; 369–72, und *Legenda Aurea*, 15–21; 38–38; 372–73; 710.

III,1510 Phitonissa: Die Wahrsagerin von Endor, die auf Geheiß Sauls Samuel wieder auf die Erde holte. Vgl. 1. Sam 28, 11–14.

III,1519 Virgile: Anspielung auf das sechste Buch der *Aeneis*, wo der Held Aeneas seinen verstorbenen Vater in der Unterwelt besucht.

III,1520 Dant: Dante, Verfasser der *Göttlichen Komödie*, deren erster Teil, das *Inferno*, aus dreiunddreißig Cantos besteht.

III,1564 Seinte Loy: Der hl. Eligius, Schutzpatron der Fuhrleute und Schmiede.

III,1570 cariage: Mittelalterliche Feudalherren besaßen das Recht, die Pferde und Fuhrwerke ihrer Pächter zu benutzen.

Diese Auflage konnte von den Pächtern auch durch die Zahlung eines Geldbetrages – cariage – abgegolten werden.

III,1613 Seinte Anne: Die Mutter der Jungfrau Maria.

III,1637 privetee: »Geheimnisse« oder aber das Hinterteil des Teufels. Daß diese Doppeldeutigkeit von Chaucer beabsichtigt ist, zeigt der nachfolgende Prolog zur *Summoner's Tale*. Hier nämlich berichtet der Erzähler, Satans Gesäß diene als Behausung für die Bettelmönche in der Hölle.

III,1657–58: Siehe Ps 10,9.

III,1661: Vgl. 1.Kor 10,13.

The Summoner's Tale

III,1686–98: In der mittelalterlichen Ikonographie (z.B. Hieronymus Bosch) und Visio-Literatur (z.B. Mechthild von Magdeburg) finden sich Darstellungen bzw. Beschreibungen von Satan, der Sünder frißt und sie auf natürlichem Wege wieder ausscheidet. Siehe Joseph L. Baird, »The Devil's *Privetee*«, *NM* 70 (1969) 104–06.

III,1692 furlong: Ein Achtel einer Meile oder zweieinhalb Minuten.

III,1710 Holdernesse: Eine Gegend nördlich von Hull in der Südostecke der Grafschaft Yorkshire.

III,1711 lymytour: Ein Bettelmönch, dessen Aktivitäten auf einen genau festgelegten Bezirk beschränkt waren.

III,1714: Bettelmönche durften nur mit Erlaubnis des zuständigen Pfarrers oder Bischofs in einer Gemeindekirche predigen.

III,1722 possessioners: Angehörige der regulären Mönchsorden bzw. des mit Pfründen versorgten Weltklerus.

III,1724 »Trentals«: Totenmessen, die dreißig Tage hintereinander für die Seele eines Verstorbenen gelesen wurden.

III,1734 *qui cum patre*: Anfangsworte bei der letzten Segensverteilung (Qui cum patre et spiritu sancto vivit et regnat per omnia saecula saeculorum. Amen.).

III,1740 His felawe: Bettelmönche gingen gewöhnlich zu zweit, um einerseits dem Gebot Christi (Luk 10,1) Folge zu leisten und sich andererseits gegenseitig zu kontrollieren.

III,1741 tables: Schreibtafeln, deren Innenseiten mit Wachs überzogen waren, auf die man mit dem spitzen Ende eines Stiftes schreiben und die man mit dem stumpfen Ende glätten konnte.

III,1755 hostes man: Der Diener eines Gastes. Gemeint ist wohl ein Mann, der sich gewöhnlich um die Gäste des Konvents kümmerte und hier als Träger für die erbettelten Naturalien eingesetzt wird. Die kurze Beschreibung (III,1746–56) soll die Maßlosigkeit der Bettelmönche veranschaulichen, die Betteln zu einem wirklichen Beruf gemacht haben.

III,1770 »*Deus hic*«: Gott sei hier. Eine Abwandlung des franziskanischen Segensspruches »Pax huic domui« – Friede diesem Haus.

III,1778 was go walked: Die Konstruktion scheint der im Deutschen geläufigen Konstruktion »kam gelaufen« nachgebildet zu sein.

III,1781 maister: Sowohl hier als auch in III,1800 und 1836 läßt sich Bruder Johann ohne Widerspruch den Ehrentitel Meister (magister) geben, den er später in seiner Unterredung mit dem Seigneur (III,2185–88) bescheiden zurückweist mit der Begründung, daß ihm dieser Titel nicht zustehe. Daß Bruder Johann sich in Thomas' Haus nicht gegen den Titel verwahrt, soll seine Arroganz zeigen, die schlecht vereinbar ist mit der Tugend der Demut, die einen Bettelmönch auszeichnen sollte.

III,1792 glose: Eigentlich ein Bibelkommentar oder eine Auslegung, aber dann auch mit der Bedeutung von phantasievoller, unwahrhafter Interpretation.

III,1794: 2. Kor 3,6.

III,1803–04: Die Begrüßung der Dame des Hauses durch den Bettelmönch ist zu überschwenglich. Den Hintergrund für diese Szene bildet die traditionelle Kritik an dem unsittlichen Verhalten der Mendikanten, die in die Häuser eindrangen, um den Frauen und Mädchen nachzustellen.

III,1817 grope: Das Verb hat einen ironischen Beigeschmack, da es auf III,2148 zu verweisen scheint, wo der Bettelmönch noch einen anderen Teil von Thomas' Anatomie betasten wird.

III,1820: Vgl. Matth 4,19.

III,1832 *je vous dy*: Die Verwendung von französischen Floskeln wie auch das *je vous dy sanz doute* in III,1838 wurde im 14. Jahrhundert als Zeichen von sozialer Anmaßung betrachtet.

III,1854 revelacioun: Der Bettelmönch gibt vor, einen *somnium caeleste* gehabt zu haben, den er in III,1858 als »avision« oder direkte Sicht zukünftiger Ereignisse beschreibt.

III,1862: Nach fünfzigjähriger Zugehörigkeit zu einem Bettelorden durften die Brüder u.a. alleine anstatt zu zweit ausgehen.

III,1866 *Te Deum*: Ein Lobgesang, der gewöhnlich zur Matutin gesungen wurde.

III,1877: Vgl. Luk 15,19ff.

III,1881: Verweis auf 1. Tim 6,8.

III,1885: Vgl. 2. Mose 34,28ff.

III,1890 Elye: Vgl. 1. Kön 19,8ff.

III,1894: Vgl. 3. Mose 10,8ff.

III,1923: Matth 5,3.

III,1929 Jovinyan: Jovinianus, der Gegner des hl. Hieronymus, gegen den sich die Streitschrift *Epistola adversus Jovinianum* richtet, in der der Kirchenvater ihn u.a. wegen seiner Ablehnung des Zölibats und des Fastens angreift.

III,1934 '*cor meum eructavit*': »Mein Herz dichtet ein feines Lied« – so die Lutherübersetzung von Ps 45,2. Hier jedoch ist die wörtliche Bedeutung von eructare – rülpsen, aufstoßen – gemeint.

III,1937: Jak 1,22.

III,1943 Seint Yve: Gemeint ist wahrscheinlich der hl. Ivo, der Schutzheilige der Bretagne.

III,1944 oure brother: Thomas gehört als Laienbruder Johanns Konvent an. Diese Mitgliedschaft wurde nicht ganz uneigennützig an bestimmte Laien vergeben: Man erhoffte sich Schenkungen und Erbschaften von den Laienbrüdern.

III,1967: Ironische Anspielung auf das sich später ergebende arithmetische Problem in III,2243ff. Außerdem ist ein Wortspiel mit »ferthyng« und »farting« nicht ausgeschlossen.

III,1973: Vgl. Luk 10,7.

III,1980 Thomas ... of Inde: Der Legende nach (siehe die *Legenda Aurea*) soll der hl. Thomas in Indien gepredigt und dort auch Kirchen errichtet haben.

III,1989: Sir 4,35.

III,2001–03: Vgl. Ovid, *Ars amatoria*, II, 376.

III,2005: Die anderen sechs Todsünden sind: Stolz, Neid, Trägheit, Habsucht, Völlerei und Wollust.

III,2018 Senek: Die folgenden drei Beispiele stammen aus Senecas Schrift *De Ira*.

III,2075 *Placebo*: Placebo Domino in regione vivorum – Dem Herren werde ich auf Erden gefällig sein (Ps 116,9). Auf irdische Herren übertragen, bedeutet das Psalmwort eine Aufforderung zur heuchlerischen Schmeichelei.

III,2085 he: Gemeint ist Salomo. Vgl. Spr 22,24.

III,2094 by Seint Symoun: Beim hl. Petrus, da Petrus die Schlüsselgewalt über das Paradies hatte, zu dem der Mensch nur im sündenlosen Zustand Zutritt hatte.

III,2100 muscle ... oystre: Muscheln und Austern, die im Vergleich zu fleischlicher Nahrung als minderwertige Speisen galten.

III,2106: Der hl. Franziskus hatte den Ordensbrüdern empfohlen, einfache Kirchen aus Holz und Lehm zu bauen.

III,2108: Kritiker warfen den Bettelmönchen häufig vor, daß sie sich zwar zur Armut verpflichtet hatten, aber trotzdem wertvolle Handschriften sammelten.

III,2116 Elye ... Elise: Die Karmeliter behaupteten, ihr Orden sei von Elias auf dem Berg Karmel gegründet worden.

III,2128: Auf den Siegeln der Laienbruderschaften war häufig ein Abbild der Maria Misericordia eingraviert, der Mutter

Gottes, die die Menschen schützend mit ihrem Mantel umhüllt. Es ist deshalb anzunehmen, daß das Siegel des Konvents, dem Thomas als Laienbruder angehört, ein ähnliches Abbild aufweist. Vgl. John V. Fleming, »The Summoner's Prologue: An Iconographic Adjustment«, *ChauR* 2 (1967) 104–05.

III,2187 'Raby': Vgl. Anmerkung zu V.1781 und Matth 23,6–8.

III,2196: Vgl. Matth 5,13.

III,2222 ars-metrike: Offensichtlich ein Wortspiel, das sich auf die anatomische Lokalisierung dieses »arithmetischen« Problems bezieht.

III,2259 thrittene is a covent: Ein Konvent bestand aus zwölf Brüdern und einem Abt, entsprechend der Zahl der Jünger um Christus.

III,2289 Euclide ... Ptholomee: Der Mathematiker Euklid (3. vorchr. Jahrhundert) und der Astronom Ptolemäus (2. Jahrhundert n. Chr.).

III,2294 at towne: Wahrscheinlich Sittingbourne.

The Clerk's Tale

IV,5 sophyme: Sophismus. Im Studium der Logik ein Scheinbeweis. Im Sprachgebrauch der Logiker des 14. Jahrhunderts, wie z.B. bei Heytesbury, Swineshead und Dumbleton, bedeutet *sophisma* jedoch die generelle Beschäftigung mit vorstellbaren Fällen und Problemen, die aber keinen logischen Widerspruch enthalten durften. Vgl. Joseph E. Grennen, »Science and Sensibility in Chaucer's Clerk«, *ChauR* 6 (1971) 81–93.

IV,6: Pred 3,1.

IV,12–14: Vor allem Wyclif und seine Anhänger verwehrten sich gegen einen rhetorisch überladenen Predigtstil.

IV,16 termes ... colours ...figures: Gemeint sind: (1) Fachausdrücke, (2) rhetorische Ausschmückung und (3) rhetorische Stilfiguren.

IV,18 Heigh style: Die mittelalterliche Rhetorik kannte drei Stilebenen, die nach *De inventione* Ciceros *oratio tenuior* – schlichter Stil, *oratio mediocris* – mittlerer Stil und *oratio plenior* – gehobener Stil genannt wurden. Dem gehobenen Stil war der *ornatus difficilis* und dem schlichten Stil der *ornatus facilis* zugeordnet, d.h. unterschiedliche Stilfiguren. Der Stil eines Werkes richtete sich einerseits nach seiner Gattung und seinem Stoff und andererseits nach seinem Adressaten. Vgl. Ernst R. Curtius, *Europäische Literatur und lateinisches Mittelalter*, 2. Aufl. (Bern, 1954), S. 158–63, und Leonid Arbusow, *Colores Rhetorici*, 2. Aufl. (Göttingen, 1963), S. 15–20.

IV,31 Fraunceys Petrak: Francesco Petrarca (1304–1374) ist der Autor einer der beiden Vorlagen, die Chaucer benutzte: *De obedientia et fide uxoria mythologia*. Petrarcas größter persönlicher Triumph war seine Dichterkrönung zum *poeta laureatus* am Ostersonntag 1341 durch den Senat in Rom.

IV,34 Lynyan ... philosophie: Giovanni di Lignano, gestorben 1383, war Professor für kanonisches Recht an der Universität Bologna. In Oxford gab es drei Zweige dieser Wissenschaft: Naturphilosophie, Moralphilosophie und Metaphysik.

IV,106 us liketh yow: Ausgefallene Konstruktion, da das Personalpronomen »yow« nicht, wie erwartet, als Subjekt, sondern als Objekt erscheint.

IV,207 oxes stalle: Dieses Bild ist Chaucers Zusatz. Damit soll die Parallelität zu Mariä Verkündigung (siehe auch IV,274ff.) stärker hervorgehoben werden.

IV,211–17: Chaucers Ausschmückung seiner Quelle.

IV,260 undren: Zwischen 9 und 12 Uhr vormittags.

IV,291 thresshfold ... oxes stalle: Zwei Bilder aus der religiösen Sphäre sollen auf Mariä Verkündigung und Christi Geburt verweisen. Damit ist wieder eine Parallelität zur christlichen Heilsgeschichte beabsichtigt.

IV,294 lordes wille: Doppeldeutig, denn es bezieht sich einerseits auf Walter und andererseits im vorgegebenen ikonographischen Rahmen auf Gott.

IV,381 corone: Die Hochzeitskrone, die zusammen mit Ring und Brosche bei der Eheschließung getragen wurde.

IV,431 commune profit: Im 14. Jahrhundert ein weit verbreiteter staatsrechtlicher Terminus, der sowohl in den Schriften der radikalen Anhänger der Lollarden-Bewegung als auch bei einem so konservativen Dichter wie Gower (*Confessio Amantis*, I, 377) auftaucht. Siehe Falvo C. Heffernan, »Tyranny and Commune Profit in the *Clerk's Tale*«, *ChauR* 17 (1983) 332–40.

IV,441: Vgl. Matth 1,21.

IV,444 Al had hire levere: Kombination zweier Konstruktionstypen: »hire were levere« und »she levere had«.

IV,459–62: Chaucers Zusatz.

IV,538–39: Vgl. Jes 53,7.

IV,554–67: Chaucers Zusatz, der vor allem der Erhöhung des Pathos von Griseldis' Situation dient.

IV,590 Panik: Unbekannter italienischer Ort, der bei Boccaccio Panago, bei Petrarca Panico und im *Livre Griseldis* Paniquo heißt.

IV,621–23: Chaucers Zusatz.

IV,811–12: Chaucers Zusatz.

IV,839–40: Chaucers Zusatz.

IV,851–61: Chaucers Zusatz.

IV,871–72: Hiob 1, 21.

IV,880–82: Chaucers Zusatz.

IV,902–03: Hiob 3, 3.

IV,932–38: Chaucers Zusatz, in dem der Erzähler auf Argumente aus dem Prolog zur *Wife of Bath's Tale* zurückgreift.

IV,990–91: Chaucers Zusatz.

IV,995–1008: Chaucers Zusatz.

IV,999 jane: Genuesische Münze im Werte eines halben Pfennigs.

IV,1079–1106: Chaucer gestaltet diese lange Passage in eigener Regie. Seine Quellen bieten ihm nur ein Minimum an Information. Vor allem die beiden Ohnmachtsanfälle sind Chaucers Zusätze zu seiner Version der Griseldis-Geschichte.

IV,1098 Hath doon yow kept: Zur Erklärung dieser Konstruktion siehe Anmerkung zu I,1913.

IV,1141–62: Die allegorische Deutung der Erzählung wird von Petrarca übernommen.

IV,1153–55: Jak 1, 13.

IV,1170 Wyves love of Bathe: Erweiterter Genitiv.

Lenvoy de Chaucer: Hier beginnt eine eigenständige Komposition, deren Sprecher jedoch der Scholar zu sein scheint. Das Metrum verändert sich zu einer sechszeiligen Strophe mit dem Reimschema ababcb. Dies entspricht der metrischen Form der Doppelballade.

IV,1188 Chichevache: In einer französischen Fabel der Name einer völlig abgemagerten Kuh, die sich allein von geduldigen Ehefrauen ernähren muß. Bicorne dagegen, deren Nahrung geduldige Ehemänner sind, ist fett und rund.

IV,1189 Ekko: Echo, Nymphe in der klassischen Mythologie, die selber zwar nicht sprechen kann, wenn andere aber reden, auch nicht schweigen kann, sondern ihre Redewendungen wiederholt.

IV,1212a–g: Ein Zwischenstück, vielleicht frühen Datums, das nur in etwa einem Viertel der überlieferten Handschriften erscheint.

The Merchant's Tale

IV,1224 Grisildis: Bezieht sich auf die Protagonistin in der vorausgehenden *Clerk's Tale*.

IV,1246 Pavye: Pavia in der Nähe von Mailand. Der Ort war seines Reichtums, seines Wuchers und seiner Laszivität wegen berüchtigt.

IV,1251 fooles that been seculeer: Aus dieser und aus der Bemerkung in IV,1322 haben manche Kritiker geschlossen, die *Merchant's Tale* sei ursprünglich einem der Geistlichen zugeordnet gewesen, vielleicht dem Mönch.

IV,1294 Theofraste: Autor des antifeministischen Traktats *Liber aureolus de nuptiis*, das teilweise in der *Epistola adversus Jovinianum* des hl. Hieronymus überliefert worden ist. Für IV,1296–1304 vgl. *Epistola adversus Jovinianum*, I, 47.

IV,1311ff.: Die hier zitierten Argumente sind dem Buch *Liber de amore dei* des Albertano von Brescia entnommen.

IV,1335: Vgl. 1. Mose 2,23 und Matth 19,5.

IV,1362–74: Die hier zitierten Beispiele stammen ebenfalls aus einer Schrift des Albertano von Brescia, dem *Liber consolationis*. Zu der typologischen Bedeutung der vier alttestamentlichen Frauengestalten Rebekka, Judith, Abigail und Esther als Erlöserfiguren siehe Charlotte F. Otten, »Proserpine: *Liberatrix Suae Gentis*«, *ChauR* 5 (1971) 277–87, und Emerson Brown, Jr., »Biblical Women in the Merchant's Tale: Feminism, Antifeminism, and Beyond«, *Viator* 5 (1974) 387–412.

IV,1363 Rebekke: Vgl. 1. Mose 27,1–40.

IV,1366 Judith: Vgl. das apokryphe Buch Judith 11.

IV,1369 Abigayl: Vgl. 1. Sam 25.

IV,1371 Ester: Vgl. Buch Esther.

IV,1376 Senek: Sowohl dieses als auch das nachfolgende Zitat, das Cato, *Disticha*, 3,23, zugeschrieben wird, stammt aus dem *Liber consolationis* des Albertano von Brescia.

IV,1384–85: Vgl. Eph 5,25,28; Vers 28 wird hier aber genau umgekehrt zitiert.

IV,1405–17: Siehe Albertano von Brescia, *Liber de amore dei*.

IV,1424 Wades boot: Anspielung auf eine nicht mehr existente mittelenglische Erzählung *The Tale of Wade*, in der ein Boot entweder zur Flucht oder zur Täuschung diente. Vgl. Karl P. Wentersdorf, »Theme and Structure in the Merchant's Tale: The Function of the Pluto Episode«, *PMLA* 80 (1965) 526–27.

IV,1476 Placebo: »Ich möchte gefallen« – offensichtlich ein sprechender Name.

IV,1477 Justinus: »Der Gerechte« – ebenfalls ein sprechender Name.

IV,1485–86: Vgl. Sir 32,24.

IV,1523 Senek: Die hier zitierten Ansichten gehen nicht auf Seneca, sondern auf Cato, *Disticha*, 17, zurück; sie finden sich aber auch in anderen Werken der antifeministischen Tradition wie z.B. in Walter Maps *Dissuasio Valerii ad Rufinum ne uxorem ducat* in *De nugis curialium*.

IV,1531–36: Vgl. Eustache Deschamps, *Miroir de mariage*, 1538–45.

IV,1544–48: Vgl. *Miroir de mariage*, 1576–84.

IV,1683–88: Obwohl Justinus diese Worte spricht, müßten sie eigentlich dem Erzähler zugeordnet werden, da nur er sich auf die Ausführungen der Frau aus Bath beziehen kann.

IV,1704 Sarra and Rebekke: Die beiden biblischen Frauengestalten erscheinen als exemplarische Figuren im Gebet, mit dem die Trauung abgeschlossen wird. Vgl. J.D. Burnley, »The Morality of *The Merchant's Tale*«, *YES* 6 (1976) 22–23.

IV,1716 Orpheus ... Amphioun: Beides Gestalten aus der griechischen Mythologie. Orpheus gelang es durch seinen Gesang, den König der Unterwelt Pluto zur Freigabe seiner verstorbenen Frau Eurydike zu bewegen. Amphion galt als Erbauer Thebens, dessen Steine sich durch seine schöne Musik von selbst zusammenfügten.

IV,1719 Joab: Der Trompeter König Davids.

IV,1720 Theodomas: Seher in der *Thebais*, dessen Weissagungen durch einen Trompetenstoß verkündigt wurden.

IV,1732 Marcian: Martianus Capella, der Autor des Gedichts *De nuptiis Philologiae et Mercurii* (5. nachchr. Jahrhundert), dessen Beschreibung der himmlischen Hochzeit in krassem Gegensatz zu den hier beschriebenen Festivitäten steht.

IV,1744 Ester: Esther heiratete Ahasveros, um ihn für das jüdische Volk zu gewinnen, das von Haman verfolgt wurde.

IV,1807 ypocras, clarree, and vernage: Mit Zucker und Gewürzen aufbereiteter Wein bzw. mit Honig und Gewürzen aufbereiteter Wein bzw. starker italienischer Wein.

IV,1810 Constantyn: Constantinus Afer oder Africanus, Verfasser des in IV,1811 genannten Traktats *De Coitu*, dessen letzte Kapitel eine Aufzählung von Aphrodisiaka enthalten.

IV,1839: Vgl. *The Parson's Tale*, X,859, wo die traditionelle mittelalterliche Auffassung zu finden ist, derzufolge ein Mann in der Ehe mit seiner eigenen Frau durchaus sündigen konnte.

IV,1972: Sir 3,1.

IV,2032 Romance of the Rose: Der Garten von Deduit, der von Guillaume de Lorris im ersten Teil des *Rosenromans* beschrieben wird.

IV,2034 Priapus: Priapus ist natürlich auch eine phallische Gottheit, und somit könnte die Anspielung auf ihn bereits auf die Birnbaumepisode verweisen.

IV,2038 Pluto: Erster Hinweis auf Pluto und seine Gattin Proserpina (IV,2039), denen eine bedeutende Rolle in der weiteren Entwicklung der Erzählung zukommt.

IV,2048: 1. Kor 7,3.

IV,2111 Argus: Der Hirte Argus, der von Hera mit der Bewachung von Zeus' Geliebter Io beauftragt worden war, wurde von Hermes auf Geheiß des Göttervaters getötet, damit sich dieser Io unbeobachtet nähern konnte.

IV,2128 Piramus and Tesbee: Die tragische Liebesgeschichte von Pyramus und Thisbe wird von Ovid in den *Metamorphosen*, IV, 55–166, erzählt.

IV,2138–48: Januarius' Aufforderung an May ist durchsetzt mit Bildern aus dem Hohen Lied Salomos, um eine ironische, kontrastive Wirkung zu erzielen. Siehe vor allem Douglas Wurtele, »The Blasphemy of Chaucer's Merchant«, *AnM* 21 (1981) 91–110.

IV,2222–24: Die Sonne stand im Sternzeichen der Zwillinge, nahe dem Sternzeichen des Krebses, über das Jupiter den größten Einfluß hatte. Da das Sternzeichen der Zwillinge am 11. Juni endete und das des Krebses am 12. begann, muß es sich hier um einen Tag unmittelbar vor dem Wechsel handeln.

IV,2232 Claudyan: Verwiesen wird hier auf das unvollendete Gedicht *De raptu Proserpinae* des römischen Dichters Claudius Claudianus (4. nachchr. Jahrhundert).

IV,2247–48: Vgl. Sir 7,28.

IV,2250 Jhesus, *filius Syrak*: Der mutmaßliche Autor der apokryphen Schrift *Die Weisheit Jesu, des Sohnes Sirachs*.

IV,2265 my moodres sires: Saturn war der Vater der Göttin Ceres, der Mutter von Proserpina.

IV,2295–2302: Vgl. 1. Kön 11,7–13.

IV,2380 medicyne: Der Terminus ist wahrscheinlich absichtlich gewählt, da der hl. Damian, nach dem der Junker in der *Merchant's Tale* genannt ist, der Schutzheilige der Ärzte war.

The Squire's Tale

V,9 Sarray: Carev, Hauptstadt des Mongolenreiches.

V,11: Die Blutrünstigkeit der Mongolen war weithin bekannt.

V,12 Cambyuskan: Dschingis-Khan, der Begründer des Mongolenreiches (V,1162–1227). Die von Chaucer benutzte Form ist vom lateinischen Camius Khan abgeleitet.

V,29–33 Elpheta ... Algarsyf ... Cambalo ... Canacee: Die Namen dieser Personen sind geschichtlich nicht belegt.

V,45–46 leet ... / Doon cryen: Doppelter Kausativ, der bei Chaucer nur selten erscheint.

V,49 exaltacioun: Höchster und deshalb einflußreichster Stand eines Planeten.

V,50–51: Das Tierkreiszeichen des Widders steht mit der Sonne in Verbindung, in dessen Haus sie gerade steht. Der Widder ist aber auch das Haus des Mars, dessen »face« die ersten zehn Grade des ihm zugeordneten Tierkreiszeichens bezeichnen.

V,95 Gawayn: König Artus' Neffe, der als Muster ritterlichen Benehmens galt. Siehe vor allem B.J. Whiting, »Gawain: His Reputation, His Courtesy and His Appearance in Chaucer's *Squire's Tale*«, *MS* 9 (1947) 189–234.

V,105–06: Der *rime riche* dürfte hier als, wenn auch wenig geglücktes, Wortspiel intendiert sein.

V,116 day natureel: Der Vierundzwanzigstundentag im Gegensatz zum »artificial day« (siehe II,2) – künstlichen Tag, der vom Sonnenaufgang bis zum Sonnenuntergang dauerte.

V,131 seel and ... bond: Mit Siegel und Band (Zauberknoten) ließen sich mittelalterlicher und orientalischer Vorstellung zufolge Geister und Teufel binden. (Vgl. *Dr. Faustus* und *Tausendundeine Nacht*.)

V,193–95 Lumbardye ... Poilleys: Die Lombardei und Apulien waren wegen ihrer Pferdezucht berühmt.

V,207 Pegasee: Pegasus, das geflügelte Roß der Musen.

V,209 Grekes hors Synon: Das berühmte Trojanische Pferd, das die Einwohner Trojas auf Anraten des Griechen Sinons, eines angeblichen Überläufers, in die Stadt zogen.

V,211 olde geestes: Vergils *Aeneis*, II, 15,195,259.

V,231: Anspielung auf einen Zauberspiegel, den Vergil, der im Mittelalter als Hexenmeister galt, in Rom aufgestellt haben soll, damit man herannahende Feinde bereits viele Meilen vor der Stadt sehen konnte.

V,232 Alocen ... Vitulon: Alhazen, arabischer Physiker, dessen Traktat über Optik vom polnischen Naturwissenschaftler Witelo im 13. Jahrhundert ins Lateinische übersetzt worden war.

V,238 Thelophus: Telephus, ein König, der zunächst durch Achilles' Speer verwundet und dann durch den Rost desselben Speers geheilt wurde.

V,250 Moyses ... Salomon: Mittelalterlicher Tradition zufolge besaßen sowohl Moses als auch König Salomo Zauberringe.

V,254 fern-asshen: Eine chemische Verbindung von Sand und darauf verbranntem Farn, die zur Glasherstellung diente.

V,263–65: Diese umständliche astronomische Zeitangabe besagt lediglich, daß es 2 Uhr nachmittags an jenem 15. März ist.

V,272 Venus children: Die verliebten Damen und Herren an Dschingis-Khans Hof.

V,273 Fyssh: Der Planet Venus erreicht im Sternbild der Fische seinen höchsten Stand, d.h., er übt seinen größten Einfluß auf die Menschen aus.

V,287 Launcelot: Lancelot wird hier als Gewährsmann für galantes höfisches Benehmen zitiert, eine Zuordnung, die im

Hinblick auf Lancelots Stellung innerhalb der Artusliteratur seltsam anmutet.

V,352: Nach mittelalterlicher medizinischer Auffassung dominierte unter den vier *humores* [Körpersäften] das Blut von 24 Uhr bis 6 Uhr.

V,358 fumositee: Träume, die man im Zustand der Trunkenheit träumt, haben keine prognostische Bedeutung.

V,385–86: Da das astronomische Jahr am 12. März begann, kann die Sonne, die gerade im Sternzeichen des Widders steht, am 16. März zu Recht »jung« genannt werden.

V,491: Bezieht sich auf einen Brauch, einen Hund vor einem wilden Löwen zu schlagen, um den Löwen durch Furcht vor ähnlicher Bestrafung zu zähmen.

V,548 Jason ... Parys of Troye: Jason verließ Medea wegen Kreusa und Paris Oenone wegen Helena.

V,550 Lameth: 1. Mose 4,19. Von Lamech heißt es dort, er habe zwei Frauen genommen, Ada und Zilla.

V,596 Seint John to borwe: Der hl. Johannes, der Apostel der Wahrheit, wird hier als Eideshelfer bemüht.

V,607–20: Das Beispiel ist der *Consolatio Philosophiae*, III, m. 2, des Boethius entnommen, wird hier aber seiner ursprünglichen Bedeutung entgegengesetzt interpretiert.

V,624 kyte: Die Weihe galt als minderwertiger Vogel.

V,644–46: Blau galt als Farbe der Treue, grün als Farbe der Treulosigkeit.

V,671–72: Die Sonne ist zum Haus des Planeten Merkur im Sternbild der Zwillinge hinaufgestiegen, d.h., es ist jetzt bereits später als der 12. Mai.

The Franklin's Tale

V,721 Mount of Pernaso: Parnaß, der heilige Berg der Musen.

V,722 Marcus Tullius Scithero: Cicero, berühmter römischer Redner und Verfasser zweier Traktate zur Rhetorik, *De oratore* und *De inventione*.

V,729 Armorik, that called is Britayne: Armorika war der alte gallische Name für die Bretagne. Ihren neuen Namen erhielt die Bretagne wegen der britischen Flüchtlinge, die nach der Eroberung Englands durch die Angelsachsen dieses Gebiet im 5. und 6. Jahrhundert besiedelten.

V,782 chaungynge of complexioun: Darunter ist die Mischung der vier *humores* (Körpersäfte: Blut, Schleim, gelbe und schwarze Galle) zu verstehen, von der die körperliche Verfassung eines Menschen abhing.

V,801 Pedmark: Penmarch, ein Ort in der Nähe von Brest.

V,808 Kayrrud: Karru, ein Ortsname, den man zwar in der Bretagne findet, der aber nicht in der Nähe von Penmarch lokalisierbar ist.

V,865–67: Vgl. Boethius, *Consolatio Philosophiae*, I, m. 5.

V,906–17: Die Beschreibung des paradiesischen Gartens im Frühling entspricht dem landläufigen Motiv des Natureingangs, wo die Regeneration der Natur gewöhnlich auf das Wiedererwachen der sexuellen Vitalität verweist. Dadurch erhält Aurelius' Werben einen konventionellen Rahmen und entspricht dem Erwartungshorizont des Lesers oder Hörers.

V,926 squier: Ein Junker, dessen sozialer Rang eine Stufe unter dem des Ritters steht.

V,951–52 Ekko / For Narcisus: Die Geschichte von Echo, die von Narcissus abgewiesen bis auf ihre Stimme dahinschwand – sie konnte nur noch die letzten Worte eines Sprechenden wiederholen –, findet sich in Ovids *Metamorphosen*, III, 353–401.

V,1033 declinacion: Der Stand der Sonne, der die Jahreszeiten bedingt: Im Winter steht die Sonne tief und im Sommer hoch.

V,1045 Lucina: Diana, Schwester des Phöbus Apollo und Mondgöttin, die die Gezeiten des Meeres (Neptun) kontrollierte.

V,1057–58: Die gewaltigsten Gezeiten, d.h. Sturmfluten, entstehen dann, wenn die Sonne (Phöbus Apollo) im Sternbild des Löwen und der Mond (Lucina) im Sternbild des Wassermanns stehen.

V,1062: Die Stellung der beiden Planeten müßte folglich zwei Jahre unverändert bleiben, was nur dann möglich wäre, wenn beide ihre Umlaufbahn in der gleichen Geschwindigkeit durchliefen. Siehe V,1066–68.

V,1075 Pluto: Gott der Unterwelt.

V,1110 Pamphilus for Galathee: Anspielung auf das mittellateinische Gedicht *Pamphilus de Amore*, wo der Protagonist Pamphilus Galatea liebt und schließlich verführt.

V,1118 Orliens: Im 14. Jahrhundert ein bedeutendes Zentrum für astrologische Studien.

V,1125 magyk natureel: Astrologie im Gegensatz zur schwarzen Magie, die mit Hilfe diabolischer Mächte betrieben wurde.

V,1130–31: Die Bahn des Mondes war in 28 Phasen oder Häuser eingeteilt, denen verschiedenartige Einwirkung auf das Geschick der Menschen zugeschrieben wurde.

V,1141 tregetoures: Zauberer, die auf Jahrmärkten Kunststücke darboten, d. h., sich ihrer Fingerfertigkeit, nicht aber irgendwelcher Magie bedienten. Auch die im Anschluß beschriebene Szene dürfte eher pantomimischer als magischer Natur sein.

V,1203: Das Klatschen mit den Händen beendet den Zauber. Vgl. das Ende von Shakespeares *Sturm*.

V,1222 from Gerounde to the mouth of Sayne: Von der Gironde bis zur Seine, d.h. der gesamte Küstenstrich zwischen Poitou und der Normandie inklusive der Bretagne.

V,1245 Phebus: Personifizierung der Sonne.

V,1246 hoote declynacion: Sommer.

V,1248 Capricorn: Das Tierkreiszeichen des Steinbocks, das der Wintersonnenwende am nächsten steht.

V,1252 Janus: Römischer Gott des Jahresanfangs. Er wurde mit zwei Gesichtern dargestellt, von denen das eine nach außen und das andere nach innen blickte. Nach ihm ist der erste Monat des Jahres Januar genannt.

V,1254: Der Eberkopf wurde traditionell mit Weihnachten – Nowel – assoziiert.

V,1273–93: Eine äußerst komplizierte Berechnung, um den günstigsten Zeitpunkt zur Erzeugung einer optischen Illusion festzulegen. Vgl. dazu J.C. Eade, »'We ben to lewed or to slowe'. Chaucer's Astronomy and Audience Participation«, *SAC* 4 (1982) 58–69.

V,1273 tables Tolletanes: Astronomische Tafeln, die auf Geheiß Alfonsos X., Königs von Kastilien, in Toledo zusammengestellt worden waren, waren in weitem Gebrauch.

V,1274 Ful wel corrected: Die astronomischen Tafeln mußten je nach Standort des Benutzers korrigiert werden.

V,1275 collect ... expans yeeris: *Anni collecti* bezeichnet Zeiträume von 20 Jahren. Die *Anni expansi* hingegen laufen von 1 bis 19.

V,1276 rootes: Bezieht sich auf den Ausgangspunkt, der der Berechnung der Laufbahn eines Planeten zugrunde gelegt wurde. Als Berechnungsgrundlage diente gewöhnlich die Position des Planeten bei Christi Geburt.

V,1277 centris ... argumentz: Tafeln, die die Positionen der planetarischen Zentren nach Monaten, Tagen, Stunden und Minuten angaben. Winkelmaße im Epizykel.

V,1278 proporcioneles convenientz: Tafeln zur Berechnung planetarischer Laufbahnen innerhalb von Jahresabschnitten.

V,1279 equacions: Die Unterteilung einer Sphäre in gleiche Phasen oder Häuser.

V,1280–83: Alnath oder »Alpha Arietis« ist ein Fixstern im Sternbild des Widders. In der achten Sphäre befinden sich die Fixsterne, die sich nur mit der rotierenden Sphäre bewegen. Diese Sphäre verschob sich mittelalterlichen astronomischen Vorstellungen zufolge gegen die neunte Sphäre, das Primum Mobile, die die Bewegung der übrigen acht Sphären, die sie umfaßte, bewirkte. Da sich der Widderkopf in der neunten Sphäre befand, muß das Ausmaß dieser Verschiebung anhand des Abstandes zwischen Alnath und Widderkopf gemessen werden.

V,1285 firste mansioun: Das erste Haus des Mondes heißt Alnath.

V,1286 proporcioun: Vgl. Anmerkung zu V,1276.

V,1367 thise stories: Die 22 hier zitierten Beispiele (V,1368–1456) sind der *Epistola adversus Jovinianum* des hl. Hieronymus entnommen.

V,1368 thritty tirauntz: Oligarchische Gruppe, die Athen zu Ende des 5. Jahrhunderts nach dem verlorenen Krieg gegen Sparta beherrschte.

V,1379–80 Mecene ... Lacedomye: Hieronymus berichtet, die Bewohner von Messenien auf dem Peloponnes hätten mit den Lakedämoniern Jungfrauen ausgetauscht.

V,1387 Aristoclides: Tyrann von Orchomenos in Arkadien.

V,1390 Dianes temple: Diana war die Schutzpatronin der Mädchen und Jungfrauen.

V,1399 Hasdrubales wyf: Als Scipio im dritten Punischen Krieg Karthago eroberte, verbrannte sich die Frau des Königs mit ihren Kindern, um nicht in die Hände der Römer zu fallen.

V,1405 Lucresse: Anspielung auf eine berühmte Episode aus der römischen Geschichte. Lucretia, die Gattin des L. Tarquinius Collatinus, beging Selbstmord, nachdem sie vom Prinzen Sextius Tarquinius geschändet worden war. Der Sage nach soll diese Tat zum Sturz der Tarquinier und der Königsherrschaft in Rom geführt haben.

V,1409 Milesie: Milet in Kleinasien wurde 276 v. Chr. von den Galatern erobert.

V,1414 Habradate: Abradates, König der Suser.

V,1426 Demociones doghter: Die Tochter des Demotion, die sich, als sie vom Tod ihres Verlobten erfuhr, das Leben nahm, um keinen anderen Mann heiraten zu müssen.

V,1428 Cedasus: Die Töchter des Skedasos wurden von den Gesandten Spartas vergewaltigt und begingen daraufhin Selbstmord.

V,1432 Nichanore: Nach der Eroberung Thebens im Jahre 335 v. Chr. begehrte Nikanor, ein General Alexanders des Großen, eine thebanische Jungfrau zur Frau, die sich aber der Heirat durch Selbstmord entzog.

V,1437 Nicerates wyf: Die Frau des Atheners Nikeratos, eines Opfers der Gewaltherrschaft der Oligarchen, tötete sich selbst, nachdem ihr Mann ermordet worden war.

V,1439 Alcebiades: Die Geliebte des Alkibiades, der ebenfalls von den Oligarchen in Athen umgebracht worden war, beerdigte seinen Leichnam. Sie hieß Timandra.

V,1442 Alceste: Alkestis, die Frau des thessalischen Königs Admetos, war bereit, statt ihres Mannes in den Tod zu gehen.

V,1443 Omer ... Penalopee: In der *Odyssee* berichtet Homer, daß Penelope, die Gattin des Odysseus, zwanzig Jahre auf die Heimkehr ihres Mannes gewartet habe.

V,1445–46 Laodomya .. Protheselaus: Nachdem ihr Ehemann Protesilaos im Trojanischen Krieg gefallen war, nahm sich Laodameia das Leben.

V,1448 Porcia: Die Ehefrau des Cäsarmörders Brutus, die sich nach der Flucht ihres Mannes aus Rom tötete.

V,1451 Arthemesie: Artemisia, die Frau des Königs Mausolos von Karien, ließ ihrem verstorbenen Gemahl ein prunkvolles Grabmal errichten, das in der Antike zu den sieben Weltwundern zählte.

V,1453 Teuta: Die Königin von Illyrien, die nach dem Tod ihres Ehemannes sein Reich regierte.

V,1455 Bilyea: Die Frau des Römers Druillius, die ohne zu klagen den üblen Mundgeruch ihres Mannes ertragen haben soll.

V,1456 Rodogone ... Valeria: Rhodogune tötete ihre Amme, die sie dazu überreden wollte, ein zweites Mal zu heiraten. Valeria, die Tochter des Kaisers Diokletian, flüchtete, um sich nach dem Tod ihres ersten Mannes einer weiteren Heirat zu entziehen.

V,1493–98: Diese Passage ist nur in der Ellesmere-Handschrift und Additional 35286 überliefert.

V,1541–44: Die Lesart der Handschriften Ellesmere und Hengwrt. In späteren Manuskripten findet sich diese Passage im Anschluß an V,1550, wo sie sinngemäß besser hinpaßt.

V,1547 sayd: Das Partizip des Präteritums erscheint anstelle des Infinitivs im Mittelenglischen nach dem Verb »hear«, wenn es sich um eine Vergangenheitsform handelt.

V,1621–24: Diese Fragestellung lehnt sich an Boccaccios *Filocolo* an, Chaucers Vorlage für die *Franklin's Tale*, wie von der Forschung im allgemeinen angenommen wird.

The Physician's Tale

VI,1 Titus Livius: Die hier nacherzählte Episode stammt ursprünglich aus *Ab urbe condita*, 3,44–58. Chaucers Version der Virginia-Geschichte dürfte jedoch auf den *Rosenroman*, V. 5589 ff., zurückgehen.

VI,14–16 Pigmalion ... Apelles, Zanzis: Alle drei Künstler werden im *Rosenroman* erwähnt, der Chaucer wahrscheinlich als Quelle diente. Pygmalion verliebte sich in eine von ihm angefertigte Statue aus Elfenbein, die er heiratete, nachdem Venus das Bildnis zum Leben erweckt hatte. Apelles, ein griechischer Künstler, schuf das Grabmal des Darius. Zeuxis war ein berühmter athenischer Maler, der um 400 v. Chr. wirkte.

VI,20 vicaire general: Diese Vorstellung von der Natur als Gottes Vizeregentin basiert auf dem kosmologischen Gedicht *De planctu naturae* des Alanus ab Insulis. Bei Chaucer taucht diese Idee bereits im *Parliament of Fowls*, V. 379, auf.

VI,30 twelve yeer ... and tweye: Virginia hatte das heiratsfähige Alter schon um zwei Jahre überschritten.

VI,37 Phebus: Der Sonnengott, der Virginias Haare goldblond gefärbt hat.

VI,49 Pallas: Göttin der Weisheit und der Künste.

VI,59 Venus: Hier als Verkörperung der Leidenschaft gedacht, eine Vorstellung, die sich bereits bei Ovid, *Ars amatoria*, 1,243–44, findet.

VI,79 olde daunce: Euphemismus für Geschlechtsverkehr.

VI,117 Doctour: Der Kirchenvater Augustinus; vgl. *Enarrationes in Psalmos*, in *PL*, 37:1399.

VI,121 justice: Appius Claudius, der bei Chaucer nur Apius genannt wird. Vgl. VI,154.

VI,140 cherl: Marcus Claudius, der hier einfach Claudius heißt. Vgl. VI,153.

VI,225: Vgl. *Rosenroman*, V.5635.

VI,240 Jepte: Anspielung auf ein Ereignis in Richt 11,37–38. Der jüdische Feldherr Jephthah hatte gelobt, Gott das Erste zu opfern, das ihm nach seiner Rückkehr begegnete, wenn er ihn zum Sieg gegen die Ammoniter führen würde. Als erstes trat ihm seine Tochter entgegen. Jephthah vergönnte ihr zwei Monate Zeit, ihr Schicksal zu beklagen, dann tötete er sie. Zu den Parallelen zur *Physician's Tale* vgl. Richard L. Hoffman, »Jephthah's Daughter and Chaucer's Virginia«, *ChauR* 2 (1967) 20–31.

The Pardoner's Tale

VI,306 ypocras ... galiones: Das erste ist ein Getränk aus Rotwein, Gewürzen und Zucker, genannt nach Hippokrates, dem berühmten griechischen Arzt. Das zweite bezeichnet ein nicht näher bekanntes Heilmittel, das den Namen des Arztes Galen trägt.

VI,310 Seint Ronyan: St. Ronan, ein schottischer Heiliger, dessen Name hier wahrscheinlich erscheint, um ein Wortspiel zu erzeugen. Französisch *rognon* bedeutet Niere und *runnion* bezeichnet das Sexualorgan.

VI,313 cardynacle: Entweder ein Schreibfehler oder ein Malapropismus. Das Wort, nach dem der Wirt sucht, heißt *cardiacle* – Herzinfarkt.

VI,318 beel amy: Eine Anrede mit abschätziger Bedeutung.

VI,330–31: Der Predigtstil des Ablaßkrämers verstößt gegen die vom Kirchenvater Augustinus geforderte Schlichtheit der Präsentation.

VI,333 theme: Der Text oder das Thema einer Predigt, der durch das folgende Bibelzitat festgelegt wird.

VI,334 *Radix malorum est Cupiditas*: Habsucht ist die Wurzel allen Übels; vgl. 1. Tim 6,10.

VI,337 lige lordes: Wahrscheinlich der Bischof, da auch dessen Genehmigung – »seel on my patente« [Siegel auf meiner Urkunde] – zusätzlich zur päpstlichen Bulle zum Verkauf von Ablässen nötig war.

VI,342–43: Päpste, Kardinäle, Patriarchen (Erzbischöfe und Bischöfe wie die Venedigs und Lissabons) und Bischöfe waren befugt, den Ablaßhandel zu autorisieren.

VI,349 Relikes: Die sogenannten Reliquien, die der Ablaßkrämer mit sich führt, sind völlig wertlose Gegenstände, mit denen er einen schwunghaften Handel treibt, um sich zu bereichern.

VI,372 miteyn: Ein Handschuh, der im Mittelalter häufig beim Aussäen des Getreides getragen wurde.

VI,395–97: Diese realistische Beschreibung beruht auf einem symbolischen Hintergrund. Der Prediger sollte sich nach Ansicht des Kirchenvaters Augustinus vom Heiligen Geist inspirieren lassen, der oft in Gestalt einer Taube dargestellt wurde. Der Vergleich erinnert an diese Augustinische Vorschrift, an die sich der Ablaßkrämer jedoch nicht mehr hält.

VI,406 goon a-blakeberyed: Brombeerenpflücken gehen, d.h. vom richtigen Weg abkommen und im übertragenen Sinne »zur Hölle fahren«.

VI,441: Ein Leben in freiwilliger Armut war im 14. Jahrhundert eines der meist diskutierten Themen innerhalb der Kirche.

VI,444 labour with myne handes: Anspielung auf das monastische Ideal eines Lebens des Gebets und der Arbeit, von dem sich der Ablaßkrämer distanziert.

VI,445: Verweis auf den Einsiedler Paulus, der laut eines Berichtes des hl. Hieronymus in Oberägypten ein Leben der Askese geführt haben soll.

VI,463 Flaundres: Flandern wurde traditionell mit Trunksucht und exzessiver Lebensweise assoziiert.

VI,474: Mittelalterlicher Vorstellung zufolge fügte das Fluchen den genannten Körperteilen von Christus Verletzungen zu.

VI,481–82 fyr of lecherye / That is annexed unto glotonye: *Luxuria* – Wollust und *gula* – Völlerei treten meistens gemeinsam auf, da eine Sünde die andere verursacht.

VI,485–87: Vgl. 1. Mose 19,30–35.

VI,488–91: Vgl. Matth 14,3–12.

VI,492 Senec: Seneca, römischer Philosoph. Der Ausspruch stammt aus einem seiner Briefe (*Epistulae*, 83,18).

VI,505–11: Geläufige mittelalterliche Vorstellung, die wohl auf den hl. Hieronymus, *Epistola adversus Jovinianum*, II, 15, zurückgeht.

VI,522–23: Vgl. 1. Kor 6,13.

VI,530–33: Vgl. Phil 3,18–19. Der Apostel ist natürlich Paulus.

VI,539: Wohl als Witz gemeint. Das Wesen (*substantia*) eines Dinges wird zur äußeren unvollkommenen Erscheinung (*accidentia*) verarbeitet, d.h., man kann an der äußeren Erscheinung der Speise nicht mehr ihre Substanz erkennen.

VI,547–48: Vgl. 1. Tim 5,6.

VI,549: Vgl. Spr 20,1.

VI,555: Anspielung auf Richt 13,5.

VI,563 Lepe: Ort in Spanien in der Nähe der Stadt Huelva.

VI,564 Fysshstrete ... Chepe: Fish Hill Street, die unter London Bridge durchführt. Cheapside, eine der Haupteinkaufsstraßen Londons.

VI,571 Rochele ... Burdeux toun: Im Gegensatz zum billigen spanischen Wein aus Lepe sind die Weine aus La Rochelle und Bordeaux von hochwertiger Qualität.

VI,579 Attilla: Mittelalterlicher Geschichtsschreibung nach starb der Hunnenkönig Attila im Schlaf, weil er aufgrund seines volltrunkenen Zustandes an Nasenbluten erstickte.

VI,585 Lamuel: Vgl. Spr 31,4.

VI,603 Stilboun: Das folgende Beispiel stammt aus dem *Policraticus*, I, 5,1, des Johannes von Salisbury, wo der spartanische Gesandte jedoch Chilon heißt.

VI,621 Demetrius: Auch dieses Beispiel ist dem *Policraticus*, I, 1,5, entnommen.

VI,634: Vgl. Matth 5,34.

VI,636–38: Vgl. Jer 4,2.

VI,642: Das zweite Gebot (Vgl. 2. Mose 20,7).

VI,652 Hayles: Abtei in Gloucestershire, wo eine Blutreliquie Christi aufbewahrt wurde.

VI,653: Kombination im Würfelspiel: Die Sieben ist die Gewinnzahl des einen Würfelspielers und die Acht die des anderen.

VI,656 bones: Die Würfel wurden vielfach aus Knochen hergestellt.

VI,679 pestilence: Nur Chaucers Version des Predigtmärleins spielt zur Pestzeit. Für mögliche Bedeutungen dieses Details siehe Peter G. Beidler, »The Plague and Chaucer's Pardoner«, *ChauR* 16 (1982) 257–69.

VI,743–44: Vgl. 3. Mose 19,32.

VI,770 floryns: Florentiner, deutsche bzw. flämische Münze im Wert von drei Silberschillingen.

VI,771 busshels: Ein Hohlmaß von etwa 32 Litern.

VI,889 Avycen: Avicenna, ein berühmter persischer Arzt.

VI,890 no canon, ne in no fen: Avicennas bedeutendstes Traktat, *Liber canonis medicinae*, war in Abschnitte, sogenannte »fen« (Arabisch *fann*), unterteilt. Buch IV, fen VI ist der Behandlung von Giften gewidmet.

VI,907 nobles: Der Wert dieser Münze betrug 6s. 8d.

VI,951: Die hl. Helena, Mutter Kaiser Konstantins des Großen, soll hagiographischen Berichten zufolge das Kreuz gefunden haben, an dem Christus gekreuzigt wurde.

The Shipman's Tale

Vorbemerkung: Auf die doppelte Zählung der Zeilen nach Group B^2 und nach Fragment VII wurde verzichtet; die Zählung erfolgt nur nach Fragment VII.

VII,1 Seint-Denys: Bedeutendes Handelszentrum im 14. Jahrhundert, außerhalb von Paris gelegen.

VII,5–19: Aus der Form des Personalpronomens in der 1. Person Plural hat man auf die Frau aus Bath als die ursprüngliche Erzählerin geschlossen, der diese Geschichte zugedacht war.

VII,29 the goode man: Vielleicht ein Hinweis, daß es sich hier um eine Ehebruchsgeschichte handeln wird, da dieser Ausdruck gelegentlich im schwankhaften Kontext erscheint.

VII,55 Brugges: Brügge in Flandern, ebenfalls ein großes mittelalterliches Handelszentrum.

VII,65–66: Dem Mönch, Don Johann, oblag als Kellermeister die Aufsicht über die klösterlichen Domänen.

VII,70 malvesye: Malvasier, ein Süßwein ursprünglich griechischer Herkunft.

VII,71 vernage: Ein italienischer Wein.

VII,77 countour-hous: Das Kontor, das gleichzeitig als sicherer Aufbewahrungsort für das Münzgeld diente.

VII,148 Seint Martyn: Der Schutzheilige von Tours.

VII,151 Seint Denys of Fraunce: Schutzpatron Frankreichs.

VII,181 An hundred frankes: Etwa £ 15. Der »franc à cheval«, eine Goldmünze, existierte seit 1360 und wurde auch in England als Währungseinheit verwendet.

VII,194 Genylon: Der Verräter im *Chanson de Roland*, durch dessen Schuld Roland und die Nachhut Karls des Großen bei Roncesvalles von den Mauren getötet wurden. Zur Strafe wurde Ganelon von vier Pferden in Stücke gerissen.

VII,214 Peter: »Beim heiligen Petrus« – ein zutreffender Ausruf, da Petrus die Schlüsselgewalt über den Himmel innehat.

VII,227 Seint Yve: Wahrscheinlich der hl. Ivo, der Schutzpatron der Bretagne.

VII,238: Mittelalterliche Kaufleute rechtfertigten ihren Gewinn mit dem Hinweis auf ihr geschäftliches Risiko.

VII,331 sheeld: Eine Verrechnungseinheit, vergleichbar dem *écu*. Zwanzigtausend »sheeldes« entsprachen etwa 2000 Pfund, einer sehr hohen Summe.

VII,367 certeyn Lumbardes: Lombardische Bankiers, die im 14. Jahrhundert in Europa die Geldgeschäfte tätigten. In diesem Falle übernehmen sie die Bezahlung der Gläubiger des Kaufmannes in Brügge.

VII,416 score it upon my taille: Kerbe es auf mein Kerbholz. Die Aussage der Frau in VII,424, daß sie dem Kaufmann ihre Schulden nur im Bett zurückzahlen will, verdeutlicht jedoch die Doppeldeutigkeit des Wortes »taille«. Wie im modernen Englisch hat das Wort die zusätzliche Bedeutung von Vagina. Aus dieser Zweideutigkeit ergibt sich das vom Erzähler intendierte Wortspiel.

VII,434 Taillynge: Vgl. Anmerkung zu VII,416.

The Prioress's Tale

VII,453–59: Vgl. Ps 8, 2–3.

VII,457–59: Wörtliche Übersetzung von »Ex ore infancium deus ... perfecisti laudem« aus der Meßordnung des Festes der Unschuldigen Kinder am 28. Dezember.

VII,461 white lylye flour: Symbol für die Jungfrau Maria.

VII,468 bussh unbrent, brennynge: Der brennende, unverbrannte Busch (2. Mose 3,2) ist ebenfalls ein häufig gebrauchtes Symbol für die jungfräuliche Mutter Maria.

VII,481–87: Nicht nur Bescheidenheitsformel, sondern auch Verweis auf die Schwierigkeit, göttliche Wunder in menschlicher Sprache auszudrücken. Vgl. Donald W. Fritz, »The Prioress's Avowal of Ineptitude«, *ChauR* 9 (1974) 166–81.

VII,488 Asye: Kleinasien, wohin sich das Christentum ausgebreitet hatte. Der Ort der Handlung ist Chaucers eigene Erfindung; er ist in den Quellen nicht vorgegeben.

VII,491 usure: Das Verleihen von Geld gegen Zinsen war Christen untersagt.

VII,500 rede: Wahrscheinlich ist damit die Vermittlung von elementaren Lateinkenntnissen gemeint, die die Kinder zur Teilnahme am Kirchendienst benötigten.

VII,503 seven yeer of age: Diese Altersangabe steht im Einklang mit der Tendenz der Erzählerin, den Jungen noch jünger und kleiner erscheinen zu lassen. In anderen Versionen dieses Marienwunders ist der Knabe zehn Jahre alt und hat keinen älteren Schulkameraden, der sich um ihn kümmert.

VII,509 *Ave Marie*: Das wohl am weitesten verbreitete und geläufigste Gebet an die Mutter Gottes.

VII,514 Seint Nicholas: Der hl. Nikolaus soll als Säugling nur am Mittwoch und am Freitag die Brust seiner Mutter genommen haben, um sich schon früh im Fasten zu üben.

VII,517 prymer: Das erste Schulbuch, das z.B. das Alphabet, das Vaterunser, die Zehn Gebote, das Glaubensbekenntnis, das Ave Maria und ähnliches enthielt.

VII,518 *Alma redemptoris*: Anfang der Hymne »O alma redemptoris mater« [O holde Mutter des Erlösers], die vor allem von der Adventszeit bis zu Mariä Lichtmeß gesungen wurde.

VII,519 antiphoner: Buch mit liturgischen Wechselgesängen für das Tagesoffizium.

VII,540 Cristemasse: Nach Beendigung der Weihnachtszeit begann das neue Schuljahr.

VII,574 Herodes: Anspielung auf den bethlehemitischen Kindermord.

VII,579–85: Vgl. Offb. 14,1 ff. Der Apostel Johannes soll auf Patmos, einer kleinen Insel vor der Küste Kleinasiens, eine Vision gehabt haben, die er in seiner Offenbarung aufzeichnete.

VII,609 emeraude: Der Smaragd galt als Schutz gegen Lüsternheit.

VII,610 ruby: Der Rubin versinnbildlichte Christi Passion.

VII,616 provost: Der oberste Justizbeamte einer Stadt.

VII,627 Rachel: Vgl. Matth. 2,18: »Zu Rama hat man ein Geschrei gehört, viel Weinen und Heulen; Rahel beweinte ihre Kinder und wollte sich nicht trösten lassen, denn es war aus mit ihnen.« Diese Prophezeiung des Propheten Jeremia (Jer. 31,15) wird im Zusammenhang mit dem bethlehemitischen Kindermord erwähnt.

VII,662 greyn: In anderen Versionen der Legende legt die Jungfrau Maria dem Jungen eine Lilie, einen Edelstein oder einen weißen Kiesel in den Mund. Das Korn ist auf die unterschiedlichste Weise gedeutet worden: als Kern, Paradieskorn, Rosenkranzperle, Hostie, Salzkorn, Perle und einfach nur als Requisit. In dem Aufsatz »The Divine Granary, Or the End of the Prioress's 'Greyn'«, *ChauR* 17 (1982) 163–70, stellt Sister Nicholas Maltman, O.P., die nicht unwahrscheinliche These auf, bei dem Korn handle es sich um ein Symbol für die Seele des Märtyrers. Eine solche Deutung findet sich in der Liturgie zum Fest der Unschuldigen Kinder, von der Chaucer nachweislich Elemente für seine Erzählung entlehnt hat.

VII,669: Vgl. Joh. 14,18.

VII,684 Hugh of Lyncoln: Im Jahre 1255 verschwand ein Junge in Lincoln. Man beschuldigte daraufhin die Juden, einen Ritualmord an dem Kind verübt zu haben. Zur Strafe für dieses »Vergehen« ließ Heinrich III. neunzehn Juden hinrichten. Hugh wurde zeitweise in Lincoln als Heiliger verehrt. Siehe Sumner Ferris, »Chaucer at Lincoln (1387): The *Prioress's Tale* as a Political Poem«, *ChauR* 15 (1981) 300–01.

Sir Thopas

VII,700 waast: Auch an anderen Stellen spielt Chaucer humorvoll auf seine Wohlbeleibtheit an. Vgl. *House of Fame*, V.660, und *Lenvoy de Chaucer a Scogan*, V.27,31.

VII,712: Typischer Auftakt für eine mittelenglische Versromanze, der in Abwandlung zu Beginn der beiden anderen Abschnitte, VII,833 und VII,891, wiederholt wird.

VII,717 Thopas: Der Held trägt den Namen eines Edelsteins, dem man im Mittelalter nachrühmte, der wertvollste unter den Edelsteinen zu sein. Vgl. John Conley, »The Peculiar Name *Thopas*«, *SP* 73 (1976) 42–61.

VII,718 fer contree: Bewußte Übertreibung, denn Flandern liegt direkt gegenüber von England auf der anderen Seite des Ärmelkanals.

VII,720 Poperyng: Flämische Kleinstadt.

VII,730–31: Abgesehen von der absurden Farbe von Sir Thopas' Haar und Bart ist der Stil seines Bartes veraltet.

VII,734 syklatoun: Ciklat war ein golddurchwirkter Seidenstoff, aus dem Damenkleidung gefertigt wurde.

VII,735 jane: Kleine genuesische Münze im Wert eines halben Pfennigs.

VII,751 steede gray: Arbeitspferd. Rappe, Schimmel oder Fuchs dienten als ritterliches Streitroß.

VII,752 launcegay: Ein kurzer Paradespeer, der nicht zum Kampf verwendet wurde.

VII,756 bukke and hare: Rehbock und Hase hätte man im Aventiurekontext kaum als wilde Tiere bezeichnet.

VII,775–77: Hier wird das martialische Bild vom Kampfschweiß an völlig unpassender Stelle eingeführt.

VII,782 solas: Bezeichnet höfische Unterhaltung oder Kurzweil. Auf ein Pferd bezogen erscheint der Begriff absurd.

VII,808 sire Olifaunt: Herr Elefant.

VII,810 Termagaunt: Mittelalterlicher Auffassung zufolge ein grausamer Sarazenengott.

VII,812: Das Pferd seines Gegners zu töten verstößt gegen die Regeln des ritterlichen Zweikampfes.

VII,815 symphonye: Eine Art mechanische Fiedel, die zu Chaucers Zeiten von blinden Straßenmusikanten gespielt wurde, vergleichbar etwa der Drehorgel nach dem ersten Weltkrieg.

VII,825 pryme: 9 Uhr vormittags.

VII,864 Jewes werk: Die Juden waren als exzellente Waffenschmiede berühmt.

VII,866–68: Der Rüstung von Sir Thopas fehlt das Wappen!

VII,871: Ritterliche Eide wurden auf Pfau oder Reiher geschworen, nicht aber auf Brot und Bier.

VII,875 quyrboilly: Leder, das zuerst in kochendem Wasser erweicht und dann der Größe und Beinform des Trägers entsprechend gepreßt wurde.

VII,877: Ein Messinghelm hätte den Träger kaum vor Verwundung im Kampf bewahrt.

VII,881 fyn ciprees: Lanzen wurden gewöhnlich aus Eschenholz gefertigt.

VII,885: Ein Streitroß geht nicht im Paßgang!

VII,891: Unhöfliche Aufforderung an das Publikum, dem Vortragenden Aufmerksamkeit zu schenken.

VII,898 Horn child ... Ypotys: *Horn child*, die Kurzfassung der englischen Versromanze *King Horn*. *Ypotys* hingegen ist keine Romanze, sondern eine Legende, in der das Kind Ypotis dem römischen Kaiser Hadrian die wichtigsten Glaubensgrundsätze des Christentums erläutert.

VII,899 Beves ... sir Gy: *Bevis of Hampton* und *Guy of Warwick*, zwei Romanzen, die um 1300 entstanden.

VII,900 sir Lybeux ... Pleyndamour: *Libeaus Desconus* (»Der schöne Unbekannte«), eine Artusromanze aus der ersten Hälfte des 14. Jahrhunderts. Eine Romanze mit einem Helden namens Pleyndamour (»voll von Liebe«) ist nicht überliefert. Wahrscheinlich handelt es sich bei dem Titel um eine Analogiebildung zu Libeaus Desconus.

VII,916 sire Percyvell: Anspielung auf *Sir Perceval of Galles*, eine Artusromanze aus der ersten Hälfte des 14. Jahrhunderts.

The Tale of Melibee

VII,967 Melibeus ... Prudence ... Sophie: Melibeus, »der Mann, der Honig trinkt«. Die allegorische Deutung des Namens wird in VII,1410 gegeben. Prudentia ist die Verkörperung der Tugend *prudentia* – Vorsicht, die aristotelischer Auffassung zufolge die vornehmste der weltlichen Tugenden darstellt, weil sie den Intellekt des Menschen zu rationalen Entscheidungen anhält. Nur in Chaucers Version der Melibeus-Geschichte erhält die Tochter den Namen Sophia bzw. Sapience. Sie verkörpert die weise Seele. Vgl. VII,1422.

VII,970 Thre of his olde foes: Diese drei Feinde werden in der allegorischen Erklärung als das Fleisch, die Welt und der Teufel gedeutet.

VII,976 Ovide ... Remedie of Love: *Remedia amoris*, 127–30.

VII,984 Senek: Seneca, *Ad Lucilium epistolae morales*, 74,30.

VII,987 Lazarus: Joh 11,35.

VII,989 Paul: Röm 12,15.

VII,991 Senek: *Ad Lucilium epistolae morales*, 63,1.

VII,995 Jhesus Syrak: Das Zitat stammt nicht aus *Ecclesiasticus*, sondern aus Spr 17,22.

VII,996: Sir 30,23 (zitiert wird hier nach der Vulgata-Version der Bibel).

VII,999 Job: Hiob 1,21.

VII,1003 Salomon: Sir 32,24.

VII,1017 maladies been cured by hir contraries: Anspielung auf die Ausgewogenheit der vier Körpersäfte, die notwendig ist, um die Gesundheit des Menschen zu erhalten.

VII,1033: Joh 8,3–8.

VII,1045 Jhesus Syrak: Sir 22,6.

VII,1047 Salomon: Sir 32,6 (Vulgata).

VII,1053 Piers Alfonce: Petrus Alfonsus, Autor der populären mittelalterlichen Exemplasammlung *Disciplina clericalis*. Das Zitat stammt aus Beispiel 24.

VII,1057 Salomon: Pred 7,28.
VII,1059 Jhesus Syrak: Sir 25,30 (Vulgata).
VII,1060 Salomon: Sir 33,20–22.
VII,1062–63: Diese Passage fehlt in allen Manuskripten. Sie wird in den Ausgaben der *Canterbury Tales* bzw. von Chaucers Gesamtwerk entweder im französischen Orginaltext oder in der Übertragung von W.W. Skeat wiedergegeben.
VII,1067 the book: Seneca, *De beneficiis*, 4,38,1.
VII,1071 Senec: Das Zitat stammt nicht von Seneca, sondern ist dem Traktat *Formula honestae vitae*, Kap.3, des Martinus Dumiensis entnommen.
VII,1079 Evaungelie: Matth 19,17 und Luk 18,19.
VII,1087 Salomon: Spr 21,19.
VII,1098 Jacob: 1. Mose 27.
VII,1099 Judith: Jdt 8,1.
VII,1100 Abygail: 1. Sam 25,14.
VII,1101 Hester: Esth 7.
VII,1113 Salomon: Spr 16,24.
VII,1117 Thobie: Tob 4,20 (Vulgata).
VII,1119 Seint Jame: Jak 1,5.
VII,1127 Senec: Nicht aus Senecas *De ira*, sondern aus Publilius Syrus, *Sententiae*, 281.
VII,1130 Apostle: 1. Tim 6,10.
VII,1141 Jhesus Syrak: Sir 19,8–9.
VII,1144 The book: Petrus Alfonsus, *Disciplina clericalis*, 4,3.
VII,1147 Seneca: Nicht von Seneca, sondern aus *De moribus*, 16 des Pseudo-Martinus Dumiensis entnommen.
VII,1158 Salomon: Spr 27,9.
VII,1159–60: Sir 6,15.
VII,1161: Sir 6,14.
VII,1162 the book: Tob 4,19.
VII,1164 the book: Hiob 12,12.
VII,1165 Tullius: Cicero, *De senectute*, 6,17.
VII,1167 Salomon: Sir 6,6.
VII,1171 Salomon: Spr 11,14.

VII,1173 Salomon: Sir 8,20.
VII,1174 The book: Cicero, *Disputationes tusculanae*, 3,30,73.
VII,1176 Tullius: Cicero, *De amicitia*, 25,91.
VII,1178–79: Spr 29,5.
VII,1181 Caton: Dionysius Cato, *Disticha*, 3,4.
VII,1183 The book: Publilius Syrus, *Sententiae*, 91.
VII,1185 Seneca: Nicht Seneca, sondern die *Sententiae*, 389, des Publilius Syrus sind gemeint.
VII,1186 Salomon: Sir 12,10.
VII,1189 Peter Alfonce: *Disciplina clericalis*, 4,4.
VII,1192 Tullius: Cicero, *De officiis*, 2,7,23.
VII,1194 Salomon: Spr 31,4 (Vulgata).
VII,1196 Cassidorie: Cassiodorus, *Variae*, 10,18.
VII,1197 the book: Spr 12,5.
VII,1198 David: Ps 1,1.
VII,1201–10 Tullius: Paraphrase von Ciceros *De officiis*, 2,5,18.
VII,1216 Catoun: Dionysius Cato, *Disticha*, 3,5.
VII,1218 Piers Alphonce: *Disciplina clericalis*, Beispiel 4.
VII,1221: Cicero, *De officiis*, 1,9.
VII,1229: Vgl. Justinian, *Digesta*, 45,1,26.
VII,1303 David: Ps 126,1.
VII,1306 Catoun: *Disticha*, 4,13.
VII,1309 Piers Alfonce: *Disciplina Clericalis*, Beispiel 17.
VII,1317 Salomon: Spr 28,14.
VII,1320 Senec: Nicht von Seneca, sondern aus den *Sententiae*, 607, des Publilius Syrus entlehnt.
VII,1324 Senek: Ebenfalls aus den *Sententiae*, 255, des Publilius Syrus entlehnt.
VII,1325 Ovyde: *Remedia amoris*, 421–22.
VII,1328 The book: Seneca, *Ad Lucilium epistolae morales*, 3,3.
VII,1339 Tullius: Nicht von Cicero, sondern aus Senecas *De clementia*, 1,19,6, entnommen.
VII,1344 Tullius: Cicero, *De officiis*, 1,21,73.
VII,1348 Cassidorus: *Variae*, 1,17.
VII,1355 Tullius: Cicero, *De officiis*, 2,5.

VII,1380 the lawe: Vgl. Justinian, *Corpus iuris civilis*, 8,4,1.
VII,1404 Book of Decrees: *Decretum*, 2,1,1,25 – die Dekretsammlung des Kaisers Gratian.
VII,1414 Ovide: *Amores*, 1,8,104.
VII,1416 Salomon: Spr 25,16.
VII,1437 Senec: Nicht von Seneca, sondern aus *De moribus*, 5, des Pseudo-Martinus Dumiensis entnommen.
VII,1438 Cassidore: *Variae*, 1,4.
VII,1440 Seint Paul: Röm 13,4.
VII,1448 Senec: Nicht von Seneca, sondern aus den *Sententiae*, 320, des Publilius Syrus entnommen.
VII,1455 Senec: Wiederum den *Sententiae*, 172, des Publilius Syrus entlehnt.
VII,1460: Röm 12,19.
VII,1463: Publilius Syrus, *Sententiae*, 645.
VII,1466: Publilius Syrus, *Sententiae*, 487.
VII,1473 a wys man: Caecilius Balbus, *De nugis philosophorum*, 41,4.
VII,1481–83: Seneca, *De ira*, 2,34,1.
VII,1485 Salomon: Spr 20,3.
VII,1488 Senec: Nicht von Seneca, sondern aus den *Sententiae*, 483, des Publilius Syrus entlehnt.
VII,1489 Catoun: *Disticha*, 4,39.
VII,1501 Seint Peter: 1. Petr 2,21–23.
VII,1509 epistle: 2. Kor 4,17.
VII,1512 Salomon: Spr 19,11 (Vulgata).
VII,1513 another place: Spr 14,29 (Vulgata).
VII,1514 Salomon: Spr 15,18.
VII,1515–16: Spr 16,32.
VII,1517 Seint Jame: Jak 1,4.
VII,1528 Cassidore: *Variae*, 1,30.
VII,1531 Senec: Nicht von Seneca, sondern aus *De moribus*, 6, des Pseudo-Martinus Dumiensis entlehnt.
VII,1539 Salomon: Spr 19,19.
VII,1542 Salomon: Spr 26,17.

VII,1550 Salomon: Pred 10,19.
VII,1556 Pamphilles: Pamphilus, Figur aus dem lateinischen Dialog über die Liebe *Pamphilus de amore* (12. Jahrhundert).
VII,1561 Pamphilles: Der Verweis bezieht sich hier auf die *Disciplina clericalis*, Beispiel 4, des Petrus Alfonsus.
VII,1564 Cassidore: *Variae*, 2,13.
VII,1566 Piers Alfonce: *Disciplina Clericalis*, Beispiel 2.
VII,1568 Innocent: *De miseria conditionis humane*, 1,16, von Papst Innozenz III.
VII,1571 Salomon: Sir 40,28.
VII,1572 Salomon: Sir 30,17.
VII,1578 Salomon: Spr 28,20.
VII,1579 He seith: Spr 13,11.
VII,1585 Tullius: Cicero, *De officiis*, 3,5,21.
VII,1589 Salomon: Sir 33,27.
VII,1590 Salomon: Spr 28,19.
VII,1593 a versifiour: Spr 20,4.
VII,1594 Caton: *Disticha*, 1,2.
VII,1595 Seint Jerome: *Epistolae*, 125,11.
VII,1602 Caton: *Disticha*, 4,16.
VII,1605: Dionysius Cato, *Disticha*, 3,21.
VII,1609: Matth 25,14–30.
VII,1617 Seint Austyn: Ursprung des Zitates ist Spr 27,20.
VII,1621 Tullius: Cicero, *De officiis*, 2,15,55.
VII,1628 Salomon: Spr 15,16.
VII,1630 the prophete: Ps 36,16.
VII,1634 th'Apostle: 2. Kor 1,12.
VII,1635 wise man: Sir 13,30.
VII,1638 Salomon: Spr 22,1.
VII,1639 another place: Sir 41,12.
VII,1642 Cassidore: *Variae*, 1,4.
VII,1643 Seint Austyn: *Sermo* 355,1.
VII,1653 Salomon: Pred 5,11.
VII,1658 Judas Machabeus: 1. Makk 3,18–19 (Vulgata).

VII,1664 Salomon: Sir 9,1 (Vulgata).

VII,1668 Book of Kynges: 2. Sam 11,25 (In der Vulgata *Liber Secundus Regum* genannt).

VII,1671 Salomon: Sir 3,27.

VII,1676 Seint Jame: Nicht der Jakobusbrief, sondern Senecas *Ad Lucilium epistolae morales*, 94,46, ist gemeint.

VII,1679 Jhesu Crist: Matth 5,9.

VII,1691 wise man: Martinus Dumiensis, *De moribus*, 3.

VII,1692 the prophete: Ps 34,15.

VII,1696 Salomon: Spr 28,14.

VII,1704 Salomon: Spr 28,23.

VII,1707 Salomon: Sir 7,4–6 (Vulgata).

VII,1719: Spr 16,7.

VII,1735 David: Ps 20,4 (Vulgata).

VII,1739 Salomon: Sir 6,5 (Vulgata).

VII,1754 Salomon: Sir 33,19–20.

VII,1775 Senec: Nicht von Seneca, sondern aus *De moribus*, 9,5, des Martinus Dumiensis entnommen.

VII,1777 another place: Vgl. Publilius Syrus, *Sententiae*, 489.

VII,1783 the lawe seith: Justinianus, *Digesta*, 50,17,35.

VII,1840 the sawe ... of the Apostle: 1.Tim 6,10.

VII,1859 Senec: Nicht von Seneca, sondern aus den *Sententiae*, 64, des Publilius Syrus entnommen.

VII,1860 Tullius: Cicero, *De officiis*, 1,25,88.

VII,1866 Senec: Nicht von Seneca, sondern aus den *Sententiae*, 366, des Publilius Syrus entlehnt.

VII,1869 Seint Jame: Jak 2,13.

The Monk's Tale

VII,1892 corpus Madrian: Eine Erklärung für diesen Ausdruck ist bisher noch nicht gefunden worden. Wahrscheinlich handelt es sich um eine verderbte Namensform, vielleicht für Maternus oder Mathurin, die als Bischofsnamen belegt sind.

VII,1894 Goodelief: Vielleicht eine bewußte Spitze, denn es gibt eine flämische Heilige namens Godeleva, die für ihre Geduld bekannt war, eine Tugend, die der Frau des Wirtes völlig abzugehen scheint.

VII,1926 Rouchestre: Rochester, ein Ort in etwa 30 Meilen Entfernung von London, d.h. ziemlich genau der Mittelpunkt der Strecke zwischen Southwark und Canterbury.

VII,1929 daun John ...: Im Prolog zur *Nun's Priest's Tale*, VII,2792 wird der Mönch daun Piers genannt.

VII,1931 fader kyn: Der Wirt vermutet, der Mönch sei edler Abstammung.

VII,1932 thou: Der Wirt geht zum vertraulichen »Du« über, nachdem er den Mönch vorher mit »Ihr« angeredet hatte.

VII,1934 goost: Hier werden noch einmal Merkmale ins Gedächtnis gerufen, die bereits in der Beschreibung des Mönches im *General Prologue*, I,205 erwähnt worden waren.

VII,1936 sexteyn ... celerer: Hausmeister/Sakristan und Kellermeister waren gehobene Positionen in der Klosterverwaltung.

VII,1945 ff.: Chaucer greift hier einen Topos auf. Die Virilität der Geistlichen war eine beliebte Zielscheibe der Ständesatire.

VII,1962 lussheburghes: Falschgeld, das während der Regierungszeit Eduards III. in Luxemburg geprägt und nach England gebracht worden war.

VII,1970 Seint Edward: Wahrscheinlich Eduard der Bekenner, der 1161, also knapp einhundert Jahre nach seinem Tod im Jahre 1066, heilig gesprochen wurde.

VII,1973–82: Zur Definition von Tragödie und ihrer Herleitung von Boethius siehe Einleitung zur *Monk's Tale*. Das Adjektiv »certeyn« (VII,1973) dürfte hier die Bedeutung von »verbürgt« haben, eine Bedeutung, mit der es auch im *Parliament of Fowls*, V. 20, gebraucht wird.

VII,1988–89: Im Gegensatz zu Boccaccios *De casibus virorum illustrium*, einer Hauptquelle für die nun folgenden Fallbeispiele, ist Chaucers Anordnung nicht chronologisch.

VII,1999 Lucifer: Lichtbringer/Morgenstern. Dieser Name für Satan stammt aus Jes 14,12.

VII,2007 feeld of Damyssene: Damaskus soll mittelalterlicher Vorstellung nach genau an dem Ort gegründet worden sein, wo Adam erschaffen wurde. Vgl. auch die Angabe in *De casibus*, I, 1,4.

VII,2015 Sampsoun: Die Geschichte Simsons geht wohl hauptsächlich auf Richt 13–14 zurück. Man findet sie aber auch in *De casibus*, I, 17.

VII,2028 his conseil: Das Geheimnis, daß seine Kraft von seinen langen Haaren herrührte. Vgl. VII,2056–58.

VII,2063 Dalida: Dalila, seine Geliebte, die Simsons Geheimnis an die Philister verriet.

VII,2095 Hercules: Hauptquelle für diese Episode ist Boethius' *Consolatio Philosophiae*, IV, m. 7.

VII,2098 leoun: Gemeint ist der nemeische Löwe, den Herkules mit bloßen Händen erwürgte und dessen Fell er anschließend trug. (Erste Arbeit des Herkules).

VII,2099 Centauros: Herkules tötete die beiden Zentauren Pholus und Nessus.

VII,2100 Arpies: Geflügelte Ungeheuer in weiblicher Gestalt mit scharfen Vogelklauen. (Fünfte Arbeit des Herkules).

VII,2101: Die Äpfel der Hesperiden, die vom Drachen Ladon bewacht wurden. (Elfte Arbeit des Herkules).

VII,2102 Cerberus: Der dreiköpfige Höllenhund, der den Eingang zur Totenwelt bewachte. Herkules brachte ihn aus dem Hades in die Oberwelt. (Zwölfte Arbeit des Herkules).

VII,2103 Busirus: Ägyptischer Tyrann, der alle Fremden töten ließ. Hier liegt eine Verwechslung mit Diomedes, dem König der Thraker, vor, der seine Pferde mit Menschenfleisch fütterte, bis Herkules ihn tötete und selbst seinen Pferden zum Fraß vorwarf.

VII,2105 firy serpent venymus: Vielleicht die Hydra, eine neunköpfige Schlange, deren Köpfe immer wieder nachwuchsen.

VII,2106 Acheloys: Flußgott, der sich in einen Stier verwandelte und mit Herkules kämpfte.

VII,2107 Cacus: Der Riese Cacus, ein Sohn des Vulkan, der die Rinder des Herkules gestohlen hatte.

VII,2108 Antheus: Gigantischer Ringkämpfer, der seine Stärke aus der Erde zog.

VII,2109 boor: Der erymanthische Eber, den Herkules lebendig einfing. (Vierte Arbeit des Herkules).

VII,2110: Verweis auf die elfte Arbeit des Herkules, wo er den Himmel auf seinen Schultern trug, während Atlas die Äpfel der Hesperiden entwendete.

VII,2117 Trophee: Nicht identifizierter Autor, der in den Anmerkungen zu den Handschriften Ellesmere und Hengwrt als bekannter chaldäischer Prophet bezeichnet wird.

VII,2123–26: Das Hemd, das Deianeira Herkules gab, war mit dem giftigen Blut des Zentauren Nessus getränkt, den Herkules getötet hatte. (Vgl. VII,2099, 2128).

VII,2145 Nabugodonosor: Quelle für diese Episode ist Dan 1–4.

VII,2147: Vgl. 2. Kön 24–25.

VII,2151 leet do gelde: Doppelter Kausativ.

VII,2151–52: Davon ist nichts in der Bibel erwähnt. Man findet diese Angabe jedoch im *Speculum historiale* des Vinzenz von Beauvais, in der *Historia scholastica* des Petrus Comestor und in der französischen Bibelübersetzung *Bible historiale* des Guyart Desmoulins. Vgl. dazu Dudley R. Johnson, »The Biblical Characters of Chaucer's Monk«, *PMLA* 66 (1951) 827–43.

VII,2160 cubites: Länge eines Unterarms, etwa 40 bis 50 cm.

VII,2166 felawes tweye: Irrtum, Daniel war nicht einer der drei Männer im Feuerofen. Dies sind Schadrach, Meschach und Abed-Nego; vgl. Dan 3,8–30.

VII,2183 Balthasar: Quelle für diese Episode ist Dan 5.

VII,2206 *Mane, techel, phares*: Gezählt, gewogen, Persern. »...Gott hat dein Königtum *gezählt* und beendet. ...man hat dich auf der Waage *gewogen* und zu leicht befunden. ...dein Reich ist *zerteilt* und den Medern und *Persern* gegeben.« (Dan 5,27–28 – vgl. VII,2233–35).

VII,2237 Darius: Mederkönig.

VII,2247 Cenobia, of Palymerie queene: Quelle für diese Geschichte ist Boccaccios *De claris mulieribus*,98. Sie findet sich auch in *De casibus*, VIII, 6. Palmyra, eine Oasenstadt in der Wüste östlich von Syrien.

VII,2252 Of kynges blood of Perce: Zenobia war nicht persischer, sondern ägyptischer Abstammung. Sie stammte aus dem Geschlecht der Ptolemäer.

VII,2272 Odenake: Odenathus, Herrscher Palmyras von 250 bis 266.

VII,2320 Sapor: König von Persien (241–272).

VII,2325 maister Petrak: Nicht Petrarca, sondern Boccaccio ist Chaucers Quelle.

VII,2335 Claudius: Römischer Kaiser (268–270).

VII,2336 Galien: Gallienus, römischer Kaiser (253–268).

VII,2351 Aurelian: Römischer Kaiser (270–275).

VII,2375 Petro, glorie of Spayne: Peter der Grausame, König von Kastilien (1350–69).

VII,2378 thy brother: Sein Halbbruder Heinrich, der Peter im Jahre 1369 beseitigte.

VII,2383–84: Das Wappen von Bertrand du Guesclin, der Heinrich bei der Beseitigung Peters behilflich war.

VII,2386 wikked nest: Wortspiel mit Französisch *mau ni* – böses Nest, da Olivier Mauny am Verrat an Peter mitbeteiligt war.

VII,2387 Charles Olyver: Oliver, der Waffengefährte von Roland, dem Neffen Kaiser Karls des Großen.

VII,2388–89 Armorike / Genylon-Olyver: Ganelon von der Bretagne, der Roland und die Nachhut des fränkischen Heeres an die Mauren verriet.

VII,2391 Petro, kyng of Cipre: König Peter von Zypern wurde 1369 in Rom ermordet.

VII,2392 Alisandre: Die Stadt wurde 1365 von Peter eingenommen. Vgl. I,51.

VII,2399 Barnabo Viscounte: Bernabò Visconti, Herzog von Mailand, wurde im Mai 1385 von seinem Neffen Galeazzo entmachtet und ins Gefängnis geworfen, wo er im gleichen Jahr verstarb.

VII,2407 Erl Hugelyn of Pyze: Quelle für diese Geschichte vom traurigen Schicksal Ugolinos und seiner Söhne ist Dantes *Divina Commedia*, *Inferno*, 33,1–90.

VII,2411 children thre: Dante spricht von vier Kindern.

VII,2416 Roger: Erzbischof Ruggieri degli Ubaldini, ein Gegner Ugolinos, der ihn zusammen mit zwei Söhnen und zwei Neffen im Jahre 1289 einkerkern und verhungern ließ.

VII,2461 Dant: Vgl. Anmerkung zu VII,2407.

VII,2463 Nero: Quelle dieser Episode ist der *Rosenroman*, V.6183–6488. Nero, römischer Kaiser (54–68).

VII,2465 Swetonius: Der römische Historiker Suetonius verfaßte in der ersten Hälfte des 2. nachchr. Jahrhunderts eine Biographie der ersten zwölf römischen Kaiser unter dem Titel *De vita Caesarum*. Dieses Werk scheint Chaucer jedoch nicht als Vorlage gedient zu haben.

VII,2495 a maister: Gemeint ist Seneca (VII,2503), der Philosoph und Erzieher Neros.

VII,2556 Oloferne: Quelle der Geschichte ist Jdt 8–13, die hier stark verkürzt wiedergegeben wird.

VII,2566 Eliachim: Form des Namens, wie er in der Vulgata erscheint. Bei Luther steht Jojakim.

VII,2575 kyng Anthiochus: Quelle für diese Geschichte ist 2. Makk 9,1–13 und 28. Antiochus war König von Syrien (175–164 v.Chr.).

VII,2591 Nichanore ... Thymothee: Zwei syrische Feldherren, die von den Juden besiegt wurden.

VII,2631 Alisaundre: Die Alexandergeschichte gehörte zu den populärsten mittelalterlichen Erzählstoffen. Eine sichere Quelle für diese Episode ist nicht nachweisbar.

VII,2648 Darius: Perserkönig, der von Alexander im Jahre 333 besiegt wurde.

VII,2655 Machabee: Vgl. 1. Makk 1,1–7.

VII,2661: Fortuna hat beim Würfeln die höchste Zahl 6 in die niedrigste Zahl 1 verwandelt.

VII,2672 From humble bed: Die im Mittelalter weit verbreitete Vorstellung von Cäsars niedriger Abkunft entspricht nicht den historischen Tatsachen.

VII,2673 Julius: Wie für die vorausgehende Alexandergeschichte läßt sich auch für die Cäsar-Episode keine definitive Quelle anführen.

VII,2680 Pompeus, fader thyn in lawe: In Wirklichkeit war Pompeius Cäsars Schwiegersohn.

VII,2690–92: Pompeius wurde nach seiner Niederlage gegen die Truppen Cäsars auf der Flucht nach Ägypten von Ptolemäus' Leuten ermordet.

VII,2697 Brutus Cassius: Die beiden Cäsarmörder Brutus und Cassius werden hier bei Chaucer zu einer Person.

VII,2719–20 Lucan ... Swetoun ... Valerius: Lucanus, *Pharsalia*; Suetonius, *De vita Caesarum*; Valerius Maximus, *Facta et dicta memorabilia*.

VII,2721 word and ende: Eine verderbte Form für den idiomatischen Begriff »ord and ende« [Anfang und Ende].

VII,2727 Cresus: Quelle für die Episode ist wieder der *Rosenroman*, V.6489–6622. Krösus war der letzte König von Lydien. Er wurde im 6. vorchr. Jahrhundert vom Perserkönig Kyros II. besiegt.

VII,2761–64: Paraphrase von Boethius' *Consolatio Philosophiae*, II, pr. 2.

The Nun's Priest's Tale

VII,2767 Knyght: In zehn Handschriften unterbricht der Wirt den Mönch.

VII,2771–90: In vierzehn Handschriften, einschließlich Hengwrt, wird diese Passage gekürzt.

VII,2780 Seint Poules belle: Die Glocke der St. Paul's-Kirche in London.

VII,2810 sir John: Spitzname für Geistliche.

VII,2832 bour ... halle: Ironische Beschreibung, da die Hütte der armen Witwe wohl kaum über ein Gemach oder einen Saal verfügt haben dürfte.

VII,2844 in which she foond no lak: Entweder »das ihr nicht mangelte« oder »woran sie nichts auszusetzen hatte«.

VII,2849 Chauntecleer: Der Name bedeutet »der klar singt«.

VII,2855–58: Chauntecleer beherrscht instinktiv den Stundenablauf des Tages. Jede neue Stunde, d.h. die Dauer eines 15-Grad-Anstieges eines Punktes am Himmelsäquator, wird von ihm durch lautes Krähen verkündet.

VII,2870 Pertelote: In den französischen Versionen der Geschichte heißt die Henne Pinte. *Pertelote* bedeutet »jemand, der eines anderen Schicksal mißversteht«, ein zutreffender Name für die »Protagonistin« in dieser Erzählung.

VII,2879 »My lief is faren in londe«: Offensichtlich die Anfangszeile eines bekannten zeitgenössischen Liedes.

VII,2914–17: Die hier genannten Eigenschaften zeichnen einen höfischen Liebhaber aus.

VII,2925 humours: Anspielung auf die unausgewogene Mischung der vier Körpersäfte.

VII,2928 rede colera: Die rote Galle, deren Übermaß den Menschen zum Choleriker macht.

VII,2933 humour of malencolie: Ein Übermaß an schwarzer Galle macht den Menschen zum Melancholiker.

VII,2940 Catoun: Dionysius Cato, der Autor der Spruchsammlung *Disticha*, 2,3.

VII,2953 purge ... bynethe and eek above: Vinzenz von Beauvais empfiehlt *entweder* das eine *oder* das andere. Pertelote hingegen empfiehlt in ihrem Überschwang *beides*.

VII,2958 grote: Silbermünze im Wert von vier Pfennigen.

VII,2959 fevere terciane: Ein Fieber, das an jedem dritten Tag auftrat. Es ist mittelalterlicher Auffassung nach auf ein Übermaß an roter bzw. schwarzer Galle zurückzuführen.

VII,2963–66: Die hier genannten Kräuter haben mittelalterlicher medizinischer Ansicht zufolge purgative Wirkung. Vgl. Walter C. Curry, »Chauntecleer and Pertelote on Dreams«, *ESt* 58 (1924) 48–51.

VII,2984 gretteste auctour: Entweder Cicero oder Valerius Maximus, die beide diese Begebenheit erzählen; vgl. Cicero, *De divinatione*, 1,27, und Valerius Maximus, *Facta et dicta memorabilia*, 1,7.

VII,3092 of owles and of apes: Eulen und Affen wurde in den griechischen Traumbüchern eine negative Bedeutung zugeschrieben.

VII,3110 lyf of Seint Kenelm: Der Legende nach trat Kenhelm als Siebenjähriger die Nachfolge seines Vaters, König Kenulphs von Merzien, an. Seine ehrgeizige Tante ließ den Jungen ermorden, dem kurz vor seinem Tode sein bevorstehendes Schicksal im Traum offenbart wurde. Als er auf einen Baum gestiegen war, fällte einer seiner Begleiter diesen Baum, und er selbst flog in Gestalt eines kleinen Vogels zum Himmel empor.

VII,3123 Macrobeus: Autor des Kommentars zu Ciceros *Somnium Scipionis*. Dieses Buch wurde zu einer der Grundlagen für das mittelalterliche Verständnis vom Wesen des Traumes. Vgl. A.C. Spearing, *Medieval Dream Poetry* (Cambridge, 1976), S. 8–11.

VII,3128 Daniel: Vgl. Dan 7.

VII,3130 Joseph: Vgl. 1. Mose 37, 40, 41 (Josephs Traum von den Garben; die Träume von Pharaos Kellermeister und Bäcker; Pharaos Traum von den sieben mageren und den sieben fetten Kühen).

VII,3138 Cresus: Vgl. die letzte Episode in der *Monk's Tale*, VII,2743–46.

VII,3141 Andromacha, Ectores wyf: Der hier erwähnte Traum geht nicht auf Homers *Ilias* zurück, sondern auf eine im Mittelalter weit verbreitete Troja-Dichtung von Dares Phrygius, *De excidio Troiae historia*, Kap. 25.

VII,3163 *In principio*: »Am Anfang«, Anfang des Johannesevangeliums.

VII,3164 *Mulier est hominis confusio*: »Die Frau ist des Mannes Verderben« wird »fälschlich« als »Die Frau ist des Mannes Freude und sein ganzes Glück« (VII,3166) übersetzt. Die lateinische Sentenz ist im Mittelalter eine sprichwörtliche Redewendung.

VII,3178 pryme: 9 Uhr morgens.

VII,3190: Mittelalterlicher Vorstellung zufolge hatte Gott die Welt zum Zeitpunkt des Frühlingsäquinoktiums geschaffen, das fälschlicherweise auf den 12. März datiert wurde. Damit wäre der »Unglückstag« der 3. Mai, der sowohl in der *Knight's Tale*, I,1492, als auch im *Troilus*, II,55, eine wichtige Rolle spielt.

VII,3194–97: Gemeint ist der 3. Mai, 9 Uhr morgens.

VII,3212 book of Launcelot de Lake: Berüchtigt für seine phantastischen Episoden, die Frauen, so meint der Erzähler, besonders schätzen.

VII,3222 undren: Zwischen 9 und 12 Uhr vormittags.

VII,3230–50: In der Diskussion über die menschliche Willensfreiheit werden drei Autoritäten angeführt: Augustinus, *De libero arbitrio*; Boethius, *Consolatio Philosophiae*; und Bischof Bradwardine, *De causa Dei contra Pelagium et de virtute causarum*. Für Einzelheiten zu diesen drei Positionen siehe Einleitung und F. Anne Payne, »Foreknowledge and Free Will: Three Theories in the *Nun's Priest's Tale*«, *ChauR* 10 (1976) 201–19.

VII,3271 Phisiologus: Eine Sammlung von Tierbeschreibungen mit religiöser Auslegung, in der u.a. auch Wassernixen beschrieben werden. Vgl. das Kapitel »De Sirenis« in *Physiologus de natura XII animalium*.

VII,3294 Boece: Verweis auf Boethius' Traktat *De musica*, das grundlegend für die abendländische Musiktheorie wurde.

VII,3312 'Daun Burnel the Asse': *Speculum stultorum*. Diese Satire gegen Universitätsbetrieb und Klerus wurde um 1180 von Nigel Wireker verfaßt. Vgl. auch Jill Mann, »The *Speculum Stultorum* and the *Nun's Priest's Tale*«, *ChauR* 9 (1975) 262–82.

VII,3313–16: Einer Anekdote aus dem *Speculum Stultorum* zufolge nahm ein Hahn an einem jungen Mann Rache, der ihn als Küken mutwillig am Bein verletzt hatte. Als der junge Mann zum Priester geweiht werden sollte, krähte der Hahn an diesem Morgen nicht, so daß der Kandidat verschlief und seine Pfründe verlor.

VII,3329 Ecclesiaste: Vgl. Sir 12,10 ff. bzw. 27,26 ff.

VII,3341 Friday: Der Freitag war der Tag der Venus, der Chauntecleer so eifrig gedient hatte; vgl. VII,3342–46. Im übrigen galt der Freitag generell als Unglückstag. An diesem Tag wurde Adam aus dem Paradies vertrieben, Jesus Christus gekreuzigt und die Sintflut begann.

VII,3347 Gaufred: Galfredus von Vinsauf, der Verfasser des poetischen Handbuchs *Poetria Nova*. Als Stilprobe für eine rhetorisch eindrucksvolle Klage enthält dieses Traktat einen Klagemonolog auf den Tod Richards I. Dieser wird von Chaucer in VII,3350–73 parodiert.

VII,3356 Ylion: Die Zitadelle von Troja.

VII,3357 Pirrus: Der Sohn des Achilles. Er tötete den Trojanerkönig Priamus und erhielt als Kriegsbeute Andromache, die Frau Hektors.

VII,3359 *Eneydos*: *Aeneis*, II, 533–58.

VII,3363 Hasdrubales wyf: Hasdrubal, der König von Karthago, wurde 146 v. Chr. von Scipio besiegt. Seine Frau beging daraufhin Selbstmord, um nicht in die Hände der siegreichen Römer zu fallen.

VII,3369–73: Hier wird das ernsthafte Thema aus der *Monk's Tale*, VII,2479–81, noch einmal aufgegriffen und persifliert.

VII,3381 Ha, ha!: Ein gebräuchlicher Ausruf, um Wölfe oder andere Raubtiere abzuschrecken.

VII,3383 Colle ... Talbot ... Gerland: Hundenamen, wie man sie auch in einem langen Katalog im französischen *Roman de Renart* findet.

VII,3394 Jakke Straw: Anspielung auf einen der Anführer des Bauernaufstandes im Jahre 1381, der von den Londoner

Bürgern in die Stadt eingelassen und zu einem Massaker an den dort lebenden flämischen Händlern veranlaßt wurde.

VII,3441 Seint Paul: Röm 15,4.

VII,3445 my lord: Es ist ungeklärt, wer dieser Herr ist.

VII,3447–62: Der Epilog steht weder in der Ellesmere- noch in der Hengwrt-Handschrift, obwohl an seiner Authentizität kein Zweifel besteht. Wahrscheinlich wollte Chaucer seine Erzählungen später mit einer anderen Überleitung verknüpfen und hatte deshalb den Epilog in seiner jetzigen Form in seinem Manuskript gestrichen.

The Second Nun's Tale

VIII,1–28: Die ersten vier Strophen des Prologs, in denen der Müßiggang verurteilt wird, sind ein Topos der monastischen Literatur. *Acedia* – Trägheit – war diejenige der sieben Todsünden, vor der sich besonders Mönche und Nonnen hüten sollten. Um dieser Versuchung zu widerstehen, wurde ihnen neben körperlicher Arbeit auf den Feldern empfohlen, Bücher zu übersetzen, Texte zu kopieren und Handschriften auszuschmücken.

VIII,3 porter of the gate: Im *Rosenroman* ist die allegorische Figur Müßiggang als Pförtnerin vor dem Garten des Vergnügens postiert.

VIII,27 thy gerland wroght with rose and lilie: Rosen bedeuten den Märtyrertod, Lilien symbolisieren Jungfräulichkeit.

VIII,30 Bernard: Der hl. Bernhard von Clairvaux (1090–1153) war ein namhafter Vertreter der Marienverehrung. Aus diesem Grunde läßt ihn Dante das Gebet an die Jungfrau Maria im letzten Canto der *Göttlichen Komödie* sprechen, an das sich Chaucers Bildersprache in VIII,36–56 anlehnt.

VIII,59 the womman Cananee: Vgl. Matth 15,22.

VIII,62 I, unworthy sone of Eve: In der Forschung wurde diese Aussage lange als Hinweis darauf gelesen, daß die Erzählung ursprünglich für einen der männlichen Pilger gedacht gewesen sei, vielleicht für den Mönch. In lateinischen Hymnen und Antiphonen findet sich jedoch gelegentlich der geschlechtlich unspezifische Gebrauch von »filius« – Sohn wie z.B. in dem Antiphon *Salve Regina*, wo es heißt: »Ad te clamamus exules filii Evae« – zu dir rufen wir, die verbannten Söhne Evas.

VIII,64: Vgl. Jak 2,17.

VIII,70 Anne: Die hl. Anna, Mutter der Jungfrau Maria.

Jacobus Januensis: Jacobus a Voragine, der Autor der *Legenda aurea*, dessen Version des Cäcilienlebens Chaucer bis VIII,343 als Vorlage diente.

VIII,87 »hevenes lilie«: Abgeleitet vom lateinischen *caeli lilia*.

VIII,92 »the wey to blynde«: Abgeleitet vom lateinischen *caecis via*.

VIII,96 »hevene« and »Lia«: Abgeleitet vom lateinischen *caelum* und *Lia*, dem Symbol für Fruchtbarkeit und tätiges Leben.

VIII,100 »Wantynge of blyndnesse«: Abgeleitet vom lateinischen *caecitate carens*.

VIII,103 »hevene« and »leos«: Abgeleitet vom lateinischen *caelum* und vom griechischen *leos* – Volk.

VIII,134 the organs: Von der Renaissance an wurde die hl. Cäcilie zur Heiligen der Musik, die in der Ikonographie mit einer Orgel dargestellt wurde.

VIII,172 Via Apia: Die alte Heerstraße, die von Rom nach Capua führte. Diese Straße sollte Valerian bis zum dritten Meilenstein entlanggehen.

VIII,177 Urban: Papst Urban I. (222–230). Auch er starb als Märtyrer, wie in der *Legenda aurea*, Kapitel 77, nachzulesen ist.

VIII,186 the seintes buryeles lotynge: Gemeint sind wohl die Katakomben, die den Christen während der Verfolgung als Versteck dienten.

VIII,200–10: Wahrscheinlich der hl. Paulus, der in VIII,207–09 eine Stelle aus Eph 4,5–6 zitiert.

VIII,220–21: Vgl. Anmerkung zu VIII,27.

VIII,221 Corones two: Cäcilie und Valerian erhalten statt der irdischen himmlische Hochzeitskränze. Hochzeitskränze oder Hochzeitskronen gehörten bis ins Mittelalter hinein zur Hochzeitszeremonie. In manchen dörflichen Gemeinden ist dieser Brauch auch heute noch zu finden.

VIII,240 palm of martirdom: Das Martyrium wird als Siegespreis angesehen.

VIII,271 Seint Ambrose in his preface: Zu Beginn der eigentlichen Messe zum Cäcilientag am 22. November wurde in der ambrosianischen Liturgie ein Lobgesang gesungen, auf den sich Chaucer in Anlehnung an die *Legenda aurea* hier bezieht. Der hl. Ambrosius war in den Jahren 374–397 Bischof von Mailand.

VIII,369 corniculer: Sekretär bei einem Präfekturgericht.

VIII,385: Vgl. Röm 13,12.

VIII,386–90: Vgl. 2. Tim 4,7–8.

VIII,517–18: Ein Bad im römischen Sinne, d.h. ein Raum, der durch eine Art Fußbodenheizung unter dem Boden geheizt wurde. Ohne den göttlichen Beistand hätte Cäcilie in diesem Raum durch die Hitze ersticken müssen.

VIII,550 the chirche of Seint Cecilie: Die St. Cäcilienkirche in Trastevere in Rom, die jedoch so oft umgebaut wurde, daß kein Teil des ursprünglichen Gebäudes erhalten geblieben ist.

The Canon's Yeoman's Tale

VIII,556 Boghtoun under Blee: Boughton-under-Blean, ein Ort in fünf Meilen Entfernung von Canterbury. Da die bis dahin zurückgelegte Wegstrecke auch fünf Meilen beträgt, ist anzunehmen, daß die Pilger an dem Morgen von Ospring aufgebrochen sind. Ospring war die letzte Station auf der dreitägigen Reise von London nach Canterbury.

VIII,557–58: Die Kleidung des Reiters, eine schwarze Soutane über einem weißen Chorhemd, deutet bereits die Stellung des

Mannes an, der die Pilger hier einholt. Er ist ein »chanoun« (VIII,573), ein Stiftsherr, wahrscheinlich ein *canonicus saecularis*, ein weltlicher Stiftsherr, dessen Bewegungsfreiheit größer war als die der im Kloster lebenden Stiftsherren.

VIII,573 som chanoun: Siehe Anmerkung zu VIII,557–58.

VIII,633 myte: Kleine flämische Münze.

VIII,669 multiplie: Multiplizieren oder umwandeln. Leitmotiv in der *Canon's Yeoman's Tale*, vgl. VIII,731, 835, 849, 1391, 1401, 1417, und 1479. Abgeleitet wird dieser Begriff von *multiplicatio*, d. h. die wunderbare Potenzierung der Kraft und Effektivität des sich wandelnden Elixiers, die dann zur Umwandlung unedler Substanzen in Edelmetalle wie Gold und Silber führt.

VIII,688–89: Sprichwort aus den *Disticha*, 1,17, des Dionysius Cato, einer Sammlung von Weisheitssprüchen, die von Chaucer des öfteren zitiert wird.

VIII,726 hose: Dieses Kleidungsstück bestand aus zwei Strümpfen, die am Gürtel befestigt waren.

VIII,770 sublymyng: Umwandlung fester Substanzen durch Hitze in einen dampf- oder gasförmigen Zustand.

VIII,771 amalgamyng ... calcenyng: Amalgamieren, d.h., Gold und Silber mit Quecksilber aus Erzen gewinnen. Kalzinieren, d.h., aus einer chemischen Verbindung durch Erhitzen Wasser austreiben.

VIII,772 mercurie crude: Roher Merkur bedeutet gewöhnliches Quecksilber im Gegensatz zu echtem Merkur, Silber, das die Alchimisten aus Quecksilber herstellen wollten.

VIII,778 spirites: In der Alchimie gab es vier Geister, d.h. Substanzen, die sich durch Hitze verdampfen ließen (vgl. VIII,822–24): Schwefel, Ammoniaksalz, Quecksilber und Operment, eine gelbe Arsenblende.

VIII,779: Die Substanzen, die nach dem Destillierungsprozeß zurückbleiben.

VIII,790 boole armonyak: Heilerde oder Heilton.

VIII,792 urynales ... descensories: Glasbehälter zur Herstellung von Lösungen bzw. Retorten.

VIII,793 crosletz ... sublymatories: Gefäße zum Schmelzen oder Kalzinieren bzw. Gefäße zur Umwandlung fester Körper in dampf- und gasförmigen Zustand durch Erhitzen.

VIII,794 Cucurbites ... alambikes: Der untere Teil des Destillationsapparates, in dem die ursprünglichen Substanzen lagen, und der obere Teil des Geräts, in dem sich das Destillat, d.h. der wieder verflüssigte Dampf, ansammelte.

VIII,797 Watres rubifiyng: Wasser zum Röten, d.h. wahrscheinlich Flüssigkeiten, die zum Umwandlungsprozeß bei der Goldherstellung dienen sollten.

VIII,805 albificacioun: Die Herstellung einer weißen Flüssigkeit, wahrscheinlich zur Silbergewinnung.

VIII,816 silver citrinacioun: Das Gelbfärben des Silbers, wahrscheinlich um es wie Gold erscheinen zu lassen.

VIII,817 cementyng ... fermentacioun: Verschmelzung zweier Substanzen bei hoher Temperatur bzw. Veränderung dieser Substanzen durch Erhitzung.

VIII,820 foure spirites ... bodies sevene: Vgl. Anmerkung zu VIII,778. Bei den Körpern handelt es sich um Metalle, die eine chemische Reaktion eingehen können.

VIII,826–29: Alchimie und Astrologie verbinden sich hier, da die sieben Metalle den sieben Planeten zugeordnet sind.

VIII,837 philosophre: Alchimist. Vgl. auch VIII,1122, 1394, 1427, 1434, 1444, 1464 und 1473.

VIII,844 lerne: Die Verben »leren« [lehren] und »lernen« [lernen] werden häufig im Mittelenglischen verwechselt.

VIII,862 philosophres stoon: Stein der Weisen. Dieser Terminus ist identisch mit »Elixer« (VIII,863) – Elixier. Dieser Stein besaß die Fähigkeit, jedes unedle in edles Metall zu verwandeln. Man glaubte, diesen Stein bzw. diese Flüssigkeit oder dieses Pulver durch die Läuterung aller Grundsubstanzen gewinnen zu können.

VIII,970 er that I fro yow wende: Vielleicht ein Hinweis darauf, daß Chaucer den Diener des Stiftsherrn wieder seines Weges reiten lassen wollte.

VIII,972 chanoun of religioun: Ein geistlicher Stiftsherr im Gegensatz zu dem weltlichen Stiftsherrn im Prolog.

VIII,992–1011: Diese an geistliche Stiftsherren gerichtete Anrede hat zu verschiedenen Spekulationen geführt. Manly z.B. glaubt, Chaucer habe die Geschichte ursprünglich vor den Stiftsherren der King's Chapel in Windsor vorgetragen, und Hartung vermeint, diese Anrede als Überbleibsel einer älteren Geschichte, der eigentlichen *pars secunda* des *Canon's Yeoman's Tale*, interpretieren zu können. Vgl. John M. Manly, *Some New Light on Chaucer* (New York, 1926), S. 235–52, und Albert E. Hartung, »'Pars Secunda' and the Development of the *Canon's Yeoman's Tale*«, *ChauR* 12 (1977) 111–28.

VIII,1012 annueleer: Ein Priester, dem es oblag, Seelenmessen für die Verstorbenen zu lesen.

VIII,1026 marc: Entspricht 13s. 4d. in damaliger Währung. Zum Vergleich: ein Tagelöhner, z.B. ein Landarbeiter, verdiente etwa 6d. pro Tag.

VIII,1037 noble: Entspricht 6s. 8d. in damaliger Währung.

VIII,1058 philosophie: Alchimie. Vgl. auch VIII,1139, 1373.

VIII,1126 mortifye: Töten, umformen, d.h. von lebendigem Silber (*Queck*silber) zu Silber machen.

VIII,1133 poudre: Damit ist das Elixier gemeint. Vgl. Anmerkung zu VIII,863.

VIII,1413–14: Sprichwörtliche Redensart. Das Pferd war tapfer, weil es die Gefahr nicht sehen konnte.

VIII,1428 Arnold of the Newe Toun: Arnoldus de Villa Nova, französischer Arzt und Alchimist aus dem 13. Jahrhundert. Er ist der Verfasser des »Rosarie« (VIII,1429), des *Rosarium philosophorum*. Die folgende Paraphrase stammt jedoch nicht aus dem *Rosarium*, sondern aus dem Traktat *De lapide philosophorum* des gleichen Autors.

VIII,1432 brother knowlechyng: Mit der Hilfe des Bruders. Gemeint ist Schwefel.

VIII,1434 Hermes: Hermes Trismegistos, der sagenumwobene Begründer der Alchimie. Eine Sammlung von okkulten

Schriften aus dem 2., 3. und 4. Jahrhundert, die sogenannten *Hermetica*, tragen seinen Namen.

VIII,1435–40: Typisch für die in der Alchimie übliche hermetische Ausdrucksweise. Der Drache (Quecksilber, das aus Sol, d. h. Gold, bzw. Luna, d.h. Silber, extrahiert worden war) kann nicht erschlagen (umgewandelt) werden außer von seinem Bruder (Schwefel).

VIII,1447 secree of the secretes: Das pseudoaristotelische Traktat *Secreta secretorum*, das sich unter den mittelalterlichen Alchimisten großer Beliebtheit erfreute.

VIII,1450 Senior: Senior Calid Filius Hamil, arabischer Alchimist (10. Jahrhundert) und Verfasser des Traktats *Epistola solis ad lunam crescentem*. Dort wird die Anekdote, die hier Platon zugeschrieben wird, auf Salomo bezogen.

VIII,1452 privee stoon: Der Stein der Weisen. Vgl. Anmerkung zu VIII,862.

VIII, 1454 Titanos: Name des Steines, der in der *Epistola solis* von Salomo erwähnt wird.

VIII,1460 elementes foure: Erde (kalt und trocken), Luft (heiß und feucht), Wasser (kalt und feucht) und Feuer (heiß und trocken).

The Manciple's Tale

IX,2 Bobbe-up-and-doun: Wahrscheinlich Harbledown am Rande des Blean Forest. Der Ort ist zwei Meilen von Canterbury entfernt.

IX,5 Dun ... myre: Dun ist ein weitverbreiteter Pferdename. Bleibt Dun im Matsch stecken, bedeutet das: »es geht nicht weiter« – hier in Anspielung auf die Erzählsituation.

IX,24 Chepe: Cheapside, eine der Hauptgeschäftsstraßen Londons.

IX,42 justen atte fan: Ein ritterliches Geschicklichkeitsspiel. An einem Pfahl wurde eine sich drehende Querstange angebracht, an deren einem Ende ein Schild befestigt war und von deren anderem Ende ein Knüppel hing. Wenn der herangaloppierende Ritter mit seiner Lanze den Schild traf, drehte sich die Stange, so daß er nun dem Knüppel ausweichen mußte.

IX,44 wyn ape: Die vier Stadien der Trunkenheit waren: »affentrunken« – angeheitert und witzig, »schafstrunken« – leicht melancholisch, »löwentrunken« – ausfällig und gereizt und »sautrunken« – sternhagelvoll oder »stockbesoffen«. Die Beschreibung des Kochs als angeheitert und witzig ist ironisch gemeint. Er hat schon beinahe das letzte Stadium erreicht.

IX,74: Anspielung auf die Beschreibung des Verwalters im *General Prologue*, wo von seiner betrügerischen Rechnungsführung berichtet wird.

IX,90 pouped in this horn: Wortspiel; der Koch bläst wohl aus zwei Hörnern zur gleichen Zeit.

IX,106 olde bookes: Wahrscheinlich Ovids *Metamorphosen*, I, 438–567, oder II, 531–632.

IX,109 Phitoun: Der Drache Python hütet in der griechischen Mythologie das Orakel der Erdgöttin Gaia.

IX,116 Amphioun: Der thebanische König Amphion spielte die Lyra so melodisch, daß die Steine, aus denen die Stadtmauer Thebens erbaut werden sollte, sich von alleine zusammenfügten.

IX,154 olde clerkes: Die hier vertretene Meinung gehört zu den Gemeinplätzen der antifeministischen Literatur. Man findet sie z.B. im *Liber aureolus de nuptiis* des Theophrast, einem verlorengegangenen Traktat, das Hieronymus als Vorlage für seine Schrift *Epistola adversus Jovinianum* diente.

IX,163–74: Dieses Beispiel, das ursprünglich in der *Consolatio Philosophiae* des Boethius verwandt wird und später u.a. auch im *Rosenroman* auftaucht, hatte bereits der Junker in seiner Erzählung zitiert. Vgl. V,512 ff.

IX,175–86: Beide Beispiele sind dem *Rosenroman*, V.14039–52 und 7761–66, entlehnt.

IX,207–08: Vgl. I,741–42, wo der gleiche Lehrsatz schon einmal zitiert wurde.

IX,226–34: Im Mittelalter weitverbreitete Alexanderlegende.

IX,314 Daun Salomon: Vgl. Spr 21,23.

IX,318–62: Wie in der Forschung seit langem bekannt, stammen fast alle nun folgenden Lehrsätze aus dem Traktat *De arte loquendi et tacendi* des Albertano von Brescia, das Chaucer wohl als Vorlage diente. Albertano entnahm diese fast sprichwörtlichen Lebensweisheiten vor allem aus der Bibel und den *Disticha* des Dionysius Cato.

IX,325–28: Vgl. Dionysius Cato, *Disticha*, 1,12.

IX,332–33: Vgl. Dionysius Cato, *Disticha*, 1,3.

IX,338: Vgl. Spr 10,19.

IX,343: Vgl. Spr 6,17.

IX,345 David in his psalmes; ... Senekke: Vgl. Ps 10,7; Ps 12,4–5; Ps 52,4; Ps 54,3–8; Ps 120,2–3. Mit dem Hinweis auf Seneca ist wahrscheinlich dessen Schrift *De ira* gemeint.

IX,359: Vgl. Dionysius Cato, *Disticha*, 1,12.

The Parson's Tale

X,1 Maunciple: In anderen Handschriften der *Canterbury Tales* findet man anstelle des Verwalters den Kaufmann (*Marchaunt*) oder den Dienstmann (*Yeman*).

X,10 moones exaltacioun: Die höchste und deshalb einflußreichste Stellung eines Planeten in seinem Tierkreiszeichen. Der Mond erreicht diese Position im Tierkreiszeichen des Stiers, nicht der Waage, d.h., die hier gemachte Angabe ist falsch; sie findet sich jedoch in allen Handschriften.

X,12 thropes ende: Nicht identifizierte Ortschaft; vielleicht die Außenbezirke von Canterbury.

X,22 vicary: Vikar; bevollmächtigter Stellvertreter in einem geistlichen Amt.

X,32 Paul ... Thymothee: 1. Tim 1,4; 4,7; 2. Tim 4,4.

X,43 'rum, ram, ruf': Wahrscheinlich eine Anspielung auf die im 14. Jahrhundert im Norden und Nordwesten weitverbreitete Stabreimdichtung.

X,51 Jerusalem celestial: Offb 21,2.
X,84 Seint Ambrose: *Sermo* 25 in *PL*, 17:77.
X,89 Seint Ysidre: Vgl. *Sententiae*, 2,16,1 in *PL*, 83:619.
X,92 Seint Gregorie: Vgl. *Moralium libri* 4,27,51–52 in *PL*, 75:662–664.
X,97 Seint Augustyn: *Sermo* 351,2 in *PL*, 39:1537.
X,101 Seint Augustyn: *Epistola* 265,8 in *PL*, 33:1089.
X,115 Crist: Nicht Christus, sondern Johannes der Täufer sagt: »Sehet zu, tut rechtschaffene Frucht der Buße!« Vgl. Matth 3,8.
X,116 Jhesu Crist: Matth 7,20.
X,119 Salomon: Spr 16,6.
X,125 David: Ps 118,113.
X,126 Daniel: Dan 4,7–15.
X,127 Salomon: Spr 28,13.
X,134 Job: Spr 12,4; das Zitat ist bei Hiob nicht nachweisbar.
X,135 Ezechie: Jes 38,15.
X,136 Apocalipse: Offb 2,5.
X,140 Ezechiel: Hes 20,43.
X,142 Seint Peter: 2. Petr 2,19.
X,143 Ezechiel: Nicht Hesekiel, sondern möglicherweise Hiob 30,28.
X,144 Seneca: Nicht bei Seneca nachweisbar.
X,150 Seint Augustyn: *Sermo* 9,16 in *PL*, 38:87.
X,155 Salomon: Spr 11,22.
X,162 Seint Poul: Röm 14,10.
X,166 Seint Bernard: *Sermo ad prelatos in concilio* in *PL*, 184:1098.
X,168 Salomon: Spr 6,34–35.
X,169 Seint Anselm: *Liber meditationum et orationum* 1 in *PL*, 158:724.
X,174 Seint Jerome: Das Zitat ist nicht bei Hieronymus nachweisbar.
X,176 Job: Hiob 10,20–22.
X,189 Jeremye: 1. Sam 2,30.

X,191 God seith: Hiob 20,25.
X,193 David: Ps 75,6.
X,195 Moyses: 5. Mose 32,24,33.
X,198 Ysaye: Jes 14,11.
X,201 Michias: Micha 7,6.
X,204 David: Ps 10,6.
X,208 Jhesu Crist: Matth 13,42; 25,30.
X,209 Ysaye: Jes 24,9.
X,210 Ysaye: Jes 66,24.
X,216 Seint John: Offb 9,6.
X,220 David: Ps 106,34–35.
X,221 Seint Basilie: *Homiliae in Psalmos* Ps 28,7 in *PG*, 29:298.
X,227 Salomon: Spr 11,7.
X,229: Vgl. Sir 1,17–18.
X,236 Ezechiel: Hes 18,24.
X,248 »*Jay tout perdu mon temps et mon labour*«: Wahrscheinlich der Refrain eines bekannten Liedes.
X,256 Seint Bernard: *Sermo in quarta feria hebd. sanctae*, 11 in *Opera*, 5,64, hg. Jean Leclerq et al. (Rochais, 1968).
X,269 Seint Augustyn: Das Zitat ist nicht bei Augustinus nachweisbar.
X,281 Ysaye: Jes 53,5.
X,286 aungel: Matth 1,21.
X,287 Seint Peter: Apg 4,12.
X,289 Jhesus: Offb 3,20.
X,303 Seint Augustyn: *Liber de vera et falsa poenitentia*, 24 in *PL*, 40:1121.
X,307 David: Ps 96,10.
X,309 David: Ps 31,5.
X,313: Vgl. Eph 2,3.
X,322: Vgl. Röm 5,12.
X,325 Adam and Eve: 1. Mose 3,1–7.
X,336: Vgl. 1. Joh 2,16.
X,342 Seint Paul: Gal 5,17.
X,343 Seint Paul: 2. Kor 11,23–27.

X,345 Seint Jerome: *Epistola 22 ad Eustachium, de virginitate*, 7 in *PL*, 22:398.
X,348 Seint Jame: Jak 1,14.
X,349 Seint John: 1. Joh 1,8.
X,355 Moyses: 2. Mose 15,9.
X,386 *Confiteor*: »Ich bekenne« – das Anfangswort der Beichtformel.
X,407 kisse pax: Eine Tafel, in der ein Abbild der Kreuzigung eingraviert war. Das Küssen dieser Tafel war ein Bestandteil der Messe.
X,413: Vgl. Luk 16,19.
X,414 Seint Gregorie: *Homiliarum in Evangelia*, 2,40,3 in *PL*, 76:1305.
X,427 fir of Seint Antony: Erysipelas – Wundrose.
X,434 Zakarie: Sach 10,5.
X,435: Vgl. Matth 21,7.
X,442 David: Ps 54,16.
X,467 Senek: *De clementia*, 1,3,3 und 1,19,2.
X,484 Seint Augustyn: *Enarrationes in Psalmos*, 104,17 in *PL*, 37:1399.
X,502: Vgl. Joh 12,4–6.
X,504: Vgl. Luk 7,39.
X,512: Vgl. Offb 12,10.
X,517: Vgl. Matth 22,39.
X,526 Crist seith: Matth 5,44.
X,539 wys man: Sir 7,4.
X,540 David: Ps 4,5.
X,551 Seint Ysidre: *Etymologiae*, 17,7,35 in *PL*, 82:615.
X,552 Estre day: Die Kerzen wurden in der Nacht vom Karsamstag zum Ostersonntag neu entzündet.
X,565 Seint John: 1. Joh 3,15.
X,566 Salomon: Spr 25,18.
X,568 Salomon: Spr 28,15.
X,569 wise man: Spr 25,21.
X,588 God seith ... Seint Mathew: 2. Mose 20,7; Matth 5,34–37.

X,592 Jeremye: Jer 4,2.
X,593: Vgl. Sir 23,12.
X,597 Seint Peter: Apg 4,12.
X,598 Seint Paul: Philem 2,10.
X,617 *Placebo*: »Ich werde gefallen« – d.h., man spricht anderen nach dem Mund; vgl. III,2075 und IV,1476.
X,619 Seint Paul: 1. Kor 6,10.
X,623 Crist: Matth 5,22.
X,629 Salomon: Spr 15,4.
X,630 Seint Paul: 2. Tim 2,24.
X,631 Salomon: Spr 27,15.
X,633 Salomon: Spr 17,1.
X,634 Seint Paul: Kol 3,18–19.
X,642: Vgl. Spr 6,16–19.
X,648: Vgl. Matth 12,36.
X,649 Salomon: Pred 5,2.
X,651 Seint Paul: Eph 5,4.
X,661 seith Crist ... wise man: Matth 5,9; Dionysius Cato, *Disticha*, 1,38.
X,664 wise man: Spr 29,9.
X,665: Vgl. Matth 27,35.
X,678 Seint Augustyn: *Enarrationes in Psalmos*, Ps 105 in *PL*, 37:1399.
X,680 the book: Jer 48,10.
X,687 Seint John: Offb 3,16.
X,688 Salomon: Spr 18,9.
X,694 Seint Augustin: Das Zitat ist nicht bei Augustinus nachweisbar.
X,700 Seint Luc, 15: Luk 15,7.
X,702 Seint Luc, 23: Luk 23,42–43.
X,709 Salomon: Spr 8,17.
X,716 David: Ps 72,5.
X,725: Vgl. 2. Kor 7,10.
X,739 Seint Paul: 1. Tim 6,10.
X,741 Seint Augustyn: *De civitate Dei contra paganos*, 14,15,2 in *PL*, 41:423–24.

X,748 Seint Paul: Eph 5,5.
X,754 *Augustinus*: *De civitate Dei contra paganos*, 19,15 in *PL*, 41:643.
X,755 *Genesis*: 1. Mose 9,25–27.
X,759 Seneca: *Epistolae morales*, 47.
X,773: Vgl. Röm 13,1.
X,783 Simon Magus: Vgl. Apg 8,18–24.
X,788 Seint Damasie: Papst Damasius I. (366–384). Vgl. Gratian, *Decretum*, 2,1,7,27.
X,797: Vgl. Dan 13.
X,819 Seint Paul: Philem 3,18–19.
X,828 Seint Gregorie: *Moralium libri*, 30,18,60 in *PL*, 76:556.
X,831 Galien: Galen; berühmter griechischer Arzt im 2. nachchristlichen Jahrhundert.
X,837 seyde hymself: 2. Mose 20,14.
X,839 brente fyve citees: Sodom und Gomorrah; vgl. 1. Mose 6,5–7 und 19,24–25.
X,841 Seint John: Offb 21,8.
X,842 Seint Mathew: Matth 19,5.
X,843: Vgl. Eph 5,25.
X,845 Seint Mathew: Matth 5,28.
X,853 basilicok: Basilisk; Fabeltier mit todbringendem Blick.
X,854 Salomon: Sir 26,10 und 13,1.
X,867 Seint Paul: Gal 5,19–21.
X,869: Vgl. Matth 13,8.
X,879 Seint Paul: 1. Kor 3,17.
X,887: Vgl. 2. Mose 20,13–15.
X,889 quod Jhesu Crist: Joh 8,11.
X,897 Helie: 1. Sam 2,12.
X,900 the book: 1. Sam 2,13–17.
X,904 Seint Jerome: *Epistola adversus Jovinianum*, 1,49 in *PL*, 23:293–94.
X,906 Thobie: Tob 6,17.
X,907 affynytee: Nach kanonischem Recht Verwandschaft durch Einheirat in eine Familie.

X,910 holy writ: Röm 1, 26–27.
X,918 the book ... God: Eph 5,32; 1. Mose 2,24.
X,919: Vgl. Joh 2,1–11.
X,921: Vgl. Augustinus, *De bono coniugali*, 20–21 in *PL*, 40:387.
X,929 Seint Paul: Eph 5,25.
X,930 Seint Peter: 1. Petr 3,1–4.
X,933 Seint John: Offb 18,16–17.
X,934 Seint Gregorie: *Homiliarum in Evangelia*, 2,40,3 in *PL*, 76:1305.
X,947 Magdelene: Matth 26,7.
X,983 Ezechias: Jes 38,15.
X,985 Seint Augustyn: *Liber de vera et falsa poenitentia*, 10,25 in *PL*, 40:1122.
X,986: Vgl. Luk 18,13.
X,988 Seint Peter: 1. Petr 5,6.
X,994 Seint Peter: Matth 26,75.
X,997: Vgl. Phil 2,8.
X,1020 Seint Augustyn: *Sermo* 181,5 in *PL*, 38:981.
X,1026 Seint Augustyn: *Liber de vera et falsa poenitentia*, 10,5 in *PL*, 40:1122.
X,1027 to been housled: Die Dekrete des vierten lateranischen Konzils (1215–16) bestimmten, daß die Gläubigen wenigstens einmal im Jahr die Kommunion empfangen mußten.
X,1036 Seint Mathew: Matth 5,14–16.
X,1048 Jhesu Crist: Matth 26, 41.
X,1054 Seint Paul: Kol 3,12.
X,1069 Seint Gregorie: *Moralium libri*, 34,19,36 in *PL*, 76:738.
X,1086 the book of the xxv. Ladies: Bezieht sich auf die Rahmenerzählung *The Legend of Good Women*, die jedoch nur 9 Erzählungen enthält.
X,1087 the book of the Leoun: Ein nicht überliefertes Werk; wahrscheinlich eine Übersetzung oder Bearbeitung von Machauts *Dit dou Lyon* oder von Deschamps' *Dict du Lyon*.

ANHANG

Zeittafel: England im 14. Jahrhundert

1. Geschichte

1307 Tod Eduards I.
Eduard II.

1309–77 Sitz des Papstes in Avignon (Babylonische Gefangenschaft der Kirche).

1327 Ermordung Eduards II.
Eduard III. wird im Alter von 14 Jahren zum König gekrönt.

1330 Geburtsjahr des »Schwarzen Prinzen«, des ältesten Sohnes Eduards III.

1331 England im Krieg mit Schottland, das von Frankreich unterstützt wird.

1338 Erfolglose englische Invasion Nordfrankreichs, die den Hundertjährigen Krieg zwischen Frankreich und England auslöst.

1340 Sieg der Engländer über Frankreich bei Sluis.
Geburtsjahr von John of Gaunt, dem vierten Sohn Eduards III.

1346 Sieg der Engländer über Frankreich bei Crécy und über Schottland bei Neville's Cross.

1348 Erster Ausbruch der Pest in England (1356, 1362 und 1369 erneute Ausbrüche der Seuche).

1351 »Statute of Labourers« – Festsetzung von Löhnen, hauptsächlich für Landarbeiter.

1356 Sieg der Engländer über Frankreich bei Poitiers – Höhepunkt der erfolgreichen englischen Kriegsführung gegen Frankreich.

1358 Bauernaufstand in Frankreich.

1360 Vertrag von Brétigny – Verzicht Eduards III. auf den französischen Thron.

1368 Tod von Blanche, der Herzogin von Lancaster.

1376 Tod des »Schwarzen Prinzen«.

1377 Tod Eduards III.
Richard II., der Sohn des »Schwarzen Prinzen«, wird im Alter von zehn Jahren zum König gekrönt; sein Onkel John of Gaunt führt die Regierung.
1378 Beginn des Schismas (Urban VI. und Clemens VII.), das bis 1417 andauert.
1381 Bauernaufstand in England.
1382 Richards II. Heirat mit Anna von Böhmen.
1389 Volljährigkeit Richards II.
1399 Absetzung Richards II.
Tod des John of Gaunt.
Wahl Heinrichs IV., des Sohnes von John of Gaunt, zum englischen König (1399–1413).

2. Kunst- und Geistesgeschichte

ca. 1300 Geburt Wilhelm von Ockhams (Philosoph).
1308 Tod Duns Scotus' (Philosoph).
ca. 1328 Geburt John Wyclifs (Reformator).
ca. 1335 Beginn der italienischen Renaissance.
Beginn der Mystik in England (Richard Rolle, Walter Hilton und Juliana von Norwich).
1349 Tod Wilhelm von Ockhams.
Englisch wird offizielle Unterrichtssprache in den Schulen.
ca. 1360–1550 Spätgotik in England (»Perpendicular Style«).
1362 Englisch wird offizielle Gerichtssprache.
1382 Verurteilung von Wyclifs Lehren.
1382–84 Wyclifs Bibelübersetzung.
1384 Tod Wyclifs.

3. Literatur

ca. 1300 *Cursor Mundi*.
ca. 1304 Geburt Petrarcas.
ca. 1313 Geburt Boccaccios.
1321 Tod Dantes.
ca. 1330 Geburt Gowers.
Auchinleck-Handschrift (wichtige Romanzensammlung mit u.a. *Horn Childe*, *Beves* und *Guy of Warwick*). Harley-Handschrift 2253 (wichtigste Lyriksammlung).

ca. 1330 Deguileville, *Pèlerinage de la Vie Humaine*.
ca. 1337 Geburt Froissarts.
1338 Boccaccio, *Filostrato*.
ca. 1339–41 Boccaccio, *Teseida*.
ca. 1346 Geburt Deschamps'.
ca. 1350 *Tale of Gamelyn*.
Seit 1350 »Alliterative Revival« – Wiederaufleben der Stabreimdichtung im Westen und Nordwesten Englands.
ca. 1358 Boccaccio, *De casibus virorum illustrium*.
ca. 1362 William Langland, *Piers Plowman*, A-Text.
ca. 1368 Geburt Hoccleves.
ca. 1370 Geburt Lydgates.
1374 Tod Petrarcas.
ca. 1374–75 John Gower, *Mirour de l'Omme*.
1375 Tod Boccaccios.
ca. 1377 William Langland, *Piers Plowman*, B-Text.
1378 Erste nachweisbare Aufführung eines Fronleichnamszyklus in York.
ca. 1385 John Gower, *Vox Clamantis*.
ca. 1386 John Gower beginnt seinen Erzählzyklus *Confessio Amantis*.
1387 John Trevisas Übersetzung von Ranulph Higdens *Polychronicon*.
1388 Hinrichtung von Thomas Usk, Verfasser des *Testament of Love* (1386–87).
ca. 1390 William Langland, *Piers Plowman*, C-Text.
Handschrift Cotton Nero A.x (*Sir Gawain and the Green Knight*, *Pearl*, *Patience* und *Cleanness*).
ca. 1400 *Alliterative Morte Arthure*; *Laud Troy Book*.

4. Chaucers Leben und Werk

ca. 1342 Geburt des Dichters.
1357 Chaucer als Page im Haushalt der Gräfin von Ulster.
1360 Gefangennahme im Krieg gegen Frankreich und Entlassung aus der Gefangenschaft gegen die Zahlung eines Lösegeldes.
ca. 1366 Heirat mit Philippa Roet, einer Hofdame der Königin.
1360–1366 Frühe Lyrik, *ABC* und *Romaunt of the Rose*.
1368–70 Diplomatische Tätigkeit in Frankreich.
1369 Teilnahme am Feldzug in der Picardie.
1369–70 *Book of the Duchess*.
1372–73 Diplomatische Mission in Italien.

1374–86 Königlicher Zollbeamter.
1377–78 Diplomatische Missionen in Frankreich (2) und Italien.
ca. 1378–82 *Parliament of Fowls* und *House of Fame*.
ca. 1378–80 *Anelida and Arcite*.
ca. 1382–85 *Boece*. *Troilus and Criseyde*.
1385 Friedensrichter.
1386 Parlamentsabgeordneter.
ca. 1386 *Legend of Good Women*.
1387 Tod seiner Frau Philippa.
Ab 1387–1400 *Canterbury Tales*.
1389–91 Königlicher Bauinspektor.
1390 Unterförster im Forst von North Petherton in Somerset.
ca. 1391–92 *Astrolabe*.
1399 Anmietung einer Wohnung in Westminster Abbey.
1400 Tod des Dichters und Beisetzung in Westminster Abbey.

Moderne Ausgaben der von Chaucer benutzten Quellen

Albertano von Brescia. *Liber consolationis et consilii*. Hg. Thor Sundby. Chaucer Society, 2. Serie, No. 8. London; 1873.

Boccaccio, Giovanni. *De claris mulieribus*. In *Tutte le opere*. Bd. 10. Hg. Pier Giorgio Ricci. Mailand; 1970.

– *De casibus virorum illustrium*. In *Tutte le opere*. Bd. 9. Hg. Pier Giorgio Ricci. Mailand; 1983.

– *Il Teseida*. In *Opere minori in volgare*. Bd. 2. Hg. Mario Marti. Mailand; 1969–72.

Boethius, Anicius Manlius Severinus. *De consolatione Philosophiae*. Hg. Ludwig Bieler. CCSL. Bd. 94. Turnholt; 1957.

Caecilius Balbus. *De nugis philosophorum quae supersunt*. Hg. Eduardus Woelfflin. Basel; 1855.

Cassiodorus, Magnus Aurelius. *Variae*. Hg. Thomas Hodgkin. London; 1886.

Cato, »Dionysius«. *Disticha Catonis*. Hg. M. Boas und H.J. Botschuyver. Amsterdam; 1952.

Cicero, Marcus Tullius. *Disputationes Tusculanae – Tusculan Disputations*. Hg. und übers. J.E. King. Loeb. London; 1950.

– *De senectute, De amicitia, De divinatione*. Hg. und übers. W.A. Falconer. Loeb. London; 1959.

Claudianus, Claudius. *De raptu Proserpinae*. In *Claudian*. Bd. 2. Hg. und übers. Maurice Platnauer. Loeb. London; 1963.

Dante Alighieri. *La divina commedia*. Hg. und übers. Charles S. Singleton. Princeton; 1970–75.

– *Il Convivio*. Hg. Valentino Piccoli. Turin; 1927.

Deschamps, Eustache. *Miroir de mariage*. In *Œuvres complètes*. Bd. 9. Hg. Auguste H.E. Queux de Saint-Hilaire und Gaston Raynaud. SATF. Paris; 1882–1903.

Gower, John. *Confessio Amantis*. In *The Complete Works of John Gower*. Bd. 2. Hg. G.C. Macauly. Oxford; 1899–1902.

Gratian. *Decretum magistri Gratiani*. Hg. Emil Friedberg. Corpus Iuris Canonici. Bd. 1. Leipzig; 1879.

Guillaume de Lorris und Jean de Meung. *Le Roman de la rose*. Hg. Ernest Langlois. SATF. 5 Bde. Paris; 1914–24.

Innozenz III.. *De miseria condicionis humane*. Hg. und übers. Robert E. Lewis. Chaucer Library. Athens, Ga.; 1978.

Hieronymus, Eusebius. *Epistolae*. Hg. I. Hilberg. CSEL. Bde. 54–56. Leipzig; 1910–18.

Jacobus a Voragine. *Legenda aurea* . Hg. J.G.Th. Graesse. Dresden; 1846.

Justinianus I.. *Corpus iuris civilis*. Hg. und übers. C.E. Otto, B. Schilling und C.F.F. Sintenis. Leipzig; 1830–39.

– *Digesta*. Hg. Pietro Bonfante, C. Fadda et al. Juris antecessores. Mediolani; 1960.

Johannes von Salisbury. *Policraticus sive De nugis curialium et vestigiis philosophorum libri VIII*. 2 Bde. Hg. Clement C.J. Webb. Oxford; 1909.

Livius, Titus. *Ab urbe condita* . Hg. und übers. B.O. Foster. Loeb. London; 1953.

Map, Walter. *De nugis curialium. Courtier's Trifles*. Hg. H.E. Sidney, übers. M.R. James. London; 1923.

Martianus Capella. *De nuptiis Philologiae et Mercurii*. In *Martianus Capella*. Hg. A. Dick, überarb. Jean Préaux. Stuttgart; 1969.

Martinus Dumiensis (Martinus von Bracara). *De moribus*. In *Martini Bracarensis opera omnia*. Hg. Claude W. Barlow. Papers and Monographs of the American Academy in Rome. Bd. 12. New Haven; 1950.

Ovid (Publius Ovidius Naso). *Remedia amoris*. Hg. und übers. J.H. Mozley. Loeb. London; 1957.

– *Heroides et Amores*. Hg. und übers. Grant Showerman. Loeb. London; 1958.

– *Metamorphoses*. 2 Bde. Hg. und übers. Frank J. Miller. Loeb. London; 1956–58.

– *Ars amatoria – The Art of Love*. Hg. und übers. J.H. Mozley. Loeb. London; 1962.

Petrus Alfonsus. *Disciplina clericalis – Das älteste Novellenbuch des MA*. Hg. Alfons Hilka und Werner Söderhjelm. Sammlung mittellat. Texte. Bd. 1. Heidelberg; 1911.

Petrarca, Francesco. *De obedientia et fide uxoria mythologia*. In *Prose*. Hg. G. Martellotti et al. Mailand; 1955.

Publilius Syrus. *Die Sprüche des Publilius Syrus (Sententiae), lat. und dt.* Hg. Hermann Beckby. München; 1969.

Seneca, Lucius Annaeus. *Ad Lucilium epistulae morales*. 3 Bde. Hg. und übers. R.M. Gummere. Loeb. London; 1953.

– *Epistulae morales – Moral Essays*. 3 Bde. Hg. und übers. John W. Basore. Loeb. London; 1958.

Statius, Publius Papinius. *Thebais*. In *Statius*. 2 Bde. Hg. und übers. J.H. Mozley. Loeb. London; 1955–57.

Valerius Maximus. *Facta et dicta memorabilia* . Hg. Carolus Kempf. Berlin; 1854.

Vergil (Publius Vergilius Maro). *Aeneis*. In *P. Vergilii Maronis opera*. Bde. 1–2. Hg. Roger A.B. Mynors, übers. H. Rushton Fairclough. Loeb. London; 1954–56.

Vinzenz von Beauvais. *Speculum naturale*. Neudruck der Ausgabe Duaci 1624. Graz; 1964.

Wireker, Nigellus. *Speculum stultorum*. Hg. John H. Mozley und Robert R. Raymo. Berkeley; 1960.

Abkürzungen der Titel von Fachzeitschriften und Reihen

ABR	*American Benedictine Review*
AnM	*Annuale medievale*
AN&Q	*American Notes and Queries*
CC	Corpus Christianorum
CE	*College English*
CentR	*The Centennial Review*
CFMA	Classiques français du moyen âge
ChauR	*Chaucer Review*
C&M	*Classica et Mediaevalia*
CR	*The Critical Review*
CSEL	Corpus Scriptorum Ecclesiasticorum Latinorum

EIC	*Essays in Criticism*
ELH	*English Literary History*
ES	*English Studies*
E&S	*Essays and Studies by Members of the English Association*
ESt	*Englische Studien*
ESA	*English Studies in Africa*
ESC	*English Studies in Canada*
FCS	*Fifteenth-Century Studies*
JEGP	*Journal of English and Germanic Philology*
JMRS	*Journal of Medieval and Renaissance Studies*
LeedsSE	*Leeds Studies in English*
LitR	*Literary Review*
Loeb	The Loeb Classical Library
MAE	*Medium Aevum*
M&H	*Medievalia et Humanistica*
MLN	*Modern Language Notes*
MLQ	*Modern Language Quarterly*
MS	*Medieval Studies*
Neophil	*Neophilologus*
NM	*Neuphilologische Mitteilungen*
NMS	*Nottingham Medieval Studies*
PG	*Patrologia Cursus Completus Series Graeca*, hg. J.P. Migne
PL	*Patrologia Cursus Completus Series Latina*, hg. J.P. Migne
PLL	*Papers on Language and Literature*
PMASAL	*Papers of the Michigan Academy of Science, Arts and Letters*
PMLA	*Publications of the Modern Language Association*
PQ	*Philological Quarterly*
RES	*Review of English Studies*
RUO	*Revue de l'Université d'Ottawa*
SAC	*Studies in the Age of Chaucer*
SATF	Societé des Anciens Textes Français
SP	*Studies in Philology*
SSF	*Studies in Short Fiction*
TSE	*Tulane Studies in English*
TSL	*Tennessee Studies in Literature*
TSLL	*Texas Studies in Language and Literature*
UTQ	*University of Toronto Quarterly*
YES	*Yearbook of English Studies*